COLEÇÃO CBAr

ARBITRAGEM APLICADA - VOLUME 2

COLEÇÃO CBAr

ARBITRAGEM APLICADA - VOLUME 2

Administração Pública

CBAr Jovem

Direito Digital

Dispute Boards

Organizadores

Guilherme Carneiro Monteiro Nitschke

Lucas de Medeiros Diniz

Isabel Cantidiano

Felipe Moraes

Álvaro Lages

Bruno Hellmeister Lico Canal

Caio Tabet

Carolina Smirnovas

Cesar Pereira

Clarissa Luz

Cristina M. Wagner Mastrobuono

Diogo Albaneze Gomes Ribeiro

Fernanda Levy

Fernando Vinícius Tavares Magalhães Morais

Giuseppe Giamundo Neto

Guilherme F. Dias Reisdorfer

Gustavo Milaré Almeida

Karina Riccio

Leonardo Maciel Benedete

Lucas de Medeiros Diniz

Luciano Benetti Timm

Luiz Eduardo Altenburg de Assis

Marlon Shigueru Ushiro Ieiri

Maurício Morais Tonin

Natália Balbino

Nathalia Mazzonetto

Pedro Silveira Campos Soares

Rafael Wallbach Schwind

Renata Faria Silva Lima

Sílvia Hidal

Tiago Beckert Isfer

Vitória de Mello

ALMEDINA

Arbitragem Aplicada Volume 2

ALMEDINA é uma empresa do Grupo Editorial Alta Books (Starlin Alta Editora e Consultoria LTDA).

ISBN: 978-85-8493-8674

Impresso no Brasil – 1ª Edição, 2025 – Edição revisada conforme o Acordo Ortográfico da Língua Portuguesa de 2009.

Dados Internacionais de Catalogação na Publicação (CIP)

N684

Arbitragem Aplicada Volume 2. Organização: Guilherme Carneiro Monteiro Nitschke, Lucas de Medeiros Diniz, Isabel Cantidiano, Felipe Moraes. 1. ed. – Rio de Janeiro: Almedina Brasil, 2025.

416 p; 16 x 23 cm.

ISBN 978-85-8493-8674

1. Arbitragem. 2. Administração pública. 3. Contratos públicos. 4. Dispute boards. 5. Mediação. 6. Tecnologia jurídica. 7. LGPD. I. Nitschke, Guilherme Carneiro Monteiro. II. Diniz, Lucas de Medeiros. III. Cantidiano, Isabel. IV. Moraes, Felipe. V. Título.

CDU 347.918(81)

Índice para catálogo sistemático:

1. Brasil : Arbitragem : Administração pública : Contratos administrativos : Mediação

Grupo Editorial Alta Books

Produção Editorial: Grupo Editorial Alta Books
Diretor Editorial: Anderson Vieira
Editora-Chefe: Manuella Santos de Castro
Assistente Editorial: Francielle Regina
Vendas Governamentais: Cristiane Mutüs
Diagramação: Cumbuca Studio

ALTA BOOKS
GRUPO EDITORIAL

Rua Viúva Cláudio, 291 – Bairro Industrial do Jacaré
CEP: 20.970-031 – Rio de Janeiro (RJ)
Tels.: (21) 3278-8069 / 3278-8419
www.altabooks.com.br – altabooks@altabooks.com.br
Ouvidoria: ouvidoria@altabooks.com.br

Editora **afiliada à:**

ASSOCIADO

CBL Câmara Brasileira do Livro

APRESENTAÇÃO

Conta-se que, em meio à Segunda Guerra Mundial, duas pessoas passaram uma noite juntas em vigília no telhado da antiga capela do King's College em Cambridge. Elas tomaram essa decisão para proteger o prédio, cuja construção levara mais de cem anos para ser concluída, de bombas inimigas lançadas por aviões alemães, usando pás para empurrar alguma que caísse no telhado. Essa dupla intrépida era composta por John Maynard Keynes e Friedrich Hayek, dois dos mais famosos economistas do século XX, de pensamentos econômicos radicalmente diversos[1].

Nada une melhor mentes e ideias divergentes do que objetivos maiores ou mais nobres. E são incríveis os resultados que essa união pode produzir. O Comitê Brasileiro de Arbitragem (CBAr) tem como uma de suas principais vocações fomentar e catalisar os múltiplos aportes dos estudiosos e profissionais da área em prol do desenvolvimento da arbitragem no Brasil. E entre as inúmeras atividades do CBAr voltadas à consecução desse fim, os grupos de estudos é aquela que promove o mais intenso, estruturado e duradouro debate e intercâmbio de ideias entre os atores da arbitragem.

Em cada grupo temático, os coordenadores têm a oportunidade de organizar e executar com os integrantes, ao longo do ano, um programa de reuniões e ações variadas, voltadas ao estudo e à reflexão sobre questões predefinidas envolvendo a arbitragem ou a mediação e um outro ramo do Direito, setor da indústria ou do campo do conhecimento. Difícil pensar em um segmento em que a arbitragem se faça presente ou seja desafiada e não esteja contemplado em um grupo de estudos. Atualmente, são dezoito grupos em funcionamento, mais o CBAr Jovem, congregando centenas de associados[2].

Diante de tamanha mobilização para fins acadêmicos, com poucos paralelos em associações congêneres, sempre me pareceu uma grande oportunidade a reunião em um livro de artigos que ecoassem o trabalho desenvolvido no âmbito dos grupos de estudos do CBAr, publicado no seio da parceria com a Editora Almedina. Uma primeira iniciativa nessa direção foi o livro *Direito contratual e Convenção de Viena (CISG)*, produzido pelo grupo sobre arbitragem e a CISG, mas faltava uma publicação que coligisse o conhecimento gerado e refletisse a variedade existente nos múltiplos grupos de estudos. Essa obra verdadeiramente coletiva permite não apenas que o público em geral conheça um pouco mais do trabalho dos grupos de estudos

---

1 KISHTAINY, Niall. *A little history of economics*. New Haven: Yale University, 2017. p 121.

2 A lista dos grupos de estudos, com mais informações sobre escopo, composição e funcionamento, está disponível em https://cbar.org.br/site/grupos-de-estudos/.

do CBAr, como também que os seus frutos sejam documentados e perenizados e – quem sabe – deitem sementes de futuros novos estudos e pesquisas.

Para viabilizar a consecução dessa ideia, era preciso tempo para que os grupos se dedicassem à pesquisa, discussão e elaboração dos seus artigos. "O cientista pensa como um poeta e trabalha como um contador", dizia o biólogo e professor emérito de Harvard Edward Wilson. Após dois anos de profícuo trabalho empreendido pelos organizadores, os artigos são agora apresentados à comunidade jurídica. Espera-se que esse volume inaugure uma série de outras coletâneas de artigos gerados pelos nossos grupos de estudos. A julgar pela vitalidade das discussões havidas nas reuniões, bem como pelos sempre novos desafios científicos impostos pelo constante desenvolvimento da arbitragem no Brasil, há poucas dúvidas de que isso se tornará realidade.

André de Albuquerque Cavalcanti Abbud
Presidente do CBAr (07/2021-06/2024)

PREFÁCIO

A presente obra representa a consecução de um dos principais propósitos do Comitê Brasileiro de Arbitragem (CBAr)[1]: "*o fomento aos estudos jurídicos e interdisciplinares pertinentes à arbitragem e aos outros métodos extrajudiciais de resolução de controvérsias, sua divulgação e aprimoramento*"[2].

A primeira iniciativa do CBAr para fomentar a arbitragem foi a criação de um grupo de discussões, no qual os seus associados debatiam temas e novidades sobre arbitragem no Brasil. Com a evolução do CBAr, foram criados diversos grupos temáticos de estudos que visam o debate acadêmico e técnico de diversos temas relacionados à arbitragem e aos métodos extrajudiciais de solução de litígios. Nesse sentido, o CBAr conta com 18 grupos de estudos: "Arbitragem e Setor Elétrico", "Arbitragem, Mediação e Administração Pública", "Mediação Empresarial Privada – GEMEP | CBAr", "Arbitragem de Investimento", "Propriedade Intelectual, Arbitragem e Mediação", "Convenção sobre Compra e Venda Internacional de Mercadorias (CISG)", "Arbitragem e Direito Societário", "Arbitragem e Direito Tributário", "Arbitragem no Agronegócio", "Arbitragem e Construção", "Arbitragem nos Contratos de Seguro e Resseguro", "Arbitragem e Diversidade", "Perícias de Engenharia em Arbitragens", "Tecnologia, Direito Digital e Privacidade nas ADRs", "Arbitragem Internacional", "Dispute Boards", "Família e Sucessões" e "Arbitragem e Contratos Empresariais".

Estes grupos de estudos se reúnem periodicamente ou de maneira contínua para promover debates, discussões e aprofundar os temas relacionados de cada grupo. A presente obra representa parte do resultado destes trabalhos. Além dos trabalhos dos grupos de estudos, este livro também traz também artigos do CBAr Jovem, importante iniciativa do CBAr para que os jovens arbitralistas possam iniciar e desenvolver projetos acadêmicos relacionados a temas de arbitragem e outros meios privados de solução de controvérsias.

A obra é dividida por capítulos dedicados a cada um dos grupos de estudos. Cada capítulo se inicia com uma apresentação do perfil do grupo, no qual indicam os seus coordenadores, o seu objeto ou escopo e as atividades desenvolvidas e em desenvolvimento. É uma excelente oportunidade para conhecer melhor os trabalhos já realizados e os projetos em curso de cada grupo.

---

1 Sobre este tema ver Eduardo Damião Gonçalves e João Bosco Lee, "CBAr e seu propósito", *in Comitê Brasileiro de Arbitragem e a Arbitragem no Brasil – Obra Comemorativa ao 20º Aniversário do CBAr*, sob a coordenação de Giovanni Ettore Nanni, Karina Riccio e Lucas de Medeiros Diniz, São Paulo, Almedina, 2022, p. 37.

2 Art. 2 do Estatuto do Comitê Brasileiro de Arbitragem.

Os trabalhos publicados nesta obra se concentram essencialmente sobre a arbitragem e a matéria objeto do respectivo grupo, o que nos permite ter acesso a estudos de reflexão produzidos por especialistas da área.

A publicação desta obra é mais uma prova que o CBAr tem atingido os objetivos que foram concebidos pelos seus idealizadores, contribuindo para o debate do conhecimento jurídico arbitral no Brasil.

João Bosco Lee

NOTA DOS ORGANIZADORES

A primeira das Academias, a de Platão, começou em "uma pequena área e um edifício", provavelmente congregando poucos interessados que se dispunham a "contribuir para o financiamento das despesas ordinárias"[1]. Também um dos mais influentes movimentos da história jurídica brasileira principiou enquanto singelo agrupamento de estudiosos: a "Escola do Recife", no início tão somente "um grupo constituído pelos diletos de Tobias Barreto"[2]. Nada diverso se processou no campo arbitral, tendo a influente "École de Dijon", por exemplo, surgido com Berthold Goldmann e sua tríade de orientandos (Jean Stoufflet, Philippe Kahn e Philippe Fouchard), para depois se expandir com a realização de "vários congressos" e a criação, em 1972, de um "grupo de pesquisas"[3]; ou, ainda no campo arbitral, com a "Operação Arbiter", impulsionada por Petrônio Muniz, mas tendo por debaixo o sustentáculo de três juristas e professores que vieram a redigir o Projeto de Lei de Arbitragem, e que, muito antes disso, já atuavam no estudo e na disseminação da arbitragem em reduzidos grupos de pesquisa[4].

Se há uma constante na história das ideias, portanto, esta é a dos inícios discretos, circunscritos a grupos fechados, para, daí, transbordarem e provocarem tremores, deslocamentos tectônicos, alterações duradouras no relevo jurídico.

Os dezoito Grupos de Estudo oferecidos pelo CBAr a seus associados, a que se soma o CBAr Jovem, têm assim atuado: como "incubadoras" de ideias, territórios do livre pensar, e que, lá e cá, prolongam os seus diálogos para seminários e congressos, ecoam em espargidas publicações e pautam grande parte dos debates travados ano após ano. São dezoito seus temas de concentração: "Arbitragem e Setor Elétrico", "Arbitragem, Mediação e Administração Pública", "Mediação Empresarial Privada – GEMEP | CBAr", "Arbitragem de Investimento", "Propriedade Intelectual, Arbitragem e Mediação", "Convenção sobre Compra e Venda Internacional de Mercadorias (CISG)", "Arbitragem e Direito Societário", "Arbitragem e Direito Tributário", "Arbitragem no Agronegócio", "Arbitragem e Construção", "Arbitragem nos Contratos de Seguro e Resseguro", "Arbitragem e Diversidade", "Perícias de Engenharia em Arbitragens", "Tecnologia, Direito Digital e Privacidade nas ADRs", "Arbitragem Internacional", "*Dispute Boards*", "Família

---

1 REALE, Giovanni. **História da filosofia grega e romana**. Filosofias helenísticas e epicurismo. Tradução: Marcelo Perine. São Paulo: Loyola, v. V, 2017. p. 75-76.

2 VERÍSSIMO, José. **História da literatura brasileira**. 4. ed. Brasília: UnB, 1963. p. 255-256. Sobre a "Escola do Recife", consulte-se, também, para um apanhado das três fases do movimento: BEVILÁQUA, Clóvis. **História da Faculdade de Direito do Recife**. 2. ed. Brasília: INL, 1977. p. 348-380; e VENÂNCIO FILHO, Alberto. **Das arcadas ao bacharelismo**. 150 anos de ensino jurídico no Brasil. São Paulo: Perspectiva, 2005. p. 95-112.

3 *I.e.*, o "Centre de Recherche sur le Droit des Marchés et des Investissements Internationaux". Para essa narrativa, confira-se SCHINAZI, Mikaël. **The Three Ages of International Commercial Arbitration**. Cambridge: Cambridge University Press, 2022. p. 215-219.

4 Confira-se MUNIZ, Petrônio R. G. **Operação Arbiter**. A história da Lei nº 9.307/1996 sobre a arbitragem comercial no Brasil. Recife: Instituto Tancredo Neves, 2005. *passim*.

e Sucessões" e "Arbitragem e Contratos Empresariais"; mais o "CBAr Jovem", voltado a "preparar os jovens para lidar com situações próprias do cotidiano de advogados" e "garantir que seus membros tenham o devido amparo para que desenvolvam projetos acadêmicos relacionados aos métodos não judiciais de solução de controvérsias"[5].

Em preservação ao livre pensar, os encontros dos grupos não são gravados ou registrados por escrito; e, em retribuição aos associados do CBAr, eles são de acesso exclusivo a seus membros. Para que não se repita o lamento sobre Sócrates, de que "nada escreveu"[6], ou quanto a Tobias Barreto, de que teria sido necessário, "constantemente, um estenógrafo, para apanhar e transmitir, a um círculo mais vasto, as riquezas prodigamente derramadas nas suas palestras diárias"[7], é que se decidiu organizar esta publicação como um aperitivo do tanto que, naqueles esteios, se discute e se produz. "*Verba volant, scripta manent*" – o dito esvanece, o escrito permanece. O que aqui permanecerá, ao ensejo deste livro, é um pouco do tanto discutido, e que merece frutificar para além dos círculos restritos, pela qualidade de seu conteúdo e o potencial de contribuir à prática jurídica e ao desenvolvimento da arbitragem.

O material aqui apresentado é composto por trabalhos advindos dos Grupos de Estudo, mais o CBAr Jovem, durante os anos de 2021 e 2022, a exemplificar a exuberância do quanto se discute e se produz em cada um desses círculos. Os trabalhos estão organizados por áreas temáticas, e cada agrupamento de textos vem epigrafado por uma Introdução, produzida pelos coordenadores de cada grupo, explicitando suas diretrizes e suas atividades regulares. Os Organizadores desta obra, em nome de toda a Diretoria do CBAr, muito agradecem aos autores que, com dedicação e eficiência, permitiram que esta publicação viesse a público com tamanha qualidade.

Finalize-se por dizer que esta não é a primeira publicação dos Grupos de Estudo do CBAr. Em 2021, a "Coleção CBAr-Almedina" – que tem sido tão profícua e rica na disseminação de dissertações e teses nos temas relacionados a arbitragem, mediação e *dispute boards* – publicou o livro "Direito Contratual e Convenção de Viena (CISG)", consolidando algumas contribuições advindas do Grupo de Estudos "Convenção sobre Compra e Venda Internacional de Mercadorias (CISG)". Contudo, a obra atual é a primeira publicação efetivamente *coletiva*, no sentido de abranger contribuições não de um, mas de vários Grupos de Estudo; e que – oxalá – se pretende seja a primeira de várias.

Guilherme Carneiro Monteiro Nitschke
Lucas de Medeiros Diniz
Isabel Cantidiano
Felipe Moraes

5 Assim sua descrição em: https://cbar.org.br/site/cbar-jovem/.

6 REALE, Giovanni. **História da filosofia grega e romana**. Sofistas, Sócrates e Socráticos Menores. Tradução: Marcelo Perine. São Paulo: Loyola, v. II, 2017. p. 82.

7 BEVILÁQUA, Clóvis. **História da Faculdade de Direito do Recife**. 2. ed. Brasília: INL, 1977. p. 348-350.

SUMÁRIO

CBAR JOVEM – MENTORIAS PARA PESQUISA

ARBITRAGEM, MEDIAÇÃO E ADMINISTRAÇÃO PÚBLICA

Coordenadores: Gustavo Fernandes de Andrade e Cesar Pereira. **Coordenadores na data de publicação desta obra:** Luísa Quintão e Paula Butti.

O Grupo de Estudos em Arbitragem com a Administração Pública (GEAdm) do CBAr mantém-se ativo há mais de dez anos. Tem aproximadamente 110 integrantes, reunidos de modo permanente por meio de lista específica de discussão por *e-mail* e de um grupo de WhatsApp.

O GEAdm concentra um grupo diverso, composto por 33% de mulheres, 12% de representantes da advocacia pública e 2% de integrantes da magistratura. Muitos de seus membros têm atuação acadêmica, embora a maioria atue na advocacia privada. Há integrantes que não são advogados, mas *experts* ou profissionais de outra natureza. Alguns integrantes são também árbitros em tempo integral, atualmente desvinculados da advocacia. Isso dá ao GEAdm uma visão plural, que impede a prevalência das opiniões de apenas um grupo específico.

Nos últimos anos, o GEAdm vem colaborando de modo efetivo com o aprimoramento do sistema brasileiro de arbitragem com a Administração Pública. Esse sistema vem se desenvolvendo de modo constante desde as primeiras previsões legais de arbitragem, na década de 1990. Regras legais anteriores, como a do Decreto-Lei nº 2.300, de 1986, não chegaram a dar lugar a um uso efetivo da arbitragem pela Administração Pública. Mas as sucessivas previsões legais nos setores regulados, as leis de concessões e PPPs em meados dos anos 2000 e, principalmente, a reforma da Lei nº 9.307, em 2015, produziram uma efetiva revolução no tratamento do tema. Consolidou-se no Brasil um modelo equilibrado de arbitragem envolvendo a Administração Pública, baseado em previsões legais claras, decretos ou leis regulamentares federais ou locais e convenções arbitrais cada vez mais sofisticadas e seguras para as partes contratantes.

A atuação do GEAdm envolveu, entre outras atividades, a participação na audiência pública da Anac para a discussão da cláusula compromissória da 6ª Rodada de Concessões Aeroportuárias, em março de 2020, e a colaboração na formulação de propostas de enunciados para a II Jornada de Prevenção e Resolução de Disputas do Conselho da Justiça Federal (CJF), em 2021. O GEAdm também vem participando de todos os debates nacionais no setor de resolução de disputas, tais como as discussões sobre a regulamentação de *dispute boards* e em torno da conduta ética dos árbitros e correspondente dever de revelação. O GEAdm instituiu um modelo de reuniões mensais temáticas, com exposição de um relator sobre um tema e discussões complementares de matérias variadas acompanhadas pelo grupo. Os temas e respectivos relatores foram definidos de antemão para vinte diferentes sessões de debates previstas para ocorrer ao longo de 2023 e 2024. Muitos dos temas deram ensejo a trabalhos doutrinários publicados pelos relatores.

1. IMPACTOS CULTURAIS DO SETOR PÚBLICO NA RESOLUÇÃO DE SEUS CONFLITOS ARBITRÁVEIS

Tiago Beckert Isfer
Advogado. Árbitro.
Sócio de Guandalini, Isfer e Oliveira Franco Advogados.
Mestre em Direito Internacional Privado e do Comércio Internacional pela Université Panthéon-Assas, Paris 2. Co-Chair Brazil no Young ITA.
Ex-Procurador-Chefe do Metrô-DF.
Membro do Conselho Administrativo da Arbitac.
Presidente da Comissão de Direito Administrativo da OAB/DF.
Especialista convidado da I Jornada de Direito Administrativo do Conselho da Justiça Federal.
Professor de Direito Administrativo e de Direito Internacional Privado na UNB e Professor de Direito Internacional Privado no IDP.

INTRODUÇÃO

Visões opostas ocorrem corriqueiramente e afetam diretamente o conceito de certo ou errado. Conforme ditado chinês, quando duas pessoas se encontram em uma ponte, uma delas deve ceder o caminho.

Nos países de *common law* prevalecem as construções jurisprudenciais; nos países de *civil law*, as normas escritas. Na Inglaterra, o direito dos contratos privilegia a interpretação literal do instrumento contratual; no Brasil, busca-se interpretar a real intenção das partes ao firmarem o negócio jurídico (artigo 113 do Código Civil). Em países laicos, o Estado não pode interferir na fé, mas nos religiosos a fé é essencial à estruturação do Estado. No comércio interno, há regras cogentes que não fazem o menor sentido no comércio internacional, como é a imposição do idioma português para ofertas de produtos a consumidores no Brasil (artigo 31, cabeça, do Código de Defesa do Consumidor).

Normalmente essas dicotomias ocorrem nas relações internacionais. As leis de cada comunidade refletem os seus conceitos, de modo que o choque entre as diversas culturas cria um verdadeiro conflito de leis no espaço. Pode-se considerar que esse tipo de conflito é o principal objeto de estudo do direito internacional privado[1].

Entretanto, esses problemas não se restringem às pessoas bilíngues ou poliglotas. Mesmo internamente no Brasil existe uma dicotomia que é fonte recorrente de conflitos e que constitui a razão de ser deste trabalho. Com efeito, de modo generalizado (mas consciente das imperfeições de qualquer generalização), de um lado, a visão histórica do setor público traz o peso da "supremacia" e da "indisponibilidade" do interesse público[2], bem como do princípio da legalidade, que só permitem ao gestor público fazer o que estiver expressamente autorizado por lei no interesse da coletividade. De outro lado, contraposta, a visão do setor privado, centrada na liberdade e na individualidade, onde tudo se pode em seu próprio benefício, desde que não seja expressamente proibido por lei.

Essa divergência veio à tona nas arbitragens com a Administração Pública, de modo que, para buscar a justiça, seja árbitro, seja parte, faz-se necessário estudar alguns dos principais desentendimentos entre setores público e privado.

Considerando que o ponto de partida da arbitragem comercial no Brasil é eminentemente privado e sem prejuízo de posterior estudo sobre os impactos da arbitragem comercial privada nos contratos administrativos, propõe-se aqui a reflexão sobre os impactos culturais do setor público na arbitragem com a Administração Pública.

Esse exercício acadêmico é importante para o crescimento sustentável desse ramo do Direito no Brasil, já que simplesmente ignorar os legítimos anseios dos gestores públicos fará com que a arbitragem não seja desejável. Enfrentar o problema é o mecanismo de se converter os inevitáveis questionamentos, por vezes injustos e mal-intencionados, em críticas construtivas e indispensáveis à evolução saudável e natural da ciência jurídica.

---

1 DOLINGER, Jacob. **Direito internacional privado**. Parte geral. 10. ed. Rio de Janeiro: Forense, 2011. p. 22.

2 Há controvérsia importante e justificada quanto à adoção da expressão "interesse público", por sua imprecisão, generalidade e sujeição a uso indevido e abusivo; porém, o termo é utilizado neste artigo por facilidade e falta de outro melhor, ainda que seja necessária a ressalva de que, mesmo havendo valores jurídicos capazes de serem enquadrados como "interesse público", não se pode aceitar o uso dessa expressão de modo desvirtuado e desassociado do indispensável equilíbrio entre todos os princípios e valores protegidos no nosso ordenamento jurídico.

Como diz o ditado chinês, se duas pessoas vêm andando por uma estrada, cada uma carregando um pão, ao se encontrarem, elas trocam os pães; cada uma vai embora com um. Porém, se duas pessoas vêm andando por uma estrada, cada uma carregando uma ideia, ao se encontrarem, trocam as ideias; cada uma vai embora com duas.

Concretamente, a leitura que se propõe adiante advém da experiência deste autor no Metrô-DF, empresa pública do Distrito Federal, onde se destacaram alguns aspectos culturais que são intrínsecos à resolução de qualquer conflito no setor público, inclusive patrimonial disponível.

Primeiramente, o árbitro deve ter perfil adequado, com capacidade de compreender os problemas que lhe são apresentados, sem preconceitos ou vieses inadequados. A seguir, estuda-se a omnipresença dos princípios que regem a Administração Pública. Depois, aborda-se a concepção de que os atos e contratos administrativos estão diretamente vinculados, em maior ou menor grau, à prestação de serviços públicos essenciais. Em quarto lugar, o peso da responsabilidade do serviço público e a sobrecarga de trabalho do gestor público são fatores que devem ser considerados na atuação do árbitro. Por fim, para o gestor público, há o medo de dormir com o inimigo, pois, de um lado, as empresas privadas sempre buscam maximizar seus ganhos e, de outro lado, nunca se sabe se algum colega de trabalho sucumbiu à corrupção.

Com a ressalva de que não serão compreendidos neste artigo os conflitos inarbitráveis do setor público, cabe passar ao primeiro ponto proposto, já que a escolha do árbitro é um dos pontos mais cruciais do procedimento arbitral.

1. O PERFIL DO ÁRBITRO

Seja a parte pública ou privada, insana é aquela que escolhe árbitro incapaz de compreender o seu ponto de vista. Ou que possua visão diametralmente oposta à sua.

Para a arbitragem, o tema é de extrema relevância, pois é apenas natural que cada parte busque nomear árbitro que compartilhe os seus valores e a sua visão de mundo. A composição do tribunal arbitral é fator relevante para o resultado do conflito, inclusive quanto à nacionalidade e à abertura cultural (ou capacidade superior de compreensão) de seus integrantes[3].

---

3 "A esta justiça privada que é a arbitragem diz respeito tanto a deontologia e a ética pessoal dos árbitros quanto das regras técnicas. Nas arbitragens internacionais, acrescente-se a exigência, mais abrangente, de neutralidade de todos os membros do tribunal arbitral. A composição do tribunal deve preservar seu caráter verdadeiramente internacional. Importa a nacionalidade dos árbitros, mas igualmente importante é a sua abertura em relação a outras culturas." (FOUCHARD, Philippe. Os desafios da arbitragem internacional. **RBAr**, Porto Alegre, v. 1, p. 57-72, jan./mar. 2004, p. 65).

Os estudos de Daniel Kahneman sobre a tomada de decisão do ser humano, que lhe renderam prêmio Nobel[4], reforçam a importância de se escolher árbitro que possua experiências similares às das partes interessadas, já que vieses[5] e ruídos[6] causam falhas no julgamento humano.

Da mesma maneira, o ato de julgar é influenciado pelos sentimentos, pelas características e pelas experiências pessoais do juiz ou árbitro, por mais imparcial se que busque ser[7]. Por esse motivo, não se escolhe juiz de futebol brasileiro para apitar jogo da seleção canarinho. Nem se escolhe judeus ou palestinos para julgarem casos envolvendo uns aos outros.

Ocorre que, se ninguém faria uma escolha ruim em sã consciência, há situações que podem dificultar o exercício adequado da vantagem de se poder escolher a dedo as pessoas mais capacitadas para resolver um determinado conflito.

Atualmente, a Administração Pública brasileira não está diante de uma tarefa fácil quando se propõe a escolher árbitro. Isso se dá pela característica dos profissionais disponíveis e pela falta de estudos e de compreensão mais aprofundada da dicotomia cultural entre setores público e privado, que apenas começa a ser debatida com maior profundidade em função do recente crescimento das arbitragens com a Administração Pública.

Em geral, há cinco tipos de profissionais tecnicamente capacitados: o professor de direito administrativo, o advogado público ou procurador público, o advogado privado especializado em direito administrativo, o advogado privado especializado em arbitragem e o juiz aposentado.

Todos esses profissionais sofrem com algum senão para serem escolhidos como árbitro pela Administração Pública. O professor de direito administrativo tem muito conhecimento teórico; porém, se não advoga ou tem pouca prática, pode não ser a escolha ideal. O advogado público ou procurador público compreende os aspectos culturais, mas, quando não está impedido, pode ter pouca disponibilidade de tempo por conta de sua rotina intensa de trabalho em seu órgão de vinculação. O advogado privado especializado em direito administrativo tem visão oposta e, se for muito capacitado, provavelmente terá muitos casos contra a Administração Pública e estará impedido. O advogado especializado em arbitragem raramente trabalhou do lado de

---

4 Disponível em: https://www.nobelprize.org/prizes/economic-sciences/2002/kahneman/facts/. Acesso em: 22 ago. 2023.

5 KAHNEMAN, Daniel. **Rápido e devagar**: duas formas de pensar. 1. ed. Rio de Janeiro: Objetiva, 2011.

6 KAHNEMAN, Daniel; SIBONY, Olivier; SUNSTEIN, Cass R. **Ruído**: uma falha no julgamento humano. 1. ed. Rio de Janeiro: Objetiva, 2021.

7 CALAMANDREI, Piero. **Eles, os juízes, vistos por um advogado**. Tradução: Eduardo Brandão. São Paulo: Martins Fontes, 1995. Ver, também: PRADO, Lídia Reis de Almeida. **O juiz e a emoção**: aspectos da lógica da decisão judicial. 6. ed. São Paulo: LTr, 2013.

dentro do balcão para prestar serviço público, tendo uma visão eminentemente privatista e processualista do direito. O juiz aposentado é extremamente capaz; porém, tende a conduzir o processo arbitral com as praxes judiciais, o que reduz drasticamente os benefícios da escolha da arbitragem.

O perfil ideal para Administração Pública é o árbitro que tem grande conhecimento jurídico e vasta experiência na advocacia pública, assim como disponibilidade de tempo para assumir essa responsabilidade.

Por outro lado, o perfil ideal de árbitro presidente para uma arbitragem com a Administração Pública é aquele que, além das qualidades indicadas *supra*, também tenha grande experiência na advocacia privada, pois é o que melhor saberá conjugar os anseios públicos e privados.

Se a composição geral do tribunal pender excessivamente para qualquer lado, público ou privado, aos poucos as partes perderão a confiança no próprio instituto da arbitragem. Não se pode repetir os erros do Judiciário de proteger mais fortemente uma parte em detrimento da outra. Ainda que justificável pelo aspecto dos vieses cognitivos e dos ruídos na tomada de decisão, não há justiça na tendência do magistrado local em proteger ou privilegiar excessivamente o Erário público.

A arbitragem deve ser a solução, e não o problema, pois não é coincidência que parte relevante dos investidores estrangeiros passaram a exigir esse meio de resolução de conflitos[8]. É claramente uma demonstração de que não confiam no Judiciário para resolver os seus problemas com a Administração Pública local.

Anote-se que, mesmo sem aderir às arbitragens de investimento internacional, a Administração Pública brasileira adotou política de optar pela arbitragem comercial para atrair mais investidores privados. Desde a edição da Lei Brasileira de Arbitragem em 1996, diversas outras leis e decretos foram promulgados nesse sentido[9].

---

8 Culminando na Convenção de Washington de 1965, não aderida pelo Brasil.

9 Lei nº 13.129/2015 (que alterou a Lei nº 9.307/1996); artigo 93, inciso XV, da Lei nº 9.472/1997; artigo 43, inciso X, da Lei nº 9.478/1997; artigos 35, inciso XVI, e 39, inciso XI, da Lei nº 10.233/2001; artigo 11, inciso III, da Lei nº 11.079/2004; artigo 4º, §§ 5º e 6º, da Lei nº 10.848/2004; artigo 20 da Lei nº 11.196/2005 (que incluiu o artigo 23-A da Lei nº 8.987/1995); artigo 21, incido XI, da Lei nº 11.909/2009; Lei nº 19.477/2011 do Estado de Minas Gerais; artigos 37 e 62, § 1º, da Lei nº 12.815/2013; artigo 1º da Lei nº 13.190, de 2015 (que incluiu o artigo 44-A da Lei nº 12.462/2001); Lei estadual nº 15.627/2015 do Estado de Pernambuco; artigo 12, parágrafo único, da Lei nº 13.303/16; artigos 15, inciso III, e31 da Lei nº 13.448/2017; artigo 1º da Lei nº 13.867/2019 (que incluiu o artigo 10-B do Decreto-Lei nº 3.365/1941); artigo 151 da Lei nº 14.133/2021; artigo 31, § 6º, da Lei nº 14.134/2021; Decreto nº 46.245/2018 do Estado do Rio de Janeiro; Decreto nº 64.356/2019 do Estado de São Paulo; Decreto federal nº 10.025/2019; Decreto nº 9.929/2021 do Estado de Goiás; Decreto nº 55.996/2021 do Estado do Rio Grande do Sul; Decreto nº 10.086/2022 do Estado do Paraná; Decreto nº 2.241/2022 do Estado de Santa Catarina; Decreto nº 16.246/2023 do Estado de Mato Grosso do Sul; Decreto nº 3.042/2021 do Município de Paranaguá/PR; entre outros.

Essa proliferação normativa é símbolo do crescimento exponencial da arbitragem com a Administração Pública, donde exsurge a necessidade ainda maior de árbitros com perfil adequado.

Naturalmente, a escolha pela arbitragem envolve riscos, positivos e negativos, sendo um dos principais riscos negativos a escolha de árbitro que desconheça, ou que conheça pouco, ou que possua pré-conceito equivocado do funcionamento do setor público brasileiro.

Esse risco é real. Logo após a edição da Lei nº 13.303/2016, enquanto este autor liderava a equipe multidisciplinar para propor minuta de regulamento interno de licitações e contratos do Metrô-DF, era comum ilustres advogados sem qualquer experiência na advocacia pública manifestarem absoluta incompreensão quanto à necessidade de cada Administração Pública editar a sua própria norma sobre a possibilidade de escolha da arbitragem. A bem da verdade, até hoje há quem fique inconformado com a proliferação de normas, por considerá-las completamente desnecessárias.

Independentemente de qualquer conclusão sobre esse ponto específico, o fato é que muitos juristas não conseguem se colocar no lugar do gestor público e, por isso, tornam-se uma escolha questionável para julgarem conflitos decorrentes de contratos administrativos.

Nos próximos tópicos deste estudo, busca-se elucidar alguns dos pontos mais cruciais e contribuir para que os árbitros consigam captar melhor a cultura do setor público, de modo a desenvolver as suas aptidões para compor tribunais arbitrais quando a Administração Pública estiver envolvida.

2. OMNIPRESENÇA DOS PRINCÍPIOS DA ADMINISTRAÇÃO PÚBLICA

Qualquer que seja o assunto ou a novidade envolvendo a Administração Pública, os princípios do direito administrativo se fazem sentir. Isso não ocorre sem motivo, já que a organização e o funcionamento do Estado são capítulo crucial da Constituição Federal de 1988, para fazer reinar os objetivos de harmonia social e de ordem interna do Estado Democrático de Direito, escancarados no preâmbulo da nossa Carta Magna.

Nunca é demais relembrar que os princípios são numerosos. No artigo 37, cabeça, da CF/1988, estão expressamente previstos os princípios da legalidade, impessoalidade, moralidade, publicidade e eficiência. Relativamente a contratos administrativos, o artigo 37, inciso XXI, da CF/1988 traz o princípio da licitação, isonomia e competitividade.

Além desses, o artigo 5º da Lei nº 14.133/2021, que normatiza os processos licitatórios, traz igualmente os princípios do interesse público, probidade administrativa, igualdade, planejamento, transparência, eficácia, segregação de funções, motivação, vinculação ao edital, julgamento objetivo, segurança jurídica, razoabilidade, competitividade, proporcionalidade, celeridade, economicidade e desenvolvimento nacional sustentável.

Note-se que até mesmo quando o legislador omite, como ocorre com a legalidade, que está ausente no artigo 31, cabeça, da Lei nº 13.303/2016, o princípio continua a incidir sobre a Administração Pública, direta ou indireta[10], observados os seus limites específicos[11]. A doutrina também reconhece outros princípios não expressos[12].

Estando a Administração Pública – e, por conseguinte, os agentes públicos que a compõem – infalivelmente submissa aos diversos princípios que a regem, não há novidade ou criação jurídica que consiga fazê-los ignorar os efeitos do regime jurídico administrativo quando o Estado é parte da relação.

Exemplo disso é a tese que o Metrô-DF passou a sustentar, a partir de 2016, de que, a despeito de ser pessoa jurídica de direito privado, estaria submisso ao regime de precatórios (artigo 100 da CF/1988) por se tratar de empresa pública prestadora de serviço essencial em regime de monopólio, dependente do Erário público e com proibição legal expressa de distribuição de lucros aos seus acionistas (artigo 8º da Lei distrital nº 513/1993). Essa tese foi validada pelo Supremo Tribunal Federal, na ADPF 524[13], por razões de interesse público.

---

10 PEREIRA JUNIOR, Jessé Torres; HEINEN, Juliano; DOTTI, Marinês Restelatto; MAFFINI, Raffini. **Comentários à Lei das Empresas Estatais**. Belo Horizonte: Fórum, 2018. p. 230.

11 "Ou seja, fora a criação da própria estatal, do seu objeto social e da participação em outras empresas, para o que é exigida base legal, o princípio da legalidade se aplica às estatais de forma negativa: desde que dentro da autorização legal para sua criação e atuação, não precisam ter autorizações legais específicas para atuar, mas não podem, como qualquer particular, atuar contra o Direito." (ARAGÃO, Alexandre Santos de. **Empresas estatais**. São Paulo: Forense, 2017. p. 185)

12 MEDAUAR, Odete. **Direito administrativo moderno**. 16. ed. São Paulo: RT, 2012. p. 134.

13 "EMENTA: CONSTITUCIONAL. ADMINISTRATIVO. ARGUIÇÃO DE DESCUMPRIMENTO DE PRECEITO FUNDAMENTAL. REGIME JURÍDICO DAS EMPRESAS ESTATAIS. PAGAMENTO DE DÉBITOS VIA SISTEMA DE PRECATÓRIOS. METRÔ-DF. MONOPÓLIO NATURAL. SERVIÇO PUBLICO ESSENCIAL. PRINCÍPIO DA CONTINUIDADE DOS SERVIÇOS PÚBLICOS. IMPOSSIBILIDADE DE BLOQUEIO, PENHORA OU ARRESTO DE VALORES FINANCEIROS EM DISPONIBILIDADE DA EMPRESA. ARGUIÇÃO JULGADA PROCEDENTE. 1. O transporte público coletivo de passageiros sobre trilhos é um serviço público essencial que não concorre com os demais modais de transporte coletivo, ao contrário, atua de forma complementar, no contexto de uma política pública de mobilidade urbana. 2. Segundo compreensão majoritária do Tribunal, não caracteriza o intuito lucrativo a mera menção, em plano de negócios editado por empresa estatal, da busca por um resultado operacional positivo. 3. Afastado o intuito lucrativo, o Metrô-DF, que é sociedade de economia mista prestadora de serviço público essencial e desenvolve atividade em regime de exclusividade (não

Outro exemplo é na arbitragem com a Administração Pública, onde o conflito entre a regra geral de confidencialidade do setor privado e o princípio da publicidade do setor público se chocaram com resultado favorável a este último (artigo 2º, § 3º, da Lei nº 9.307/1996; artigo 152 da Lei nº 14.133/2021).

Assim, do momento em que assume cargo público até o final de sua carreira, o gestor fica preso aos grilhões do regime jurídico administrativo, e sendo ele probo, os aceita e respeita de bom grado e proativamente.

Observe-se que aqui não se pretende defender a aplicação cega dos princípios administrativos, em conjunto ou isoladamente. A sua incidência não pode ser absolutamente inabalável, já que isso conduz à arbitrariedade que ignora a existência de conflito entre princípios e acaba por abandonar todos os demais princípios e valores protegidos pelo nosso ordenamento jurídico. Muitos deles têm por destinatário as pessoas privadas, mas são de interesse público, notadamente os direitos humanos e fundamentais.

Nessa esteira, é conhecimento jurídico basilar que na colisão entre os princípios do direito, os dois sobrevivem de modo compatibilizado, ainda que, na ponderação entre os valores confrontados, um deles tenha a sua aplicação mitigada em face do outro, que, em análise casuística, protege determinado interesse jurídico de maior valia a nossa sociedade[14].

Dito isso, e com a ressalva de precedente histórico[15], o fortalecimento da arbitragem foi uma grande inovação para a Administração Pública brasileira, testando a sua capacidade de resposta às novas realidades do direito contemporâneo. E, até agora, a resposta foi dada com louvor por diversos interlocutores.

A Advocacia-Geral da União já se estruturou adequadamente, em atenção à Administração Pública direta[16] e indireta[17], e com bastante êxito[18]. O Legislativo e

---

concorrencial), deve submeter-se ao regime de precatórios (artigo 100 da CF) para o adimplemento de seus débitos. 4. Decisões judiciais que determinam o bloqueio, penhora ou liberação de receitas públicas, sob a disponibilidade financeira de entes da Administração Pública sujeitos ao regime de precatório violam a Constituição. Precedentes. 5. Arguição julgada procedente." (STF, ADPF 524, Tribunal Pleno, Rel. Edson Fachin, J. 22.08.2023; Processo Eletrônico DJe s/nº, Divulg. 08.09.2023, Publ. 11.09.2023)

14 DWORKING, Ronald. **Taking Rights Seriously**. London: Duckworth, 1977. Ver, também: JUSTEN FILHO, Marçal. **Comentários à Lei de Licitações e Contratos Administrativos**. 12. ed. São Paulo: Dialética, 2008. p. 59.

15 *Caso Lage*: STF, Agravo de Instrumento nº 52.181/GB, Tribunal Pleno, J. 14.11.1973.

16 Análise detalhada da estrutura disponível em: https://www.gov.br/agu/pt-br/composicao/cgu/cgu/nea. Acesso em: 7 out. 2023.

17 Análise detalhada da estrutura disponível em: https://www.gov.br/agu/pt-br/composicao/procuradoria-geral-federal-1/subprocuradoria-federal-de-consultoria-juridica/equipe-nacional-de-arbitragens-enarb. Acesso em: 7 out. 2023.

18 Disponível em: https://valor.globo.com/legislacao/noticia/2023/09/08/arbitragem-bate-recorde-com-bilhoes-de-reais-em-disputa.ghtml. Acesso em: 11 set. 2023.

o Executivo também têm se mostrado efetivos na edição de normas[19] com grande qualidade e com bons resultados práticos. Provas disso são a jurisprudência do Judiciário brasileiro largamente favorável à validade da arbitragem com a Administração Pública[20] e a própria superação do "medo da caneta" para a adoção de cláusulas compromissórias pelos mais variados gestores públicos.

Veja-se que essa conquista não foi sem desafios. Além da confidencialidade e de diversas outras questões[21], também houve acalorado debate sobre o procedimento de escolha de árbitros e de instituições de arbitragem pela parte estatal, alcançando-se soluções que respeitam tanto os princípios da arbitragem quanto os princípios que regem o direito administrativo.

Especificamente para a escolha de instituições, o credenciamento prévio e a permissão de escolha pelo contratado respeitam tanto a isonomia, o julgamento objetivo e a transparência, quanto a autonomia da vontade perante a outra parte contratante[22].

Na escolha de árbitros, a exiguidade do prazo de nomeação após o surgimento do conflito torna impossível qualquer forma de concurso, tampouco o credenciamento prévio, inclusive para não prejudicar a eficiência da estratégia processual da Administração Pública. Mas isso não impede que critérios isonômicos, objetivos e transparentes[23] sejam adotados e motivados internamente. Isso se faz com a criação de uma praxe administrativa (artigo 24 da LINDB) de boas práticas que alcance os valores republicanos e constitucionais de modo concreto e específico (artigo 20 da LINDB), ainda que de modo simplificado em razão de obstáculos, dificuldades e exigências (artigo 22 da LINDB) na integração de dois mundos distintos, como é a arbitragem com a Administração Pública. A edição da Portaria Normativa AGU nº 75/2022 veio nesse sentido, visando aumentar a segurança jurídica dos envolvidos nessa escolha (artigo 30 da LINDB).

---

19 *Vide* nota de rodapé nº 12.

20 "No atual estágio legislativo, não restam dúvidas acerca da possibilidade da adoção da arbitragem pela Administração Pública, direta e indireta, bem como da arbitrabilidade nas relações societárias, a teor das alterações promovidas pelas Leis nº 13.129/2015 e 10.303/2001." (STJ, Conflito de Competência nº 151.130/SP, 2ª Seção, J. 27.11.2019)

21 Pode-se mencionar questões com importante cunho teórico (intervenção anômala da União, alegações de corrupção, entre outras) e outras de cunho eminentemente prático (dificuldade de antecipação das custas do processo por falta de previsão orçamentária; dificuldade de envio de protocolo por pen-drive por falta de disponibilidade dos equipamentos, sendo longa a burocracia para a aquisição; indicação de endereço de envio de comunicações iniciais para sedes longínquas da AGU, a despeito de o seu Núcleo Especializado em Arbitragem estar localizado em São Paulo; necessidade de prazo maior para resposta à solicitação inicial dado o tamanho da máquina administrativa; entre outras).

22 Artigo 154 da Lei nº 14.133/2021 e artigos 38 e seguintes da Portaria Normativa AGU nº 75/2022.

23 Artigo 154 da Lei nº 14.133/2021 e artigo 37 da Portaria Normativa AGU nº 75/2022.

Também se caminhou muito para obter segurança jurídica nas questões contratuais que mais corriqueiramente são causas de conflito entre particular e Administração Pública, de forma a pacificar a arbitrabilidade objetiva para esses casos (*v.g.*, restabelecimento do equilíbrio econômico-financeiro do contrato, inadimplemento de obrigações contratuais por quaisquer das partes e cálculo de indenizações[24]). Claro que o conceito de direito patrimonial disponível ainda gera muitos debates doutrinários, agora mais restritos à compreensão de seus contornos, sem arguição por sua rejeição total[25].

Todas essas discussões transmitem uma realidade cotidiana do agente público nas situações *sui generis*: qualquer que seja a novidade, há de se viabilizar ao máximo o atendimento aos princípios da Administração Pública, dentro das possibilidades reais permitidas pela própria situação inovadora.

Logo, para excepcionar a regra do regime público, deve-se sempre convencer materialmente que o afastamento de determinado princípio é justificado pela preponderância de outro valor jurídico no caso concreto, que atenderá melhor ao interesse público visto como um todo.

Nesse sentido, as empresas estatais estão sujeitas a regime jurídico híbrido, parte privado e parte público, mas, por terem como escopo o interesse público, nunca se esquivam completamente dos princípios da Administração Pública. No Recurso Extraordinário nº 589.998/PI[26], o Supremo Tribunal Federal firmou a

---

24 Artigo 151, parágrafo único, da Lei nº 14.133/2021.

25 Para ilustrar, a mais recente questão sobre a arbitrabilidade objetiva se afigura na recente decisão do Tribunal de Justiça de São Paulo, na Apelação nº 1008052-51.2021.8.26.0286, julgada em 02.10.2023, que anulou parcialmente sentença parcial arbitral onde o tribunal arbitral se considerou competente para apreciar o mérito da sanção administrativa de rescisão unilateral de contrato de concessão por caducidade. O tribunal estatal considerou que se trata de matéria inarbitrável por ser manifestação do poder de polícia. Ainda que o ato de declarar a caducidade seja exercício de prerrogativa estatal, indaga-se: A apreciação dos fatos que deram causa à sanção é inarbitrável? Ainda que não se possa ordenar a reversão da caducidade, não se pode apreciar na arbitragem se a sanção era ou não adequada exclusivamente para definição das consequências patrimoniais desse ato? Ver, também, ISFER, Tiago Beckert; NASCIMENTO, Priscila Cunha do. A função do árbitro de controle externo da administração pública. *In*: GUANDALINI, Bruno; ELIAS, Carlos Eduardo Stefen (org.). **A função de árbitro no Brasil**. 1. ed. São Paulo: Almedina, 2022. p. 579-614.

26 "EMPRESA BRASILEIRA DE CORREIOS E TELÉGRAFOS – ECT. DEMISSÃO IMOTIVADA DE SEUS EMPREGADOS. IMPOSSIBILIDADE. NECESSIDADE DE MOTIVAÇÃO DA DISPENSA. RE PARCIALEMENTE PROVIDO. I – Os empregados públicos não fazem jus à estabilidade prevista no artigo 41 da CF, salvo aqueles admitidos em período anterior ao advento da EC 19/1998. Precedentes. II – Em atenção, no entanto, aos princípios da impessoalidade e isonomia, que regem a admissão por concurso público, a dispensa do empregado de empresas públicas e sociedades de economia mista que prestam serviços públicos deve ser motivada, assegurando-se, assim, que tais princípios, observados no momento daquela admissão, sejam também respeitados por ocasião da dispensa. III – A motivação do ato de dispensa, assim, visa a resguardar o empregado de uma possível quebra do postulado da impessoalidade por parte do agente estatal investido do poder

tese de que o empregado público não tem direito à estabilidade do cargo como no regime estatutário; porém, o ato de dispensa deve ser motivado por respeito ao princípio da impessoalidade. No voto, o Ministro Relator Ricardo Lewandowski afirmou:

> [...] embora a rigor, as denominadas "empresas estatais" ostentem a natureza jurídica de direito privado, elas se submetem a regime híbrido, ou seja, sujeitam-se a um conjunto de limitações que têm por escopo a realização do interesse público. Em outras palavras, no caso dessas entidades, ocorre uma derrogação parcial das normas de direito privado em favor de certas normas de direito público.
>
> [...]
>
> Como exemplo de algumas das restrições aplicáveis a essas empresas, derivadas do próprio texto constitucional, tem-se, relativamente a seus servidores, a submissão ao teto remuneratório, proibição de acumulação de cargos, empregos e funções, e, ainda, a exigência de concurso para ingresso em seus quadros.

Esse tema da dispensa imotivada ainda deve ganhar novos contornos em face do Banco do Brasil, em razão de sua atuação no mercado financeiro (Tema nº 1.022/STF); porém, demonstra bem a influência do regime público nos institutos de direito privado.

Para ser bem claro, por mais que se trate de direito patrimonial disponível, ou de empresa estatal sujeita ao regime híbrido, ou de processo arbitral com a Administração Pública com regras especiais[27], qualquer que seja a relação jurídica de direito administrativo sob escrutínio, nem o agente público nem o órgão controlador (aqui se enquadra o árbitro[28]) poderão simplesmente ignorar o argumento de interesse público ou afastá-lo sem um fundamento bastante convincente e conforme os limites do próprio regime jurídico administrativo. Não se olvide que, para entretanto reforçar, os princípios da Administração Pública devem estar aderentes aos demais valores protegidos pelo nosso ordenamento jurídico, devendo eventual conflito principiológico alcançar o indispensável equilíbrio entre todos os valores em causa.

---

de demitir. IV – Recurso extraordinário parcialmente provido para afastar a aplicação, ao caso, do artigo 41 da CF, exigindo-se, entretanto, a motivação para legitimar a rescisão unilateral do contrato de trabalho." (STF, Recurso Extraordinário nº 589.998, Tribunal Pleno, J. 20.03.2013)

27 Além das especificações legais e normativas diferenciadas, diversas as instituições de arbitragem tem adotado regras específicas para as arbitragens com a Administração Pública, em resoluções, regulamento próprio ou em regras específicas dentro do regulamento geral (*v.g.*, AMCHAM, CAM-CCBC, CAM-Ciesp/Fiesp, Camarb e Arbitac).

28 ISFER, Tiago Beckert; NASCIMENTO, Priscila Cunha do. *Op. cit.*, p. 579-614.

3. IMPRESCINDIBILIDADE DO SERVIÇO PÚBLICO

Se o show não pode parar no mundo artístico, o serviço público essencial não poderá parar com mais razão ainda.

A justificativa existencial da Administração Pública é prover serviços considerados de interesse público e essenciais à garantia dos direitos fundamentais e sociais dos cidadãos[29].

Essa compreensão é largamente difundida no nosso ordenamento jurídico, sendo a continuidade do serviço público erigida em princípio do direito administrativo (artigo 4º da Lei nº 13.460/2017)[30].

Como é notório, a Administração Pública tem muitas responsabilidades. Tem competências tipicamente estatais, como aquelas arroladas nos artigos 21 e 23 da Constituição Federal. É também responsável por normatizar, regular, fiscalizar e incentivar a atividade econômica enquanto agente normativo e regulador (artigo 174 da CF). Ainda na seara da economia, deve exercer diretamente a atividade econômica quando necessária aos imperativos da segurança nacional ou a relevante interesse coletivo, conforme definidos em lei (artigo 173 da CF); prestar serviços públicos, diretamente ou por concessão ou permissão (artigo 175 da CF); e, ainda, realizar em regime de monopólio determinadas atividades (artigo 177 da CF).

Prosseguindo nessa tarefa de breve arrolamento das responsabilidades estatais, a administração tributária é reconhecida como serviço público essencial no artigo 37, inciso XXII, da CF/1988; o transporte coletivo igualmente, no artigo 30, inciso V, da CF/88; diversos serviços são reconhecidos no artigo 10 da Lei nº 7.783/1989; e ainda que tenha sido revogado em 2022, o Decreto federal nº 10.282/2020 enquadrou como essenciais diversos serviços ao regulamentar a Lei nº 13.979/2020.

Certamente há controvérsias sobre o que se qualifica como serviço público essencial, para acrescer ou para excluir; porém, é inegável que existe algo a ser assim considerado e que não pode deixar de ser prestado[31]. A consequência seria causar prejuízos gravíssimos para diversas pessoas, físicas ou jurídicas, públicas ou privadas, de cunho material ou imaterial, de valor patrimonial ou de valor inestimável e impossível de ser mensurado ou reparado.

Essa compreensão está incutida na mais racional lógica do consciente e na mais profunda camada do subconsciente do agente público. De uma forma ou de outra,

---

29 Lei nº 13.460/17, artigo 4º: "Os serviços públicos e o atendimento do usuário serão realizados de forma adequada, observados os princípios da regularidade, continuidade, efetividade, segurança, atualidade, generalidade, transparência e cortesia". Ver, também: MEDAUAR, Odete. *Op. cit.*, p. 33.

30 BANDEIRA DE MELLO, Celso Antonio. **Curso de direito administrativo**. 29. ed. São Paulo: Malheiros, 2012. p. 83.

31 ARAGÃO, Alexandre dos Santos de. **Direito dos serviços públicos**. 3. ed. Rio de Janeiro: Forense, 2013. p. 73 e ss.

todos os atos administrativos devem conduzir a esse bem maior, devendo os atos da Administração Pública, ainda que gerenciais, serem apreciados sob esse aspecto.

Esse fator é de grande influência nos órgãos de controle. Exemplo disso, no Metrô-DF, foi o entendimento do TCDF de que os contratos emergenciais para os serviços de manutenção do sistema não puderam deixar de ser assinados pelos diretores que assumiram a gestão em 2015, ainda que com indícios de sobrepreço. O custo social e financeiro de pagar caro é muito menor do que deixar o sistema paralisar por falta de manutenção[32]. Obviamente, isso não afasta a responsabilização de gestores anteriores por eventual desídia, nem a necessidade de se tomar medidas para reaver valores pagos indevidamente[33].

Outro exemplo é a revogação de liminar que impedia o Metrô-DF de efetuar qualquer pagamento à eventual empresa que viesse a ser contratada para o serviço de vigilância, enquanto não fosse quitada integralmente dívida com a empresa anterior[34]. Depois de dois agravos de instrumento e de dois pedidos de reconsideração, todos infrutíferos, foi obtida rara reconsideração pelo juiz de primeira instância, em terceira tentativa, depois de ser fundamentada a real possibilidade de paralisação dos serviços metroviários em caso de suspensão dos serviços de vigilância[35]. A falta de segurança impediria o manuseio de volumes relevantes de dinheiro em espécie em cada estação metroviária.

Ou seja, qualquer julgamento proferido deve velar pela continuidade do serviço público essencial o tanto quanto possível. Em reforço disso, foi incluída na

---

32 TCDF, Decisão nº 5427/2020, Processo nº 8870/2018-e, J. 09.12.2020.

33 Questão *sub judice* na Ação nº 0035293-83.2015.8.07.0018, em trâmite perante a 1ª Vara da Fazenda Pública do Distrito Federal.

34 Processo nº 0002823-62.2016.8.07.0018, em trâmite perante a 4ª Vara da Fazenda Pública do Distrito Federal.

35 Leia-se trecho da decisão:

"De fato, a decisão de fls. 164, caso mantida por tempo prolongado, acaba por inviabilizar a atuação do Metrô-DF, na medida em que, proibida a realização de pagamento em favor da nova contratada (Ágil) sem que sejam quitados os débitos reclamados pela Servi, sujeita-se a realização do pagamento a evento futuro e incerto, caracterizado pela conclusão da ação executiva.

E é certo que o tempo do processo é distinto do tempo do contrato, de modo que este não pode ficar engessado indefinidamente, até o julgamento definitivo da ação, sob pena de prejudicar irremediavelmente a empresa que atualmente presta serviço.

Ademais, como bem argumentou o Metrô-DF, a nova empresa (Ágil) vem prestando o serviço sem receber os pagamentos, situação que, caso supere 90 dias, dará ensejo à rescisão do contrato (artigo 78, XV, da Lei nº 8.666/1993, o que pode gerar prejuízos ainda maiores, sem contar que afeta o funcionamento do serviço de transporte ferroviário urbano de passageiros, que constitui a atividade-fim do Metrô-DF.

Por outro lado, a ordem cronológica estabelecida na Lei nº 8.666/1993 para os pagamentos administrativos não pode ser aplicada em caráter absoluto. O próprio artigo 5º ressalva a possibilidade de quebra da ordem cronológica por razões de interesse público." (TJDFT, Decisão Interlocutória nos Autos nº 0002823-62.2016.8.07.0018, 4ª Vara da Fazenda, J. 08.06.2016)

LINDB a previsão expressa de que as decisões administrativas, controladoras ou judiciais (também compreendidas as decisões arbitrais nesse contexto legal[36]) devem considerar as consequências práticas da sua decisão (artigo 20 da LINDB). Também passou a ser exigida a indicação expressa das consequências jurídicas e administrativas em caso de invalidação de ato administrativo (artigo 21 da LINDB). Em outras palavras, se a decisão a ser tomada pelo árbitro for capaz de ter por consequência prática a paralisação de serviço público essencial, cabe a ele buscar alternativas possíveis (artigo 20, parágrafo único, da LINDB) e modular os efeitos de sua decisão para, de modo proporcional e equânime, conseguir preservar ao máximo a continuidade do serviço público essencial, sem prejuízo dos direitos das partes envolvidas (artigo 21, parágrafo único, da LINDB).

Se na teoria este assunto parece de fácil compreensão, na prática ele é desafiador. O mundo hoje é cada vez mais perigoso, complexo e provido de interesses múltiplos, de modo que os problemas simples e aparentemente fora de contexto podem paralisar serviços públicos essenciais. E isso nos leva a duas considerações importantes, de que é necessário haver deferência à *expertise* dos gestores públicos, e de que quase todo contrato administrativo, se não todos, pode afetar em maior ou menor grau o serviço público essencial.

Não se busca aqui aprofundar a fundamentação jurídica do dever de deferência[37], mas, sim, trazer um pouco de compreensão prática do assunto. Não obstante, ressalta-se, com brevidade, que esse dever está ínsito na regra *business judgment rule*, acolhida pelo Direito brasileiro no artigo 159, § 6º, da Lei nº 6.404/1976, para companhias privadas[38], e, por força do artigo 16, cabeça, Lei nº 13.303/2016, para empresas estatais[39].

Para demonstrar a importância da deferência, traz-se a discussão sobre a melhor forma de preservar o serviço mínimo de transporte metroviário em Brasília, por ocasião da greve promovida pelo sindicato dos trabalhadores em 2016.

---

36 ISFER, Tiago Beckert; NASCIMENTO, Priscila Cunha do. *Op. cit.*, p. 602-603.

37 ISFER, Tiago Beckert; NASCIMENTO, Priscila Cunha do. *Op. cit.*, p. 603-609.

38 Já aplicado pelo Tribunal de Justiça de São Paulo: Apelação Cível nº 1002546-43.2015.8.26.0565, 2ª Câmara Reservada de Direito Empresarial, J. 22.10.2019.

39 Consta no voto de caso envolvendo a Petrobrás: "[...] Torna-se válida a referência, neste ponto, à chamada teoria da *business judgment rule*, enquanto *standard* de autocontenção judicial no julgamento de escolhas societárias. [...]" (STF, Ação Direta de Inconstitucionalidade nº 5.942, Tribunal Pleno, J. 13.10.2020).

E no TCU: Acórdão nº 1134/2023, Plenário, J. 07.06.2023; e no Acórdão nº 2706/2022, Plenário, J. 07.12.2022, afirmou-se: "[...] as decisões dos gestores públicos devem ser pautadas em processos que envolvam análises específicas sobre cada caso concreto, bem como o *Business Judgment Rule*, conforme referenciado nos Acórdãos nºs 2.824/2015, 3.052/2016 e 1.839/2018 – TCU – Plenário, combinado com o artigo 16, parágrafo único, da Lei nº 13.303/2016 c/c artigo 153 da Lei nº 6.404/1976".

Historicamente, o Tribunal Regional do Trabalho da 10ª Região, em Brasília, ordenava a manutenção de percentuais mínimos ao longo de todo o horário de funcionamento. Porém, na greve de 2016, calçado na fundamentação técnica da Diretoria de Operação e Manutenção, o Metrô-DF pleiteou liminar para que os empregados mantivessem o funcionamento do sistema nos horários de pico, fechando nos horários de vale. Buscava-se, assim, respeitar o direito de greve sem abalar gravemente o serviço prestado, principalmente à população trabalhadora, que mais necessita do transporte.

Obtida a liminar, o efeito prático da greve ficou bastante reduzido em relação à população. Em contrapartida, esse acabou por ser um dos movimentos paredistas mais longos da categoria, somando 72 dias de greve[40]. A consequência disso foi aumentar o impacto direto na receita tarifária; porém, se privilegiou a continuidade do serviço público em seu mínimo essencial, não cabendo à população sofrer por conflitos trabalhistas internos entre empresa estatal e seus empregados públicos. Certamente, o prejuízo indireto do Metrô-DF e do Governo do Distrito Federal seria muito maior se a greve tivesse sido mais drástica.

Logo, verifica-se claramente que o conhecimento de um corpo técnico da Administração Pública é de grande valia, pois são os seus profissionais que vivenciam e respondem a todos os problemas que aparecem cotidianamente. Claro que podem errar e podem ter divergências internas; porém, nenhum julgamento poderá simplesmente ignorar o que é dito pelos maiores especialistas práticos (e muitas vezes teóricos) em gestão pública.

Nos exemplos práticos já dados neste tópico, é evidente o prejuízo à continuidade ao serviço público de transporte metroviário brasiliense; porém, seria possível elencar todos os contratos do Metrô-DF e traçar alguma interligação com o serviço público para indicar que a sua inexecução seria capaz de prejudicar, de algum modo, a oferta do serviço.

Com efeito, um dos problemas enfrentados foi o processo de aquisição de café em pó. Por motivos burocráticos e de cortes orçamentários, correu-se o risco de acabar o estoque de café em determinado momento. Os empregados públicos ficaram insatisfeitos e começaram conversas sobre possível greve branca[41] no setor administrativo. Ou seja, até o fornecimento de café pode impactar os serviços públicos essenciais.

Essa exemplificação pode parecer absurda, e o é; porém, demonstra que questões aparentemente banais poderão afetar o serviço público. Portanto, quando se

---

40 Disponível em: https://agenciabrasil.ebc.com.br/geral/noticia/2016-08/tst-determina-fim-da-greve-dos-metroviarios-do-distrito-federal. Acesso em: 21 ago. 2023.

41 Greve branca é aquela em que os empregados comparecem em seus postos de trabalho, mas não realizam as suas obrigações.

trata de Administração Pública, todo cuidado é pouco na apreciação das consequências das decisões do árbitro. Deve-se separar o joio do trigo, tanto para preservar o serviço público quanto para coibir abusos da máquina pública.

Em suma, o argumento de imprescindibilidade de serviço público essencial tem muito peso. É indispensável a deferência, sempre que respeitados os limites da legalidade, assim como muito cuidado na apreciação das consequências de cada ato praticado ou decisão tomada para que realmente não causem prejuízos incalculáveis.

4. PESO E SOBRECARGA DO SERVIÇO PÚBLICO

Mais do que capacidade e dedicação, ser gestor público exige coragem e resiliência. A cada decisão a ser tomada, sente-se o peso do encargo público. As consequências das suas ações, omissões e decisões afetam a vida de muitas pessoas. Todos os seus passos estão sujeitos a controle por diversos atores, não podendo deixar de se explicar sempre que indagado, seja ou não razoável o questionamento, seja ou não correta a intenção de quem o interroga.

No Metrô-DF, os gestores sempre analisavam como a sua decisão poderia afetar o fornecimento do serviço metroviário. Os possíveis prejuízos à sociedade por eventual paralisação estavam muito presentes nas discussões, como um pano de fundo inafastável de todas as tomadas de decisão.

Basta um pouco de imaginação para perceber o motivo pelo qual o transporte é direito social (artigo 6º, cabeça, da CF/1988). Além de potencializar o direito de ir e vir, é absolutamente necessário ao atingimento de muitos dos demais direitos sociais. Com efeito, para ter educação é necessário chegar à escola. Saúde só há se o doente chegar ao hospital ou ao posto de saúde. O trabalhador não consegue emprego se não puder comparecer ao local de trabalho. Não se proporciona lazer sem acessibilidade a parques e museus. E assim por diante.

Uma das questões recorrentes no Metrô-DF era a insuficiência quantitativa de agentes de estação para manter o funcionamento de todas as estações, pois a empresa estatal ficou impedida de convocar os aprovados no concurso público por força do limite prudencial da Lei de Responsabilidade Fiscal (Lei Complementar nº 101/2000).

Por norma interna, nesses casos, a orientação era priorizar a segurança dos usuários e a oferta do serviço em detrimento da cobrança tarifária. Dito de forma mais simples, as catracas eram liberadas para o livre acesso de todos. Obviamente isso trazia prejuízos aos cofres da empresa pública, o que sempre foi objeto de controle pelas autoridades competentes; porém, dos males o menor.

Em decorrência disso, em 2016, antes mesmo da aprovação da Lei nº 13.303/2016, o Metrô-DF tomou a decisão de adotar a gestão de riscos com o apoio da Controladoria-Geral do Distrito Federal. Isso acabou por ser incorporado no seu estatuto social em grau mais elevado do que exigido pela lei supracitada. Para tanto, foi incluída excludente de cobertura ao seguro de responsabilidade civil dos administradores, caso estes não tenham submetido a questão à avaliação de gestão de riscos ou a avaliação dos riscos tenha indicado como não recomendável (artigo 19, § 1º, inciso I, do Estatuto Social do Metrô-DF).

A adoção da gestão de riscos imprime maior profissionalismo na tomada de decisão ao forçar o gestor público a sair do campo das decisões intuitivas para as decisões com planejamento técnico e motivação mais adequada. Isso permite a assunção de riscos calculados, que dão maior segurança ao gestor público para não ser responsabilizado quando algum risco negativo se concretizar.

É impossível eliminar todos os riscos. Mesmo as melhores decisões podem dar errado, o que conduz ao "erro honesto" na tomada de decisão. Esse conceito de "erro honesto" está no âmago da regra *business judgment rule*[42], a qual protege o bom administrador dos prejuízos que suas decisões possam desencadear, a despeito de ter tomado a melhor decisão, dadas as informações então disponíveis, e agido em consonância com todos os deveres exigidos para o seu cargo (lealdade, diligência, boa-fé, etc.).

Outra questão complexa foi a de verificar a responsabilidade da permissão provisória outrora dada para que um trem que se acidentou fosse utilizado como repositório de peças sobressalentes pelo consórcio privado responsável pela manutenção. Essa medida pouco desejável mostra como é importante manter a frota funcionando, mas não pode ser considerada como uma alteração das responsabilidades contratuais originalmente pactuadas, uma vez que a responsabilidade por todos os prejuízos decorrentes tem que ser atribuída a quem descumpriu o contrato. De um lado, alegava-se o desrespeito aos prazos contratuais para o conserto das peças danificadas. De outro lado, a inexistência de peças sobressalentes para manter a frota funcionando.

Sem adentrar na convicção pessoal deste autor sobre o caso concreto narrado, de quem quer que seja a responsabilidade, verifica-se que deve haver uma análise atenciosa das decisões da Administração Pública para verificar, primeiramente, se realmente altera as obrigações contratuais que o particular assumiu originalmente e, em segundo lugar, quem deu causa à necessidade imperativa daquela decisão administrativa. Essa análise é casuística e potencialmente muito complexa, cabendo ao árbitro ter em mente que, a rigor, as decisões administrativas não são tomadas por capricho, e, sim, por interesse público.

---

42 SHARFMAN, Bernard S. The Importance of the Business Judgment Rule. **Journal of Law & Business**, New York, v. 14, n. 1, p. 27-69, 2017, p. 30.

Se o processo de tomada de decisão já não é rápido nem fácil, a dificuldade aumenta ainda mais se for considerada a ausência de condições ideais.

No Brasil, aguarda-se a reforma administrativa, que há muito se faz necessária. Algumas leis foram promulgadas nos últimos anos, notadamente a Lei nº 13.303/2016, a Lei nº 13.655/2018, a Lei nº 14.133/2021 e a Lei nº 14.230/2021; porém, a Administração Pública brasileira ainda sofre com muitos problemas.

A grande crítica global é a ineficiência do serviço público, que é um problema pernicioso[43] causado por diversos fatores. Um desses fatores é a lentidão causada pelo controle e pela transparência, os quais são indispensáveis, mas têm por contrapartida o custo financeiro (tanto do órgão de controle quanto do órgão controlado) e de recursos humanos (pessoas dedicadas à função e dedicação do gestor público à justificativa prévia e posterior do ato praticado).

Em certa ocasião, uma representante de órgão de controle questionou a legalidade de o Metrô-DF ter reservado o primeiro carro dos trens às mulheres e às pessoas com deficiência ("vagão rosa") durante todo o horário de abertura do sistema pelo fato de que a Lei distrital nº 5.678/2016 determina essa reserva somente nos horários de pico. Esse questionamento, pouco razoável na opinião deste autor, acabou por retirar o então diretor-presidente do Metrô-DF durante todo um turno de trabalho, sem contar com o tempo que a sua equipe se dedicou a estruturar a resposta ao questionamento.

Em outra situação, o responsável pela elaboração do planejamento da contratação do serviço de limpeza ficou intrigado com o pedido de que fosse justificada a necessidade dessa contratação. Para ele, era tão óbvia que não seria nem mesmo necessário expor no papel. Porém, fez como orientado juridicamente, já que a falta de justificativa poderia colocar em risco ou atrasar todo o procedimento se algum órgão de controle, por excesso de zelo, ou um interessado de má-fé, por interesses diversos, quisesse procurar "pelo em ovo".

As demandas de transparência e questionamento são incessantes, e, por mais que todas as ferramentas de controle sejam necessárias[44], deve-se compreender que elas esgotam a capacidade de resposta da Administração Pública.

---

43 RITTEL, Horst W. J. Dilemmas in a General Theory of Planning. **Policy Sciences**, Amsterdam, v. 4, n. 2, p. 155-169, jun. 1973. Ver, também: HEAD, Brian W. Wicked Problems in Public Policy. **Public Policy**, Amsterdam, v. 3, p. 101-118, jan. 2008. Disponível em: https://www.researchgate.net/publication/43502862_Wicked_Problems_in_Public_Policy?enrichId=rgreq-8e2be79e935fed0d98baab5de261527b-XXX&enrichSource=Y292ZXJQYWdlOzQzNTAyODYyO0FTOjQ1MzYxMDU4MTU2NTQ0MEAxNDg1MTYwNTk4MDU0&el=1_x_2&_esc=publicationCoverPdf. Acesso em: 26 ago. 2023. E ver: CAVALCANTE, Pedro; CUNHA, Bruno Queiróz. É preciso inovar em governo, mas por quê? *In*: CAVALCANTE, Pedro *et al.* (org.). **Inovação no setor público**: teoria, tendências e casos no Brasil. 2. ed. Brasília: Enap/Ipea, 2017. p. 19-39.

44 A ausência de controle é ainda mais prejudicial à eficiência da Administração Pública pelo risco de malversação do Erário público e desvio de finalidade nas decisões tomadas.

Assim, mostra-se pouco adequado que o árbitro adote prazos processuais como se estivesse diante de partes exclusivamente privadas. O advogado privado pode orientar a escolha do árbitro sem enfrentar burocracia. O advogado público tem diversas atividades internas para justificar a escolha do árbitro, e ainda estará sujeito à responsabilização pessoal em caso de inobservância de algum requisito por dolo ou erro grosseiro (artigo 28 da LINDB). A elaboração da estratégia processual é ainda mais árdua, exigindo quase sempre a interação entre diversos órgãos internos ou externos.

Outro fator para a ineficiência da Administração Pública é o seu gigantismo. Se fosse uma empresa, a Administração Pública federal seria a maior do mundo, com cerca de 11 milhões de servidores públicos[45]. Para chegar da portaria do prédio à mesa da autoridade competente, uma carta ou notificação deve passar por muitas mãos. Como já mencionado antes, o NEA/AGU sofreu com os prazos exíguos das notificações iniciais para responder às demandas arbitragem. E novamente se tem aqui justificativa para adequar a marcha processual à realidade da Administração Pública.

Em terceiro fator exemplificativo, a ineficiência da máquina pública está atrelada aos incentivos e limites pouco naturais de evolução na carreira pública. Dentro do Metrô-DF havia os aposentados na ativa (concursados que só queriam estabilidade, trabalhando o mínimo possível para se manter no cargo), os desiludidos (pessoas capacitadas que historicamente eram preteridas em favor de pessoas menos qualificadas), os invejosos (pessoas que sempre buscavam derrubar seus chefes independentemente da competência deles), os costas-quentes (pessoas pouco capacitadas em cargo de importância), entre outros. Não raramente, ocorre o assédio moral inverso, onde os subordinados assediam os seus superiores hierárquicos e ficam impunes por conta da estabilidade, burocracia do processo de exoneração e, principalmente, pela capacidade de o insubordinado questionar à exaustão todos os passos de seu superior hierárquico.

Diante de tais problemas, é comum haver divergências internas na Administração Pública para as questões apresentadas a julgamento. Ao se deparar com isso, o árbitro não pode considerar automaticamente que a Administração Pública adotou comportamento contraditório. Pelo oposto, deverá descartar opiniões internas e não vinculantes e considerar como comportamento da Administração Pública aquela postura manifestada pela maior autoridade administrativa competente que houver se pronunciado.

Diante dessas diversas dificuldades, o gestor público pode encontrar no árbitro um meio adequado para solucionar problemas internos que se restrinjam a direitos patrimoniais disponíveis. Por exemplo, a insegurança jurídica na análise de pleitos

45 Disponível em: https://www.cnnbrasil.com.br/economia/brasil-tem-menos-funcionarios-publicos-que-eua-europa-e-vizinhos-e-presta-servico-de-pior-qualidade-mostra-estudo/. Acesso em: 23 ago. 2023.

administrativos dos fornecedores não precisa durar todo o prazo prescricional, nem esperar o desenrolar de uma ação judicial de longa duração.

Atento aos efeitos do peso e da sobrecarga do serviço público, o árbitro pode contribuir positivamente para que os gestores públicos superem o medo da caneta e tornem mais eficiente a Administração Pública brasileira. Essa contribuição tem sido tão importante que já se escreve sobre a "revolução secreta" nos contratos administrativos[46]. Sob a perspectiva do gestor público e da parte privada, a submissão de questões patrimoniais disponíveis controvertidas a tribunal arbitral, que certamente seriam objeto de escrutínio pelos diversos entes controladores, é o modo mais rápido e seguro de se obter decisão imparcial, amplamente fundamentada, definitiva e inalterável, trazendo segurança jurídica para todos os envolvidos.

Isso impede que impasses contratuais se tornem obstáculos intransponíveis para a Administração colocar em prática as suas políticas públicas e que o gestor público se torne refém da incerteza sobre a legalidade de seus atos quando, apesar de sua boa-fé e lealdade, estão sujeitos às controvérsias do mundo jurídico e às opiniões cambiáveis dos órgãos de controle.

Logo, ao garantir maior segurança jurídica e celeridade processual, a arbitragem colabora com os interesses públicos buscados pela Administração e, ao mesmo tempo, com os interesses privados do fornecedor contratado.

Claramente, isso só é possível por meio da mais inquestionável imparcialidade e idoneidade, de modo a afastar a desconfiança das partes envolvidas, como será visto a seguir.

5. DESCONFIANÇA GENERALIZADA

Um pouco de desconfiança é saudável para evitar que abusem de nossa ingenuidade; entretanto, a desconfiança generalizada é paranoia e compromete nossa capacidade de socializar. E isso se aplica à arbitragem com a Administração Pública. Com efeito, cabe à comunidade arbitral convencer a Administração Pública de que a arbitragem é o melhor meio de se julgar impositivamente os litígios públicos envolvendo direitos patrimoniais disponíveis. Porém, não há argumento que convença, por mais persuasivo que seja, enquanto não ficar bem demonstrado que é possível confiar no instituto da arbitragem.

46 JUSTEN FILHO, Marçal. A revolução secreta nos contatos públicos. **Jota.** Disponível em: http://www.justenfilho.com.br/imprensa/jota-%e2%80%93-a-revolucao-secreta-nos-contratos-publicos/. Acesso em: 26 ago. 2023.

Algumas empresas estatais, a Administração Pública federal, muitas estaduais e umas tantas municipais já têm essa confiança; porém, ainda há um longo caminho a ser percorrido para que a arbitragem atenda à demanda reprimida no Brasil.

Durante o processo de elaboração e aprovação do Regulamento Interno de Contratos e Licitação do Metrô-DF, a despeito das sugestões deste autor enquanto principal responsável pela elaboração da minuta a ser submetida à aprovação, só foi possível prever, de modo bem singelo, a possibilidade de eleger outros métodos de resolução de conflitos.

Isso se deu pelo ambiente institucional que não permitia criar mecanismos que pudessem ser indevidamente utilizados, havendo à época pouco sentimento de segurança jurídica.

A bem da verdade, a insegurança tinha a sua razão de ser, já que percorriam muitos rumores capazes de suscitar a desconfiança de qualquer profissional, inclusive deste autor. Cartel dos metrôs; sobrepreço de 100% no contrato de maior volume financeiro; representante de empresa privada sendo padrinho de casamento de advogada pública; advogado público comprando briga com promotor de justiça contra a vontade do diretor-presidente; agente de estação desviando receita de bilheteria; uso não autorizado de veículo institucional. Não se afirma aqui que esses rumores são verdadeiros; ao contrário disso, mas que são suficientes para impedir a adoção de cláusulas arbitrais por paranoia. Naquele cenário, se até mesmo o gozo regular de férias por respeitável conselheiro do tribunal de contas distrital foi visto por alguns – equivocadamente – como ato prejudicial aos cofres públicos, mais difícil ainda seria conseguir conferir a particulares a jurisdição sobre direitos patrimoniais disponíveis do Metrô-DF.

No setor público, é comum a desconfiança transbordar o limite do razoável, criminalizando todo e qualquer lucro almejado pelo setor privado.

Evidentemente que essa paranoia não pode existir, mas é importante ser feito um trabalho adequado de convencimento em favor da arbitragem que ultrapasse as alegações teóricas de sua vantajosidade. O convencimento não se dá pela oratória, mas sim pelo comportamento da comunidade arbitral. Ou seja, é necessário adotar medidas concretas para mitigar os riscos que mais assustam a Administração Pública.

Em 2017, durante o auge da Operação Lava Jato, o Metrô-DF tinha a difícil tarefa de licitar as obras de conclusão de algumas estações inacabadas. Foi somente com a implantação de gestão de riscos e de exigência pioneira (ao menos no cenário das empresas públicas) de medidas de integridade dos licitantes que foi possível ter êxito sem prejudicar a imagem da empresa pública, a qual não tinha fundamento legal para impedir empresas envolvidas na Operação Lava Jato de participar de seus certames.

A lição que se extrai dessa experiência é que cabe ao árbitro e às instituições de arbitragem adotarem todos os mecanismos necessários à transparência e segurança jurídica do procedimento para convencer a Administração Pública de sua lisura e confiabilidade. Como já visto em tópico anterior, a Administração Pública é bastante capaz de criar equipes da Advocacia Pública para defendê-la com êxito em procedimentos arbitrais. O que falta é a vontade de fazê-lo, que só ocorrerá quando for assim convencida.

Para tanto, é possível sugerir que: (i) as instituições de arbitragem adotem remuneração dos árbitros com valores fixos e preestabelecidos, conforme valor da causa, para evitar superfaturamento de horas trabalhadas e o sobrepreço na definição casuística de preço, que é sempre uma zona cinzenta e fonte de riscos na gestão de recursos públicos[47]; (ii) o árbitro faça um relatório minucioso e auditável de suas horas trabalhadas, quando for o caso (salvamento eletrônico e concomitante de planilha eletrônica, envio de *e-mails* a si mesmo para registro de horário e evolução do caso); (iii) haja a mais ampla possível revelação de fatos, mesmo que não sejam causa de impedimento; (iv) todas as audiências sejam gravadas e previamente agendadas com todas as partes; (v) a organização de audiências presenciais seja realizada exclusivamente pela instituição de arbitragem, sem luxos; (vi) que a própria câmara publique ou forneça os mecanismos para a publicação do procedimento arbitral, ressalvadas possíveis exceções ao princípio da publicidade; (vii) todos os pagamentos devidos sejam realizados diretamente à instituição de arbitragem, à qual deve se incumbir de repassar os honorários aos árbitros; (viii) os árbitros mantenham controle interno rigoroso de suas contas bancárias e receitas financeiras, antes, durante e depois do procedimento, para comprovar proveniência em caso de investigação, por mais infundada que seja a acusação; (ix) se houver interesse do Ministério Público em acompanhar o processo na qualidade de fiscal da lei, os árbitros sejam receptivos e propiciem os meios para o *Parquet* exercer a sua função.

Com um esforço ampliado de lisura e transparência, certamente será possível superar a reticência de outros órgãos federais, Estados, Municípios e entidades da Administração Pública indireta que ainda não aderiram à arbitragem, bem como afastar ataques infundados ao instituto da arbitragem.

CONCLUSÕES

A conciliação da dicotomia entre setor público e setor privado no campo da arbitragem representa um desafio e uma oportunidade. O desafio é atender aos interesses e às expectativas de cada parte envolvida e a oportunidade é imprimir

47 Em consulta às principais instituições, é possível registrar que CAM-Mercado adota honorários por hora trabalhada; a Câmara FGV adota critérios meramente indicativos, permitindo negociação entre as partes; o CBMA permite a fixação pelo próprio Centro, ainda que com limites mínimos e máximos.

maior confiabilidade e segurança jurídica às partes, de modo que a arbitragem com a Administração Pública seja uma opção atrativa para todos os envolvidos e cresça de modo sustentável.

Ao longo deste artigo, com base na experiência do autor no Metrô-DF, foram explorados alguns aspectos culturais do setor público que impactam o procedimento arbitral.

Primeiramente, a Administração Pública pode e deve escolher árbitros que compreendam o setor público. Para tanto, deve-se buscar o perfil ideal de árbitro para a Administração Pública, sendo ele o grande jurista com vasta experiência da advocacia pública, que tenha disponibilidade de tempo. Para presidir o tribunal, as duas partes devem procurar árbitro que, além dessas qualidades, também tenha grande experiência na advocacia privada, de modo a estar capacitado a conjugar os anseios públicos e privados.

Outro impacto analisado foi que, mesmo em se tratando de direitos patrimoniais disponíveis, ou que se aplique regime jurídico híbrido, os princípios que regem a Administração Pública sempre se fazem sentir, ainda que em maior ou menor grau, conforme a análise concreta para equilibrar os valores protegidos em nosso ordenamento jurídico. Até o presente momento, em geral, a advocacia pública tem alcançado com primor a adequação entre as regras do direito público com as regras da arbitragem. Em última análise, para afastar determinado princípio do direito administrativo, o juiz ou árbitro tem o dever de fundamentar de modo coerente com o próprio regime jurídico administrativo, que no conflito entre princípios busca equilibrar todos os valores jurídicos em causa.

Em seguida, estudou-se que tudo aquilo que envolver a Administração Pública tem potencial de afetar a continuidade de serviços públicos essenciais, por mais desvinculado que pareça ser. Verificou-se a necessidade de o árbitro estar atento às consequências de suas decisões, a fim de não prejudicar o fornecimento de serviço público essencial. Igualmente, abordou-se a importância da regra da deferência às escolhas do gestor público, pois este tem a maior capacidade de compreensão de como alcançar o interesse público, respeitados sempre os limites da legalidade.

Mais um impacto abordado é o peso e a sobrecarga do serviço público. Cada ação do gestor público tem grande impacto na sociedade, de modo que é comum a melhor decisão possível resultar em alguma consequência negativa. Assim, é necessário buscar a maior profissionalização possível, sendo recomendada a gestão de riscos, para que o gestor público não seja penalizado por "erros honestos". Como a sua responsabilidade é grande, naturalmente a fiscalização se faz necessária. Porém, certa ou errada, a fiscalização pode ser muito onerosa, esgotando a capacidade de resposta da Administração Pública. Some-se a isso alguns fatores inerentes à Administração Pública, como o seu gigantismo e os problemas de gestão de pessoas (principalmente decorrente dos incentivos e limites pouco naturais de evolução na carreira pública), que devem ser compreensivos com prazos processuais e cuidadoso com manifestações internas divergentes, que não necessariamente configuram comportamento contraditório. Essas dificuldades do gestor público fazem surgir uma oportunidade para o árbitro, que pode contribuir positivamente para a segurança jurídica dos gestores públicos e, simultaneamente, dos contratantes privados.

O último impacto suscitado é o problema da desconfiança generalizada no setor público, que amarra qualquer movimento de escolha da arbitragem em detrimento do Judiciário. Para que esse nó se desfaça, cabe à comunidade arbitral convencer os gestores públicos com medidas práticas e comportamentos concretas para demonstrar a lisura e confiabilidade, não bastando argumentos teóricos e genéricos. Para tanto, foram dados alguns exemplos de mecanismos de controle, mas é certo que ainda há muito a ser aprimorado, especialmente se for realizado um trabalho amplo e efetivo de gestão de riscos, por iniciativa das instituições arbitrais, dos árbitros ou da própria Administração Pública.

Para encerrar, não se pode olvidar que, no encontro de duas culturas diferentes, os impactos se fazem sentir em ambos os lados. Logo, se o regime jurídico administrativo causa alterações na praxe arbitral privada, como foi apreciado neste trabalho, também se mostra necessário, em trabalho futuro, verificar como a Administração Pública é impactada pelos aspectos culturais do mundo da arbitragem privada.

REFERÊNCIAS

ARAGÃO, Alexandre dos Santos de. **Direito dos serviços públicos**. 3. ed. Rio de Janeiro: Forense, 2013.

ARAGÃO, Alexandre dos Santos de. **Empresas estatais**. São Paulo: Forense, 2017.

AUDIT, Bernard. **Droit International Privé**. 5. ed. Paris: Economica, 2008.

BANDEIRA DE MELLO, Celso Antonio. **Curso de direito administrativo**. 29. ed. São Paulo: Malheiros, 2012.

CALAMANDREI, Piero. **Eles, os Juízes, vistos por um advogado**. Tradução: Eduardo Brandão. São Paulo: Martins Fontes, 1995.

CARMONA, Carlos Alberto. **Arbitragem e processo**: um comentário à Lei nº 9.307/1996. 3. ed. São Paulo: Atlas, 2009.

CAVALCANTE, Pedro; CUNHA, Bruno Queiróz. É preciso inovar em governo, mas por quê? *In*: CAVALCANTE, Pedro *et al.* (org.). **Inovação no setor público**: teoria, tendências e casos no Brasil. 2. ed. Brasília: Enap/Ipea, 2017, p. 19-39.

DINIZ, Maria Helena. **Lei de Introdução ao Código Civil brasileiro interpretada**. 16. ed. São Paulo: Saraiva, 2011.

DOLINGER, Jacob. **Direito internacional privado**. Parte geral. 10. ed. Rio de Janeiro: Forense, 2011.

DWORKING, Ronald. **Taking Rights Seriously**. London: Duckworth, 1977.

FOUCHARD, Philippe. Os desafios da arbitragem internacional. **RBAr**, Porto Alegre, v. 1, p. 57-72, jan./mar. 2004.

HEAD, Brian W. Wicked Problems in Public Policy. **Public Policy**, Amsterdam, v. 3, p. 101-118, jan. 2008. Disponível em: https://www.researchgate.net/publication/43502862_Wicked_Problems_in_Public_Policy?enrichId=rgreq-8e2be79e935fed0d98baab5de261527b-XXX&enrichSource=Y292ZXJQYWdlOzQzNTAyODYyO0FTOjQ1MzYxMDU4MTU2NTQ0MEAxNDg1MTYwNTk4MDU0&el=1_x_2&_esc=publicationCoverPdf. Acesso em: 26 ago. 2023.

ISFER, Tiago Beckert; NASCIMENTO, Priscila Cunha do. A função do árbitro de controle externo da administração pública. *In*: GUANDALINI, Bruno; ELIAS, Carlos Eduardo Stefen (org.). **A função de árbitro no Brasil**. 1. ed. São Paulo: Almedina, 2022. p. 579-614.

JUSTEN FILHO, Marçal. A revolução secreta nos contatos públicos. **Jota**. Disponível em: http://www.justenfilho.com.br/imprensa/jota-%e2%80%93-a-revolucao-secreta-nos-contratos-publicos/. Acesso em: 26 ago. 2023.

JUSTEN FILHO, Marçal. **Comentários à Lei de Licitações e Contratos Administrativos**. 12. ed. São Paulo: Dialética, 2008.

KAHNEMAN, Daniel. **Rápido e devagar**: duas formas de pensar. 1. ed. Rio de Janeiro: Objetiva, 2011.

KAHNEMAN, Daniel; SIBONY, Olivier; SUNSTEIN, Cass R. **Ruído**: uma falha no julgamento humano. 1. ed. Rio de Janeiro: Objetiva, 2021.

MEDAUAR, Odete. **Direito administrativo moderno**. 16. ed. São Paulo: RT, 2012.

PEREIRA JUNIOR, Jessé Torres; HEINEN, Juliano; DOTTI, Marinês Restelatto; MAFFINI, Rafael. **Comentários à Lei das Empresas Estatais**. Belo Horizonte: Fórum, 2018.

PRADO, Lídia Reis de Almeida. **O juiz e a emoção**: aspectos da lógica da decisão judicial. 6. ed. São Paulo: LTr, 2013.

RITTEL, Horst W. J. Dilemmas in a General Theory of Planning. **Policy Sciences**, Amsterdam, v. 4, n. 2, p. 155-169, jun. 1973.

SHARFMAN, Bernard S. The Importance of the Business Judgment Rule. **Journal of Law & Business**, New York, v. 14, n. 1, p. 27-69, 2017.

STF. Ação Direta de Inconstitucionalidade nº 5.942. Tribunal Pleno. J. 13.10.2020.

STF. Agravo de Instrumento nº 52.181/GB. Tribunal Pleno. J. 14.11.1973.

STF. Arguição de Descumprimento de Preceito Fundamental nº 524. Tribunal Pleno. J. 08.09.2023.

STF. Recurso Extraordinário nº 589.998. Tribunal Pleno. J. 20.03.2013.

STJ. Conflito de Competência nº 151.130/SP. 2ª Seção. J. 27.11.2019.

STJ. Recurso Especial nº 1.517.822/SP. 3ª Turma, J. 21.02.2017.

STRENGER, I. **Autonomia da vontade em direito internacional privado**. São Paulo: RT, 1968.

TCDF. Decisão nº 5427/2020. Processo nº 8870/2018-e. J. 09.12.2020.

TCU. Acórdão nº 2706/2022. Plenário. J. 07.12.2022.

TCU. Acórdão nº 1134/2023. Plenário. J. 07.06.2023.

TJDFT. Decisão Interlocutória nos Autos nº 0002823-62.2016.8.07.0018. 4ª Vara da Fazenda. J. 08.06.2016.

TJSP. Apelação Cível nº 1002546-43.2015.8.26.0565, 2ª Câmara Reservada de Direito Empresarial. J. 22.10.2019.

TJSP. Apelação Cível nº 1008052-51.2021.8.26.0286. 7ª Câmara de Direito Público. J. 02.10.2023.

2. PLEITOS DE REEQUILÍBRIO ECONÔMICO-FINANCEIRO DOS CONTRATOS COM A ADMINISTRAÇÃO PÚBLICA: PONDERAÇÕES SOBRE A FORMULAÇÃO DOS PEDIDOS LEVADOS À ARBITRAGEM

Cristina M. Wagner Mastrobuono
Advogada formada pela Faculdade de Direito da Universidade de São Paulo. LLM University of Chicago.

Vitória de Mello
Bacharelanda em Direito pela Universidade Federal da Paraíba (UFPB). Pesquisadora voluntária do Programa de Iniciação Científica da Pró-Reitoria da Universidade.

INTRODUÇÃO

Aspecto determinante para o sucesso da parte que inicia um procedimento litigioso solicitando uma resposta jurisdicional é a identificação exata do pedido que será apresentado à autoridade judicante. O contorno e a delimitação objetiva da demanda direcionam a atividade do juiz e, ao fim ao cabo, o resultado do julgamento que decidirá o caso. Isso decorre da vedação imposta a um juiz em "proferir decisão de natureza diversa da pedida, bem como condenar a parte em quantidade superior ou em objeto diverso do que lhe foi demandado"[1].

Vigora, portanto, no processo civil brasileiro, a regra de que a prestação jurisdicional deve ser dada na medida da pretensão formulada. Trata-se do princípio da ação, ou da demanda, pelo qual o juiz "não pode tomar providências que superem os limites do pedido"[2]. Nos procedimentos submetidos a um tribunal arbitral isso não é diferente, embora a Lei nº 9.307/1996 ("Lei de Arbitragem") seja silente quanto à aplicação da mencionada regra e aos requisitos que se aplicam à formulação de requerimento de arbitragem ou ao pedido que virá a ser formulado.

À luz desse princípio, aplicável também ao procedimento arbitral (como será tratado no item 2), voltamos os olhos às disputas que decorrem de contrato firmado entre uma empresa privada e um ente da Administração Pública.

Referimo-nos a disputas envolvendo pedidos em contratos no modelo de concessão e de parcerias público-privadas ("PPPs")[3] fundamentadas em desequilíbrio da equação econômico-financeiro, em que a execução da sentença arbitral enfrenta as restrições impostas à Administração Pública, fato esse que precisa ser considerado no momento da formulação da demanda jurisdicional.

Este artigo tem por objetivo abordar esses desafios e peculiaridades no contexto da atuação do tribunal arbitral, que está limitado aos termos do pedido que lhe foi exposto. A depender de como o pedido é formulado e apresentado ao tribunal arbitral, a decisão proferida poderá caracterizar um comando mais ou menos eficiente em relação à sustentabilidade do contrato.

Para tanto, discorreremos sobre aspectos teóricos relacionados à formulação dos pedidos nos pleitos de reequilíbrio econômico-financeiro nos contratos de concessão e PPPs, abordaremos os limites do tribunal arbitral em tais pleitos, apresentaremos os resultados de pesquisa realizada junto às arbitragens envolvendo a Administração Pública em disputas que tenham por fundamento o desequilíbrio na equação econômico-financeira do contrato e apresentaremos nossas conclusões.

1. DESEQUILÍBRIO ECONÔMICO-FINANCEIRO DE CONTRATOS

Considerando as discussões acerca do desequilíbrio econômico-financeiro dos contratos, cumpre analisar alguns aspectos que permeiam o tema (1.1), determinadas perspectivas em relação às técnicas de avaliação do desequilíbrio contratual nas

1 BRASIL. **Lei nº 13.105, de 16 de março de 2015**. Código de Processo Civil, artigo 492.

2 ARAÚJO CINTRA, Antonio Carlos de; GRINOVER, Ada Pellegrini; DINAMARCO, Cândido Rangel. **Teoria geral do processo**. 23. ed. São Paulo: Malheiros, 2007. p. 66.

3 *Vide* Leis nºs 8.987/1995 ("Lei Geral de Concessões") e 11.074/2004 ("Lei de Parcerias Público-Privadas"), respectivamente.

concessões (1.2) e os instrumentos para a recomposição do equilíbrio econômico--financeiro (1.3).

1.1 Alguns aspectos que norteiam a questão do reequilíbrio

A quebra do equilíbrio econômico-financeiro de um contrato com a Administração Pública é talvez o fator que com mais frequência leva as contratadas a iniciarem um processo arbitral contra um ente público.

Os efeitos do desequilíbrio em um contrato e a melhor solução a ser dada à disputa que se estabelece podem ser analisados sob vários aspectos. No entanto, nosso enfoque inicial é o momento da fase contratual em que o desequilíbrio é constatado: durante a sua execução ou quando o ajuste já se encontra encerrado.

Quando o contrato já se encerrou, o valor que indevidamente onerou o privado é apurado após processo administrativo instaurado a partir do pleito do contratado ou por iniciativa do ente público, nas hipóteses nas quais assim a legislação determina. Em tais situações, o desequilíbrio é resolvido praticamente de uma só maneira: mediante pagamento do valor apurado. A atual Lei de Regência dos Contratos Administrativos – Lei nº 14.133/2021 – dispõe, em seu artigo 131, que, extinto o contrato, deverá ocorrer a indenização do desequilíbrio reconhecido. Caso não haja judicialização, é apurada administrativamente a quantia correspondente ao desequilíbrio e o pagamento é feito também pela via administrativa, observando-se o regime de pagamentos do ente público.

Isso ocorre, em geral, em contratos administrativos em curto prazo[4], nos quais há uma grande tendência a que o desequilíbrio só venha a ser constatado na etapa final da execução contratual. Consequentemente, o seu equacionamento ocorrerá após o encerramento da relação contratual[5], embora a lei determine que o pleito deva ocorrer antes da extinção contratual ou da celebração do seu aditivo[6].

Cabe observar também que, quando se está a falar de um contrato de curta duração, de entrega de um produto ou de uma prestação de serviços, os efeitos de um desequilíbrio contratual oneram quase que apenas as empresas contratadas. São casos, por exemplo, em que um produto foi entregue, mas onerou o vendedor mais do que o previsto, em decorrência de modificações solicitadas pelo ente público, ou em razão da

---

4 Na Lei nº 8.666/1993, o prazo máximo dos contratos era de até 5 (cinco) anos, o que foi substancialmente alterado pela Lei nº 14.133/201, que prevê hipóteses de prazo 35 (trinta e cinco) anos. *Vide* Capítulo V – Da duração dos contratos.

5 Nos termos do artigo 131 da Lei nº 14.133/2021.

6 Nesse sentido, o parágrafo único do artigo 131 indica que "o pedido de restabelecimento do equilíbrio econômico-financeiro do contrato deverá ser formulado durante a vigência do contrato e antes de eventual prorrogação nos termos do artigo 107 desta lei".

majoração da carga tributária. Ou, então, um serviço prestado cuja lucratividade esperada foi reduzida em decorrência de novas regras trabalhistas. Nesses casos, o prejuízo é suportado pelo contratado sem que o ônus sofrido seja repassado ao ente público contratante, o que somente ocorre quando o desequilíbrio é reconhecido e equacionado.

Já, nos contratos em longo prazo[7], em regime de concessão e PPPs, doravante mencionadas apenas como concessões, cujo período deve ser suficiente para a amortização dos investimentos realizados pelo particular contratado, há um quadro mais complexo a ser considerado, tanto no que diz respeito à caracterização de um desequilíbrio contratual quanto no que concerne ao seu equacionamento, que decorre do modelo de financiamento privado nele embutido e da multiplicidade de obrigações atribuída ao concessionário, aliada aos inúmeros riscos envolvidos no projeto, alocados de acordo com a matriz de riscos. Há ainda a estrutura financeira que exige um fluxo de caixa contínuo e seguro para fazer frente às despesas.

O desequilíbrio que se estabelece no decorrer da execução de um contrato em longo prazo produz efeitos nefastos para o próprio contrato e, consequentemente, tem igualmente o potencial de afetar o ente público, caso as condições de desequilíbrio sejam tais que venham a afetar a qualidade da prestação do serviço contratado ou até mesmo inviabilizar o restante da sua execução. Nos contratos de concessão que envolvem a prestação de serviços públicos, a interrupção da execução contratual gera consequências negativas extremas que vão muito além de uma eventual insolvência do parceiro privado, afetando desde a vida dos cidadãos que se beneficiam do serviço, até consequências políticas para o ente público envolvido[8]. Imaginem, por exemplo, uma concessionária que opera linhas de transporte municipal ou intermunicipal de passageiros, que precisa cessar os serviços em razão de exaurimento de recursos causados por um desequilíbrio contratual não equacionado a tempo. Os transtornos causados para os cidadãos, aqui, transcendem socialmente os prejuízos que afetam as partes do contrato. Por tal razão, entende-se que, ao preservar o equilíbrio econômico-financeiro de um contrato, "resguarda-se o interesse público associado ao objeto da contratação"[9].

---

7 A Lei nº 11.079/2004 estabelece, no artigo 5º, I, que o prazo de vigência do contrato de uma parceria público-privada deve ser *compatível com a amortização dos investimentos realizados, não inferior a 5 (cinco), nem superior a 35 (trinta e cinco) anos, incluindo eventual prorrogação*. Já a Lei nº 8.987/1987, que se refere às concessões comuns, não faz referência a período mínimo ou máximo do contrato, mas igualmente parte da premissa de que a sua duração deve considerar o período mínimo da amortização dos investimentos.

8 Lembrando, ainda, que o artigo 39 da Lei nº 8.987/1987 autoriza a concessionária a propor ação judicial visando à rescisão do contrato, em caso do seu descumprimento pela Administração Pública, mas veda a interrupção da prestação do serviço até decisão judicial transitada em julgado, de maneira que, caso o contrato perdure até tal momento, provavelmente já terá se tornado inviável.

9 DIAS, Roberto Moraes. **O tempo de decisão dos pedidos de reequilíbrio econômico-financeiro nos contratos de concessão**: como mitigar o risco de omissão administrativa, p. 63. Dissertação

Assim é que a resolução rápida de um conflito envolvendo pleito de desequilíbrio atende não apenas aos interesses do parceiro privado, mas também do ente público, do poder concedente e da população em geral. A decisão, nesse caso, de retomada do equilíbrio econômico-financeiro busca viabilizar o próprio prosseguimento do contrato com a necessária sustentabilidade do negócio.

Para um melhor entendimento, vale esclarecer que, embora se costume utilizar o conceito de equilíbrio econômico-financeiro, é importante distinguir o equilíbrio econômico do equilíbrio financeiro, que não se confundem[10]. De forma bem simplificada, pode se dizer que o aspecto econômico da concessão diz respeito à viabilidade econômica do projeto, considerando a rentabilidade da concessionária também em longo prazo, enquanto que o equilíbrio financeiro depende de um fluxo de recursos contínuo que permita a operação diária do contrato. Bockmann Moreira faz a distinção mencionando "a posição estável do projeto concessionário no que respeita à administração de seus recursos materiais (*economia*) e ao capital disponível para tanto (*finanças*)"[11].

Essa diferença é relevante, pois a solução para o desequilíbrio contratual deve considerar os aspectos intrínsecos a cada caracterização.

Ao mencionarmos a necessidade de resolução rápida de um conflito que surge nesses contratos, referimo-nos tanto ao procedimento arbitral – via de regra mais célere do que um procedimento perante a justiça estatal – quanto, também, à rápida implementação da decisão que reconheça um desequilíbrio, com o equacionamento econômico-financeiro do contrato.

1.2 As técnicas de avaliação do desequilíbrio contratual nas concessões

Discussão importantíssima no que diz respeito a disputas envolvendo pleitos de reequilíbrio econômico-financeiro de contratos de concessão envolve a metodologia de apuração do desequilíbrio. Trata-se de tema que se fundamenta em conceitos da disciplina financeira, mas que pode se traduzir em questão de mérito em uma

---

apresentada à Escola de Direito da Fundação Getúlio Vargas de São Paulo. São Paulo, 2022. Disponível em: https://bibliotecadigital.fgv.br/dspace/bitstream/handle/10438/31776/O%20Tempo%20de%20Decis%C3%A3o%20dos%20Pedidos%20de%20Reequil%C3%ADbrio%20Econ%C3%B4mico-Financeiro%20nos%20Contratos%20de%20Concess%C3%A3o.pdf?sequence=1. Acesso em: 12 out. 2023.

10 Ver MAROLLA, Eugênia Cristina Cleto. **Concessões de serviço público**: a equação econômico-financeira dos contratos. São Paulo: Verbatim, 2011. p. 45.

11 MOREIRA, Egon Bockmann. **Direito das concessões de serviço público**: concessões, parcerias, permissões e autorizações. 2. ed. Belo Horizonte: Forum, 2022. p. 363.

disputa judicial ou arbitral, tendo em vista que a utilização de uma determinada técnica financeira pode levar a resultados muito distintos.

Os contratos de concessão mais antigos, nos capítulos que se referem ao equilíbrio do contrato, nem sempre faziam referência à metodologia a ser utilizada. A evolução da prática da modelagem e estruturação de projetos, no entanto, tem levado ao estabelecimento dos critérios já na redação do contrato[12], evitando-se discussões posteriores que podem acrescentar dificuldade maior tanto à negociação administrativa quanto ao reestabelecimento do equilíbrio econômico-financeiro[13].

Além disso, as autoridades reguladoras têm disciplinado a questão por meio de resoluções específicas[14], que refletem diretamente nos contratos regulados e deverão ser observadas nas discussões envolvendo o tema.

Como será comentado em item a seguir, não tem sido prática nos procedimentos arbitrais em curso perante a Administração Pública que o pedido formulado indique qual a metodologia pretendida para o cálculo do desequilíbrio alegado, independentemente de haver previsão contratual ou não. A inclusão da metodologia pretendida na demanda inicial, no entanto, especialmente quando não prevista no instrumento contratual, poderia ser medida de eficiência no procedimento arbitral, tendo em vista que anteciparia uma discussão inevitável para o desfecho da matéria, principalmente por se tratar, em algumas situações, de uma premissa para a realização da perícia técnica e em relação ao qual pode haver divergência entre as partes. O endereçamento do tema desde as alegações iniciais (ou fazendo parte da demanda, a depender do caso) fornece os elementos ao tribunal arbitral para estabelecer os critérios de cálculo sem que tenha que se abrir novos prazos em respeito ao contraditório[15].

---

12 Não é possível afirmar peremptoriamente sobre o curso da evolução havida sem um estudo mais aprofundado, tendo em vista a ausência de uniformidade nos contratos. Na esfera federal, por exemplo, localizamos o contrato da Rodovia Fernão Dias, assinado em 14.02.2008, que faz referência ao uso do fluxo de caixa descontado, que assegure a Taxa Interna de Retorno não alavancada pactuada na data da assinatura do contrato. Já o contrato da ECO 101, assinado em 17.04.2013, faz referência à regulamentação da ANTT, e o mesmo ocorre com o contrato da Ecoponte, assinado em 18.05.2015. Os contratos estão disponíveis em https://www.gov.br/antt/pt-br/assuntos/rodovias/concessionarias. Acesso em: 10 out. 2023.

13 Não adentraremos no mérito desse tema, cabendo apenas observar a existência de várias metodologias (Valor Presente Líquido – VPL, Taxa Interna de Retorno – TIR, Custo Médio Ponderado de Capital – CMCP, Fluxo de Caixa Marginal, etc.), a serem aplicadas de acordo com a natureza do desequilíbrio e a fase de execução contratual, entre alguns dos aspectos a serem considerados. Para um maior detalhamento, ver MOREIRA, *op. cit.*, p. 366.

14 *Vide* a Resolução nº 5.940/2021 da Agência Nacional de Transportes Terrestres (ANTT), que disciplina pleitos de reequilíbrio decorrente da inclusão ou alteração de obras e serviços não incluídos no Programa de Exploração de Rodovias.

15 Esse tema comporta discussão e não pretendemos aqui dar uma solução única. Há questões ligadas à metodologia de cálculo que podem ficar relegados a uma segunda fase do procedimento, após decisão

1.3 Os instrumentos para a recomposição do equilíbrio econômico-financeiro

Como mencionado antes, nos contratos administrativos já encerrados, eventual desequilíbrio contratual que tenha onerado o contratado será, geralmente, resolvido pelo pagamento do valor correspondente. De maneira diversa, o equacionamento do desequilíbrio em contratos que ainda estejam em andamento admite outras soluções. E, aqui, vamos nos referir especificamente aos contratos de concessão.

Assim, é importante destacar que o pagamento, ou seja, a disponibilização financeira do valor apurado à concessionária não é a única maneira de solucionar o desequilíbrio que se estabelece na fase em que o contrato de concessão está em operação. Ao passo que, no contrato encerrado, o pagamento do valor é a medida que equaciona o prejuízo sofrido; no contrato em andamento há uma variedade de alternativas a serem utilizadas pelo administrador público para restabelecer o equilíbrio de uma maneira que atenda aos interesses do contratado e não onere o orçamento público. A lei não estabelece nenhuma metodologia, e da leitura do § 4º do artigo 9º[16] da Lei Geral de Concessões depreende-se que a decisão recai na esfera discricionária do administrador público[17].

Os instrumentos à disposição da Administração Pública são classificados em **internos** e **externos**, a depender de sua vinculação ao âmbito intrínseco à concessão[18]. Exemplos de instrumentos internos seriam a majoração da tarifa cobrada do usuário do serviço público, a redução do valor da outorga mensal a ser paga pelo parceiro privado, a redução dos investimentos previstos, a redução de garantias concedidas, a extensão do prazo contratual, a apresentação de um novo cronograma de investimentos, a redução de obrigações pelo parceiro privado, havendo, enfim, uma variedade de propostas que podem ser analisadas e utilizadas em cada caso concreto. Como medidas externas podem ser utilizados outros meios de recomposição financeira, envolvendo a alocação de verbas estatais, como a indenização e o subsídio estatal.

---

de mérito quanto às premissas. No entanto, em muitos casos, em se tratando de critérios com previsão contratual ou objeto de regulamentação administrativa, nos parece ser mais consentâneo com a rapidez e eficiência processual que já haja referência ao tema desde as alegações iniciais ou que faça parte da demanda exposta no Termo de Arbitragem/Ata de Missão.

16 "Artigo 9º A tarifa do serviço público concedido será fixada pelo preço da proposta vencedora da licitação e preservada pelas regras de revisão previstas nesta Lei, no edital e no contrato. [...] § 4º Em havendo alteração unilateral do contrato que afete o seu inicial equilíbrio econômico-financeiro, o poder concedente deverá restabelecê-lo, concomitantemente à alteração."

17 JUSTEN FILHO, Marçal. **Teoria geral das concessões de serviço público**. São Paulo: Dialética, 2003. p. 402.

18 Ver MAROLLA, *op. cit.*, p. 115.

A razão pela qual o pagamento de uma indenização correspondente ao valor do desequilíbrio apurado nem sempre é a melhor solução para o parceiro privado, é o fato de que esta, mesmo se decorrente de procedimento arbitral, deve seguir o rito de execução judicial contra a Fazenda Pública.

Registre-se que, para efeito do presente texto, adotamos a premissa de que a Lei de Arbitragem, ao atribuir os mesmos efeitos da sentença proferida pelo Poder Judiciário à sentença arbitral, atrai a aplicação do regime de precatórios, previsto no artigo 100 da Constituição Federal[19], quando a decisão envolver obrigação de pagar.

A depender do ente público envolvido, a demora para o efetivo recebimento de tais valores afasta quase que totalmente a possibilidade de sua utilização para o reequilíbrio contratual, e não resolve o problema do fluxo de caixa da concessionária, de maneira que o contrato poderá continuar desequilibrado, não obstante exista uma decisão favorável à concessionária. Mesmo que se considere a possibilidade de recebimento antecipado decorrente da negociação dos títulos, no caso, o precatório emitido, o deságio embutido na venda refletirá no montante do reequilíbrio, e a operação poderá continuar financeira e economicamente defasada.

Nas arbitragens envolvendo a Administração Pública federal, há aplicação do artigo 15[20] do Decreto nº 10.025/2019, que permite que as obrigações pecuniárias impostas à União e às autarquias, inclusive as relativas a custas e despesas incorridas no procedimento arbitral, sejam objeto de acordo entre as partes para substituir a indenização pecuniária por outros mecanismos de reequilíbrio que tenham sido previstos no contrato ou a compensação com débitos de natureza não tributária, e, ainda, a atribuição de pagamento a terceiro, nas hipóteses legalmente admitidas.

---

19 Trata-se de tema que tem sido explorado em outras vertentes, por vezes encontrando respaldo no Poder Judiciário, a depender da tese em discussão, como, por exemplo, nas Decisões do TJSP nºs 3003450-36.2019.8.26.0000 e 2265933-72.2018.8.26.0000, mas não será explorado aqui. Ver FERREIRA, Olavo Augusto Vianna Alves; MONTES NETTO, Carlos Eduardo. **Arbitragem contra a Fazenda Pública e precatórios**: as recentes decisões do TJSP, STJ e STF. Disponível em: https://www.migalhas.com.br/coluna/observatorio-da-arbitragem/371239/arbitragem-contra-a-fazenda-publica-e-precatorios. Acesso em: 10 out. 2023.

20 "Artigo 15. Na hipótese de sentença arbitral condenatória que imponha obrigação pecuniária à União ou às suas autarquias, inclusive relativa a custas e despesas com procedimento arbitral, o pagamento ocorrerá por meio da expedição de precatório ou de requisição de pequeno valor, conforme o caso.

§ 1º Na hipótese de que trata o *caput*, compete à parte vencedora iniciar o cumprimento da sentença perante o juízo competente.

§ 2º O disposto no *caput* não impede, desde que seja estabelecido acordo entre as partes, que o cumprimento da sentença arbitral ocorra por meio de:

I – instrumentos previstos no contrato que substituam a indenização pecuniária, incluídos os mecanismos de reequilíbrio econômico-financeiro;

II – compensação de haveres e deveres de natureza não tributária, incluídas as multas, nos termos do disposto no artigo 30 da Lei nº 13.448, de 5 de junho de 2017; ou

III – atribuição do pagamento a terceiro, nas hipóteses admitidas na legislação brasileira."

No entanto, a mera existência da previsão no referido decreto, ou, então, a previsão contratual dando alternativas à implementação do reequilíbrio não garante, por si só, um direito ao contratado, e o tema precisa ser objeto de negociação com a Administração Pública. A questão estará sujeita, portanto, a um novo momento de análise e decisão administrativa, havendo sempre a eventualidade de o administrador preferir prosseguir pelo pagamento mediante a sistemática de precatório, para evitar quaisquer questionamentos que venham de órgãos de controle externo. Ainda, o decreto mencionado abrange apenas a Administração Pública Federal, não se aplicando aos demais entes públicos.

Também cabe lembrar que muitos dos contratos preveem que cabe ao administrator público decidir sobre a forma de implementação do reequilíbrio contratual, arrolando várias alternativas[21].

Considerando que as demais formas de equacionamento de um desequilíbrio econômico-financeiro de um contrato – que não o pagamento por precatório – podem ser medidas mais adequadas para a execução do contrato e, consequentemente, também para as partes envolvidas, pois garantem mais adequadamente a sustentabilidade financeira do negócio, trata-se de aspecto a ser observado já na formulação do pleito arbitral. Observação a ser feita refere-se ao conteúdo do pleito, em face das limitações impostas ao tribunal arbitral em relação a algumas matérias envolvendo a Administração Pública.

2. PLEITO DE REEQUILÍBRIO: ADMINISTRAÇÃO PÚBLICA E OS LIMITES DO TRIBUNAL ARBITRAL

Os requisitos e as condições para a formulação de pleito de reequilíbrio econômico-financeiro à Administração Pública não vêm previstos na Lei Geral de Concessões, e, portanto, a matéria é objeto de regulamentação por vários entes, além de, muitas vezes, vir prevista no contrato. Menciona Bockmann Moreira[22] a necessidade de que sejam elaboradas "soluções de reequilíbrio", ou seja, procedimentos pelos quais, "de forma consensual, sejam apurados o fator de desequilíbrio e medidas eficazes para restaurar a integridade dos fluxos-econômico-financeiros do projeto de investimento". Indica, ainda, que tais soluções dependem de previsões estatutárias e contratuais, inclusive do momento em que surgem e da situação contratual.

---

21 A título exemplificativo, tanto no que diz respeito ao procedimento, à metodologia de apuração de desequilíbrio e às alternativas para a sua recomposição, veja-se o Contrato 500/ARTESP/2023, disponível em: http://www.artesp.sp.gov.br/Style%20Library/extranet/rodovias/rodovia-interna.aspx?id=25. Acesso em: 10 out. 2023.

22 MOREIRA, *op. cit.*, p. 380.

O administrador público, ao dar uma solução ao pleito administrativo de reequilíbrio contratual, deve agir em consideração a toda a legislação que norteia os atos da Administração Pública. Atualmente, uma nova legislação vem dar maiores contornos à eficiência esperada, que são os dispositivos introduzidos na Lei de Introdução às Normas do Direito Brasileiro (LINDB) pela Lei nº 13.655/2018, que impõe ao administrador público – entre outras obrigações – a necessidade de análise das consequências práticas da sua decisão, a adequação da medida imposta e a consideração das alternativas possíveis, apresentando a necessária motivação.

Referida norma privilegia ainda soluções consensuais, o que, no equacionamento de um desequilíbrio contratual, é medida quase que necessária e exige uma construção conjunta entre as partes.

O processo administrativo que irá tratar desse pleito não é rígido como um processo judicial ou procedimento arbitral, no que diz respeito à formulação do pedido final, ou seja, da prestação que se pretende obter da autoridade administrativa. Diferentemente dos processos que estão sob a égide do código de processo civil, ou que sofrem o influxo deste, não se aplica nessa seara a regra da vinculação da decisão à demanda formulada.

A preocupação no processo administrativo é primordialmente com a demonstração do desequilíbrio e com a comprovação da fundamentação alegada e a apuração do valor correspondente. A partir do convencimento acerca do desequilíbrio e da apuração do valor que irá reequilibrar financeiramente o contrato, tem a Administração Pública a discricionariedade para estabelecer a forma de reequilíbrio, o que acontece, em geral, com a participação da concessionária. Com o acordo de ambas as partes, é celebrado aditivo contratual estabelecendo as condições e os instrumentos por meio dos quais o desequilíbrio irá se reestabelecer. Tratando-se de instrumento a ser assinado voluntariamente pelas partes, pressupõe-se a ocorrência de negociação prévia e, ao final, a concordância dos envolvidos.

A pretensão quanto à forma de aplicação do reequilíbrio pretendido, assim, pode vir a ser alterada durante o processo administrativo, sem prejuízo à higidez da formalidade do procedimento iniciado.

Em sentido diverso, caso o pleito seja judicializado ou levado à arbitragem, passam a vigorar as regras do Código de Processo Civil (na judicialização) e dos regulamentos das instituições arbitrais responsáveis por administrar os procedimentos arbitrais. Neste estudo, vamos nos ater aos efeitos da formulação dos pedidos levados à arbitragem.

A Lei de Arbitragem não faz referência aos requisitos do requerimento de arbitragem[23], e considera esta instituída apenas "quando aceita a nomeação pelo

---

23 Nesse sentido, APRIGLIANO, Ricardo de Carvalho. **Fundamentos processuais da arbitragem.** Curitiba: Direito Contemporâneo, 2023. p. 58.

árbitro, se for único, ou por todos, se forem vários", nos termos do artigo 19. Os elementos do requerimento devem ser buscados junto ao regulamento da instituição arbitral[24] e o pedido deve ser exposto com clareza e objetividade, mesmo de forma ainda suscinta. O pleito em si é apresentado no Termo de Arbitragem[25]/Ata de Missão e, geralmente, não pode ser modificado quando da apresentação das alegações iniciais[26], esse sim o momento e que há a completa exposição do caso, os fatos envolvidos, a fundamentação do direito e, ao final, o pedido a ser decidido pelo tribunal arbitral.

Cabe mencionar que não há referência na Lei de Arbitragem quanto à aplicação subsidiária do Código de Processo Civil às lacunas nela existentes. Conquanto exista uma forte corrente doutrinária contra uma aplicação subsidiária[27], há posicionamentos fundamentados que concluem pela aplicação da teoria geral do processo e das regras positivadas na lei processual, quando existentes[28]. Em especial no tocante à aplicação do princípio processual da demanda, Aprigliano menciona que na arbitragem "ela é igualmente composta pelos seus três elementos característicos: partes, causa de pedir e pedido"[29]. Cita, ainda, a vinculação da atividade jurisdicional aos limites da tutela pleiteada, que, não observada, "faz surgir uma invalidade, passível de desconstituição"[30].

Portanto, tal como em qualquer outra demanda, o pedido formulado em uma disputa envolvendo o desequilíbrio econômico-financeiro de um contrato deve levar em consideração que o tribunal arbitral está limitado ao pedido nos limites nos quais

---

24 Por exemplo, o Regulamento do CAM-CCBC de 2022 indica, entre outros requisitos, o [...] (d) resumo da matéria que será objeto da arbitragem e de seus pedidos; e (e) valor estimado de seus pedidos.

25 Conforme Regulamento do CAM-CCBC/2022, do que diz respeito à delimitação do pleito, o Termo de Arbitragem deve conter: [...] (f) objeto do litígio; (g) lei aplicável; (h) os pedidos de cada uma das partes; e (i) valor em disputa na arbitragem.

26 Em grande parte dos Regulamentos há obstáculos à alteração das demandas entre o requerimento e o Termo de Arbitragem que, consequentemente, estabelece os contornos do pedido. O Regulamento CAM-CCBC/2022 condiciona a alteração, a modificação ou o aditamento, e a inclusão de novos pedidos, à autorização do tribunal arbitral que, em sua análise, *deverá considerar a natureza de tais novas demandas, o estado atual da arbitragem e quaisquer outras circunstâncias relevantes* (item 23.5). Já o Regulamento da CCI, versão 2021, indica que o pedido não pode ser modificado após a assinatura da Ata de Missão, salvo autorizado pelo tribunal arbitral que deverá analisar a natureza do pedido, a fase do procedimento e outras circunstâncias relevantes (23(4) do Regulamento. Na mesma linha, o Regulamento da Câmara do Mercado (B3).

27 Para um panorama dos doutrinadores e de seu posicionamento quanto à aplicação (ou não) subsidiária do Código de Processo Civil ao procedimento arbitral, ver FERREIRA, Olavo Augusto Vianna Alves; ROCHA, Matheus Lins; FERREIRA, Débora C. F. A. Alves. **Lei de Arbitragem comentada artigo por artigo**. São Paulo: Juspodivm, 2019. p. 49-50.

28 APRIGLIANO, *op. cit.*

29 APRIGLIANO, *op. cit.*, p. 246.

30 APRIGLIANO, *op. cit.*, p. 246.

lhe foi apresentado. Isso significa que, se há pedido expresso de pagamento de uma indenização em valor determinado, ou a ser apurado em perícia, o tribunal arbitral está vinculado ao mesmo e, em caso de constatação do desequilíbrio e procedência da arbitragem a favor de uma concessionária requerente, a decisão deverá ser no sentido de determinar o pagamento do valor determinado. Não tem o tribunal arbitral, neste contexto, poderes para determinar que o reequilíbrio do contrato seja restabelecido mediante prorrogação do prazo contratual ou mediante a redução do valor da outorga mensal paga pela concessionária, ou, ainda, mediante majoração da tarifa, apenas para citar alguns dos exemplos.

Essa impossibilidade tem fundamento tanto no (a) princípio da demanda, quanto (b) no risco de adentrar o tribunal arbitral no âmbito da discricionariedade administrativa.

(a) princípio da demanda: quando os árbitros decidem algum aspecto da disputa que não integre o objeto da arbitragem, estaremos diante de uma decisão *ultra petita* e, se tratar de questões não previstas, será *extra petita*[31]. E a decisão que não observar o princípio da demanda e não se ater às questões que lhe foram submetidas poderá ensejar a propositura de ação anulatória[32];

(b) vedação ao tribunal arbitral de adentrar na seara da discricionaridade administrativa: a decisão quanto ao equacionamento do reequilíbrio de um determinado contrato deve levar em consideração vários fatores que são sopesados pelo administrador público, que nem sempre são disponibilizados ao conhecimento dos integrantes de um tribunal arbitral. Um contrato de concessão é, inicialmente, um grande instrumento de financiamento pelo setor privado, que é composto por inúmeras obrigações que refletem e irradiam aspectos econômico-financeiros. É um equilíbrio formado a partir do conjunto das obrigações impostas à concessionária, o financiamento por ela incorrido para os necessários investimentos, a receita esperada e a receita atingida, o prazo de amortização dos custos, os custos com a operação e os custos financeiros, etc. O equilíbrio do contrato deve levar em conta todos esses fatores e ser analisado de maneira global. Bockmann Moreira menciona 4 (quatro) momentos que devem ser considerados no quadro geral que analisa um desequilíbrio contratual, que precisam ser "construídos num

---

31 NUNES PINTO, José Emílio. Anulação de sentença arbitral *infra petita, extra petita* ou *ultra petita*. *In*: JOBIM, Eduardo; MACHADO, Rafael Bicca (coord.). **Arbitragem no Brasil**: aspectos jurídicos relevantes. São Paulo: Quartier Latin, 2008. p. 258.

32 Ver artigos 26 e 32 da Lei nº 9.306/1996.

processo integrador" para se apurar "a medida jurídica que trabalha melhores resultados ao projeto concessionário", que são as "condições do contrato, premissas exógenas, consequências endocontratuais e soluções de equilíbrio"[33].

Nesse passo, cada um dos elementos que afetam o equilíbrio pode servir de instrumento para equacionar os desequilíbrios. A decisão quanto à melhor maneira deve levar em consideração não apenas os interesses da concessionária, mas fatores outros que extrapolam a relação contratual e consideram, entre outros aspectos, o quadro geral das concessões do ente público. A prorrogação do prazo, por exemplo, pode não se encaixar nos planos da política pública que se pretende aplicar ao setor nos anos seguintes. Já a majoração da tarifa, outro exemplo clássico, pode não ser de interesse do setor público, pois irá onerar demasiadamente os usuários.

Há que se considerar a capacidade técnica do ente regulador do contrato de concessão e a necessidade de haver coerência regulatória. Uma decisão que não atenda tais qualificações pode gerar consequências sistêmicas em um mercado regulado, sem considerar os impactos dela decorrentes.

Assim é que, em nosso ver, a decisão quanto à melhor metodologia de reinserção do balanço econômico-financeiro de um contrato é, como regra geral, matéria que se insere no campo da discricionariedade da Administração Pública e que não deve ser tomada materialmente por um tribunal arbitral, salvo em algumas exceções específicas em que a discussão se limita a possibilidades peculiares, a depender do caso concreto – assim como não o devem ser pelo Poder Judiciário, sob pena de indevida interferência na seara do Poder Executivo[34].

3. ANÁLISE DAS DEMANDAS PROPOSTAS CONTRA A UNIÃO E O ESTADO DE SÃO PAULO

Tendo em mente os conceitos apresentados, conduzimos uma pesquisa junto aos procedimentos arbitrais da União e do Estado de São Paulo.

---

33 MOREIRA, *op. cit.*, p. 382.

34 Não adentraremos na análise acerca da arbitrabilidade objetiva de tais temas, mas fazemos referência à corrente que utiliza como critério para identificar as matérias inarbitráveis aquelas que se inserem nos atos de gestão da Administração Pública, combinado com elementos complementares, como transação, alienação ou renúncia. Para um aprofundamento, ver SARRA DE DEUS, Adriana Regina. Arbitrabilidade objetiva e Administração Pública: quais matérias podem ser arbitradas? **Revista Brasileira de Arbitragem**, n. 72, p. 10-26, out./dez. 2021.

3.1 Objetivo

O objetivo da pesquisa foi analisar os pedidos apresentados nos litígios arbitrais que envolvem a Administração Pública, com foco especial nas questões relacionadas ao reequilíbrio econômico-financeiro de contratos, e que irão delimitar a atuação material do tribunal.

3.2 Metodologia

O presente estudo utilizou o procedimento bibliográfico-documental para analisar 13 (treze) casos de arbitragem com a Administração Pública, especificamente, arbitragens com a União e o Estado de São Paulo[35] disponíveis para consulta até setembro/2023, que tinham como enfoque o pleito de reequilíbrio econômico-financeiro dos contratos. Dos 13 casos, 8 referem-se a contratos de concessão em geral (concessão comum ou parceria público-privada) e 5 cuidam de contratam de aquisição de bens ou serviços. A pesquisa é do tipo básica, com objetivo descritivo, e, para tanto, aplicou uma abordagem qualitativa para a interpretação dos casos acessados por meio das bases de dados públicos, como o *site* oficial da Advocacia-Geral da União[36] e o Portal de Arbitragens da Procuradoria-Geral do Estado de São Paulo[37]. Observe-se que em alguns casos não se obteve acesso às alegações iniciais, e, sim, apenas à ata de missão do caso, de maneira que a análise ficou restrita a tais documentos.

Por meio dessa análise, investigamos o modo de formulação das demandas, para identificar: (i) como foram apresentados os pedidos, em especial se o pedido consiste em uma sentença impondo o dever de pagar ou para condenar a Administração Pública requerida a reestabelecer o desequilíbrio, com a indicação de forma pretendida para a recomposição; (ii) se foram especificados valores do alegado desequilíbrio contratual; (iii) se houve indicação da metodologia de cálculo do desequilíbrio.

3.3 Análise dos resultados

A partir da análise dos resultados que constam como Anexo 1, no que diz respeito à formulação das demandas nos contratos de concessão, foi possível verificar

---

35 Foram escolhidos tais entes públicos em razão do fácil acesso às respectivas informações.
36 Para mais informações, acesse: https://www.gov.br/agu/pt-br/composicao/cgu/cgu/neadir/casos-de-arbitragem-2/casos-de-arbitragem-1.
37 Para mais informações, acesse: https://www.pge.sp.gov.br/Portal_PGE/Portal_Arbitragens/paginas/#team.

que são apresentadas, de maneiras diversas, em geral pedindo a condenação ao ente público na obrigação de recompor o reequilíbrio econômico-financeiro, mas abrindo a alternativa entre a possibilidade de pagamento pelo Poder Público ou que este se utilize de outro mecanismo de recomposição previsto no contrato. Poucos são os casos que circunscrevem o pedido à condenação na obrigação de reequilibrar o contrato.

No caso da primeira forma, em que a demanda oferece ao tribunal arbitral alternativas para decidir, há que se ter em mente que a decisão poderá conter apenas uma ordem impondo a obrigação de pagar, não impondo comando para administração equacionar o desequilíbrio de outras formas admitidas, seja pelo contrato, seja por regulamentos. Nessa situação, embora exista uma decisão favorável ao reequilíbrio contratual, desloca-se a decisão quanto ao seu efetivo equacionamento a momento posterior, na seara administrativa. Essa decisão poderá se restringir ao uso do pagamento pela sistemática de precatório e afastando outras formas de reequilíbrio contratual.

Por outro lado, quando o pedido se concentra na condenação à obrigação de reequilibrar o contrato, destaca-se que é levada para a seara administrativa subsequente apenas a decisão acerca do mecanismo de reequilíbrio que será utilizado (prorrogação do contrato, majoração da tarifa, redução da outorga variável, etc.). Não haverá nesse caso o risco de se adentrar na discussão acerca da sistemática de precatórios.

Nos outros 5 casos, por se tratar de contratos de aquisição de bens ou serviços, cuja execução já estava encerrada, verificou-se que os pedidos requeriam a condenação na obrigação de pagamento da indenização pelos prejuízos ou dos valores pendentes.

O que chama a atenção nessas 5 disputas, e com isso adentramos na segunda indagação (se foram especificados valores do alegado desequilíbrio contratual), é que em apenas 2 desses 5 casos foi apresentado o valor pleiteado já como parte do pedido. Essa identificação do valor também é reduzida nos contratos de concessão, sendo constatada em 3 dos 8 casos. Ou seja, dos 13 casos analisados, apenas em 5 houve a apresentação do valor pleiteado como parte da demanda.

Outro aspecto que chamou a atenção é que em pouquíssimos casos houve a identificação da metodologia de cálculo. Isso significa que tal aspecto não faz parte do mérito e não será discutido nas alegações iniciais. Porém, a experiência nos mostra que em alguns casos essa metodologia é o cerne da divergência entre as partes, muitas vezes sendo a razão pela qual não houve ainda acordo na esfera administrativa, de maneira que a sua abordagem desde o início do procedimento arbitral pode ser medida de rapidez e eficiência no trabalho a ser desenvolvido pelo tribunal arbitral[38].

---

38 Em relação à metodologia para apuração do desequilíbrio, chama a atenção o detalhamento do pedido formulado no Caso 152/2021/AMCHAM, no qual a Tamoios figura como requerente.

Por fim, voltamos nosso olhar a analisar se houve a indicação da metodologia de implementação do reequilíbrio. Como já mencionado, os casos que envolvem concessões pleiteiam a condenação ao Poder Público em indenizar as contratadas, indicando ora o pagamento em dinheiro, ora que se valha de medidas previstas contratualmente. Apenas em um caso (Libra) houve a indicação da forma – reajuste no valor do arrendamento –, mas nos demais casos não se adentrou em uma metodologia específica (prorrogação do contrato, reajuste da tarifa, valor da outorga variável, etc.), de maneira que não se levou ao tribunal arbitral a decisão quanto a esse aspecto do pedido. É possível concluir, assim, que, nos casos em que o reequilíbrio pode ainda ser implementado por uma diversidade de métodos, não houve a inclusão, no pedido, de alguma das formas específicas, afastando-se a discussão quanto aos poderes do tribunal arbitral nessa matéria, o que nos parece acertado.

CONCLUSÃO

A proposta deste artigo parte da preocupação quanto à necessidade em se dar uma rápida resposta aos contratos de concessão que estejam operando em desequilíbrio econômico-financeiro e cujas disputas tenham sido submetidas a um procedimento arbitral. A premissa inicial do estudo é singela: a demanda apresentada ao tribunal arbitral deve ser formulada buscando uma solução à disputa – considerando os interesses da parte requerente – e ser formulada de tal maneira que permita ao tribunal arbitral exercer a sua jurisdição do modo mais eficiente possível. A partir de tal premissa indaga-se: Como a formulação da demanda pode contribuir para que esse *munus* seja exercido eficientemente em pleitos que discutem o reequilíbrio do contrato?

A partir dessa indagação, cumpre destacar que o tribunal arbitral está sujeito ao princípio da demanda, que, uma vez estabilizada, irá nortear o alcance da decisão. Nessa medida, o presente estudo considerou algumas hipóteses práticas quanto ao objeto do pedido e aos limites da decisão.

Na primeira hipótese, se o pedido apresenta pleito de condenação ao pagamento de indenização, o tribunal arbitral, caso julgue a arbitragem procedente, irá emitir condenação de obrigação de pagar. Contudo, observa-se que a discussão sobre a forma de cumprimento da decisão será levada para a esfera administrativa, ou seja, caberá à Administração Pública decidir se irá seguir pelo pagamento dentro da sistemática de precatórios ou se irá se valer de algum outro mecanismo de reequilíbrio previsto no contrato ou admitido pela regulamentação administrativa.

Na segunda hipótese, nos casos de pedido de indenização cumulado com pleito alternativo ou subsidiário formulados no sentido de condenar o ente público na obrigação de promover o reequilíbrio contratual, também há o deslocamento da decisão quanto à forma de execução da sentença para a esfera administrativa. Todavia, tal deslocamento dependerá da forma de como o caso for julgado.

Outrossim, o presente estudo observou que a análise e decisão quanto à melhor forma de reequilíbrio de um contrato carrega em si um forte componente discricionário. Portanto, deve ser emitida considerando um panorama macro de coerência regulatória, restrita aos limites de competência do administrador público e, por tal característica, não é recomendável que seja decidida pelo tribunal arbitral.

Ainda, verifica-se que a indicação pela parte dos critérios a serem utilizados nos cálculos para apuração do alegado desequilíbrio logo no início do procedimento, ou seja, no âmbito da manifestação inicial do seu pleito, pode dar celeridade à perícia econômico-financeira, caso essa seja necessária.

Ademais, a previsão contida no decreto federal que disciplina a arbitragem com entes públicos[39], prevendo outras formas de equacionamento do reequilíbrio, em substituição ao pagamento de indenização, não tira a relevância da preocupação ora exposta. A substituição do uso do pagamento por precatório por um dos mecanismos contratuais ou regulamentares do reequilíbrio pode vir a ser impactada por uma interpretação jurídica futura, variável de acordo com a visão jurídica que vier a ser dada pelos administradores a cargo do acompanhamento da execução contratual e, portanto, não é revestida da necessária segurança jurídica. Além disso, outra problemática apontada é que tal instrumento tem aplicação tão somente na esfera federal, sendo que o uso da arbitragem já está disseminado em contratos com entes públicos de todas as esferas que não podem se valer de seu comando regulamentar.

Uma forma simples de evitar essas variáveis incertas seria a apresentação da demanda com pedido de apuração do valor do desequilíbrio e a condenação do ente público em obrigação de fazer, consistente no equacionamento imediato do reequilíbrio considerando os métodos internos e externos ao contrato. Com isso, busca-se o efetivo reequilíbrio e a sustentabilidade do contrato, sem a interrupção dos serviços públicos inerentes ao mesmo e preservando, em última instância, o interesse público materializado no interesse dos usuários.

---

39 BRASIL. **Decreto federal nº 10.025, de 20 de setembro de 2019**. Dispõe sobre a arbitragem para dirimir litígios que envolvam a Administração Pública federal nos setores portuário e de transporte rodoviário, ferroviário, aquaviário e aeroportuário, e regulamenta o inciso XVI do *caput* do artigo 35 da Lei nº 10.233, de 5 de junho de 2001, o § 1º do artigo 62 da Lei nº 12.815, de 5 de junho de 2013, e o § 5º do artigo 31 da Lei nº 13.448, de 5 de junho de 2017. Disponível em: https://www.planalto.gov.br/ccivil_03/_ato2019-2022/2019/decreto/D10025.htm. Acesso em: 10 out. 2023.

Anexo 1 – Casos analisados

Nº CASO E PARTES	PEDIDO	VALOR CERTO NO PEDIDO?	INDICOU NO PEDIDO O MODO COMO O REEQUILÍBRIO DEVE SER IMPLEMENTADO?
1. 26042/PFF/ RLS - CCI Viracopos x Anac	**Resumo:** Pedido de pagamento ou obrigação de promover o equilíbrio. **Ata de Missão:** [...] A condenação da Anac ao pagamento **das indenizações decorrentes dos citados eventos de desequilíbrio a serem liquidadas no curso desta Arbitragem; ou** à (ii) obrigação de fazer, consistente em promover o reequilíbrio econômico-financeiro da Concessão [...].	NÃO	NÃO
2. 26467/PFF - CCI Claro x Anatel	**Resumo:** Pedido de condenação à obrigação de recompor o equilíbrio, preferencialmente por indenização ou outro meio admitido. **Ata de Missão:** [...] requer-se que a Anatel **seja condenada a promover o reequilíbrio econômico-financeiro dos Contratos de Concessão**, preferencialmente mediante o pagamento de indenização, em valores a serem apurados no curso do procedimento arbitral. [...] requer que o pagamento dos valores a que a Anatel venha a ser condenada seja feito mediante a adoção de mecanismos de compensação previstos ou admitidos na legislação, na regulamentação e/ou no Contrato de Concessão, desde que aptos a produzir o proveito econômico equivalente, na forma a ser decidida pelo Tribunal Arbitral. Subsidiariamente, caso os mecanismos de compensação não sejam aptos a produzir o proveito econômico equivalente, requer-se ao Tribunal Arbitral que determine a expedição de precatório judicial ou requisição de pequeno valor.	NÃO	NÃO

Nº CASO E PARTES	PEDIDO	VALOR CERTO NO PEDIDO?	INDICOU NO PEDIDO O MODO COMO O REEQUILÍBRIO DEVE SER IMPLEMENTADO?
3. 26383/PFF - CCI Telefônica x Anatel	**Resumo:** Pedido de condenação à obrigação de recompor o equilíbrio mediante indenização. **Ata de Missão:** [...] declarar que os Contratos de Concessão se encontram em desequilíbrio econômico-financeiro. Consequentemente, requer-se seja a Anatel condenada a recompor o equilíbrio econômico-financeiro dos Contratos de Concessão **mediante indenização pelos prejuízos suportados** [...]. Declarar que, nos termos da Cláusula 13 do Compromisso Arbitral e na hipótese de condenação da Anatel, a indenização devida [...] **ocorra preferencialmente mediante mecanismos de compensação**, como será oportunamente detalhado na arbitragem, observando-se que tais mecanismos sejam aptos a indenizar a Telefônica pelos prejuízos incorridos.	NÃO	NÃO
4. 78/2016/SEC7 CAM CCBC Libra x Codesp	**Resumo:** Reajuste do arrendamento, conforme estabelecido no Termo de Compromisso Arbitral. **Termo de Arbitragem:** [...] requer que o tribunal arbitral **reconheça a necessidade de ajuste dos valores de arrendamento** e de movimentação mínima contratual do Contrato PRES nº 32/98 em razão do desequilíbrio verificado [...].	NÃO	SIM
5. 23960 GSS PFF Rota do Oeste x ANTT	**Resumo:** Pedido de condenação à obrigação de recompor o equilíbrio. **Ata de Missão:** Diante do exposto, a requerente pede a esse tribunal arbitral que sejam as requeridas compelidas a proceder com o reequilíbrio econômico-financeiro do contrato de concessão, no valor total estimado de R$ 765.000.000,00 (setecentos e sessenta e cinco milhões de reais), decorrente dos eventos descritos nos itens A a M acima.	SIM (estimado)	NÃO

Nº CASO E PARTES	PEDIDO	VALOR CERTO NO PEDIDO?	INDICOU NO PEDIDO O MODO COMO O REEQUILÍBRIO DEVE SER IMPLEMENTADO?
6. 19241/2013/ CA CCI Alston x Metro e Gesp (Obs.: Não é concessão)	**Resumo:** Indenização pelos prejuízos. **Ata de Missão:** Em síntese, a Alstom defende nesta arbitragem: [...] (2) que **tem direito a ser indenizada dos prejuízos suportados em razão do desequilíbrio econômico e financeiro** que atingiu o Contrato, causados.	SIM	SIM
7. Arbitragem *Ad Hoc* (Uncitral - CPTM/2014) CAF x CPTM (Obs.: Não é concessão)	**Resumo:** O recebimento de todos os valores pendentes. **Ata de Missão:** [...] o reconhecimento do desequilíbrio econômico-financeiro decorrente da redução da carga tributária que se originou com o emprego do regime aduaneiro de *drawback* na operacionalização do fornecimento dos trens montados em território nacional levado a efeito por opção exclusiva da requerente.	SIM	SIM
8. 20581/ASM - CCI Consórcio Tiisa/ Consbem/Serveng x Gesp e CPTM (Obs.: Não é concessão)	**Resumo:** Condenação ao pagamento dos valores devidos com correção monetária e juros. **Ata de Missão:** [...] recomposição o equilíbrio econômico-financeiro do Contrato por meio de indenização relativa aos custos e prejuízos sobre a realização da obra [...].	NÃO	SIM

Nº CASO E PARTES	PEDIDO	VALOR CERTO NO PEDIDO?	INDICOU NO PEDIDO O MODO COMO O REEQUILÍBRIO DEVE SER IMPLEMENTADO?
9. 152 / 2021 – AMCHAM Tamoios x Gesp	**Resumo:** Pagamento dos valores devidos no prazo de 30 dias a contar da prolação da decisão. Alternativamente, se o Estado decidir se valer de outra forma prevista no contrato, que informe em 30 dias. **Alegações Iniciais:** [...] A condenação dos requeridos **ao pagamento de todos os valores devidos à requerente**, referentes ao reequilíbrio econômico-financeiro do contrato, reajustes, ressarcimentos (de custos, despesas, indenizações etc.), bem como de todos os demais prejuízos sofridos pela requerente, já materializados e a serem materializados até o final desta arbitragem, devidamente acrescidos de juros, correção monetária, impostos e demais encargos incidentes, conforme metodologia de cálculo prevista no TAM 004 e/ou outra aplicável nos termos do contrato e seus Anexos, **no prazo 30 dias da prolação da sentença arbitral**. [...] Com relação ao pedido do item (iii) *supra*, na eventualidade do tribunal entender por respeitar a prerrogativa do poder concedente de escolher a forma pela qual será implementada a recomposição econômico-financeira do contrato, que sejam os requeridos condenados a informar à concessionária sobre a forma escolhida dentro do prazo de 30 dias da prolação da sentença arbitral, sob pena de multa-diária de R$ 500.000,00.	SIM	SIM
10. 26772/PFF/RLS – CCI Construcap x DER (Obs.: Não é concessão)	**Resumo:** Condenação ao pagamento dos valores devidos. **Ata de Missão:** [...] Condenação do requerido ao pagamento direto e imediato aos requerentes de todos os valores relativos a serviços executados e não pagos, e determinação de recomposição do desequilíbrio econômico-financeiro do contrato, com a sua condenação a indenizar e a reembolsar os requerentes por todos os valores, custos, despesas e perdas decorrentes.	NÃO	SIM

Nº CASO E PARTES	PEDIDO	VALOR CERTO NO PEDIDO?	INDICOU NO PEDIDO O MODO COMO O REEQUILÍBRIO DEVE SER IMPLEMENTADO?
11. 22990/2017 - CCI Linha 4 x Gesp	**Resumo:** Pedido de condenação à obrigação de promover o equilíbrio. **Ata de Missão:** Seja o requerido **condenado a implementar o reequilíbrio econômico-financeiro da Fase I do Contrato de Concessão** na forma do pleito de reequilíbrio apresentado pela requerente [...], até a devida e efetiva implementação do reequilíbrio na forma definida pelo poder concedente no curso da arbitragem, além de, na hipótese de opção da forma de reequilíbrio mediante o pagamento em dinheiro [...].	SIM	NÃO
12. 23647/GSS - CCI Consórcio Tiisa/Consbem/Serveng x Gesp e CMTP (Obs.: Não é concessão)	**Resumo:** Condenação ao pagamento dos valores devidos com correção monetária e juros. **Ata de Missão:** Condene os requeridos a efetuarem todos os pagamentos devidos: com correção monetária conforme a variação da fórmula paramétrica contratual a partir das competências de cada um dos custos, despesas e desembolsos incorridos e cujo ressarcimento pleiteia o requerente como forma de reequilibrar o contrato.	NÃO	SIM
13. 021/2018/SEC7 - CAM CCB Concessionária Move São Paulo x Estado de São Paulo	**Resumo:** Condenação ao pagamento dos valores devidos. **Pedido:** Condenação do requerido ao pagamento de correspondente indenização pelos danos, custos e impactos decorrentes do insucesso do contrato por sua culpa e/ou responsabilidade, que geraram atrasos na execução do escopo do contrato.	NÃO	SIM

REFERÊNCIAS

APRIGLIANO, Ricardo de Carvalho. **Fundamentos processuais da arbitragem**. Curitiba: Direito Contemporâneo, 2023.

ARAÚJO CINTRA, Antonio Carlos de; GRINOVER, Ada Pellegrini; DINAMARCO, Cândido Rangel. **Teoria geral do processo**. 23. ed. São Paulo: Malheiros, 2007.

BRASIL. **Lei nº 13.105, de 16 de março de 2015**. Código de Processo Civil, artigo 492. Disponível em: https://www.planalto.gov.br/ccivil_03/_ato2015-2018/2015/lei/l13105.htm. Acesso em: 13 out. 2023.

BRASIL. **Lei nº 9.307, de 23 de setembro de 1996 (Lei de Arbitragem)**. Dispõe sobre a arbitragem. Brasília/DF, 23 set. 1996. Disponível em: https://legislacao.presidencia.gov.br/atos/?tipo=LEI&numero=9307&ano=1996&ato=121IzZq1UMJpWT25d. Acesso em: 10 out. 2023.

BRASIL. **Decreto federal nº 10.025, de 20 de setembro de 2019**. Dispõe sobre a arbitragem para dirimir litígios que envolvam a Administração Pública federal nos setores portuário e de transporte rodoviário, ferroviário, aquaviário e aeroportuário, e regulamenta o inciso XVI do *caput* do artigo 35 da Lei nº 10.233, de 5 de junho de 2001, o § 1º do artigo 62 da Lei nº 12.815, de 5 de junho de 2013, e o § 5º do artigo 31 da Lei nº 13.448, de 5 de junho de 2017. Disponível em: https://www.planalto.gov.br/ccivil_03/_ato2019-2022/2019/decreto/D10025.htm. Acesso em: 10 out. 2023.

FERREIRA, Olavo Augusto Vianna Alves; MONTES NETTO, Carlos Eduardo. **Arbitragem contra a Fazenda Pública e precatórios**: as recentes decisões do TJSP, STJ e STF. Disponível em: https://www.migalhas.com.br/coluna/observatorio-da-arbitragem/371239/arbitragem-contra-a-fazenda-publica-e-precatorios. Acesso em: 10 out. 2023.

JUSTEN FILHO, Marçal. **Teoria geral das concessões de serviço público**. São Paulo: Dialética, 2003.

MAROLLA, Eugênia Cristina Cleto. **Concessões de serviço público**: a equação econômico-financeira dos contratos. São Paulo: Verbatim, 2011.

MOREIRA, Egon Bockmann. **Direito das concessões de serviço público**: concessões, parcerias, permissões e autorizações. 2. ed. Belo Horizonte: Forum, 2022.

NUNES PINTO, José Emílio. Anulação de sentença arbitral *infra petita, extra petita* ou *ultra petita*. *In*: JOBIM, Eduardo; MACHADO, Rafael Bicca (coord.). **Arbitragem no Brasil**: aspectos jurídicos relevantes. São Paulo: Quartier Latin, 2008.

PARENTE, Eduardo. **Arbitragem, processo arbitral e sistema**. 1. ed. São Paulo: Atlas, 2012.

SARRA DE DEUS, Adriana Regina. Arbitrabilidade objetiva e Administração Pública: quais matérias podem ser arbitradas? **Revista Brasileira de Arbitragem**, n. 72, p. 10-26, out./dez. 2021.

3. ARBITRAGEM COM A ADMINISTRAÇÃO PÚBLICA: O CONTROLE EXTERNO PELOS TRIBUNAIS DE CONTAS

Cesar Pereira
Sócio de Justen, Pereira, Oliveira e Talamini.
Doutor em Direito (PUC/SP).

1. INTRODUÇÃO1

Desde a década de 1990, o Brasil desenvolveu o que se pode reconhecer como um modelo próprio de arbitragem envolvendo a Administração Pública. Pode-se já aludir a um sistema consolidado e equilibrado, baseado em previsões legais claras, publicidade, suporte judicial e uma prática refletida em atos regulamentares e na atuação sofisticada do Estado nos procedimentos arbitrais[2].

1 O autor agradece a eficiente colaboração de Lorenzo Galan Miranda, associado de Justen, Pereira, Oliveira e Talamini (São Paulo), no desenvolvimento da pesquisa e análise da jurisprudência do Tribunal de Contas da União (TCU), bem como na revisão do texto.

2 Este modelo foi objeto de comentário pelo autor, cf. PEREIRA, Cesar; SOUZA-MCMURTRIE, Leonardo F. BRAMIA: An Alternative to ISDS. **Kluwer Arbitration Blog**. Disponível em: https://arbitrationblog.kluwerarbitration.com/2023/12/05/bramia-an-alternative-to-isds/. Acesso em: 11 dez. 2023; PEREIRA, Cesar; SOUZA-MCMURTRIE, Leonardo F. O modelo brasileiro de arbitragem com o Estado: proteção de investidores estrangeiros e nacionais. In: **Estudos em homenagem ao Professor Hermes Marcelo Huck**. No prelo, 2024 (esperado). Alguns dos temas objeto deste artigo já foram tratados pelo autor, cf. PEREIRA, Cesar A. Guimarães. Arbitragem e função administrativa. *In*: JUSTEN FILHO, Marçal; SILVA, Marco Aurélio de Barcelos (coord.). **Direito da infraestrutura**: estudos de temas relevantes. Belo Horizonte: Fórum, 2019. p. 63-89; PEREIRA, Cesar Augusto Guimarães. Arbitragem e Administração Pública: função administrativa e controle externo. *In*: DI PIETRO, Maria Sylvia Zanella; MOTTA, Fabrício (coord.). **O direito administrativo nos 30 anos da**

Parte das controvérsias atinentes à arbitrabilidade objetiva – inclusive no âmbito do Poder Judiciário e dos órgãos de controle – parece resultar de alguma imprecisão terminológica. Confunde-se arbitrabilidade com o escopo da convenção de arbitragem ou mesmo a sindicabilidade dos atos administrativos submetidos à arbitragem.

1.1 Arbitrabilidade

A arbitrabilidade é a possibilidade (em potência, no plano da competência) de determinado litígio ou conjunto de litígios ser submetido à solução por meio do juízo arbitral. É o quadro máximo dentro do qual as partes do litígio, por meio de um ato complementar, recortarão o campo menor que concretamente pretenderão submeter a uma arbitragem efetiva ou eventual.

Afirmar que determinados litígios – por exemplo, relativos à validade de atos regulatórios – são arbitráveis não significa dizer que em relação a eles exista uma convenção de arbitragem válida e eficaz. Por decorrência, não basta um litígio ser arbitrável para que se possa reconhecer que as partes estão obrigadas a submetê-lo à arbitragem.

Nos sistemas em que existe arbitragem de investimento em face do Estado (com base na Convenção de Washington de 1965 ou em leis nacionais de proteção de investimentos), adotam-se frequentemente cláusulas gerais e abertas que abrangem uma ampla variedade de atos estatais aptos a frustrar as condições prometidas aos investidores. No caso de arbitragem contratual com o Estado, que é o sistema adotado no Brasil, o âmbito material da convenção de arbitragem não é determinado pela *arbitrabilidade*, mas pelo *escopo* dado pelas partes a cada convenção concreta.

1.2 Escopo da convenção de arbitragem

O escopo da convenção de arbitragem corresponde ao resultado do exercício da competência atribuída pela arbitrabilidade. Segundo os procedimentos próprios, as partes escolhem o que pretendem submeter a uma arbitragem efetiva (por meio de um compromisso arbitral relativo a um litígio determinado) ou eventual (por meio de cláusula compromissória apta a possibilitar o início de uma série indeterminada de procedimentos).

Portanto, a primeira etapa é o reconhecimento do que é arbitrável: o conjunto de direitos patrimoniais disponíveis, ou seja, a ampla gama de controvérsias que

---

Constituição. Belo Horizonte: Fórum, 2018. p. 237-265; PEREIRA, Cesar A. Guimarães. Arbitragem e a Administração Pública na jurisprudência do TCU e do STJ. *In*: PEREIRA, Cesar A. Guimarães; TALAMINI, Eduardo (coord.). **Arbitragem e Poder Público.** São Paulo: Saraiva, 2010. p. 131-149.

alguém, da Administração ou não, pode resolver sem se submeter ao Poder Judiciário. Mas há um momento de decisão entre essa etapa e a seguinte, de celebração de uma convenção de arbitragem. Esse é o momento de escolha pela conveniência ou não da sujeição à arbitragem, à luz das vantagens e desvantagens que nela são reconhecidas, da maior ou menor capacidade de condução de um processo arbitral ou da disposição ou não de submeter a um juízo privado a solução de determinadas controvérsias.

Exatamente por isso é que surgem atos normativos da Administração que delimitam o que os agentes públicos envolvidos devem inserir nas convenções de arbitragem ou realizar nos processos arbitrais. Tais atos normativos não tratam da arbitrabilidade (que existe só no plano da Constituição e da lei), mas do escopo que a Administração orienta os seus agentes a adotar. Não seria distinta a situação em uma grande empresa na qual o Conselho de Administração editasse uma resolução determinando que a Diretoria adotasse o juízo arbitral em certos casos, evitasse-o em outros ou escolhesse (se possível) esta ou aquela instituição arbitral segundo as características do litígio.

1.3 Sindicabilidade

Por fim, um conceito que também produz confusão é o limite da revisão que a autoridade encarregada do controle de um ato administrativo pode promover. É comum que se afirme que o "mérito" do ato administrativo – o seu núcleo essencial de exercício de autoridade, de realização do chamado interesse público – não é arbitrável. Essa afirmação envolve uma confusão entre o processo e o seu resultado. A arbitrabilidade não tem a ver com o limite de revisão, mas com o processo para promovê-la. Se pode ser realizado um processo para que alguém verifique a validade do ato sem que seja obrigatória a submissão do litígio ao Poder Judiciário, a matéria é arbitrável. Outra questão é saber se a sentença arbitral poderá ingressar no núcleo da decisão administrativa. Porém, nesse ponto, é indiferente tratar-se de arbitragem ou processo judicial. A proteção constitucional da função administrativa impede que tanto o árbitro quanto o juiz frustrem a função administrativa por meio do exercício de sua competência de revisão.

Não cabe aqui discorrer sobre o controle da discricionariedade ou do mérito administrativo. É evidente que o núcleo essencial alheio ao controle judicial (ou arbitral) só é determinado a partir de amplo controle dos requisitos de validade do ato, de seus pressupostos, dos elementos e do modo de sua prática. Esse conjunto frequentemente reduz fortemente, por vezes até a zero, a discricionariedade na prática do ato[3]. Todos esses aspectos são sindicáveis e, caso exista convenção de arbitragem, apenas o árbitro na sentença final será apto a delimitar, se houver, algum campo que a sua competência controladora não poderá atingir.

2. FUNÇÃO ADMINISTRATIVA E ARBITRAGEM

O amplo reconhecimento da admissibilidade da arbitragem envolvendo a Administração Pública exige a reflexão acerca da interação entre o regime jurídico de direito administrativo e as peculiaridades da resolução de controvérsias mediante a arbitragem.

2.1 Arbitragem e regulação

A previsão de arbitragem em contratos regulados implica a possibilidade de revisão, pelos árbitros, de atos praticados pela parte pública no âmbito do escopo da convenção de arbitragem. O árbitro é juiz de fato e de direito (artigo 18 da Lei nº 9.307). Aplicará a lei a que se submetem tanto a parte pública quanto a parte privada do contrato e poderá, evidentemente, adotar interpretação diversa da assumida pelo contratante público.

Nos setores regulados, é comum a posição de contratante público ser ocupada pelo ente regulador, ainda que no exercício de competências diversas. Mesmo quando as duas posições não se confundem em uma mesma entidade, a decisão do conflito pode exigir do árbitro que examine a validade ou eficácia de um ato regulatório – do mesmo modo que faria o exame, para o caso concreto, da validade, vigência ou eficácia de uma lei ou um decreto.

Desse modo, a condução e o resultado de uma arbitragem em um setor regulado têm relevância para a regulação. Em estudo específico sobre o tema, Marie-Anne Frison-Roche aponta que a arbitragem deve ser compreendida como integrada ao sistema de regulação[4].

Essa interação opera em ambos os sentidos. Especialmente em face da publicidade, as decisões arbitrais em matérias relativas a setores regulados compõem o conjunto de fatores que dão previsibilidade às condições em que operam os agentes do

3 Cf., sobre o tema, PEREIRA, Cesar. Discricionariedade e apreciações técnicas da administração. **Revista de Direito Administrativo**, n. 231, p. 217-268, jan./mar. 2003.

4 FRISON-ROCHE, Marie-Anne. Arbitrage et droit de la régulation. *In*: SILVA-ROMERO, Eduardo; MANTILLA ESPINOSA, Fabricio. **El Contrato de Arbitraje**. Bogotá: Legis, 2005. p. 323-338.

setor. Exceto na hipótese de arbitragens coletivas[5], dizem respeito a casos concretos e litígios específicos. Ainda assim, podem gerar orientações aplicáveis às condutas futuras da Administração e particulares. Isso é especialmente presente em face dos deveres de moralidade e boa-fé impostos à Administração e aos particulares que com ela contratam, que lhes impõem coerência entre a conduta adotada em um determinado processo arbitral e o seu comportamento futuro.

Por outro lado, os árbitros têm o dever de considerar a regulação setorial e os reflexos práticos de suas decisões ao proferir a sentença arbitral e as ordens processuais. Esse dever passou a ser objeto de previsão expressa quando a Lei nº 13.655 incluiu os artigos 20 e 24 na Lei de Introdução às Normas do Direito Brasileiro (LINDB). Segundo o artigo 20, "não se decidirá com base em valores jurídicos abstratos sem que sejam consideradas as consequências práticas da decisão" e a "motivação demonstrará a necessidade e a adequação da medida imposta ou da invalidação de ato, contrato, ajuste, processo ou norma administrativa, inclusive em face das possíveis alternativas". O artigo 24, por sua vez, preserva a segurança jurídica ao determinar que a

> revisão, nas esferas administrativa, controladora ou judicial, quanto à validade de ato, contrato, ajuste, processo ou norma administrativa cuja produção já se houver completado levará em conta as orientações gerais da época, sendo vedado que, com base em mudança posterior de orientação geral, se declarem inválidas situações plenamente constituídas.

Muito embora o texto legal não aluda à decisão arbitral, mas judicial, o papel do árbitro na revisão da validade de atos ou contratos administrativos lhe impõe a adoção dessas mesmas pautas.

2.2 Arbitragem e normas de ordem pública

As premissas estabelecidas se estendem à discussão acerca da aplicação de normas imperativas (de ordem pública) pelo árbitro. A arbitragem é uma instância revisora da conduta da Administração Pública no âmbito das controvérsias cobertas por uma convenção de arbitragem. Por decorrência, observado esse escopo, cabe ao árbitro aplicar as normas que disciplinam a conduta da Administração. Como juiz de fato e de direito (artigo 18 da Lei nº 9.307), aplicará a integralidade do

5 PEREIRA, Cesar; QUINTÃO, Luísa. Entidades representativas (artigo 5º, XXI, da Constituição Federal) e arbitragem coletiva no Brasil. **Revista de Arbitragem e Mediação**, Revista dos Tribunais, n. 47, out./dez. 2015.

ordenamento jurídico, inclusive as normas de ordem pública eventualmente necessárias à solução do litígio[6].

Se o artigo 25 da redação original da Lei nº 9.307 poderia criar alguma dúvida a esse respeito, qualquer dificuldade foi eliminada pela revogação desse dispositivo por meio da Lei nº 13.129.

O tema da ordem pública é frequentemente invocado no contexto da homologação de sentenças arbitrais estrangeiras. Tanto o STF[7] quanto o STJ[8] tiveram já a oportunidade de examinar sentenças arbitrais estrangeiras envolvendo partes integrantes da Administração Pública em casos envolvendo potencial ofensa à ordem pública. Em todos os casos do STJ, afastou-se a discussão e se homologou a sentença, e, no caso do STF, rejeitou-se a homologação por motivo diverso, tendo a sentença arbitral sido posteriormente cumprida por determinação legal específica[9].

3. ARBITRAGEM, ADMINISTRAÇÃO PÚBLICA E PODER JUDICIÁRIO

A identificação do papel do Poder Judiciário na arbitragem envolvendo a Administração Pública é relevante para delimitar as atribuições próprias dos órgãos de controle externo (Tribunais de Contas). Exige uma discussão inicial acerca do exercício dos poderes do Estado. No exercício de suas funções, a Administração é dotada de competências que lhe permitem condicionar a conduta alheia. Os seus atos são vinculantes para terceiros sem a necessidade de concordância destes ou de intervenção judicial. Usualmente apresentam exigibilidade, podendo em casos excepcionais atingir o grau de autoexecutoriedade[10]. A autoexecutoriedade, que

---

6 Sobre o tema, cf. CORREIA, Sérvulo. A arbitragem dos litígios entre particulares e Administração Pública sobre situações regidas pelo direito administrativo. **Revista de Contratos Públicos – RCP**, Belo Horizonte, n. 5, p. 175-77, set. 2014. Jorge Suescún aponta que "*los árbitros no pierden competencia por el hecho de que se debatan ante ellos materias en que tiene interés el orden público. En ese supuesto lo que deben hacer es aplicar rectamente las normas llamadas a gobernar el litigio, entre ellas, las pertinentes disposiciones de orden público*" (SUESCÚN MELO, Jorge. De las facultades de los árbitros para interpretar y aplicar normas de orden público. *In*: SILVA ROMERO, Eduardo; MANTILLA ESPINOSA, Fabricio. **El Contrato de Arbitraje**. Bogotá: Legis, 2005. p. 255-284).

7 SEC 4.724-2, Rel. Min. Sepúlveda Pertence, J. 27.04.1994, DJ 19.12.1994, p. 35181. A sentença arbitral não foi homologada pela exigência, à época, de duplo *exequatur*. Porém, logo depois foi editada a Lei nº 8.874, de 1994, que expressamente determinou que a União pagaria o montante dessa sentença e de outras similares, mediante transação, observado o valor da condenação na arbitragem.

8 STJ, SEC 10.432, Relª Min. Laurita Vaz, J. 16.09.2015, DJ 19.10.2015; STJ, SEC 16.016, Relª Min. Nancy Andrighi, J. 20.11.2017, DJ 28.11.2017.

9 Lei nº 8.874, de 1994, cf. *supra*.

10 JUSTEN FILHO, Marçal. **Curso de direito administrativo**. 14. ed. Rio de Janeiro: Forense, 2023. p. 164-165.

permite o uso da força pela Administração, é excepcional, limitada e depende de autorização legal.

3.1 Descabimento da autotutela (Súmula STF nº 473)

A Administração é dotada de competência para anular os seus próprios atos ilegais (Súmula STF nº 473) e revogar os atos tornados inconvenientes. É o que se denomina autotutela da Administração. Porém, predomina a compreensão de que essa competência não permite à Administração invalidar atos bilaterais, em que a manifestação de vontade expressada no ato não é apenas da Administração; nesses casos, a desconstituição do ato deve ser promovida pelo Poder Judiciário. Do mesmo modo, a Administração não pode revogar unilateralmente atos bilaterais ou que tenham gerado direitos adquiridos.

O tema da interação entre as competências administrativas e o papel do Poder Judiciário na arbitragem foi extensamente discutido no REsp 904.813 (conhecido como *caso Compagás*), que tinha por objeto uma sentença arbitral entre um consórcio de construção civil e uma sociedade de economia mista. A arbitragem foi iniciada com base em um compromisso arbitral. Em dado momento, a empresa estatal reputou que o compromisso arbitral seria ilegal e o anulou unilateralmente com base na Súmula STF nº 473. O Poder Judiciário repudiou essa conduta. Não apenas considerou que a Administração não detinha esse poder como confirmou a validade do compromisso e da sentença arbitral[11].

A convenção de arbitragem não está sujeita à chamada autotutela da Administração. A entidade administrativa não é, ao mesmo tempo, parte e controladora do ato de submissão à arbitragem e do seu resultado. Esse papel é privativo do Poder Judiciário. Nesse ponto, a disciplina da Lei nº 9.307 é uniforme para todos – particulares e Administração Pública – que se submetem à arbitragem[12]. O artigo 1º, § 1º, da Lei nº 9.307 alude expressamente às arbitragens envolvendo a Administração Pública. As suas regras sobre o controle jurisdicional não excepcionam nem estabelecem um regime especial para a Administração Pública. Por decorrência, a Administração Pública se submete ao controle jurisdicional da arbitragem e ao apoio jurisdicional ao processo arbitral do mesmo modo que qualquer outra parte.

Isso é também imposição da boa-fé, que é um princípio da Administração Pública segundo o artigo 37 da Constituição Federal (moralidade administrativa). A escolha da arbitragem para solução de litígios com a Administração não pode trazer

---

11 STJ, REsp 904.813, Relª Min. Nancy Andrighi, J. 20.10.2011, v.u., DJU 28.02.2012.

12 PEREIRA, Cesar; TALAMINI, Eduardo. Arbitragem e Poder Público: o esboço de um consenso e novos desafios. *In*: PEREIRA, Cesar; TALAMINI, Eduardo. **Arbitragem e Poder Público**. São Paulo: Saraiva, 2010. p. 11.

consigo a abdicação de direitos da contraparte de obter o controle jurisdicional assegurado pela Lei nº 9.307. Ambas as partes estão sujeitas à atuação do Judiciário na forma desse diploma. E o que é mais importante: ambas terão ajustado que o juízo arbitral será o único meio de solução do conflito em questão.

Essa conclusão resulta da "separabilidade" ou autonomia da convenção de arbitragem como um ajuste destinado à definição do meio de solução de conflitos (artigo 8º da Lei nº 9.307). A convenção tem seus próprios pressupostos de validade e a invalidade do contrato em que se insere não implica necessariamente a da própria cláusula compromissória. Por meio da convenção de arbitragem, a Administração e a contraparte definem bilateralmente que uma controvérsia será resolvida por arbitragem. Essa definição contida na convenção de arbitragem não está sujeita a qualquer revisão unilateral pela Administração Pública.

Isso não se confunde com o exercício de competências pela Administração Pública com base no contrato em si. Imagine-se que a Administração, no curso de um contrato que contém cláusula arbitral, pratique um ato de aceitação da prestação realizada pelo particular; imagine-se ainda que, em momento posterior, diante da constatação de ilegalidade, anule esse mesmo ato no exercício da autotutela. Se a contraparte discordar, poderá discutir no juízo arbitral a validade da anulação da aceitação. Porém, o que a Administração Pública jamais poderá fazer é, no suposto exercício da autotutela, anular ou revogar ela própria e de modo unilateral a convenção de arbitragem em si.

Se o fizesse, esse ato seria, além de nulo, ineficaz. A contraparte poderia promover a arbitragem prevista na cláusula e obter dos árbitros, que são juízes de fato e de direito (artigo 18 da Lei nº 9.307), a revisão desse ato e o reconhecimento da validade da convenção de arbitragem (artigo 8º, parágrafo único, da Lei nº 9.307). Essa foi precisamente a solução dada pelo STJ no chamado *caso Compagás*[13].

3.2 Arbitragem e processo administrativo

A exigência constitucional e legal de processo administrativo prévio em certas circunstâncias tampouco afeta as competências próprias do Poder Judiciário em relação à arbitragem ou à eficácia da convenção de arbitragem.

Em primeiro lugar, o resultado do processo administrativo, se abrangido pelo escopo da convenção de arbitragem, será passível de revisão pelos árbitros. Insere-se na conduta administrativa que integra o objeto da arbitragem.

Depois, a eventual participação do particular em um processo administrativo prévio em nada afeta os seus direitos, nos termos da convenção de arbitragem, nem

---

13 STJ, REsp 904.813, Relª Min. Nancy Andrighi, J. 20.10.2011, v.u., DJU 28.02.2012.

o seu direito de obter a tutela judicial adequada. Suponha-se que a Administração instaure processo administrativo para invalidação da convenção de arbitragem e o particular dele participe, formulando defesa da cláusula arbitral. Se esta vier a ser anulada pela Administração (o que, como já visto, a orientação predominante reputa incabível), o particular ainda assim poderá instaurar a arbitragem e obter dos árbitros uma decisão final sobre a validade da cláusula. O procedimento administrativo, nesse caso, será um dos elementos sobre os quais os árbitros decidirão.

Se, por hipótese, isso ocorresse após a sentença arbitral, a conclusão seria a mesma. Imagine-se que a Administração seja vencedora em uma arbitragem. Ao notificar o particular para cumprimento da sentença, recebe resposta alegando a invalidade da sentença. Diante disso, resolve instaurar processo administrativo destinado a decidir acerca da eventual nulidade da sentença arbitral. Nesse improvável cenário, o particular derrotado na arbitragem não está dispensado de buscar a invalidação da sentença arbitral na forma do artigo 33 da Lei nº 9.307, sob pena de decadência. Se a Administração vier a confirmar a sua posição pela validade da sentença depois de decorrido o prazo decadencial, o particular terá perdido irremediavelmente o prazo para pleitear a anulação. Por outro lado, nada impede que a Administração reconheça extrajudicialmente, de modo fundamentado, a invalidade da sentença, mesmo se já operada a decadência. Nesse caso, o processo arbitral será retomado ou substituído por outro processo arbitral ou judicial, dependendo dos fundamentos e da extensão da nulidade.

4. ARBITRAGEM E CONTROLE EXTERNO[14]

As condutas da Administração, inclusive os seus atos contratuais, estão submetidas ao controle externo dos Tribunais de Contas. Isso não implica supressão ou alteração do controle jurisdicional ou do papel do Judiciário nos termos da Lei nº 9.307. O Tribunal de Contas não se substitui ao Poder Judiciário. O seu papel é, nesse ponto, controlar a conduta da Administração e o exercício das suas competências. Trata-se, em certa medida, de órgão auxiliar do Poder Legislativo. Em se tratando de contratos (atos bilaterais), não lhe cabe nem mesmo sustar a sua execução (artigo 70, §§ 9º e 10, da Constituição Federal), já que essa competência é exclusiva do Congresso Nacional (artigo 70, § 1º, da Constituição Federal): "No caso de

14 A questão foi também abordada pelo autor em publicações anteriores, cf. PEREIRA, Cesar A. Guimarães. Arbitragem e função administrativa. *In*: JUSTEN FILHO, Marçal; SILVA, Marco Aurélio de Barcelos (coord.). **Direito da infraestrutura**: estudos de temas relevantes. Belo Horizonte: Fórum, 2019. p. 63-89; PEREIRA, Cesar Augusto Guimarães. Arbitragem e Administração Pública: Função administrativa e controle externo. *In*: DI PIETRO, Maria Sylvia Zanella; MOTTA, Fabrício (coord.). **O direito administrativo nos 30 anos da Constituição**. Belo Horizonte: Fórum, 2018. p. 237-265.

contrato, o ato de sustação será adotado diretamente pelo Congresso Nacional, que solicitará, de imediato, ao Poder Executivo as medidas cabíveis". O que cabe ao Tribunal de Contas é controlar a conduta da Administração no exercício dos direitos e deveres previstos na Lei nº 9.307[15].

4.1 Limites da atuação do controle externo

Um exemplo concreto: se o Tribunal de Contas reputar que a sentença arbitral é inválida, poderá pretender explicações e adotar providências relativas à conduta da Administração diante da sentença. Poderá examinar as razões pelas quais a Administração houver optado por não ajuizar a ação anulatória do artigo 33 da Lei nº 9.307 ou os termos em que a houver ajuizado. Porém, o Tribunal de Contas não detém qualquer competência relativa à sentença arbitral em si ou ao procedimento em que se insere[16].

Vale também para os eventuais atos do Tribunal de Contas o que se disse antes acerca do exercício indevido da autotutela pela Administração relativamente à convenção de arbitragem. Qualquer intervenção do Tribunal de Contas nesse campo será ineficaz. Caberá à parte interessada, se for o caso, instaurar a arbitragem e obter dos árbitros uma decisão definitiva inclusive sobre a validade da convenção arbitral. O Tribunal de Contas integra a Administração Pública. Em relação a uma arbitragem de que a Administração Pública seja parte, a posição adotada pelo Tribunal de Contas terá a mesma eficácia de um ato interno de qualquer outra parte (por exemplo, determinações de um Conselho Fiscal). Poderá ser tomada como um fato pelos árbitros, no conjunto dos elementos da causa, mas não será vinculante para os árbitros.

Isso apenas confirma o que já se afirmou sobre o papel do Tribunal de Contas no controle do exercício dos direitos da Administração segundo a Lei nº 9.307. O meio próprio para se obter a anulação da sentença arbitral é a ação anulatória do artigo 33 da Lei nº 9.307. O controle que cabe ao Tribunal de Contas é o relativo ao exercício do direito da Administração de propor essa ação. Jamais lhe caberia substituir-se ao Poder Judiciário na função de controlar a validade da arbitragem. Em razão disso, a fiscalização desempenhada pelo TCU e a possibilidade de interferência se dá

---

15 PEREIRA, Cesar A. Guimarães. Arbitragem e função administrativa. *In*: JUSTEN FILHO, Marçal; SILVA, Marco Aurélio de Barcelos (coord.). **Direito da infraestrutura**: estudos de temas relevantes. Belo Horizonte: Fórum, 2019. p. 63-89, p. 82.

16 SILVA, João Paulo Hecker; VASCONCELOS, Ronaldo; GULIM, Marcello de Oliveira. Arbitragem e sua aplicação no âmbito do Tribunal de Contas: uma análise à luz do controle exercido nos contratos administrativos portuários. **Revista Direito Aduaneiro, Marítimo e Portuário**, v. 7, n. 37, p. 25-42, mar./abr. 2017, p. 33.

de maneira mais acentuada em momento anterior à instauração ou ao encerramento da arbitragem, ocorrendo quando da celebração da convenção de arbitragem[17].

4.2 Tribunais de Contas e arbitragem: ideias gerais

Em 2003, ao examinar contratos do DNIT, o Tribunal de Contas da União (TCU) reputou inválidas cláusulas de arbitragem já inseridas em contratos e determinou ao DNIT que promovesse a sua supressão por meio de aditivos contratuais no Acórdão nº 587/2003-Plenário, sobre o qual se discorrerá a seguir[18]. As empresas contratadas foram, então, chamadas pelo DNIT para firmar aditivos com esse propósito.

Se um dado contratado se recusasse a aditar o contrato, a convenção de arbitragem permaneceria válida e eficaz e seria o fundamento para a instauração de eventual arbitragem. O TCU até poderia pretender controlar a conduta da Administração Pública na arbitragem, exigindo que esta arguisse em sua defesa a invalidade da cláusula, na forma do artigo 8º, parágrafo único, da Lei nº 9.307, ou posteriormente à sentença, cobrando da Administração o ajuizamento de ação anulatória. Porém, jamais lhe caberia qualquer ação direta relacionada com a arbitragem ou a sentença dela decorrente.

O entendimento *supra* reflete o posicionamento posterior do TCU com relação à arbitragem, que decorre de um processo de "evoluções legislativas, aperfeiçoamento doutrinário e consolidação da jurisprudência"[19]. A análise detalhada da evolução da jurisprudência do TCU sobre o tema é objeto de tópico a seguir deste estudo.

4.3 Controle externo e princípio da competência-competência

A competência controladora do Tribunal de Contas não afeta o princípio da competência-competência do artigo 8º, parágrafo único, da Lei nº 9.307. Havendo

17 SCHMIDT, Gustavo da Rocha. Interações entre Tribunal de Contas, arbitragem e as autoridades administrativas nela envolvidas. **Revista Brasileira de Arbitragem**, v. 19, n. 75, p. 11-35, jul./set. 2022, p. 20.

18 TCU, Acórdão nº 587/2003-Plenário, Rel. Min. Adylson Motta, J. 28.05.2003.

19 MOREIRA, Egon Bockmann; CRUZ, Elisa Schmidlin. O TCU pró-arbitragem: uma análise do caso Libra. *In*: MARINONI, Luiz Guilherme; LEITÃO, Cristina Bichels (coord.). **Arbitragem e direito processual**. São Paulo: Revista dos Tribunais, 2021. p. 413-426, p. 413. No mesmo sentido, ver: PEREIRA, Cesar Augusto Guimarães. Arbitragem e Administração Pública: função administrativa e controle externo. *In*: DI PIETRO, Maria Sylvia Zanella; MOTTA, Fabrício (coord.). **O direito administrativo nos 30 anos da Constituição**. Belo Horizonte: Fórum, 2018. p. 237-265, p. 263-264.

convenção de arbitragem, cabe aos árbitros o juízo inicial, inclusive sobre a própria validade da convenção.

Daí a relevância do papel do Tribunal de Contas no momento anterior à celebração da convenção, inclusive por meio de diretrizes que orientem a Administração Pública ou da revisão de empreendimentos por estágios, com uma fase preliminar de exame de minutas de editais e contratos. Esse exame prévio permite evitar que se constituam situações que os órgãos de controle reputem contrárias aos critérios aplicáveis.

4.4 Controle da conduta prévia e posterior à arbitragem

Desde o acórdão de 2003 referido *supra*[20], a posição do TCU em relação à arbitragem teve grande evolução, embora ainda tenha havido decisões que sugeriam uma orientação ainda não consolidada. Em acórdão de 2013, relativo a contratos da Petrobras, o TCU entendeu admissível a arbitragem, mas exigiu que houvesse uma justificativa técnica ou econômica para que revelasse a necessidade de sua adoção em face das condições de mercado[21].

Antes disso, em 2012, o TCU havia proferido decisão polêmica, em que reputava incabível a previsão de discussões acerca do equilíbrio econômico-financeiro como parte do escopo da cláusula arbitral em um contrato de concessão de rodovias[22] – ao contrário do que veio mais tarde a ser consagrado legislativamente pelo artigo 31, § 4º, da Lei nº 13.448. A questão será abordada em ponto posterior.

Em 2017, o TCU examinou por diversas vezes, no âmbito do Acórdão nº 440/2017-Plenário e do Acórdão nº 1.881/2017-Plenário, a conduta de subsidiárias estrangeiras da Petrobras e de seus dirigentes em relação à arbitragem que resultou em pagamentos adicionais pela compra da refinaria Pasadena, no Texas (EUA). Após decisões cautelares em sentido contrário, o TCU acatou a defesa dos dirigentes para reconhecer que haviam adotado uma decisão negocial razoável ao não cumprir imediatamente e impugnar (embora sem sucesso) a sentença arbitral desfavorável[23].

Em decisão relacionada ao *caso Libra*, envolvendo representação sobre indícios de irregularidades na prorrogação antecipada de contrato para o arrendamento voltado à exploração de área na margem direita do Porto de Santos, o TCU identificou o decurso excessivo de tempo entre a assinatura do compromisso arbitral e a efetiva

---

20 TCU, Acórdão nº 587/2003-Plenário, Rel. Min. Adylson Motta, J. 28.05.2003.

21 TCU, Acórdão nº 2.145/2013-Plenário, Rel. Min. Luciano Brandão Alves de Souza, J. 14.08.2013.

22 TCU, Acórdão nº 2.573/2012-Plenário, Rel. Min. Walton Alencar Rodrigues, J. 26.09.2012; TCU, Acórdão nº 3.083/2014-Plenário, Rel. Min. Raimundo Carreiro, J. 12.11.2014.

23 TCU, Acórdão nº 440/2017-Plenário, Rel. Vital do Rêgo, J. 15.03.2017; TCU, Acórdão nº 1881/2017-Plenário, Rel. Vital do Rêgo, J. 30.08.2017.

instauração da arbitragem. O Termo de Compromisso Arbitral fora celebrado em setembro de 2015 e punha fim às ações judiciais em trâmite perante o Poder Judiciário e que discutiam os valores devidos pelo Grupo Libra à Codesp. Transcorridos meses desde a assinatura do compromisso arbitral, todavia, a Codesp, em setembro de 2017, ainda não haveria contratado escritório de advocacia para representá-la na arbitragem. Em razão disso, o Acórdão nº 1.171/2018-Plenário determinou à SeinfraPortoFerrovia que autuasse a responsabilidade pela morosidade na instauração da arbitragem, dado o decurso de tempo desde a assinatura do compromisso arbitral[24]. Para Mariana Negri e Aristhéa de Alencar, a decisão demonstra que, uma vez suprida a ausência de autorização legal na utilização da arbitragem, existe "uma postura de incentivo à arbitragem – e sua rápida instauração – para a solução de determinadas controvérsias, quando existente convenção de arbitragem válida e eficaz"[25].

Também vinculado ao *caso Libra*, o Acórdão nº 1.563/2020-Plenário tratou de representação para a decretação de indisponibilidade dos bens do Grupo Libra em decorrência dos supostos indícios de esvaziamento patrimonial. O Relator, Ministro Vital do Rêgo, divergindo do parecer técnico apresentado pela SeinfraPortoFerrovia, votou no sentido de acolher liminarmente o pedido cautelar, a fim de decretar a indisponibilidade dos bens do Grupo Libra pelo prazo de um ano. A decisão plenária não teve divergência[26]. Segundo Egon Bockmann Moreira e Elisa Schmidlin Cruz, a decisão confere prestígio à arbitragem, pois reconhece a imutabilidade da sentença arbitral, limitando a própria cognição do TCU e assegurando plena eficácia à sentença arbitral[27].

4.5 Evolução do entendimento do TCU

A evolução no posicionamento do TCU desde as primeiras decisões sobre o tema já sob a vigência da Lei nº 9.307 mostra foco em dois aspectos distintos[28]:

---

24 TCU, Acórdão nº 1171/2018-Plenário, Relª Ana Arraes, J. 23.05.2018.

25 NEGRI, Mariana Carvalho de Ávila; ALENCAR, Aristhéa Totti Silva Castelo Branco de. Arbitrabilidade subjetiva: a evolução e a consolidação da arbitragem envolvendo a Administração Pública brasileira. **Publicações da Escola da AGU**, Brasília, v. 13, n. 2, p. 249-271, 2022, p. 244.

26 TCU, Acórdão nº 1563/2020-Plenário, Rel. Vital do Rêgo, J. 17.06.2020.

27 MOREIRA, Egon Bockmann; CRUZ, Elisa Schmidlin. O TCU pró-arbitragem: uma análise do caso Libra. *In*: MARINONI, Luiz Guilherme; LEITÃO, Cristina Bichels (coord.). **Arbitragem e direito processual**. São Paulo: Revista dos Tribunais, 2021. p. 413-426, p. 426.

28 Sob outra perspectiva, Gustavo Justino de Oliveira e Felipe Estefam identificam quatro posicionamentos do TCU sobre arbitragem, acerca da: (*i*) necessidade de previsão legal específica para a utilização da arbitragem envolvendo a Administração Pública; (*ii*) impossibilidade de estipulação da arbitragem em contratos administrativos, por existir contrariedade a princípios constitucionais; (*iii*) utilização limitada da arbitragem em serviços públicos, por ausência de autorização legal específica; e (*iv*) utilização da arbitragem em disputas sobre direitos patrimoniais (OLIVEIRA, Gustavo Justino de;

(*i*) inicialmente, tratou-se da necessidade de autorização legal específica para a utilização da arbitragem em contratos administrativos; (*ii*) após suprida essa previsão por meio de diversos dispositivos editados a partir da década de 1990, passou-se à análise da amplitude das autorizações legais e da compatibilidade da arbitragem com princípios constitucionais de direito público, notadamente com a exigência que se fosse restrita a litígios relativos a direitos patrimoniais disponíveis.

4.5.1 Necessidade de autorização legal

O fortalecimento da utilização da arbitragem na Administração Pública e a larga autorização legal promovida sedimentou a questão na jurisprudência do TCU[29]. Contudo, o reconhecimento da utilização da arbitragem como meio de resolução de controvérsias à disposição da Administração Pública pelo TCU ocorreu de maneira paulatina e acompanhou o sucessivo surgimento de permissivos legais e setorizados[30]-[31].

A Decisão nº 286/1993-Plenário, consistente na primeira decisão do órgão sobre arbitragem, destacou que a ausência de autorização legal inviabilizaria a adoção da arbitragem. A decisão decorreu de consulta realizada pelo Ministério de Minas e

---

ESTEFAM, Felipe Faiwichow. **Curso prático de arbitragem e Administração Pública**. São Paulo: Revista dos Tribunais, 2019. Acesso via ProView). Thiago Pimenta Nascimento Fadigas também distingue o entendimento do TCU em quatro momentos, quanto à: (*i*) ausência de previsão legal específica; (*ii*) contrariedade da arbitragem ao princípio da indisponibilidade do interesse público; (*iii*) disponibilidade do direito; e (*iv*) análise de questões que seriam aparentemente de direito patrimonial disponível, mas que não poderiam ser incluídas no contrato como passível de ser submetidas à arbitragem (FADIGAS, Thiago Pimenta Nascimento. **Arbitragem e o TCU**: uma análise da segurança jurídica sob a perspectiva da análise econômica do Direito. Orientador: Professor Dr. Luciano Benetti Timm (Artigo Científico de Especialização). Brasília: Instituto Serzedello Corrêa do Tribunal de Contas da União, 2022. p. 49-50).

29 ASSIS, Luiz Eduardo Altenburg de. Arbitrabilidade dos litígios com empresas estatais à luz da jurisprudência do TCU e do STJ. **Revista Brasileira de Arbitragem**, n. 71, p. 39-64, jul./set. 2021, p. 49.

30 NEGRI, Mariana Carvalho de Ávila; ALENCAR, Aristhéa Totti Silva Castelo Branco de. Arbitrabilidade subjetiva: a evolução e a consolidação da arbitragem envolvendo a administração pública brasileira. **Publicações da Escola da AGU**, Brasília, v. 13, n. 2, p. 249-271, 2022, p. 245.

31 A vinculação ao princípio da legalidade, como observado pelo autor em publicação anterior, é similar ao entendimento esposado pela "Corte Suprema de Justicia" argentina no *caso Gerardo Pagano*, julgado no ano de 1920. Segundo a decisão, ausente autorização legal, a Administração Pública não poderia estipular a arbitragem para a resolução de disputas, entendimento reiterado mais recentemente pela mesma corte, cf. PEREIRA, Cesar; SOUZA-MCMURTRIE, Leonardo F. The Development of Arbitration Involving State Parties in Brazil – Comparative Remarks with Latin America. **Revista Brasileira de Arbitragem**, n. 75, p. 36-58, jul./set. 2022, p. 45-46.

Energia sobre a admissibilidade da adoção de arbitragem em contratos administrativos. A resposta do Plenário foi contrária à estipulação da arbitragem. Conforme constou do voto do Relator, Ministro Homero Santos,

> a revisão, mediante juízo arbitral, dos contratos firmados pela Administração direta ou indireta não tem guarida em disposição de lei e, por serem essencialmente contratos administrativos, estão sob a égide do direito público, que não contempla a possibilidade da utilização daquele instituto.[32]

O mesmo fundamento foi utilizado na decisão seguinte, a Decisão nº 763/1994-Plenário, que tratou da avaliação da terceira fase do processo licitatório referente à concessão de exploração da Ponte Rio-Niterói. Com base na ausência de autorização legal, fora determinada a revisão do Edital de Propostas de Tarifa, com exclusão da cláusula compromissória[33]. Após ser formulado pedido de reexame dessa Decisão nº 763/1994-Plenário, todavia, foi editada a Lei nº 8.987, a qual passou a prever expressamente em seu artigo 23, inciso XV, a possibilidade de estipulação da arbitragem em concessões públicas. Com isso, de acordo com a Decisão nº 188/1995-Plenário, ficou superada a suposta ilegalidade e convalidada a previsão editalícia de arbitragem. Ainda assim, não obstante a autorização legal, o órgão destacou expressamente a necessidade de observância ao princípio da legalidade e à indisponibilidade do interesse público[34]. Isso é objeto de análise no tópico a seguir.

As decisões seguintes já foram proferidas sob a vigência da Lei nº 9.307, de 1996 (Lei de Arbitragem). Todavia, reputou-se que a mera existência dessa lei geral não cumpriria o requisito de legalidade para a utilização da arbitragem na Administração Pública, o qual supostamente demandaria autorização legal específica.

Nesse sentido, o Acórdão nº 584/2003-Segunda Câmara, que lidou com a utilização da arbitragem no setor elétrico, analisou o cabimento da arbitragem estipulada em contratos da CBEE com produtores independentes de energia na Lei nº 8.987 e na MP 29/2002, posteriormente convertida na Lei nº 10.433 (mais tarde revogada), que autorizaria a arbitragem para disputas sobre operações realizadas no âmbito do Mercado Atacadista de Energia (MAE). Contudo, reputou que a situação não se enquadraria em qualquer dos dois diplomas, razão pela qual entendeu descabida a previsão de arbitragem[35].

---

32 TCU, Decisão nº 286/1993-Plenário, Rel. Min. Homero Santos, J. 15.07.1993.

33 TCU, Decisão nº 763/1994-Plenário, Rel. Min. Carlos Átila Álvares da Silva, J. 13.12.1994.

34 TCU, Decisão nº 188/1995-Plenário, Rel. Min. Paulo Affonso Martins de Oliveira, J. 10.05.1995.

35 TCU, Acórdão nº 584/2003-Segunda Câmara, Rel. Min. Ubiratan Aguiar, J. 10.04.2003.

O entendimento foi mantido pelo Acórdão nº 537/2006-Segunda Câmara, que tratou de um pedido de reexame da decisão do Acórdão nº 584/2003-Plenário, embora por outro fundamento, como se verá adiante[36].

No setor rodoviário, o Acórdão nº 1.099/2006-Plenário determinou a abstenção na inclusão de cláusula compromissória em processos licitatórios realizados pelo DNIT, em razão da ausência de autorização legal[37].

Com relação a sociedades de economia mista, o Acórdão nº 2.094/2009-Plenário enfatizou o caráter internacional da operação da Petrobras, afirmando que, nesses casos e em razão da natureza da sociedade, incidiria mitigação ao princípio da legalidade, eis que a arbitragem seria também meio importante de promoção de imparcialidade no contexto internacional. Diante disso, estipulou-se como limitação às matérias sujeitas à arbitragem os assuntos relacionados à área-fim da Petrobras e às disputas eminentemente técnicas oriundas da execução desses contratos[38]. Na sequência, o Acórdão nº 2.145/2013-Plenário tratou de pedido de reexame do Acórdão nº 2.094/2009-Plenáro. Além de destacar a mitigação do princípio da legalidade quando envolvidas sociedades de economia mista que explorem atividade econômica, reputou-se que a utilização da arbitragem teria respaldo constitucional no artigo 173, § 1º, da Constituição Federal[39].

No setor portuário, o Acórdão nº 3.160/2020-Plenário registrou a possibilidade de utilização de instituições privadas de arbitragem, conforme estaria autorizado pelo artigo 35, inciso XI, da Lei nº 10.233 e pela Lei nº 12.815, a qual previa a utilização da arbitragem para dirimir conflitos relativos a débitos oriundos do não recolhimento de tarifas portuárias e de outras obrigações financeiras perante a administração do porto e a Antaq. Mencionou também o Decreto nº 10.025 para destacar a necessidade de credenciamento de instituições de arbitragem perante a AGU[40].

Com a edição de leis tratando expressamente da arbitragem, a discussão do TCU parece haver migrado da necessidade de autorização legal para a compreensão dos limites de tal autorização e de limites materiais resultantes do regime administrativo (notadamente a exigência de que a arbitragem fosse restrita a controvérsias relativas a direitos patrimoniais disponíveis).

Em determinadas decisões, o TCU passou a tratar do rol previsto na Lei nº 13.448 e no Decreto nº 10.025 como se contivesse uma relação exaustiva e taxativa das matérias passíveis de arbitragem, a despeito de a redação legal e

36 TCU, Acórdão nº 537/2006-Plenário, Rel. Min. Walton Alencar Rodrigues, J. 14.03.2006.
37 TCU, Acórdão nº 1.099/2006-Plenário, Rel. Min. Augusto Nardes, J. 05.07.2006.
38 TCU, Acórdão nº 2.094/2009-Plenário, Rel. Min. José Jorge, J. 09.09.2009.
39 TCU, Acórdão nº 2.145/2013-Plenário, Rel. Min. Luciano Brandão Alves de Souza, J. 14.08.2013.
40 TCU, Acórdão nº 3.160/2020-Plenário, Rel. Min. Vital do Rêgo, J. 25.11.2020.

regulamentar indicar a natureza exemplificativa dos dispositivos. O Acórdão nº 4.036/2020-Plenário tratou de processo de outorga de concessão dos trechos de rodovias federais. Determinou a exclusão, do rol de matérias sujeitas à arbitragem, das controvérsias advindas da execução de garantias e das questões relativas à não obtenção de financiamento[41].

No Acórdão nº 498/2021-Plenário, que cuidou da outorga de Unidades de Conservação no Rio Grande do Sul, (*i*) o acionamento dos mecanismos de garantia, (*ii*) a não aceitação, pelo poder concedente, de faturas emitidas pela concessionária, e (*iii*) o desacordo sobre a mensuração de desempenho realizada pelo verificador independente foram consideradas matérias que extrapolariam o rol supostamente taxativo da Lei nº 13.448 e do Decreto nº 10.025. Ainda, o valor da indenização, no caso de extinção antecipada do contrato era matéria que supostamente não corresponderia na íntegra ao previsto no artigo 31, § 4º, inciso II, da Lei nº 13.448[42], combinado com o artigo 2º, parágrafo único, inciso II, do Decreto nº 10.025[43], o que demandaria ajuste[44].

O Acórdão nº 2.534/2022-Plenário adotou posição diversa, que destacou a necessidade de contenção do TCU. A unidade técnica entendeu que a previsão contratual de arbitragem sobre o valor da indenização, no caso de extinção antecipada do contrato, não contemplaria todas as hipóteses elencadas no artigo 31, § 4º, inciso II, da Lei nº 13.448, combinado com o artigo 2º, parágrafo único, inciso II, do Decreto nº 10.025. Dessa forma, propôs ajuste na redação do dispositivo.

O Plenário rejeitou a proposta. A decisão marcou um posicionamento do TCU mais consentâneo com o papel que lhe cabe na análise de convenções de arbitragem. Primeiro, destacou que os dispositivos invocados diziam respeito ao setor de transportes, portanto, estranhos às concessões de unidades de conservação. Ademais, segundo o voto do Relator, Ministro Benjamin Zymler,

> o TCU não deve se imiscuir na escolha das matérias que devem ser submetidas à arbitragem. Na teoria, a submissão de matérias essenciais à concessão, como a recomposição do reequilíbrio, o reconhecimento de que o contrato está sendo descumprido e a indenização de investimentos realizados e vinculados

---

41 TCU, Acórdão nº 4.036/2020-Plenário, Rel. Min. Vital do Rêgo, J. 08.12.2020.

42 "Artigo 31. [...] § 4º Consideram-se controvérsias sobre direitos patrimoniais disponíveis, para fins desta Lei: [...] II – o cálculo de indenizações decorrentes de extinção ou de transferência do contrato de concessão."

43 "Artigo 2º [...] Parágrafo único. Para fins do disposto neste Decreto, consideram-se controvérsias sobre direitos patrimoniais disponíveis, entre outras: [...] II – o cálculo de indenizações decorrentes de extinção ou de transferência do contrato de parceria."

44 TCU, Acórdão nº 498/2021-Plenário, Rel. Min. Vital do Rêgo, J. 10.03.2021.

a bens reversíveis, não amortizados ou depreciados, parece interessante, pois tende a imprimir maior celeridade ao processo, pondo fim a conflitos em prazos menores.[45]

4.5.2 Princípios constitucionais: litígios relativos a direitos patrimoniais disponíveis

A resistência em abstrato à arbitragem baseada na incompatibilidade com o princípio da indisponibilidade do interesse público não encontra mais guarida no ordenamento jurídico[46]. Ainda assim, a suposta indisponibilidade do interesse público serviu inicialmente como uma restrição geral à arbitragem. Nesse sentido, a Decisão nº 286/1993-Plenário, em resposta à consulta do Ministério de Minas e Energia sobre a admissibilidade da arbitragem em contratos administrativos, afirmou que a arbitragem seria contrária a princípios de direito público, entre eles o da supremacia do interesse público sobre o interesse privado, o da indisponibilidade do interesse público e o da inalienabilidade dos direitos concernentes a interesses públicos[47].

Por sua vez, a Decisão nº 188/1995-Plenário, que registrou a convalidação dos termos do edital pela edição superveniente da Lei nº 8.987, destacou, de maneira genérica, a necessidade de observância do princípio da legalidade e a indisponibilidade do interesse público[48].

Em decisão proferida já sob a vigência da Lei nº 9.307, o Acórdão nº 587/2003-Plenário determinou a exclusão das cláusulas compromissórias inseridas no edital e na minuta de contrato, pois o processo licitatório diria respeito a direito patrimonial indisponível, consubstanciado nos serviços de apoio e assessoria ao gerenciamento do projeto de modernização de trecho de rodovia. Segundo o entendimento da Secretaria de Controle Externo do Rio Grande do Sul (Secex-RS), cuja proposição foi adotada integralmente no acórdão, a relação jurídica do contrato decorrente da licitação possuiria natureza pública, o que acarretaria a indisponibilidade da matéria[49].

---

45 TCU, Acórdão nº 2.534/2022-Plenário, Rel. Min. Benjamin Zymler, J. 23.11.2022.

46 SCHMIDT, Gustavo da Rocha. Interações entre Tribunal de Contas, arbitragem e as autoridades administrativas nela envolvidas. **Revista Brasileira de Arbitragem**, v. 19, n. 75, p. 11-35, jul./set. 2022, p. 22.

47 TCU, Decisão nº 286/1993-Plenário, Rel. Min. Homero Santos, J. 15.07.1993.

48 TCU, Decisão nº 188/1995-Plenário, Rel. Min. Paulo Affonso Martins de Oliveira, J. 10.05.1995.

49 TCU, Acórdão nº 587/2003-Plenário, Rel. Min. Adylson Motta, J. 28.05.2003.

No Acórdão nº 1.099/2006-Plenário, anteriormente mencionado, afirmou-se ser "ilegal, com afronta a princípios de direito público, a previsão, em contrato administrativo, da adoção de juízo arbitral para a solução de conflitos"[50]. Todavia, não se discorreu sobre o conteúdo da suposta afronta.

O Acórdão nº 2.094/2009-Plenário discutiu as obras de construção de Unidades Estacionárias de Produção no exterior. Entre as questões suscitadas pela auditoria, indagou-se quais matérias estariam passíveis de serem submetidas à arbitragem. O Plenário afirmou ser inadequada a previsão geral de que os litígios contratuais se submetessem à arbitragem e definiu que, nos contratos futuros da Petrobras com cláusula compromissória, a arbitragem fosse restrita à resolução de litígios relativos a assuntos vinculados à sua área-fim e a disputas eminentemente técnicas oriundas da execução desses contratos[51].

A decisão foi posteriormente revista pelo Acórdão nº 2.145/2013-Plenário, no qual se entendeu que o critério adotado não seria adequado, pois os conceitos de atividade-fim e atividade-meio não se prestariam para a definição da disponibilidade ou não do direito objeto da controvérsia. Na decisão, o TCU estabeleceu que a adoção da arbitragem seria possível quando fosse justificada técnica e economicamente e estivesse comprovadamente de acordo com as práticas de mercado[52].

Já, antes dessa segunda decisão, ao tratar do acompanhamento do processo de outorga de concessão para a prestação do serviço público de transporte ferroviário de passageiros por meio de Trem de Alta Velocidade (TAV), o Acórdão nº 1.796/2011-Plenário discutiu se a estipulação da arbitragem para questões relativas ao equilíbrio econômico-financeiro seria admissível. Como ficou registrado pelo Relator, Ministro Augusto Nardes, as questões de natureza econômico-financeira atinentes ao poder tarifário da Administração Pública seriam irrenunciáveis e, portanto, não poderiam sujeitar-se à arbitragem por envolverem direito público indisponível[53].

No mesmo sentido, foi proferido o Acórdão nº 2.573/2012-Plenário, que cuidou do acompanhamento do processo de concessão de trecho de rodovia. Reputou-se que uma cláusula compromissória genérica extrapolaria a previsão legal, sujeitando à arbitragem matérias atinentes a direitos patrimoniais indisponíveis, no caso, aspectos econômico-financeiros do contrato relacionados com questões tarifárias. Decidiu-se pela inaplicabilidade da arbitragem para a resolução de divergências relativas às questões econômico-financeiras, reputada contrária à competência da

---

50 TCU, Acórdão nº 1.099/2006-Plenário, Rel. Min. Augusto Nardes, J. 05.07.2006.

51 TCU, Acórdão nº 2.094/2009-Plenário, Rel. Min. José Jorge, J. 09.09.2009.

52 TCU, Acórdão nº 2.145/2013-Plenário, Rel. Min. Luciano Brandão Alves de Souza, J. 14.08.2013.

53 TCU, Acórdão nº 1.796/2011-Plenário, Rel. Min. Augusto Nardes, J. 06.07.2011.

ANTT e incompatível com o artigo 24, inciso VII, da Lei nº 10.233, que dispõe sobre revisão e reajuste de tarifas sobre os serviços prestados[54].

Particularmente com relação à quebra do equilíbrio econômico-financeiro do contrato, a Lei nº 13.448 regulou os conflitos com a Administração Pública nos setores rodoviário, ferroviário e aeroportuário. Estabeleceu expressamente, no artigo 31, § 4º, inciso I, ser arbitrável, entre outras, a disputa acerca das "questões relacionadas à recomposição do equilíbrio econômico-financeiro dos contratos". A I Jornada de Direito Administrativo ecoou o entendimento em seu Enunciado nº 19[55].

Em 2021, o parágrafo único do artigo 151 da Lei nº 14.133 deveria haver encerrado qualquer discussão[56]. Além de reiterar o critério de disponibilidade e patrimonialidade, trouxe mais um rol expressamente exemplificativo, incluindo a resolução de "questões relacionadas ao restabelecimento do equilíbrio econômico-financeiro do contrato, ao inadimplemento de obrigações contratuais por quaisquer das partes e ao cálculo de indenizações".

Para efeitos práticos, a maior parte dos conflitos envolvendo contratos públicos enquadra-se em uma dessas hipóteses ou é comparável a elas. Essa circunstância não torna essa relação uma lista exaustiva ou taxativa das matérias sujeitas à solução mediante arbitragem.

4.6 ATENÇÃO: NATUREZA EXEMPLIFICATIVA (NÃO TAXATIVA) DO ROL LEGAL E REGULAMENTAR DE MATÉRIAS PASSÍVEIS DE ARBITRAGEM

A análise da jurisprudência do TCU demonstra um ponto que merece destaque especial. Embora tenha evoluído para reconhecer que está suprida a suposta exigência de autorização legal (muito embora a própria previsão original da Lei nº 9.307 já devesse ter sido desde sempre considerada como suficiente), a orientação do

---

54 TCU, Acórdão nº 2.573/2012-Plenário, Rel. Min. Walton Alencar Rodrigues, J. 26.09.2012. Foi posteriormente apresentado pedido de reexame da decisão, mas como ficou expressamente registrado no Acórdão nº 3.083/2014, houve "desistência do recurso, em virtude da assinatura do contrato de concessão objeto da licitação discutida no feito de origem" (TCU, Acórdão nº 3083/2014-Plenário, Rel. Raimundo Carreteiro, J. 12.11.2014).

55 Enunciado nº 19 da I Jornada de Direito Administrativo: "As controvérsias acerca de equilíbrio econômico-financeiro dos contratos administrativos integram a categoria das relativas a direitos patrimoniais disponíveis, para cuja solução se admitem meios extrajudiciais adequados de prevenção e resolução de controvérsias, notadamente a conciliação, a mediação, o comitê de resolução de disputas (*dispute board*) e a arbitragem".

56 PEREIRA, Cesar; SOUZA, Leonardo F. Meios extrajudiciais de resolução de disputas na Lei nº 14.133/2021. *In*: HARGER, Marcelo (coord.). **Aspectos polêmicos sobre a nova Lei de Licitações e Contratos Administrativos**. Belo Horizonte: Fórum, 2022. p. 67-87, p. 78.

TCU passou, em algumas decisões, a ver nas previsões do artigo 31, § 4º, da Lei nº 13.448 e do artigo 2º, parágrafo único, do Decreto nº 10.025 uma relação exaustiva (taxativa) de matérias aptas à decisão por arbitragem.

Esse entendimento não tem fundamento nos dispositivos normativos em questão. Ambos deixam claro o seu caráter exemplificativo, vinculando o seu conteúdo material à regra geral de controvérsias relativas a direitos patrimoniais disponíveis. Trata-se apenas de relações de casos que se enquadram nessa cláusula geral, os quais não exaurem os litígios passíveis desse enquadramento. Não há base constitucional ou legal para se interpretar as normas como se contivessem listas taxativas. Quaisquer outros litígios que também apresentem as características de patrimonialidade e disponibilidade estão igualmente abrangidos pelas previsões legal e regulamentar – as quais, de todo o modo, são absorvidas pela autorização ampla da Lei nº 9.307, com a redação da Lei nº 13.129. Todas as previsões seguintes – inclusive a do artigo 151 da Lei nº 14.133, ainda não examinada pela jurisprudência do TCU – são meras confirmações e especificações, sem caráter restritivo, daquela previsão legal geral.

Além disso, conforme o TCU já consignou em decisão de 2022, as relações oriundas da Lei nº 13.448 e do Decreto nº 10.025 referem-se a setores específicos, sem aplicação generalizada. Embora essa decisão aponte para uma revisão daquela orientação incompatível com o teor dos dispositivos em questão, (i) cabe a alteração expressa do entendimento do TCU relativo às relações oriundas da Lei nº 13.448 e do Decreto nº 10.025, cuja natureza é explícita e legitimamente exemplificativa, não taxativa, e (ii) merece atenção a eventual análise do TCU quanto ao da Lei nº 14.133, cuja amplitude material abrange as contratações públicas em geral. O diploma se aplica subsidiariamente às concessões e PPPs (artigo 186).

A superação inequívoca do entendimento de que as listas de matérias arbitráveis da Lei nº 13.448 e do Decreto nº 10.025 seriam taxativas, não exemplificativas, é o principal ponto de evolução necessária no posicionamento do TCU acerca da arbitragem envolvendo a Administração Pública.

4.7 O CONTROLE EXTERNO E A LINDB (ALTERADA PELA LEI Nº 13.655)

As decisões do TCU analisadas *supra* denotam a preocupação em compreender a arbitragem na realidade da Administração Pública e o papel das cortes de contas no controle da legalidade e economicidade da conduta dos agentes públicos envolvidos na arbitragem.

Embora não façam menção à Lei nº 13.655, que introduziu novos dispositivos na LINDB, as decisões são coerentes com algumas de suas diretrizes. Os parâmetros de interpretação e aplicação do direito público inseridos na LINDB têm efeito direto sobre o controle dos atos relativos à arbitragem. Nos termos do artigo 22, § 1º: "Em decisão sobre regularidade de conduta ou validade de ato, contrato, ajuste, processo ou norma administrativa, serão consideradas as circunstâncias práticas que houverem imposto, limitado ou condicionado a ação do agente". Também são muito significativos os artigos 23 e 24, que preservam a segurança jurídica do agente que atua segundo a orientação predominante – como é a jurisprudência segura do STJ acerca da arbitragem com a Administração Pública.

CONCLUSÃO

Os órgãos de controle, notadamente o Tribunal de Contas da União (TCU), exercem papel fundamental no controle prévio das convenções de arbitragem. Por meio do acompanhamento dos processos de concessão e parcerias público-privadas, colaboram na construção das cláusulas contratuais de arbitragem e na orientação da Administração Pública acerca dos limites a serem observados.

Desde as primeiras decisões do TCU sobre o tema, em 1993, nota-se uma evolução profunda, realizada a partir de duas linhas fundamentais. A primeira é a exigência de autorização legislativa. O TCU sempre entendeu necessário que a adoção da arbitragem fosse legalmente autorizada. Com a edição da Lei nº 8.987, passou a considerar existente autorização legal nas concessões. Compreendeu a peculiaridade das sociedades de economia mista nesse particular. E incorporou previsões posteriores, como a do artigo 31 da Lei nº 13.448, no quadro normativo que autorizava a adoção da arbitragem.

A segunda linha é a da exigência de compatibilidade entre a previsão da arbitragem e os princípios que disciplinam a Administração Pública. Nesse campo, superou-se a visão inicial de uma incompatibilidade absoluta (derivada de uma suposta indisponibilidade do interesse público) para se analisar a previsão concreta de cada cláusula. Houve decisões variadas sobre os limites materiais, adotando-se conclusões mais ou menos amplas sobre o que poderia configurar controvérsia relativa a direitos patrimoniais disponíveis. O objetivo passou a ser o de identificar tais limites específicos, abandonando-se uma visão preconcebida acerca da inviabilidade da arbitragem.

Nesse sentido, decisões proferidas entre 2020 e 2021 ressaltaram, embora sem fundamento efetivo nas previsões normativas correspondentes, o caráter taxativo das relações de matérias arbitráveis contidas na Lei nº 13.448 e no Decreto nº 10.025. Essa posição não tem amparo constitucional ou legal, pois a redação normativa é clara no sentido de sua natureza exemplificativa, não taxativa, e não há base para que se lhe dê interpretação diversa. Essa orientação parece ter sido superada – ou ao menos mitigada – em decisão de 2022, segundo a qual

> o TCU não deve se imiscuir na escolha das matérias que devem ser submetidas à arbitragem. Na teoria, a submissão de matérias essenciais à concessão, como a recomposição do reequilíbrio, o reconhecimento de que o contrato está sendo descumprido e a indenização de investimentos realizados e vinculados a bens reversíveis, não amortizados ou depreciados, parece interessante, pois tende a imprimir maior celeridade ao processo, pondo fim a conflitos em prazos menores.[57]

Especialmente considerando que o artigo 151 da Lei nº 14.133 se aplica diretamente a todas as contratações públicas e, subsidiariamente, às concessões e PPPs (artigo 186), o principal ponto de evolução esperada na jurisprudência do TCU é a revisão expressa e inequívoca das conclusões das decisões de 2020 e 2021 acerca do caráter supostamente taxativo das listas normativas de controvérsias relativas a direitos patrimoniais disponíveis passíveis de arbitragem.

57 TCU, Acórdão nº 2.534/2022-Plenário, Rel. Min. Benjamin Zymler, J. 23.11.2022.

4. ARBITRAGEM NOS SETORES PORTUÁRIO E MARÍTIMO

Rafael Wallbach Schwind
Fellow do Chartered Institute of Arbitrators (CIArb). Doutor e Mestre em Direito do Estado pela Universidade de São Paulo (USP). Visiting Scholar na Universidade de Nottingham. Advogado.

INTRODUÇÃO

O objetivo deste artigo é apresentar uma visão geral sobre a arbitragem nos setores portuário e marítimo no Brasil.

Em relação ao setor portuário, inicialmente trataremos das arbitragens envolvendo particulares e Administração Pública. Por se tratar de um setor regulado e centrado em grande medida em contratos de arrendamento portuário ou de adesão firmados entre Poder Público e particulares, é comum que surjam litígios neste contexto. A arbitragem, apesa

r de ter sido pouquíssimo utilizada em contratos envolvendo a Administração Pública no setor, tende a se tornar uma sistemática de resolução de conflitos mais comum.

Na sequência, trataremos das arbitragens regulatórias (ou administrativas) realizadas pela Antaq. Apesar de não se confundirem com as arbitragens comerciais, as arbitragens regulatórias também tendem a se tornar mais frequentes – inclusive porque a Antaq editou, em 31 de maio de 2023, a Resolução nº 98, que estabelece procedimentos administrativos de solução de conflitos entre os agentes dos setores regulados pela agência e destes com os usuários dos serviços prestados[1].

Por fim, examinaremos, em linhas gerais, alguns aspectos das arbitragens no setor marítimo. Apesar de haver uma clara relação entre os setores marítimo e portuário, o fato é que são áreas de atuação bastante diversas. As arbitragens no setor marítimo são muito mais consolidadas, como ficará claro ao longo da exposição. Mas ocorrem com mais frequência no exterior, mesmo envolvendo empresas brasileiras.

1. ARBITRAGENS NOS CONFLITOS ENTRE PODER CONCEDENTE E TITULARES DE INSTALAÇÕES PORTUÁRIAS

Apesar de ser possível há bastante tempo, a realização de arbitragens entre particulares e Poder Público no setor portuário ainda é muito tímida.

Basicamente, há notícia de uma única arbitragem de grandes proporções nesse setor no Brasil, entre os arrendatários de um terminal portuário no Porto de Santos (Grupo Libra – Terminal T-35) e a autoridade portuária daquele porto (a então Companhia Docas do Estado de São Paulo – Codesp), ao lado da União Federal. O caso, que teve um impacto econômico de aproximadamente 3 bilhões de reais, tratou do equilíbrio econômico-financeiro do contrato de arrendamento portuário e da pretensão da Codesp de receber determinados valores a título de arrendamento que não estavam sendo pagos pelo particular[2]-[3].

De todo modo, é interessante observar que houve, até o atual momento, uma lenta evolução das previsões de arbitragem para o setor portuário.

1.1 As previsões da Lei nº 8.630

Antes da atual Lei de Portos (Lei nº 12.815, de 2013), o marco regulatório do setor portuário era a Lei nº 8.630, de 1993 – conhecida como Lei de Modernização dos Portos.

---

1 A entrada em vigor da Resolução ocorre 180 dias depois da sua publicação, que se deu no DOU do dia 1º de junho de 2023 (artigo 43 da Resolução).

2 A íntegra da sentença arbitral do caso *Libra x Codesp* está disponível em: https://www.gov.br/agu/pt-br/composicao/cgu/cgu/neadir/arquivos/caso_libra_-_sentenca_arbitral_final.pdf (acesso em: 9 set. 2022).

3 Para alguns comentários sobre a sentença arbitral do caso, confira-se: CASTRO JÚNIOR, Osvaldo Agripino. Comentários aos artigos 61 e 62 da Lei nº 12.815. *In*: MILLER, Thiago T. Mello; SILVA, Aline Bayer da; RÊNIO, Lucas (org.). **Comentários à Lei nº 12.815/2013**. Rio de Janeiro: Telha, 2020. p. 297-300.

A Lei nº 8.630 provocou uma grande revolução no setor portuário[4]. Foi durante a sua vigência que se estabeleceram os principais contratos de arrendamento portuário. Isso porque a Lei nº 8.630 retirou o Poder Público da prestação direta de serviços portuários e priorizou a participação da iniciativa privada no setor. Com isso, ampliaram-se de modo marcante os investimentos nos portos nacionais, o que possibilitou a execução de serviços portuários de modo muito mais eficiente.

Em relação à arbitragem, entretanto, a Lei nº 8.630 foi muito tímida. Ela apenas previa no artigo 23 que deveria ser constituída, no âmbito do Órgão de Gestão de Mão de Obra (OGMO)[5], uma Comissão Paritária para solucionar litígios decorrentes da aplicação dos artigos 18, 19 e 21 da Lei, sendo que, em caso de impasse, as partes deveriam "recorrer à arbitragem de ofertas finais" (artigo 23, § 1º). Estabelecia ainda que, depois de firmado o compromisso arbitral, não seria admitida a desistência de qualquer das partes (artigo 23, § 2º). Por fim, previa-se que os árbitros deveriam ser escolhidos de comum acordo entre as partes e o laudo arbitral possuiria "força normativa, independentemente de homologação judicial" (artigo 23, § 3º).

Portanto, a única previsão de arbitragem prevista na Lei nº 8.630 dizia respeito a uma situação muito específica: solucionar litígios no âmbito do OGMO. Não havia nenhuma previsão de arbitragem como um meio de solução de conflitos no âmbito de contratos de arrendamento portuário ou de concessão de portos.

De todo modo, é importante notar que as arbitragens em geral no Brasil naquela época eram muito menos frequentes do que na atualidade. A arbitragem ganhou impulso efetivo somente a partir da Lei nº 9.307, de 1996, e, com mais intensidade, a partir do reconhecimento da constitucionalidade da lei, que ficou em discussão durante anos[6].

1.2 As previsões da Lei nº 12.815

A Lei nº 12.815, que substituiu a Lei nº 8.630, avançou a respeito da aplicação de arbitragens para a solução de conflitos entre particulares e poder concedente no setor portuário.

---

4 GUERRA, Sérgio. Evolução do marco regulatório do setor portuário no Brasil. *In*: PEREIRA, Cesar; SCHWIND, Rafael Wallbach (coord.). **Direito portuário brasileiro**. Belo Horizonte: Fórum, 2020. p. 75-91.

5 As competências do OGMO estão relacionadas no artigo 32 da Lei nº 12.815.

6 A esse respeito, confira-se a decisão do STF no SE 5.206-Espanha (AgRg), Relator Ministro Sepúlveda Pertence, J. 12.12.2001. De todo modo, é importante esclarecer que o STF já reconhecia a constitucionalidade da arbitragem, como se pode verificar no julgamento do *caso Lage* (AI 52.181, de 1973).

O artigo 62 da Lei nº 12.815 estabelece que o inadimplemento no recolhimento de tarifas portuárias e outras obrigações financeiras perante a administração do porto e a Antaq, por parte de concessionárias, arrendatárias, autorizatárias e operadoras portuárias, pode ser dirimido por meio de arbitragem.

A previsão é importante não só pelo reconhecimento expresso do cabimento da arbitragem, mas também porque as prorrogações dos contratos de concessão, arrendamento e autorização ficam inviabilizadas quando há débitos em aberto perante a autoridade portuária ou a Antaq[7]. Assim, é necessário solucionar as disputas acerca desses valores da forma mais rápida possível, de modo que a simples pendência da discussão não custasse para as partes a inviabilidade total de um projeto de prorrogação contratual – que, mesmo para o Poder Público, e, a depender de cada caso concreto, pode ser mais vantajosa do que a realização de uma licitação.

De todo modo, a crítica que se faz é que a Lei nº 12.815 restringiu demasiadamente o âmbito de incidência de arbitragens no setor. Afinal, em tese esse instrumento de solução de conflitos poderia facilmente ser utilizado para a solução de questões diversas, como, por exemplo, um desequilíbrio econômico-financeiro.

1.3 As previsões do Decreto nº 8.465

Este era o cenário, até que, em 8 de junho de 2015, foi editado o Decreto nº 8.465, de 2015.

O Decreto nº 8.465 estabeleceu que poderiam ser objeto de arbitragem (1) a inadimplência de obrigações contratuais por qualquer das partes, (2) as questões relacionadas à recomposição de equilíbrio econômico e (3) outras questões relacionadas ao inadimplemento no recolhimento de tarifas portuárias e outras obrigações perante a administração do porto e a Antaq[8].

O Decreto nº 8.465, portanto, tinha uma previsão de cabimento de arbitragens no setor portuário bem mais ampla do que aquela existente na Lei nº 12.815. Mesmo assim, estabeleceu apenas três situações em que seria possível a resolução de conflitos mediante arbitragem. Não houve o estabelecimento de regras mais detalhadas que deveriam ser aplicadas nas arbitragens, por exemplo.

---

7 O artigo 62 da Lei nº 12.815 estabelece que "o inadimplemento, pelas concessionárias, arrendatárias, autorizatárias e operadoras portuárias no recolhimento de tarifas portuárias e outras obrigações financeiras perante a administração do porto e a Antaq, assim declarado em decisão final, impossibilita a inadimplente de celebrar ou prorrogar contratos de concessão e arrendamento, bem como obter novas autorizações".

8 Cf. artigo 2º, incisos I a III, do Decreto nº 8.465.

Nesse ponto, portanto, o Decreto nº 8.465 significou uma importante evolução no estabelecimento do cabimento de arbitragens no setor portuário[9]. Mesmo assim, uma crítica que se fazia com frequência dizia respeito justamente à excessiva delimitação do campo de incidência das arbitragens no setor portuário[10].

Assim, discutia-se se o artigo 2º do Decreto nº 8.465 havia limitado o rol de questões do setor portuário que seriam passíveis de resolução mediante arbitragem ou se as suas previsões eram apenas exemplificativas.

1.4 As previsões da Lei nº 13.129

Em 26 de maio de 2015, foi editada a Lei nº 13.129, que promoveu algumas alterações na Lei de Arbitragem (Lei nº 9.307, de 1996).

Uma das alterações consistiu na previsão do § 1º art. 1º da Lei de Arbitragem. O dispositivo prevê que a Administração Pública direta e indireta "poderá utilizar-se da arbitragem para dirimir conflitos relativos a direitos patrimoniais disponíveis".

A previsão não se restringe ao setor portuário, mas é indiscutível que se aplica inclusive aos conflitos entre poder concedente e arrendatários e autorizatários de terminais portuários, desde que tratem, evidentemente, de direitos patrimoniais disponíveis. Afinal, a norma introduzida pela Lei nº 13.129 é bastante ampla ao se referir de modo genérico à "Administração Pública direta e indireta", o que envolve a União, a Antaq e as autoridades portuárias – que normalmente adotam a formatação jurídica de empresas públicas (em sua grande maioria) ou de autarquias.

Portanto, a partir de 2015, ficou claro que os conflitos relativos a direitos patrimoniais disponíveis, de modo amplo, podem ser objeto de arbitragem no setor portuário. O rol de matérias então previsto no artigo 2º do Decreto nº 8.465 era apenas exemplificativo, não encerrando todas as possíveis matérias passíveis de arbitragem.

---

9 MUNIZ, Joaquim; PERETTI, Luis. Brazil: Decree regulates arbitration relating to port and dock activities. **Global Arbitration News**, 30 jul. 2015 Disponível em: http://globalarbitrationnews.com/20150728-brazil-decree-regulates-arbitration-relating-to-port-and-dock-activities/. Acesso em: 30 out. 2023.

10 CARMONA, Carlos Alberto. A arbitragem no setor de infraestrutura portuária e as jabuticabas. **Migalhas**, 11 ago. 2015. Disponível em: http://www.migalhas.com.br/dePeso/16,MI224914,81042-A+arbitragem+no+setor+de+infraestrutura+portuaria+e+as+jabuticabas. Acesso em: 2 nov. 2023.

1.5 A previsão da Lei nº 10.233

De todo modo, já havia também a Lei nº 10.233, de 2001[11], que, por uma óbvia questão de hierarquia de normas, não podia ser limitada pelas previsões do Decreto nº 8.465.

O artigo 35 da Lei nº 10.233 estabelece que

> [o] contrato de concessão [...] terá como cláusulas essenciais, ressalvado o disposto em legislação específica, as relativas a: [...] regras sobre solução de controvérsias relacionadas com o contrato e sua execução, inclusive a conciliação e a arbitragem.

Apesar de o artigo 35 da Lei nº 10.233 referir-se, de modo expresso, apenas aos contratos de concessão, fica claro que ele se aplica também a contratos similares, como é o caso dos contratos de arrendamento e de adesão (que materializam autorizações portuárias). Afinal, não faz sentido admitir arbitragens em contratos de concessão e não se ter o mesmo entendimento em relação aos contratos de arrendamento ou de adesão[12].

1.6 O advento do Decreto nº 10.025

Por fim, foi editado em 2019 o Decreto nº 10.025, que passou a dispor sobre a arbitragem para dirimir litígios que envolvam a Administração Pública federal não só no setor portuário, mas também nos de transporte rodoviário, ferroviário, aquaviário e aeroportuário.

O Decreto nº 10.025, inclusive, revogou o Decreto nº 8.465. Assim, as arbitragens no setor portuário que digam respeito a litígios com a Administração Pública federal têm no Decreto nº 10.025 a sua regulamentação.

---

11 Trata-se da lei que criou Antaq, a ANTT e o DNIT e que contém diversas normas sobre a regulação do setor portuário e de navegação.

12 Em linhas gerais, os contratos de arrendamento portuário têm por objeto a exploração de estruturas portuárias específicas (como terminais portuários, por exemplo). Os contratos de adesão têm por objeto a autorização para a exploração de terminais portuários privados. Já os contratos de concessão têm por objeto a concessão de um porto como um todo e podem abranger apenas a manutenção e os investimentos nas áreas comuns dos portos, ou também o desempenho de serviços portuários de movimentação e armazenagem de cargas. Há ainda contratos diversos, como os contratos de concessão de canais de acesso (modelagem nova que deve ser implantada de forma pioneira no Porto de Paranaguá). No momento em que este artigo foi produzido, está em curso audiência pública pela Antaq justamente para a discussão desse modelo: Audiência Pública nº 7/2023. Documentos disponíveis em: https://web3.antaq.gov.br/Sistemas/LeilaoInternetV2/PaginaPrincipal.aspx. Acesso :em 11 nov. 2023.

O Decreto nº 10.025 representa o regramento básico das arbitragens entre exploradores de terminais portuários e poder concedente no setor portuário.

1.7 Destaques do Decreto nº 10.025

Cabe fazer alguns destaques sobre as previsões do Decreto nº 10.025, com foco em sua aplicabilidade em arbitragens no setor portuário.

1.7.1 Âmbito da regulamentação

Em relação ao setor portuário, o Decreto nº 10.025 regulamenta o artigo 35, XVI, da Lei nº 10.233 e o artigo 62, § 1º, da Lei nº 12.815.

Portanto, o Decreto parte do pressuposto de que a arbitragem é amplamente cabível para a solução de conflitos no setor portuário. As suas regras não se limitam apenas à arbitragem para dirimir questões relacionadas ao adimplemento ou inadimplemento de arrendatários, autorizatários ou concessionários perante o poder concedente.

1.7.2 Objeto da arbitragem

O Decreto nº 10.025 estabelece que poderão ser submetidas à arbitragem as controvérsias sobre direitos patrimoniais disponíveis (artigo 2º), em linha do que consta da Lei nº 9.307, como não podia deixar de ser.

O parágrafo único do artigo 2º estabelece que se consideram controvérsias sobre direitos disponíveis, "entre outras", as seguintes situações: (i) questões relacionadas à recomposição do equilíbrio econômico-financeiro dos contratos; (ii) cálculo de indenizações decorrentes de extinção ou de transferência do contrato de parceria; e (iii) inadimplemento de obrigações contratuais por quaisquer das partes, incluídos a incidência das suas penalidades e o seu cálculo.

Cabe fazer alguns comentários sobre essa previsão.

Primeiro, os três casos admitidos expressamente como controvérsias sobre direitos patrimoniais disponíveis são meramente exemplificativos. Isso fica claro a partir da expressão "entre outros" prevista no *caput* do artigo 2º do Decreto nº 10.025. Portanto, é plenamente admissível que haja o cabimento de arbitragens no setor portuário que extrapolem os limites estabelecidos nos três incisos do parágrafo único do artigo 2º do Decreto – desde que a controvérsia em discussão diga respeito a direitos patrimoniais disponíveis.

Segundo, houve importantes diferenças em relação às regras do revogado Decreto nº 8.465 em relação ao âmbito de cabimento das arbitragens.

A uma, o Decreto nº 8.465 estabelecia como questão passível de arbitragem a "inadimplência de obrigações contratuais por qualquer das partes" (artigo 2º, I). O Decreto nº 10.025 faz referência ao inadimplemento de obrigações contratuais por quaisquer das partes, mas indica que podem ser incluídas na discussão arbitral inclusive "a incidência das suas penalidades e o seu cálculo" (artigo 2º, III). Portanto, o próprio cabimento de penalidades a arrendatários, autorizatários e concessionários pode ser discutido em uma arbitragem. É verdade que o Decreto nº 8.465 fazia uma referência genérica de cabimento de arbitragem para dirimir "outras questões relacionadas ao inadimplemento no recolhimento de tarifas portuárias ou outras obrigações financeiras perante a administração do porto e a Antaq" (artigo 2º, III). Nisso poderiam ser incluídas as discussões sobre o cabimento de penalidades. De todo modo, uma previsão expressa mencionando discussões em torno de penalidades acaba trazendo maior segurança na utilização de arbitragens neste contexto.

A duas, o Decreto nº 10.025 prevê o cabimento de arbitragem para discussão de cálculo de indenizações decorrentes de extinção ou de transferência do contrato de parceria. Não havia previsão similar expressa no Decreto nº 8.465. Quanto a isso, destaque-se a questão das indenizações decorrentes da extinção de um contrato. Em tese, uma indenização que se enquadre nesse caso pode ser arcada pelo futuro arrendatário da instalação portuária ou concessionário do porto, desde que isso seja previsto no edital da correspondente licitação (na forma do artigo 42, §§ 3º a 6º, da Lei nº 8.987)[13]. Daí a relevância de se ter uma definição célere a respeito do tema. Ela é essencial para viabilizar situações como esta de se imputar a indenização ao futuro arrendatário ou concessionário. Do contrário, a licitação é realizada sem que se saiba se haverá mesmo alguma indenização a ser paga.

1.7.3 Arbitragem exclusivamente de direito

O Decreto nº 10.025 admite arbitragens exclusivamente de direito (artigo 3º, I). A arbitragem por equidade é vedada nos conflitos entre poder concedente, concessionários, arrendatários e autorizatários no setor portuário (artigo 3º, § 2º).

---

13 A sistemática foi adotada em diversas situações. Por exemplo, na licitação de instalações portuárias no Porto de Santos designadas pela sigla STS08 e STS08A – terminais de líquidos com investimentos previstos na casa de R$1,4 bilhão (Disponível em: https://portal.ppi.gov.br/sts08a-arrendamento-de-graneis-liquidos-no-porto-de-santos-sp. Acesso em: 9 set. 2022).

1.7.4 Regras de direito material – Legislação brasileira

O artigo 3º, II, do Decreto nº 10.025 prevê que as regras de direito material para fundamentar a decisão arbitral serão as da legislação brasileira.

Isso não significa, entretanto, a impossibilidade de recurso a analogias e outros meios de fundamentação, desde que não configurem aplicação direta de legislação estrangeira.

Além disso, se um contrato de concessão ou arrendamento previr a aplicação de legislação estrangeira, a previsão contratual deverá ser observada. De todo modo, trata-se de situação de difícil ocorrência prática, dada a natureza desses contratos e a existência de regras legais que regem o seu conteúdo (presentes, basicamente, na Lei nº 12.815 e no Decreto nº 8.033)[14].

1.7.5 Local de realização das arbitragens e idioma

As arbitragens envolvendo o poder concedente e a Antaq no setor portuário deverão ser realizadas no Brasil e em língua portuguesa (artigo 3º, III, do Decreto nº 10.025). Trata-se de previsão que dispensa maiores digressões.

1.7.6 Informações públicas, segredos e situações sigilosas

O inciso IV do artigo 3º do Decreto nº 10.025 estabelece que as informações sobre o processo de arbitragem serão públicas, ressalvadas aquelas necessárias à preservação de segredo industrial ou comercial e aquelas consideradas sigilosas pela legislação brasileira.

A regra, portanto, será a publicidade de informações do processo arbitral. A presença da Administração Pública no processo arbitral acaba excepcionando no caso a concepção geral de que os procedimentos arbitrais são sigilosos. Mas, ainda assim, situações que envolvem segredos de diversas naturezas e situações sigilosas devem ser observadas.

---

14 Em tese, é possível, por exemplo, que um contrato de arrendamento portuário estabeleça que o arrendatário deve cumprir certos requisitos internacionais de segurança. Havendo um conflito entre o arrendatário e o poder concedente sobre o cumprimento desses requisitos, parece plenamente possível que haja a discussão do tema em arbitragem (tanto sobre o cumprimento propriamente dito quanto de suas decorrências).

1.7.7 Preferência pela arbitragem institucional e credenciamento de câmara

No setor portuário, as arbitragens serão preferencialmente institucionais, ou seja, administradas por uma instituição arbitral (artigo 3º, V) – que, no caso, deve ser credenciada junto à Advocacia-Geral da União (artigo 3º, VI). A arbitragem *ad hoc* só pode ser adotada se houver a devida fundamentação para tanto.

1.7.8 Definitividade da decisão administrativa contestada

O artigo 3º, VIII, do Decreto nº 10.025 prevê que a decisão administrativa contestada na arbitragem deverá ser definitiva, assim considerada aquela insuscetível de reforma por meio de recurso administrativo.

Em princípio, portanto, somente deverá haver uma arbitragem se a decisão adotada pela Administração for definitiva, isto é, não sujeita a recurso administrativo. Contudo, essa previsão, ao que parece, buscou apenas evitar que houvesse dois processos em paralelo sobre o mesmo assunto (o administrativo e o arbitral).

Isso não quer dizer que o particular não possa nem mesmo dar início a uma arbitragem caso a decisão ainda possa ser atacada por recurso administrativo. O particular não é obrigado a esgotar a esfera administrativa. Se ele der início à arbitragem, entende-se que terá renunciado à via do recurso administrativo e, na prática, não haverá dois processos em paralelo sobre a mesma questão.

1.7.9 A preferência pela arbitragem como meio eficiente de resolução de conflitos

No setor portuário, em relação a determinados assuntos, há, inclusive, uma preferência pela arbitragem em relação aos processos judiciais.

De fato, o artigo 6º, § 1º, do Decreto nº 10.025 estabelece que será dada preferência à arbitragem em algumas hipóteses: (i) quando a divergência esteja fundamentada em aspectos eminentemente técnicos, e (ii) sempre que a demora na solução definitiva do litígio possa gerar prejuízo à prestação adequada do serviço ou à operação da infraestrutura, ou, ainda, possa inibir investimentos considerados prioritários.

O dispositivo claramente parte do pressuposto de que a arbitragem, em comparação com o Judiciário, é um meio de resolução de conflitos mais célere e que tende a dar uma resposta mais satisfatória quando a discussão é centrada em aspectos eminentemente técnicos.

No setor portuário, com frequência esses pressupostos se fazem presentes, dada a dinamicidade do setor e a existência de discussões de forte teor técnico, além de muito específicas e próprias dos portos.

1.7.10 Desnecessidade de termo aditivo prévio

Os contratos de concessão, arrendamento e autorizações portuárias que não contiverem cláusula compromissória de arbitragem poderão ser aditados pelas partes, desde que estejam de acordo com a adoção desse meio de resolução de conflitos (artigo 5º, § 3º, do Decreto nº 10.025).

Entretanto, não é obrigatório que haja um termo aditivo prevendo cláusula arbitral. O § 2º do artigo 6º do Decreto nº 10.025 prevê que o compromisso arbitral poderá ser firmado independentemente de celebração prévia de termo aditivo que estabeleça uma cláusula compromissória.

Portanto, o poder concedente e o arrendatário, o autorizatário ou o concessionário são livres para estabular a resolução de um conflito por meio de arbitragem, ainda que não haja uma cláusula compromissória no contrato que rege a sua relação jurídica. A solução é adequada, uma vez que observa a voluntariedade das partes. Ademais, a celebração de um compromisso arbitral não deve mesmo depender da existência prévia de uma cláusula compromissória. O importante é observar a autonomia das partes para definir pela resolução de um conflito por arbitragem ou por outro meio.

1.7.11 Custos da arbitragem

O Decreto nº 10.025 estabelece algumas regras próprias sobre os custos relacionados a uma arbitragem.

A regra geral é que as custas e despesas relativas ao processo arbitral serão antecipadas pelo particular (concessionário, autorizatário ou arrendatário). Haverá a sua restituição, no entanto, conforme deliberação final na arbitragem (artigo 9º, *caput*, do Decreto nº 10.025).

Eventual restituição envolverá apenas custas da instituição arbitral e o adiantamento de honorários dos árbitros (artigo 9º, I e II). As despesas decorrentes da contratação de assistentes técnicos serão de responsabilidade de cada uma das partes e não serão objeto de restituição ao final do contrato.

Em caso de sucumbência recíproca, as partes deverão arcar proporcionalmente com os custos da arbitragem.

1.8 Arbitragem entre exploradores de instalações portuárias e concessionários de portos

Por fim, ainda tratando de arbitragens comerciais no setor portuário, cabe uma breve menção adicional ao caso das concessões de portos.

Nas concessões de portos, os contratos que o concessionário celebrar com exploradores de instalações portuárias serão contratos puramente privados, na forma do artigo 21 do Decreto nº 8.033[15]. Isso significa que haverá liberdade entre o concessionário e o explorador de instalação portuária para definirem o conteúdo da avença entre eles. Além disso, não haverá um vínculo contratual entre os exploradores de instalações portuárias e o poder concedente ou a Antaq – salvo o poder regulador da agência, que incidirá também sobre essas avenças.

Em relação aos contratos de arrendamento que já estejam em vigor quando do início da concessão do porto, uma possível sistemática (já prevista na concessão do Porto de Vitória, que é a primeira do País) é que eles serão convertidos em contratos privados, na forma do artigo 22 do Decreto nº 8.033[16]. A concessionária, logo no início das concessões, notifica os arrendatários acerca dessa conversão e de imediato é aberta a possibilidade de rediscussão dos termos desses contratos. De todo modo, na ausência de acordo acerca de uma possível repactuação, as empresas que já detinham a condição de arrendatárias antes da concessão do porto têm direito à manutenção das condições previstas em seus contratos – salvo as modificações inerentes à conversão para o regime privado, como a exclusão de cláusulas exorbitantes, que deve ocorrer ainda que as bases do contrato privado não estejam totalmente definidas entre as partes.

Trata-se de um campo novo em que as arbitragens no setor portuário serão possíveis: o dos conflitos entre a concessionária de um porto e os exploradores de instalações portuárias que atuam naquele porto. Nesses casos, se a arbitragem envolver apenas a concessionária e o explorador, não serão aplicáveis as regras do Decreto nº 10.025. Tratar-se-á de uma arbitragem exclusivamente entre empresas privadas.

No entanto, não é de se excluir a existência de litígios que acabem envolvendo também a Antaq ou o poder concedente (arbitragens com mais de duas partes, sendo ao menos uma delas estatal), ou mesmo litígios de natureza coletiva.

Além disso, é possível esperar que as arbitragens nessa seara acabem tratando, inclusive, de questões de natureza concorrencial, uma vez que poderá surgir litígios

---

15 Artigo 21 do Decreto nº 8.033: "Os contratos celebrados entre a concessionária e terceiros serão regidos pelas normas de direito privado, não se estabelecendo qualquer relação jurídica entre os terceiros e o poder concedente, sem prejuízo das atividades regulatória e fiscalizatória da Antaq".

16 O artigo 22 do Decreto nº 8.033 estabelece o seguinte: "§ 1º A concessionária deverá respeitar os termos contratuais originalmente pactuados. § 2º A transferência da titularidade afasta a aplicação das normas de direito público sobre os contratos".

dessa natureza quando se trata da celebração de contratos que terão por objeto a exploração de áreas nos portos[17].

2. ARBITRAGEM REGULATÓRIA (OU ADMINISTRATIVA) PELA ANTAQ NO SETOR PORTUÁRIO

Além da possibilidade de haver arbitragens comerciais propriamente ditas nos conflitos que envolvem o setor portuário, há também a possibilidade de arbitragens regulatórias (ou administrativas).

O assunto é regulado, basicamente, pela Resolução nº 98 da Antaq, de 31 de maio de 2023, que estabelece procedimentos administrativos de solução de conflitos entre os agentes dos setores regulados pela agência e destes com os usuários dos serviços prestados.

Em linhas gerais, a norma prevê três formas de solução de conflitos pela Antaq, sendo que uma delas é justamente a arbitragem regulatória em serviços portuários e de navegação.

A Resolução nº 98 da Antaq foi editada em um contexto em que há um forte movimento de diversas agências reguladoras no sentido de editar normas que regulamentem a resolução de conflitos nos diversos setores por ela regulados. Insere-se também no contexto em que igualmente o Tribunal de Contas da União tem considerado (e efetivamente aplicado) a adoção de soluções consensuais de controvérsias[18], o que é igualmente valorizado também pelo Poder Judiciário em litígios que envolvam contratos administrativos.

Nos tópicos a seguir, pretende-se examinar algumas das questões que nos parecem centrais nas resoluções administrativas de conflitos por meio de arbitragens regulatórias no âmbito da Antaq.

2.1 Arbitragem regulatória versus arbitragem comercial

É importante esclarecer que a arbitragem regulatória (ou arbitragem administrativa) não se confunde com a arbitragem comercial.

---

17 Sobre arbitragens acerca de questões concorrenciais, confira-se: SIGNORELLI, Ana Sofia Monteiro; PEREIRA, Cesar. **Arbitragem comercial em perspectiva**. São Paulo: RT, 2023.

18 Confira-se a Instrução Normativa nº 91/2022 do TCU acerca do assunto. Outros Tribunais de Contas também têm previsto procedimentos de resolução de controvérsias há muito tempo, como os Termos de Ajustamento de Gestão e as Mesas Técnicas. A esse respeito, confiram-se normas do TCE/PE (Resolução nº 204/2023), TCE/RR (Instrução Normativa nº 68/2019), TCM/SP (Resolução nº 2/2020), TCE/RJ (artigo 197, XXII, do RITCE/RJ) e TCE/MT (Resolução nº 12/2021).

2.1.1 Conceituação de arbitragem regulatória

A arbitragem regulatória (ou arbitragem administrativa) consiste no método heterocompositivo de solução de controvérsias, de natureza extrajudicial e administrativa, em que uma agência reguladora, dentro de sua esfera de competências, soluciona uma controvérsia existente entre agentes regulados ou entre estes e um ou mais usuários.

2.1.2 Desnecessidade de concordância mútua dos sujeitos em conflito

Para que haja uma arbitragem regulatória, não é necessário que os agentes regulados ou usuários que estejam em conflito concordem mutuamente com esse tipo de solução de controvérsia. Essa forma de solução de controvérsias consiste no exercício de uma competência legal da agência reguladora, sem a necessária concordância mútua dos interessados.

Trata-se de arranjo diverso daquele que existe em uma arbitragem comercial, em que as partes conferem poderes de modo consensual (e nos limites da legislação) a um árbitro ou tribunal arbitral para que decidam o conflito com definitividade. Na arbitragem comercial, os árbitros, antes de serem nomeados para tal encargo, não possuem competência legal para decidir o conflito existente.

2.1.3 Desnecessidade de compromisso arbitral

Por conseguinte, em uma arbitragem regulatória não há a celebração de um compromisso arbitral por meio do qual as partes interessadas conferem poderes à agência para a solução daquele conflito. A arbitragem regulatória consiste no exercício de uma competência própria da agência, que não demanda uma formalização com a natureza de compromisso arbitral pelas partes em conflito.

2.1.4 Decisão sem caráter de definitividade típico das sentenças arbitrais e possibilidade de questionamento judicial

Além disso, a decisão proferida pela agência reguladora em uma arbitragem regulatória não tem o mesmo caráter de definitividade de uma decisão judicial ou de um tribunal arbitral. A decisão proferida em uma arbitragem regulatória define o conflito existente, mas é possível que o mérito da decisão tomada – e não apenas a validade formal do ato ou do procedimento que resultou nele – seja questionado perante o Poder Judiciário.

É lógico que, por se tratar de entidades especializadas e dotadas de conhecimento técnico específico do setor regulado, o Poder Judiciário poderá manifestar a sua deferência às decisões adotadas pelas agências reguladoras em processos de arbitragem regulatória. Entretanto, não há dúvidas de que o mérito da decisão proferida em um processo de arbitragem regulatória pode ser questionado e eventualmente revisto (e não apenas anulado) pelo Poder Judiciário.

2.1.5 Precedente do STJ sobre possibilidade de questionamento judicial

A possibilidade de questionamento do mérito de decisões tomadas por uma agência reguladora no âmbito de uma arbitragem regulatória já foi reconhecida pelo Superior Tribunal de Justiça.

Merece destaque o acórdão proferido no Recurso Especial nº 1.275.859/DF, relatado pelo Ministro Mauro Campbell Marques. Constou da ementa do precedente o seguinte:

> [...] ARBITRAGEM EM TRÂMITE NA ANATEL. DECISÃO QUE SE CONSUBSTANCIA ATO ADMINISTRATIVO PASSÍVEL DE REVISÃO PELO PODER JUDICIÁRIO. [...] Nunca é demais relembrar que vigora no Brasil o sistema da unidade de jurisdição, o qual – ao contrário do sistema contencioso francês – possibilita a parte a ingressar no Poder Judiciário independentemente da solução alcançada nas vias administrativas, salvo algumas exceções previstas tanto na Constituição Federal quanto na legislação infraconstitucional. 17. Esta observação tem relevância para o deslinde da presente controvérsia, na medida em que nem a Lei das Agências Reguladoras (Lei nº 9.986/2000), tampouco a Lei Geral de Telecomunicações excluiu a possibilidade de revisão dos atos administrativos – quanto à legalidade e legitimidade – praticados por estas agências de regulação setorial. [...] Ademais, no caso em concreto, embora a Lei Geral de Telecomunicações – Lei nº 9.472/1997 – tenha atribuído à Anatel a competência para compor administrativamente conflitos de interesses entre prestadoras de serviço de telecomunicações (artigo 19, XVII), em nenhum momento há vedação para que eventuais interessados ingressem no Poder Judiciário visando à discussão de eventual lesão ou a ameaça de lesão a direito tutelado por Lei.

No caso em questão, discutiu-se a possibilidade de revisão de uma decisão adotada pela Anatel com base no artigo 19, XVII, da Lei nº 9.472, de 1997, em uma arbitragem regulatória. O STJ concluiu que a competência prevista no dispositivo consistia na resolução de um conflito na via administrativa, o que não afastava a possibilidade de que houvesse o seu questionamento na via judicial. De acordo com o precedente, como se adota no Brasil a jurisdição una, decisões adotadas em processos administrativos contenciosos não possuem definitividade e, portanto, podem ter o seu mérito questionado perante o Poder Judiciário.

2.1.6 Origem da distinção: a distinção entre função jurisdicional e função judicante do Direito norte-americano

A distinção entre arbitragem regulatória e arbitragem comercial é muito clara no ordenamento brasileiro, que adotou como paradigma das agências reguladoras a *Independent Regulatory Commission* norte-americana.

Em relação à função "quase-judicial" ou *adjudication*, a Suprema Corte americana adota o entendimento de que existem duas categorias de funções voltadas à aplicação das leis: há o poder jurisdicional, que, de acordo com a Constituição, só pode ser exercido pelos Tribunais, e há a função judicante ("quase-judicial"), que pode ser outorgada pelo Poder Legislativo às agências, uma vez que não se confunde com a função jurisdicional.

No exercício da função judicante, a agência reguladora julga um litígio entre as partes, voltado aos fatos passados e com soluções que podem, inclusive, ser punitivas (*litigation looked to past acts and toward punitive resolutions*). Portanto, a função judicante não se confunde com o exercício do poder jurisdicional. Tratam-se de competências diferentes, que operam em campos diversos e inconfundíveis.

Justamente por serem funções diferentes, entende-se que a outorga de funções "quase judiciais" às agências reguladoras não fere a Constituição Federal nem o princípio da separação dos poderes. A principal preocupação da Suprema Corte americana consiste em verificar se foi observada a garantia do devido processo legal. Mas não há dúvidas de que o poder de uma agência reguladora de arbitrar um conflito não se confunde com o exercício de poder jurisdicional.

Dadas essas premissas, é evidente que as agências reguladoras no Brasil não são propriamente tribunais arbitrais. Tratam-se de realidades inconfundíveis. Quando exerce a atividade de arbitragem regulatória, uma agência reguladora não está apenas resolvendo um conflito individual em um processo administrativo. Ela está adotando uma decisão que possui relevância para o setor regulado.

Portanto, as arbitragens que ocorrem no âmbito das agências reguladoras – que, no caso da Antaq, são reguladas pela Resolução nº 98, de 2023 – têm natureza diversa das arbitragens comerciais de que trata a Lei nº 9.307, de 1996. Isso não significa que uma modalidade de arbitragem seja mais ou menos relevante do que a outra. São apenas atividades diferentes, que em nada se confundem. É fundamental ter muito claras essas distinções para que não se incorram em defeitos de premissas que acabem por impedir uma correta compreensão das atividades arbitrais desempenhadas por uma agência reguladora.

2.2 Arbitragem regulatória pela Antaq: questões gerais

Feitos os esclarecimentos conceituais *supra*, passa-se a examinar, em linhas gerais, a arbitragem regulatória no âmbito específico da Antaq. Não é objetivo deste artigo, entretanto, esgotar o tema. Pretende-se apenas fazer uma explicação geral de como funciona e quais os seus possíveis objetos.

2.2.1 Competência normativa para arbitragem regulatória pela Antaq

A competência para a Antaq realizar arbitragens regulatórias consta expressamente da Lei nº 10.233, que criou a Antaq e a ANTT.

O artigo 20 da Lei nº 10.233 estabelece que são objetivos das agências de regulação dos transportes terrestre e aquaviário regular ou supervisionar, em suas esferas de atribuições, as atividades de prestação de serviços e de exploração de infraestrutura de transportes, com vistas a harmonizar os objetivos dos usuários, das empresas concessionárias, permissionárias, autorizadas e arrendatárias, e de entidades delegadas, "arbitrando conflitos de interesses" e impedindo condutas anticompetitivas (artigo 20, II, *b*).

Ao mencionar a competência de arbitramento de conflitos entre usuários e prestadores, e destes entre si, a Lei está justamente prevendo a possibilidade de se realizar procedimentos de arbitragem regulatória.

Em consonância com as previsões da Lei nº 10.233, o Decreto nº 8.033, que regulamenta a Lei de Portos (Lei nº 12.815), detalhou as competências da Antaq para realização de arbitragens regulatórias.

Em síntese, o Decreto estabelece, no artigo 3º, incisos III, IV e VIII, que cabe à Antaq arbitrar, na esfera administrativa, (i) os conflitos de interesse e controvérsias sobre contratos quando não solucionados entre a administração do porto e a arrendatária; (ii) em grau de recurso, os conflitos entre agentes que atuem no porto organizado (ressalvadas as competências das demais autoridades públicas); e (iii) os conflitos de interesse e as controvérsias não solucionados entre a administração do porto e o autorizatário.

É importante observar que o artigo 3º relaciona essas competências de modo meramente exemplificativo. Não exclui a existência de outras competências, previstas em outros diplomas normativos. Assim, por exemplo, é evidente que a Antaq pode arbitrar conflitos entre arrendatários e autorizatários de terminais portuários, ou entre concessionários de portos e exploradores de terminais portuários, ou ainda conflitos que envolvam usuários. Essas hipóteses não estão abrangidas expressamente pelo artigo 3º do Decreto nº 8.033, mas é natural a competência da Antaq para tanto, dada a abrangência do seu espectro de competências. Não faria sentido a agência ter competência para arbitrar conflitos entre certas empresas que desempenham atividades por ela reguladas e não ter a mesma competência perante outras empresas que também possuem as suas atividades submetidas à mesma agência.

O Regimento Interno da Antaq detalha ainda mais as competências previstas na Lei nº 10.233 e no Decreto nº 8.033. A Resolução nº 97, de 31 de maio de 2023, inclusive promoveu alterações no Regimento Interno, de modo a especificar melhor tais competências.

O artigo 19, XXXI, do Regimento Interno da Antaq estabelece que cabe à agência "julgar processos de arbitragem regulatória instaurados para dirimir conflitos entre agentes do setor regulado". A regra é bastante ampla a ponto de abranger conflitos que envolvam arrendatários, autorizatários, operadores portuários, concessionários e usuários de serviços portuários.

O artigo 53, XIII, estatui que cabe à Antaq

> propor medidas para harmonizar as atividades das diversas autoridades atuantes nos portos organizados e nas instalações portuárias exploradas mediante autorização, bem como analisar questões relacionadas com a mediação e arbitragem de conflitos, no âmbito de sua competência.

Por fim, o artigo 54, XXI, estabelece a competência da Antaq para

> propor medidas para harmonizar as atividades dos diversos agentes atuantes na navegação, bem como analisar questões relacionadas com a mediação e arbitragem de conflitos, no âmbito de sua competência, excetuados os conflitos relacionados ao afretamento de embarcações.

Portanto, há diversos dispositivos no Regimento Interno da Antaq, que inclusive chegam a ser redundantes, prevendo competências bastante amplas de realização de arbitragem regulatória e mediação de conflitos dentro da esfera de atribuições da agência.

O fato é que, na qualidade de agência reguladora, a Antaq tem uma importante competência relacionada à possibilidade de harmonização de interesses e conflitos, o que abrange não só o exercício de competência para impor a resolução de um litígio, mas inclusive a adoção de mecanismos típicos de consensualidade.

Como em todo setor regulado, existem interesses diversos, muitas vezes contrapostos, e o papel regulador naturalmente acaba envolvendo a possibilidade de harmonização desses diversos interesses. É justamente neste contexto que se insere a arbitragem regulatória. Trata-se de mecanismo pelo qual a agência reguladora exerce o legítimo papel de harmonização de conflitos de interesses – no caso da arbitragem regulatória, na definição de uma solução para o conflito.

2.2.2 Instauração do procedimento de resolução de conflitos, autocontenção, liberdade de concorrência e requisitos

O procedimento de resolução de conflitos pode ser instaurado a partir do requerimento de pelo menos uma das partes envolvidas no conflito.

Lógico que a Antaq dispõe de competência para iniciar determinados procedimentos de ofício, sem a necessidade de aguardar a provocação de um interessado. No entanto, para o procedimento de arbitragem regulatória, a agência deve ser provocada por um interessado. Isso ocorre porque a existência de conflitos entre agentes econômicos em um setor regulado é natural. A Antaq, como toda agência reguladora, tem um certo dever de autocontenção, inclusive por aplicação da Lei de Liberdade Econômica (Lei nº 13.874), que se aplica à faceta reguladora do Estado por previsão expressa do seu artigo 1º.

Nesse ponto, aliás, é importante observar que a decisão, por não regular uma matéria ou não intervir de ofício em um determinado conflito, pode ser uma opção regulatória consciente por parte da agência. Não pode ser confundida com omissão. Em muitas situações, uma agência reguladora pode decidir por apenas observar e monitorar certas situações, deixando que o mercado e a livre concorrência operem.

Em decorrência disso, se a Antaq for provocada, ela pode até entender que o conflito não demanda a sua intervenção. Mais uma vez, isso não configura necessariamente uma omissão, mas apenas uma opção consciente no sentido de que a agência não é o foro adequado para a resolução daquele conflito. Nesse caso, a Antaq deverá, por óbvio, fundamentar a sua decisão de não intervir naquele conflito que foi levado a ela.

2.2.3 Tipos de conflitos que podem ser objeto de arbitragem regulatória ou mediação

O artigo 6º da Resolução nº 98 enumera exemplificativamente oito tipos de conflitos que podem ser resolvidos por meio de arbitragem regulatória ou mediação. Em todos eles, o objeto do conflito deverá dizer respeito a direitos patrimoniais disponíveis.

As previsões são bastante amplas. Os tipos de conflitos enumerados são os seguintes: (i) aplicação de regras contratuais, (ii) preços de serviços portuários em regime de liberdade de preços, (iii) fornecimento de serviços portuários e de transporte aquaviário, (iv) instalação de infraestrutura dentro ou fora do porto organizado, (v) compartilhamento de embarcação na navegação interior, (vi) horários e compartilhamento de infraestrutura na navegação interior, (vii) afretamento de embarcações nacionais e (viii) recolhimento de tarifas portuárias e outras obrigações financeiras perante a administração do porto.

2.2.4 Procedimento aplicável

O procedimento aplicável pela Antaq às arbitragens regulatórias é relativamente simples. De acordo com a Resolução nº 98, em síntese há a apresentação das razões pelas partes, um momento posterior para uma possível celebração de acordo, a instrução do processo e o posterior encaminhamento a um Diretor para ser o Relator do caso. A decisão é tomada pela Diretoria Colegiada da Antaq.

3. ARBITRAGEM NO SETOR MARÍTIMO

Resta ainda fazer algumas considerações gerais sobre a arbitragem no setor marítimo.

O foco da exposição ficará centrado nas arbitragens comerciais no setor marítimo, inclusive sem a participação do Poder Público. Não se tratará da arbitragem regulatória pela Antaq porque o assunto já foi exposto antes. Havendo uma arbitragem regulatória no âmbito da Antaq, que também trata da regulação da navegação, serão aplicadas as regras já expostas *supra*.

3.1 Natureza dos conflitos no setor marítimo

Sob um certo ângulo, a arbitragem no setor marítimo é similar à arbitragem em outros setores, na medida em que se tratam de conflitos essencialmente privados. Há litígios que tratam de prestação de serviços, responsabilidades por acidentes e cumprimento de contratos em geral.

Uma das peculiaridades da arbitragem marítima, no entanto, é que há uma regulação muito peculiar, o que acaba, de forma inversa ao que se afirmou antes, provocando uma especialização marcante nas arbitragens do setor. Há, por um lado, uma regulação estatal – por exemplo, pela Antaq no Brasil. Mas, ao lado da regulação local, há também uma regulação muito própria, derivada dos costumes do direito marítimo, de tratados internacionais e da aplicação bastante difundida de contratos padronizados, elaborados por entidades especializadas, como a *Baltic and International Maritime Council* (BIMCO).

Essa pluralidade de fontes faz com que as arbitragens marítimas sejam altamente especializadas.

3.2 A fixação da sede da arbitragem e da lei aplicável

Uma questão normalmente complexa – e crucial – nas arbitragens marítimas diz respeito à fixação da sede da arbitragem e da lei aplicável.

O direito marítimo é marcado por lides de natureza internacional. Normalmente, estão envolvidos interessados de nacionalidades diferentes – armadores marítimos, embarcadores, seguradores, entre outros. As próprias bandeiras das embarcações costumam ser variadas. Com isso, um ponto sempre crucial nas arbitragens marítimas tende a ser a definição da sede da arbitragem e da lei aplicável.

3.3 A experiência internacional fundada em instituições arbitrais especializadas

A experiência internacional revela que as arbitragens marítimas são normalmente conduzidas perante instituições arbitrais especializadas, algumas com tradição de mais de um século. As principais delas são a *London Maritime Arbitrators Association* (LMAA), a *Society of Maritime Arbitrators* (SMA), de Nova Iorque, e a *Singapore Chamber of Maritime Arbitration* (SCMA).

Trata-se de uma peculiaridade muito própria das arbitragens marítimas. É o inverso do que ocorre na generalidade das arbitragens no Brasil, que são desenvolvidas normalmente perante instituições arbitrais generalistas, ainda que com árbitros altamente especializados.

3.4 O número de arbitragens marítimas

É interessante notar que há um grande número de arbitragens marítimas, ainda que bastante concentradas nas instituições arbitrais especializadas mais conhecidas – relacionadas antes. Em um grande número de casos, os valores envolvidos nos litígios nem são muito significativos. Mesmo assim, justifica-se a adoção da arbitragem, dada a necessidade de apreciação do caso por pessoas efetivamente preparadas e com experiência no setor[19].

No Brasil, entretanto, são pouquíssimos os casos de arbitragens marítimas. Uma explicação para isso é que, como os contratos do setor normalmente seguem modelos padronizados – como os da BIMCO –, é muito comum que esses modelos já apontem instituições arbitrais especializadas e consagradas no setor. Assim, acaba não havendo muito espaço para arbitragens marítimas no Brasil na prática.

3.5 Cabotagem como campo para arbitragens marítimas no Brasil

No contexto atual, é de certa forma esperado que a cabotagem seja um campo fértil para o aumento do número de arbitragens marítimas no Brasil, ainda mais depois da Lei que criou a BR do Mar (Lei nº 14.301).

Os contratos de cabotagem, ainda que sigam padrões internacionais consagrados, poderiam prever cláusulas compromissórias indicando a possibilidade de resolução de conflitos por meio de arbitragens no Brasil. Isso provavelmente resultaria em menos despesas e teria a vantagem de se resolver a questão de forma mais próxima ao conflito.

Além disso, é inegável que há profissionais gabaritados no Brasil para atuar como árbitros em conflitos de direito marítimo. O fato de a maioria das arbitragens no Brasil ser realizada perante instituições arbitrais generalistas não é um problema, uma vez que os árbitros tenderão sempre a ser profissionais especializados e que conhecem o cotidiano dos conflitos marítimos.

3.6 Ainda as arbitragens regulatórias pela Antaq

Por fim, não se pode excluir a possibilidade de a própria Antaq realizar arbitragens (regulatórias) para decidir conflitos de direito marítimo. Aplicam-se aqui as considerações sobre arbitragens regulatórias no âmbito da Agência, expostas antes.

---

19 GALANTE, Luís Felipe; ALMEIDA, Luis Carlos. Arbitragem marítima no Brasil: características e peculiaridades. *In*: ALMEIDA, José Gabriel Assis de; FERRARI FILHO, Sérgio. **Direito da arbitragem marítima**. Rio de Janeiro: Processo, 2019. p. 16-18.

4. ENCERRAMENTO

O presente artigo procurou apresentar um panorama geral das arbitragens nos setores portuário e marítimo no Brasil.

Até o momento, pelo que se tem notícia, apenas uma arbitragem comercial foi realizada no Brasil para se dirimir um conflito portuário. Entretanto, são bem mais comuns as arbitragens regulatórias perante a Antaq.

Já, no setor marítimo, a situação é um pouco diversa. Embora haja um pequeno número de arbitragens marítimas no Brasil, há também a possibilidade de arbitragens regulatórias perante a Antaq, bem como há uma expectativa em relação aos conflitos na navegação de cabotagem.

5. CUMPRIMENTO DAS SENTENÇAS ARBITRAIS CONDENATÓRIAS PROFERIDAS CONTRA O PODER PÚBLICO: HÁ ALTERNATIVA AO PRECATÓRIO?

Giuseppe Giamundo Neto
Doutorando e Mestre em Direito do Estado pela USP.
Advogado em São Paulo.

Diogo Albaneze Gomes Ribeiro
Doutorando e Mestre em Direito Administrativo pela PUC/SP.
Advogado em São Paulo.

INTRODUÇÃO

A adoção da arbitragem como meio de resolução de controvérsias em contratos administrativos é, hoje, uma realidade. Muito embora vozes tenham se levantado contra tal possibilidade em um passado não tão distante, o ordenamento jurídico gradativamente passou a conferir a necessária segurança jurídica ao emprego de tal instituto em discussões nas quais a Administração Pública figura como parte.

Superada a discussão quanto à arbitrabilidade subjetiva do Estado, outras discussões passaram a ganhar relevância, envolvendo tanto a extensão da matéria que poderá, efetivamente, ser submetida à arbitragem quanto a aspectos práticos e procedimentais das arbitragens envolvendo o Poder Público. No presente artigo, procuraremos tratar de um desses aspectos procedimentais, consistente no cumprimento das sentenças arbitrais condenatórias, para, ao final, avaliarmos se existe ou não alternativas para o pagamento dessas condenações que não seja pela via do precatório.

1. BREVE CONTEXTO HISTÓRICO: O ESTADO DA ARTE DA ARBITRAGEM EM CONTRATOS PÚBLICOS

O debate acerca da possibilidade de utilização da arbitragem no âmbito dos contratos administrativos surge a partir do advento da Lei de Arbitragem (Lei nº 9.307, de 1996), tendo em vista que o referido diploma, por não ter se preocupado com o Estado e as suas vicissitudes, deixou de expressamente mencionar a Administração Pública direta e indireta como os seus sujeitos[1].

Embora a Lei de Arbitragem não vedasse ou restringisse a participação do Estado, a ausência de regulamentação específica e expressa no referido diploma e na própria Lei Geral de Licitações e Contratos Administrativos (Lei nº 8.666, de 1993) serviam de desincentivo ao uso do procedimento.

No mesmo sentido, a Lei das Concessões (Lei nº 8.987, de 1995), embora originalmente previsse a necessidade de inclusão de formas extrajudiciárias de solução das controvérsias nos contratos de concessão, deixou de explicitar a arbitragem como uma das modalidades a serem adotadas, o que gerava insegurança em relação à sua utilização. Foi necessária a edição da Lei nº 11.196, de 2005, que explicitou a prerrogativa do uso da arbitragem em contratos de concessão[2], para que se pacificasse a aplicabilidade e legalidade da arbitragem em tais contratos.

O próprio Tribunal de Contas da União (TCU) reviu o seu entendimento anterior e passou a admitir tal mecanismo nesses contratos, desde que as cláusulas objeto de julgamento pelos árbitros não ofendessem os princípios da legalidade e da indisponibilidade do interesse público.

Não devem ser desconsideradas, ademais, as diversas leis setoriais que passaram a prever a possibilidade de utilização do instituto da arbitragem em contratos administrativos, valendo citar, exemplificativamente, a Lei nº 10.433, de 2002, que trata da criação do mercado atacadista de energia elétrica, pela qual as agências reguladoras têm se utilizado frequentemente da cláusula arbitral em seus contratos, a Lei nº 9.478, de 1997, que dispõe sobre a política energética nacional, a Lei das Parcerias Público-Privadas (Lei nº 11.079, de 2004), Lei nº 12.815, de 2013, que

1 A redação de seu artigo 1º estabelecia que "as pessoas capazes de contratar poderão valer-se da arbitragem para dirimir litígios relativos a direitos patrimoniais disponíveis". Os defensores da aplicabilidade nas relações contratuais de direito público sustentavam que o sentido da palavra pessoas abrangia, na forma utilizada pela lei, além das pessoas de direito privado, as pessoas jurídicas de direito público interno, nos termos da definição dada ao termo pelo Código Civil. Outro fundamento que sempre reforçou tal interpretação vem disposto no artigo 54 da Lei nº 8.666, pelo qual devem ser aplicados aos contratos administrativos, supletivamente, os princípios da teoria geral dos contratos e as disposições de direito privado.

2 "Artigo 23-A. O contrato de concessão poderá prever o emprego de mecanismos privados para resolução de disputas decorrentes ou relacionadas ao contrato, inclusive a arbitragem, a ser realizada no Brasil e em língua portuguesa, nos termos da Lei nº 9.307, de 23 de setembro de 1996."

dispõe sobre a exploração direta e indireta pela União de portos e instalações portuárias, entre outras.

Ainda assim, a adoção da arbitragem em contratos administrativos que não os de concessão ou de setores regulados específicos dependia de uma certa construção interpretativa e argumentativa, o que, por certo, desestimulava a sua previsão pelos agentes públicos encarregados da elaboração e gestão desses contratos.

Em 2015, com a reforma da Lei da Arbitragem por meio da Lei nº 13.129, três parágrafos (dois no artigo 1º e um no artigo 2º) foram introduzidos na Lei nº 9.307, de 1996, para tratar do tema. Confira-se:

> Artigo 1º [...]
> § 1º A Administração Pública direta e indireta poderá utilizar-se da arbitragem para dirimir conflitos relativos a direitos patrimoniais disponíveis.
> § 2º A autoridade ou o órgão competente da Administração Pública direta para a celebração de convenção de arbitragem é a mesma para a realização de acordos ou transações.
> Artigo 2º [...]
> [...]
> § 3º A arbitragem que envolva a Administração Pública será sempre de direito e respeitará o princípio da publicidade.

Tais dispositivos, como observa Carlos Alberto Carmona, consagraram o consistente sistema multiportas de resolução de litígios por outros meios que não o processo estatal, somando-se ao que já previa a Lei das Parcerias Público Privadas e o novo Código de Processo Civil (Lei nº 13.105, de 2015), sendo certo que "o Estado, em suas múltiplas vestes, não poderia ficar imune a esta tendência". Ainda assim, segundo o autor, referidas previsões legais não resolvem dilemas básicos que o administrador público enfrentará para participar de um processo arbitral: a escolha do órgão arbitral, a nomeação de árbitros, a responsabilidade pelo pagamento das custas e despesas, a incidência de verba honorária, a sede da arbitragem e idioma, e os limites da publicidade[3].

Parte das preocupações expostas por Carlos Alberto de Carmona a respeito da participação do Estado em arbitragens foi resolvida com o advento do Decreto federal nº 10.025, publicado em 23.09.2019. O diploma, voltado para a arbitragem envolvendo a Administração Pública federal em setores regulados (especificamente os setores portuário e de transporte rodoviário, ferroviário, aquaviário e aeroportuário), é fruto da experiência adquirida no âmbito de diversas agências reguladoras

3 CARMONA, Carlos Alberto. Arbitragem e Administração Pública – Primeiras reflexões sobre a arbitragem envolvendo a Administração Pública. **Revista Brasileira de Arbitragem**, ano XIII, n. 51, p. 8-9, jul./ago./set. 2016.

com o tema. Por meio dele, determinam-se os contornos da arbitrabilidade objetiva, as regras do procedimento arbitral, o conteúdo da cláusula compromissória e de compromisso arbitral, os prazos, a antecipação das custas e despesas pelo contratado, o credenciamento e escolha da câmara arbitral, os requisitos da escolha dos árbitros, entre outras previsões.

Muito embora a sua aplicação esteja limitada aos setores regulados federais já mencionados, o Decreto nº 10.025/2019, por contar com uma regulamentação que se vale das boas práticas experimentadas até então, inclusive por outros entes estatais, representa grande avanço para o instituto, servindo de referência e de lastro orientativo para órgãos da Administração Pública de todos os níveis da federação.

2. OS EFEITOS DA SENTENÇA ARBITRAL

Visando a conferir maior segurança à arbitragem, os árbitros, por expressa determinação legal, foram equiparados aos juízes de fato e de direito, sendo que as sentenças por eles proferidas não se sujeitam a recursos ou homologação pelo Poder Judiciário. Como consequência, os árbitros também foram equiparados a funcionários públicos para os efeitos da legislação penal, sempre que estiverem no exercício de sua função ou em razão dela (artigo 17 da Lei nº 9.307/1996)[4].

Disso deflui que a sentença arbitral produz entre as partes e os seus sucessores os mesmos efeitos da sentença judicial, proferida por juiz togado, e, sendo condenatória, constitui título executivo judicial, tal como determina o artigo 515, inciso VII, do Código de Processo Civil[5].

Além disso, a sentença arbitral, por não se sujeitar ao duplo grau de jurisdição, torna-se diretamente imutável tão logo proferida, pelo menos do ponto de vista do direito material. A análise do Poder Judiciário ficará restrita, portanto, à regularidade formal do procedimento arbitral, conforme dispõe o artigo 33 da Lei nº 9.307/1996.

Sobre o assunto, o Superior Tribunal de Justiça (STJ) possui entendimento consolidado acerca da imutabilidade, no mérito, da sentença arbitral – no sentido

4 "Artigo 17. Os árbitros, quando no exercício de suas funções ou em razão delas, ficam equiparados aos funcionários públicos, para os efeitos da legislação penal."

5 "A equiparação entre a sentença estatal e a arbitral faz com que a segunda produza os mesmos efeitos da primeira. Por consequência, além da extinção da relação jurídica processual e da decisão da causa (declaração, condenação ou constituição), a decisão de mérito faz coisa julgada às partes entre as quais é dada (e não beneficiará ou prejudicará terceiros). Sendo condenatória, a sentença arbitral constituirá título executivo, e permitirá a constituição de hipoteca judicial." (CARMONA, Carlos Alberto. **Arbitragem e processo**: comentários à Lei nº 9.307/1996. 3. ed. São Paulo: Atlas, 2009. p. 314)

de que a sentença arbitral não se sujeita ao reexame de mérito nem pelo árbitro nem pelo juiz estatal, adquirindo, desde a sua prolação, a imutabilidade decorrente da coisa julgada:

> [...] uma vez convencionado pelas partes cláusula arbitral, o árbitro vira juiz de fato e de direito da causa, e a decisão que então proferir não ficará sujeita a recurso ou homologação judicial, segundo dispõe o artigo 18 da Lei nº 9.307/1996, o que significa caracterizá-lo como equivalente jurisdicional, porquanto terá os mesmos poderes do juiz togado, não sofrendo restrições de sua competência.[6]
> [...] a sentença arbitral não se sujeita ao reexame de mérito nem pelo árbitro nem pelo juiz estatal, adquirindo, *desde sua prolação, a imutabilidade decorrente da coisa julgada* (artigos 18 e 31 da Lei nº 9.307/96), razão pela qual cabida sua execução definitiva (e não provisória).[7]

Diante da imutabilidade do mérito da sentença arbitral e da consequente caracterização da coisa julgada material, nos dizeres de Cândido Rangel Dinamarco, consolida-se: (i) a formação da coisa julgada e, por consequência, o impedimento à propositura de demanda com objeto idêntico (função negativa da coisa julgada – CPC, artigos 337, inciso VII e § 49, e 485, inciso V), bem como (ii) a vinculação dos juízes de processos futuros, a tomar como premissa a situação jurídica definida na decisão transitada em julgado sempre que ela figurar como questão prejudicial (função positiva da coisa julgada – CPC, artigo 503)[8].

3. A EXECUÇÃO DAS SENTENÇAS ARBITRAIS CONDENATÓRIAS PROFERIDAS CONTRA O PODER PÚBLICO

3.1 A regra do pagamento via precatório

Como destacado, os árbitros foram equiparados aos juízes de fato e de direito, sendo que as sentenças por eles proferidas não se submetem a recursos ou homologação pelo Poder Judiciário.

Como consequência, a sentença arbitral produz entre as partes e os seus sucessores os mesmos efeitos da sentença judicial proferida por juiz togado e, sendo

---

6 STJ, MS 11.308, 1ª T., Rel. Min. Luiz Fux, DJ 19.05.2018, v.u.
7 STJ, REsp 1.102.460, CE, Rel. Min. Marco Buzzi, DJ 23.09.2015, v.u.
8 DINAMARCO, Cândido Rangel; LOPES, Bruno Vasconcelos Carrilho. **Teoria geral do novo processo civil**. 3. ed. São Paulo: Malheiros, 2018. p. 202.

condenatória, constitui título executivo judicial, tal como determina o artigo 515, inciso VII, do Código de Processo Civil[9]-[10].

Na hipótese de sentença arbitral condenatória proferida contra o Poder Público imputando-lhe uma obrigação de pagar, o seu cumprimento forçado exigirá, evidentemente, uma execução contra a Fazenda Pública, fato esse que traz consigo uma consequência legal, que é o pagamento via precatório. Como bem destaca Cândido Rangel Dinamarco, não há razões para distinguir a execução da sentença arbitral da sentença judicial, "porque as situações são da mais profunda similitude. Cumprimento de sentença lá, cumprimento de sentença cá. Título executivo lá, título executivo cá – ambos produzidos mediante o exercício da jurisdição"[11].

No mesmo sentido, Bruno Lopes Megna reconhece, como regra, que o cumprimento de sentença arbitral condenatória de obrigação de pagar deva se dar via precatório:

> Dessa forma, conclui-se que a sentença arbitral condenatória de obrigação de pagar deverá ser cumprida por meio de precatório, sob pena de violação à regra da impessoalidade – por dar tratamento privilegiado aos credores de sentença arbitral em relação aos credores de sentença judicial, que estão em situação de igualdade – e à legalidade orçamentária – por afrontar a prévia programação legislativa das finanças públicas.[12]

Disso deflui que, tendo-se iniciado a execução de uma sentença arbitral de obrigação de pagar, caso a Fazenda Pública não impugne a execução ou caso as suas arguições sejam rejeitadas, expedir-se-á, por intermédio do presidente do Tribunal competente, precatório em favor do exequente, observando-se o disposto na Constituição Federal (§ 3º do inciso I do artigo 535 do CPC). Essa, portanto, *é a regra.*

---

9 "A equiparação entre a sentença estatal e a arbitral faz com que a segunda produza os mesmos efeitos da primeira. Por consequência, além da extinção da relação jurídica processual e da decisão da causa (declaração, condenação ou constituição), a decisão de mérito faz coisa julgada às partes entre as quais é dada (e não beneficiará ou prejudicará terceiros). Sendo condenatória, a sentença arbitral constituirá título executivo, e permitirá a constituição de hipoteca judicial." (CARMONA, Carlos Alberto. **Arbitragem e processo**: comentários à Lei nº 9.307/1996. 3. ed. São Paulo: Atlas, 2009. p. 314)

10 "Artigo 515. São títulos executivos judiciais, cujo cumprimento dar-se-á de acordo com os artigos previstos neste Título: [...] VII – a sentença arbitral; [...]."

11 DINAMARCO, Cândido Rangel. **A arbitragem na teoria do processo**. São Paulo: Malheiros, 2013. p. 273.

12 MEGNA, Bruno Lopes. **Arbitragem e Administração Pública**. Belo Horizonte: Fórum, 2019. p. 288.

3.2 Exceções ao regime do pagamento via precatório

A regra do pagamento via precatório, nos termos descritos *supra*, comporta, no entanto, exceções pela própria Constituição Federal, que afasta a sua incidência em relação a pagamentos de obrigações definidas em leis como de pequeno valor que as Fazendas devam fazer em virtude de sentença judicial transitada em julgado (§ 3º do artigo 100 da CF). Neste contexto, também uma sentença arbitral que imponha uma condenação que se enquadre no conceito de "pequeno valor" deverá se beneficiar dessa exceção constitucional[13].

Há, ainda, quem vislumbre outra possível exceção do pagamento via precatório: os acordos para execução da sentença arbitral[14]. Trata-se de entendimento que parte da premissa de que não haveria norma proibitiva de acordos em fase de execução. Defendendo essa possibilidade, Carlos Ari Sundfeld e Jacintho Arruda Câmara destacam, no entanto, que esse acordo estaria condicionado aos seguintes requisitos: (i) demonstração de que a formalização do acordo se mostre mais vantajoso do que o pagamento via precatório; e (ii) que exista lei autorizativa para essa transação[15].

Segundo os referidos autores, a exigência de lei autorizativa decorre do fato de a

> EC 62, ao instituir a necessidade de tratamento legislativo para disciplinar acordos de quitação antecipada de precatórios sujeitos ao regime transitório especial (artigo 97, § 8º, III, da ADCT), formulou exigência (reserva legal) que tem de ser estendida, por identidade de razões, também para a negociação de créditos que estejam em fase final de execução judicial.[16]

Em relação a essa possibilidade de transação, não se pode desconsiderar, contudo, a existência de entendimento em sentido contrário, exarado pelo Supremo Tribunal Federal – que já se manifestou no sentido de que a quitação de dívida mais recente por meio de acordo judicial seria capaz de configurar uma quebra da ordem cronológica[17].

---

13 *Ibidem*, p. 289.

14 *Ibidem*, p. 289.

15 SUNDFELD, Carlos Ari; CÂMARA, Jacintho Arruda. Acordos na execução contra a Fazenda Pública. **Revista Eletrônica de Direito Administrativo**, Salvador, n. 23, p. 13, ago./out. 2010.

16 *Ibidem*, p. 13.

17 "EMENTA: RECLAMAÇÃO. PRECATÓRIO. CONCILIAÇÃO. QUEBRA DA ORDEM. SEQÜESTRO. AFRONTA À DECISÃO PROFERIDA NA ADI 1662/SP. INEXISTÊNCIA. 1. Ordem de sequestro fundada no vencimento do prazo para pagamento do precatório (§ 4º do artigo 78 do ADCT/1988, com redação dada pela EC 30/2000), bem como na existência de preterição do direito de precedência. Embora insubsistente o primeiro fundamento, conforme decidido na Ação Direta de Inconstitucionalidade nº 1662/SP, remanesce motivação suficiente a legitimar o saque forçado de verbas públicas. 2. Quebra da cronologia de pagamentos comprovada pela quitação de dívida mais recente por meio de acordo judicial. A conciliação, ainda que resulte em vantagem financeira para a

Para além dos pontos *supra*, vem-se questionando se haveria algum outro meio de se afastar a regra do pagamento via precatório, sobretudo nos litígios envolvendo relações contratuais em que o Poder Público, para garantir o pagamento das contraprestações devidas, constitui mecanismos de garantias, dando, por exemplo, em propriedade fiduciária a vinculação de receitas e valores constantes de fundos garantidores, entre outras formas previstas em lei.

Essa sistemática de garantias vem se tornando usual, sobretudo nos contratos de parceria público-privada e nos de locação de ativos[18] (ou, na linguagem das relações privadas, nos contratos *build-lease-transfer* – BLT), nos quais o parceiro privado tem como fonte de receita uma remuneração devida quase integralmente pelo Poder Público.

Imagine-se, por exemplo, uma concessão administrativa (ou PPP administrativa) em que o Poder Público, para garantir o pagamento das contraprestações e/ou eventuais indenizações devidas ao parceiro privado, dê em garantia fiduciária determinados recebíveis que possam ser objeto de execução. Nessa situação, em que se verifica, na esfera de uma arbitragem, por exemplo, um crédito em favor do particular, seria razoável obrigar o parceiro privado a entrar em uma fila de precatórios, sendo que há uma garantia constituída em seu favor, cuja propriedade lhe foi transferida fiduciariamente?

Nessas circunstâncias, entendemos que o correto seria a execução direta da garantia, e não aguardar o pagamento via precatório[19]. Afinal, o que é cessão fiduciária, senão a propriedade resolúvel do bem? E se ao parceiro privado foi dada a propriedade resolúvel de determinado bem ou direito, é esse bem ou direito que deverá ser executado.

Fazenda Pública, não possibilita a inobservância, pelo Estado, da regra constitucional de precedência, com prejuízo ao direito preferencial dos precatórios anteriores. 3. A mutação da ordem caracteriza violação frontal à parte final do § 2 do artigo 100 da Constituição Federal, legitimando a realização do sequestro solicitado pelos exequentes prejudicados. 4. Reclamação julgada improcedente." (STF, Reclamação nº 1893, Tribunal Pleno, Min. Maurício Corrêa, Julgamento: 29.11.2001, Publicação: 08.03.2002)

18 A locação de ativos representa uma sistemática de contratação em que empresas privadas participam em empreendimentos de interesse público, construindo uma determinada infraestrutura e, posteriormente, "arrendando-a" à Administração Pública durante determinado período. Após a construção, o bem é entregue à Administração Pública, que se encarrega de operar e manter a instalação dali para frente. A empresa contratada não se envolve na operacionalização e é remunerada por um valor preestabelecido contratualmente, fixo e independente do serviço que será prestado no local pela Administração Pública durante o período necessário para amortizar os investimentos e, consequentemente, remunerá-la considerando, usualmente, a Taxa Interna de Retorno (TIR) definida para o projeto.

19 RIBEIRO, Diogo Albaneze Gomes. **Arbitragem e Poder Público**. São Paulo: Lumen Juris, 2022. p. 84.

Há quem diga, no entanto, que, em relação ao fungo garantidor de PPPs da União (artigo 8º, inciso I, da Lei nº 11.079/2004), essa solução só seria possível mediante alteração legislativa, já que a legislação atual delimita o seu uso para título exigível aceito (artigo 18º, § 5º, inciso I, da Lei nº 11.079/2004) – o que não se coadunaria com uma sentença arbitral, já que essa representaria uma obrigação decorrente de uma pretensão resistida[20].

Ocorre que, se o fundo garantidor poderá vir a ser acionado para garantir crédito líquido e certo, constante de título exigível aceito (consensualmente), o que dirá de um título exigível (de natureza jurisdicional) decorrente de uma sentença arbitral proferida no âmbito do devido processo legal.

Temos, portanto, que impedir o acionamento do fundo garantidor para fazer frente a uma condenação arbitral (ou mesmo judicial) de obrigação de pagar corresponderia a um subterfúgio indevido e que apenas serviria para enfraquecer o instituto da PPP e, consequentemente, trazer uma desnecessária insegurança jurídica ao setor de infraestrutura. Até porque não vislumbramos argumentos jurídicos para se afirmar que uma sentença arbitral (ou judicial) não corresponderia a um título exigível aceito. Afinal, ainda que a sentença arbitral, eventualmente, não seja aceita pacificamente pelo Poder Público, ela corresponde a um título exigível aceito pelo ordenamento jurídico (e é o que basta)[21].

Essa discussão, contudo, não parece existir no caso do Estado de São Paulo, que, ao invés de constituir um fundo garantidor, criou a Companhia Paulista de Parceria (CPP), uma pessoa jurídica de direito privado sob a forma de sociedade por ações, que tem por objetivo assumir, total ou parcialmente, direitos e obrigações decorrentes dos contratos de parceria público-privado (artigo 15, inciso II, da Lei estadual nº 11.688/2004). Nesse caso, a execução direta das garantias dadas pela CPP parece ser vista com mais naturalidade[22].

Independentemente das discussões levantadas *supra*, concordamos com a premissa de que a possibilidade de se executar diretamente uma garantia legalmente constituída decorre do fato de que a dotação orçamentária dessa garantia se deu de forma prévia à sentença, e não posterior, como ocorre com os precatórios[23]-[24].

---

20 MEGNA, Bruno Lopes. **Arbitragem e Administração Pública**. Belo Horizonte: Fórum, 2019. p. 291.

21 RIBEIRO, Diogo Albaneze Gomes. **Arbitragem e Poder Público**. São Paulo: Lumen Juris, 2022. p. 82.

22 MEGNA, Bruno Lopes. **Arbitragem e Administração Pública**. Belo Horizonte: Fórum, 2019. p. 292.

23 *Ibidem*, p. 292.

24 RIBEIRO, Diogo Albaneze Gomes. **Arbitragem e Poder Público**. São Paulo: Lumen Juris, 2022. p. 86.

3.3 Cumprimento de sentença arbitral envolvendo uma obrigação de fazer expressa monetariamente

Adicionalmente ao exposto *supra*, há mais uma discussão que muitas vezes passa despercebida, consistente no cumprimento de uma sentença arbitral envolvendo uma obrigação de fazer que possa ser expressa monetariamente.

Veja que não estamos falando aqui de uma condenação em obrigação de pagar quantia, mas de uma situação em que se discuta o reconhecimento do dever de cumprir o contrato, no que tange ao pagamento de valores decorrentes de serviços efetivamente prestados pelo contratado.

Não se trata, portanto, de obrigação que tenha sido criada, ou estabelecida, por decisão judicial; decorre de contrato, de modo que o sinalagma converte-se em obrigação de fazer, ainda que expressa monetariamente. Trata-se de diferença sutil, mas relevante. Afinal, quando se executa uma obrigação de fazer expressa monetariamente, não se está falando de uma indenização, mas de um direito já configurado (pela comprovação da correta execução contratual), sendo que esses valores já haviam sido previstos em orçamento quando da licitação e formalização do contrato.

Trata-se de discussão relevante e que já foi, inclusive, enfrentada pelo Tribunal de Justiça do Estado de São Paulo.

Em decisão paradigmática, o Tribunal paulista reconheceu que a adoção do pagamento via regime de precatório, previsto no artigo 100 da Constituição Federal, não se aplica na hipótese de reconhecimento do dever de cumprir o contrato, como decorrência lógica do reconhecimento, pelo tribunal arbitral, da ilegalidade da conduta do ente contratante em reter as contraprestações relativas aos serviços inequivocamente prestados. Nesse caso, o sinalagma converte-se em obrigação de fazer, ainda que expressa monetariamente[25].

---

25 "Ementa: Agravo de instrumento – Cumprimento de sentença arbitral – Contrato administrativo – Reconhecimento da ilegalidade das retenções de pagamento realizadas pelo Estado – Decisão por meio da qual foi rejeitada a impugnação ofertada pelo Estado, com afastamento da adoção do regime de precatórios para o cumprimento da obrigação e determinação de imediata liberação dos valores correspondentes à contraprestação dos serviços prestados, no prazo de 15 (quinze) dias, sob pena de multa – Irresignação do Estado – Título executivo judicial – Situação específica dos autos que não é caso de sujeição ao regime de precatórios, previsto no artigo 100 da Constituição Federal – Hipótese em que não se verifica condenação em obrigação de pagar quantia, mas de mero reconhecimento do dever de cumprir o contrato, como decorrência lógica do reconhecimento, pelo tribunal arbitral, da ilegalidade da conduta do ente contratante em reter as contraprestações relativas aos serviços inequivocamente prestados – Continuidade de relação contratual pré-existente que, no caso, envolve o dispêndio de valores já previstos em orçamento – Exequibilidade do título reconhecida pelo Estado – Excesso de execução não demonstrado – Recurso não provido." (TJSP, AI 3003450-36.2019.8.26.0000, 6ª Câmara de Direito Público, Relª Maria Olívia Alves, Data do Julgamento: 03.02.2020, Data de Publicação: 04.02.2020)

CONCLUSÃO

Como pudemos observar, o instituto da arbitragem passou por relevantes evoluções na ideia de conferir maior segurança jurídica aos gestores públicos que venham a optar pela sua utilização. Com efeito, as diversas alterações legislativas prevendo a possibilidade de participação do Estado em litígios arbitrais serviram para colocar uma pá de cal em discussões até então existentes quanto à arbitrabilidade subjetiva do Estado.

Superada essa discussão, outros questionamentos, de ordem prática e procedimental, ganharam relevo, tais como os contornos da arbitrabilidade objetiva, as regras do procedimento arbitral, a antecipação das custas e despesas do litígio, a escolha da câmara arbitral, os requisitos da escolha dos árbitros, entre outras.

Neste contexto, outra importante discussão paira no ar, consistente na existência ou não de alternativas ao pagamento das condenações via precatório.

Como destacado, na hipótese de sentença arbitral condenatória proferida contra o Poder Público imputando-lhe uma obrigação de pagar, o seu cumprimento forçado exigirá uma execução contra a Fazenda Pública, fato esse que traz consigo uma consequência legal, que é o pagamento via precatório. Essa, portanto, é a regra.

No entanto e para além da exceção constitucional do pagamento via precatório de obrigações definidas em lei como de pequeno valor (§ 3º do artigo 100 da CF), temos que exceções ao pagamento via precatório poderão existir nas hipóteses de condenações decorrentes de contratos de parcerias que possuam mecanismos de garantias previamente constituídas para fazer frente a eventuais indenizações devidas ao parceiro privado.

A possibilidade de se executar diretamente uma garantia legalmente constituída decorre do fato de que a dotação orçamentária dessa garantia se deu de forma prévia à sentença, e não posterior, como ocorre com os precatórios. Em tais casos, portanto, deve-se dar prevalência à sistemática de garantias, presente sobretudo nos contratos de parceria público-privada e nos de locação de ativos. O não acionamento de fundo garantidor ou outra espécie de garantia para fazer frente a uma condenação arbitral de obrigação de pagar corresponderia a um subterfúgio indevido e

---

No mesmo sentido: "Ementa: Agravo de instrumento – Cumprimento de sentença arbitral – Pretensão de submissão da execução às regras aplicáveis aos títulos executivos constituídos perante o Poder Judiciário – Impossibilidade – Embora a decisão exequenda empregue o termo pagamento tratam estes autos de clara obrigação de fazer, consistente em dar regular e integral cumprimento a contrato a que as partes, Estado e particular, livremente acederam – Demais disso, não se trata de obrigação que tenha sido criada, ou estabelecida, pela decisão exequenda – Já constava de contrato, cujo inadimplemento parcial teve início há quase dez anos – O sinalagma converte-se em obrigação de fazer, ainda que expressa monetariamente – Manutenção integral da r. decisão agravada. Recurso fazendário a que se nega provimento" (TJSP, 3004318-77.2020.8.26.0000, 12ª Câmara de Direito Público, Rel. Souza Nery, Data do Julgamento: 03.03.2021, Data de Publicação: 13.04.2021).

que apenas serviria para enfraquecer o instituto da PPP e, consequentemente, trazer uma desnecessária insegurança jurídica ao instituto.

REFERÊNCIAS

CARMONA, Carlos Alberto. Arbitragem e Administração Pública – Primeiras reflexões sobre a arbitragem envolvendo a Administração Pública. **Revista Brasileira de Arbitragem**, ano XIII, n. 51, jul./ago./set. 2016.

CARMONA, Carlos Alberto de. **Arbitragem e processo**. 3. ed. São Paulo: Atlas, 2009.

CUÉLLAR, Leila; MOREIRA, Egon Bockmann; GARCIA, Flávio Amaral; CRUZ, Elisa Schmidlin. Direito administrativo e *alternative dispute resolution*: arbitragem, dispute board, mediação e negociação. *In*: MOREIRA, Egon Bockmann; GARCIA, Flávio Amaral. **Comentários ao Decreto federal nº 10.025/2019**. Belo Horizonte: Fórum, 2020.

DINAMARCO, Cândido Rangel. **A arbitragem na teoria do processo**. São Paulo: Malheiros, 2013.

DINAMARCO, Cândido Rangel; LOPES, Bruno Vasconcelos Carrilho. **Teoria geral do novo processo civil**. 3. ed. São Paulo: Malheiros, 2018.

MEGNA, Bruno Lopes. **Arbitragem e Administração Pública**. Belo Horizonte: Fórum, 2019.

MOREIRA NETO, Diogo de Figueiredo. **Mutações do direito público**. Rio de Janeiro: Renovar, 2006.

RIBEIRO, Diogo Albaneze Gomes. **Arbitragem e Poder Público**. São Paulo: Lumen Juris, 2022.

SUNDFELD, Carlos Ari; CÂMARA, Jacintho Arruda. Acordos na execução contra a Fazenda Pública. **Revista Eletrônica de Direito Administrativo**, Salvador, n. 23, ago./out. 2010.

6. HOMOLOGAÇÃO DE SENTENÇA ARBITRAL ESTRANGEIRA PROFERIDA EM FACE DA ADMINISTRAÇÃO PÚBLICA

Luiz Eduardo Altenburg de Assis
Doutorando na Universidade Federal do Paraná (UFPR).
Mestre pela Pontifícia Universidade Católica de São Paulo (PUC/SP).
Graduado pela Universidade Federal de Santa Catarina (UFSC).
Advogado.

INTRODUÇÃO

A Administração Pública pode firmar contratos para a obtenção de financiamentos de instituições estrangeiras, bem como para o fornecimento de bens e serviços fora do Brasil. Também ocorre com relativa frequência das empresas estatais brasileiras firmarem contratos para a prestação de serviços necessários ao desenvolvimento das suas atividades finalísticas, tanto no Brasil quanto no exterior.

Sucede que os contratos firmados no âmbito do comércio internacional possuem especificidades próprias que, muitas vezes, os apartam da prática usualmente adotada internamente pela Administração Pública. A principal peculiaridade desses contratos internacionais é que eles contemplam regras, princípios e costumes típicos do comércio internacional, e, não raro, tem sua formação e execução regida pelo direito estrangeiro.

O anseio pela segurança jurídica por parte dos particulares é ainda mais relevante em contratos internacionais firmados com entes estatais, onde o aspecto político, econômico ou social, normalmente movido por discursos populistas, pode influenciar as decisões proferidas pela jurisdição estatal[1]. Eis a razão pela qual a arbitragem é considerada uma ferramenta determinante para atrair o investimento estrangeiro e viabilizar a atuação empresarial de empresas estatais no plano internacional.

Se a estipulação de convenções de arbitragem em contratos administrativos já é tema que costuma suscitar alguma, que dirá, então, a estipulação de convenção de arbitragem submetendo eventual controvérsia contratual envolvendo a Administração Pública a um procedimento arbitral realizado no exterior. O simples fato de a Administração ter aceitado a sua estipulação não impede que a validade da cláusula compromissória seja questionada perante o órgãos de controle e o Poder Judiciário.

Por força do princípio da competência-competência, é do tribunal arbitral a competência primária para apreciar a validade da cláusula compromissória e do procedimento arbitral. Tal circunstância, porém, não impede que o tema seja posteriormente reapreciado perante o Poder Judiciário em ação específica voltada à anulação da arbitragem a ser ajuíza no foro da sede da arbitragem. Assim, a rigor jurídico, o interessado em questionar a validade da convenção de arbitragem deve ser realizado, primeiramente, perante o procedimento arbitral no curso da arbitragem, e, na sequência, perante o juiz com jurisdição sobre o local da sede do procedimento.

O problema é que, por força do artigo 105, I, da Constituição Federal, a sentença arbitral estrangeira só adquire eficácia de título executivo judicial para ser executada em território nacional após homologada pelo Superior Tribunal de Justiça. Em vista disso, é plenamente possível que a validade da arbitragem realizada no exterior seja questionada por ocasião da homologação da sentença arbitral perante o Superior Tribunal de Justiça.

Diante desse cenário, o objetivo do presente artigo é verificar em que medida o controle da validade da cláusula compromissória e do procedimento arbitral pode ser realizado à luz dos requisitos que regem a homologação da sentença arbitral estrangeira.

---

1 No plano internacional, é usual que litígios envolvendo Estados e empresas estrangeiras sejam regidos por tratados bilaterais, a exemplo da Convenção sobre Resolução de Conflitos relativos a Investimentos entre Estados e Nacionais de outros Estados, assinada em Washington em 1965, que permite a submissão desses conflitos à arbitragem administrada pelo Centro Internacional para Resolução de Conflitos sobre Investimentos (ICSID), vinculado ao Bando Mundial. O Brasil não é subscritor da Convenção de Washington, razão pela qual a maior parte dos conflitos envolvendo investidores estrangeiros segue as regras da arbitragem comercial internacional, tal como convencionada pelas partes e no regulamento da respectiva câmara de arbitragem.

1. ASPECTOS DESTACADOS DA HOMOLOGAÇÃO DE SENTENÇA ARBITRAL ESTRANGEIRA

A Lei nº 9.307/1996 ("Lei de Arbitragem") não faz distinção entre arbitragem doméstica e internacional[2], limitando-se a tratar da sentença arbitral estrangeira, que é aquela proferida fora do território nacional[3]. A qualificação de uma sentença arbitral como estrangeira é fundamental para determinar os preceitos que regem a sua validade e eficácia em território nacional. Uma vez que o lugar da prolação da sentença arbitral é definido pela sede especificada na convenção de arbitragem, assim entendida a cláusula compromissória ou o compromisso arbitral, em última análise, o regime jurídico aplicável à sentença arbitral acaba sendo definido pela vontade das partes, quando celebrada a cláusula compromissória ou o compromisso arbitral.

A principal diferença de regime jurídico entre a sentença arbitral nacional e a sentença arbitral estrangeira é a condição para a sua eficácia no Brasil. A sentença arbitral "nacional" nasce com eficácia de título executivo judicial, a teor dos artigos 515, VII, do Código de Processo Civil ("CPC") e 31 da Lei de Arbitragem, podendo ser executada, diretamente, perante o juízo competente, independentemente de prévia homologação. Já a sentença arbitral estrangeira precisa ser homologada pelo Superior Tribunal de Justiça para ser executada.

Segue-se que, em matéria de homologação de sentença arbitral, tanto a Lei de Arbitragem[4] quanto o CPC[5] preveem a primazia dos tratados internacionais com eficácia no ordenamento jurídico interno sobre as suas disposições. Em 2002, por meio do Decreto federal nº 4.311/2002, o Brasil finalmente promulgou a Convenção de Nova Iorque de 1959 sobre o Reconhecimento e a Execução de Sentenças Arbitrais Estrangeiras ("Convenção de Nova Iorque"), que estabelece os

---

2 De acordo com José Antônio Fichner, Sergio Mannheimer e André Luís Monteiro, "o legislador nacional eliminou a diferença para adotar o padrão mais flexível e, portanto, avançado de regulamentação. Quando se diz que o Brasil adotou o regime monista da arbitragem, significa que a Lei de Arbitragem brasileira não estabeleceu disciplinas distintas e estanques para regulamentar a arbitragem internacional e a arbitragem doméstica. A consequência da adoção do sistema monista na Lei de Arbitragem brasileira é a disciplina comum entre arbitragem doméstica e arbitragem internacional" (**Teoria geral da arbitragem**. Rio de Janeiro: Forense, 2019. p. 102).

3 LAB: "Artigo 34. A sentença arbitral estrangeira será reconhecida ou executada no Brasil de conformidade com os tratados internacionais com eficácia no ordenamento interno e, na sua ausência, estritamente de acordo com os termos desta Lei. Parágrafo único. Considera-se sentença arbitral estrangeira a que tenha sido proferida fora do território nacional".

4 *Idem.*

5 CPC: "Artigo 960. A homologação de decisão estrangeira será requerida por ação de homologação de decisão estrangeira, salvo disposição especial em sentido contrário prevista em tratado. [...] § 3º A homologação de decisão arbitral estrangeira obedecerá ao disposto em tratado e em lei, aplicando-se, subsidiariamente, as disposições deste Capítulo".

requisitos formais e materiais para o reconhecimento e a execução de sentenças arbitrais estrangeiras.

Assim, ao menos desde 2002, a homologação da sentença arbitral estrangeira deve observar os requisitos da Convenção de Nova Iorque, aplicando-se, subsidiariamente, as disposições do Capítulo VI da Lei de Arbitragem, o Capítulo VI do Título I do Livro III da Parte Especial do CPC e, no que se refere a aspectos procedimentais, pelo Regimento Interno do Superior Tribunal de Justiça[6].

O artigo 5º da Convenção de Nova Iorque define as hipóteses que ensejam o não reconhecimento das sentenças arbitrais estrangeiras. No § 1º desse dispositivo, estão especificadas as hipóteses cuja ocorrência, se demonstrada pelo interessado, enseja o não reconhecimento de uma sentença arbitral estrangeira. São situações relacionadas a direitos e interesses das partes, como a incapacidade para a celebração da convenção de arbitragem ou a não observância do direito ao contraditório[7]. Já o § 2º traz as hipóteses de não homologação que podem ser conhecidas de ofício. São situações que transcendem o interesse individual das partes, a saber: i) quando a controvérsia não for passível de arbitragem segundo a lei do país onde se pretende o reconhecimento; e ii) quando o reconhecimento da sentença for contrário à ordem pública nacional[8].

---

6 Sem embargo, antes mesmo da promulgação da Convenção de Nova Iorque, os seus requisitos já haviam sido reproduzidos na Lei de Arbitragem. Tal circunstância se deve à iniciativa dos juristas responsáveis pela elaboração do anteprojeto que resultou na Lei de Arbitragem, que durante os trabalhos procuraram reproduzir disposições normativas já consagradas no plano internacional.

7 "1. O reconhecimento e a execução de uma sentença poderão ser indeferidos, a pedido da parte contra a qual ela é invocada, unicamente se esta parte fornecer, à autoridade competente onde se tenciona o reconhecimento e a execução, prova de que: a) as partes do acordo a que se refere o Artigo II estavam, em conformidade com a lei a elas aplicável, de algum modo incapacitadas, ou que tal acordo não é válido nos termos da lei à qual as partes o submeteram, ou, na ausência de indicação sobre a matéria, nos termos da lei do país onde a sentença foi proferida; ou b) a parte contra a qual a sentença é invocada não recebeu notificação apropriada acerca da designação do árbitro ou do processo de arbitragem, ou lhe foi impossível, por outras razões, apresentar seus argumentos; ou c) a sentença se refere a uma divergência que não está prevista ou que não se enquadra nos termos da cláusula de submissão à arbitragem, ou contém decisões acerca de matérias que transcendem o alcance da cláusula de submissão, contanto que, se as decisões sobre as matérias suscetíveis de arbitragem puderem ser separadas daquelas não suscetíveis, a parte da sentença que contém decisões sobre matérias suscetíveis de arbitragem possa ser reconhecida e executada; ou d) a composição da autoridade arbitral ou o procedimento arbitral não se deu em conformidade com o acordado pelas partes, ou, na ausência de tal acordo, não se deu em conformidade com a lei do país em que a arbitragem ocorreu; ou e) a sentença ainda não se tornou obrigatória para as partes ou foi anulada ou suspensa por autoridade competente do país em que, ou conforme a lei do qual, a sentença tenha sido proferida."

8 "2. O reconhecimento e a execução de uma sentença arbitral também poderão ser recusados caso a autoridade competente do país em que se tenciona o reconhecimento e a execução constatar que: a) segundo a lei daquele país, o objeto da divergência não é passível de solução mediante arbitragem; ou b) o reconhecimento ou a execução da sentença seria contrário à ordem pública daquele país."

Historicamente, o Superior Tribunal de Justiça tem adotado postura absolutamente restritiva no processo de homologação de sentença arbitral estrangeira. Prevalece na jurisprudência daquele Tribunal o posicionamento de que "a homologação de decisão estrangeira, mesmo quando contestada, é causa meramente formal, cabendo ao STJ tão somente o exercício do juízo de delibação, não podendo, portanto, adentrar no mérito da disputa original"[9]. Desse entendimento resulta que esta Corte tende a indeferir a homologação apenas em casos excepcionais, diante da ocorrência manifesta de qualquer das hipóteses previstas no artigo 5º da Convenção de Nova Iorque[10].

2. A RELATIVIZAÇÃO DA DISTINÇÃO DOS REQUISITOS PARA A HOMOLOGAÇÃO DA SENTENÇA ARBITRAL ESTRANGEIRA À LUZ DO REGIME JURÍDICO ADMINISTRATIVO

O critério para diferenciar as hipóteses de não homologação previstas nos §§ 1º e 2º do artigo 5º da Convenção de Nova Iorque, pautado na distinção entre os interesses individuais dos partícipes da arbitragem e o interesse dos Estados signatários, assume contornos próprios em relação às arbitragens conduzidas fora do Brasil com a Administração Pública brasileira.

Isso porque, não raro, aspectos relacionados à capacidade para firmar convenções de arbitragem ou às regras aplicáveis ao procedimento são interpretadas como questões de ordem pública ou de soberania nacional, quando relacionadas arbitragens envolvendo a Administração Pública. Noutras palavras, não é incomum que controvérsias relacionadas aos interesses das entidades administrativas sejam interpretadas como interesses públicos, insuscetíveis, portanto, de serem afastadas pela vontade das partes contratantes, o que relativiza a diferença entre as hipóteses de não homologação da Convenção de Nova Iorque.

A questão assume especial relevância no campo da arbitrabilidade dos litígios envolvendo à Administração Pública, onde as discussões em torno das arbitrabilidades subjetiva e objetiva têm uma raiz comum, que é a contraposição entre os princípios de autonomia da vontade e liberdade contratual, que emprestam legitimidade à arbitragem como jurisdição privada, de um lado; e o princípio da legalidade

---

9 STJ, AgInt-EDcl-HDE 3.053/EX, Corte Especial, Rel. Min. Humberto Martins, J. 12.09.2023.

10 Em caráter exemplificativo, pode-se mencionar os julgados que indeferiram a homologação por violação ao dever de revelação e imparcialidade do árbitro (STJ, SEC 9.412/EX, Corte Especial, Rel. Min. João Otávio de Noronha, J. 19.04.2017), e a ausência de assinatura da cláusula compromissória (STJ, SEC 978/GB, Corte Especial, Rel. Min. Hamilton Carvalhido, J. 17.12.2008);

e indisponibilidade do interesse público, que prevalecem em direito público e são essenciais para a compreensão do regime jurídico aplicável à função administrativa, de outro.

A autonomia privada, apregoa Giovanni Ettore Nanni,

> desempenha função preponderante na arbitragem, tanto que é por intermédio dela que se consagra aos contraentes a opção de pactuar a cláusula compromissória, de tal sorte que as controvérsias daí decorrentes sejam dirimidas por meio do instituto.[11]

E, de fato, a Lei de Arbitragem prestigiou a autonomia da vontade, ao dispor que, logo no *caput* do artigo 1º, que "as pessoas capazes de contratar poderão valer-se da arbitragem para dirimir litígios relativos a direitos patrimoniais disponíveis", bem como no § 1º do artigo 2º que "poderão as partes escolher, livremente, as regras de direito que serão aplicadas na arbitragem, desde que não haja violação aos bons costumes e à ordem pública".

O ponto é que a Administração Pública não pode contratar como bem lhe aprouver, nem a liberdade subjetiva de seus agentes assume alguma relevância à luz do ordenamento jurídico. A própria noção de autonomia, aqui considerada como "liberdade dos sujeitos de determinar com a sua vontade, eventualmente aliada à vontade de uma contraparte no 'consenso' contratual, o conteúdo das obrigações que se pretende assumir, das modificações que se pretende introduzir no seu patrimônio"[12], sede espaço para a ideia de competência, que "resulta da lei e por ela é delimitada"[13].

Daí porque, em direito público, de acordo com Celso Antônio Bandeira de Mello, "não há espaço para a autonomia da vontade, que é substituída pela ideia de função, de dever de atendimento do interesse público"[14]. Pela mesma linha é a

---

11 NANNI, Giovanni Ettore. Notas sobre os negócios jurídicos da arbitragem e a liberdade de escolha do árbitro à luz da autonomia privada. **Revista de Arbitragem e Mediação**, v. 49, p. 2, abr./jun. 2016.

12 ROPPO, Enzo. **O contrato**. Tradução: Ana Coimbra e Januário Gomes. Coimbra: Almedina, 2009. p. 128.

13 MEIRELLES, Hely Lopes. **Direito administrativo brasileiro**. 26. ed. São Paulo: Malheiros, 2011. p. 175.

14 BANDEIRA DE MELLO, Celso Antônio. **Curso de direito administrativo**. 32. ed. São Paulo: Malheiros, 2016. p. 27. Noutro ponto de sua obra, reitera o ilustre administrativista que "onde há função, pelo contrário, não há autonomia da vontade, nem a liberdade em que se expressa, nem a autodeterminação da finalidade a ser buscada, nem a procura de interesses próprios, pessoais. Há adstrição a uma finalidade previamente estabelecida, e, no caso da função pública, há submissão da vontade ao escopo pré-traçado na Constituição ou na lei e há o dever de bem curar um interesse alheio, que, no caso, é interesse público; vale dizer, da coletividade como um todo, e não da entidade governamental em si mesma considerada" (*Op. cit.*, p. 101).

advertência de Hely Lopes Meirelles, para quem "na Administração Pública não há liberdade nem vontade pessoal. Enquanto na administração particular é lícito fazer tudo que a lei não proíbe, na Administração Pública só é permitido fazer o que a lei autoriza", e prossegue:

> As leis administrativas são, normalmente, de ordem pública e seus preceitos não podem ser descumpridos, nem mesmo por acordo ou vontade conjunta de seus aplicadores e destinatários, uma vez que contém verdadeiros poderes-deveres, irrelegáveis pelos agentes públicos Por outras palavras, a natureza da função pública e a finalidade do Estado impedem que seus agentes deixem de exercitar os poderes e de cumprir os deveres que lhes impões Tais poderes, conferidos à Administração Pública para serem utilizados em benefício da coletividade, não podem ser renunciados ou descumpridos pelo administrador sem ofensa ao bem comum, que é o supremo e único objetivo de toda ação administrativa.[15]

Com efeito, a noção clássica legalidade como vinculação positiva à lei sofreu fortes questionamentos nos últimos vinte anos. Mas mesmo as correntes mais críticas a essa concepção sustentam que a atividade administrativa se desenvolve no exercício de competências previamente estabelecidas no ordenamento jurídico, assim considerada não apenas a lei, mas também os preceitos constitucionais e os regulamentos autônomos editados em consonância com as previsões constitucionais[16].

Daí porque, normalmente, as discussões em torno da arbitrabilidade giram em torno da existência de lei específica, autorizando a Administração a celebrar convenção de arbitragem (arbitrabilidade subjetiva), bem como para dispor sobre a questão controvertida (arbitrabilidade objetiva). E essa dicotomia entre legalidade e autonomia da vontade se reflete na jurisprudência dos tribunais e órgãos de controle, com

---

15 MEIRELLES, *op. cit.*, p. 93.

16 Tais questionamentos emergiram na esteira do movimento neoconstitucionalista, cuja principal característica é o reconhecimento da força normativa e da primazia dos princípios e das regras estampados na Constituição Federal. Por esse enfoque, costuma-se aludir não à legalidade, mas ao princípio da judicidade, para retratar a ideia de que a Administração Pública está diretamente vinculada aos preceitos constitucionais. Veja-se, por todos, o posicionamento de Gustavo Binenbojm:

"A ideia de juridicidade administrativa, elaborada a partir da interpretação dos princípios e regras constitucionais, passa, destarte, a englobar o campo da legalidade administrativa, como um de seus princípios internos, mas não mais altaneiro e soberano como outrora. Isso significa que a atividade administrativa continua, via de regra, (i) segundo a lei, quando esta for constitucional (atividade *secundum legem*), (ii) mas pode encontrar fundamento direto na Constituição, independente ou para além da lei (atividade praeter legem), ou, eventualmente, (iii) legitimar-se perante o direito, ainda que contar a lei, porém com fulcro numa ponderação da legalidade com outros princípios constitucionais (atividade *contra legem*, mas com fundamento numa otimizada aplicação da Constituição.)" (**Uma teoria do direito administrativo**: direitos fundamentais, democracia e constitucionalização. 2. ed. Rio de Janeiro: Renovar, 2008. p. 143)

a invalidação de negócios jurídicos livremente pactuados pelos agentes administrativos, sob o fundamento de que tais pactos seriam contrários a normas insuscetíveis de serem afastadas pela vontade das partes[17].

Como se vê, a transposição automática da ideia de autonomia da vontade ou de institutos dela decorrentes, para resolver problemas relacionados às arbitragens envolvendo pessoas jurídicas de direito público e privado pertencentes à Administração Pública, não resolve as aparentes incompatibilidades entre os elementos fundamentes do regimento jurídico administrativo e o emprego da arbitragem para a solução de litígios.

Esses problemas afiguram-se ainda mais relevantes no campo das arbitragens oriundas de contratos internacionais celebrados pela Administração Pública, onde não raro ocorre o afastamento parcial das disposições do direito jurídico interno em prol de princípios do direito internacional privado ou mesmo em prol do direito estrangeiro. Nesse campo, via de rega, as controvérsias relacionadas à legislação aplicável tendem a ser dirimidas por ocasião do procedimento de homologação da sentença arbitral estrangeira proferida em face da Administração perante o Superior Tribunal de Justiça.

Para exercer a sua competência homologatória, o Superior Tribunal de Justiça precisa verificar se houve a violação ou o afastamento de normas cogentes do nosso ordenamento jurídico, que não poderiam ser afastadas pela vontade das partes contratantes, nem desconsideradas pelo tribunal arbitral na aplicação do Direito brasileiro. É que, nas contratações públicas, há maior incidência de normas de ordem pública em matérias que, no direito privado, poderiam ser relevadas à vontade das partes.

Diante deste contexto, para que as controvérsias verificadas no âmbito das arbitragens realizadas no exterior envolvendo a Administração Pública possam ser devidamente equacionadas, é preciso analisar até que ponto os órgãos e as entidades administrativas têm competência para celebrar convenções de arbitragem com sede fora do Brasil, em que medida os limites a essa competência são oponíveis à parte adversa e ao tribunal arbitral, cuja legitimidade remonta à convenção de arbitragem, bem como se a eventual inobservância do Direito pátrio constitui uma violação à ordem pública.

---

17 Veja-se, em caráter exemplificativo, o posicionamento do Superior Tribunal de Justiça no julgamento do Conflito de Competência nº 151.130/SP, que versava sobre a vinculação da União, na qualidade de acionista controlador, à cláusula compromissória inserida no Estatuto Social da Petrobras. Ao final, prevaleceu a compreensão de que, por força do princípio da legalidade, a referida cláusula compromissória era ineficaz perante a União, uma vez que havia sido inserida no estatuto da companhia em 2002, antes, pois, que houvesse previsão legal autorizando a sua participação em procedimentos arbitrais.

3. HIPÓTESES DE NÃO HOMOLOGAÇÃO DA SENTENÇA ARBITRAL PROFERIDA EM FACE DA ADMINISTRAÇÃO PÚBLICA

3.1 Incapacidade da parte em conformidade c om a lei a elas aplicável

A Convenção de Nova Iorque, no que foi seguida pela Lei de Arbitragem, optou por qualificar a incapacidade das partes como um tema passível de ser suscitado para impedir o reconhecimento e a execução da sentença arbitral estrangeira.

No direito comparado, existem diversos critérios para aferição da capacidade das partes para formalizar convenção de arbitragem regida pela lei do local do seu domicílio[18]. Para as convenções de arbitragem submetidas à lei brasileira, o artigo 1º da Lei de Arbitragem prevê que "as pessoas capazes de contratar poderão valer-se da arbitragem para dirimir litígios relativos a direitos patrimoniais disponíveis". Nesses casos, portanto, a (in)capacidade da parte para celebrar convenção de arbitragem deve ser analisada à luz da sua capacidade para formalizar o respectivo contrato.

Ocorre que a capacidade para contratar e, portanto, formalizar uma convenção de arbitragem varia de acordo com as características de cada contratante, bem como de jurisdição para jurisdição. A questão é extremamente controversa: para Carlos Alberto Carmona, mesmo em temas de capacidade para firmar a convenção de arbitragem, deve-se prestigiar a lei escolhida pelas partes para o mérito do litígio em detrimento de outros critérios[19]. Em todos os casos, porém, exige-se que as partes tenham agido no exercício de sua autonomia, o que supõe a consciência e a vontade de se submeter à arbitragem.

Ainda que, pelo princípio da separabilidade, o contrato e a cláusula compromissória devam ser considerados como negócios jurídicos distintos, o vício de manifestação de vontade que inquina o contrato, normalmente, também se estende à cláusula compromissória. É o que ocorre, por exemplo, quando se caracterizam os chamados vícios da vontade ou quando o agente não tinha poderes estatutários

---

18 No Brasil, a Lei de Introdução às Normas do Direito brasileiro adota o critério do domicílio da parte:
"Artigo 7º A lei do país em que domiciliada a pessoa determina as regras sobre o começo e o fim da personalidade, o nome, a capacidade e os direitos de família."

19 Em suas palavras, "o árbitro, ao iniciar um julgamento, também fará a verificação da capacidade das partes, aplicando para tal qualificação a lei que os litigantes tiverem escolhido (e não a lei de conflitos do local em que estiver situada a sede do tribunal arbitral ou a do local onde o laudo deva ser proferido, leis que não terão, necessariamente, conexão com a demanda arbitral)" (CARMONA, Carlos Alberto. **Arbitragem e processo**: um comentário à Lei nº 9.307/1996. 4. ed. São Paulo: Atlas, 2023. p. 468).

ou contratuais para agir em nome de determinada pessoa jurídica no negócio jurídico (teoria do *ultra vires*). Todos esses casos refletem situações nas quais a parte não disponha de capacidade para formalizar o contrato e, portanto, a convenção de arbitragem.

Nos contratos administrativos, a discussão sobre a capacidade da Administração Pública para formalizar convenções de arbitragem tomou forma sob a ótica do princípio da legalidade e sobre a (des)necessidade de lei específica outorgando às entidades administrativas a competência para se valer da arbitragem. O debate perdeu força com a edição da Lei nº 13.129/2015, que alterou o artigo 1º da Lei de Arbitragem para prever expressamente que "a Administração Pública direta e indireta poderá utilizar-se da arbitragem para dirimir conflitos relativos a direitos patrimoniais disponíveis", bem como que "a Administração Pública direta e indireta poderá utilizar-se da arbitragem para dirimir conflitos relativos a direitos patrimoniais disponíveis".

E, mesmo antes da modificação da Lei de Arbitragem, o Superior Tribunal de Justiça já havia se manifestado em diversas oportunidades pela possibilidade da Administração Pública celebrar convenção de arbitragem[20]. À época, esse posicionamento destoou da jurisprudência do Tribunal de Contas da União, cuja postura foi mais restritiva quanto ao cabimento da arbitragem para dirimir conflitos decorrentes de contratos administrativos sem a prévia edição de lei autorizativa[21]-[22].

Assim, uma vez constatando que a cláusula compromissória ou o compromisso arbitral prevendo o emprego de arbitragem internacional foi celebrada pela autoridade competente e em observância aos preceitos que regem a atuação da Administração Pública, descabe arguir a incapacidade dos órgãos ou das entidades

---

20 STJ, REsp 612.439/RS, 2ª Turma, Rel. Min. João Otávio de Noronha, J. 25.10.2005; MS 11.308/DF, 1ª Seção, Rel. Min. Luiz Fux, J. 09.04.2008; REsp 904.813/PR, 3ª Turma, Relª Min. Nancy Andrighi, J. 20.10.2011.

21 TCU, Decisão nº 286/1993, Plenário, Rel. Min. Homero Santos, J. 15.07.1993; Acórdão nº 763/1994, Plenário, Rel. Min. Carlos Átila Álvares da Silva, J. 13.12.1994; Acórdão nº 584/2003, 2ª Câmara, Rel. Min. Ubiratan Aguiar, J. 10.04.2003; Acórdão nº 587/2003, Plenário, Rel. Min. Adylson Motta, J. 28.05.2003; Acórdão nº 527/2006, 2ª Câmara, Rel. Min. Walton Alencar Rodrigues, J. 14.03.2006; Acórdão nº 1099/2006, Plenário, Rel. Min. Augusto Nardes, J. 05.07.2006; Acórdão nº 2094/2009, Plenário, Rel. Min. José Jorge, J. 09.09.2009; Acórdão nº 1.796/2011, Plenário, Rel. Min. Augusto Nardes, J. 06.07.2011; Acórdão nº 2145/2013, Plenário, Rel. Min. Benjamin Zymmler, J. 14.08.2013; Acórdão nº 2.905/2014, Plenário, Rel. Min. Marcos Bemquerer, J. 29.10.2014.

22 Para maior aprofundamento sobre a evolução da admissibilidade da arbitragem na jurisprudência do Superior Tribunal de Justiça e do Tribunal de Contas da União, consulte-se o nosso ASSIS, Luiz Eduardo Altenburg de. Arbitrabilidade dos litígios com empresas estatais à luz da jurisprudência do TCU e do STJ. **Revista Brasileira de Arbitragem – RBA**, n. 71, jul./set. 2021.

administrativas como subterfúgio para obstaculizar o reconhecimento da sentença estrangeira no Brasil[23].

3.2 Invalidade da convenção de arbitragem à luz da lei indicada pelas partes

Juntamente com a capacidade das partes, o artigo 5º, § 1º, *a*, da Convenção de Nova Iorque (artigo 38, II, da Lei de Arbitragem) também faz referência à (in)validade da convenção de arbitragem de acordo com a lei à qual as partes a submeteram ou, na ausência dessa indicação, da lei do país onde a sentença foi proferida.

Aqui, é interessante notar que a regra reconhece a possibilidade de as partes indicarem a lei que rege a convenção de arbitragem, que não necessariamente é a lei aplicável ao mérito do litígio, nem do local onde a sentença foi proferida. Esta última, aliás, aplica-se caso não haja indicação da lei aplicável à convenção de arbitragem.

A hipótese de não homologação por invalidade da convenção de arbitragem à luz da lei indicada pelas partes não se confunde com as disposições normativas que regem a arbitrabilidade subjetiva (capacidade das partes para celebrar convenção de arbitragem), nem com aquelas pertinentes à arbitrabilidade objetiva (possibilidade de determinada questão controvertida ser solucionada pela via arbitral), que são tratadas em hipóteses específicas de não homologação previstas na convenção de Nova Iorque.

A finalidade subjacente ao artigo 5º, § 1º, *a*, da Convenção de Nova Iorque é, mais uma vez, resguardar a vontade das partes contratantes tal como manifestada na convenção de arbitragem e a coerência interna dessa manifestação de vontade. Ora, se a convenção de arbitragem foi celebrada em desatenção aos requisitos de validade

---

23 Em matéria de reconhecimento de sentença estrangeira proferida em face da Administração Pública, há pelo menos um caso em que o Superior Tribunal de Justiça reconheceu a capacidade de sociedade empresária constituída pelos Estados brasileiro e argentino para figurar como parte em arbitragem instaurada em decorrência de contrato internacional de concessão de obra pública:
"Ainda que assim não fosse, com a leitura dos Decretos que instituíram a referida comissão mista – Comab (Decreto nº 110/1991; Decreto nº 1.781/1996 e Decreto nº 2.714/1998), verifica-se que esta possui personalidade jurídica internacional, sendo certo que é a parte legítima para figurar em qualquer questão levada aos competentes tribunais arbitrais, como foi o caso.
Assim, o contrato internacional de concessão de obra pública, celebrado entre a República Argentina e a República Federativa do Brasil através da Comissão Mista Argentino-Brasileira, de um lado, e Impregilo, Iglys S.A., Cigla S.A. e Convap S.A., de outro lado, preceitua em sua Cláusula Sexta que à Comab cabe a submissão de recursos a arbitragem. Portanto, a interferência do Brasil ou da Argentina deverá ser sempre feita de forma indireta, ou seja, através da Comab." (SEC 10.432/EX, Corte Especial, Relª Min. Laurita Vaz, J. 16.09.2015)

previstos na própria lei que as partes elegeram para regular essa convenção, então, por coerência lógica, a convenção é inválida, o que se estende ao procedimento e à respectiva sentença arbitral.

3.3 Falta de notificação válida e inobservância do contraditório

A hipótese do artigo 5º, § 1º, *c*, da Convenção de Nova Iorque (artigo 38, III, da Lei de Arbitragem) trata dos casos em que a parte não foi adequadamente notificada acerca da instauração do procedimento arbitral ou teve violadas as garantias do contraditório e da ampla defesa.

Diferentemente dos processos judiciais, onde a citação das pessoas jurídicas de direito público deve ocorrer, necessariamente, perante o órgão de advocacia pública responsável por sua representação (artigo 242, § 3º, do CPC), a legislação de regência não especifica a forma de notificação dos órgãos e das entidades da Administração Pública acerca do requerimento de instauração da arbitragem ou da constituição do tribunal arbitral.

À míngua de disposição legal específica, a forma de notificação pode ser regulamentada pelas partes. A matéria é tipicamente relegada à convenção de arbitragem, que deve estabelecer a forma adequada para a notificação acerca do requerimento de instauração do procedimento. Na ausência de disposição específica, a forma de notificação deve ser dirimida à luz do regulamento da câmara arbitral escolhida pelas partes. Em se tratando de arbitragem *ad hoc* ou na ausência disposição específica no regulamento da câmara, a parte pode promover a notificação da Administração Pública mediante a notificação dirigida às autoridades responsáveis pela representação da Administração Pública no âmbito do contrato, bem como em juízo.

A notificação regular deve assegurar à Administração Pública o direito de participar na nomeação do árbitro ou do tribunal arbitral, conforme as regras estabelecidas na convenção de arbitragem ou no regulamento da câmara arbitral. O direito de participar na nomeação da autoridade julgadora é determinante para a validade da arbitragem, cuja legitimidade reside, justamente, na possibilidade de as partes escolherem livremente se submeter à jurisdição privada. Daí porque a eventual inobservância ou restrição no exercício desse direito é normalmente considerada causa de nulidade da sentença arbitral.

No campo da homologação da sentença arbitral, cabe repisar a advertência de Carlos Alberto Carmona, para quem a observância do contraditório deve ser verificada à luz do que as partes pactuaram, e não com olhar enviesado para a legislação processual civil. Em suas palavras:

> Não se admite à Corte brasileira, evidentemente, aferir se as comunicações dirigidas ao réu d processo homologatório foram efetivadas segundo os padrões da nossa lei processual; pelo contrário, quer-se permitir, isso sim, o controle do processo arbitral nos moldes em que as partes o conceberam, de modo que caberá ao Superior Tribunal de Justiça verificar se as partes tiveram, nos termos em que avençaram, possibilidade igualitária de participar da demanda arbitral.[24]

De resto, as garantias do contraditório e da ampla defesa nas arbitragens com a Administração Pública assumem as peculiaridades àquelas das arbitragens entre partes exclusivamente privadas. À luz do que convencionado pelas partes, deve-se verificar se o contraditório foi observado, devendo ser assegurado às partes o direito de expor as suas razões e de se manifestar sobre as questões trazidas pela parte adversa, requerer as provas que julgarem pertinentes, participar da produção das provas, ter ciência de todos os atos processuais e não serem surpreendidas, na sentença arbitral, com fundamentos sobre os quais não tenham tido a oportunidade de se manifestar previamente.

3.4 Sentença proferida fora dos limites da convecção de arbitragem

A convenção de arbitragem traça os limites da jurisdição do tribunal arbitral. É por meio dela que as partes exercem a prerrogativa de se submeterem à jurisdição privada. Por conseguinte, é natural que as partes não sejam vinculadas a decisões proferidas pelo tribunal arbitral que ultrapassem os limites da competência que lhe conferida pelas próprias partes, por intermédio da cláusula compromissória.

É usual que a convenção de arbitragem não especifique os temas passíveis de serem dirimidos pelo tribunal arbitral, limitando-se a prever que serão submetidas à arbitragem todas as controvérsias oriundas da interpretação ou execução do contrato. Normalmente, essa especificação mais aberta é até mesmo recomendável, uma vez que seria inviável especificar, taxativamente, sobre todas as controvérsias que podem eventualmente surgir no curso da relação contratual.

Em contratos administrativos, é usual que controvérsias relacionadas ao exercício de prerrogativas exorbitantes asseguradas por lei à Administração Pública – como, por exemplo, o exercício de competências regulatórias, a alteração unilateral do contrato e a aplicação de sanções administrativas – sejam consideradas matérias não contratuais e, bem por isso, insuscetíveis de serem dirimidas por intermédio de arbitragem.

---

24 CARMONA, *op. cit.*, p. 471.

Tome-se como exemplo o caso da *ANP x Petrobras*, em que se discutia se os efeitos econômicos de uma competência regulatória da ANP que alterou o objeto do contrato de concessão firmado com a Petrobras poderiam ser submetidos ao juízo arbitral. Ao final, prevaleceu a compreensão de que "sempre que a Administração contrata há disponibilidade do direito patrimonial, podendo, desse modo, ser objeto de cláusula arbitral, sem que isso importe em disponibilidade do interesse público"[25].

Por certo, a controvérsia sobre a extensão da cláusula compromissória a essas controvérsias tem mais a ver com a arbitrabilidade objetiva da questão de fundo. Ainda assim, é de todo recomendável que a cláusula compromissória, ainda que em caráter exemplificativo, preveja a submissão (ou não) dessas controvérsias à arbitragem, até para mitigar o risco do surgimento de novas discussões sobre a eventual inobservância dos limites da cláusula compromissória pelo tribunal arbitral.

3.5 Instituição do tribunal arbitral e tramitação do procedimento sem observância da conveção de arbitragem ou da lei do país onde a arbitragem ocorreu

Como já assinalado, a legitimidade da arbitragem como meio alternativo de resolução de litígios assenta-se nos princípios da liberdade de contratar e da força vinculante dos contratos. A inafastabilidade da jurisdição é um preceito fundamental, que só pode ser afastado diante da manifestação inequívoca das partes contratantes. Disso resulta que a observância da vontade das partes, tal como sedimentada na convenção de arbitragem, é determinante para a validade do procedimento arbitral.

A validade e a observância da convenção de arbitragem, porém, não implicam necessariamente na validade do procedimento. Além de observarem as disposições contratadas, as partes e o tribunal arbitral também devem obediência ao direito aplicável ao mérito e ao procedimento, sendo certo que o direito aplicável ao procedimento não necessariamente coincide com o direito oriundo do país de origem das partes, nem com o direito aplicável à questão de fundo. Como regra, por força do princípio da soberania, a legislação de um país incide sobre os atos praticados no seu território. Não seria lícito que um contrato permitisse às partes condutas em desacordo com a lei do local onde são praticadas. A sede definida na convenção de arbitragem corresponde, para todos os efeitos, ao local onde se desenvolve o procedimento e é proferida a sentença arbitral.

Bem por isso, os atos praticados no curso do procedimento arbitral, desde a instauração do tribunal até a prolação da sentença, devem observar não apenas as

25 STJ, CC 139.519/RJ, 1ª Seção, Rel. Min. Regina Helena Costa, J. 11.10.2017.

regras convencionadas pelas partes, como também a legislação da sede onde é desenvolvida. Eventual inobservância dessas disposições implica a ilicitude de tais atos e, consequentemente, da própria sentença, que, em sendo inválida e ineficaz no país de origem, tampouco poderia ser reconhecida e executada noutra jurisdição.

A aplicabilidade da lei da sede para o procedimento é especialmente relevante nas arbitragens envolvendo a Administração Pública. Isso porque tanto a Lei de Arbitragem Brasileira quanto alguns decretos regulamentadores trazem disposições específicas acerca dos procedimentos aplicáveis às arbitragens envolvendo entidades administrativas, notadamente em temas relacionados ao pagamento de custas processuais, escolha dos árbitros e publicidade dos atos processuais e da sentença arbitral.

A questão é que a própria Convenção de Nova Iorque e a Lei de Arbitragem reconhecem que as sentenças arbitrais proferidas fora do Brasil devem observar, no tocante ao procedimento, a lei do local da sede da arbitragem. Ou seja, o próprio Direito brasileiro confere primazia à legislação alienígena em temas procedimentais, afastando, portanto, disposições específicas concebidas primariamente para arbitragens domésticas.

De fato, nada impede que as Administrações Públicas da União, dos Estados, do Distrito Federal e dos Municípios regulamente atos e negócios jurídicos praticados por seus órgãos ou suas entidades administrativas fora do Brasil. A questão é que essa regulamentação não é oponível a terceiros, aí compreendida a parte adversa e o tribunal arbitral, que, no tocante ao procedimento, submetem-se ao que convencionado na cláusula compromissória e à legislação da sede da arbitragem.

Diante dessa constatação, é recomendável que a convenção de arbitragem formalizada pela Administração Pública reflita as disposições regulamentares que a própria Administração julgue pertinentes para resguardar o interesse público no curso do procedimento. Inclusive, essa providência também resguarda os interesses do contratante privado, impedindo que a Administração Pública venha a questionar a validade do procedimento arbitral à luz do ordenamento jurídico brasileiro.

3.6 Não obrigatoriedade ou suspensão da sentença arbitral pela autoridade judiciária do lugar em que, ou conforme a lei do qual, a sentença arbitral foi proferida

A hipótese do artigo 5º, § 1º, *e*, da Convenção de Nova Iorque (artigo 38, VI, da Lei de Arbitragem) trata dos casos em que a sentença é válida, não reúne todas as condições de eficácia para ser reconhecida e executada no país de destino. Tal circunstância ocorre quando a sentença ainda não é exigível, normalmente porque ainda pendente o implemento de algum termo ou condição necessária à sua eficácia ou porque a sentença foi suspensa por autoridade judiciária competente do local onde foi proferida.

Também aqui, a exemplo do que se verificou no tópico relativo à constituição do tribunal e à condução do procedimento, o local da sede da arbitragem é determinante para o reconhecimento da sentença arbitral. Tal como a observância da lei da sede é requisito de validade do procedimento, também o Poder Judiciário do local da sede da arbitragem tem competência para decidir sobre a validade e eficácia da sentença arbitral. Assim, uma vez suspensa ou anulada a sentença arbitral em seu país de origem, não há possibilidade do Poder Judiciário brasileiro conferir-lhe eficácia em território nacional[26].

3.7 Divergência insuscetível de arbitragem segundo a lei do país onde se tenciona o reconhecimento

A hipótese de não homologação do artigo 5º, § 2º, *a*, da Convenção de Nova Iorque (artigo 39, I, da Lei de Arbitragem) admite a não homologação da sentença arbitral que versar sobre questão insuscetível de arbitragem à luz da legislação do país onde se tenciona o reconhecimento. A partir dessa previsão, a Convenção de Nova Iorque instituiu como uma hipótese de não homologação de sentenças estrangeiras um requisito de validade das cláusulas compromissórias em geral: a arbitrabilidade objetiva.

No Brasil, o artigo 1º da Lei de Arbitragem prevê que são passíveis de arbitragem os litígios relativos a direitos patrimoniais disponíveis. A disponibilidade é a qualidade de determinado direito para ser objeto de negócios jurídicos pelo seu titular. Já a patrimonialidade é a possibilidade de esse direito ser aferível economicamente. Os litígios sobre direitos não transacionáveis ou sem conteúdo patrimonial não são arbitráveis no Brasil. Por força do artigo 5º, § 2º, *a*, da Convenção de Nova Iorque, quando arbitradas no exterior, as sentenças estrangeiras sobre esses litígios tampouco podem ser reconhecidas e executadas em território nacional.

---

26 Em situação na qual se pretendida executar sentença arbitral proferida na Argentina e anulada pelo Poder Judiciário daquele país, o Superior Tribunal de Justiça assentou a impossibilidade de conferir eficácia à sentença anulada na origem. Eis o trecho pertinente da ementa:
"5. O procedimento homologatório não acrescenta eficácia à sentença estrangeira, mas somente libera a eficácia nela contida, internalizando seus efeitos em nosso País, não servindo, pois, a homologação de sentença para retirar vícios ou dar interpretação diversa à decisão de Estado estrangeiro. Precedentes desta Corte Superior e do Supremo Tribunal Federal.
6. Na hipótese sob exame, sendo nulo na Argentina o presente laudo arbitral por causa de decisão judicial prolatada naquele País, com trânsito em julgado devidamente comprovado nos autos, nula é a sentença arbitral no Brasil que, por isso, não pode ser homologada." (STJ, SEC 5.782/EX, Corte Especial, Rel. Min. Jorge Mussi, J. 02.12.2015)

Nas arbitragens envolvendo a Administração Pública, a patrimonialidade há de ser analisada em vista da transacionalidade de determinado direito pela Administração Pública. É dizer: onde for lícito à Administração celebrar acordos independentemente de intervenção judicial, também será lícito submeter a respectiva controvérsia à arbitragem, contanto que a questão de fundo possa ser aferida economicamente. Ou melhor, como já assentado pelo Superior Tribunal de Justiça, "não é qualquer direito público sindicável na via arbitral, mas somente aqueles cognominados como "disponíveis", porquanto de natureza contratual ou privada"[27].

Por esse parâmetro, serão arbitráveis as controvérsias envolvendo a interpretação e execução dos contratos celebrados pela Administração Pública, justamente porque essas obrigações, por definição, possuem conteúdo econômico e se relacionam a questões transacionáveis por acordo entre as partes.

3.8 Violação à ordem pública nacional

A violação à ordem pública nacional é a última hipótese de não homologação prevista no artigo 5º, § 2º, *b*, da Convenção de Nova Iorque (artigo 39, II, da Lei de Arbitragem)[28]. Com alto grau de indeterminação, a noção de ordem pública nacional remete à preservação da soberania e dos valores fundantes do ordenamento jurídico de um país onde, aí compreendidos os direitos e as garantias consagrados constitucionalmente, os valores morais e outros preceitos que, pela sua relevância, não podem ser limitados, contrariados ou afastados por acordo de vontades.

Sob esse aspecto, pode-se dizer que a capacidade de um Estado de negar eficácia a uma sentença estrangeira que viole a sua ordem pública interna constitui manifestação de sua soberania, assim considerada como o monopólio incondicional do poder sobre os seus jurisdicionados, sem interferência ou subordinação a elementos externos.

É o ensinamento de Guilherme Peña Morais, para quem

> a ordem pública, no Direito internacional Privado, funciona como princípio de proteção de determinado ordenamento normativo, impedindo a homologação de sentença estrangeira que viole os princípios fundamentais do foro. Vale ressaltar que a ordem pública encerra os aspectos político, jurídico, moral e econômico de todo Estado constituído.

---

27 STJ, MS 11.308/DF, 1ª Seção, Rel. Min. Luiz Fux, J. 09.04.2008.

28 O preceito reflete o disposto no artigo 17 da Lei de Introdução às Normas do Direito brasileiro, segundo o qual "as leis, atos e sentenças de outro país, bem como quaisquer declarações de vontade, não terão eficácia no Brasil, quando ofenderem a soberania nacional, a ordem pública e os bons costumes".

E prossegue logo adiante, definindo a ordem pública nos seguintes termos:

> Cabe afirmar que a ordem pública é aferida segundo a sensibilidade ou mentalidade média de uma sociedade, em determinado tempo e lugar. Em suma: a ordem pública é o conjunto de princípios incorporados implícita ou explicitamente na ordenação jurídica nacional, que, por serem consideradas para sobrevivência do Estado e salvaguarda de seu caráter próprio, impedem a aplicação do direito estrangeiro que os contradiga, ainda que determinado pela regra dos conflitos.[29]

Todavia, mesmo quando suscitada eventual violação à ordem pública brasileira, o Superior Tribunal de Justiça costuma adotar uma postura restritiva na apreciação das sentenças arbitrais estrangeiras submetidas à homologação. Assim é que, para essa jurisprudência, "se deve interpretar tais conceitos de forma finalística, repelindo apenas aqueles atos e efeitos jurídicos absolutamente incompatíveis com o sistema jurídico brasileiro, incompatibilidade que deve mostrar-se de forma flagrante e pungente"[30].

Em que pese o posicionamento absolutamente restritivo, em diversas oportunidades, o Superior Tribunal de Justiça negou a homologação de sentenças arbitrais estrangeiras por violação à ordem pública nacional. No mais das vezes, o fundamento para a não homologação diz respeito à invalidade da convenção de arbitragem e à violação a alguma garantia inerente ao devido processo legal, tal como compreendido à luz do ordenamento jurídico brasileiro.

Veja-se que, em ao menos duas ocasiões, o Superior Tribunal de Justiça negou a homologação pela falta de manifestação inequívoca da parte quanto à cláusula compromissória[31], sob o fundamento de que

---

29 MORAIS, Guilherme Peña. Homologação de sentença estrangeira. Lumen Juris, p. 43/45 *apud* voto Fux na SEC 854/EX, Corte Especial, Relator Ministro Massami Uyeda, Relator para acórdão Ministro Sidnei Beneti, J. 16.10.2015.

Em sentido semelhante, Daniel Coelho defende que "análise da sentença arbitral estrangeira à luz do princípio do respeito à ordem pública, no curso do processo de homologação perante o STJ, deverá se voltar fundamentalmente para o conteúdo dessa sentença arbitral, verificando se este se compatibiliza com os direitos fundamentais reconhecidos pela ordem jurídica nacional e por tratados internacionais acolhidos por esta. Jamais se poderá rejeitar a homologação com amparo na qualidade dos entes litigantes (i.e, se entes privados ou públicos) ou na natureza dos direitos em discussão" (A arbitragem envolvendo a Administração Pública e o processo de homologação da sentença arbitral estrangeira no Superior Tribunal de Justiça. **Revista Eletrônica de Direito Processual**, ano 2, v. II, p. 106, jan./dez. 2008).

30 STJ, SEC 9.412/EX, Corte Especial, Rel. Min. João Otávio de Noronha, J. 19.04.2017.

31 STJ, SEC 978/GB, Corte Especial, Rel. Min. Hamilton Carvalhido, J. 17/12/2008; e SEC 967/GB, Corte Especial, Rel. Min. José Delgado, J. 15.02.2006.

> a inequívoca demonstração da manifestação de vontade de a parte aderir e constituir o Juízo arbitral ofende à ordem pública, porquanto afronta princípio insculpido em nosso ordenamento jurídico, que exige aceitação expressa das partes por submeterem a solução dos conflitos surgidos nos negócios jurídicos contratuais privados arbitragem.[32]

Já, no famigerado caso *Abengoa*, a homologação foi indeferida diante da constatação de que um dos árbitros já havia travado relação contratual com uma das partes, o que violaria o dever de imparcialidade, este, por sua vez, um preceito afeto à ordem pública nacional[33]. Nas arbitragens envolvendo a Administração Pública, a hipótese de homologação por violação à ordem pública é relevante para aquelas situações não enquadradas nas demais hipóteses de não homologação previstas na Convenção de Nova Iorque. Vale dizer, pela sua natureza residual, a aferição de eventual violação à ordem pública nacional só deve ocorrer quando descartada qualquer violação às hipóteses de não homologação, que já contemplam em boa parte dos vícios que costumam ser arguidos em arbitragens com a Administração, com destaque para as inarbitrabilidades objetiva e subjetiva.

Assim, descabe cogitar de violação à ordem pública quando já reconhecido que (i) as partes, incluindo o agente público ou a entidade administrativa, não tinha capacidade para celebrar a convenção; (ii) a convenção era inválida segundo a lei à qual as partes a submeterem (ou, na falta desta, da lei do foro); (iii) as partes não foram notificadas do procedimento ou houve violação ao contraditório; (iv) a sentença foi proferida fora dos limites da convenção de arbitragem; (v) a arbitragem foi instaurada em desacordo com a convenção de arbitragem; (vi) a sentença arbitral não adquiriu ou perdeu a sua eficácia no país de origem; (vii) o litígio é inarbitrável segundo a lei brasileira. Enfim, nessas situações, a violação à ordem pública nem se coloca, porque desnecessária em face do enquadramento da sentença em hipótese mais específica.

A hipótese de não homologação por violação à ordem pública nacional possui, portanto, um caráter residual, só podendo ser aplicada quando não incidentes as

---

32 STJ, SEC 967/GB, Corte Especial, Rel. Min. José Delgado, J. 15.02.2006.

33 Eis o pertinente exceto do julgado:

"2. A prerrogativa da imparcialidade do julgador é uma das garantias que resultam do postulado do devido processo legal, matéria que não preclui e é aplicável à arbitragem, mercê de sua natureza jurisdicional. A inobservância dessa prerrogativa ofende, diretamente, a ordem pública nacional, razão pela qual a decisão proferida pela Justiça alienígena, à luz de sua própria legislação, não obsta o exame da matéria pelo STJ.

3. Ofende a ordem pública nacional a sentença arbitral emanada de árbitro que tenha, com as partes ou com o litígio, algumas das relações que caracterizam os casos de impedimento ou suspeição de juízes (artigos 14 e 32, II, da Lei nº 9.307/1996)." (STJ, SEC 9.412/EX, Corte Especial, Rel. Min. João Otávio de Noronha, J. 19.04.2017)

demais hipóteses de não homologação previstas na Convenção de Nova Iorque. E, mesmo nessas situações, por força da primazia da decisão do árbitro (que é juiz de fato e de direito), a violação à ordem pública deve ser interpretada restritivamente, devendo servir como uma espécie de "válvula de escape" para evitar a cristalização de situações teratológicas e manifesta injustiça perante o ordenamento jurídico pátrio[34].

Seguindo essa lógica, uma vez descartado o enquadramento da sentença arbitral nas demais hipóteses de não homologação previstas na Convenção de Nova Iorque, importa saber em que situações uma sentença arbitral pode ser considerada como manifestamente atentatória à ordem pública nacional, a ponto de justificar a sua não homologação. Para tanto, primeiramente, convém perquirir de que modo a violação à ordem pública se manifesta nas arbitragens envolvendo a Administração Pública. De pronto, deve-se ter em mente que nem toda norma que rege o exercício da função administrativa ou trata das arbitragens envolvendo a Administração Pública constitui um preceito de ordem pública, ao menos sob a perspectiva do artigo 5º, § 2º, *b*, da Convenção de Nova Iorque.

É que, mesmo nas arbitragens com a Administração Pública, a noção de ordem pública nacional deve ser compreendida em vista da soberania e dos preceitos fundamentais que caracterizam o ordenamento jurídico brasileiro como um todo, e não, apenas, a partir de concepções restritivas dos princípios da legalidade e indisponibilidade do interesse público e muito menos a partir do interesse secundário da Administração.

Nesse sentido e para além dos princípios que regem o exercício da função administrativa, o ordenamento jurídico brasileiro consagra a realização do interesse público primário (que não se confunde com o interesse das pessoas jurídicas da Administração), que se realiza pelo respeito à cláusula compromissória e pela resolução célere e adequada dos conflitos surgidos a partir das relações contratuais travadas pela Administração Pública no plano internacional.

Noutro vértice, não se pode perder de vista que a ordem pública nacional também tutela a segurança jurídica, a autonomia da vontade, a força vinculante dos contratos e os preceitos proíbem posturas atentatórias à boa-fé nas relações contratuais, como a proibição do abuso de direito e do *venire contra factum proprium*. Todos esses preceitos, ainda que eventualmente desfavoráveis aos interesses secundários das

34 Para Fabiane Verçosa, "em algumas situações patentemente excepcionais, a ordem pública pode e deve ser invocada para se anular ou negar reconhecimento a uma sentença em que é verificada a aplicação errônea do Direito Brasileiro ao mérito da controvérsia. Este revela-se, a nosso ver, o único caminho para se prestigiar, em arbitragem, a justiça (a qual, em última análise, ao menos deveria ser a razão precípua do Direito!) em detrimento da segurança jurídica" (**A aplicação errônea do direito pelo árbitro**: uma análise à luz do direito brasileiro e estrangeiro. Curitiba: CRV, 2015. p. 192).

entidades da Administração, gozam de alto prestígio na ordem jurídica interna e internacional[35].

Sob esse ângulo, é forçoso reconhecer que a violação à ordem pública nacional não se materializa pela simples contrariedade às disposições normativas aplicáveis aos agentes administrativos, que não tem relevância nem são oponíveis ao tribunal arbitral, que deve obediência ao que acordado na convenção de arbitragem, e aos particulares que firmam contratos com a Administração Pública no plano internacional. Aliás, mesmo quando a Administração Pública celebrar convenção de arbitragem com sede no exterior e emprego do Direito brasileiro, deve-se reconhecer que o árbitro é juiz de fato e de direito. Mesmo nessas situações, via de regra, o juízo homologatório deve se abster de analisar o mérito e a justiça da decisão à luz do Direito pátrio, presumindo-se que o árbitro aplicou adequadamente o direito à espécie. A exceção a essa diretriz se verifica nos casos em que a aplicação do Direito brasileiro em arbitragens produzidas no exterior produziu uma solução teratológica e incompatível, do ponto de vista sistêmico, com os princípios que caracterizam o regime jurídico de direito público.

Outra exceção a essa concepção restritiva diz respeito àquelas situações em que não seria lícito à Administração Pública afastar determinadas regras aplicáveis às arbitragens em que for parte, ainda que a arbitragem seja conduzida fora do Brasil. A questão não se refere tanto à sua capacidade para celebrar a convenção e nem tampouco à arbitrabilidade da questão de fundo, mas sim às regras aplicáveis ao mérito do litígio.

Com efeito, há situações em que a própria legislação afasta a incidência do Direito brasileiro sobre as relações contratuais envolvendo a Administração Pública. É o que se verifica nos contratos celebrados pela Administração Pública com empresa estrangeira para a compra de equipamentos fabricados e entregues no exterior, bem como para aquisição de bens e serviços realizada por unidades administrativas com sede no exterior. Inclusive, nesses casos, o artigo 92, § 1º, da Lei nº 14.133/2021 afasta a necessidade de cláusula estipulando como competente o foro da sede da

---

35 Inclusive, no âmbito das arbitragens internacionais, consagrou-se como um princípio de ordem pública internacional que um Estado não pode se valer de disposições do seu direito interno para não se submeter à arbitragem da qual havia livremente consentido por ocasião da formalização da cláusula compromissória. No que se refere às arbitragens internacionais, apregoa Gustavo Fernandes de Andrade com amparo na jurisprudência estrangeira: "O princípio assente é de que não pode o Estado contratante, com o objetivo de se eximir do compromisso firmado, invocar, *ex post factum*, regras do seu direito nacional para arguir a invalidade da cláusula compromissória. Nestas hipóteses, deverá o tribunal arbitral desconsiderar tais alegações suscitadas pelo Estado, que, como se expôs, não impedem a prolação da sentença arbitral" (As arbitragens comerciais internacionais e domésticas e os contratos com o Estado. **Revista de Direito Processual Geral**, Rio de Janeiro, v. 62, p. 144, 2007).

Administração[36]. Em se tratando do fornecimento de bem ou da prestação de serviço a ser exercitado no exterior, há que se admitir a incidência do Direito alienígena ou mesmo dos costumes consagrados no comércio internacional, como fontes primárias para regulamentar execução das obrigações contratadas[37]. De outra banda, tratando-se de contrato administrativo que verse sobre o uso ou a alienação de bens imóveis situados no Brasil ou, ainda, sobre o fornecimento de bens ou prestação de serviços para a Administração Pública em território nacional, a incidência das regras aplicáveis às contratações públicas é imperativa, não podendo ser afastada nem mesmo pela vontade das partes[38].

Sucede que as regras que versam sobre a incidência dos princípios e das regras aplicáveis a determinadas relações jurídicas são disposições de ordem pública que não podem ser afastadas pela vontade das partes, nem ignoradas pela autoridade julgadora, seja ela judicial ou privada[39]. Em sendo o princípio da legalidade um

---

36 Sem embargo, ainda de acordo com Gustavo Fernandes de Andrade, "a cláusula de eleição de foto da administração pública não deve ser interpretada como sendo um requisito de validade do negócio nhoque se refere ao método de solução das questões relativas a direitos disponíveis, sendo imperativa apenas para definir a competência para a apreciação das matérias insuscetíveis de composição extrajudicial ou para aquelas matérias que, por vontade das partes, foram deliberadamente excluídas do âmbito de aplicação da cláusula compromissória" (*op. cit.*, p. 180).

37 Especificamente no campo dos contratos internacionais, o afastamento da legislação brasileira em matéria de arbitragem em prol do direito internacional privado é reconhecido pela jurisprudência do Superior Tribunal de Justiça, conforme se depreende do precedente paradigmático:

"Nos contratos internacionais, ganha relevo a aplicação dos princípios gerais de direito internacional em detrimento da normatização específica de cada país, o que justifica, na espécie em exame, a análise da cláusula arbitral convencionada entre as partes sob a ótica do Protocolo de Genebra de 1923. [...] Por fim, para corroborar com a fundamentação apresentada, ressalte-se que a inserção de cláusula arbitral nos contratos internacionais constitui prática freqüente, sendo, muitas vezes, condição essencial para a celebração da avença." (STJ, REsp 712.566/RJ, 3ª Turma, Relª Min. Nancy Andrighi, J. 18.08.2005)

38 Mesmo nas relações privadas, a Lei de Introdução às Normas do Direito brasileiro adota a localização do bem e o local da execução do contrato como elemento determinante para a incidência do Direito pátrio:

"Artigo 8º Para qualificar os bens e regular as relações a eles concernentes, aplicar-se-á a lei do país em que estiverem situados.

§ 1º Aplicar-se-á a lei do país em que for domiciliado o proprietário, quanto aos bens moveis que ele trouxer ou se destinarem a transporte para outros lugares.

§ 2º O penhor regula-se pela lei do domicílio que tiver a pessoa, em cuja posse se encontre a coisa apenhada.

Artigo 9º Para qualificar e reger as obrigações, aplicar-se-á a lei do país em que se constituírem.

§ 1º Destinando-se a obrigação a ser executada no Brasil e dependendo de forma essencial, será esta observada, admitidas as peculiaridades da lei estrangeira quanto aos requisitos extrínsecos do ato.

§ 2º A obrigação resultante do contrato reputa-se constituída no lugar em que residir o proponente."

39 Note-se que essa circunstância não constitui uma peculiaridade do direito administrativo. Mesmo no direito privado, há normas de ordem pública que não podem ser afastadas pela vontade das partes e que devem ser aplicadas pelo árbitro, independentemente de provocação. Como ensinam José Antônio Fichner, Sergio Mannheimer e André Luís Monteiro, "a presença de normas cogentes (ou normas

princípio fundante da Administração Pública, as sentenças arbitrais estrangeiras que eventualmente afastem o Direito brasileiro naquelas relações jurídico-administrativas onde a sua incidência é imperativa acabam por violar a ordem pública nacional.

Em vista dessas digressões e tendo em conta o caráter residual, entende-se que a hipótese da violação à ordem pública deve ser interpretada restritivamente, devendo-se negar a homologação por esse fundamento apenas nos casos em que restar demonstrado, de forma manifesta, que a sentença arbitral estrangeira: (i) violou a soberania nacional, atacando a independência e hegemonia do Estado brasileiro para regular os bens e sujeitos submetidos à sua jurisdição; (ii) atentou contra os preceitos fundamentais da Constituição Federal; e (iii) não observou as normas de ordem pública que impõem a incidência do direito administrativo brasileiro sobre determinadas relações jurídico-administrativas, com destaque para os contratos a serem executados em território nacional.

CONCLUSÕES

A Administração Pública ostenta capacidade para firmar contratos com entidades domiciliadas fora no Brasil para o fornecimento de bens e/ou serviços no exterior necessários à satisfação das necessidades públicas. Nessas relações comerciais internacionais, é usual a estipulação de cláusula compromissória submetendo eventuais controvérsias à arbitragem com sede fora do Brasil, com aplicação do Direito estrangeiro. A Lei de Arbitragem não faz distinção entre as arbitragens domésticas e internacionais, limitando-se a tratar das sentenças arbitrais proferidas fora do Brasil (sentenças arbitrais estrangeiras), que precisam ser homologadas pelo Superior Tribunal de Justiça para serem reconhecidas e executadas em território nacional.

De acordo com o artigo 5º, § 1º, da Convenção de Nova Iorque, o reconhecimento da sentença arbitral estrangeira pode ser indeferido quando o interessado demonstrar uma das seguintes hipóteses: (i) incapacidade das partes; (ii) invalidade da convenção de arbitragem segundo a lei à qual as partes a submeteram ou, na ausência desta, segundo a lei do país onde a sentença foi proferida; (iii) falta de notificação sobre a instituição da arbitragem ou outra violação ao contraditório; (iv) caso a sentença não tenha observado os limites da convenção de arbitragem; (v) o tribunal foi constituído ou o procedimento realizado em desacordo com o que acordado pelas partes ou, na ausência deste acordo, da lei do país onde a arbitragem ocorreu; (vi) a sentença não se tornou obrigatória ou foi suspensa pela autoridade judiciária do país de origem. O § 2º do artigo 5º da Convenção de Nova Iorque ainda prevê que a possibilidade de a homologação ser indeferida de ofício, caso a autoridade

---

imperativas ou normas de ordem pública) em determinado ramo do Direito apenas e tão somente impõe a sua indeclinável aplicação pelo julgador, sem espaço para que as partes possam abrir mão de sua incidência ou modificar-lhe o conteúdo e/ou a eficácia" (*op. cit.*, p. 571).

verifique que a questão controvertida não é passível de arbitragem à luz do direito nacional ou que a sentença violaria a ordem pública nacional.

De toda essas hipóteses, a violação à ordem pública assume um caráter residual e excepcional, devendo ser interpretada restritivamente e aplicada apenas quando se verificar, de forma inequívoca, que a sentença arbitral estrangeira: (i) violou a soberania nacional, atacando a independência e o monopólio do Estado brasileiro para regular os bens e sujeitos submetidos à sua jurisdição; (ii) atentou contra os preceitos fundamentais da Constituição Federal; e (iii) não observou as normas de ordem pública que impõem a incidência do Direito pátrio sobre determinadas relações jurídico travadas com a Administração Pública.

REFERÊNCIAS

ANDRADE, Gustavo Fernandes. As arbitragens comerciais internacionais e domésticas e os contratos com o Estado. **Rev. Dir. Proc. Geral**, Rio de Janeiro, v. 62, 2007.

ASSIS, Luiz Eduardo Altenburg de. Arbitrabilidade dos litígios com empresas estatais à luz da jurisprudência do TCU e do STJ. **Revista Brasileira de Arbitragem – RBA**, n. 71, jul./set. 2021.

BANDEIRA DE MELLO, Celso Antônio. **Curso de direito administrativo**. 32. ed. São Paulo: Malheiros, 2016.

BININBOJM, Gustavo. **Uma teoria do direito administrativo**: direitos fundamentais, democracia e constitucionalização. 2. ed. Rio de Janeiro: Renovar, 2008.

CARMONA, Carlos Alberto. **Arbitragem e processo**: um comentário à Lei nº 9.307/1996. 4. ed. São Paulo: Atlas, 2023.

COELHO, Daniel. A arbitragem envolvendo a Administração Pública e o processo de homologação da sentença arbitral estrangeira no Superior Tribunal de Justiça. **Revista Eletrônica de Direito Processual**, ano 2, v. II, jan./dez. 2008.

FICHTNER, José Antônio; MANNHEIMER, Sérgio Nelson; MONTEIRO, André Luís. **Teoria geral da arbitragem**. Rio de Janeiro: Forense, 2019.

MEIRELLES, Hely Lopes. **Direito administrativo brasileiro**. 26. ed. São Paulo: Malheiros, 2011.

NANNI, Giovanni Ettore. Notas sobre os negócios jurídicos da arbitragem e a liberdade de escolha do árbitro à luz da autonomia privada. **Revista de Arbitragem e Mediação**, v. 49, abr./jun. 2016.

ROPPO, Enzo. **O contrato**. Tradução: Ana Coimbra e Januário Gomes. Coimbra: Almedina, 2009.

VERÇOSA, Fabiane. **A aplicação errônea do direito pelo árbitro**: uma análise à luz do Direito brasileiro e estrangeiro. Curitiba: CRV, 2015.

7. HONORÁRIOS ADVOCATÍCIOS DE SUCUMBÊNCIA EM ARBITRAGENS ENVOLVENDO O PODER PÚBLICO

Carolina Smirnovas
Advogada de Manesco, Ramires, Perez, Azevedo Marques Sociedade de Advogados, atua com mediação, arbitragem e disputas judiciais.
Especialista em Direito Empresarial pela Pontifícia Universidade Católica de São Paulo (PUC/SP)..
LL.M em Contratos pelo Insper em 2022.
Membro do Comitê Brasileiro de Arbitragem (CBAr) e da Câmara de Comércio Internacional (CCI).

INTRODUÇÃO

Não obstante aos inúmeros benefícios inerentes ao instituto da arbitragem, não é novidade que esse método de resolução de disputas tem grande fama de ser especialmente dispendioso.

Isso porque as partes do procedimento arbitral devem arcar com uma série de despesas para poder levar a diante uma arbitragem. A começar pelos honorários contratuais, a serem pagos aos advogados que vão patrocinar a causa. Na sequência, tem-se as despesas com a instituição arbitral e os honorários dos árbitros. Se é um caso que demanda a produção de prova técnica, soma-se a essa conta o valor dos honorários periciais e dos assistentes técnicos. Outras despesas também não podem ser ignoradas, como aquelas necessárias à realização de audiências, pareceristas e deslocamento de árbitros.

A conta, todavia, pode persistir. Ao final do procedimento arbitral, a sentença pode, ainda, condenar a parte sucumbente ao pagamento de honorários sucumbenciais. Destaca-se, entretanto, a natureza eventual dessa condenação, tratando-se somente de uma possibilidade. Isso porque, de forma diversa do que ocorre no processo civil judicial, em que a condenação de honorários sucumbenciais ocorre independentemente de pedido expresso das partes[1], no procedimento arbitral alguns critérios devem ser observados pelos árbitros ao decidirem pelo cabimento ou não dessa verba.

Segundo a pesquisa "Arbitragem em Números"[2], liderada pela arbitralista Selma Maria Ferreira Lemes, em 2022 houve a instauração de 36 novas arbitragens, administradas pelas Câmaras pesquisadas, envolvendo a Administração Pública direta e indireta, o que representa aproximadamente 11% do total de arbitragens entrantes naquele ano.

Assim, devido ao destaque das arbitragens envolvendo entes públicos na comunidade arbitral brasileira, busca-se com o presente artigo fazer uma análise de como está sendo tratada a questão da condenação de honorários advocatícios sucumbenciais, especificamente nas arbitragens envolvendo entes da Administração Pública.

Dessa forma, na primeira parte do estudo será feito um panorama sobre o entendimento doutrinário acerca dos honorários sucumbenciais em arbitragens. Na sequência, será realizada uma análise, com base nos procedimentos arbitrais em curso envolvendo a União e as Autarquias Federais, sobre as hipóteses de cabimento (ou não) dos honorários sucumbenciais, seguida de uma abordagem sobre o tema no âmbito dos casos em que a União atua como interveniente anômala.

1. HONORÁRIOS SUCUMBENCIAIS E ARBITRAGEM

Antes de adentrar sobre o tema da verba sucumbencial nos procedimentos arbitrais envolvendo entes públicos, faz-se necessário esclarecer algumas peculiaridades sob um aspecto mais geral. De início, é importante diferenciar os honorários sucumbenciais dos honorários contratuais. Os honorários advocatícios sucumbenciais são

---

1 Nesse sentido, *vide* Súmula nº 256 do STF, que assim diz: "E dispensável pedido expresso para condenação do réu em honorários, com fundamento nos artigos 63 ou 64 do Código de Processo Civil". Em complemento, nas palavras de Humberto Theodoro Júnior: "Ainda que não haja pedido expresso do vencedor é devido o ressarcimento dos honorários de seu advogado. [...] É que o pagamento dessa verba não é o resultado de uma questão submetida ao juiz. Ao contrário, é uma obrigação legal, que decorre automaticamente da sucumbência, de sorte que nem mesmo ao juiz é permitido omitir-se frente a sua incidência" (THEODORO JÚNIOR, Humberto. **Curso de direito processual civil**. 47. ed. Rio de Janeiro: Forense, v. 1, 2007. p. 106).

2 Disponível em: https://canalarbitragem.com.br/wp-content/uploads/2023/10/Arbitragem-em-Numeros-2023-VF.pdf. Acesso em: 15 out. 2023.

aqueles fixados ao final da demanda, correspondentes à verba devida ao advogado da parte vencedora, a serem pagos pela parte derrotada[3]. O termo honorários de sucumbência tem um significado até mesmo literal, visto que, conforme observa Cândido Dinamarco[4], ordinariamente quem os paga é o sucumbente, ou seja, o vencido. Já os honorários contratuais, como diz o nome, dizem respeito aos valores contratualmente definidos entre o cliente e o advogado, sendo devidos pela parte contratante ao advogado, independentemente do sucesso na demanda em questão. Nesse sentido, são fixados no âmbito da autonomia privada.

Nessa lógica, aqui somente interessa o aprofundamento dos estudos com relação aos honorários de sucumbência. No processo judicial civil, a condenação de honorários sucumbenciais está bem definida na Lei nº 13.105/2015 – Código de Processo Civil ("CPC"), ao dispor que *sentença condenará o vencido a pagar honorários ao advogado do vencedor* (artigo 85). Ademais, o referido dispositivo legal prevê os parâmetros de sua aplicação, a depender das peculiaridades de cada caso.

De acordo com o § 2º do artigo 85 do referido diploma processual, consta que os honorários devem ser fixados entre o mínimo de 10% e o máximo de 20% sobre o valor da condenação, atendidos os critérios necessários, como de grau de zelo profissional, lugar da prestação do serviço e tempo da causa. E, nas causas envolvendo a Fazenda Pública, a fixação dos honorários deverá observar também percentuais que variam de acordo com o valor da condenação ou do proveito econômico (artigo 85, § 3º, do CPC).

Entretando, não existe clareza normativa sobre o tema nos procedimentos arbitrais, visto que a Lei Brasileira de Arbitragem, nº 9.307/1996 ("LBA"), nada diz a respeito da condenação propriamente dita em honorários sucumbenciais.

A referida lei apenas faz duas menções sobre o termo honorários. A primeira é a do artigo 11, inciso V, que trata da possibilidade de o compromisso arbitral conter a declaração da responsabilidade pelo pagamento dos honorários e das despesas com a arbitragem. A segunda menção trazida pela referida lei é que a sentença arbitral irá decidir sobre a responsabilidade das partes acerca das custas e despesas com a arbitragem (artigo 27)[5].

---

3 NERY JUNIOR, Nelson; NERY, Rosa Maria de Andrade. **Código de Processo Civil comentado**. 18. ed. São Paulo: Thomson Reuters Brasil, 2019. p. 349.

4 DINAMARCO, Cândido Rangel. **Instituições de direito processual civil**. 7. ed. São Paulo: Malheiros, v. II, 2017. p. 744.

5 Sobre a referida lacuna legislativa, opina José Roberto Castro Neves: "A lei nada fala do tema. Não houve, quanto ao ponto, omissão do legislador. Deixar de cuidar da sucumbência na arbitragem foi uma inteligente e pensada opção legislativa. Afinal, a arbitragem é uma forma, muito comum em outros países, de solucionar litígios. Nesses outros sistemas jurídicos, o conceito de honorários de sucumbência, na forma como adotamos no Brasil, simplesmente não existe" (Os honorários advocatícios de sucumbência na arbitragem. *In*: **20 anos da Lei de Arbitragem**: homenagem a Petrônio R. Muniz. 1. ed. São Paulo: Atlas, 2017. p. 645).

Por sua vez, Francisco José Cahali entende que não há qualquer lacuna na Lei de Arbitragem quanto à aplicação de honorários sucumbenciais. O raciocínio do referido autor decorre de uma interpretação do artigo 27 da LBA, o qual, ao dispor que a sentença arbitral irá decidir a respeito da responsabilidade das partes sobre as custas e despesas da arbitragem, os termos custas e despesas abarcariam a verba honorária[6].

No entanto, discorda-se desse posicionamento, posto que as custas processuais a que se refere o dispositivo correspondem aos gastos com os honorários dos árbitros e peritos indicados pelo Tribunal, isto é, expensas devidas à instituição arbitral. Portanto, conforme observa José Roberto Castro Neves[7], são dispêndios comuns às partes com a instauração e o desenvolvimento do procedimento arbitral. Já as despesas em questão correspondem aos gastos incorridos pelas partes com a contratação de assistentes técnicos e pareceristas, deslocamentos e honorários contratuais[8].

Como se vê, as custas e despesas abarcam outras verbas que se diferenciam dos honorários sucumbenciais, razão pela qual a presente autora não pactua com o entendimento de que a verba sucumbencial está abrangida no artigo 27 da Lei de Arbitragem. Na mesma linha é o entendimento de Carlos Eduardo Stefen, que ressalta o seguinte: "A despeito das categóricas afirmações, a expressão 'custas e despesas com a arbitragem' não parece encampar os honorários advocatícios sucumbenciais"[9].

Além da omissão da LBA sobre o tema, a maioria dos regulamentos das instituições arbitrais não auxilia na elucidação dessa questão e é silente quanto ao cabimento de condenação em honorários advocatícios sucumbenciais[10]. Apenas o regulamento da Câmara de Conciliação, Mediação e Arbitragem da Ciesp/Fiesp

---

6 "Quanto aos honorários advocatícios, diversamente da sucumbência prevista no processo civil (CPC/2015, artigo 85; CPC/1973, artigo 20), não se faz menção expressa à sua imposição ao vencido. Porém, este custo, sem dúvida, integra a abrangente referência às 'custas e despesas' com a arbitragem." (CAHALI, Francisco José. **Curso de arbitragem**: mediação, conciliação, Resolução CNJ nº 125/2010. 5. ed. rev. e atual. São Paulo: Revista dos Tribunais, 2015. p. 279 e 280).

7 Os honorários advocatícios de sucumbência na arbitragem. *In*: **20 anos da Lei de Arbitragem**: homenagem a Petrônio R. Muniz. 1. ed. São Paulo: Atlas, 2017. p. 640.

8 "Para fixação dos honorários de sucumbência é irrelevante quanto a parte gastou com seu advogado, ou, em outras palavras, qual foi a despesa que a parte teve com seu advogado. O patrono pode ter trabalhado de graça, como pode ter cobrado uma fortuna pela representação judicial. Isso não faz nenhuma diferença para fins de se estabelecer os honorários de sucumbência." (CASTRO, José Roberto Neves. Os honorários advocatícios de sucumbência na arbitragem. *In*: **20 anos da Lei de Arbitragem**: homenagem a Petrônio R. Muniz. 1. ed. São Paulo: Atlas, 2017. p. 641)

9 Honorários advocatícios de sucumbência na arbitragem regida pela lei brasileira. **Revista de Arbitragem e Mediação**, São Paulo: RT, v. 68, ano 18, p. 81-114, jan./mar. 2021, p. 97.

10 De acordo com o regulamento da Centro de Arbitragem e Mediação Brasil Canadá ("CAM-CCBC"), apenas se faz menção às regras referentes aos honorários dos árbitros e peritos, como é o caso do item 34.2 do referido regulamento. O mesmo se aplica aos regulamentos da Câmara Internacional de Comércio ("CCI), em seu Apêndice III, e da Câmara de Mediação e Arbitragem (Camarb), em seu artigo 11.

diz, em seu artigo 15.6, que a sentença também irá dispor sobre "a fixação dos encargos, das despesas processuais, dos honorários advocatícios, bem como o respectivo rateio".

Esse cenário de lacunas, no entanto, acaba criando entraves na comunidade arbitral sobre o próprio cabimento dos honorários sucumbenciais e, caso cabíveis, quais são seus critérios de fixação. Esses desafios não passaram ilesos nas arbitragens envolvendo o Poder Público, conforme será abordado no tópico a seguir.

2. HONORÁRIOS SUCUMBENCIAIS E ADMINISTRAÇÃO PÚBLICA

A fim de traçar o panorama de como tem sido o desfecho da matéria relativa aos honorários sucumbenciais em arbitragens em que uma das partes é a Administração Pública, foi realizada uma pesquisa nos principais *sites* responsáveis pela publicidade dos procedimentos arbitrais envolvendo a União e as Autarquias Federais.

Devido à relevância dos achados, vale a pena citar quais foram os órgãos cujos portais eletrônicos foram consultados: Núcleo Especializado em Arbitragem da Advocacia-Geral da União (NEA)[11], Agência Nacional de Transportes Terrestres (ANTT)[12] e equipe de Arbitragem da Procuradoria-Geral Federal, a ENARB/PDG[13].

Assim, a partir da análise das informações disponíveis, como termos de arbitragem e sentenças, foi possível identificar diferentes cenários relativos à matéria dos honorários advocatícios sucumbenciais, que serão abordados a seguir.

2.1 Aplicação dos critérios do artigo 85 do CPC

Sobre os critérios de aplicação dos honorários sucumbenciais em casos envolvendo a Administração Pública, faz-se necessário mencionar o quanto determina o Decreto nº 10.025/2019, que dispõe acerca da arbitragem no âmbito federal nos setores portuário, transporte rodoviário, ferroviário, aquaviário e aeroportuário. De acordo com o § 6º do artigo 9º do referido Decreto, "na hipótese de condenação em honorários advocatícios, serão observadas as regras estabelecidas no artigo 85 da Lei nº 13.105, de 16 de março de 2015 – Código de Processo Civil".

---

11 Disponível em: https://www.gov.br/agu/pt-br/composicao/cgu/cgu/neadir. Acesso em: 30 out. 2023.

12 Disponível em: https://portal.antt.gov.br/arbitragem. Acesso em: 15 set. 2023.

13 Disponível em: https://www.gov.br/agu/pt-br/composicao/procuradoria-geral-federal-1/subprocuradoria-federal-de-consultoria-juridica/equipe-nacional-de-arbitragens-enarb. Acesso em: 30 out. 2023.

Também seguem essa orientação os decretos que regulamentam as arbitragens nos conflitos que envolvem os Estados de São Paulo e do Rio de Janeiro e as suas entidades (artigo 7º do Decreto nº 64.356/2019 e artigo 16, parágrafo único, do Decreto nº 46.245/2018, respectivamente).

Assim, segundo o artigo 85, § 2º, do CPC, os honorários sucumbenciais, ao serem fixados, devem levar em consideração os seguintes fatores: o grau de zelo do profissional, o lugar de prestação do serviço, a natureza e a importância da causa, e o trabalho realizado pelo advogado e o tempo exigido para o seu serviço. Afinal, conforme observa Rafael Francisco Alves, "recomenda-se parcimônia aos árbitros nessa análise relativa às verbas sucumbenciais, destacando-se, novamente, o critério da razoabilidade como importante balizador"[14].

Ademais, o § 3º do artigo 85 do CPC dispõe que, nas causas em que a Fazenda Pública for parte, a fixação dos honorários observará os critérios estabelecidos nos incisos I a IV do § 2º e percentuais de acordo com o valor da condenação ou do proveito econômico. Dessa forma, considerando as cifras milionárias envolvendo os casos arbitrais com entes públicos, o percentual aplicado pode chegar a ser de, no mínimo, 1% e, no máximo, 3% sobre o valor da condenação ou do proveito econômico obtido.

Embora a orientação normativa a respeito da aplicação dos parâmetros do CPC, a pesquisa realizada para fins deste artigo revelou que apenas 4 dos 27 casos analisados, envolvendo a União e as Autarquias Federais, consta no termo de arbitragem que a verba honorária será aplicada seguindo os ditames do artigo 85 da CPC. Tratam-se dos procedimentos arbitrais de Viracopos (CCI 26042), Petra 1 (CCI 26245), Autopista Litoral Sul (CCI 26437) e VIA 040 (CCI 25572).

Sobre o procedimento envolvendo a Concessionária BR-040 S.A e a Agência Nacional de Transportes Terrestres (ANTT), inclusive, já foi prolatada sentença que, considerando a proporção da sucumbência dos pedidos, e, com base nas diretrizes do CPC (artigo 85, §§ 2º e 3º), condenou a concessionária ao pagamento de honorários advocatícios de sucumbência na proporção de 5% do valor atribuído ao procedimento (R$ 6.315.750,00). A sentença também justificou o percentual aplicado com base na complexidade da demanda, no cronograma processual e na quantidade de provas produzidas[15]. Nos demais casos, até o momento não foi prolatada a sentença arbitral final de forma a possibilitar uma análise da questão.

---

14 A sentença arbitral. *In*: LEVY, Daniel; PEREIRA, Guilherme Setoguti J. (coord.). **Curso de arbitragem**. São Paulo: Thomson Reuters Brasil, 2018. p. 274.

15 A sentença na íntegra está disponível em: https://portal.antt.gov.br/arbitragem.

3. HONORÁRIOS ADVOCATÍCIOS SUCUMBENCIAIS COMO FRUTO DE NEGOCIAÇÃO ENTRE AS PARTES

Conforme aventado antes, o ônus a respeito do pagamento de honorários advocatícios sucumbenciais é considerado como um elemento facultativo[16] do compromisso arbitral (artigo 11, inciso V, da LBA).

Para reforçar o caráter facultativo da condenação em honorários advocatícios, vale citar novamente a redação do Decreto nº 10.025/2019, que, em seu artigo 9º, § 6º, diz o seguinte: "Na hipótese de condenação em honorários advocatícios, serão observadas as regras estabelecidas no artigo 85 da Lei nº 13.105, de 16 de março de 2015

– Código de Processo Civil". Ou seja, a própria legislação prevê que a verba honorária é uma possibilidade, e não uma obrigatoriedade. Afinal, a presença de um advogado como defensor da parte não é obrigatória em arbitragens, conforme preceitua o artigo 21, § 3º, da LBA.

Assim, devido a essa característica facultativa, o tema da condenação em honorários advocatícios sucumbenciais pode ser objeto de negociação entre as partes[17]. Assim, nada mais natural que os participantes da arbitragem cheguem a um consenso sobre o cabimento ou não dos honorários sucumbenciais. Nesse sentido, vale citar as palavras de Carlos Alberto Carmona[18]:

> Sob o regime anterior (do Código de Processo Civil de 1973, portanto), podiam as partes – como podem hoje – dispor livremente acerca da responsabilidade pelos honorários advocatícios e despesas do processo arbitral, sem a incidência obrigatória do princípio da sucumbência [...].
>
> A Lei de Arbitragem, que repetiu a regra anterior – as com melhor técnica, evitando qualquer remissão às regras da sucumbência e tratando da questão como cláusula facultativa do compromisso – continua a permitir ampla margem da

---

16 "A declaração da responsabilidade pelo pagamento dos honorários e despesas com a arbitragem deixou de ser requisito obrigatório do compromisso (como previa o Código de Processo Civil de 1973, artigo 1.074, IV) para tornar-se elemento meramente facultativo." (CARMONA, Carlos Alberto. **Arbitragem e processo**: um comentário à Lei nº 9.307/1996. 4. ed. Barueri: Atlas, 2023. p. 18)

17 Nas palavras de Carlos Eduardo Stefen Elias, a "incidência da verba é resultado de negócio jurídico, derivando do exercício de sua autonomia privada" (Honorários advocatícios de sucumbência na arbitragem regida pela lei brasileira. **Revista de Arbitragem e Mediação**, São Paulo: RT, v. 68, ano 18, p. 81-114, jan./mar. 2021, p. 97).

18 "A declaração da responsabilidade pelo pagamento dos honorários e despesas com a arbitragem deixou de ser requisito obrigatório do compromisso (como previa o Código de Processo Civil de 1973, artigo 1.074, IV) para tornar-se elemento meramente facultativo." (CARMONA, Carlos Alberto. **Arbitragem e processo**: um comentário à Lei nº 9.307/1996. 4. ed. Barueri: Atlas, 2023. p. 219/221)

autonomia para os contratantes, que podem querer desde logo dividir as despesas relativas à arbitragem, independentemente do resultado do litígio.

Dito isso, tem-se que a negociação entre as partes quanto ao pagamento de honorários sucumbenciais pode ocorrer na própria convenção de arbitragem, na assinatura do termo de arbitragem[19] ou no curso do procedimento arbitral.

Nos casos analisados, foi detectado que em 10 procedimentos arbitrais (dos 27 pesquisados) as partes negociaram a questão da verba honorária.

No caso *ECO050 e ANTT* (CCI 23238 GSS/PFF), ainda em curso, as partes convencionaram de forma favorável ao tribunal arbitral dispor, na sentença, condenação em honorários sucumbências. No termo de arbitragem do referido procedimento, inclusive, consta a seguinte observação quanto aos parâmetros que serão observados pelos árbitros no momento da fixação dos honorários: "O tribunal arbitral fixará a verba levando em conta o acolhimento dos pedidos, o trabalho dos advogados, a complexidade da causa e o comportamento das partes durante o procedimento"[20]. Redação idêntica também consta em outro procedimento arbitral envolvendo a ANTT (caso *Rota do Oeste*, CCI 23960).

Contudo, em que pese a redação dos termos de arbitragem dos casos *ECO050 e Rota do Oeste*, mesmo não havendo um critério objetivo de fixação da verba honorária sucumbencial, é altamente recomendável às partes estabelecerem os valores ou percentuais mínimos e máximos que a verba sucumbencial deva ser apurada[21].

Já, nos procedimentos arbitrais envolvendo o setor de telecomunicações[22], as partes, já no compromisso arbitral, pactuaram que não haverá condenação da parte vencida, total ou parcialmente, ao pagamento de honorários advocatícios de

---

19 Conforme observa Ricardo Carvalho Aprigliano, as próprias instituições arbitrais "costumam propor cláusulas que estabelecem o dever de o tribunal arbitral fixar na sentença a responsabilidade pelo pagamento das custas e despesas, bem como dos honorários advocatícios e das despesas incorridas pelas partes na sua defesa, em parâmetros razoáveis" (Alocação de custas e despesas e a condenação em honorários advocatícios sucumbenciais em arbitragem. *In*: CARMONA, Carlos Alberto; LEMES, Selma Ferreira; MARTINS, Pedro Batista (org.). **20 anos da Lei de Arbitragem**: homenagem a Petrônio R. Muniz. 1. ed. São Paulo: Atlas, 2017. p. 682).

20 Disponível em: https://portal.antt.gov.br/arbitragem.

21 Confira-se, a esse respeito, Ricardo Carvalho Aprigliano: "Assim, pode haver fixação de honorários sucumbenciais em valores fixos, em percentuais sobre o valor da declaração, constituição ou condenação, os quais não se limitam aos parâmetros da legislação processual civil, ou seja, que podem ser inferiores a 10% ou superiores a 20% segundo critérios fundamentais na própria sentença arbitral" (Alocação de custas e despesas e a condenação em honorários advocatícios sucumbenciais em arbitragem. *In*: CARMONA, Carlos Alberto; LEMES, Selma Ferreira; MARTINS, Pedro Batista (org.). **20 anos da Lei de Arbitragem**: homenagem a Petrônio R. Muniz.
1. ed. São Paulo: Atlas, 2017. p. 687).

22 Procedimentos Arbitrais CCI nºs 26383/PFF, 26467/PFF, 26470/PFF, 26819 e 27156.

sucumbência. O mesmo tratamento ao tema foi dado pelas partes dos casos *Petra 2* (CCI 25891), *MS VIA* (24957/GSS/PFF) e *Transnorte* (CCI 27016).

4. QUANDO NÃO HÁ CONSENSO ENTRE AS PARTES

Outra celeuma que pode surgir é quando apenas uma das partes é favorável à possibilidade de condenação em honorários sucumbenciais. Nesse caso, conforme destaca Carlos Eduardo Stefen Elias, é "imperioso reconhecer que uma das partes, isoladamente, não poderia obstar a imposição da verba na sentença arbitral"[23].

Ou seja, caso não haja consenso, caberá ao tribunal arbitral a decisão sobre o cabimento ou não da condenação em honorários sucumbenciais. É nesse sentido, inclusive, o quanto disposto no termo de arbitragem do procedimento arbitral do caso *Galvão*, envolvendo a ANTT (CCI 23433/GSS), que assim dispõe: "As partes divergem sobre a incidência de honorários de sucumbência. O tema será objeto das manifestações das partes previstas no cronograma anexo de decisão do tribunal arbitral no momento oportuno"[24].

É válido também citar outro caso envolvendo a União, em que não houve consenso entre as partes no que tange à condenação de honorários sucumbenciais. Trata-se da disputa societária do caso *Alejandro Mudes* (CAM 85/2017 e 97/2017).

Nesse caso, um dos requerentes pleiteia a condenação em honorários sucumbenciais na ordem de 20% sobre o valor da indenização pleiteada, conforme previsto no artigo 256, § 2º, da Lei das Sociedades Anônimas (Lei nº 6.404/1976 – "LSA")[25]. Por sua vez, outra parte requerente pleiteia a condenação em honorários sucumbenciais de acordo com o quanto previsto na LSA ou, subsidiariamente, seja declarada a inaplicabilidade de honorários de sucumbência. Já a União requer a condenação das verbas de sucumbência com base nos termos do inciso V, § 3º, do artigo 85 do CPC, afastando-se a regra de sucumbência estabelecida no artigo 246 da LSA.

Diante dessa discordância, consta no termo de arbitragem que, em razão de a questão ser controversa entre as partes, cabe ao tribunal arbitral a decisão sobre os

---

23 ELIAS, Carlos Eduardo Stefen. Honorários advocatícios de sucumbência na arbitragem regida pela lei brasileira. **Revista de Arbitragem e Mediação**, São Paulo: RT, v. 68, ano 18, p. 81-114, jan./mar. 2021, p. 87.

24 Item 12.3 do Termo de Arbitragem (inteiro teor disponível em: https://portal.antt.gov.br/arbitragem).

25 "Artigo 246. A sociedade controladora será obrigada a reparar os danos que causar à companhia por atos praticados com infração ao disposto nos artigos 116 e 117. [...] § 2º A sociedade controladora, se condenada, além de reparar o dano e arcar com as custas, pagará honorários de advogado de 20% (vinte por cento) e prêmio de 5% (cinco por cento) ao autor da ação, calculados sobre o valor da indenização."

honorários sucumbenciais[26]. Até o momento não foi prolatada a sentença arbitral, de forma que não se sabe ainda o desfecho quanto à matéria.

O mesmo ocorreu no caso conhecido como *Proteus*, em que a União figurou como parte requerida (FGV 01/2003). Nesse litígio, as partes divergiram em relação aos parâmetros de fixação dos honorários sucumbenciais, sendo que a União requereu que a referida verba fosse limitada aos parâmetros do artigo 85, § 3º, do CPC, em aplicação analógica ao estabelecido no Decreto nº 10.025/2019.

Em sede de sentença, o tribunal arbitral, diante do integral indeferimento dos pedidos formulados pelo requerente, fixou a condenação de honorários advocatícios sucumbenciais em R$ 1.500.000,00 em favor dos patronos da União. No entanto, a sentença consignou expressamente que a despeito de o Código de Processo Civil não ser aplicável ao caso, que a verba honorária não extrapolou os limites do artigo 85 do CPC, que, se fosse aplicado literalmente, geraria verba honorária de R$ 10.799.115,78, totalmente incompatível com a realidade destes autos[27].

Em complemento, o tribunal arbitral ressaltou que a não aplicação dos parâmetros constantes do artigo 85 do Código de Processo Civil não caracteriza julgamento por equidade, que é vedado para os casos envolvendo a Administração Pública (artigo 2º, § 3º, da LBA). Observa-se, ainda, que, na referida sentença, o tribunal arbitral justificou que a verba honorária foi ancorada no princípio da causalidade, mas também foi fixada levando em conta os seguintes fatores: a extrema duração do procedimento arbitral, o zelo e o desempenho profissional, e a complexidade da causa.

5. AUSÊNCIA DE PEDIDO DA CONDENAÇÃO EM HONORÁRIOS SUCUMBENCIAIS

A pesquisa realizada para este artigo também revelou haver uma outra situação capaz de gerar hostilidade entre as partes e o tribunal arbitral. Trata-se do caso em que a parte não realiza, em momento oportuno, pedido expresso de condenação em honorários sucumbenciais. Nessa situação, a grande indagação que paira é se o tribunal pode, como é feito nas ações judiciais, prever tal verba na sentença final, mesmo sem solicitação das partes.

Para José Roberto Castro Neves, caso as partes nada tratem sobre o tema, o tribunal não está autorizado a fazê-lo e, caso o faça, agirá de forma ilegal e sem jurisdição:

---

26 Termo de Arbitragem disponível em: https://www.gov.br/agu/pt-br/composicao/cgu/cgu/neadir/casos-de-arbitragem-2.

27 Sentença na íntegra disponível em: https://www.gov.br/agu/pt-br/composicao/cgu/cgu/neadir/casos-de-arbitragem-2.

> Não havendo autorização das partes, considerando que a sucumbência tem natureza de sanção, não pode admiti-la sem anterior previsão legal. A imposição da sucumbência sem previa estipulação violaria a regra da impossibilidade de pena sem antecedente conhecimento do penalizado.
> Outro fundamento, que impede o árbitro de condenar a parte de arcar com a sucumbência quando não autorizado, encontra-se no conceito processual da inércia. Afinal, não pode o árbitro tratar de matéria para a qual ele não foi solicitado. Um julgamento dessa natureza seria *extra petita*.[28]

Por outro lado, para Carlos Eduardo Stefen Elias, mesmo no silêncio das partes, o árbitro poderá decidir a respeito do cabimento da condenação em honorários sucumbenciais:

> Assim, em princípio, o árbitro possui jurisdição para decidir sobre o negócio de honorários, ainda que ele não conste expressamente na convenção de arbitragem. Trata-se de controvérsia que envolve as partes (embora os beneficiários sejam os advogados) e é "relativa, derivada ou de qualquer modo relacionada" (na dicção mais comum das cláusulas compromissórias) ao negócio principal que ensejou o litígio.[29]

No mesmo sentido é o posicionamento de Carlos Alberto Carmona. Segundo o referido arbitralista, o árbitro está autorizado a fixar honorários de sucumbência na hipótese de nada ser acordado sobre a incidência de honorários advocatícios[30].

José Rogério Cruz e Tucci discorda, defendendo que "nem mesmo a interpretação ampliativa, sugerida por Carlos Alberto Carmona, autorizaria o árbitro a fixar honorários sucumbenciais", uma vez que tal entendimento acaba por englobar os honorários contratuais no custo do processo incorrido pela parte vencedora e passível de reembolso, o que é inconcebível pensando na relação privada entre a parte e o advogado contratado[31].

---

28 Os honorários advocatícios de sucumbência na arbitragem. *In*: **20 anos da Lei de Arbitragem**: homenagem a Petrônio R. Muniz. 1. ed. São Paulo: Atlas, 2017. p. 646 e 647.

29 Honorários advocatícios de sucumbência na arbitragem regida pela lei brasileira. **Revista de Arbitragem e Mediação**, São Paulo: RT, v. 68, ano 18, p. 81-114, jan./mar. 2021, p. 108.

30 "Resta saber se, ausente qualquer avença das partes acerca das verbas sucumbenciais, poderá o árbitro dispor a respeito na sentença que vier a proferir. Impõe-se a afirmativa: com efeito, se nada tiver sido estipulado sobre a incidência de honorários advocatícios, deve-se entender que o árbitro (nas margens em que se aplicar o direito brasileiro) está autorizado a fixar honorários de sucumbência, que não precisarão seguir parâmetros estabelecidos pelo Código de Processo Civil (mas o disposto no artigo 85 do Código de Processo Civil pode servir de referência, a não ser que sua aplicação seja diretamente invocada na convenção)." (CARMONA, Carlos Alberto. **Arbitragem e processo**: um comentário à Lei nº 9.307/1996. 4. ed. Barueri: Atlas, 2023. p. 219/221)

31 CRUZ E TUCCI, José Rogério. Fixação dos honorários advocatícios de sucumbência no processo arbitral. **Consultor Jurídico**, 2019. Disponível em: https://www.conjur.com.br/2019-set-03/fixacao-honorarios-advocaticios-sucumbencia-processo-arbitral. Acesso em: 24 nov. 2023.

Existe um caso, já encerrado, que envolve a União Federal e que foi configurada essa situação. Trata-se de um caso paradigma sobre o tema, conhecido como caso *Fundo Petrobras* (CAM 75/2016). No referido procedimento foi prolatada uma sentença arbitral parcial que, além de ter homologada a desistência do processo, manifestada pelos requerentes, em relação à União, fixou honorários sucumbenciais aos patronos do ente público na ordem de R$ 200.000,00.

As requerentes, então, ingressaram com um pedido de esclarecimentos sustentando que a União jamais postulou a condenação em honorários sucumbenciais, razão pela qual a verba honorária seria indevida. Esse pedido foi deferido pelo tribunal arbitral, tendo as requerentes sido desobrigadas ao pagamento dos honorários em razão da ausência de pedido respectivo por parte da União.

Ademais, vale observar que o tribunal arbitral fundamentou a sua decisão esclarecendo que as normas do CPC sobre a fixação de honorários não são convenientes à arbitragem e, de acordo com o artigo 27 da LBA, os árbitros não estão obrigados a fixar honorários sucumbenciais na sentença, sendo que por muito tempo sequer era da práxis dos tribunais arbitrais a sua imposição[32].

6. SOBRE A PARTICIPAÇÃO DA UNIÃO COMO INTERVENIENTE ANÔMALA E HONORÁRIOS

Outro tema referente à condenação de honorários sucumbenciais e à Administração Pública também merece um breve destaque. Trata-se da chamada intervenção anômala da União, visto que, de acordo com o artigo 5º da Lei nº 9.469/1997, a União está autorizada a intervir nas causas em que forem partes autarquias, fundações públicas, sociedades de economia mista e empresas públicas federais[33].

Atualmente[34], a União figura como interveniente anômala em 5 procedimentos arbitrais, em que são partes a ANTT, a Anac e a Anatel.

A participação da União como interveniente anômala, por sua vez, é restrita. Assim, como ressaltado pelo tribunal arbitral no caso *Telefônica* (CCI 26383/PFF), a União poderá ter acesso às manifestações, às decisões e aos documentos do procedimento, bem como acompanhar eventuais audiências "sem, contudo, formular pedidos, fazer sustentações orais ou apresentações, indicar ou inquirir testemunhas, indicar peritos ou assistentes técnicos"[35].

---

32 Inteiro teor da decisão disponível em: https://www.gov.br/agu/pt-br/composicao/cgu/cgu/neadir/casos-de-arbitragem-2/caso-fundos-petrobras.

33 No mesmo sentido é o artigo. 13, § 2º, do Decreto nº 10.025/2019.

34 Outubro de 2023.

35 Decisão Incidental nº 1. Disponível em: https://www.gov.br/agu/ptbr/composicao/cgu/cgu/neadir/casos-de-arbitragem-2/caso-telefonica.

Assim, em decorrência dessa participação restrita, a União, quando atua na qualidade de interveniente anuente, está desobrigada a pagar ou receber qualquer tipo de verba honorária[36].

CONCLUSÃO

Graças à autonomia das partes, são inúmeras as possibilidades de as partes disporem sobre o tema da condenação em honorários sucumbências nas cláusulas arbitrais e nos termos de arbitragem. Tal fato, aliás, se apresenta como uma vantagem em comparação ao processo estatal que não permite margem à negociação entre as partes sobre a aplicação ou não da verba honorária sucumbencial.

No que tangem aos procedimentos arbitrais envolvendo a Administração Pública, o que se notou é que existe uma tendência mais recente, como visto em todos os procedimentos arbitrais envolvendo o setor de telecomunicações que foram iniciados a partir de 2021, de as partes acordarem por não haver condenação em honorários advocatícios sucumbenciais.

São vários os motivos que levam as partes a decidirem dessa forma. Em primeiro lugar, os valores envolvidos nas arbitragens com o Poder Público podem atingir a casa dos bilhões, de forma que a possibilidade de haver uma condenação em honorários sucumbenciais atrelada a uma porcentagem do valor envolvido pode ser muito oneroso às partes, visto que o Decreto nº 10.025/2019 estipula que, havendo condenação em honorários, devem ser aplicados os parâmetros previstos no Código de Processo Civil.

Em segundo lugar, as partes buscam maior previsibilidade quando litigam em arbitragem. Assim, mesmo que as partes estabeleçam critérios sobre o valor da condenação em honorários sucumbenciais, os litigantes não querem ser surpreendidos ao final do caso com mais uma verba.

Em terceiro lugar, o litigante, sobretudo a parte privada, já teve que desembolsar honorários advocatícios contratuais, razão pela qual não quer se ver mais onerado com o pagamento de outra verba sucumbenciais.

Em quarto lugar, outro motivo que leva as partes a optarem por uma vedação à condenação em honorários sucumbenciais é o risco de uma dupla condenação. É dizer, caso o litigante se saia perdedor, serão duas as condenações a serem pagas. A condenação pecuniária em si e a condenação da verba advocatícia honorária.

Como visto, o tratamento dado à condenação em honorários advocatícios sucumbências em arbitragens é bem distinto do que ocorre nas ações judiciais

36 Trecho da Ata de Missão do procedimento arbitral Viracopos (CCI 26042): "13.6. A participação da União na qualidade de Interveniente Anômala não induz a obrigações ou direitos relativos ao pagamento ou ressarcimento de valores relativos a custas, despesas ou quaisquer outros ônus procedimentais, inclusive, honorários advocatícios contratuais ou de sucumbência".

regulamentadas pelo Código de Processo Civil. Assim, considerando a ausência de parâmetros, seja na lei, seja nos regulamentos das câmaras arbitrais, a discussão acerca da condenação em honorários sucumbenciais na arbitragem é muito importante.

REFERÊNCIAS

APRIGLIANO, Ricardo Carvalho. Alocação de custas e despesas e a condenação em honorários advocatícios sucumbenciais em arbitragem. *In*: CARMONA, Carlos Alberto; LEMES, Selma Ferreira; MARTINS, Pedro Batista (org.). **20 anos da Lei de Arbitragem**: homenagem a Petrônio R. Muniz.

1. ed. São Paulo: Atlas, 2017.

CAHALI, Francisco José. **Curso de arbitragem**: mediação, conciliação, Resolução CNJ nº 125/2010. 5. ed. rev. e atual. São Paulo: Revista dos Tribunais, 2015.

CARMONA, Carlos Alberto. Alocação de custas e despesas e a condenação em honorários advocatícios sucumbenciais em arbitragem. *In*: CARMONA, Carlos Alberto; LEMES, Selma Ferreira; MARTINS, Pedro Batista (org.). **20 anos da Lei de Arbitragem**: homenagem a Petrônio R. Muniz.

1. ed. São Paulo: Atlas, 2017.

CARMONA, Carlos Alberto. **Arbitragem e processo**. 4. ed. Barueri: Atlas, 2023.

CRUZ E TUCCI, José Rogério. Fixação dos honorários advocatícios de sucumbência no processo arbitral. **Consultor Jurídico**. Disponível em: https://www.conjur.com.br/2019-set-03/fixacao-honorarios-advocaticios-sucumbencia-processo-arbitral.

DINAMARCO, Cândido Rangel. **Instituições de direito processual civil**. 7. ed. São Paulo: Malheiros, v. II, 2017. *In*: CARMONA, Carlos Alberto; LEMES, Selma Ferreira; MARTINS, Pedro Batista (org.). **20 anos da Lei de Arbitragem**: homenagem a Petrônio R. Muniz. São Paulo: Atlas, 2017.

ELIAS, Carlos Eduardo Stefen. Honorários advocatícios de sucumbência na arbitragem regida pela lei brasileira. **Revista de Arbitragem e Mediação**, São Paulo: RT, v. 68, ano 18, p. 81-114, jan./mar. 2021.

LEVY, Daniel; PEREIRA, Guilherme Setoguti. **Curso de arbitragem**. São Paulo: Thomson Reuters Brasil, 2018.

NERY JUNIOR, Nelson; NERY, Rosa Maria de Andrade. **Código de Processo Civil comentado**. 18. ed. São Paulo: Thomson Reuters Brasil, 2019.

NEVES, José Castro. Os honorários advocatícios de sucumbência na arbitragem. *In*: CARMONA, Carlos Alberto; LEMES, Selma Ferreira; MARTINS, Pedro Batista (org.). **20 anos da Lei de Arbitragem**: homenagem a Petrônio R. Muniz.

1. ed. São Paulo: Atlas, 2017.

THEODORO JÚNIOR, Humberto. **Curso de direito processual civil**. 47. ed. Rio de Janeiro: Forense, v. 1, 2007.

ARBITRAGEM E DISPUTE BOARDS

Coordenadores: Renata Faria Silva Lima e Augusto Barros de Figueiredo. **Coordenadores na data de publicação desta obra:** Marcelo Botelho de Mesquita e Renata Faria.

O Grupo de Estudos do Comitê Brasileiro de Arbitragem (CBAr), denominado "Arbitragem e *Dispute Boards*", foi criado em 2022 e tem como escopo promover e fomentar o livre debate entre os seus associados de temas acadêmicos e de casos práticos do instituto do *Dispute Board*, que vem sendo utilizado de forma crescente no Brasil, em cláusulas escalonadas, como as adotadas pelos modelos da Fédération Internationale des Ingénieurs-Conseils (Fidic), na fase pré-arbitral, em contratos firmados entre particulares e pela Administração Pública, direta e indireta.

Nestes dois anos, já foram estudados temas como: a revisão liminar, pelo Poder Judiciário, das decisões do *Dispute Board*; as decisões do *Dispute Board* como prova na arbitragem; o *Dispute Board ad hoc*; a regulamentação do *Dispute Board* pelas agências reguladoras, em especial a Agência Nacional de Transportes Terrestres, a partir de determinação do Tribunal de Contas da União; a nomeação de árbitros e de membros do *Dispute Board* pela Administração Pública; o dever de revelação, entre outros. Foram também analisados casos práticos de *Dispute Boards* que estão em andamento no Brasil e em outros países, como no Peru.

Neste contexto, a partir dos estudos desenvolvidos, cinco dos participantes do grupo produziram três artigos, apresentados a seguir.

8. DISPUTE BOARD EM CONTRATO DE CONCESSÃO: UTILIDADE E ADEQUAÇÃO?

Mauricio Morais Tonin
Doutor em Direito Processual Civil pela USP.
Mestre em Direito Processual Civil pela USP.
Bacharel em Direito pela USP.
Procurador do Município de São Paulo.
Advogado, atua como árbitro, mediador e consultor.

INTRODUÇÃO

O Comitê de Prevenção e Solução de Disputas, internacionalmente conhecido como *Dispute Board* (DB), é um método de solução de conflitos colocado à disposição das partes contratantes, muito comum em prestação de serviços de engenharia envolvendo grandes obras.

Contratos de construção são comutativos complexos, nos quais as obrigações pactuadas decorrem da combinação de elementos de diversos contratos, reunidos em novas figuras contratualmente atípicas. As estimativas de custos nestes contratos – e nos projetos de infraestrutura em geral – são realizadas em diferentes estágios do projeto, de modo que as estimativas tendem a se tornar cada vez mais precisas à medida que avançam os diferentes estágios rumo a um número cada vez menor de opções, um maior detalhamento do projeto e uma maior precisão de quantidades e preços[1].

---

1 BUENO, Júlio César. Os *Dispute Boards* e a sua evolução no Direito brasileiro. *In*: NASCIMBENI; Asdrubal Franco; CARDOSO, Chrystiana Beyrodt; RANZOLIN, Ricardo (coord.). **Meios adequados de solução de conflitos**. São Paulo: Almedina, 2023. p. 167.

Muitas vezes, o início do serviço ocorre antes do completo detalhamento do projeto de engenharia, da matriz de riscos, do grau de responsabilidade assumido pelas partes e dos custos envolvidos. Por conseguinte, é comum o surgimento de diversas controvérsias durante a execução do contrato, razão pela qual a existência de um comitê especializado competente para analisar e dirimir essas controvérsias rapidamente é um fator muito positivo para a conclusão da obra de maneira mais rápida e menos custosa para as partes.

No Brasil, esse mecanismo ainda tem sido muito pouco utilizado, sendo grande o desconhecimento sobre a sua existência e utilidade. Quando escolhido, normalmente consta de contratos de obras de infraestrutura do Poder Público, que é o maior contratante de obras.

Um importante avanço recente em relação ao DB no País foi a sua previsão expressa na nova Lei de Licitações e Contratos Administrativos (Lei nº 14.133, de 2021), no Capítulo XII – Dos Meios Alternativos de Resolução de Controvérsias. A Lei previu, no artigo 151, o "Comitê de Resolução de Disputas" como meio alternativo de prevenção e resolução de controvérsias que pode ser previsto nos contratos administrativos para dirimir conflitos relativos a direitos patrimoniais disponíveis[2]. Contudo, ainda falta uma regulamentação do mecanismo em nível nacional, havendo poucas leis municipais e estaduais a respeito.

Chama atenção que, mais recentemente, o *Dispute Board* tem sido inserido em contratos de naturezas diferentes[3], como contratos de concessão de serviços públicos. Neste breve estudo, pretende-se abordar a utilização do DB em contrato de concessão, analisando como pode ser útil e quando deve ser evitado.

1. DISPUTE BOARD: NOÇÕES GERAIS

O *Dispute Board* é um comitê independente, constituído normalmente no início da execução do contrato, que acompanha a execução do serviço em reuniões

---

2 "Artigo 151. Nas contratações regidas por esta Lei, poderão ser utilizados meios alternativos de prevenção e resolução de controvérsias, notadamente a conciliação, a mediação, o **comitê de resolução de disputas** e a arbitragem.
Parágrafo único. Será aplicado o disposto no *caput* deste artigo às controvérsias relacionadas a **direitos patrimoniais disponíveis**, como as questões relacionadas ao restabelecimento do equilíbrio econômico-financeiro do contrato, ao inadimplemento de obrigações contratuais por quaisquer das partes e ao cálculo de indenizações."

3 Na obra coletiva **Manual de *Dispute Boards*: teoria, prática e provocações**, coordenada por Augusto Barros de Figueiredo Silva Neto e Ricardo Medina Salla, e publicada pela Editora Quartier Latin em 2021, são apresentados artigos sobre o ***Dispute Board*** em relações societárias (Mariana Conti Craveiro), no direito das empresas em dificuldade (Márcio Souza Guimarães), em operações de fusões e aquisições (Affonso Henriques Motta Barboza), em questões ambientais complexas (Jerônimo Pinotti Roveda) e na indústria do petróleo e gás nacional, o que demonstra a amplitude que o tema vem ganhando.

periódicas com as partes, dirimindo conflitos, quando necessário. Composto normalmente por três especialistas imparciais, os membros do comitê são profissionais experientes e de confiança das partes, mas que não mantêm qualquer vínculo com elas.

O DB é um procedimento muito conhecido no contexto dos contratos de construção e engenharia e que foi incorporado nos modelos contratuais do Banco Mundial e da *International Federation of Consulting Engineers* (Fidic), os quais são amplamente respeitados e observados ao redor do mundo e costumam servir como base para os mais relevantes projetos de infraestrutura[4].

A grande vantagem do DB é que ele auxilia as partes a manterem o cronograma e o orçamento inicial da obra[5]. O resultado da atividade do DB evita paralizações na obra que costumam ocorrer em decorrência de uma disputa que se prolonga no tempo, o que acaba acarretando mais custos.

A respeito do surgimento deste mecanismo, confira a lição de Augusto Barros de Figueiredo Silva Neto e Ricardo Medina Salla[6]:

> Os *Dispute Boards* foram concebidos e evoluíram para atender à necessidade da indústria da construção de realização de julgamento rápido, técnico e imparcial das controvérsias geradas ao longo das obras, e que, principalmente, permitisse o sequenciamento dos trabalhos sem interrupções. Originado nos EUA, o primeiro uso de um instrumento similar foi relatado na construção da *Boundary Dam*, localizada em Washington, na década de 1960. Nessa ocasião, um grupo de profissionais, reunidos em comitê que então se denominou "*Joint Consulting Board*", foi convidado para auxiliar as partes contratantes a resolverem desinteligências técnicas de obra. O sucesso do comitê para aquela tarefa incentivou as partes a mantê-lo para o restante da obra. A intenção era que o tal comitê pudesse seguir acompanhando os trabalhos e oferecendo soluções aos conflitos, à medida que eles fossem surgindo. Desde o primeiro momento, o procedimento teve funcionamento bem-sucedido e, a partir de então, se viu o nascimento daquilo que viria a se tornar o *Dispute Board*.

Na década seguinte, segundo Júlio Cesar Bueno, as conclusões do US National Committee on Tunnelling Technology sobre as causas de sobrecustos em projetos de infraestrutura levaram à publicação de um importante estudo que incluiu

4 RAVAGNANI, Giovani dos Santos; NAKAMURA, Bruna Laís Sousa Tourinho; LONGA, Daniel Pinheiro. A utilização de *Dispute Boards* como método adequado para a resolução de conflitos no Brasil. **Revista de Processo**, v. 300, p. 343-362, fev. 2020, p. 4.

5 Afirmação feita considerando que o ***Dispute Board*** é mais comumente utilizada para esse tipo de contrato.

6 SILVA NETO, Augusto Barros de Figueiredo; SALLA, Ricardo Medina. Conceituação dos *Disputes Boards*. *In*: SILVA NETO, Augusto Barros de Figueiredo; SALLA, Ricardo Medina (coord.). **Manual de Dispute *Boards***: teoria, prática e provocações. São Paulo: Quartier Latin, 2021. p. 37.

a recomendação da adoção de comitês independentes, nos moldes do *Joint Consulting Board*, para o acompanhamento do andamento de contratos. Essa recomendação foi prontamente adotada na década seguinte, já com a denominação de *dispute board*, durante a construção do Túnel Eisenhower, também nos EUA, no Estado do Colorado[7].

Os excelentes resultados levaram à difusão de sua prática nos EUA e no mundo, levando o Banco Mundial, a partir de 1995, a exigir *dispute boards* em projetos com valor de financiamento superior a 20 milhões de dólares americanos.

Os *Dispute Boards* podem ser *ad hoc* ou permanentes, e o que os faz distinguir entre essas duas modalidades são o momento de sua instituição e sua perpetuação no projeto. O DB *ad hoc* ocorre quando o comitê não é instalado na fase inicial das obras e só vem a ser incorporado para dar solução a uma ou mais questões pontuais, desfazendo-se assim que a decisão ou recomendação é proferida. Já o DB permanente é aquele que é instalado desde o início e se perpetua até a conclusão da obra, podendo a qualquer momento ser provocado pelas partes a solucionar um impasse[8].

Deve-se tomar cuidado para não se confundir esta nomenclatura com a arbitragem *ad hoc* e a arbitragem institucional, que são classificações distintas[9].

Os comitês permanentes, segundo Augusto Barros e Ricardo Medina, são os que oferecem maior vantagem para a consecução do projeto, em razão da sua constante interação com a evolução das obras e com as próprias partes que dele participam[10].

Ademais, o comitê realiza um trabalho pacificador, ao auxiliar as partes a compreender as dificuldades da execução contratual e promovendo um constante diálogo. Isso reduz significativamente os conflitos que demandam efetivamente uma recomendação ou decisão do próprio *Board*. Cerca de 70% dos temas levantados pelas partes perante um DB acabam se resolvendo consensualmente. E isso ocorre não porque o DB é desnecessário, mas sim porque o trabalho do comitê muitas vezes permite que a solução seja construída em conjunto pelas partes. Consequentemente,

---

7 BUENO, Júlio César. *Op. cit.*, p. 169.

8 SILVA NETO, Augusto Barros de Figueiredo; SALLA, Ricardo Medina. *Op. cit.*, p. 41.

9 A arbitragem institucional é aquela conduzida por uma câmara especializada, como o CAM-CCBC, a CCI, a CAM Ciesp, a Camarb, o CBMA, entre outras. Já a arbitragem *ad hoc* é aquela que não é conduzida por nenhuma câmara arbitral, cabendo essa tarefa integralmente ao tribunal arbitral.

10 Assim prosseguem os autores: "Seus membros adquirem profundo e completo conhecimento sobre o projeto, revisando os documentos de trabalho que lhe são franqueados periodicamente, participando de reuniões de progresso e fazendo visitas ao local da obra. Isso confere às partes a possibilidade de apresentarem seus pleitos de maneira mais especificada e assertiva, com argumentos mais técnicos e menos retóricos. É sensível a diferença entre a atuação dos membros do DBs e a dos juízes e árbitros no que concerne à familiaridade com projeto já que, ainda que se consiga o rápido nivelamento de informações quanto ao contexto da disputa, é impossível que possam ter uma apreensão tão profunda quanto a dos membros do DB e, principalmente, de atuar de forma preventiva durante todo o tempo da execução dos projetos" (p. 42).

ganha-se tempo e reduz-se custos, além de proporcionar um melhor relacionamento entre as partes, o que é muito importante durante contratos que costumam demorar anos para serem concluídos.

É importante ressaltar que a decisão do *Board* não possui caráter jurisdicional, como ocorre com a sentença arbitral, regulamentada pela Lei nº 9.307/1996. Portanto, as decisões do DB podem ser questionadas judicialmente ou, caso haja cláusula compromissória ou compromisso arbitral, em arbitragem.

Por outro lado, a decisão do DB pode ser vinculante contratualmente entre as partes, na modalidade *Dispute Adjudication Board* (DAB), hipótese em que, caso descumprida, poderá ensejar aplicação de multa. Assim, o próprio contrato dispõe sobre a eventual vinculação das partes às soluções do comitê, que poderão ser decisões vinculantes ou meras recomendações (*Dispute Review Board*). O DB de recomendação (DRB) foi a primeira modalidade e adotado consistentemente na história, até a evolução para o DAB, prevalente hoje no mercado[11]. No DAB, ainda que subsista a possibilidade de as partes questionarem essa decisão em sede arbitral ou judicial, elas permanecem obrigadas a cumprir essa decisão de pronto, ao menos até que o tribunal arbitral ou o juiz estatal emita decisão contrária (*pay now, argue later* ou pague agora, discuta depois).

Diante disso, definir a natureza jurídica do *Dispute Board* não é tarefa simples. A definição vai depender da previsão contratual e da atuação do comitê no caso concreto: será autocompositivo quando as partes chegarem a um acordo com o auxílio do comitê, isto é, o *Board* atua de forma a auxiliar as partes a compreenderem o conflito e a chegarem ao consenso; será heterocompositivo quando o comitê tiver de decidir com caráter vinculante, nas hipóteses em que as partes não conseguirem chegar a um acordo; será apenas uma recomendação quando o *Board* tiver de resolver, mas a recomendação não for vinculante (neste caso, a decisão não põe fim ao conflito, pois não vincula as partes).

O contrato pode prever também o caráter executivo de uma decisão do DB, isto é, é possível estabelecer uma cláusula dispondo que a parte vencedora em uma decisão do DB (na modalidade DAB) pode levar essa decisão para cumprimento forçado na Justiça, caso a outra parte não cumpra o que for decidido pelo comitê.

---

11 "Especula-se que a ausência de força vinculante do comitê teria sido um dos fatores que permitiram a disseminação dos *Dispute Boards*, eis que seu caráter meramente recomendatório teria tornado mais confortável às partes contratantes admitirem a ingerência dos terceiros imparciais em sua obra. Sendo permitida a possibilidade de as partes rechaçarem a recomendação, permanecia aberta a possibilidade às partes de se socorrerem dos métodos tradicionais para dirimir suas controvérsias, se os laudos emitidos pelo comitê se lhe mostrassem inconvenientes. A partir dessa experiência inicial foi possível a evolução dos *Dispute Boards* para as suas demais modalidades." (SILVA NETO, Augusto Barros de Figueiredo; SALLA, Ricardo Medina. *Op. cit.*, p. 50/51)

Os *Dispute Boards* começaram a ser utilizados recentemente no Brasil, já neste século XXI, notadamente a partir de exigências do Banco Mundial e do Banco Interamericano de Desenvolvimento (BID) para que pudessem financiar obras de infraestrutura no País. A Linha 4 Amarela do Metrô de São Paulo é considerada o projeto pioneiro da adoção do DB.

As principais razões para a demora da inserção desse método nos contratos são a falta de conhecimento do DB, os custos, a resistência *a priori* na aceitação da decisão do *Board* que possa ser desfavorável, bem como a ausência de regulamentação legal em âmbito federal[12].

Francisco Maia Neto elenca as desvantagens que normalmente são atribuídas ao DB[13], *in verbis*:

> A principal desvantagem que temos visto ser citada, especialmente, por empresas contratadas para implementação dos contratos, se refere ao custo de sua implantação e concretização durante a sua execução, uma vez que envolve a contratação de um trio de especialistas independentes, que irão se dedicar durante todo o período de sua implementação, inclusive sujeitos a impedimentos de serem contratados em outros casos que se relacionem às empresas envolvidas no contrato em curso, o que nos parece uma visão restritiva, em decorrência dos benefícios, inclusive de natureza econômica, devido aos custos que um litígio poderá trazer para as partes.
>
> Outras questões tidas como desvantagens, que se referem às decisões do painel, especificamente, quanto à insatisfação de uma das partes quanto a uma decisão tecnicamente discutível, ou ainda, da possibilidade de recurso da decisão do painel, que leva a uma insegurança jurídica, nos parecem inerentes ao próprio conflito e não se referem ao instituto em si, portanto, poderiam existir em outros mecanismos de solução de controvérsias, de uma forma muito prejudicial às partes, especialmente, se verificarmos as experiências no campo da justiça estatal.

---

12 Ressalte-se o Enunciado nº 80 da I Jornada de "Prevenção e Solução Extrajudicial de Litígios" realizada pelo Conselho da Justiça Federal, que recomenda: "A utilização dos Comitês de Resolução de Disputas (*Dispute Boards*), com a inserção da respectiva cláusula contratual, é recomendável para os contratos de construção ou de obras de infraestrutura, como mecanismo voltado para a prevenção de litígios e redução dos custos correlatos, permitindo a imediata resolução de conflitos surgidos no curso da execução dos contratos".

13 MAIA NETO, Francisco. *Dispute Board*: o encontro entre o técnico e o jurídico. *In*: NASCIMBENI; Asdrubal Franco; CARDOSO, Chrystiana Beyrodt; RANZOLIN, Ricardo (coord.). **Meios adequados de solução de conflitos**. São Paulo: Almedina, 2023. p. 189. O autor, porém, afirma que é melhor atentar ao campo das vantagens na adoção desse mecanismo, uma vez que são vistas por aqueles que já tomaram contato com ele como um importante aliado na resolução das diversas controvérsias surgidas na execução do contrato, solucionando essas disputas de forma rápida e eficaz, o que minimiza o surgimento de um futuro litígio.

Outra questão que merece destaque é a cláusula escalonada (DB-Arb ou DB-Jud) e a eventual obrigatoriedade do DB como etapa prévia obrigatória para que as partes possam instaurar uma arbitragem ou um processo judicial para dirimir eventual conflito. Nesse ponto, a ausência de lei federal regulamentando o DB não permite afirmar que a cláusula de DB tem a mesma força que a cláusula de mediação, por exemplo. Isso porque o artigo 2º, § 1º, da Lei de Mediação (Lei nº 13.140, de 2015) obriga as partes a ao menos comparecer na primeira reunião de mediação, impedindo-as de passarem direto para a arbitragem ou o processo judicial, exceto se concordarem com isso. No entanto, com o DB não há essa obrigatoriedade legal, podendo as partes partirem direto para a arbitragem ou processo judicial, se assim preferirem.

Eventual arbitragem contará com outros profissionais que atuarão na condição de árbitros (que não os próprios membros do comitê), podendo ser produzidas novas provas no curso do procedimento arbitral. A sentença arbitral prevalecerá em relação à decisão do DB, mesmo que seja para confirmá-la.

A esse respeito, contudo, os números mostram que a imensa maioria das decisões do DB não é questionada pelas partes, sobretudo nos DBs permanentes, segundo Augusto Barros e Ricardo Medina. Confira-se[14]:

> Um outro interessante caso é o relativo à uma apresentação sobre a análise de disputas ocorridas em um universo de 231 projetos com previsão de uso de *Dispute Boards*, tanto no formato permanente como no formato *ad hoc*. O estudo constatou que 14,05% das decisões proferidas por um *Dispute Board ad hoc* foram contestadas posteriormente em arbitragem contra 0,53% das decisões de um *Dispute Board* Permanente com poderes para também atuar na prevenção de disputas e 2,97% das decisões de um *Dispute Board* Permanente sem poderes para atuar também na prevenção de disputas. Os números mostram não apenas a grande efetividade dos DBs na solução das disputas, mas também a relevância de seu formato *ad hoc*. Todavia, reiteramos que a contribuição dos DBs permanentes ao projeto é extremamente superior.

No mesmo sentido, Júlio César Bueno alega que os números da Dispute Resolution Board Foundation (DRBF) revelam que aproximadamente 97% das divergências surgidas ao longo de um contrato que utilize DB são resolvidas em seu âmbito, evitando a necessidade de recorrer à arbitragem ou ao Judiciário[15].

---

14 SILVA NETO, Augusto Barros de Figueiredo; SALLA, Ricardo Medina. *Op. cit.*, p. 42/43.
15 BUENO, Júlio César. *Op. cit.*, p. 171. A DRBF também aponta a identificação oficial de quase 2.340 projetos no mundo que já utilizaram *dispute boards* com valor global estimado em mais de 166 bilhões de dólares.

Por fim, ainda em termos de noções gerais, no caso dos comitês instituídos perante câmaras especializadas com a participação do Poder Público, assim como tem ocorrido com as câmaras de arbitragem, a tendência que deve prevalecer para o DB é o cadastramento de câmaras institucionais pelo Poder Público para serem indicadas pelas partes para a instalação e o processamento do DB, seja ele permanente ou para tratar de controvérsias específicas. Várias câmaras já possuem regulamento próprio de DB, como o CAM-CCBC, o CBMA, o CAM-Ciesp/Fiesp, a Camarb e a CCI. A Procuradoria-Geral do Município de São Paulo possui, desde 2022, um cadastro específico de câmaras especializadas em *Dispute Board*.

2. PREVISÃO LEGAL

O Município de São Paulo foi pioneiro na regulamentação do *Dispute Board* para contratos com o Poder Público. A Lei municipal de São Paulo nº 16.873, de 2018, reconheceu e regulamentou a instalação de Comitês de Prevenção e Solução de Disputas em contratos administrativos continuados celebrados pela Prefeitura de São Paulo[16]. A lei foi regulamentada pelo Decreto municipal nº 60.067, de 2021.

O Município de Belo Horizonte também editou uma lei sobre o mecanismo, qual seja, a Lei nº 11.241, de 2020; o Município de Porto Alegre editou a Lei nº 12.810, de 2021; e o Estado do Rio Grande do Sul editou a Lei nº 15.812, de 2022, sobre *Dispute Boards*. O Decreto nº 56.423, de 2022, regulamentou a lei gaúcha.

Em âmbito federal, tramita na Câmara dos Deputados o Projeto de Lei nº 2421/2021, já aprovado no Senado Federal (PLS 206/2018), que regulamenta o uso do *Dispute Board*. O texto é semelhante à lei paulistana e está em debate no Parlamento.

A despeito da ausência de lei federal específica, o artigo 151 da nova Lei de Licitações e Contratos Administrativos prevê expressamente o Comitê de Resolução

---

16 A Lei de São Paulo previu o *Dispute Board* para dirimir conflitos relativos a direitos patrimoniais disponíveis em contratos públicos, devendo estar previsto no edital de licitação e no contrato. O DB poderá ter natureza revisora, adjudicativa ou híbrida, a depender dos poderes que lhe forem outorgados pelo contrato de obra celebrado. Ao Comitê por Revisão é conferido o poder de emitir recomendações não vinculantes às partes em litígio. Ao Comitê por Adjudicação é conferido o poder de emitir decisões contratualmente vinculantes às partes em litígio. Ao Comitê Híbrido poderá tanto recomendar quanto decidir sobre os conflitos, cabendo à parte requerente estabelecer a sua competência revisora ou adjudicativa (artigo 2º, *caput*). As decisões emitidas pelos Comitês com poderes de adjudicação poderão ser submetidas à jurisdição judicial ou arbitral em caso de inconformidade de uma das partes. A lei paulistana prevê que o comitê será composto de três pessoas, sendo preferencialmente dois engenheiros e um advogado. Os membros devem observar a imparcialidade aplicável aos juízes e fazer as revelações exigidas dos árbitros. A lei permite que seja indicada uma instituição especializada para instituir e processar o DB. Também é previsto que o custo será repartido entre os contratantes, cabendo ao contratado pagar à instituição e/ou aos membros, e ao Poder Público reembolsá-lo da metade, após aprovação das medições previstas no contrato.

de Disputas, o qual pode ser incorporado aos novos editais de licitação e aos contratos já em vigor, posto que o artigo 153 prevê que *os contratos poderão ser aditados para permitir a adoção dos meios alternativos de resolução de controvérsia*[17].

Isso deve ser suficiente para afastar a alegação de ilegalidade na previsão do DB. Isso porque, em relação à Administração Pública Federal, o Tribunal de Contas da União, ao menos em uma ocasião, restringiu o uso do DB pelo Ministério da Infraestrutura no projeto de concessão de duas rodovias sem que houvesse previsão legal e regulamentação pela Agência Nacional de Transportes Terrestres (ANTT) (TCU, Processos nºs 016.936/2020-5 e 018.901/2020-4)[18].

A própria ANTT promoveu recentemente consulta pública sobre a sua proposta de regulamentação do *Dispute Board*, seguida da realização de audiências públicas para ouvir especialistas sobre o tema. Consequentemente, a expectativa é que, em um futuro próximo, o DB estará previsto em contratos de infraestrutura da Administração Pública Federal, ampliando ainda mais a utilização desse mecanismo para grandes obras no País.

3. ANÁLISE ECONÔMICA DO DISPUTE BOARD

De acordo com William Ury, Jeanne Brett e Stephen Goldberg, todos os processos de resolução de conflitos acarretam custos: tempo, dinheiro, energia emocional, recursos gastos e oportunidades perdidas[19].

---

17 Existe discussão se o aditamento autorizado pelo artigo 153 abrange também os contratos anteriores à Lei nº 14.133, de 2021. A interpretação mais restritiva entende que somente seria possível aplicar o artigo 153 aos contratos celebrados sob a égide da nova Lei, em razão da previsão do artigo 191, parágrafo único, que dispõe que o contrato será regido pela Lei anterior durante toda a sua vigência. A interpretação mais abrangente, à qual nos filiamos, entende que o artigo se aplica também aos contratos anteriores, já que a possibilidade de utilização dos mecanismos alternativos já existia antes da Lei nº 14.133, de 2021, sendo o aditamento contratual um mecanismo também previsto nas leis que antecederam a nova Lei de Licitações e Contratos Administrativos.

18 A respeito dessa decisão, assim comentou Ane Elisa Perez: "Os conselheiros entenderam que o mecanismo do *dispute board* não constaria em lei e não seria regulamentado pela ANTT, o que obstaria o seu uso nas concessões acima mencionadas, já que a lacuna normativa decorrente da ausência de regulamentação poderia causar questionamentos judiciais ou arbitrais por parte da concessionária, o que poderia macular toda a execução contratual. Contudo, ressalta-se que, embora tenham entendido pela não utilização dos dispute boards, os conselheiros permitiram o uso, no âmbito dessas mesmas contratações, de outros mecanismos extrajudiciais, como a arbitragem e a mediação, por exemplo, sob a justificativa de que ambos os mecanismos são regulamentados por leis específicas (Lei nº 9.307/1996, alterada pela Lei nº 13.129/2015, Lei nº 13.140/2015, respectivamente, e Resolução ANTT nº 5.845/2019)" (PEREZ, Ane Elisa. Decisão do TCU sobre o uso de *dispute board* é um retrocesso. *Revista Consultor Jurídico*. Disponível em: https://www.conjur.com.br/2021-jan-12/ane-perez-decisao-tcu-uso-dispute-board. Acesso em: 13 out. 2023).

19 URY, William; BRETT, Jeanne; GOLDBERG, Stephen. **Resolução de conflitos** – Concepção de sistemas para reduzir custos de conflitos. Tradução: Soares Franco. Lisboa: Actual, 2009. p. 44.

Por sua vez, Robert Mnookin, Scott Peppet e Andrew Tulumello afirmam que, na maior parte das circunstâncias, os poderosos incentivos econômicos que agem sobre os litigantes são suficientes para motivar o acordo em detrimento da disputa judicial[20].

Uma análise econômica do litígio, muitas vezes chamada de análise de custo-benefício, é uma avaliação financeira e econômica das implicações de estar envolvido em um processo judicial. Essa análise busca avaliar se é vantajoso ou não prosseguir com uma ação, considerando os custos associados e os potenciais benefícios financeiros. Essa análise é essencial na tomada de decisões sobre o melhor método para a solução do conflito.

O problema é que, no Brasil, não é comum haver esse tipo de análise, sobretudo em conflitos envolvendo a Administração Pública, que prefere no mais das vezes se socorrer do conforto e da segurança do Poder Judiciário, muito embora nem sempre esse seja o melhor caminho.

De fato, a Fazenda Pública, em regra, não paga custas e emolumentos judiciais, o que torna o processo um método relativamente barato ao Poder Público, *a priori*. Porém, não se pode desconsiderar as despesas processuais, os juros de mora, a correção monetária e a condenação do vencido em honorários advocatícios de sucumbência, que oneram consideravelmente o processo judicial[21-22].

---

20 MNOOKIN, Robert H.; PEPPET, Scott R.; TULUMELLO, Andrew S. **Mais que vencer**: negociando para criar valor em negócios e disputas. Tradução: Mauro Gama. Rio de Janeiro: BestSeller, 2009. p. 142. Ressalte-se que os autores fazem essa afirmação tendo por base a realidade norte-americana, onde os custos do litígio são muito altos se comparados com os processos judiciais no Brasil.

21 Pelo Código de Processo Civil (CPC), a sentença condenará o vencido a pagar honorários ao advogado do vencedor (artigo 85, *caput*). A regra geral é de que os honorários serão fixados entre o mínimo de dez e o máximo de vinte por cento sobre o valor da condenação, do proveito econômico obtido ou, não sendo possível mensurá-lo, sobre o valor atualizado da causa, atendidos os requisitos do § 2º do artigo 85 do CPC. O § 3º deste artigo dispõe especificamente sobre a fixação dos honorários nas causas em que for parte a Fazenda Pública, com uma previsão decrescente do percentual de honorários, conforme for maior o valor envolvido, chegando ao mínimo de um por cento. A despeito desse escalonamento na condenação em honorários nas causas em que for parte a Fazenda Pública, ainda assim é um custo que onera a litigância tanto para o Poder Público quanto para o seu adversário privado.

22 O artigo 91 do CPC prevê que as despesas dos atos processuais praticados a requerimento da Fazenda Pública serão pagas ao final do processo, pelo vencido. O § 1º do artigo 91 do CPC previu a possibilidade de adiantamento de honorários periciais. Frise-se que a Fazenda Pública está dispensada do pagamento de **custas** e **emolumentos judiciais**, que ostentam natureza tributária (taxa). Só não está liberada do dispêndio com as **despesas em sentido estrito**, que se destinam a remunerar terceiras pessoas acionadas pelo aparelho judicial, no desenvolvimento da atividade do Estado-juiz (p. ex., honorários do perito, transporte do oficial de justiça e postagem de comunicações processuais). Porém, ao final, se for vencida, a Fazenda Pública terá que arcar com as custas e os emolumentos judiciais, exceto se a União tiver convênio com o Estado onde tramitou a ação para liberá-la de tal despesa, ou se a causa tiver tramitado na Justiça Federal, onde há isenção de custas à União, aos Estados, aos Municípios, aos Territórios, ao Distrito Federal e às respectivas autarquias e fundações (artigo 4º, inciso I, da Lei nº 9.289/1996). Por fim, a União, os Estados, o DF, os Municípios, as respectivas autarquias

Some-se a isso que as condenações judiciais da Fazenda Pública são pagas pela via dos precatórios. Embora o precatório represente um alívio imediato ao Erário, na verdade gera um prejuízo ainda maior, pois, quando for finalmente pago, será acrescido de correção monetária e juros de mora, nos termos da jurisprudência consolidada[23]. Nesse sentido, o Estado de São Paulo e o Município de São Paulo, por exemplo, demoram mais de 15 (quinze) anos para quitar os precatórios, o que representa um gasto muito elevado em juros de mora (desde dezembro de 2021, com a Emenda Constitucional nº 113/2021, aplica-se a taxa Selic[24]).

Além disso, para fazer frente ao enorme número de processos, o Poder Público também tem uma considerável despesa com a estrutura da advocacia pública, que vai desde a contratação de advogados públicos até a manutenção de escritórios e estruturas administrativas. Cite-se, por fim, os custos do próprio Judiciário, que superou a marca de cem bilhões de reais anuais desde 2019.

Dessa forma, cabe ao interessado analisar o caso verificando os valores em jogo, a legislação aplicável, as questões a serem eventualmente provadas em juízo, a probabilidade de sucesso, o impacto na reputação, os custos de transação[25] e as preferências de risco do interessado, cotejando com os diferentes métodos de solução de conflitos à disposição das partes.

No caso do *Dispute Board*, é certo que possui custos fixos, tais como os honorários mensais dos membros do comitê (que no Brasil variam em média de R$ 5 mil a R$ 10 mil por mês para cada), a taxa de administração da câmara, além de despesas com viagens e diligências dos membros e dos representantes das partes.

O cálculo correto, contudo, não pode levar em consideração apenas as despesas do DB. Deve-se considerar também a economia em tempo para a solução das diversas disputas[26] e o custo que seria necessário para os processos arbitrais ou judiciais, que são sabidamente caros (custas, despesas processuais, honorários dos advogados, honorários dos árbitros, honorários dos peritos, honorários dos assistentes técnicos, honorários de sucumbência, etc.).

---

e o Ministério Público são isentos de preparo nos recursos, nos termos do artigo 1.007, § 1º, do CPC, tendo o CPC expressamente dispensado também do porte de remessa e retorno (Cf. CUNHA, Leonardo José Carneiro. **A Fazenda Pública em juízo**. 13. ed. Rio de Janeiro: Forense, 2016. p. 117-121 e 145).

23 Temas 96 e 810 da repercussão geral no STF; Súmula Vinculante nº 17 do STF; Temas 291 e 292 dos repetitivos no STJ; ADIs 4.425 e 4357.

24 A taxa Selic é a taxa básica da economia, definida pelo Banco Central. No início de 2022, começou a subir a patamar muito elevado, chegando a 13,75% a.a. Em agosto de 2023, começou um movimento de queda, chegando a 12,25% a.a. em 1º de novembro.

25 Note-se que, por lei, é dever da Administração Pública evitar o abuso de poder regulatório, no contexto da Lei de Liberdade Econômica, que represente aumento dos custos de transação sem demonstração de benefícios (artigo 4º, inciso V, da Lei federal nº 13.874/2019).

26 *Time is money* ou tempo é dinheiro.

Ademais, o custo social é extremamente relevante para grandes obras de infraestrutura. Quando se conclui dentro do prazo um melhoramento público, toda a sociedade passa a fruir daquele equipamento (um hospital, uma universidade, um túnel, uma ponte, uma rodovia, uma linha nova do metrô), ao passo que, com a paralização da obra ou o atraso na conclusão do contrato por sucessivos aditamentos, esse benefício deixa de estar disponível para a coletividade.

Cite-se, por exemplo, a obra de expansão no Canal do Panamá ocorrida entre 2007 e 2016, para a criação de uma terceira faixa de eclusas com capacidade para permitir a passagem de navios maiores. O DB analisou e decidiu várias disputas entre as partes, viabilizando a conclusão da obra com pouco atraso em relação ao prazo inicialmente previsto e permitindo ao Panamá iniciar a exploração do canal ampliado desde então. Considerando que são dezenas de navios que cruzam o canal por dia do Oceano Pacífico para o Oceano Atlântico e vice-versa, a um custo de 100 mil a 300 mil dólares americanos cada, logo se percebe o ganho em receitas para o País com a entrega da obra, mesmo com o envio de parte das decisões do DB para a arbitragem[27]. Erik Navarro Wolkart, a respeito da análise econômica da decisão de demandar em juízo, afirma[28]:

> Qualquer análise de comportamento cooperativo no processo deve começar pelo ato de demandar, ou seja, de comparecer a juízo com uma pretensão.
>
> Com efeito, considerado o cenário de tragédia da Justiça, demandas frívolas devem ser evitadas e a autocomposição deve ser estimulada. Só assim será possível evitar o esgotamento dos recursos que o Poder Judiciário utilizará na busca de uma tutela *justa, efetiva e em tempo razoável.*
>
> Consideramos não cooperativo o comportamento de *ajuizar ações* com pouquíssimas chances de sucesso (*frívolas*). Trata-se de um movimento que aproveita o alto subsídio estatal (conferido para toda as demandas) para buscar um suposto direito material que, de tão remoto, nem de longe justifica gastos públicos e privados (da defesa). Os custos sociais não podem dar-se em razão de caprichos do particular. Tais pleitos, se forem feitos, devem ser redirecionados para outras *portas* da justiça, mais baratas e efetivas, como as da *mediação.*
>
> [...] a decisão de ajuizamento da ação não é, quase nunca, uma decisão somente da futura parte, mas sim dela e de seu advogado. E esses interesses nem sempre coincidem. A divergência de interesses é conhecida em teoria econômica como *problema de agência ou de mandato* (*agency problem*).

---

27 Cf. Fernando Marcondes em palestra na Fiesp, por ocasião do Congresso "Institucionalização da Justiça Conciliativa pelo Poder Público", em 30 de outubro de 2023, promovido pela Escola da Advocacia-Geral da União em parceria com a CAM Ciesp|Fiesp.

28 WOLKART, Erik Navarro. **Análise econômica do processo civil**: como a economia, o direito e a psicologia podem vencer a tragédia da justiça. São Paulo: Thomson Reuters Brasil, 2019. p. 323.

Dessa forma, conclui-se que o DB é recomendável, inclusive sob a ótica da análise econômica, para os contratos de construção, podendo ser igualmente útil e adequado para outros tipos de contratações.

4. CONTRATO DE CONCESSÃO: NOÇÕES GERAIS

A concessão de serviço público possui previsão constitucional no artigo 175 da Constituição Federal[29]. A Lei nº 8.987, de 1995, regulamenta a concessão e a permissão da prestação de serviços públicos.

Um contrato de concessão é um ajuste formal celebrado entre uma entidade concedente e uma entidade concessionária que confere à prestadora o direito de operar, manter e, em alguns casos, investir em um serviço público ou empreendimento por um período determinado. Esse tipo de contrato é comum em setores como transporte, energia, saneamento básico, telecomunicações e outros serviços públicos.

Tecnicamente, entende-se por concessão de serviço público uma relação jurídica complexa por meio da qual o Estado atribui a alguém o exercício de um serviço público e este aceita prestá-lo em nome próprio, por sua conta, risco e perigos, sob condições fixadas e alteráveis unilateralmente pelo Estado, remunerando-se disto pela exploração do serviço, geralmente mediante cobrança de tarifas diretamente dos usuários, e tendo garantida em seu favor a manutenção do equilíbrio econômico-financeiro estabelecido nos termos da estipulação inicial[30-31]. Os contratos de

---

29 "Artigo 175. Incumbe ao Poder Público, na forma da lei, diretamente ou sob regime de concessão ou permissão, sempre através de licitação, a prestação de serviços públicos.

Parágrafo único. A lei disporá sobre:

I – o regime das empresas concessionárias e permissionárias de serviços públicos, o caráter especial de seu contrato e de sua prorrogação, bem como as condições de caducidade, fiscalização e rescisão da concessão ou permissão;

II – os direitos dos usuários;

III – política tarifária;

IV – a obrigação de manter serviço adequado."

30 MELLO, Celso Antônio Bandeira de. **Serviço público e concessão de serviço público**. São Paulo: Malheiros, 2017. p. 96. E conclui Celso Antônio: "Assim, a concessão é composta por um ato regulamentar do Estado que fixa unilateralmente condições de **funcionamento, organização e modo de prestação do serviço**, isto é, as **condições** em que será oferecido aos usuários; de um ato-condição, por meio do qual o concessionário voluntariamente se insere debaixo da situação jurídica objetiva estabelecida pelo Poder Público, e de contrato, por cuja via se garante a equação econômico-financeira, resguardando os legítimos objetivos de lucro do concessionário" (p. 96).

31 Com efeito, ao transferir ao concessionário os poderes inerentes à prestação, não transferiu e não poderia transferir a titularidade do serviço, com as correlatas responsabilidades. O serviço público nem se descaracteriza nem se desnatura pela circunstância de ser prestado por concessionário. Com efeito, nele se consubstancia bem jurídico insuscetível de ser apoderado, ainda que transitoriamente, por

concessão geralmente estabelecem as obrigações e os direitos de ambas as partes, bem como os termos e as condições específicos sob os quais a concessionária deve fornecer o serviço ou operar o empreendimento. Além disso, eles podem abordar questões como investimentos, tarifas, qualidade do serviço, prazos e responsabilidades em caso de atrasos ou problemas.

Os contratos de concessão podem variar em sua estrutura e seus termos, dependendo do setor e da jurisdição em que são estabelecidos. Eles são frequentemente usados para permitir que o setor privado participe na prestação de serviços públicos, ao mesmo tempo em que garantem que o interesse público seja atendido e protegido. Em muitos casos, tais contratos são objeto de licitações públicas.

Além disso, contratos de concessão geralmente são regulados por agências governamentais e podem estar sujeitos a revisões e auditorias periódicas para garantir o cumprimento das obrigações previstas na lei e no contrato.

A Lei nº 8.987, de 1995, prevê também a modalidade de concessão de serviço público precedida da execução de obra pública, como a construção, total ou parcial, a conservação, a reforma, a ampliação ou o melhoramento de quaisquer obras de interesse público, delegados pelo poder concedente, mediante licitação, na modalidade concorrência ou diálogo competitivo, a pessoa jurídica ou consórcio de empresas que demonstre capacidade para a sua realização, por sua conta e risco, de forma que o investimento da concessionária seja remunerado e amortizado mediante a exploração do serviço ou da obra por prazo determinado (artigo 2º, inciso III).

Essa é a modalidade que mais se aproxima do contrato de construção, para o qual o *Dispute Board* é muito utilizado, como visto anteriormente. No mais, os regimes do contrato de concessão e do contrato de construção são bem distintos.

5. DISPUTE BOARD EM CONTRATO DE CONCESSÃO: UTILIDADE E ADEQUAÇÃO

Uma multiplicidade de fatos pode ocorrer durante o período de acompanhamento de um contrato, gerando conflitos que podem ser submetidos ao *Dispute Board*. Francisco Maia Neto elenca algumas dessas disputas[32]:

✓ Incompletude do contrato, onde não é possível se prever todas as ocorrências que venham a surgir durante a sua execução, uma vez que as informações não são suficientes para esclarecer os pontos submetidos

---

particular. O Poder Público pode determinar as alterações necessárias para propiciar maior rentabilidade e eficiência dos meios e recursos demandados para a boa prestação do serviço em proveito dos usuários (cf. MELLO, Celso Antônio Bandeira de. *Op. cit.*, *passim*).

32 MAIA NETO, Francisco. *Op. cit.*, p. 193/194.

a exame, exigindo, assim, interpretação técnica e jurídica dos pontos conflitantes;

- ✓ Alteração no escopo contratual, seja por aumento ou redução na especificação inicial do projeto, ou inclusão de serviços não previstos inicialmente, o que acarreta em modificação nos quantitativos inicialmente previstos, quase sempre por determinação do contratante;
- ✓ Extensão no prazo de execução do projeto, podendo haver também adiamento, o que impacta nos valores inicialmente contratados, afetando especialmente os custos indiretos;
- ✓ Alteração na legislação vigente, como, por exemplo, tributária e trabalhista, ou na política econômica, tendo como exemplo a política cambial, por determinações de ordem pública;
- ✓ Interferência de terceiros na execução do projeto;
- ✓ Mudanças de processos internos do contratante;
- ✓ Descumprimento das obrigações contratuais;
- ✓ Imprevisão, caso fortuito ou força maior.

Verifica-se que, na realidade das concessões, esses exemplos também podem ocorrer, o que nos permite concluir, *a priori*, pela utilidade e adequação dos *Dispute Boards*. Ocorre que existem peculiaridades das concessões que não podem ser ignoradas para uma análise completa.

Em primeiro lugar, são comuns contratos de concessão de 20 (vinte), 25 (vinte e cinco) ou até 35 (trinta e cinco) anos. Ora, imagine-se um comitê permanente nessas hipóteses que perdure por 30 (trinta) anos. Provavelmente, os membros iniciais ou já não vão mais estar vivos ao final do período, ou estarão aposentados, ou não terão interesse em permanecer tanto tempo vinculados ao projeto com os impedimentos que ele gerará profissionalmente. Muitos servidores públicos não ficam tanto tempo trabalhando no Poder Público.

Nessa situação, haveria constante substituição dos membros, com a perda da vantagem de proximidade e conhecimento do objeto do contrato, que é comum ao mecanismo para as obras que duram alguns anos, mais comuns para esse tipo de contrato. Além disso, o custo de manutenção de um DB por tanto tempo certamente impactaria de maneira significativa no custo total do projeto, tornando-o menos atrativo.

Por esse motivo, seria recomendável que o DB permanente seja instalado apenas para determinado período do contrato, especificamente o de execução da obra, atuando na etapa que lhe é mais adequada. Por outro lado, poderia haver instalação do comitê *ad hoc* durante o período da concessão para dirimir determinada(s) controvérsia(s) que recomende(m) a submissão ao comitê especializado, podendo as partes eleger membros com especialidade na matéria em discussão, que não necessariamente seria de engenharia, mas econômico-contábil, por exemplo.

A esse respeito, a Prefeitura do Município de São Paulo fez um recorte para os contratos que entende adequada a previsão do DB. No Decreto nº 60.067, de 2021, que regulamentou a Lei nº 16.873, de 2018, foi previsto no artigo 2º, *caput*, que os DBs poderão ser previstos nos editais de licitação dos contratos de obras públicas, bem como de concessão ou permissão que tenham como objeto, ou como parte do objeto, a execução de obras, com valores iguais ou superiores a R$ 200 milhões. Como se vê, não é qualquer contrato de concessão que poderá, em regra, prever o DB, mas apenas aqueles que tenham execução de obras previstas no seu objeto[33].

Ademais, o § 2º deste dispositivo previu que os DBs poderão ser instituídos para solução de controvérsias específicas (*ad hoc*), quando a natureza da contratação não justificar a instituição de um comitê permanente, especialmente nos contratos de concessão e permissão. Percebe-se, a princípio, que o decreto pressupõe ,que para os contratos de concessão e permissão, a modalidade *ad hoc* é mais justificada.

Outro ponto a ser mencionado é que, mesmo em concessões com previsão de obras, não é o Poder Público que paga pelas obras por meio das medições dos serviços prestados. É o próprio concessionário que realiza o investimento com a previsão de posterior remuneração através da exploração do serviço (a remuneração inclui a taxa de retorno sobre os investimentos realizados, além do custeio da prestação do serviço).

Nessa configuração, o concessionário contrata o construtor ou o construtor integra o consórcio. Isso gera ao menos duas repercussões em relação ao DB.

A primeira é que não há a possibilidade de rateio dos custos dos honorários do DB (além das despesas da câmara no caso do DB institucional) nas medições do serviço, já que não há medição. O reembolso precisa ser acertado de outra forma, como (i) desconto no valor da outorga, se houver, (ii) desconto no valor do repasse pelo Poder Público, na hipótese de concessão patrocinada, ou (iii) pagamento mediante emissão de nota de empenho específica em dotação orçamentária própria. É muito importante que o contrato estabeleça o critério.

A segunda repercussão – a mais relevante – é a respeito da identificação dos conflitos que serão submetidos ao DB, afinal, o contrato é celebrado entre poder concedente e concessionário. Contudo, o Poder Público é terceiro na relação entre concessionário e construtor, e não terá que arcar com eventuais aumentos de custos da execução da obra, ao menos não diretamente[34]. Além disso, pode ocorrer do contrato de concessão conter a cláusula de DB, mas o contrato entre o concessionário e o construtor da obra não. Nesse caso, o construtor não está obrigado a participar do

33 O artigo 3º, parágrafo único, inciso I, do Decreto nº 60.067, de 2021, prevê a possibilidade de a autoridade competente para assinatura do contrato, ouvida a Procuradoria-Geral do Município, prever o DB em edital para contratação de serviços continuados distintos.

34 Isso não impede, contudo, que haja posteriores requerimentos de reequilíbrio econômico-financeiros pelo concessionário apresentados ao poder concedente, podendo afetar o preço das tarifas.

DB, nem a executar as recomendações ou decisões do DB. Com isso, a atuação do comitê ficaria muito esvaziada e a sua utilidade bastante questionável.

Afinal, se o DB é um método comum e útil em contratos de construção envolvendo o dono da obra e o construtor (é o que toda a doutrina repete a respeito), tem-se uma configuração muito diferente na situação descrita *supra*. Sem a participação do construtor no DB, restaria ao comitê apenas dirimir controvérsias entre o concessionário e o poder concedente, que serão distintas das controvérsias entre o concessionário e o construtor, ou apenas reflexas destas, não vinculando o construtor nem o concessionário perante o construtor.

A solução para essa situação seria incluir previsão no contrato entre poder concedente e concessionário de que o construtor a ser contratado pelo concessionário – se não integrar o consórcio concessionário – deverá participar e se submeter às decisões do comitê. Assim, o concessionário incluiria previsão específica em seu contrato com o construtor a respeito do DB, ficando todas as partes vinculadas ao mecanismo, garantidas a sua utilidade e a sua adequação.

Nessa hipótese, poderia o DB decidir tanto os pleitos apresentados pelo concessionário e/ou pelo construtor em relação à obra quanto sobre eventual repercussão de sua recomendação ou decisão em relação ao contrato de concessão, garantidos o contraditório e a ampla defesa de todos os envolvidos.

5.1 Controvérsias que podem e que não podem ser submetidas ao *Dispute Board*

O principal ponto de análise da utilização do *Dispute Board* em contrato de concessão é a identificação de quais controvérsias poderão ser submetidas ao comitê. É muito importante que os contratos sejam específicos, de forma a evitar que qualquer tipo de controvérsia seja submetida ao DB, sem qualquer restrição.

Em primeiro lugar, há uma limitação em relação às controvérsias envolvendo direitos indisponíveis da Administração Pública. A própria lei do Município de São Paulo é expressa ao limitar o objeto de atuação dos DBs aos conflitos relativos a direitos patrimoniais disponíveis em contratos da Administração. O artigo 151, *caput* e parágrafo único, da Lei nº 14.133, de 2021, deu a mesma limitação ao DB.

Assim como ocorre com os árbitros por disposição expressa da Lei nº 9.307, de 1996, não pode o DB decidir sobre direitos indisponíveis. Nesse sentido, é recomendável que o contrato contenha previsão expressa excluindo as controvérsias que envolvam direitos indisponíveis, a fim de evitar futuras discussões entre as partes[35].

---

35 A respeito da definição de direitos patrimoniais disponíveis da Administração Pública e de direitos indisponíveis, v. TONIN, Mauricio Morais. Direito patrimonial disponível da Administração Pública: tentativa de definição. **Revista Brasileira de Arbitragem**, v. 59, p. 61-79, 2018.

A esse respeito, os problemas verificados nas cláusulas de *Dispute Boards* são diversos, conforme esclarecem Augusto Barros e Ricardo Medina[36]:

> [O]s [problemas] mais comuns [são] a ausência ou a falta de clareza quanto à definição de quais controvérsias estarão sujeitas ao mecanismo, da modalidade (*dispute review board, dispute adjudication board, combined dispute board*), da espécie (permanente ou *ad hoc*), do regulamento ou das regras aplicáveis e das consequências do descumprimento de uma decisão proferida pelo comitê.
> Tais inconsistências acabam muitas vezes obstando a utilização dos dispute board, prejudicando a conclusão do objeto contratual e até mesmo gerando disputas entre as partes contratantes sobre a interpretação de cláusulas mal redigidas, omissas ou ambíguas. O que se vê, portanto, é que um mecanismo que deveria servir para evitar ou solucionar controvérsias pode no último caso criar uma disputa, por conta de cláusulas inadequadas ou incompletas.

Ademais, corroborando com a opinião de Augusto Barros e Ricardo Medina[37], sugere-se que assuntos que são puramente jurídicos e não envolvem qualquer discussão técnica não deveriam estar sujeitos ao *Dispute Board*.

Ainda que seja teoricamente possível, não parece desejável que discussões eminentemente jurídicas sejam analisadas pelo DB, que normalmente possui membros de outras áreas de atuação profissional, como de engenharia. Nesses casos, melhor tentar a mediação ou seguir diretamente para a disputa arbitral ou judicial, que são plenamente preparadas para dirimir controvérsias jurídicas. Essa restrição seria ainda mais recomendável caso o comitê não tenha nenhum advogado na sua composição. Nessa situação, recomenda-se analisar a adequação da arbitragem para o caso concreto, podendo as partes eleger esse método em detrimento da jurisdição estatal.

Alguns exemplos de conflitos puramente jurídicos são aqueles envolvendo a discussão de legalidade de cláusulas contratuais, a legalidade de normas regulatórias aplicáveis ao contrato, a ocorrência da prescrição ou decadência do direito alegado e a ocorrência de caso fortuito ou força maior.

No mais, as controvérsias que surgirem no curso da execução do contrato de concessão que envolvam direitos patrimoniais disponíveis podem, a princípio, ser submetidas ao DB. O artigo 151, parágrafo único, da Lei nº 14.133, de 2021, elenca as seguintes hipóteses: restabelecimento do equilíbrio econômico-financeiro do contrato, inadimplemento de obrigações contratuais por quaisquer das partes e cálculo de indenizações.

---

36 SILVA NETO, Augusto Barros de Figueiredo; SALLA, Ricardo Medina. *Op. cit.*, p. 60.
37 SILVA NETO, Augusto Barros de Figueiredo; SALLA, Ricardo Medina. *Op. cit.*, p. 67.

Para o caso de previsão de concessão precedida da execução de obra, seria mais recomendável o DB permanente para o período das obras, preferencialmente composto por 2 engenheiros especialistas em obras de engenharia e um advogado com experiência em contratos de construção.

Para o momento posterior à obra e a partir da exploração dos serviços, seria mais recomendável o DB *ad hoc*, para questões que sejam adequadas de ser solucionadas por esse mecanismo, ou seja, não serão todas as controvérsias da concessão que deverão ser submetidas ao DB, cabendo às partes fazer essa análise no caso concreto. Nessa hipótese, o DB seria composto preferencialmente por especialistas na matéria controvertida, que provavelmente não será de engenharia, mas envolvendo discussões econômico-contáveis e cálculo de indenizações.

CONCLUSÕES

O *Dispute Board* é um método de solução de conflitos comum em prestação de serviços de engenharia envolvendo grandes obras. Mais recentemente, o DB tem sido inserido em contratos de naturezas diferentes, como contratos de concessão de serviços públicos.

A princípio, é possível concluir pela utilidade e adequação do método também para esse tipo de contrato, inclusive a partir da análise econômica do litígio. Entretanto, há especificidades do contrato de concessão que devem ser consideradas.

Nesse tipo de contrato, é recomendável que o DB permanente seja instalado apenas para determinado período do contrato, especificamente o de execução da obra – quando houver –, atuando na etapa que lhe é mais adequada, evitando a sua manutenção por todo o período da concessão, que pode ser de até décadas.

Por outro lado, é recomendável a instalação do comitê *ad hoc* para dirimir determinada(s) controvérsia(s) que recomende(m) a submissão ao comitê especializado, podendo as partes eleger membros com especialidade na matéria em discussão, que não necessariamente de engenharia.

Há uma limitação em relação às controvérsias a serem submetidas ao *Dispute Board*, que devem ser relativas a conflitos envolvendo direitos patrimoniais disponíveis, tal como previsto no artigo 151, *caput* e parágrafo único, da Lei nº 14.133, de 2021.

Por fim, assuntos que são puramente jurídicos e não envolvem qualquer discussão técnica não devem estar sujeitos ao *Dispute Board*, sendo mais adequados de serem levados para a mediação ou diretamente para a disputa judicial ou arbitral.

REFERÊNCIAS

BUENO, Júlio César. Os *Dispute Boards* e a sua evolução no Direito brasileiro. *In*: NASCIMBENI; Asdrubal Franco; CARDOSO, Chrystiana Beyrodt; RANZOLIN, Ricardo (coord.). **Meios adequados de solução de conflitos**. São Paulo: Almedina, 2023. p. 167-183.

CUNHA, Leonardo José Carneiro. **A Fazenda Pública em juízo**. 13. ed. Rio de Janeiro: Forense, 2016.

MAIA NETO, Francisco. *Dispute Board*: o encontro entre o técnico e o jurídico. *In*: NASCIMBENI; Asdrubal Franco; CARDOSO, Chrystiana Beyrodt; RANZOLIN, Ricardo (coord.). **Meios adequados de solução de conflitos**. São Paulo: Almedina, 2023. p. 185-196.

MELLO, Celso Antônio Bandeira de. **Serviço público e concessão de serviço público**. São Paulo: Malheiros, 2017.

MNOOKIN, Robert H.; PEPPET, Scott R.; TULUMELLO, Andrew S. **Mais que vencer**: negociando para criar valor em negócios e disputas. Tradução: Mauro Gama. Rio de Janeiro: BestSeller, 2009.

PEREZ, Ane Elisa. Decisão do TCU sobre o uso de *dispute board* é um retrocesso. **Revista Consultor Jurídico**. Disponível em: https://www.conjur.com.br/2021-jan-12/ane-perez-decisao-tcu-uso-dispute-board.. Acesso em: 13 out. 2023.

RAVAGNANI, Giovani dos Santos; NAKAMURA, Bruna Laís Sousa Tourinho; LONGA, Daniel Pinheiro. A utilização de Dispute Boards como método adequado para a resolução de conflitos no Brasil. **Revista de Processo**, v. 300, p. 343-362, fev. 2020.

SILVA NETO, Augusto Barros de Figueiredo; SALLA, Ricardo Medina. Conceituação dos *Disputes Boards*. *In*: SILVA NETO, Augusto Barros de Figueiredo; SALLA, Ricardo Medina (coord.). **Manual de *Dispute Boards***: teoria, prática e provocações. São Paulo: Quartier Latin, 2021.

URY, William; BRETT, Jeanne; GOLDBERG, Stephen. **Resolução de conflitos** – Concepção de sistemas para reduzir custos de conflitos. Tradução: Soares Franco. Lisboa: Actual, 2009.

WOLKART, Erik Navarro. **Análise econômica do processo civil**: como a economia, o direito e a psicologia podem vencer a tragédia da justiça. São Paulo: Thomson Reuters Brasil, 2019.

9. COMITÊS DE RESOLUÇÃO DE DISPUTAS EM CONTRATOS ADMINISTRATIVOS: PERSPECTIVAS DE REGULAMENTAÇÃO DA LEI Nº 14.133/2021 E APLICAÇÃO CONCRETA

Guilherme F. Dias Reisdorfer
Advogado.
Doutor e Mestre em Direito do Estado pela Universidade de São Paulo.

Marlon Shigueru Ushiro Ieiri
Advogado.
Pós-Graduado em Direito da União Europeia pela Universidad Carlos III de Madrid e em Direito do Comércio Internacional pela Université Paris X.

INTRODUÇÃO

O uso dos *Dispute Boards* ou comitês de resolução de Disputas é uma realidade nos contratos administrativos de grandes e complexas obras, especialmente aqueles financiados por organismos financeiros internacionais.

A experiência brasileira demonstra que o arcabouço jurídico existente à época das primeiras iniciativas permitia a sua utilização, não obstante a inexistência de legislação específica a respeito. A Lei nº 14.133/2021 pôs fim a qualquer dúvida que se poderia ter quanto ao seu cabimento nos contratos públicos.

Por outro lado, e até mesmo como corolário da consolidação desse instituto, questões operacionais e de ordem prática, igualmente relevantes ao adequado funcionamento deste método de solução de disputa, emergem e demandam o devido tratamento.

Nesse diapasão, o presente artigo tem como objetivo traçar um panorama geral desses quesitos e, ao fim, sugerir o correto endereçamento para que os comitês possam usufruir plenamente de suas funções e, portanto, gerar os benefícios almejados nos contratos com a Administração Pública.

1. O HISTÓRICO DA UTILIZAÇÃO DOS *DISPUTE BOARDS* PELA ADMINISTRAÇÃO PÚBLICA BRASILEIRA

Tendo como ponto de partida o caso da Linha 4 – Amarela do Metrô de São Paulo, este primeiro capítulo aborda, de forma histórica, a utilização dos Comitês de Resolução de Disputas pela Administração Pública. A partir desse histórico, será possível vislumbrar a utilização desse instituto em projetos públicos e a sua evolução, tanto do ponto de vista legislativo quanto jurisprudencial.

1.1 As primeiras iniciativas

A experiência brasileira com *Dispute Boards* começou em 2003, com a assinatura dos contratos administrativos para a implantação da primeira fase da Linha 4 – Amarela do Metrô da capital paulista[1].

Tais contratos previam, nas chamadas condições gerais e nas condições especiais, referências à utilização de uma "Junta de Revisão de Litígios" para emitir recomendações acerca de disputas que lhe fossem encaminhadas pelas partes. Após o decurso de 14 (catorze) dias, a recomendação se tornaria final e obrigatória. Assim, a parte que não estivesse satisfeita com tal recomendação deveria comunicar à outra parte, dentro desse prazo, a sua intenção de levar a disputa à arbitragem[2].

---

1 Os três contratos, assinados em 1º de outubro de 2003, para a implantação da primeira fase da Linha 4 – Amarela do metrô paulista são: (i) Contrato de Empreitada de Construção Completa da Obra nº 413012101 – Implantação Completa da Linha 4 – Amarela, do Sistema de Metrô de São Paulo – Lote 1 – Paulista; (ii) Contrato de Empreitada de Construção Completa da Obra nº 413012102 – Implantação Completa da Linha 4 – Amarela, do Sistema de Metrô de São Paulo – Lote 2 – Pinheiros; e (iii) Contrato de Empreitada de Construção Completa da Obra nº 413012103 – Implantação Completa da Linha 4 – Amarela, do Sistema de Metrô de São Paulo – Lote 3 – Vila Sônia Yard. Cf. JOBIM, Jorge Pinheiro; RICARDINO, Roberto; CAMARGO, Rui Arruda. A experiência brasileira em CRD: o caso do metrô de São Paulo. *In*: TRINDADE, Bernardo Ramos. **Comitê de Resolução de Disputas nos contratos de construções e infraestrutura**: uma abordagem prática sobre os *Dispute Boards* no Brasil. São Paulo: Pini, 2016. p. 172.

2 *Ibid.*, p. 187.

Tais disposições contratuais visavam muito mais satisfazer a uma exigência do Banco Internacional para Reconstrução e Desenvolvimento (BIRD)[3], órgão financiador desse projeto, a refletir uma opção deliberada das partes pela utilização desse método de resolução de disputas.

A mencionada Junta foi efetivamente instalada em 2004 e atuou até o ano de 2015. Nesse período, emitiu 11 (onze) recomendações sobre disputas de diversas naturezas, desde atrasos de cronograma a disputas sobre operação dos sistemas, valores dispendidos e incidência de impostos federais[4].

Nessa análise, merece destaque a primeira recomendação emitida pela Junta de Revisão de Litígios. A disputa submetida referia-se à "substituição do método construtivo utilizando uma máquina tuneladora por um sistema de escavação de túneis denominado "New Austrian Tunneling Method" (NATM)[5]. Tal mudança de metodologia fez-se necessária para recuperar o cronograma em função de atrasos na desapropriação de áreas, atividade sob a responsabilidade do contratante.

Em agosto de 2007, a Junta emitiu recomendação em favor do contratado. Insatisfeito, o Metrô (Companhia do Metropolitano de São Paulo) deu início a um procedimento arbitral na tentativa de reverter o mérito da questão. Em sentença parcial de junho de 2009, o tribunal arbitral "referendou a Recomendação do Comitê, incluída como evidência no processo de arbitragem, reconhecendo o direito do contratado ao reequilíbrio contratual"[6].

Novamente inconformado com o resultado do litígio, o Metrô ingressou com mandado de segurança contra essa decisão, com pedido liminar, o qual, em primeira instância, fora concedido para determinar a realização de prova pericial para apuração dos valores a serem pagos ao contratado. Conforme André Rodrigues Junqueira, essa medida foi cassada em agravo de instrumento e, ao final, o processo foi "extinto pelo reconhecimento da decadência, tendo em vista que foi ultrapassado o prazo de 120 dias para impetração do *writ*"[7].

O ineditismo no emprego de tal metodologia pode explicar algumas peculiaridades que hoje são vistas na atuação dessa Junta de Revisão de Litígios. A primeira

---

3 *Ibid.*, p. 169.

4 *Ibid.*, p. 184 e 185.

5 *Ibid.*, p. 185.

6 *Ibid.*, p. 188.

7 Segundo este autor, o referido "precedente representa um modelo de baixa maturidade do uso da arbitragem por empresa estatal paulista. Ainda que se possa discordar do mérito da decisão tomada pelo painel de árbitros, o conjunto de elementos apresentados nos autos não foi capaz de comprovar qualquer irregularidade ao longo do procedimento. Ainda assim, para tais casos, o inconformismo deve se expressar por meio da ação anulatória prevista no artigo 32 da Lei federal nº 9.307/1996, dado que a qualificação de árbitro como autoridade coatora não é elemento aferível da legislação que rege o mandado de segurança (Lei federal nº 12.016/2009)" (JUNQUEIRA, André Rodrigues. **Arbitragem nas parcerias público-privadas**. Um estudo de caso. Belo Horizonte: Fórum, 2019. p. 95 e 96).

delas diz respeito à sua composição: todo os seus três membros eram engenheiros; dois deles foram indicados por cada uma das partes e o presidente apontado por esses membros, com aprovação das partes. Dessa forma, caso a Junta sentisse necessidade de assistência especializada em matéria jurídica, tributária, fiscal, entre outras, deveria solicitar às partes a sua contratação[8].

A segunda particularidade reside no fato de ser expressamente vedado, à Junta, "fornecer qualquer conselho às partes" e, às partes, "consultar os membros do comitê em questões relativas à execução das obras"[9]. Tais vedações poderiam vir a suprimir a possibilidade de a Junta valer-se da assistência informal[10] para prevenir disputas. Dessa forma, observa-se claramente a ênfase aos poderes dados à Junta para resolver litígios.

Por último, mas não menos significativo, a Junta de Revisão de Disputas atuou de 2004, data de sua instalação, até a emissão de sua última recomendação, em 2015. Frisa-se, no entanto, que a obra havia sido concluída em meados de 2010. A possibilidade de apresentar litígios após a conclusão do projeto estava prevista em contrato, porém foi objeto de ressalva pelos próprios membros da Junta em razão das dificuldades que esse fato gerou – por exemplo, na obtenção de documentos, informações e esclarecimentos de fatos – ao seu adequado funcionamento[11].

Outra experiência relevante no uso de comitês de resolução de disputas pela Administração Pública se deu na construção do trecho norte do Rodoanel de São Paulo, em 2013. Esse empreendimento foi financiado pela União e pelo Banco Interamericano de Desenvolvimento (BID).

As obras foram divididas em 6 (seis) lotes e os respectivos contratos previam a constituição de uma "Junta de Conflitos" para emitir decisões vinculantes em caso de controvérsias surgidas em conexão com referidos contratos ou com a execução dos trabalhos. A parte insatisfeita com a decisão da Junta poderia, em até 28 (vinte e oito) dias, notificar a outra parte de sua insatisfação e de sua intenção de dar início a um procedimento arbitral[12].

---

8 Cf. JOBIM, Jorge Pinheiro; RICARDINO, Roberto; CAMARGO, Rui Arruda. *Op. cit.*, p. 182.
9 *Id.*, *ibid.*, p. 177.
10 Por assistência informal pode-se entender "um procedimento informal em que o DB assiste as partes na resolução amigável de um assunto, incentivando discussões, avaliando posições e/ou emitindo um Parecer do DB". Vale ainda mencionar que os pareceres "não vinculam as partes nem o DB. Um parecer fornece às partes o entendimento preliminar do DB sobre a solução de um assunto antes que seja submetido ao DB como uma controvérsia" (**Manual de *Dispute Board***: Guia das Melhores Práticas e Procedimentos. Dispute Resolution Board Foundation, 2023. p. 142 e 145).
11 Cf. JOBIM, Jorge Pinheiro; RICARDINO, Roberto; CAMARGO, Rui Arruda. *Op. cit.*, p. 190.
12 Cf. cláusula 20.4 do Contrato nº 4349/13, referente ao Lote 2 do trecho norte do Rodoanel: "Se uma das partes estiver insatisfeita com a decisão da JC, poderá, dentro de 28 (vinte e oito) dias após receber a decisão, notificar à outra parte sua insatisfação e a intenção de iniciar a arbitragem. [...]".

Esse projeto ganhou notoriedade em razão de um conflito relacionado à remuneração de serviços de remoção de matacões (blocos de rochas). Um primeiro ponto de interesse é que, embora os contratos previssem a constituição da Junta no início do contrato, as partes a constituíram apenas quando do surgimento do litígio, de forma *ad hoc*. Essa disputa foi então levada à apreciação da Junta, que decidiu, em fevereiro de 2018, pela procedência do pedido do contratado.

Um segundo ponto de interesse é que o objeto do litígio submetido à Junta estava sob análise do Tribunal de Contas da União, na Tomada de Contas nº 034.481/2016-8. No âmbito desse processo, havia sido expedido o Relatório de Fiscalização nº 539/2016. Tal Relatório, cuja natureza é instrutória e preliminar (isto é, não decisória), consignou que a constituição da Junta de Conflitos seria "irregular, pois não encontra amparo legal ou contratual". Tal Relatório foi submetido pela Desenvolvimento Rodoviário S.A. (Dersa) à Junta em sede de pedido de esclarecimentos. A Junta manteve a orientação originalmente por ela manifestada. Diante disso, e sem aderir à tese de pretensa ilegalidade da Junta, a Dersa notificou insatisfação em relação ao mérito técnico da decisão, veiculando a matéria em arbitragem que se encontra em curso.

A terceira experiência no uso dos *Dispute Boards* pela Administração Pública brasileira, narrada a seguir, mostra a guinada ocorrida quanto à percepção e à efetiva compreensão do funcionamento e dos objetivos desse método de prevenção e solução de controvérsias.

No dia 12 de julho de 2016, o Metrô de São Paulo e o Consórcio TC Linha 4 Amarela firmaram o Contrato Administrativo nº 4107521301 para a execução das obras da fase 2 da Linha 4 – Amarela do Metrô. Esse projeto foi igualmente financiado com recursos do BIRD.

Em referido contrato havia a previsão de constituição de um "Conselho de Resolução de Disputas" para emitir decisões vinculantes em caso de conflitos surgidos durante a execução dos trabalhos.

Nesse sentido, o Conselho foi instado a decidir acerca de uma disputa relativa a pagamentos adicionais pela retirada, pela disposição e pelo tratamento de solo contaminado, cuja metodologia de descontaminação prevista (dessorção térmica) fora substituída por outra (coprocessamento, mais cara) em razão de escassez de empresas no mercado capazes de executar esse serviço.

Em janeiro de 2018, o Conselho decidiu pela procedência do pleito do contratado de receber esses pagamentos adicionais. Inconformado, o Metrô decidiu recorrer ao Judiciário para suspender o cumprimento dessa decisão.

Em abril de 2018, em primeira instância, foi concedida tutela de urgência em favor do contratante, determinando a suspensão dos efeitos da decisão até que uma perícia confirmasse o seu conteúdo técnico.

Contudo, em 30 de julho de 2018, em sede de agravo de instrumento, referida tutela de urgência foi revogada pelo Tribunal de Justiça de São Paulo, o qual, após análise minuciosa dos fatos narrados, reconheceu a autoridade do Conselho de Resolução de Disputas na apreciação da matéria, além de ressaltar que as partes haviam se comprometido, voluntariamente, a acatar as suas decisões. Vale aqui transcrever aludido trecho do relatório do acórdão[13]:

> [...] o *Dispute Board* (DB) ou Conselho Regional de Disputas (CRD) tem por objetivo garantir a boa execução do contrato e a manutenção de um clima harmônico e construtivo entre as partes; no caso dos autos, o CRD é composto por três especialistas em matéria de construção e direito de construção (dois engenheiros e um advogado); suas decisões não são afastadas, salvo por acordo, laudo arbitral ou sentença definitiva, conforme cláusula 7.10.4 do *Termo de Acordo livremente pactuado pelas partes*; a agilidade das decisões, ainda que em tese não sejam juridicamente perfeitas, evitam paralisações, atrasos no cronograma do projeto e efeitos desastrosos sobre o fluxo de caixa das obras; é inadequada a sustação liminar dos feitos de decisão tomada pelo CRD em razão de eventual dúvida jurídica sobre o tema, sequer existente no caso; *a decisão impugnada em juízo foi técnica e juridicamente detalhada e fundamentada*; o CRD do Metrô perderá a autoridade para decidir as questões que lhe são submetidas e as partes poderão optar por dissolvê-lo; *a suspensão liminar da decisão não é compatível com a livre declaração de vontade das partes e com a natureza do procedimento que rege o Conselho de Resolução de Disputas*. A decisão sobre a disposição do solo contaminado do VCA Vila Sônia foi precedida por denso procedimento instrutório, amplo debate entre as partes e seus técnicos, esclarecimento de posições, apresentação de memoriais e concessão de nova oportunidade para manifestações das partes; a decisão agravada é fundada em falácias construídas pelo Metrô, que apresenta os fatos de maneira confusa, repetitiva e por vezes inverídica. (grifo nosso)

Vê-se, assim, uma nítida evolução na percepção e na utilização dos *Dispute Boards* pela Administração Pública brasileira. De "mera exigência" de órgãos financiadores, esse instituto finalmente passou a ser compreendido como um efetivo instrumento de prevenção e resolução de disputas em contratos de construção.

---

13 Agravo de Instrumento nº 2096127-39.2018.8.26.0000.

1.2 A posição adotada pelo Tribunal de Contas da União

Não obstante a Administração Pública valer-se de *Dispute Boards* para solucionar conflitos em seus contratos administrativos desde 2003, conforme visto antes, o Tribunal de Contas da União (TCU) somente veio a se manifestar a esse respeito em 2020, por meio dos Acórdãos nºs 4.036/2020[14] e 4.037/2020[15].

O primeiro julgado refere-se à concessão de trechos das rodovias federais BR-153/TO/GO e BR-080/414/GO, conduzida pela Agência Nacional de Transportes Terrestres (ANTT).

A minuta contratual previa, em sua cláusula 41.4, o emprego de Comitê de Resolução de Conflitos para solucionar controvérsias decorrentes ou relacionadas ao contrato. E, como fundamento legal, valia-se da redação do artigo 23-A da Lei nº 8.987/1995[16].

Adotando um entendimento conservador, a Secretaria de Fiscalização de Infraestrutura Rodoviária e de Aviação Civil (SeinfraRodoviaAviação), unidade técnica responsável pelo relatório, apontou alguns óbices à utilização de *Dispute Board* nessa licitação. O primeiro ponto levantado foi a ausência de legislação específica acerca desse instituto, além de falta de regulamentação pela própria ANTT. Segundo a SeinfraRodoviaAviação:

> 530. [...] a ausência de regulamentação pela ANTT de um mecanismo previsto no contrato incorre no risco de lacuna normativa, que pode gerar um pretexto para a não realizações de obrigações por parte da Concessionária bem como questionamentos judiciais ou arbitrais.
> 531. Esse risco pode macular toda a execução contratual.[17]

Outra dificuldade assentada seria a "falta de agilidade requerida", vez que o comitê teria funcionamento *ad hoc*, isto é, somente quando surgisse uma disputa, o que, aliada à "complexidade da gestão das questões relativas à concessão", poderia "vir a atrasar a solução de um problema"[18].

Nesse diapasão, a SeinfraRodoviaAviação fez a seguinte proposição à ANTT quanto ao *Dispute Board*:

---

14 TCU, Acórdão nº 4.036/2020, Plenário, Rel. Min. Vital do Rêgo, J. 08.12.2020.

15 TCU, Acórdão nº 4.037/2020, Plenário, Rel. Min. Benjamin Zymler, J. 08.12.2020.

16 Artigo 23-A da Lei nº 8.987/1995: "O contrato de concessão poderá prever o emprego de mecanismos privados para resolução de disputas decorrentes ou relacionadas ao contrato, inclusive a arbitragem, a ser realizada no Brasil e em língua portuguesa, nos termos da Lei nº 9.307, de 23 de setembro de 1996".

17 TCU, Acórdão nº 4.036/2020, Plenário, Rel. Min. Vital do Rêgo, J. 08.12.2020, Relatório, §§ 530 e 531, p. 86.

18 *Id.*, Relatório, §§ 538 e 539, p. 87 e 88.

a.24) exclua da minuta contratual o mecanismo do comitê de resolução de conflitos (*Dispute Board*), diante da inexistente regulamentação dos procedimentos específicos aplicáveis (Resolução de Controvérsias, parágrafo 553);
[...].[19]

Considerando que a própria Procuradoria da ANTT "se manifestou no sentido de o mecanismo ser utilizado somente após regulamentação, uma vez que carece de detalhamento", o Relator, Ministro Vital do Rêgo, afirmando que as lacunas apontadas eram "pertinentes", acolheu a sugestão *supra*.

> A fim de determinar à ANTT que adote as medidas necessárias para condicionar a aplicação do mecanismo de dispute board, previsto na minuta contratual da outorga de concessão da BR-153/TO/GO e BR-080/414/GO, somente após a sua regulamentação.[20]

Dessa forma, o acórdão determinou à ANTT, em seu item 9.2.22, que os comitês fossem adotados "somente após a sua regulamentação"[21]. Por sua vez, o Acórdão nº 4.037/2020 tratou da outorga de concessão de trechos das rodovias federais BR-163/MT/PA e BR-230/PA, cuja licitação também fora conduzida pela ANTT.

Em linhas gerais, o julgado contém a mesma linha de raciocínio da decisão anteriormente analisada, tendo sido determinado à ANTT que incluísse dispositivo na minuta contratual "prevendo que o dispute board só ocorrerá após sua regulamentação pela agência e que eventual omissão da autarquia não conferirá quaisquer direitos subjetivos à concessionária"[22].

Nos anos de 2021 e 2022 – e mesmo após a promulgação da Lei nº 14.133/2021 –, o TCU apenas tangenciou[23] a questão dos *Dispute Boards* nos contratos administrativos, sem entrar no mérito da discussão. No Acórdão nº 2.379/2022, o Relator, Ministro Walton Alencar Rodrigues, limitou-se a afirmar que "[r]ecomendações e determinações anteriores não foram revisitadas pelo princípio da racionalidade administrativa, pois seu cumprimento é objeto de monitoramentos em processos específicos"[24].

---

19 *Id.*, Relatório, § 859, item a.24, p. 134.
20 *Id.*, Voto, §§ 458, 460, 463, p. 53 e 54.
21 *Id.*, Acórdão, item 9.2.22, p. 3.
22 TCU, Acórdão nº 4.037/2020, Plenário, Rel. Min. Benjamin Zymler, J. 08.12.2020, Acórdão, item 9.1.19, p. 3.
23 TCU, Acórdão nº 1.766/2021, Plenário, Rel. Min. Walton Alencar Rodrigues, J. 28.07.2021; Acórdão nº 1.769/2021, Plenário, Rel. Min. Raimundo Carreiro, J. 28.07.2021; Acórdão nº 1.951/2022, Plenário, Rel. Min. Vital do Rêgo, J. 24.08.2022; Acórdão nº 2.379/2022, Plenário, Rel. Min. Walton Alencar Rodrigues, J. 26.10.2022.
24 TCU, Acórdão nº 2.379/2020, Plenário, Rel. Min. Walton Alencar Rodrigues, J. 26.10.2022, Voto, p. 6.

Somente em 2023, no Acórdão nº 1.142/2023[25], o qual se referia ao processo de desestatização da rodovia federal BR-381/MG, no trecho entre Belo Horizonte e Governador Valadares, é que o TCU voltou a se pronunciar acerca dos *Dispute Boards*.

O Relator, Ministro Antonio Anastasia, relembrou que o TCU já havia se pronunciado (Acórdão nº 4.037/2020-Plenário) "sobre a necessidade de a ANTT regulamentar o Comitê de Resolução de Conflitos"[26]. Ademais, citou o avanço legislativo dos *Dispute Boards*:

> 107. Desde então, não se tem notícia de que tenha avançado a regulamentação do *Dispute Board* pela Agência. *Ressalto que o mecanismo tem evoluído em algumas esferas, como por exemplo nas contratações públicas regidas pela nova Lei de Licitações (14.133/2021), que passou a prever expressamente o mencionado Comitê em seu artigo 151.* Cito ainda a iniciativa do próprio TCU em se desenvolver no assunto, com a criação da Secretaria de Controle Externo que busca soluções consensuais para temas submetidos ao Tribunal.[27] (grifo nosso)

Desse modo, o Relator recomendou à ANTT que priorizasse "a regulamentação do Comitê de Resolução de Conflitos (*Dispute Board*) no âmbito das concessões rodoviárias" para prevenir litígios de natureza eminentemente técnica que pudessem causar impactos significativos nos contratos[28]. Tal determinação consta do item 9.2.1 deste acórdão[29].

Feita esta breve análise de certos acórdãos do TCU quanto à utilização dos Comitês de Resolução de Disputas pela Administração Pública, percebe-se a transição da posição inicial, de rejeição, para um viés mais favorável à adoção desse mecanismo, sobretudo após a edição da Lei nº 14.133/2021.

1.3. As Leis nºs 8.987/1995, 11.079/2004 e 14.133/2021: o regime vigente

Neste tópico será abordada a disciplina legislativa federal que autoriza o uso dos *Dispute Boards* na solução de conflitos no âmbito dos contratos públicos.

O advento da atual Lei de Licitações e Contratos Administrativos, Lei nº 14.133/2021, pacificou a questão da sua utilização nas contratações públicas

25 TCU, Acórdão nº 1.142/2023, Plenário, Rel. Min. Antonio Anastasia, J. 07.06.2023.

26 *Id.*, Voto, § 106, p. 25.

27 *Id.*, Voto, § 107, p. 25.

28 *Id.*, Voto, § 108, p. 25.

29 *Id.*, Acórdão, item 9.2.1, p. 2.

federais, conforme estabelece o seu artigo 151: "[n]as contratações regidas por esta Lei, poderão ser utilizados meios alternativos de prevenção e resolução de controvérsias, notadamente a conciliação, a mediação, o comitê de resolução de disputas e a arbitragem".

Não obstante, antes mesmo da edição dessa lei já era possível a adoção dos *Dispute Boards* como método de solução de conflitos. A Lei nº 8.666/1993, em seu artigo 42, § 5º, autorizava, nas concorrências internacionais, a aplicação das normas e dos procedimentos de licitação e contratação de organismos financiadores:

> Artigo 42. Nas concorrências de âmbito internacional, o edital deverá ajustar-se às diretrizes da política monetária e do comércio exterior e atender às exigências dos órgãos competentes.
>
> [...]
>
> § 5º Para a realização de obras, prestação de serviços ou aquisição de bens com recursos provenientes de financiamento ou doação oriundos de agência oficial de cooperação estrangeira ou organismo financeiro multilateral de que o Brasil seja parte, poderão ser admitidas, na respectiva licitação, as condições decorrentes de acordos, protocolos, convenções ou tratados internacionais aprovados pelo Congresso Nacional, bem como as normas e procedimentos daquelas entidades, inclusive quanto ao critério de seleção da proposta mais vantajosa para a administração, o qual poderá contemplar, além do preço, outros fatores de avaliação, desde que por elas exigidos para a obtenção do financiamento ou da doação, e que também não conflitem com o princípio do julgamento objetivo e sejam objeto de despacho motivado do órgão executor do contrato, despacho esse ratificado pela autoridade imediatamente superior.

Esse dispositivo deu o necessário respaldo legal à utilização dos *Dispute Boards* nos contratos de construção da Linha 4 – Amarela e do trecho norte do Rodoanel de São Paulo, projetos esses financiados pelo BIRD e BID.

Em 2004, o uso dos *Dispute Boards* e de outros mecanismos privados de solução de disputas em contratos de parcerias público-privadas foi expressamente autorizado pela Lei nº 11.079/2004, em conformidade com o artigo 11, III, desse diploma:

> Artigo 11. O instrumento convocatório conterá minuta do contrato, indicará expressamente a submissão da licitação às normas desta Lei e observará, no que couber, os §§ 3º e 4º do artigo 15, os artigos 18, 19 e 21 da Lei nº 8.987, de 13 de fevereiro de 1995, podendo ainda prever:
>
> [...]
>
> III – o emprego dos mecanismos privados de resolução de disputas, inclusive a arbitragem, a ser realizada no Brasil e em língua portuguesa, nos termos da Lei

nº 9.307, de 23 de setembro de 1996, para dirimir conflitos decorrentes ou relacionados ao contrato.

Tal autorização foi estendida aos contratos de concessão e permissão de serviços públicos em 2005[30], conforme redação do artigo 23-A da Lei nº 8.987/1995:

> Artigo 23-A. O contrato de concessão poderá prever o emprego de mecanismos privados para resolução de disputas decorrentes ou relacionadas ao contrato, inclusive a arbitragem, a ser realizada no Brasil e em língua portuguesa, nos termos da Lei nº 9.307, de 23 de setembro de 1996.

Dessa feita, não restam dúvidas quanto à legitimidade do uso dos *Dispute Boards* nos contratos administrativos conforme regime jurídico atualmente vigente no Brasil.

2. PECULIARIDADES DA ADOÇÃO DE *DISPUTE BOARDS* PELA ADMINISTRAÇÃO PÚBLICA

Há questões peculiares que se colocam a propósito do uso dos Comitês de Resolução de Disputas no âmbito de contratos administrativos. Uma vez superada a discussão acerca da compatibilidade dos comitês com os contratos administrativos, há ainda outra questão, atinente à operacionalização de aspectos concretos dos *Dispute Boards* considerando o regime de direito público. Trata-se de passar os comitês pelo filtro normativo (notadamente, aquele principiológico, previsto no *caput* do artigo 37 da Constituição) que rege a atuação estatal em âmbito contratual. Algumas das principais questões são examinadas a seguir.

2.1 As matérias que podem ser submetidas aos comitês

Um primeiro ponto a ser tratado reside em identificar quais matérias podem ser submetidas ao exame dos comitês. A Lei nº 14.133/2021 apresenta solução relevante sobre o tema. Ao situar o "Comitê de Resolução de Disputas" entre os "meios alternativos de prevenção e resolução de controvérsias" admissíveis em contratos administrativos, o diploma estabeleceu que poderão ser submetidos ao comitê

> controvérsias relacionadas a direitos patrimoniais disponíveis, como as questões relacionadas ao restabelecimento do equilíbrio econômico-financeiro do

30 A Lei nº 11.196/2005 acresceu, entre outras disposições, o artigo 23-A à Lei nº 8.987/1995.

> contrato, ao inadimplemento de obrigações contratuais por quaisquer das partes e ao cálculo de indenizações. (artigo 151, parágrafo único)

Agrega-se a essa previsão a do artigo 138, inciso II, da Lei nº 14.133/2021. Nos termos desta última, a extinção do contrato administrativo pode ser "consensual, por acordo entre as partes, por conciliação, por mediação ou por comitê de resolução de disputas, desde que haja interesse da Administração".

A característica marcante da política legislativa é a sua abrangência, submetida à expressão geral "direitos patrimoniais disponíveis". A Lei nº 16.873/2018 do Município de São Paulo utiliza a mesma fórmula para delimitar a competência dos "comitês de prevenção e solução de disputas"[31]. Ainda a título de exemplo, o Decreto nº 10.086/2022 do Estado do Paraná, que regulamenta a Lei nº 14.133/2021, espelha a sistemática prevista no diploma legal (artigos 182, inciso II, e 716, § 1º).

A previsão do parágrafo único do artigo 151 da Lei nº 14.133/2021 não estabelece uma tipicidade fechada de temas. A norma consagra uma listagem exemplificativa de matérias que podem ser examinadas pelos comitês. Em outras palavras, o legislador estabeleceu tratamento simétrico para a arbitragem e para os comitês em relação ao tipo de matérias que podem ser processados por esses mecanismos, ainda que os resultados e a eficácia dos atos praticados em cada um desses âmbitos sejam inconfundíveis entre si[32].

Não obstante a clareza das normas, pode-se antecipar problemas que terão de ser resolvidos na prática concreta. Um desses problemas corresponde à ainda presente controvérsia sobre o alcance da noção de direitos patrimoniais disponíveis no que diz respeito à atividade contratual administrativa. A esse propósito, entende-se que a identificação da disponibilidade, antes de buscar apoio em conceitos doutrinários ou teóricos, é uma operação a ser feita em concreto, considerando as regras legais aplicáveis e a inserção da controvérsia dentro de um contexto contratual específico. Entre as várias propostas de identificação do que sejam os interesses disponíveis no tocante aos contratos públicos, destaca-se a seguinte:

> Se atos, regulamentos e contratos administrativos foram dispostos pela própria Administração Pública (alguns unilateralmente, outros multilateralmente),

---

31 "Artigo 1º Os Comitês de Prevenção e Solução de Disputas para dirimir conflitos relativos a direitos patrimoniais disponíveis em contratos continuados da Administração Direta e Indireta do Município de São Paulo observarão as disposições desta lei e deverão, quando aplicáveis, estar previstos, respectivamente, no edital e contrato."

32 Adotando a noção de direito patrimonial disponível como demarcador do âmbito de aplicação dos Comitês de Resolução de Disputa: "Existe, portanto, amplo campo para atuação dos dispute boards em contratos administrativos, desde que restritos a litígios envolvendo direitos patrimoniais disponíveis, como ocorre em questões de reequilíbrio contratual" (RIBEIRO, Caio Gentil *et al.* **Revista da Procuradoria Geral do Estado de São Paulo**, São Paulo, n. 96: 228-248, jul./dez. 2022, p. 234).

> pode-se entender que o que neles se origina e o que por eles é criado/constituído, salvo exceção expressa (ou remissão imediata às leis), é disponível. Ninguém dispõe sobre o indisponível – e, se a administração o fizer, o ato será ilegal. [...] se o gestor público dispõe, desde o regulamento e o edital, como deve ser desenvolvido o contrato administrativo, não pode pretender que se trate de assunto indisponível – a celebrar critério enviesado de "disponibilidade cronológica": ontem, disponível; hoje, quando surge o conflito, indisponível. Todavia, se o ato, regulamento ou contrato apenas reproduzir ou se reportar imediatamente à lei, aplicando-a de imediato, sem quaisquer intermediações constitutivas, está-se diante de algo que não está à disposição nem da administração, nem das pessoas privadas.[33]

Outra questão de relevância diz respeito à adaptação dos comitês à realidade e cultura administrativas. Tal cultura é fortemente caracterizada por uma lógica de unilateralidade e imperatividade. Tal característica se traduz na compreensão de que cabe ao ente público contratante fiscalizar a execução do contrato e determinar por conta própria a adequação da execução para, se for o caso, determinar providências e até mesmo sancionar o particular. Tudo isso, de modo geral, a partir de decisões dotadas de autoexecutoriedade. É usual encontrar referência a essas competências como funções públicas irrenunciáveis e indisponíveis[34]. Lembre-se ainda que, especialmente no âmbito de contratos de concessão, há corpos técnicos especializados e bem estruturados incumbidos dessas funções. E eles são chamados a responder perante os órgãos de controle externo pelo adequado exercício de suas funções.

São esses traços que possivelmente explicam iniciativas regulamentares que restringem as atribuições dos comitês a um alcance muito mais limitado do que aquele admitido na Lei nº 14.133/2021. Um exemplo é a minuta de resolução submetida pela ANTT à Audiência Pública nº 6/2023, para incorporar à Resolução nº 5.845/2019 disciplina sobre "comitês de prevenção e solução de disputas"[35].

É possível situar a iniciativa da Agência como uma resposta à posição restritiva do TCU endereçada à própria ANTT quanto à adoção dos comitês em contratos de concessão[36]. A minuta da ANTT, que até o momento de fechamento deste texto ainda não teve os seus termos definitivos confirmados e publicados, valeu-se de duas

---

33 MOREIRA, Egon Bockmann; CRUZ, Elisa Schmidlin. Notas a propósito do Decreto RJ nº 46.245/2018, da Portaria AGU nº 320/2019 e do Decreto SP nº 64.356/2019. *In*: CUÉLLAR, Leila *et al.* (org.). **Direito administrativo e *alternative dispute resolution***. Belo Horizonte: Fórum, 2020. p. 260.

34 Aludindo ao entendimento de que tais funções consistem em potestade "irrenunciável a ser desempenhada pelo agente público": GUIMARÃES, Fernando Vernalha. **Alteração unilateral do contrato administrativo**. São Paulo: Malheiros, 2003. p. 133-134.

35 Minuta disponível em: https://participantt.antt.gov.br/Site/AudienciaPublica/VisualizarAvisoAudienciaPublica.aspx?CodigoAudiencia=535. Acesso em: 15 out. 2023.

36 TCU, Acórdão nº 4.036/2020, Plenário, Rel. Min. Vital do Rêgo, J. 08.12.2020.

técnicas para definir as matérias que podem ser submetidas aos comitês. A primeira é a delimitação positiva e exaustiva dos temas, contida no artigo 27, *caput* e incisos. Essas disposições compreendem alusão a "divergências de natureza eminentemente técnica" "restritas às seguintes matérias":

> I – execução de serviços e obras, inclusive soluções de engenharia mais adequadas às finalidades do contrato;
> II – adequação de obras e serviços aos parâmetros exigidos pela regulação e pelo contrato;
> III – avaliação de ativos e de indenizações;
> IV – análise do cumprimento de condicionantes socioambientais; e
> V – ocorrência de eventos que inviabilizem o cumprimento das obrigações nos termos assumidos no contrato, incluindo o cálculo dos impactos financeiros decorrentes desses eventos.

A segunda técnica consiste em definição negativa ampla. Afastam-se da alçada dos comitês:

> I – divergências que envolvam questões de cunho estritamente jurídico, a exemplo da matriz de riscos e do equilíbrio econômico-financeiro do contrato de concessão, admitida a submissão de conflitos relativos aos aspectos factuais subjacentes a essas questões;
> II – divergências relacionadas à validade e legitimidade dos atos praticados pela ANTT no exercício de sua atividade fiscalizatória e de gestão contratual; e
> III – divergências relacionadas à legalidade de normas regulatórias produzidas pela ANTT. (artigo 27, § 1º)

Como se vê, essas restrições revelam postura conservadora da Agência em relação à adoção dos comitês. Duas razões – não necessariamente excludentes entre si – podem explicar essa posição. Uma primeira explicação tem a ver com a compreensão imprecisa (não necessariamente da Agência) sobre os contornos das atribuições do comitê. Não são infrequentes as dúvidas sobre se, a propósito das funções de acompanhar a execução do contrato e prevenir e resolver litígios, os comitês podem propor soluções não cogitadas pelas partes. Em caso decidido pelo TCU no qual a própria ANTT teve oportunidade de participar, a Corte de Contas expediu, entre outras determinações, a de que deveria haver instauração de comitê para determinar uma solução de engenharia em caso de ausência de consenso entre as partes. Confira-se:

> 7.4.2. Expirado o prazo previsto na cláusula 7.4.1 sem que tenha sido alcançado o acordo entre a Concessionária e a CBTU/MG acerca da solução de engenharia

> e operacional nos termos em que especificados naquela cláusula, a Concessionária deverá requerer a instalação do Comitê de Prevenção e Resolução de Divergências (*Dispute Board*) do qual também deverá participar a futura concessionária do Serviço de Transporte Metroferroviário para definir a solução de engenharia e operacional a ser implementada para viabilizar a implantação da referida estação de passageiros do Serviço de Transporte Metroferroviário.[37]

A questão é que os comitês não foram concebidos para exercer função criativa em relação às soluções contratuais, sejam elas econômicas, técnicas ou jurídicas. Os comitês têm o múnus de acompanhar o contrato para dar apoio às partes para executar o contrato, não propriamente para aprimorá-lo. É possível, então, que a posição manifestada pelo TCU tenha inspirado uma postura de contenção da Agência a propósito da regulamentação dos comitês, para evitar que a atuação deles vá além da vocação original desses mecanismos.

Uma segunda explicação para essa posição reside no aparente propósito de preservar os atos em geral da ANTT, normativos e concretos, de instância revisora que não seja de caráter jurisdicional (isto é, judicial ou arbitral). Ou seja, trata-se de assegurar a autonomia da ANTT para se pronunciar a respeito do desenvolvimento da relação contratual, de modo a impedir interferência sobre as posições que ela venha a adotar a respeito das condições de execução do contrato.

Pode-se discutir não apenas se essas restrições são eficientes, mas se são factíveis. Em particular, afigura-se questionável a possibilidade de dissociar elementos (técnicos e jurídicos) que estão inter-relacionados, como o próprio rol estabelecido no artigo 27, § 1º, da minuta de resolução, reproduzido antes, permite antever. Afinal, o comitê deve pautar a sua atuação pela disciplina contratual. Desse modo, deve verificar se o comportamento e os atos praticados pelas partes (incluindo o ente estatal) são compatíveis com as especificações contratuais. A consideração de matérias jurídicas é um elemento inafastável na avaliação dos atos praticados pelas partes, ainda que a relevância de discussões jurídicas varie conforme o tipo de controvérsia e o comitê não seja órgão voltado a resolver controvérsias puramente jurídicas[38].

---

37 TCU, Acórdão nº 1.951/2022, Plenário, Rel. Min. Vital do Rêgo, J. 24.08.2022.

38 Essa posição é sustentada por Igor Gimenes Alvarenga Domingues nos seguintes termos: "[...] qualquer que seja a controvérsia, o comitê sempre terá que interpretar as cláusulas contratuais, e os dispositivos legais eventualmente aplicáveis, para que possa emitir sua recomendação/deliberação. Logo, fica difícil, para dizer o mínimo, estabelecer um limite da interpretação jurídica que possa ser feita pelo comitê em cada caso. Fazer este recorte acaba por trazer imensa insegurança jurídica, na medida em que a parte sucumbente poderá questionar a decisão do comitê futuramente não apenas quanto ao seu mérito, mas quanto À própria competência do comitê para deliberar sobre a questão" (**Comitês de Resolução de Disputas (*Dispute Boards*) nos contratos da Administração Pública**. São Paulo: Almedina, 2022. p. 99).

Em qualquer caso, os comitês existem justamente para definir se as soluções técnicas adotadas pelas partes são compatíveis com o contrato.

Disso decorre que as restrições contidas na proposta de resolução da ANTT podem ser questionadas por dois ângulos. Primeiro, pela incompatibilidade com a lógica do instituto que se pretende regulamentar. Segundo, por colocar em risco a paridade contratual que os comitês devem observar. Não é possível que a resolução de controvérsias pelos comitês seja pautada pela revisão apenas dos atos praticados pelo contratante privado, considerando os atos concretos adotados pela ANTT como dados corretos e inquestionáveis. Essa assimetria produziria uma espécie de exorbitância dentro de um mecanismo de resolução de controvérsias que deve ser paritário. Assemelharia os comitês a auxiliares da fiscalização da Agência. Haveria violação não apenas da isonomia, mas, novamente, da essência do instituto, que está assentada na imparcialidade e na independência dos membros do comitê em face das partes contratantes[39].

Some-se a essas considerações um apontamento de ordem prática. A instituição dessas diversas restrições tende a produzir um contraditório contencioso prévio à atuação dos comitês. O ambiente de confiança e de cooperação que propicia o desenvolvimento ótimo dos comitês pode ser afetado. É possível mesmo que o comitê nem venha a operar, ou então venha a operar de forma tardia, se o impasse acerca da extensão material de suas atribuições não for superado a contento.

Em síntese, há um problema não apenas jurídico, mas de viabilidade prática e de eficiência. A Lei nº 14.133/2021 estabeleceu solução legislativa para operacionalizar os comitês em vista das peculiaridades do regime jurídico administrativo. Ao admitir a utilização dos comitês para tratar de questões afetas a direitos disponíveis em geral, o legislador alinhou-se às práticas correntes de emprego dos comitês que consagraram a utilidade e eficiência desses institutos. Limitar essas atribuições representa um experimentalismo que pode limitar ou eliminar a eficiência que se pretende extrair dos comitês. Resta, então, verificar se as práticas administrativas que sobrevirão, normativas e concretas, acompanharão ou não a política legislativa.

2.2 O processo de escolha dos membros do Dispute Board e da instituição

O processo e os critérios decisórios para a escolha dos membros do comitê integram uma preocupação relevante para o uso de métodos alternativos de resolução de

---

39 A Lei nº 16.873/2018 do Município de São Paulo consagra essas condições como traços fundamentais da atuação dos comitês: "No desempenho de suas funções, os membros do Comitê deverão proceder com imparcialidade, independência, competência e diligência" (artigo 6º, § 3º). Ainda nesse sentido, **Manual de *Dispute Board***: Guia das Melhores Práticas e Procedimentos. Dispute Resolution Board Foundation, 2023. p. 38 e seguintes.

disputas pela Administração Pública. Abordam-se, a seguir, questões específicas sobre essa problemática, atinentes (i) aos requisitos subjetivos dos membros do comitê; (ii) ao processo de indicações e de formação do comitê; (iii) ao momento de formação de comitê; e (iv) ao recurso a instituições para administração e serviços de apoio.

Sobre a primeira questão, atinente aos requisitos subjetivos, trata-se de tema que tem sido extensivamente trabalhado em termos análogos a propósito da adoção da arbitragem. A relevância da referência à arbitragem é confirmada pelo artigo 154 da Lei nº 14.133/2021, segundo o qual "o processo de escolha dos árbitros, dos colegiados arbitrais e dos comitês de resolução de disputas observará critérios isonômicos, técnicos e transparentes". Ou seja, a legislação equiparou o processo de escolha dos membros dos Comitês de Resolução de Disputas ao dos árbitros.

Ao assim proceder, a legislação reconheceu que o comitê deve ter necessária equidistância de todas as partes envolvidas na contratação. As exigências de independência e de imparcialidade se colocam não apenas no momento da nomeação, mas a propósito de toda a atuação do comitê.

Do ponto de vista da independência e da imparcialidade, um exemplo de regulamentação que pode ser considerado está no Decreto federal nº 10.025/2019, que dispõe sobre a arbitragem para dirimir litígios que envolvam a Administração Pública federal nos setores portuário e de transporte rodoviário, ferroviário, aquaviário e aeroportuário. O artigo 12 e incisos do Decreto nº 10.025/2019 dispõem que os árbitros devem (i) ter plena capacidade civil, (ii) dispor de conhecimento compatível com o encargo a ser assumido e (iii) não podem ter, com as com as partes ou com o litígio que lhe for submetido, relações que caracterizem as hipóteses de impedimento ou suspeição de juízes, conforme previsto na Lei nº 13.105, de 2015 – Código de Processo Civil, ou outras situações de conflito de interesses previstas em lei ou reconhecidas em diretrizes internacionalmente aceitas ou nas regras da instituição arbitral escolhida.

De forma a instrumentalizar a confirmação da isenção dos membros, há dever de revelação por parte dos membros indicados. Eles deverão emitir declarações confirmando a sua independência e imparcialidade, inclusive com a revelação de todo e qualquer tipo de relação ou interesse que possa configurar conflito de interesse, seja ele efetivo ou potencial[40]. O dever de revelação tem caráter continuado. Deverá ser exercitado de ofício pelo membro do comitê ao longo da vigência deste, sempre que circunstâncias supervenientes vierem a produzir risco ou dúvida objetiva acerca de conflito de interesses. Aos requisitos de independência e imparcialidade somam-se

---

40 Para ampliar o tema, conferir **Manual de *Dispute Board***: Guia das Melhores Práticas e Procedimentos. Dispute Resolution Board Foundation, 2023. p. 100 e 101. Retomando o exemplo da Lei nº 16.873/2018, tem-se ali referência ao dever de revelação sobre "qualquer fato que denote dúvida justificada quanto à sua [do sujeito indicado para o comitê] imparcialidade e independência" (artigo 7º, parágrafo único).

os de *expertise* sobre as matérias que serão submetidas a acompanhamento e apreciação dos comitês. Aludem-se a esse propósito a predicados de "competência" e "diligência", por exemplo[41]. Não houve uma predeterminação do tipo de formação técnica, acadêmica ou profissional dos envolvidos. A composição concreta deverá levar em conta os conhecimentos e a experiência que serão necessários para a boa condução dos trabalhos do comitê.

Especialmente do ponto de vista do ente estatal, é evidente que haverá exercício de margem discricionária no processo de escolha do membro do comitê. Mas discricionariedade não se confunde com arbítrio. Deve haver adequação aos parâmetros definidos no artigo 154 e a eventuais outros critérios que se encontrem regulamentados especificamente para o ente estatal e/ou pela instituição que as partes venham a escolher para apoio ao desenvolvimento das funções do comitê[42]. Todas as partes envolvidas terão direito a aferir a observância desses critérios, requerer eventuais esclarecimentos e, se for o caso, impugnar a indicação. Ou seja, também o ente privado pode questionar a indicação feita pelo ente público contratante.

Ainda do ponto de vista da Administração Pública, não há cabimento em promover licitação para a escolha dos membros. Diante da natureza dos serviços prestados pelos membros do comitê (técnicos e especializados e da singularidade da formação dos membros como critério de escolha), trata-se de hipótese de inexigibilidade de licitação (artigo 25, inciso III, alínea *b*, da Lei nº 14.133/2021)[43].

A segunda questão tem a ver com o processo de indicações e formação do comitê. Esse processo é definido, antes de tudo, pelo número de membros que será adotado no comitê. A solução mais comum é que haja três membros, mas nada impede soluções distintas, sempre em número ímpar de membros.

O processo de indicação pode dar-se de várias formas, como, por exemplo: (i) seleção conjunta pelas partes do membro único (se for o caso), de todos os membros, inclusive do presidente do comitê, ou de dois membros (cada um por cada parte), para que esses dois membros nomeados escolham um terceiro, para exercer a presidência; (ii) indicação de membros por cada parte sujeita à aprovação da outra parte, para que os membros indicados e aprovados indiquem um terceiro,

---

41 Conforme o artigo 722 do Decreto nº 10.086/2022 do Estado do Paraná: "No desempenho de suas funções, os membros do comitê deverão proceder com imparcialidade, independência, competência, diligência e discrição".

42 De forma análoga e em termos aplicáveis aos membros do comitê: "Quanto ao árbitro, é indispensável a realização de escolha fundada na reputação do sujeito, no conhecimento especializado sobre os temas envolvidos no litígio e na experiência do acompanhamento (como árbitro ou como advogado) de litígios de conteúdo similar" (JUSTEN FILHO, Marçal. **Comentários à Lei de Licitações e Contratações Administrativas**: Lei nº 14.133/2021. São Paulo: Thomson Reuters Brasil, 2021. p. 1591).

43 Nesse sentido, DOMINGUES, Igor Gimenes Alvarenga. **Comitês de Resolução de Disputas (*Dispute Boards*) nos contratos da Administração Pública**. São Paulo: Almedina, 2022. p. 101.

igualmente sujeito à aprovação das partes; (iii) adoção de listas preparadas por cada parte para que a contraparte escolha um dos nomes sugeridos; e (iv) recurso a uma instituição para nomeação dos membros[44].

A terceira questão é pertinente ao momento de instauração do comitê. Esse momento será definido conforme o tipo de comitê de que se trate. Um comitê *ad hoc*, formado para tratar de um litígio específico, será formado por iniciativa de qualquer uma das partes envolvidas quando a controvérsia se estabeleça em termos concretos. Já um comitê permanente – isto é, designado para acompanhar a execução do contrato como um todo – deverá ser constituído de forma concomitante ou atrelada à assinatura do contrato ou imediatamente após a celebração do contrato.

A instauração logo no momento inicial da relação contratual constitui boa prática, que assim se justifica para maximizar o conhecimento do projeto pelo comitê e evitar que a sua constituição ocorra apenas após o surgimento de momentos de crise contratual. No estágio de crise, já haverá desgastes e indisposição entre as partes que podem resultar em dificuldades ou impasses para a própria formação do comitê. Daí a Lei nº 16.873/2018 do Município de São Paulo dispor que

> o Comitê entrará em funcionamento quando estiver regularmente constituído por meio da assinatura do respectivo Termo de Compromisso pelas partes e membros, o que deverá ocorrer em até 30 (trinta) dias contados da celebração do contrato administrativo. (artigo 6º, § 2º)

A constituição do comitê atrelada ao início da relação contratual se justifica para que ele possa exercer em plenitude a sua função, que compreende prestar auxílio às partes e atuar de forma preventiva. Ou seja, antes mesmo e com o propósito de evitar a submissão de litígios pelas partes. Como apontado pela doutrina, o comitê é apto a exercer a função de criar laços de "cooperação e comprometimento entre as partes contratantes"[45]. O momento de constituição do comitê potencializa o adequado desempenho dessa função.

---

44 **Manual de *Dispute Board***: Guia das Melhores Práticas e Procedimentos. Dispute Resolution Board Foundation, 2023. p. 104-107. A adesão das partes a um determinado regulamento institucional pode levar a condições específicas de formação do comitê. Como exemplo, o regulamento do CAM-CCBC prevê regras supletivas e mandatórias sobre o tema: "3.8 Na falta de acordo sobre o número de membros do Comitê, o Comitê será constituído por 3 (três) membros. [...] 3.10 O Presidente do Comitê deverá ter formação jurídica e, preferencialmente, experiência na condução de métodos autocompositivos de solução de conflitos".

45 GARCIA, Flávio Amaral. *Dispute Boards* e os contratos de concessão. *In*: CUÉLLAR, Leila *et al.* (org.). **Direito administrativo e *alternative dispute resolution***. Belo Horizonte: Fórum, 2020. p. 100. No mesmo sentido: PITRE, Paloma Gerzeli; ANDRADE, Letícia Queiroz de. *Dispute boards*: fundamentos e aplicabilidade nos contratos administrativos brasileiros de infraestrutura. **RBINF**, Belo Horizonte, ano 5, n. 10, p. 151-184, 2016.

Caberá às partes acordarem as condições de constituição. Especialmente no caso de escolherem um comitê institucional, será frequente que as partes se deparem com previsões do regulamento da instituição que escolham prazos para a instauração dos comitês atrelados ao momento de celebração do contrato. Refletindo as boas práticas referidas *supra*, a previsão de constituição do comitê atrelada à celebração do contrato é comumente encontrada em regulamentos de *Dispute Boards*[46].

Por fim, outra questão surge, atinente à definição sobre se o comitê será institucional ou não, isto é: se será submetido à administração de uma instituição que prestará serviços de apoio às partes e aos membros do comitê ou não. Retomando referência ao exemplo da minuta de regulamento da ANTT, tem-se nela a previsão de que o comitê deverá ser necessariamente constituído e desenvolvido observando "regulamento de câmaras especializadas de prevenção e resolução de divergências, credenciadas na Advocacia Geral da União – AGU, de comum acordo entre as partes" (artigo 32).

A escolha de recorrer a uma instituição se justifica por simplificar a atuação das partes e evitar atritos sobre questões acessórias ou marginais, que podem ser mais bem geridas por terceiro. As instituições podem prestar serviços administrativos para as partes e ao próprio comitê, tais como (i) indicação e nomeação dos membros do comitê, (ii) emissão de decisões sobre impugnações de membros, (iii) fixação de honorários e critérios de ressarcimento e reembolso de despesas dos membros, e (iv) decisão sobre outras questões incidentais, conforme os respectivos regulamentos. Os critérios materiais e o processo de escolha da instituição podem ser definidos pelas partes em cada caso. Doutrina e jurisprudência vêm consolidando critérios e práticas recomendáveis[47]. Novamente, o Decreto federal nº 10.025/2019 pode servir como ponto de apoio inclusive para esferas estatais não subordinadas a ele[48].

---

46 Podem-se citar como exemplos de instituições que preveem em seus regulamentos previsões nesse sentido a CCI (artigo 7º, itens 3 e 4), a Câmara de Conciliação, Mediação e Arbitragem Ciesp/Fiesp (item 2.6) e a CAM-CCBC (item 2.12).

47 Evidenciando ao mesmo tempo entendimento doutrinário e jurisprudencial, confira-se: "23. Como asseverou Flávio Amaral Garcia, procurador do estado do Rio de Janeiro e professor da Fundação Getúlio Vargas, na escolha da câmara arbitral, há que se 'levar em consideração, dentre outros fatores, a tradição e respeitabilidade da Câmara Arbitral, a sua especialização, a lista dos árbitros disponíveis, a qualidade do seu regulamento, os custos do processo, a localização da sede e outros critérios ou parâmetros que venham a ser fixados nos respectivos atos normativos'. Arremata o autor que a escolha seria fundamentalmente consensual: 'Consensualidade pressupõe discricionariedade. Discricionariedade pressupõe razoabilidade, transparência e motivação. Não devemos temer estas ideias, mas conformá-las com equilíbrio e moderação' [...]" (TCU, Acórdão nº 3.160/2020, Plenário, Rel. Min. Vital do Rêgo, J. 25.11.2020).

48 As regras pertinentes estão expostas nos artigos 10 e 11 do Decreto: "Artigo 10. O credenciamento da câmara arbitral será realizado pela Advocacia-Geral da União e dependerá do atendimento aos seguintes requisitos mínimos: I – estar em funcionamento regular como câmara arbitral há, no mínimo, três anos; II – ter reconhecidas idoneidade, competência e experiência na condução de

2.3 Desenvolvimento das atividades do comitê: a informalidade, a oralidade e os princípios da Administração Pública

O *caput* do artigo 37 da Constituição Federal estabelece que a atuação administrativa deve observar os "princípios de legalidade, impessoalidade, moralidade, publicidade". Esses princípios resultam em diversas derivações, como o princípio da motivação. O modo típico de desenvolvimento da atuação estatal para atendimento a esses princípios reside na observância de formalidades específicas e em geral rigorosas, que se traduzem na instauração de processo administrativo, no amplo registro dos eventos e atos verificados e na publicidade. Daí a enunciação de regras como a do artigo 724 do Decreto nº 10.086/2022 do Estado do Paraná, segundo o qual "o Comitê de Prevenção e Resolução de Disputas observará o princípio da publicidade [...]".

Sem prejuízo de a conduta das partes contratantes e do próprio comitê observar esses princípios, cabe destacar que o instituto opera de forma peculiar. Uma das grandes vantagens extraídas da atuação dos comitês tem a ver com a sua aptidão à atuação dinâmica e imediata no decorrer da execução do contrato, diretamente responsiva às manifestações e demandas das partes na medida em que estas surjam. Mais ainda, os comitês podem exercer postura ativa, de busca de informações mesmo quando as partes não adotem tal iniciativa. Especialmente para prevenção de controvérsias, é natural que o comitê estabeleça diálogos orais com as partes no próprio sítio de obras, por exemplo. Seria problemático pressupor que as interações, especialmente no canteiro de obras, devem obedecer a aspectos burocráticos mais significativos. É recorrente e natural, portanto, que haja certo grau de informalidade nessas tratativas.

---

procedimentos arbitrais; e III – possuir regulamento próprio, disponível em língua portuguesa. § 1º O credenciamento de que trata o *caput* consiste em cadastro das câmaras arbitrais para eventual indicação futura em convenções de arbitragem e não caracteriza vínculo contratual entre o Poder Público e as câmaras arbitrais credenciadas. § 2º A Advocacia-Geral da União disciplinará a forma de comprovação dos requisitos estabelecidos no *caput* e poderá estabelecer outros para o credenciamento das câmaras arbitrais. Artigo 11. A convenção de arbitragem poderá estipular que a indicação da câmara arbitral que administrará o procedimento arbitral será feita pelo contratado, dentre as câmaras credenciadas na forma prevista no artigo 10. § 1º A Administração Pública federal poderá, no prazo de quinze dias, manifestar objeção à câmara escolhida, hipótese em que a parte que solicitou a instauração da arbitragem indicará outra câmara credenciada, no prazo de quinze dias, contado da data da comunicação da objeção. § 2º A indicação da câmara arbitral escolhida e a sua eventual objeção serão feitas por correspondência dirigida à outra parte, ainda que a cláusula compromissória estabeleça que esta escolha será promovida logo após a celebração do contrato de parceria. § 3º A câmara arbitral indicada poderá ser substituída antes do início da arbitragem, desde que com a anuência de ambas as partes, independentemente da celebração de termo aditivo ao contrato de parceria".

Daí que, adaptando-se para o contexto aqui tratado, o desenvolvimento da atuação dos comitês deve observar parâmetros orientados pelo princípio do *formalismo moderado*. Entre esses parâmetros estão a "observância das formalidades essenciais à garantia dos direitos dos administrados" e a "adoção de formas simples, suficientes para propiciar adequado grau de certeza, segurança e respeito" aos direitos dos envolvidos (artigo 2º, parágrafo único, inciso VIII, da Lei nº 9.784/1999).

Essa característica é referida no Decreto nº 60.067/2021 do Município de São Paulo. Tal regramento estabelece que a atuação do comitê "observará a oralidade e a informalidade na gestão e na prevenção de divergências, sem prejuízo da apresentação de pleitos por escrito, conforme acordado entre as partes contratuais" (artigo 6º, § 1º). A mesma característica foi reconhecida na já referida minuta de Resolução em discussão no âmbito da ANTT. Dela consta que, sem prejuízo da observância dos princípios da legalidade e publicidade, a atuação do comitê deve desenvolver-se "primando pela oralidade e informalidade na prevenção de divergências, sem prejuízo da apresentação de pleitos por escrito" (artigo 31). Trata-se de posição enunciada no Relatório de Análise de Impacto Regulatório que subsidiou a elaboração da minuta de resolução. Encontra-se nesse relatório observação sobre a possibilidade de as partes solicitarem "opinião informal" ao comitê[49].

Na realidade, o relacionamento entre as partes alternará entre momentos de maior formalidade e informalidade. A informalidade estará especialmente presente no momento de acompanhamento da obra e no desenvolvimento de práticas que possam contribuir com a prevenção de litígios e/ou com a autocomposição entre as partes. A literatura aponta que a informalidade é inclusive um elemento-chave para a eficiência do comitê no tocante à função de evitar controvérsias e promover a solução amigável de disputas[50].

Não se trata de o ente público renunciar a mecanismos formais de atuação, mas de aderir à lógica peculiar de funcionamento dos comitês, que tem no informalismo

---

49 "Em todas as modalidades não há impedimento de que as partes solicitem opinião informal ao comitê acerca de um determinado assunto, não constituindo a resposta uma manifestação institucional do comitê." (ANTT, Superintendência de Concessão da Infraestrutura – Sucon, Processo nº 50500.282130/2022-10, SEI 17474584).

50 Esse tema já foi tratado por um dos autores em trabalho específico (POLI, Maria Juliana Candal; IEIRI, Marlon Shigueru Ushiro. Os *Dispute Boards* como ferramenta de administração contratual eficaz na prevenção de litígios em contratos de construção. *In*: BARROS DE FIGUEIREDO, Augusto; MEDINA SALLA, Ricardo (coord.). **Manual de *Dispute Boards*** – Teoria, prática e provocações. São Paulo: Quartier Latin, 2021. p. 453-456). "Essa característica primeira de autocomposição que marca o Dispute Board é, inclusive, narrada pelos membros da Junta de Solução de Disputas da Linha Amarela, bem como pelos participantes dos DBs da obra do Canal do Panamá. Eles comentam que o número de desentendimentos resolvidos por acordo durante as sessões dos DBs é, muitas vezes, maior do que os temas que foram objeto de recomendações ou decisões formais" (MARCONDES, Fernando. *Dispute Board* em contratos de construção: o desenvolvimento do método nos países da América Latina. **Cadernos FGV Projetos**, Solução de Conflitos, ano 12, n. 30, p. 113, abr./maio 2017).

e na oralidade traços essenciais de eficiência. Também não se trata de informalidade absoluta: supõe-se que serão estabelecidos protocolos de atuação e outras providências instrumentais necessárias para ordenar o relacionamento entre as partes e o comitê. Interações podem ser documentadas em atas de reunião. Considerados esses elementos, o formalismo moderado é de todo admissível e recomendável especialmente nos estágios de atuação em que o comitê não é chamado a decidir, isto é: quando, antes, subsidia as partes para que elas decidam, dentro da autonomia de que cada uma delas dispõe à luz do contrato.

Por outro lado, a formalização das interações e dos atos produzidos será um elemento com maior relevância para quando o comitê exerce a função específica de resolução de disputas. Nesses casos, ainda estarão presentes traços como o da oralidade da atuação. Mas haverá registros documentados, inclusive para ordenar e limitar a competência atribuída ao comitê para decidir sobre uma determinada (e previamente delimitada) controvérsia.

Essas considerações não são peculiares às situações que contam com a presença de um ente público sujeito à decisão do comitê. Trata-se de característica geral da atuação dos comitês na resolução de controvérsias. Há particular relevância na estipulação das etapas e das condições para que as partes recorram ao comitê para a solução de controvérsias. Haverá condições formais, inclusive no tocante à notificação de submissão de uma controvérsia e aos prazos a serem observados pelas partes e para o próprio comitê decidir. Também haverá condições materiais, atinentes à definição do objeto da disputa e dos documentos a serem considerados pelo comitê[51].

Em suma, os aspectos formais relativos à atuação dos comitês devem ser vistos sob o prisma da instrumentalidade. Os aspectos formais são orientados pela persecução da eficiência da atuação do comitê (que, naturalmente, pressupõe a adoção de determinadas regras e formas para o adequado desenvolvimento dos trabalhos) e para a observância dos direitos dos sujeitos contratantes – notadamente, neste último caso, no que diz respeito à solução de disputas. Não existe fórmula pronta para os arranjos que podem ser estabelecidos entre as partes. Como apontado pela doutrina,

> é por ter base na vontade das partes e não em regras estatais que esse método permite grande flexibilidade na sua estruturação, podendo adaptar-se aos mais diversos tipos de projetos em função da conveniência e criatividade das partes envolvidas.[52]

---

51 Sobre o tema, diretrizes gerais e exemplos de soluções podem ser encontrados no **Manual de *Dispute Board***: Guia das Melhores Práticas e Procedimentos. Dispute Resolution Board Foundation, 2023. p. 114.

52 BUENO, Júlio; FIGUEIREDO, Augusto. Os *Dispute Boards* em contratos de construção e grandes projetos de infraestrutura. **Cadernos FGV Projetos**, Solução de Conflitos, ano 12, n. 30, p. 96, abr./maio 2017.

De todo modo, qualquer que seja a forma de interação, devem ser observadas as premissas de independência e imparcialidade da atuação do comitê. A atuação dos envolvidos deverá considerar que a formalização das interações é elemento-chave (e em alguns casos fundamental) para confirmação da lisura das interações desenvolvidas.

CONCLUSÕES

Com os elementos expostos *supra*, buscou-se expor o que a prática já demonstra: os comitês não são um mecanismo uniforme. Sem prejuízo de considerar os elementos nucleares comuns, que conferem identidade ao instituto, assim como referências relevantes no que diz respeito às boas práticas reconhecidas internacionalmente, há uma responsabilidade irrenunciável das partes contratantes: diversos aspectos do comitê precisam ser bem endereçados em concreto, para adequá-lo às circunstâncias de cada contrato.

Para a Administração Pública, diversas questões permanecem em aberto em relação a essa responsabilidade. Entre outros pontos relevantes a serem examinados, destacam-se os seguintes: (i) definição, devidamente motivada, do tipo de comitê a ser adotado, considerando não apenas os custos envolvidos, mas as vantagens de cada modalidade – aí incluída a possibilidade, especialmente em contratos em longo prazo, de adoção de comitês permanentes temporários (isto é, mobilizados de forma contínua para etapas contratuais específicas); (ii) consideração de que as decisões acerca da estruturação do comitê podem basear-se nas disposições do edital de licitação, mas podem igualmente ser compartilhadas com o contratante privado, na medida em que a consensualidade opera como catalisador da confiança e da colaboração em torno das atividades do comitê; (iii) análise dos melhores arranjos de pagamento das despesas do comitê (isto é, como operacionalizar o rateio das despesas entre as partes contratantes); e (iv) consideração de arranjos peculiares e mais amplos em situações diferenciadas, como aquelas em que determinados contratos administrativos aparecem atrelados a outros contratos privados, como é o caso de contratos de concessão e empreitadas a ele relacionadas – nesse tipo de cenário, pode-se avaliar a vantajosidade de aproximar esses terceiros essenciais para o projeto (como o empreiteiro privado), na medida em que tal arranjo se mostre adequado e eficiente para contribuir com o adequado exercício das funções do comitê. O acerto na abordagem desses e de outros temas pode inaugurar uma frente inédita de eficiência e boa governança para os contratos administrativos.

REFERÊNCIAS

BUENO, Júlio; FIGUEIREDO, Augusto. Os *Dispute Boards* em contratos de construção e grandes projetos de infraestrutura. **Cadernos FGV Projetos**, Solução de Conflitos, ano 12, n. 30, abr./maio 2017.

DOMINGUES, Igor Gimenes Alvarenga. **Comitês de Resolução de Disputas (*Dispute Boards*) nos contratos da Administração Pública**. São Paulo: Almedina, 2022.

GARCIA, Flávio Amaral. *Dispute Boards* e os contratos de concessão. *In*: CUÉLLAR, Leila *et al.* (org.). **Direito administrativo e *alternative dispute resolution***. Belo Horizonte: Fórum, 2020.

GUIMARÃES, Fernando Vernalha. **Alteração unilateral do contrato administrativo**. São Paulo: Malheiros, 2003.

JOBIM, Jorge Pinheiro; RICARDINO, Roberto; CAMARGO, Rui Arruda. A experiência brasileira em CRD: o caso do metrô de São Paulo. *In*: TRINDADE, Bernardo Ramos. **Comitê de resolução de disputas nos contratos de construções e infraestrutura**: uma abordagem prática sobre os *Dispute Boards* no Brasil. São Paulo: Pini, 2016.

JUNQUEIRA, André Rodrigues. **Arbitragem nas parcerias público-privadas**. Um estudo de caso. Belo Horizonte: Fórum, 2019.

JUSTEN FILHO, Marçal. **Comentários à Lei de Licitações e Contratações Administrativas**: Lei nº 14.133/2021. São Paulo: Thomson Reuters Brasil, 2021.

Manual de *Dispute Board*: Guia das Melhores Práticas e Procedimentos. Dispute Resolution Board Foundation, 2023.

MARCONDES, Fernando. *Dispute Board* em contratos de construção: o desenvolvimento do método nos países da América Latina. In Cadernos FGV Projetos. Solução de Conflitos. Abril/maio 2017, ano 12, n. 30.

MOREIRA, Egon Bockmann; CRUZ, Elisa Schmidlin. Notas a propósito do Decreto RJ nº 46.245/2018, da Portaria AGU nº 320/2019 e do Decreto SP nº 64.356/2019. *In*: CUÉLLAR, Leila *et al.* (org.). **Direito administrativo e *alternative dispute resolution***. Belo Horizonte: Fórum, 2020.

PITRE, Paloma Gerzeli; ANDRADE, Letícia Queiroz de. *Dispute Boards*: fundamentos e aplicabilidade nos contratos administrativos brasileiros de infraestrutura. **RBINF**, Belo Horizonte, ano 5, n. 10, p. 151-184, 2016.

POLI, Maria Juliana Candal; IEIRI, Marlon Shigueru Ushiro. Os *Dispute Boards* como ferramenta de administração contratual eficaz na prevenção de litígios em contratos de construção. *In*: BARROS DE FIGUEIREDO, Augusto; MEDINA SALLA, Ricardo (coord.). **Manual de *Dispute Boards*** – Teoria, prática e provocações. São Paulo: Quartier Latin, 2021.

RIBEIRO, Caio Gentil *et al.* **Revista da Procuradoria Geral do Estado de São Paulo**, São Paulo, n. 96: 228-248, jul./dez. 2022.

10. DISPUTE BOARD E TRIBUNAL ARBITRAL – SUAS DECISÕES PODEM SER CUMPRIDAS, PELA ADMINISTRAÇÃO PÚBLICA, FORA DO REGIME DE PRECATÓRIOS?

Fernando Vinícius Tavares Magalhães Morais
Mestre em Direito Civil pela Universidade Federal de Minas Gerais.
Editor-assistente da Revista Brasileira de Arbitragem (RBA).
Advogado especializado em contratos de infraestrutura.
Membro de Gilberto José Vaz Advogados.

Renata Faria Silva Lima
Bacharel em Direito pela Pontifícia Universidade Católica de Minas Gerais (1997).
Especialista e Mestre em Direito pela Universidade Federal de Minas Gerais (2004/2021).
Árbitra da Lista da Câmara de Arbitragem Empresarial Brasil (Camarb), da Câmara de Mediação e Arbitragem do Instituto de Engenharia – SP (CMA-IE) e da Câmara de Mediação e Arbitragem do Conselho Regional de Engenharia e Agronomia de Minas Gerais – Crea/MG.
Mediadora capacitada pelo Instituto de Mediação e Arbitragem do Brasil – IMAB (2015).
Diretora do Núcleo de Contratos Públicos e de Dispute Boards da Comissão de Arbitragem da OAB/MG (2022-2024).

Coordenadora do Núcleo de Arbitragem e Dispute Board do Comitê Brasileiro de Arbitragem – CBAr (2022-2024).
Membro e capacitada pela Dispute Resolution Board Foundation (2017)
Sócia da Gilberto José Vaz Advogados desde 2000, onde tem intensa atuação em dispute boards, em contencioso judicial e arbitral, como advogada e como árbitra (tendo atuado em 24 arbitragens, sendo 22 de construção pesada).
Autora de livros e artigos jurídicos sobre esses temas.

INTRODUÇÃO

Os contratos de infraestrutura são parte relevante da economia brasileira, sendo, inclusive, utilizados pela Administração Pública como forma de "aquecer" a economia[1]. Ocorre que, por diversas razões, esses contratos, que usualmente são de longa duração, estão sujeitos a inúmeros problemas durante a sua execução, sendo que esses podem gerar controvérsia entre as partes.

Para mitigar esses problemas e essas controvérsias, a prática comercial desenvolveu uma série de ferramentas, como as chamadas "cláusulas escalonadas", tanto nos contratos regidos pelo direito público quanto nos regidos pelo direito privado, que estabelecem meios alternativos (adequados) para solução das disputas, prevendo diversas etapas antes de um litígio chegar ao Poder Judiciário ou à arbitragem. Com essas ferramentas, é comum que determinada controvérsia tenha de ser decidida por um *Dispute Board*, por uma arbitragem ou pelo Poder Judiciário.

Tendo-se em vista, pois, que várias dessas disputas, inclusive nos contratos regidos pelo direito público, acabam sendo decididas especificamente pelos Dispute Board e pela arbitragem, o presente artigo visa analisar uma questão de extrema relevância prática (vez que alguns entes federativos levam quase duas décadas para pagar precatórios): Poderia uma decisão do *Dispute Board* ou uma sentença arbitral ser paga, pela Administração Pública, fora do regime de precatório?

1. AS CHAMADAS CLÁUSULAS ESCALONADAS

A prática dos contratos de infraestrutura revela que a adoção das chamadas cláusulas escalonadas, como mecanismo de resolução de disputas, é corrente. Por isso, antes de adentramos no estudo dos efeitos das decisões do *Dispute Board* e da sentença arbitral, cabe tecer algumas considerações sobre as cláusulas escalonadas.

---

1 Disponível em: https://economia.uol.com.br/noticias/redacao/2023/08/08/novo-pac-investimento-lula-estados-obras-paradas.htm. Acesso em: 6 nov. 2023.

As cláusulas escalonadas (*multi-tier clauses* ou *layered clauses*) são ferramentas contratuais que utilizam os métodos alternativos (ou adequados) de solução de controvérsias, de forma associada[2]. Tal mecanismo contratual, valendo-se de diferentes meios de resolução de litígios, estabelece procedimentos que devem ser seguidos pelas partes contratantes, na busca de solucionar os litígios, conforme as suas disposições para, somente então, se frustrados esses procedimentos, submeter a disputa à arbitragem (que goza de jurisdição no ordenamento jurídico brasileiro) ou ao Judiciário[3].

Os fundamentos de um sistema de escalonamento dos métodos de solução de litígios têm como principais objetivos fornecer uma maior efetividade, celeridade e objetividade na solução de eventuais controvérsias[4] entre as partes contratantes.

Com efeito, as questões controvertidas, depois de percorrem todos (ou alguns) desses estágios anteriores, se não resolvidas, chegam mais maduras à arbitragem ou ao Judiciário, o que faz com que muitas das decisões arbitrais ou judiciais apenas confirmem as recomendações ou decisões anteriores. Os tribunais arbitrais, muito embora não estejam adstritos a essas recomendações ou decisões, que são em regra juntadas como prova nos procedimentos arbitrais, as levam em conta[5], assim como as demais provas existentes, na formação de sua convicção[6]. Após a anotação do seu conceito, a seguir serão destacados os modelos de cláusula escalonada nos contratos da Fidic.

1.1 Cláusulas escalonadas nos modelos Fidic

A Fédération Internationale des Ingénieurs Conseils ("Fidic")[7] traz em seus conhecidos modelos de contratação (p. ex., *Red Book*, *Silver Book* e *Yellow Book*)

---

2 SALOMÃO, Rodrigo Cunha Mello. **Aspectos polêmicos das cláusulas escalonadas**, 2017. p. 3.

3 LEMES, Selma Maria Ferreira. **Cláusula escalonada ou combinada**: mediação, conciliação e arbitragem. São Paulo: Quartier Latin, 2010. p. 3. No mesmo sentido: BORN, Gary; ŠĆEKIĆ, Marija. Pre-Arbitration Procedural Requirements: a dismal swamp. *In*: CARON, D. David. *Practising Virtue Inside International Arbitration*. Oxford University Press, 2015. p. 227; JOLLES, Alexander. Consequences of Mult-tier Arbitration Clauses: issues of enforcement. **The International Journal of Arbitration, Mediation and Dispute Management**, p. 329, 2006.

4 SALOMÃO, Rodrigo Cunha Mello. **Aspectos polêmicos das cláusulas escalonadas**, 2017. p. 7.

5 Além de as decisões poderem ser utilizadas como provas, os engenheiros/gestores do contrato que acompanharam a obra poderão servir como testemunhas no procedimento arbitral.

6 Cf. BUNNI, Nael; LLOYD, Humphrey (coord.). Final Report on Construction Industry Arbitrators. **ICC International Court of Arbitration Bulletin**, v. 12, n. 2, p. 12, 2001 *apud* PERCORATO, Eduardo. Arbitragem nos contratos de construção (f. 231-255). *In*: SILVA, Leonardo Toledo. **Direito e infraestrutura**. São Paulo: Saraiva, 2012. f. 370.

7 Disponível em: https://fidic.org/book-product-type/works-civil-engineering-construction. Acesso em: 7 out. 2023.

– que são adotados nas *guidelines* do Banco Mundial para os contratos de financiamento por ele firmados – um sistema de escalonamento dos métodos adequados de solução de controvérsias[8].

Na cláusula 21 dos modelos da Fidic há um sistema de resolução de litígios que pode ser dividido basicamente em três etapas: (i) o *Dispute Avoidance Adjudication Board* ("DAAB"); (ii) *Amicable Settlement*; e, finalmente, (iii) a arbitragem.

1.1.1 Dispute Avoidance Adjudication Board ("DAAB" ou comitê)

Os *Dispute Avoidance Adjudication Board*[9] são conceituados pela *Dispute Resolution Board Foundation* (DRBF), organização internacional, que se dedica ao tema desde 1996, como

> [...] um comitê de profissionais especialistas e imparciais, formado no início da execução do projeto para acompanhar o progresso das obras, prevenindo disputas e auxiliando na resolução de disputas durante o prazo do contrato.[10]

Ele pode ser formado por um ou três membros selecionados pelas partes e, se não formado no início do contrato, pode ser formado também apenas para analisar alguma controvérsia específica (*ad hoc*), proferindo recomendações não obrigatórias ou decisões (ou ainda aconselhamentos)[11], sempre que requerido pelas partes.

Importante aspecto para análise do *Dispute Avoidance Adjudication Board* é a subcláusula 21.4.4, que estabelece a impossibilidade de as partes submeterem o litígio à arbitragem, sem que antes tenha sido emitido um aviso de insatisfação[12] com a decisão do comitê à outra parte[13]. Veja-se:

---

8 Sobre o tema, veja: SILVEIRA, Gustavo Scheffer. Os novos contratos da Fidic. **Revista de Arbitragem e Mediação**, edição de 2017, v. 57, p. 37, 2018.

9 Tal método de resolução de conflito aparece nos modelos da Fidic como um procedimento pré-arbitral.

10 DISPUTE RESOLUTION BOARD FOUNDATION. **Practices and Procedures**. Disponível em: https://www.drb.org/wp-content/uploads/2016/02/Section_1_QuickPrint_11-07.pdf. Acesso em: 19 jul. 2023.

11 Essa função já é prevista no Regulamento relativo aos *Dispute Boards* da CCI, no seu artigo 17.

12 Como se verá a seguir, em hipótese que uma das partes esteja insatisfeita com a decisão proferida pelo DAAB – nos termos da subcláusula 21.4.4 [Dissatisfaction with DAAB's Decision] –, deverá a parte insatisfeita emitir, em um prazo de 28 dias após receber a decisão, um aviso de insatisfação com a decisão do DAAB [NOD – Notice of Dissatisfaction with the DAAB's Decision], especificando a matéria em disputa e as razões para a insatisfação, à outra parte, com cópias para o DAAB e o engenheiro/gestor do contrato.

13 ALVES, André Cordelli. **Contratos de construção internacionais** – Modelo Contratual Fidic New Red Book: utilização sob o contexto de *civil law* e compatibilidade com o sistema legal brasileiro.

> *Except as stated in the last paragraph of Sub-Clause 3.7.5 [Dissatisfaction with Engineer's determination]. in Sub-Clause 21.7 [Failure to Comply with DAAB's Decision] and in Sub-Clause 21.8 [No DAAB ln Place],* ***neither Party shall be entitled to commence arbitration of a Dispute unless a NOD in respect of that Dispute has been given in accordance with this Sub-Clause 21.4.4.***[14]

Verifica-se, portanto, que, nos modelos da Fidic, uma vez estipulada cláusula de DAAB como etapa prévia à instauração de procedimento arbitral (fase pré-arbitral) ou distribuição de ação judicial, não poderá a parte dar início ao procedimento arbitral ou ação judicial sem que, antes, o litígio tenha sido submetido ao DAAB.

Todavia, é necessário neste ponto dizer que há entendimentos controversos na doutrina jurídica, não só no Brasil, mas no mundo, quanto à necessidade ou não do esgotamento das etapas precedentes (p. ex., DAAB) para se evoluir nas etapas subsequentes (p. ex., *Amicable Settlement* e arbitragem) da cláusula escalonada prevista em contrato – o *iter* pré-arbitral – na busca de solução da controvérsia pelas partes[15].

O que a prática demonstra é que a análise da necessidade ou não da submissão ao DAAB, previamente à arbitragem, pelo árbitro (em função do princípio da *Kompetenz-Kompetenz*) deverá se dar a partir da interpretação do contrato firmado entre as partes, ou até mesmo do regulamento institucional da Câmara eleita pelas partes para administrar o procedimento para solução das controvérsias, lembrando-se que, nos contratos que adotam o modelo da Fidic, só a partir da discordância com a

---

Tese de Doutorado – Universidade de São Paulo Faculdade de Direito, 2019. p. 278.

14 Conditions of Contract for Construction, Red Book, 2017, Sub-Clause 21.4.4, p. 104.

15 Sobre as cláusulas escalonadas e a não observância do **iter** pré-arbitral e as suas consequências, Eduardo Percorato anota que a ICC já tem uma jurisprudência rica sobre o assunto, tendo prevalecido o entendimento de que, enquanto não exauridas as fases anteriores, o requerimento de arbitragem seria prematuro e a arbitragem não poderia prosseguir. Em algumas arbitragens, os árbitros suspenderam e, em outras, extinguiram a arbitragem, determinando às partes que percorressem as fases anteriores, antes. Há, contudo, algumas decisões que por causa da redação deficiente da cláusula entenderam que a intenção das partes foi uma submissão facultativa à fase pré-arbitral, não havendo necessidade de seu esgotamento. Lembra-se, ainda, que a decisão de prosseguir ou não com a arbitragem, nesses casos, é do árbitro, pelo princípio da *Kompetenz-Kompetenz* (artigo 8º, § 1º, da Lei nº 9.307/1996) (PERCORATO, Eduardo. Arbitragem nos contratos de construção (f. 231-255). *In*: SILVA, Leonardo Toledo. **Direito e infraestrutura**. São Paulo: Saraiva, 2012. f. 370.

Sobre o **iter** pré-arbitral nos contratos administrativos, vale anotar as lições de Gustavo Justino de Oliveira e Matheus Teixeira Moreira no sentido de que é **discricionário** o uso dos Mascs no âmbito contratual, para as controvérsias relacionadas a direitos patrimoniais disponíveis. Mas, uma vez previsto no contrato que conciliação, mediação, *Dispute Boards* e arbitragem foram os métodos escolhidos, tais determinações deverão ser rigorosamente respeitadas pelas partes, e então estamos no espaço da obrigatoriedade de observância dos Mascs, e não mais na sua facultatividade (JUSTINO, Gustavo de Oliveira; MOREIRA, Matheus Teixeira. **Quem tem medo da solução negociada de conflitos da nova Lei de Licitações?** Disponível em: https://www.conjur.com.br/2021-jun-13/publico-pragmatico-governo-digital-caminhar-maos-dadas-rumo-transformacao-digital. Acesso em: 5 nov. 2023.

recomendação ou a decisão do DAAB pode-se instaurar uma arbitragem, conforme já visto antes.

Christofer Seppällã, sobre essas cláusulas escalonadas, ainda comenta a hipótese de quando uma parte obtém decisão favorável do *Dispute Board* e a parte perdedora não dá início a uma arbitragem para impugná-la no prazo do contrato (ou do regulamento aplicável), tornando a decisão imutável. Nesse caso, ainda que não haja o cumprimento voluntário da decisão, há precedente da ICC admitindo que a parte vencedora instaure a arbitragem. Em decorrência disso, os árbitros determinaram o pagamento de tudo aquilo que havia sido concedido pelo *Dispute Board*, confirmando a decisão anterior. Seppälã ainda destaca que a 4ª edição das Condições da Fidic, na subcláusula 67.4, passou a permitir que a parte vencedora, mesmo depois de a decisão do *Dispute Board* ter se tornado imutável, possa se valer da arbitragem para confirmá-la[16].

Assim, não havendo cumprimento pela parte vencida da decisão vinculativa final do *Dispute Board*, pode a parte vencedora, de acordo com os precedentes da ICC, dar início a um procedimento arbitral, visando à confirmação da decisão do comitê pelo tribunal arbitral. Com a prolação da sentença arbitral, passará a existir, de acordo com as normas brasileiras, um título executivo judicial.

Destaca-se que a maior parte da doutrina brasileira entende que o *Dispute Board* não pode proferir decisão definitiva e vinculante[17]; porém, há quem sustente posicionamento diverso, no sentido de que as partes, com base no princípio da autonomia privada, poderiam pactuar que as decisões do *board* serão todas definitivas e vinculantes[18].

1.1.2 Amicable Settlement

A cláusula de *Amicable Settlement*[19] (cláusula 21.5 no *Red Book*, p. ex.), por sua vez, é um mecanismo que estipula que as partes, uma vez notificadas de eventual desacordo, terão o dever de tentar solucionar o conflito de forma amigável, antes de dar início à arbitragem.

---

16 SEPPÄLLÃ, Christofer. International Construction Contract Disputes: Commentary on ICC Awards Dealing with the Fidic International Conditions of Contract. *The ICC International Court of Arbitration Bulletin*, v. 9, n. 2, p. 12-13, november 1998 *apud* PERCORATO, Eduardo. Arbitragem nos contratos de construção (f .231-255). *In*: SILVA, Leonardo Toledo. **Direito e infraestrutura**. São Paulo: Saraiva, 2012. f. 370.

17 É o que destaca Felipe Varela Mello, cf. MELLO, Felipe Varela. ***Dispute Boards***: meio de prevenção e resolução de disputas. São Paulo: Quartier Latin, 2023. p. 199.

18 MELLO, Felipe Varela. ***Dispute Boards***: meio de prevenção e resolução de disputas. São Paulo: Quartier Latin, 2023. p. 200 e ss.

19 Solução amigável de controvérsias.

No entanto, o dispositivo ainda prevê a possibilidade de se recorrer à arbitragem, sem que haja a tentativa de um "acordo amigável", após 28 dias da notificação de desacordo:

> *Where a NOD has been given under Sub-Clause 21.4 [Obtaining DAAB's Decision], both Parties shall attempt to settle the Dispute amicably before the commencement of arbitration.* ***However, unless both Parties agree otherwise, arbitration may be commenced on or after the twenty-eighth (28th) day after the day on which this NOD was given, even if no attempt at amicable settlement has been made.***[20]

Tal subcláusula, trazida pela Fidic em seu modelo de contrato, busca, tão somente, incentivar as partes a solucionarem a controvérsia de uma forma amigável, sem que seja necessário recorrer à arbitragem.

Dessa forma, as partes poderão utilizar desse prazo de 28 dias para buscar uma forma eficiente para solucionar a disputa. Tal interação pode ser feita por: (i) negociação direta entre executivos da diretoria de cada uma das partes; (ii) mediação; e (iii) determinação por especialistas (como as Regras de Especialistas publicadas pela Câmara de Comércio Internacional – ICC).

Verifica-se, portanto, que essa disposição em nada inviabiliza a instauração de um procedimento arbitral, mas tão somente busca incentivar as partes a explorarem alternativas à arbitragem, para solucionar as controvérsias de forma mais eficiente e menos onerosa.

1.1.3 Arbitration

Por fim, caso as partes não cheguem a um acordo amigável para resolução do conflito, a controvérsia deverá ser levada ao tribunal arbitral eleito pelas partes, figurando, pois, a arbitragem, como última etapa decisiva e que, no Brasil, é a única que goza de jurisdição[21], entre as soluções adequadas de resolução de disputas previstas pelos modelos de contrato do Fidic.

No modelo contratual trazido pela Fidic é estabelecido como padrão que a arbitragem se dará perante a Câmara de Comércio Internacional em Paris (ICC) e segundo as suas regras, podendo, contudo, as partes definir no contrato as próprias regras do procedimento arbitral:

---

20 Conditions of Contract for Construction, Red Book, 2017, Sub-Clause 21.5, p. 104-105.

21 É essencial a previsão da arbitragem como última etapa, considerando que o artigo 3º do CPC reitera o princípio constitucional da inafastabilidade da jurisdição e o § 1º não deixa dúvida sobre o caráter jurisdicional da arbitragem, tendo a sentença proferida pelo árbitro ou tribunal arbitral a mesma eficácia de sentença judicial, conforme o artigo 31 da Lei nº 9.307/1996.

> *Unless settled amicably, and subject to Sub-Clause 3.7.5 [Dissatisfaction with Engineer's determination], Sub-Clause 21.4.4 [Dissatisfaction with DAAB's decision], Sub-Clause 21. 7 [Failure to Comply with DAAB's Decision] and Sub-Clause 21.8 [No DAAB ln Place], any Dispute in respect of which the DAAB's decision (if any) has not become final and binding shall be finally settled by international arbitration. Unless otherwise agreed by both Parties:*
>
> ***(a) the Dispute shall be finally settled under the Rules of Arbitration of the lnternational Chamber of Commerce;***
>
> *(b) the Dispute shall be settled by one or three arbitrators appointed in accordance with these Rules; and*
>
> *(c) the arbitration shall be conducted in the ruling language defined in Sub-Clause 1.4 [Law and Language].*
>
> [...].[22]

A cláusula de arbitragem confere ainda aos árbitros plenos poderes para a reanalisar o conflito, podendo revisar todos os documentos e, inclusive, emitir decisões que venham a confirmar ou divergir daquelas proferidas pelo DAAB:

> ***The arbitrator(s) shall have full power to open up, review and revise any certificate, determination (other than a final and binding determination), instruction, opinion or valuation of the Engineer, and any decision of the DAAB (other than a final and binding decision) relevant to the Dispute.*** *Nothing shall disqualify the Engineer from being called as a witness and giving evidence before the arbitrator(s) on any matter whatsoever relevant to the Dispute.*[23]

1.1.4 Cláusulas escalonadas nos contratos administrativos

Especificamente sobre os contratos administrativos, destaca-se que a possibilidade de adoção das cláusulas escalonadas está agora prevista na Lei nº 14.133/2021. Com efeito, o artigo 151, parágrafo único, da Lei nº 14.133/2021 admitiu o sistema multiportas para os contratos administrativos, notadamente a conciliação, a mediação, o comitê de resolução de disputas e a arbitragem para as controvérsias relacionadas a direitos patrimoniais disponíveis, reconhecendo expressamente como sendo de direitos patrimoniais disponíveis as questões que envolvem *equilíbrio econômico-financeiro do contrato, inadimplemento de obrigações e cálculo de indenizações.*

22 Conditions of Contract for Construction, Red Book, 2017, Sub-Clause 21.6, p. 104-105.
23 Conditions of Contract for Construction, Red Book, 2017, Sub-Clause 21.6, p. 104-105.

Essas questões, definidas pela Lei nº 14.133/2021 como sendo de direito patrimonial disponível, têm fundamento em doutrina e jurisprudência que já traziam o seu conceito. Hely Lopes Meirelles fazia a diferenciação entre o que seria meta (interesse primário) e o que seria instrumento (interesse secundário) para Administração, sendo este último o direito patrimonial disponível:

> O primeiro é a meta, o objetivo a ser atingido pela Administração no atendimento das necessidades sociais. O segundo é instrumental, ou seja, é a utilização de meios capazes de permitir a consecução do primeiro. Ao alugar uma casa para instalar um centro de saúde o interesse público está na implantação daquela unidade, consistindo a locação em interesse público secundário, ou derivado do primeiro, já que não existiria sem aquele.
> A satisfação dos interesses públicos secundários [...] se resolve em relações patrimoniais que, por estarem no campo da liberdade contratual da Administração, são direitos disponíveis.[24]

Diogo de Figueiredo Moreira Neto, utilizando-se também da teoria dos fins, distinguia os interesses primários dos secundários da Administração, concluindo que

> são disponíveis, nesta linha, todos os interesses e direitos deles derivados que tenham expressão patrimonial, ou seja, que possam ser quantificados monetariamente, e estejam no comércio, e que são, por esse motivo, normalmente, objeto de contratação que vise dotar a Administração ou seus delegados, dos meios instrumentais a que estejam em condições de satisfazer os interesses finalísticos que justificam o próprio Estado.[25]

O Supremo Tribunal Federal, em julgamento em 04.06.2002, no Recurso Extraordinário nº 253885/MG, tendo como Relatora a Ministra Ellen Gracie, admitiu a validade da transação realizada pelo Poder Público. No caso, o STF baseou-se em precedente seu (Agravo de Instrumento nº 52.181, julgado em 14.11.1973, tendo como partes a União Federal, o espólio Henrique Lage e outros), no qual, pelo voto do Ministro Bilac Pinto, decidiu-se pela legalidade do juízo arbitral, que o nosso direito sempre admitiu e consagrou até mesmo nas causas contra a Fazenda Pública[26].

---

24 MEIRELLES, Hely Lopes. **Licitação e contrato administrativo**. 13. ed. São Paulo: Malheiros, 2002. p. 249. No mesmo sentido, TÁCITO, Caio. Arbitragem nos litígios administrativos. **Revista de Direito Administrativo – RDA**, Rio de Janeiro, v. 210, p. 111-115, out./dez. 1997.

25 MOREIRA NETO, Diogo de Figueiredo. **Mutações do direito administrativo**. 2. ed. Rio de Janeiro: Renovar, 2001. p. 228.

26 Sobre o tema, veja-se LIMA, Renata Faria Silva. **Equilíbrio econômico-financeiro contratual**: no direito administrativo e no direito civil. Belo Horizonte: Del Rey, 2004. 413 p.

Com efeito, se antes já era possível encontrar tais cláusulas em contratos administrativos no Brasil, por força das *guidelines* dos agentes financiadores (com fundamento no artigo 42, § 5º, da Lei nº 8.666/1993), e em leis específicas, como a Lei nº 8.987/1995, agora poderão ser adotadas tais cláusulas em um universo maior de contratos administrativos, pela Lei nº 14.133/2021, sobretudo quando se lembra que o artigo 153 permitiu inclusive o aditamento dos contratos para inclusão dos meios alternativos (adequados) de solução de controvérsias, se não previstos antes. Dito isso, a seguir discorrer-se-á sobre dois desses meios – os Comitês de Resolução de Disputas (DB) e a arbitragem –, as suas decisões e os seus efeitos.

2. DISPUTE BOARDS: TIPOS E QUANDO A SUA DECISÃO SE TORNA VINCULANTE

Tomando como base os modelos de contrato da *Fédération Internationnale des Ingénieurs Conseils* (Fidic), o Regulamento sobre *Dispute Board* da *Internacional Chamber of Commerce* (ICC) e as normas de regência já existentes no Brasil[27], conforme já dito, são três os tipos de comitês previstos, a saber: o comitê de revisão, o comitê de adjudicação e o comitê híbrido.

O comitê de revisão emite recomendações não vinculantes às partes em litígio. Qualquer parte que não esteja satisfeita com uma recomendação deverá, no prazo previsto no regulamento aplicável (ou no contrato), notificar a outra parte e o comitê de sua insatisfação, hipótese em que o litígio em questão deverá ser resolvido

---

27 Os comitês começaram a ser utilizados de forma crescente em contratos administrativos brasileiros, previstos em cláusulas escalonadas, geralmente seguidos de arbitragem, vinculados a um regulamento e a uma câmara de arbitragem. Em um primeiro momento, naqueles contratos que gozam de financiamento externo, a partir da autorização legal do artigo 42, § 5º, da Lei nº 8.666/1993, depois, autorizados por leis especificas, como aqueles regidos pela Lei nº 8.987/1995 (alterada pela Lei nº 11.196/2005) e pela Lei nº 11.079/2004, e, mais recentemente, pela Lei nº 14.133/2021 (artigos 138, II, 151 e 154). Por exemplo, em 2003, o Brasil teve o seu primeiro contrato (de expansão do Metrô, Linha 4, em São Paulo) com previsão da utilização dos comitês antes da arbitragem (cláusula escalonada), fruto de financiamento do Banco Mundial. Na sequência, citam-se outros contratos administrativos com cláusula de comitês: das Arenas da Copa em diversos Estados, do Rodoanel em São Paulo, do novo Terminal Rodoviário de Belo Horizonte, da MG 050 em Minas Gerais, do Rodoanel Metropolitano de Belo Horizonte. Há também leis municipais regulando a utilização dos comitês em contratos administrativos, como em São Paulo (Lei nº 16.973/2018), em Belo Horizonte (Lei nº 11.241/2020), em Porto Alegre (Lei nº 12.810/2021) e em Patos de Minas (Lei nº 8.267/2022).
Há, ainda, proposições legislativas na Câmara de Deputados Federal em andamento, como o PL 2.421/2201 (originariamente o PLS 206/2018), que pretende regular os comitês nos contratos administrativos firmados pela União. E, também, projetos para regulamentação dos comitês nas Agências Reguladoras, como, por exemplo, da Agência Nacional de Transportes Terrestres (ANTT), por determinação do Tribunal de Contas da União (TCU) (Acórdão nº 4036/2020 TCU-Plenário e Acórdão nº 4037/2020 TCU-Plenário).

por arbitragem ou pelo juízo competente. Caso nenhuma das partes notifique a outra sobre a insatisfação com a recomendação, esta passará a ser vinculativa e final para as partes, devendo, então, ser cumprida imediatamente. Entretanto, caso uma parte deixe de cumprir a recomendação do comitê, depois de ela ter se tornado vinculante, a outra parte poderá submeter esse descumprimento à arbitragem ou ao juízo competente.

O comitê de adjudicação emite decisões que são contratualmente vinculantes às partes em litígio, sendo de cumprimento obrigatório desde o seu recebimento. Qualquer parte que não esteja satisfeita com a decisão do comitê deverá, no prazo previsto no regulamento aplicável (ou no contrato), notificar a outra parte e o comitê de sua insatisfação, hipótese em que o litígio deverá ser resolvido por arbitragem ou pelo juízo competente. Mas importante dizer que até que o litígio seja definitivamente resolvido por arbitragem ou pelo juízo competente, a menos que o tribunal arbitral ou o juiz decidam em contrário, as partes permanecerão obrigadas a cumprir qualquer decisão desde a sua emissão pelo comitê. Caso nenhuma das partes notifique a outra, por escrito, sobre a insatisfação com a decisão do comitê, a decisão permanecerá vinculativa e tornar-se-á final.

Vale, ainda, observar que o comitê de adjudicação foi criado, nos modelos da Fidic em 2005, para adequar-se às exigências do Banco Mundial, justamente diante da importância da manutenção do fluxo de caixa do contrato para a continuidade da sua execução. As suas decisões, de força vinculante, são o remédio para as situações de desequilíbrio do contrato, que são aquelas de maior risco à sua continuidade e ao sucesso do empreendimento. Caberá ao contratante ou ao construtor cumprir imediata e obrigatoriamente a decisão vinculante, até que seja revista ou revogada por decisão judicial ou arbitral, com fundamento no princípio do Direito inglês de *pay now argue later*. O dono da obra (que já dispõe dos recursos financeiros necessários para o empreendimento) deve pagar os valores definidos pela decisão do comitê de adjudicação e o empreiteiro deve continuar a obra, sem interrompê-la, conforme anotações de André Cordelli Alves[28]-[29].

---

28 Sobre o tema, veja-se ALVES, André Cordelli. **Contrato de Construção Fidic New Red Book**. Almedina. 2021. fl. 296.

29 Neste contexto do princípio do Direito inglês, *pay now argue later*, João Paulo Pessoa e Leonardo Toledo tratam do problema das decisões liminares dadas para suspender as decisões vinculativas do comitê de adjudicação. Lembram os autores que, em função do que a doutrina anglo-saxã denominou *rought of justice*, o mais importante do que a tomada de decisão juridicamente perfeita é a tomada de decisão ágil, dentro de um prazo preestabelecido. Assim, é importante que os efeitos dessas decisões vinculativas (ágeis) não sejam afastados senão por acordo, laudo arbitral ou sentença judicial. Consideram eles inadequado o Judiciário suspender por liminar as decisões vinculativas, em função apenas de alguma dúvida jurídica (e não por ilegalidade ou violação a princípio), pois: i) as decisões são tomadas pelo comitê técnico são de qualidade e adequadas, considerando que estão os técnicos acompanhando a obra, há debate entre as partes e um procedimento instrutório, o que não ocorre

Ainda, é possível prever um comitê híbrido que emite recomendação ou decisão sobre os conflitos, a depender do que for requerido pela parte e desde que a outra não se oponha; se houver discordância entre elas, o próprio comitê decidirá a forma de manifestação. É permitido às partes envolvidas no contrato que, nos termos da subcláusula 21.3 [*Avoidance of Disputes*][30], recorram ao comitê por assistência e/ou por discussões informais sobre questões ou desacordos que possam surgir durante a execução do contrato. Essa solicitação conjunta pode ser feita por escrito, com cópia para o engenheiro/gestor responsável pelo projeto. Além disso, caso o comitê tome conhecimento de algum problema, ele pode convocar as partes para fazer essa solicitação conjunta.

Tais discussões informais podem ocorrer a qualquer momento, exceto quando o engenheiro/gestor do contrato estiver envolvido em resolver o mesmo problema nos termos da subcláusula 3.7 [*Agreement or Determination*] do contrato. Ambas as partes devem estar presentes durante essas discussões, a menos que concordem de outra forma. Fundamental destacar que as partes não são obrigadas a seguir o conselho dado durante essas discussões informais, e o que for discutido nessas conversas não vincula o processo futuro de resolução de disputas por meio de recomendações ou decisões, seja verbalmente ou por escrito.

3. SENTENÇA ARBITRAL E SEUS EFEITOS

No que interessa ao presente estudo, o tema dos efeitos da sentença arbitral não desperta muitas dúvidas, vez que a própria Lei de Arbitragem, em seu artigo

---

previamente às decisões liminares; ii) há presunção de legitimidade das decisões proferidas pelos órgãos técnicos, pelo que deve haver uma deferência do Judiciário. Ao final, propõem eles, como solução, um negócio jurídico processual com renúncia das partes à revisão liminar das decisões do comitê de adjudicação (DA SILVA, Leonardo Toledo; PESSOA, João Paulo. Os *Dispute Adjudication Board* (DAB) em contratos públicos e privados e o problema das decisões liminares, fl. 421-434. *In*: FIGUEIREDO, Augusto Barros; SALLA, Ricardo Medina (coord.). **Manual de Dispute Boards**. 1. ed. São Paulo: Quartier Latin. 2019. fl. 616.

30 "*If the Parties so agree, they may jointly request (in writing, with a copy to the Engineer) the DMB to provide assistance and/or informally discuss and attempt to resolve any issue or disagreement that may have arisen between them during the performance of the Contract. If the DMB becomes aware of an issue or disagreement, it may invite the Parties to make such a joint request. Such joint request may be made at any time, except during the period that the Engineer is carrying out his/her duties under Sub-Clause 3.7 [Agreement or Determination] on the matter at issue or in disagreement unless the Parties agree otherwise. Such informal assistance may take place during any meeting, Site visit or otherwise. However, unless the Parties agree otherwise, both Parties shall be present at such discussions. The Parties are not bound to act on any advice given during such informal meetings, and the DMB shall not be bound in any future Dispute resolution process or decision by any views or advice given during the informal assistance process, whether provided orally or in writing.*" [Conditions of Contract for Construction – Red Book, 2017, Sub-Clause 21.3, p. 102]

31, destaca que a sentença arbitral produz "os mesmos efeitos da sentença proferida pelos órgãos do Poder Judiciário e, sendo condenatória, constitui título executivo". Assim, o cumprimento da sentença arbitral, pela Administração Pública, não terá nenhuma peculiaridade quando comparado ao cumprimento de uma sentença judicial. Como será demonstrado no capítulo 5, mais do que analisar se o caso trata de uma sentença arbitral ou sentença judicial é necessário avaliar qual é a natureza e o conteúdo da decisão proferida.

No entanto, necessário destacar que na arbitragem é comum a prolação de sentenças arbitrais parciais (e que nem sempre essas serão automaticamente exequíveis). Isso porque, em muitos casos, a sentença arbitral parcial irá apenas declarar a existência de um direito que será, posteriormente, objeto de liquidação na sentença arbitral final. Sobre essa hipótese, Carlos Alberto Carmona destaca que

> não há como negar a conveniência de os árbitros decidirem questão que demande liquidação em duas etapas distintas, uma objetivando o *an debeatur*, outra focando o *quantum debeatur*. A divisão evitará que os julgadores, por temor à quebra do princípio da ampla defesa, sintam-se compelidos a deferir a produção de provas constituendas que tratarão de apuração ou cálculo de valores para chegar, ao fim e ao cabo, à conclusão de que nada seria devido. Dito de outro modo: obrigando-se os árbitros a proferirem decisão monolítica, poderá imperar a tendência de deferir a produção de provas que abarcarão de forma ampla todas as questões controvertidas (incluindo cálculo ou apuração de valores) quando a decisão sobre o *an debeatur*, se negativa, pode economizar tempo, dinheiro e expectativas, evitando julgamento frustrante.[31]

4. ADMINISTRAÇÃO PÚBLICA E O REGIME DE PRECATÓRIOS

Ressaltados os efeitos das decisões do *Dispute Board* e da sentença arbitral, entende-se relevante tecer alguns comentários sobre o regime de precatórios, vez que, em regra, é por meio dele que a Administração Pública paga as suas condenações. Pelo artigo 100 da Constituição Federal (CF), foi instituído o regime de precatório para o pagamento, pelas Fazendas Públicas Federal, Estaduais, Distrital e Municipais, das condenações havidas em virtude de sentença judiciária, na ordem cronológica de apresentação dos precatórios e à conta dos créditos respectivos,

---

31 CARMONA, Carlos Alberto. **Arbitragem e processo**: um comentário à Lei nº 9.307/1996. São Paulo: Atlas, 2009. p. 335.

proibida a designação de casos ou de pessoas nas dotações orçamentárias e nos créditos adicionais abertos para esse fim[32].

Da norma constitucional em questão extrai-se, pois, que a regra geral é o regime de precatório, aplicável para todos os pagamentos feitos pela Fazenda Pública, assim como suas autarquias e fundações (*i.e.*, Administração Pública direta) em função das condenações havidas em virtude de sentença judiciária. Porém, da análise do artigo 100 da CF, algumas questões relacionadas às decisões arbitrais e dos comitês se colocam: Todos os pagamentos feitos pela Fazenda Pública em função das decisões proferidas por tribunal arbitral, que tem jurisdição, devem observar o artigo 100 da CF? Lado outro, os pagamentos feitos pela Fazenda Pública em função das decisões proferidas pelo comitê de adjudicação, que não tem jurisdição, devem observar o artigo 100 da CF?

5. PODERIA UMA DECISÃO DO DISPUTE BOARD OU UMA SENTENÇA ARBITRAL SER PAGA, PELA ADMINISTRAÇÃO PÚBLICA, FORA DO REGIME DE PRECATÓRIO?

Tendo sido destacadas as diferentes modalidades de *Dispute Boards* e quando uma decisão ou recomendação do *board* torna-se vinculante, bem como tendo sido demonstrada a equiparação dos efeitos da sentença arbitral e da sentença judicial, buscar-se-á analisar a possibilidade de uma decisão do *board*, que seja tida como vinculante, ou uma sentença arbitral ser paga fora do regime de precatório. Isso, considerando que, como visto antes, via de regra, a Administração Pública está sujeita ao regime de precatório.

5.1 Da diferente natureza das decisões

Tanto as relações jurídicas são diversas quanto os litígios que podem ocorrer, sendo que são esses litígios que fazem com que as partes tenham de submeter uma

---

32 O Conselho Nacional de Justiça, na oportunidade em que publicou a Resolução nº 158/2012, instituindo o Fórum Nacional de Precatório, para propor medidas para o aperfeiçoamento da gestão dos precatórios, os definiu como "requisições de pagamento expedidas pelo Judiciário para cobrar de Municípios, Estados ou da União, assim como de Autarquias e Fundações, valores devidos após condenação judicial definitiva, [...] podem ter natureza alimentar [...] ou não alimentar", sendo que, "ao receberem os depósitos das entidades devedoras, os Tribunais responsáveis pelos pagamentos organizam listas, observando as prioridades previstas na Constituição Federal (débitos de natureza alimentar cujos titulares tenham 60 anos de idade, sejam portadores de natureza grave ou pessoas com deficiência) e a ordem cronológica de apresentação dos precatórios" (Disponível em: https://www.cnj.jus.br/programas-e-acoes/precatorios/. Acesso em: 24 ago. 2023).

determinada questão ao *Dispute Board*, à arbitragem, ao Poder Judiciário, etc. Sendo diversas as disputas, também são variadas as modalidades de decisões que podem ser proferidas por um *Dispute Board* ou por um tribunal arbitral. Nesse sentido, como destaca a doutrina, ao tratar das sentenças (entendimento que também pode ser aplicado às decisões do *Dispute Board*), a classificação diversa "leva em conta a natureza do bem jurídico visado pelo julgamento, ou seja, a espécie de tutela jurisdicional concedida à parte"[33].

Sem a pretensão de exaurir as diferentes modalidades de decisões existentes (tendo em vista o seu conteúdo), abordar-se-á, a seguir, algumas das diferentes decisões que frequentemente são proferidas pelos *Dispute Boards* e/ou nas arbitragens. Isso porque saber qual a modalidade da decisão é essencial para a análise da eventual submissão dessa ao regime de precatórios. Inicialmente, é possível que seja proferida uma decisão de cunho constitutivo. Nessas decisões, confere-se uma situação jurídica nova decorrente do reconhecimento do direito potestativo do qual a parte se afirma titular, sendo que a decisão tem por conteúdo a certificação e a efetivação de um direito potestativo[34].

Exemplos de decisões constitutivas que podem ser proferidas pelo *board* ou na arbitragem são: a de extinção do contrato por inadimplemento da parte, a de invalidar/anular cláusulas contratuais ou termos aditivos. Como essas decisões não necessariamente importam em pagamentos, obviamente, elas não estarão sujeitas ao regime de precatórios.

Também poderão ser proferidas decisões tidas como meramente declaratórias, sendo que tal tipo de decisão "será *positiva ou negativa*, consoante declare a existência ou a inexistência da relação jurídica"[35].

Exemplos de decisões declaratórias que podem ser proferidas pelo *board* ou por um tribunal arbitral são: a declaração de conclusão do contrato com a emissão de certificado de aceitação e a declaração de invalidade de multas. Essas decisões também não necessariamente importam em pagamentos, sendo que, dessa forma, elas não estarão sujeitas ao regime de precatórios.

Há também as decisões de cunho, a princípio tido como condenatório, que são as decisões que podem gerar discussões a respeito da submissão ou não ao regime de precatórios, vez que, em alguns casos, elas podem importar em pagamentos pela Administração Pública.

---

33 THEODORO JÚNIOR, Humberto. **Curso de direito processual civil** – Teoria geral do direito processual civil e processo de conhecimento. Rio de Janeiro: Forense, 2011. p. 528.

34 DIDIER JR., Fredie; BRAGA, Paula Sarno; OLIVEIRA, Rafael. **Curso de direito processual civil**. 7. ed. Salvador: Juspodivm, v. 2, 2012. p. 366.

35 ARAÚJO CINTRA, Antonio Carlos de; GRINOVER, Ada Pellegrini; DINAMARCO, Cândido Rangel. **Teoria geral do processo**. 27. ed. São Paulo: Malheiros Editores, 2011. p. 329.

A doutrina destaca que essas decisões exercem dupla função[36], pois elas "reconhecem a existência de um direito a uma prestação e permitem a realização de atividade executiva no intuitivo de efetivar materialmente essa mesma prestação"[37]. Nesse sentido, a sentença condenatória pode determinar que a parte "cumpra a prestação de dar, fazer ou não fazer, ou de abster-se de realizar certo fato, ou de desfazer o que realizou"[38].

Especificamente sobre as decisões de fazer ou não fazer tomadas pelo *board* ou na arbitragem, que não importem em pagamento pela Administração Pública, parece inexistir dúvida sobre não ser aplicável o regime de precatórios. Logo, necessário focar a presente análise nas decisões que importem em pagamentos de valores por parte da Administração Pública.

Inicialmente, uma análise literal do artigo 100 da Constituição Federal pode dar a entender que as decisões que estabeleçam pagamentos de valores pela Administração Pública deveriam submeter-se ao regime de precatórios, isso tendo em vista que o dispositivo prevê, de maneira genérica, que "os pagamentos devidos pelas Fazendas Públicas" far-se-ão por meio da apresentação de precatórios.

Contudo, não é correto promover uma análise literal do dispositivo para todas as decisões que determinem pagamentos por parte da Administração Pública. Afinal, é necessário ter em consideração que as decisões que determinam o pagamento de valores podem ter fundamentação jurídica diversa. Como se sabe, os contratos estabelecem um dever primário para o devedor (cumprir a obrigação pactuada) e um dever secundário (p. ex., indenizar perdas e danos pela prestação não cumprida ou realizada em atraso). Sobre o tema, destacam-se os comentários de Castro Neves:

> Nesse passo, deve-se distinguir o dever primário e o dever secundário, que surgem ao verificar o inadimplemento. O dever primário reside no cumprimento da prestação conforme inicialmente devida. O dever secundário, por sua vez, é um substituto, ou complemento. Na hipótese de já não ser possível realizar o dever primário (o efetivo cumprimento da prestação, tal como prevista), ou o simples cumprimento do dever primário não representar uma satisfação ou utilidade para o credor, incidirá o dever secundário, com o pagamento de uma indenização em dinheiro ao credor. Importante, pois, ter ciência do caráter subsidiário do dever secundário (ao contrário do que pode dar a entender o artigo 389 do Código Civil). De fato, diante do inadimplemento, o ordenamento jurídico

---

36 THEODORO JÚNIOR, Humberto. **Curso de direito processual civil** – Teoria geral do direito processual civil e processo de conhecimento. Rio de Janeiro: Forense, 2011. p. 529.

37 DIDIER JR., Fredie; BRAGA, Paula Sarno; OLIVEIRA, Rafael. **Curso de direito processual civil**. 7. ed. Salvador: Juspodivm, v. 2, 2012. p. 362.

38 THEODORO JÚNIOR, Humberto. **Curso de direito processual civil** – Teoria geral do direito processual civil e processo de conhecimento. Rio de Janeiro: Forense, 2011. p. 529.

dá ao credor o poder de exigir que a obrigação seja cumprida, tal como ela era devida inicialmente.[39]

Tendo em vista essa diferença entre o "dever primário" e o "dever secundário" é que, mesmo nos casos em que a decisão prevê um pagamento por parte da Administração Pública, torna-se necessário analisar se a decisão do *board* ou do tribunal arbitral deve ser submetida ao regime de precatórios.

Sobre as decisões que estabelecem um dever de a Administração Pública pagar perdas e danos em razão de um inadimplemento ("dever secundário") ou que estabelecem o pagamento de valores adicionais em razão da teoria da imprevisão/teoria da onerosidade excessiva parece não haver discordância de que essas submetem-se ao regime de precatórios.

E esse entendimento é coerente com a lógica do sistema de precatórios, pois submeter tais decisões ao regime de precatório evita que a Administração Pública pague, de imediato, valores não previstos no orçamento anual, o que poderia prejudicar a destinação de recursos para outras atividades.

Por outro lado, as decisões que tão somente reforçam o dever primário de que a Administração Pública cumpra o contrato (a exemplo, decisões que determinam que a Administração pague valores retidos) devem ser vistas com maior cautela.

Essas decisões não constituem situação jurídica nova e tampouco impõem à Fazenda Pública obrigação diferente da que já assumira por força do contrato celebrado. Ou seja, essas decisões tão somente determinam o cumprimento de obrigações contratuais preexistentes com o dispêndio de valores já previstos em orçamento[40].

---

39 CASTRO NEVES, José Roberto. **Direito das obrigações**. 6. ed. Rio de Janeiro: GZ Editora, 1996. p. 325.

40 Vale anotar, também, que, sendo uma obrigação contratual, o seu valor correspondente ao pagamento declarado pela sentença arbitral ou pela decisão do comitê de adjudicação como devido pela Administração Pública estará certamente previsto no orçamento desde à época da licitação, como nos ensina Irene Patrícia Nohara, ao lembrar que na fase interna da licitação (artigo 7, § 2º, da Lei nº 8.666/1993 e artigo 6º, XXV, *f*, da Lei nº 14.133/2021) devem ser tomadas as seguintes providências: "(1) [...] (2) formular orçamento pormenorizado em planilhas que expressem a composição de todos os seus custos unitários; (3) realizar previsão de recursos orçamentários que assegurem o pagamento das obrigações no exercício financeiro em curso, de acordo com o respectivo cronograma; e (4) ser for o caso, contemplar o produto da obra nas metas do Plano Plurianual." (NOHARA, Irene Patrícia; CÂMARA, Jacintho Arruda. Licitação e contratos administrativos, v. 6, Capítulo 10. *In*: DI PIETRO, Maria Sylvia Zanella. 2. ed. **Tratado de direito administrativo**. São Paulo: Revista dos Tribunais, 2019. Lembra-se, ainda, que há exceções à regra de formulação de orçamento pormenorizado e de contemplar, se for o caso, no Plano Plurianual, como, por exemplo, nas licitações para concessão de serviços com execução prévia de obras em que não haja previsão de desembolso por parte da Administração Pública concedente (artigo 124, parágrafo único, da Lei nº 8.666/1993) e para os regimes de contratação por tarefa e contratação integrada de acordo com o artigo 6º, XXV, *f*, da Lei nº 14.133/2021. O TCU, pelo Acórdão nº 11.196/2011, de relatoria do Ministro Augusto Sherman Cavalcanti, exigiu ainda indicação da dotação orçamentária pela qual correm as futuras despesas, "com a especificação

Exatamente pelo fato de que o cumprimento do previsto em contrato não é uma situação nova que importa em uma condenação inesperada à Administração Pública é que, nessa hipótese, não é aplicável o regime de precatórios, devendo ela pagar os valores de modo imediato, segundo as regras gerais do CPC.

Entender de modo contrário, no sentido de que seria aplicável o regime de precatórios, seria permitir que a Fazenda Pública, a seu bel-prazer, retivesse, por exemplo, pagamentos contratuais forçando a sua subsunção ao regime de precatórios (que faz com que alguns entes federativos paguem suas dívidas após décadas). Dito isso, destaca-se que o TJSP já estabeleceu a não aplicação do regime de precatório quando a sentença tão somente determina o cumprimento de obrigações contratuais predefinidas:

> Como se vê, não se constituiu situação jurídica nova e tampouco foi imposta ao Estado obrigação diferente da que já assumira e vinha regularmente cumprindo, por força do contrato celebrado; não foi imposta qualquer condenação a se [*sic*] retirada dos cofres públicos, mas tão somente se determinou a continuidade de uma relação contratual pré-existente que, no caso, envolve o dispêndio de valores já previstos em orçamento, os quais foram propositalmente retidos pelo Estado em razão de questões específicas posteriormente resolvidas através de procedimento arbitral expressamente previsto em contrato.[41]

Sendo assim, decisões que, a exemplo, estabeleçam o cumprimento do contrato – como as que determinem que devem ser pagos os serviços executados, o reajuste previsto no contrato, os valores eventuais retidos, etc. –, não devem ser submetidas ao regime de precatório. Esses valores, corrigidos monetariamente, vez que a correção monetária não é um *plus*[42], devem ser pagos pela Administração Pública de imediato. Por fim, destaca-se que a não submissão ao regime de precatório das decisões de cumprimento de contrato proferidas pelo *Dispute Board* (ou mesmo

---

correta da classificação funcional programática e da categoria econômica, atentando-se para a necessidade de previsão de crédito orçamentário suficiente". E o STJ, pelo Ministro Mauro Campbell (REsp 1.141.021, J. 21.08.2012), assentou que a lei não exige a disponibilidade financeira do recurso, ou seja, não é necessário que a Administração tenha o recurso antes do início da licitação, sendo condição da licitação que haja apenas a previsão dos recursos na lei orçamentária, de acordo com o respectivo cronograma.

41 TJSP, Agravo de Instrumento nº 3003450-36.2019.8.26.0000, 6ª Câmara de Direito Público, Relª Desª Maria Olívia Alves, DJ 03.02.2020.

42 "A correção monetária é acréscimo **apenas em aparência**, porque, se não for reconhecida, legitimará uma redução no quantum devido, e não se pode ter como fiel uma execução que o reduz, dando ao credor moeda que já não vale o que valia ao tempo em que devia ser entregue e, em fim de contas, premiando o devedor por sua impontualidade ou por sua mora." (WALD, Arnoldo. Correção monetária de condenação judicial em ação de responsabilidade civil. **Revista de Processo**, v. 104, p. 133-149, out./dez. 2001)

por um tribunal arbitral), proferidas durante a execução do contrato, é essencial até mesmo para que o contratado possa dar continuidade ao contrato administrativo e a eventuais serviços públicos prestados, que são interesses públicos a serem tutelados.

Nesse sentido, vale anotar, para o estudo em questão, o primeiro litígio no Brasil, sobre uma decisão de um *Dispute Board*[43], envolvendo o Metrô, uma sociedade de economia mista que integra a Administração Pública indireta de São Paulo. Na decisão do Relator, foi reconhecida a legitimidade do comitê de adjudicação, tendo o contratado particular conseguido revogar uma tutela de urgência concedida em primeira instância ao Metrô, que suspendia os efeitos da decisão do comitê que determinou o pagamento (contraprestação) pelos serviços de retirada e disposição de solo contaminado, prestados pelo particular contratado, nos quantitativos e custos por este indicado[44].

"Sabido que a atualização monetária não amplia a dívida; tão-só obsta que se a diminua em face da corrosão da moeda por força do fenômeno inflacionário, [...] ela 'não remunera o capital, apenas assegura a sua identidade no tempo'." (*RTJ*, 94/806; *Rev. dos Tribs.*, 537/144)

43 Antes, o Poder Judiciário havia se manifestado favoravelmente aos comitês por meio dos Enunciados nºs 49, 76 e 80 da I Jornada de Prevenção e Solução de Disputas do Conselho da Justiça Federal de agosto de 2016. E, recentemente, na I Jornada de Direito Administrativo, de agosto de 2020, por meio do Enunciado nº 2507, que diz: "As controvérsias acerca de equilíbrio econômico-financeiro dos contratos administrativos integram a categoria das relativas a direitos patrimoniais disponíveis, para cuja solução se admitem meios extrajudiciais adequados de prevenção e resolução de controvérsias, notadamente a conciliação, a mediação, o comitê de resolução de disputas e a arbitragem".

44 Eis a decisão: "O item 20.2 prevê o envio dos litígios a um Conselho de Resolução de Disputas, composto no caso dos autos por três membros qualificados e admitidos por ambas as partes [...] e o item 20.4 estabelece que "a decisão será válida para ambas as partes, que deverão prontamente executá-la, a menos até que a mesma seja revisada em um acordo amigável ou sentença arbitral". A cláusula 7.2.8.3 do Termo de Acordo do Conselho de Resolução de Disputas, por sua vez, prevê que "a decisão do Conselho somente deixará de ser exigível pelas partes quando for notificada ou revisada, integral ou parcialmente, por meio de um acordo ou de um laudo arbitral ou sentença judicial, nos termos dos subitens 20.4 a 20.7 [...]".

Presentes tais requisitos, nada obsta o deferimento da tutela antecipatória, sem que isso represente desprestígio ao relevante instituto do *dispute Board*; mas a interferência judicial deve dar-se com moderação e em casos que fujam à normalidade, para que a resolução amigável não se torne uma fase sem sentido ou eficácia ou que a vinda a juízo não represente mais que inconformismo com uma decisão fundamentada e, ao seu modo, correta. O edital e o contrato devem ser respeitados, salvo específico motivo aqui não demonstrado.

"Tutela de urgência. Probabilidade do direito. Perigo de dano. O juiz entreviu indícios objetivos de que [...] o agravante [...] não teria seguido o procedimento previsto no contrato administrativo[...]. A decisão do CRD [...], no entanto, aborda minuciosamente as questões que preocuparam o juiz [...].

A probabilidade do direito resta abalada pela própria decisão do CRD, que acolheu os argumentos aduzidos pelo Consórcio pelos fundamentos lá expostos; e o perigo de dano ou risco ao resultado útil do processo é mitigado pela existência de seguro garantia vigente [...]. Ausentes os requisitos autorizadores da concessão da tutela de urgência, sua revogação é medida de rigor." (TJSP, Agravo de Instrumento nº 2096127-39.2018.8.26.0000, 10ª Câmara de Direito Público, Rel. Des. Torres de Carvalho, DJ 30.07.2018)

CONCLUSÃO

Como se viu, as cláusulas escalonadas – presentes nos modelos da Fidic – com utilização combinada de dois ou mais meios alternativos (adequados) para solução das controvérsias nos contratos (p. ex., a conciliação, a mediação, o comitê de resolução de disputas e a arbitragem) vêm sendo cada vez mais adotadas nos contratos no Brasil, tanto nos contratos regidos pelo direito privado quanto pelo direito público. No que tange a estes últimos, a sua adoção é mais propiciada ainda com a entrada em vigor da Lei nº 14.133/2021, que prevê a adoção desses meios alternativos no seu artigo 151 e, ainda, a possibilidade de aditivos aos contratos para que sejam eles adotados, quando se tratar de direitos patrimoniais disponíveis.

Em relação às decisões emanadas pelos comitês adjudicatórios (que sejam tidas como vinculantes) e pelos tribunais arbitrais, nos contratos regidos pelo direito público analisou-se a possibilidade de que os pagamentos determinados nessas decisões sejam feitos fora do regime de precatório, considerando que, via de regra, a Administração Pública está sujeita a esse regime de precatório.

A partir do estudo das diferentes modalidades de decisões existentes (tendo em vista o seu conteúdo) e da distinção doutrinária feita sobre o dever primário da parte contratante devedora (cumprir a obrigação pactuada) e o dever secundário (p. ex., indenizar perdas e danos pela prestação não cumprida ou realizada em atraso), entendeu-se que as decisões que tão somente reforcem o dever primário da Administração Pública devedora devem ser vistas com maior cautela, com possibilidade de exceção à regra do regime de precatório. Com efeito, essas decisões não constituem situação jurídica nova e tampouco impõem à Fazenda Pública obrigação diferente da que já assumira por força do contrato celebrado. Ou seja, essas decisões tão somente determinam o cumprimento de obrigações contratuais preexistentes com o dispêndio de valores já previstos em orçamento.

E justamente pelo fato de que o cumprimento do previsto em contrato não é uma situação nova que importa em uma condenação inesperada à Administração Pública é que se demonstrou que, nessa hipótese, não é aplicável o regime de precatórios, devendo a Administração Pública pagar os valores de modo imediato, segundo as regras gerais do CPC.

Destaca-se que a não submissão ao regime de precatório das decisões de cumprimento de contrato proferidas pelo *Dispute Board* (ou mesmo tribunal arbitral), durante a execução de contratos, é essencial até mesmo para que o contratado possa dar continuidade ao contrato administrativo e a eventuais serviços públicos prestados, que são interesses públicos a serem tutelados.

REFERÊNCIAS

ALVES, André Cordelli. **Contrato de construção Fidic New Red Book**. Almedina, 2021.

ALVES, André Cordelli. **Contratos de construção internacionais** – Modelo contratual Fidic New Red Book: utilização sob o contexto de *civil law* e compatibilidade com o sistema legal brasileiro. Tese de Doutorado – Universidade de São Paulo Faculdade de Direito, 2019.

ARAÚJO CINTRA, Antonio Carlos de; GRINOVER, Ada Pellegrini; DINAMARCO, Cândico Rangel. **Teoria geral do processo**. 27. ed. São Paulo: Malheiros Editores, 2011.

BORN, Gary; ŠĆEKIĆ, Marija. Pre-Arbitration Procedural Requirements: a dismal swamp. In: CARON, D. David. **Practising Virtue Inside International Arbitration**. Oxford University Press, 2015.

CARMONA, Carlos Alberto. **Arbitragem e processo**: um comentário à Lei nº 9.307/1996. São Paulo: Atlas, 2009.

CASTRO NEVES, José Roberto. **Direito das obrigações**. 6. ed. Rio de Janeiro: GZ Editora, 1996.

DA SILVA, Leonardo Toledo; PESSOA, João Paulo. Os *Dispute Adjudication Board* (DAB) em contratos públicos e privados e o problema das decisões liminares, fl. 421-434. *In*: FIGUEIREDO, Augusto Barros; SALLA, Ricardo Medina (coord.). **Manual de *Dispute Boards***. 1. ed. São Paulo: Quartier Latin, 2019.

DIDIER JR., Fredie; BRAGA, Paula Sarno; OLIVEIRA, Rafael. **Curso de direito processual civil**. 7. ed. Salvador: Juspodivm, v. 2, 2012.

DISPUTE RESOLUTION BOARD FOUNDATION. **Practices and Procedures**. Disponível em: https://www.drb.org/wp-content/uploads/2016/02/Section_1_QuickPrint_11-07.pdf. Acesso em: 19 jul. 2023.

JOLLES, Alexander. Consequences of Mult-tier Arbitration Clauses: issues of enforcement. **The International Journal of Arbitration, Mediation and Dispute Management**, 2006.

JUSTINO, Gustavo de Oliveira; MOREIRA, Matheus Teixeira. **Quem tem medo da solução negociada de conflitos da nova Lei de Licitações?** Disponível em: https://www.conjur.com.br/2021-jun-13/publico-pragmatico-governo-digital-caminhar-maos-dadas-rumo-transformacao-digital. Acesso em: 5 nov. 2023.

LEMES, Selma Maria Ferreira. **Cláusula escalonada ou combinada**: mediação, conciliação e arbitragem. São Paulo: Quartier Latin, 2010.

LIMA, Renata Faria Silva. **Equilíbrio econômico-financeiro contratual**: no direito administrativo e no direito civil. Belo Horizonte: Del Rey, 2004.

MEIRELLES, Hely Lopes. **Licitação e contrato administrativo**. 13. ed. São Paulo: Malheiros, 2002.

MELLO, Felipe Varela. ***Dispute Boards***: meio de prevenção e resolução de disputas. São Paulo: Quartier Latin, 2023.

MOREIRA NETO, Diogo de Figueiredo. **Mutações do direito administrativo**. 2. ed. Rio de Janeiro: Renovar, 2001.

NOHARA, Irene Patrícia; CÂMARA, Jacintho Arruda. Licitação e contratos administrativos. v. 6, Capítulo 10. *In*: DI PIETRO, Maria Sylvia Zanella. **Tratado de direito administrativo**. 2. ed. São Paulo: Revista dos Tribunais, 2019.

PERCORATO, Eduardo. Arbitragem nos contratos de construção (f. 231-255). *In*: SILVA, Leonardo Toledo. **Direito e infraestrutura**. São Paulo: Saraiva, 2012. f. 370.

SALOMÃO, Rodrigo Cunha Mello. **Aspectos polêmicos das cláusulas escalonadas**, 2017.

SILVEIRA, Gustavo Scheffer. Os novos contratos da Fidic. **Revista de Arbitragem e Mediação**, edição de 2017, v. 57, 2018.

TÁCITO, Caio. Arbitragem nos litígios administrativos. **Revista de Direito Administrativo – RDA**, Rio de Janeiro, v. 210, out./dez. 1997.

THEODORO JÚNIOR, Humberto. **Curso de direito processual civil** – Teoria geral do direito processual civil e processo de conhecimento. Rio de Janeiro: Forense, 2011.

WALD, Arnoldo. Correção monetária de condenação judicial em ação de responsabilidade civil. **Revista de Processo**, v. 104, p. 133-149, out./dez. 2001.

TECNOLOGIA, DIREITO DIGITAL E PRIVACIDADE NAS ADRS

Coordenadores: Clarissa Luz (desde março/2023), Nathalia Mazzonetto (até março/2023) e Pedro Silveira Campos Soares. **Coordenadores na data de publicação desta obra:** Fernanda Pantoja e Clarissa Luz.

Escopo: Promover estudos e debates sobre as interações da tecnologia com os meios adequados de solução de conflitos, tratando da questão nas perspectivas do direito digital e da privacidade.

Atividades desenvolvidas: Diversas reuniões sobre inteligência artificial, contratos eletrônicos, plataformas *online* de resolução de conflitos, trocas no ambiente digital, linguagem no ambiente digital e análise futurista dos meios de resolução de conflitos. Os debates foram promovidos por especialistas nas referidas temáticas, entre os quais Álvaro Lages, Eduardo Zylberstajn, Fernanda Levy, Luciano Timm, Maitê Ximenes e Daniela Klaiman.

11. RESOLUÇÃO DE CONFLITOS E TECNOLOGIA: UM CAMINHO PARA IMPLEMENTAÇÃO DA PROMESSA CONSTITUCIONAL DE DURAÇÃO RAZOÁVEL DO PROCESSO

Luciano Benetti Timm
Sócio de CMT Advogados.
Pós-Doutor U.C., Berkeley, EUA.
Doutor em Direito dos Negócios pela Universidade Federal do Rio Grande do Sul (UFRGS).
Mestre em Direito pela UFRGS.
Mestre em Direito (LLM) pela Universidade de Warwick, Inglaterra.
Professor da Graduação da FGV Direito SP.
Ex-Presidente da Associação Brasileira de Direito e Economia.

Leonardo Maciel Benedete
Advogado.
Mestrando em Direito Civil pela Universidade de Lisboa.
Mestrando em Economia pela Universidade Federal do Paraná.

INTRODUÇÃO[1]

O termo *tragédia do Poder Judiciário*[2] já está popularizado na literatura. Os procedimentos judiciais são comumente associados à morosidade e à ineficiência, custosos e, mesmo com os valores vultosos investidos na estrutura judiciária, a sobrecarga dos magistrados não para de crescer.

Os procedimentos reformistas do processo brasileiro também parecem não solucionar o problema. Há décadas, o sistema processual está em constante reforma[3]. Todavia, tais esforços legislativos não conseguem solucionar os problemas relacionados à precisão, à estabilidade, ao tempo e ao custo da resposta jurisdicional[4]-[5]-[6]-[7].

Neste cenário, defende-se a análise da questão por outro prisma, o da *law and economics*, que se vale de uma teoria do comportamento humano[8], aplicável a todas as decisões que tomamos, entre elas as decisões de ajuizar uma ação e as decisões subsequentes a essa, o que contribui para o desenho de normas processuais e utilização dos recursos tecnológicos disponíveis, de forma a criar incentivos ao comportamento eficiente[9], seja no sentido de respeitar os contratos, seja no sentido de não postergar a litigância para além do necessário[10].

---

1 O presente artigo é uma adaptação e nova versão atualizada do artigo "Análise econômica do Poder Judiciário brasileiro: voltando ao tema das políticas públicas baseadas em evidências", obra **Ciência, processo e tecnologia** (Editora Toth, no prelo).

2 GICO JÚNIOR, Ivo Teixeira. A tragédia do Judiciário. **Revista de Direito Administrativo**, Rio de Janeiro, v. 267, p. 163-198, set./dez. 2014, p. 163-168.

3 TIMM, Luciano Benetti; NEUBARTH TRINDADE, Manoel Gustavo; MACHADO, Rafael Bicca; BENEDETE, Leonardo Maciel. **O problema da morosidade e do congestionamento judicial no âmbito do processo civil brasileiro**: uma abordagem de *law and economics*. Direito, processo e análise econômica. Organização: Grupo de Estudos Avançados de Processo e Análise Econômica (Geapae). São Paulo: Fundação Arcadas, 2022.

4 WOLKART, Erik Navarro. *Op. cit.*, p. 649-697.

5 GICO JÚNIOR, Ivo Teixeira. A tragédia... *cit.*

6 MACHADO, Rafael Bicca; DIAS, Jean Carlos. Análise econômica do processo. *In*: TIMM, Luciano Benetti (org.). **Direito e economia no Brasil**: estudos sobre a análise econômica do direito. 4. ed. Indaiatuba: Foco, 2021.

7 A Justiça Estadual arrecada 63% do seu custo com custas e emolumentos, ou seja, o custo é parcialmente socializado, o que incentiva a litigância (BRASIL. Conselho Nacional de Justiça. *Op. cit.*, p. 79).

8 ARAÚJO, Fernando. **Introdução à economia**. 3. ed. Coimbra: Almedina, 2005. p. 15.

9 Sobre instituições e incentivos, ver: NORTH, Douglass C. Institutions. **Journal of Economic Perspectives**, v. 5, n. 1, p. 97-112, Winter 1991.

10 GICO JÚNIOR, Ivo Teixeira. A natureza econômica do Direito e dos Tribunais. *In*: YEUNG, Luciana (org.). **Análise econômica do direito**: temas contemporâneos. São Paulo: Actual, 2020. p. 193.

A eficiência do Judiciário, o alinhamento de incentivos aos litigantes e a aplicação da tecnologia em prol da prestação jurisdicional colaboram para a democratização e a ampliação do acesso à justiça e, consequentemente, a tutela do direito constitucional à "tutela jurisdicional efetiva" e de duração razoável do processo, previsto no artigo 5º, XXXV, da Constituição Federal.

Assim, chegou a hora de pensarmos na eficiência quando falamos de resolução de disputas e na administração dos conflitos pelo Poder Judiciário.

I - CONTRIBUIÇÕES DA ECONOMIA AO PROCESSO

Em seu par de artigos que lhe rendeu o Nobel de Economia, *The Nature of Firm* e *The problem of social cost*[11], Ronald Coase desenvolve a base do ramo da economia que se passou a chamar de *economia dos custos de transação* (ECT).

Em *The problem of social cost*, Coase desenvolve, de forma velada, o seu notório teorema: direitos de propriedade[12] bem definidos + custos de transação baixos + possibilidade de transação dos direitos = eliminação das externalidades. Significa dizer que, em um cenário de ausência de custos *de transação* e *direitos de propriedade bem definidos*, os bens seriam trocados até chegarem às mãos daqueles que lhe atribuem maior valor.

Assim, a existência de diferentes formas de organização das atividades econômicas para além do mercado (especialmente contratos, integralização vertical e *firma*) está justamente em um mundo com custos de transação positivos, o que autor explora em *The Nature of Firm*[13].

Conforme Williamson, os custos de transação são os custos de funcionamento do sistema de mercado, como custos de obtenção e processamento de informações, de negociação e redação dos termos da transação ou de fiscalização e imposição dos direitos transacionados[14], e é aqui que a conexão da ciência econômica e da econômica dos custos de transação com o Poder Judiciário fica evidente. Este exerce um papel relevante na redução ou ampliação dos custos de transação e, compreendendo esse fenômeno, podemos compreender melhor como tornar o processo mais eficiente.

---

11 COASE, Ronald H. The problem of social cost. **The Journal of Law and Economics**, v. 3, p. 1-44, out. 1960.

12 Direito de propriedade no sentido econômico, que, simplificando, pode ser traduzido para a linguagem jurídica como titularidade de direitos.

13 COASE, R. H. The nature of the firm. **Economic**, n. 4, p. 386-405, 1937.

14 "*Viewing the economic system from the standard point of contract, transaction costs can be thought of as the costs of contracting.*" (WILLIAMSON, Oliver E. **The Mechanism of Governance**. New York: Oxford University Press, 1996. p. 6)

Sabe-se que os agentes tomadores de decisão – no caso, os litigantes – são limitadamente racionais[15], tanto pela capacidade limitada de obtenção e processamento de informações[16] quanto em razão das idiossincrasias, heurísticas, vieses[17] e ruídos[18], aos quais estão submetidos cada agente.

Nesse sentido, os agentes, na medida das suas capacidades, responderão aos incentivos criados pelo Poder Judiciário. Por exemplo, se for excessivamente difícil a execução de determinado contrato no âmbito do Judiciário, as partes tendem a criar salvaguardas contratuais extraordinárias, criando um custo de peso morto pela alocação ineficiente de recursos que poderiam ser alocados na atividade produtiva, além de implicar em uma maior desconfiança entre as partes.

Do contrário, caso o acesso ao Judiciário ocorra sem qualquer filtro e custo atribuído à litigância oportunista, podemos criar um cenário de *demandismo*. Especialmente acerca da morosidade e da incerteza da resposta judicial, essas criam um cenário de baixo *enforcement* dos contratos, de forma que as partes *devem* desconfiar do comportamento futuro da contraparte, já que não há um mecanismo de governança trilateral capaz garantir o comportamento pactuado, o que gera uma maior homogeneidade nas relações – uma vez que se se contrata com alguém que se conhece, tende-se a não testar outros agentes no mercado, haja vista o risco associado ao comportamento oportunista e ao baixo *enforcement* do clausulado. Vale dizer, o "raio de confiança" fica mais restrito e as relações de mercado ficam menos complexas e diversificadas.

Essa menor confiança e amplitude nas relações de mercado criam ineficiência econômica, e é uma *proxy* de subdesenvolvimento econômico. Conforme evidência econométrica de estudo realizado em países do BRICS, a ausência de confiança das relações decorrente do baixo *enforcement* judicial dos contratos implica uma perda de produtividade nacional de 5%[19]. E a produtividade é chave para o desenvolvimento econômico.

Assim, a fragilização da confiança a partir de custos de transação e incentivos que são criados como consequências das decisões judiciais precisam ser levados a sério. Quando, por exemplo, não se segue a sistemática de precedentes, há concessão irrestrita de liminares e de assistência judiciária gratuita, afastam-se as condenações

---

15 SIMON, Herbert A. **Models of Man, Social and Rational**: mathematical Essays on Rational Human Behavior in a Social Setting. New York: John Wiley and Sons, 1957.

16 ALCHIAN, A. A.; DEMSETZ, H. Production, information costs, and economic organization. **The American Economic Review**, v. 62, p. 777-795, 1972.

17 KAHNEMAN, Daniel. **Pensar, depressa e devagar**. 10. ed. Tradução: Pedro Vidal (João Quina Edições). Porto: Bertrand, 2019.

18 KAHNEMAN, Daniel; SISBONY, Oliver; SUNSTEIN, Cass R. **Noise**: A flaw in Human judgment. New York: Little Brown Spark, 2021.

19 BOEHM, Johannes; OBERFIELD, Ezra. Misallocation in the Market for Inputs: Enforcement and the Organization of Production. **The Quarterly Journal of Economics**, v. 135, n. 4, p. 2007-2058, 2020.

em honorários de sucumbência e afastem-se os dispositivos contratuais sem a análise do impacto na lógica econômica da relação. Em resumo, o que se está criando é um cenário de excesso de descumprimento contratual e judicialização, o que sobrecarregado o Judiciário e gera inefetividade do direito fundamental de acesso à justiça.

Em sentido oposto, caso os precedentes, os contratos e as regras do jogo processuais, incluindo as sanções, sejam aplicados rigorosa e imparcialmente, a parte oportunista terá menor probabilidade de sucesso no comportamento predatório e de obter renda extra com o seu comportamento fora das regras do contrato, além de ter que arcar com os ônus e custos da sua má-fé, terá o incentivo de não sobrecarregar o Judiciário com ações aventureiras/oportunistas[20].

Do ponto de vista das partes, a questão pode ser analisada a partir da teoria dos jogos, que trata de situações que envolvem uma interação estratégica, entendida como uma situação na qual o resultado esperado do comportamento de um indivíduo depende de como os outros indivíduos irão agir, e é justamente por isso que é tão utilizada e aplicável aos estudos de processo.

O jogo (processo) é jogado por jogadores (litigantes), que, ao interagirem, têm opções de conduta estratégica (melhor decisão a ser tomada, *v.g.*, judicializar *v.* não judicializar; transigir *v.* não transigir; cooperar *v.* não cooperar, etc.) que levará a um dos resultados possíveis da interação. Cada conduta estratégica traz ganhos e/ou perdas mensuráveis e, a partir das estratégias disponíveis e da melhor estratégia para cada jogador, pode-se definir uma solução para o problema decisional, ou seja, pode-se definir qual é a "estratégia dominante".

No processo, os jogadores se encontram em um ambiente cujas regras são baixo custo para processar, fácil perseguição de liminares, inexistência de consequências no caso de perda/indeferimento, demora em se obter uma resolução definitiva e imprevisibilidade do resultado final, fazendo com que a estratégia dominante é descumprir os contratos e as ordens judiciais *ad eternum*, e são esses incentivos que fazem com que o Judiciário se encontre em um cenário de *tragédia dos Comuns*[21]-[22] – quando o uso irrestrito de um bem público rival o leva ao esgotamento.

Como há imprevisibilidade da resposta judicial, baixa eficácia dos precedentes horizontais e até mesmo dos verticais, o custo é baixo e a consequência da derrota, praticamente inexistente, e a estratégia dominante de qualquer agente racional é jogar os dados na Justiça, independente do que se tenha pactuado *ex ante* de forma livre e autônoma e, especialmente, independente dos precedentes e da probabilidade de êxito da decisão, favorecendo o abuso do direito de ação ou a litigância predatória[23].

---

20 *Ibidem*, p. 6.

21 HARDIN, Garret. The Tragedy of the Commons. **Science**, v. 162, dez. 1968.

22 ARAÚJO, Fernando. **Teoria económica do contrato**. Lisboa: Almedina, 2007.

23 WOLKART, Erik Navarro. **Análise econômica do processo civil**: como a economia, o direito e a psicologia podem vencer a tragédia da justiça. São Paulo: Thomson Reuters Brasil, 2019. p. 661-664.

No atual estado das coisas, o litigante oportunista consegue resultados melhores judicializando a relação do que se cumprisse o contrato e respeitasse as normas, independentemente de quaisquer outras variáveis, vez que atribui custo não previsto no contrato à parte contrária, que pode converter em renda extra para si[24].

Supondo que a relação comercial que gere X de benefício para a parte A, e que essa, dentro do cálculo econômico do seu negócio, tenha a capacidade de transferir X-C, sendo C o custo da operação individualizado por relação comercial (incluindo o lucro esperado) para a parte B, uma vez que A não é capaz de distinguir a "qualidade" dos potenciais B's e precisa precificar o risco de estar contratando com um B, que, oportunisticamente, *ex post*, tentará descumprir os termos contratuais, não estará disposta a pagar X-C, e pagará X-(C+Y x P), sendo Y o custo adicional que A terá caso B tenha sucesso no comportamento oportunista e P a probabilidade de sucesso do referido comportamento.

Como haverá uma disposição subótima de recursos para a transação B – A, aqueles B's com capacidade de obtenção de ganhos maiores na alocação *second best* de seu tempo, reputação e recursos > X-(C+Y x P), mas < que X-C, serão expulsos do mercado pelos B oportunistas, o que implica um subdesenvolvimento dos mais variados setores.

E, pior, em um cenário de captura de recursos por um único B oportunista, há incentivos para a generalização do referido comportamento para a maximização dos seus benefícios individuais em curto prazo, mesmo que um ambiente de tragédia dos comuns, ao fim e ao cabo, implique completo colapso do mercado, o que, no jargão, chama-se de seleção adversa[25].

Mesmo que esse efeito não seja desejado pelos magistrados quando estão decidindo os casos individuais, toda vez que o Judiciário emite um comando, este é o mecanismo que está operando, e o comando emitido sinalizará para terceiros alheios às ações individuais como devem decidir nos seus próprios jogos estratégicos[26].

Uma decisão que altera as regras pactuadas contratualmente desrespeita precedentes, que concede ou nega uma liminar, que viola a jurisprudência harmônica do Tribunal ou que deixa de aplicar uma sanção processual para um litigante oportunista, fomenta o comportamento de descumprir contratos e ajuizar/postergar ações judiciais[27]-[28] e o coletivo arcará com o custo da tentativa individual de captura de renda extra (*spill over effect*).

---

24 BAIRD, Douglas G.; GERTNER, Robert H.; PICKER, Randal C. **Game Theory and the Law**. Boston: Harvad University Press, 1998.

25 AKERLOF, George A. The Market for "Lemons": Quality Uncertainty and the Market Mechanism. **The Quarterly Journal of Economics**, v. 84, n. 3, p. 488-500, ago. 1970. Disponível em: https://doi.org/10.2307/1879431. Acesso em: 13 mar. 2023.

26 *Ibidem*, p. 18.

27 COOTER, Robert; ULEN, Thomas. **Law and Economics.** 9th ed. Berkeley: Berkeley Law Books, 2016. p. 9.

28 NORTH, Douglass C. *Op. cit.*

Não bastasse isso, como falamos, os agentes são *limitadamente* racionais, estando suscetíveis a *erros, desvios* e *distorções*[29]-[30] e, quanto mais complexos e demorados e incertos sejam os processos judiciais, mais esses fatores distorcivos da racionalidade, especialmente o viés do otimismo irrealista, agirão para uma tomada de decisão processual ineficiente[31]-[32]. Fica claro que se trata de um ciclo vicioso.

Justamente por tais razões que é tão salutar a reforma da LINDB de 2018, que inseriu os artigos 20 e 21, que preveem o dever de os magistrados, ao decidir com base em valores abstratos ou ao invalidar atos, contratos, ajustes, processo ou norma administrativa, analisarem as consequências das decisões.

Na mesma esteira, é salutar as evidências encontradas pelo Juiz Federal Guilherme Caon em sua pesquisa de mestrado[33], no sentido de que a preocupação acerca das consequências das decisões e a sensibilidade aos argumentos econômicos são crescentes no Supremo Tribunal Federal, especialmente para evitar que as decisões tenham efeitos contrários aos desejados (efeito *boomerang*[34]) ou gerem externalidades negativas (efeito *spill over*).

Em outro trabalho acadêmico, o também magistrado Fernando Clemente Rocha traz a importância da aplicação dos artigos consequencialistas da LINDB, além de mencionar a necessidade de formação de magistrados para tal desiderato, por meio das escolas da magistratura[35]. No mesmo ano, o magistrado Anderson Paiva defendeu seu doutorado na UERJ, intitulado o "pragmatismo como paradigma do Direito Processual Penal contemporâneo: tecnologia, consenso e *whistleblowing*", associando economia e tecnologia à eficácia do processo penal.

Trabalhos como esses merecem destaque, na medida em que visam, justamente, endereçar o problema aqui proposto: a ineficiência judicial na resolução dos

---

29 ARAÚJO, FERNANDO. Introdução... *cit.*, p. 34.

30 THALER, Richard H.; SUNSTEIN, Cass R. **Nudge**: um pequeno empurrão. Como decidir melhor em questões de saúde, riqueza e felicidade. 2. ed. Alfragide: Lua de Papel, 2018. p. 21.

31 "*People tend to overestimate the probability of positive events and underestimate the probability of negative events happening to them in the future. For example, we may underestimate our risk of getting cancer and overestimate our future success on the job market. A number of factors can explain unrealistic optimism, including perceived control and being in a good mood.*" (HELWEG-LARSEN, M.; SHEPPERD, J. A. Do moderators of the optimistic bias affect personal or target risk estimates? A review of the literature. ***Personality and Social Psychology Review***, *5*(1), 74-95, 2001.

32 *Ibidem.*

33 CAON, Guilherme Maines. **Análise econômica do direito**: aplicação pelo Supremo Tribunal Federal. Belo Horizonte: Dialética, 2021.

34 YEUNG, Luciana L. Comportamento judicial, decisões judiciais, consequencialismo e "efeitos bumerangues". *In*: YEUNG, Luciana (org.). **Análise econômica do direito**: temas contemporâneos. São Paulo: Actual, 2020. p. 337.

35 ROCHA, Fernando Clemente. **A Lei de Introdução às Normas ao Direito brasileiro e o consequencianalismo nas ações formativas da magistratura brasileira**. Belo Horizonte: Dialética, 2022.

conflitos, e a solução parece passar inexoravelmente pela compreensão dos conceitos da Ciência Social irmã do Direito que aqui trouxemos.

O Supremo Tribunal Federal já se manifestou, em diversas oportunidades, pela necessidade de observância das consequências das decisões para a aferição da sua constitucionalidade – o que, aqui, estende-se para a legalidade –, como no caso da ADPF 449, de relatoria do Ministro Luiz Fux, na qual a Corte Suprema entendeu que leis que proíbam aplicativos de transporte são inconstitucionais, em razão das consequências de tal proibição, uma vez que "impedir [...] o funcionamento da mencionada plataforma, equivaleria a um dano anual bilionário aos consumidores", de forma que "proibir a operação desses serviços, por consequência, gera efeito inverso ao objetivo de defesa do consumidor".

É justamente a partir desse zelo sistemático, preocupações com consequências e ciência da criação de custos de transação, externalidades e incentivos a comportamentos futuros que o Judiciário deve pensar as suas decisões e que devemos pensar as alterações na estrutura processual brasileira, sobretudo porque um Judiciário ineficiente é sinônimo de desperdício de orçamento público e menor geração de riquezas.

II – UM DIAGNÓSTICO BASEADO EM EVIDÊNCIAS DO PODER JUDICIÁRIO BRASILEIRO

Para corroborar o diagnóstico acerca da tragédia da justiça, é importante que repassemos alguns dados.

Conforme o *ranking* WJP Rule of Law Index 2022[36], o Brasil é o 78º de 140 países na eficácia da justiça cível, atrás dos seus vizinhos, como Uruguai (18º), Chile (40º) e Argentina (61º), e de países europeus com a mesma matriz jurídica, como Portugal (29º) e França (21º).

Os dados do relatório Justiça em Números 2023, do Conselho Nacional de Justiça (CNJ), demonstram que o País *finalizou o ano de 2022 com 81,4 milhões de processos em tramitação*[37], ou seja, temos uma ação ativa para cada 3 habitantes do País[38].

Não bastasse isso, a superlotação é crescente, com aumento anual constante da taxa de congestionamento dos Tribunais, o que retroalimenta a morosidade e a

---

36 WORLD JUSTICE PROJECT. **WJP Rule of Law Index 2022**. Disponível em: https://worldjusticeproject.org/rule-of-law-index/global/2022/Civil%20Justice/. Acesso em: 21 out. 2023.

37 BRASIL. Conselho Nacional de Justiça. **Relatório Justiça em Números 2023**. Disponível em: https://www.cnj.jus.br/wp-content/uploads/2023/09/justica-em-numeros-2023-010923.pdf. Acesso em: 21 out. 2023.

38 A população estimada do Brasil, conforme o IBGE, é de 215,8 milhões de habitantes (Disponível em: https://www.ibge.gov.br/apps/populacao/projecao/box_popclock.php. Acesso em: 28 mar. 2023).

ineficiência da justiça brasileira, gerando mais e mais incentivos ao litígio oportunista (no jargão econômico)[39].

Além dos mais de 80 milhões de processos ativos, o Judiciário brasileiro é excessivamente caro, custando aproximadamente 1,2% do PIB brasileiro, e moroso, com o tempo médio de tramitação de uma ação judicial em 4 anos e 6 meses na Justiça Estadual e 7 anos e 8 meses na Justiça Federal[40].

Comparativamente, mesmo na série histórica de 2012 a 2021, nenhum membro da União Europeia gastou mais do que 0,8% de seu PIB –Gross Domestic Product (GDP), com a estrutura judiciária, todos posicionados acima do Brasil no *ranking* de império da lei e com resultados melhores a título de prazo para resposta judicial, conforme dados do The 2023 EU Justice Scoreboard[41].

E mesmo gastando três vezes mais que Portugal, o Brasil possui uma média muito inferior de juízes por 100 mil habitantes, contando com 8,5 magistrados para cada 100 mil brasileiros[42], menos da metade do que há em Portugal[43].

Acerca do custo do Judiciário brasileiro, para que se tenha perspectiva do problema, no mesmo período, o Governo Federal empregou 1% apenas do orçamento do Poder Judiciário Federal com saneamento básico, o que é ainda mais grave em um País no qual quase 35 milhões de pessoas no Brasil vivem sem água tratada e cerca de 100 milhões não têm acesso à coleta de esgoto, conforme dados da 14ª edição do *Ranking* do Saneamento, publicado pelo Instituto Trata Brasil[44].

Ademais, há uma alocação ineficiente de mão de obra qualificada – e, portanto, mais cara –, especialmente no caso dos magistrados e de seus gabinetes, nos quais acumula-se uma série de processos cuja movimentação depende da prática de atos mecânicos ou de baixíssimo cunho decisório, que poderiam contar com a tecnologia e o mapeamento de precedentes via *BigData* para a otimização da atividade judicante. É aqui que, nos parece, a tecnologia tem um papel fundamental para desempenhar no futuro da política judiciária.

O juiz brasileiro recebe, em média, mais de mil e quinhentos processos novos por ano e, em 2022, cada magistrado brasileiro possuía um acervo de 7.163 processos

---

39 GICO JÚNIOR, Ivo Teixeira. A tragédia... *cit.*

40 BRASIL. Conselho Nacional de Justiça. *Op. cit.*

41 EUROPEAN COMMISSION. **The 2023 EU Justice Scoreboard**. Luxembourg: Publications Office of the European Union, 2023. Disponível em: https://commission.europa.eu/system/files/2023-06/Justice%20Scoreboard%202023_0.pdf. Acesso em: 21 out. 2023.

42 BRASIL. Conselho Nacional de Justiça. *Op. cit.*, p. 94.

43 EUROPEAN COMMISSION. *Op. cit.*, p. 29.

44 SENADO FEDERAL. **Estudo aponta que falta de saneamento prejudica mais de 130 milhões de brasileiros**. Disponível em: https://www12.senado.leg.br/noticias/infomaterias/2022/03/estudo-aponta-que-falta-de-saneamento-prejudica-mais-de-130-milhoes-de-brasileiros#:~:text=Quase%2035%20milh%C3%B5es%20de%20pessoas,levar%20%C3%A0%20morte%20por%20contamina%C3%A7%C3%A3o. Acesso em: 28 mar. 2023.

ativos sob a sua jurisdição[45], uma consequência da criação de custos de transação impensados, da desconsideração dos incentivos que emanam do posicionamento judicial, do mau desenho institucional[46] e de um subaproveitamento da tecnologia e das possibilidades que a justiça multiportas traz.

Resta, portanto, demonstrado que o cenário de *tragédia da Justiça* não se trata apenas de uma hipótese da literatura econômica, é a realidade da justiça brasileira, um bem público, de uso rival (quando a utilização por um agente exclui a utilização por outro[47]) e cuja má regulação implica, ao final, na dificuldade de se prestar uma tutela jurisdicional efetiva.

É preciso pensar sistêmica e pragmaticamente, mensurando custos, efeitos, eficiência e consequências, além de se avançar no campo da inovação tecnológica e da multidisciplinariedade, que tende a reduzir os custos e aumentar a eficiência das cortes de justiça e dar tutela efetiva ao direito constitucional de acesso à justiça e, de uma vez por todas, é preciso que fique claro: eficiência e acesso à justiça não são forças antagônicas; pelo contrário, a eficiência é o caminho para um ambiente judicial saudável e funcional.

Exigir que a solução para a tragédia da justiça venha da simples tentativa dos magistrados em superar o volume de casos com o volume de decisões é caminhar para o desfiladeiro. É preciso utilizar os remédios corretos para tratar a doença, sob pena de perdermos o paciente.

Do ponto de vista dos magistrados, a deferência à justiça multiportas, os precedentes judiciais, a sensibilidade às consequências das decisões, a utilização de dados para o afastamento de vieses e incertezas na resposta judicial, além de um pensamento na estrutura de custos, incentivos, consequências e externalidades, são estratégias muito mais efetivas do que simplesmente tentar superar a volumetria de casos em decisões.

Por fim, a eficiência na alocação de mão de obra e na utilização do aparato judicial é algo que deve ser pensado, inclusive, a nível de desenho das políticas judiciárias, e é o que se passa a tratar.

III - JUSTIÇA MULTIPORTAS, TECNOLOGIA E PROCESSO: TERRA À VISTA

Quando nos referimos à *justiça multiportas*, estamos pensando em (i) formas alternativas de resolução de conflitos, entre as quais pode-se selecionar a mais eficiente (como a utilização de ODR's para a resolução de disputas consumeristas de

45 BRASIL. Conselho Nacional de Justiça. *Op. cit.*, p. 133.

46 NORTH, Douglass C. *Op. cit.*

47 Para uma ampla demonstração acerca da classificação do Poder Judiciário como "bem público rival", ver: GICO JÚNIOR, Ivo Teixeira. A natureza... *cit.*

baixo valor e arbitragem para disputas empresariais e a utilização de mecanismos de *enforcement* privado); (ii) desafogamento do Poder Judiciário; (iii) possibilidade de conciliar diferentes portas de acesso à justiça para um *output* mais eficiente[48], logo, democratizando o acesso à justiça e dando maior eficácia ao direito constitucional à tutela jurisdicional efetiva.

Assim, a modernização da estrutura do processo, como, por exemplo, a exigência de pretensão resistida mediante utilização de uma porta anterior à do Judiciário não depende de alterações à Constituição Federal para adaptar o princípio da inafastabilidade da jurisdição, e sim de uma nova abordagem dos problemas do processo pelos juristas, por meio de uma revolução pragmática na forma de se enxergar o funcionando das cortes de justiça, com foco na mensuração de custos, preocupação com incentivos e mensuração de resultados, visão essa que já faz com que tenhamos uma terra à vista, nesse mar de disfuncionalidades processuais.

Há decisões que exigem o acionamento de plataformas de *ODR* antes do acesso ao Judiciário, como manifestação do princípio constitucional da tutela jurisdicional efetiva, e, por todas, cita-se a decisão do Supremo Tribunal de Justiça no RE 839.353/MA, de relatoria do Ministro Luiz Fux, DJE 09.02.2015, no qual entendeu-se pela necessidade de acionamento administrativo prévio para a configuração da pretensão resistida, enquanto elemento do interesse de agir, que, no geral, é um requisito essencial das ações no Brasil.

Também destacamos as iniciativas do Conselho Nacional de Justiça, tanto para a disponibilização de dados acerca do Poder Judiciário, especialmente a iniciativa Justiça em Números, quanto para as iniciativas de melhoria do ambiente regulatório, *v.g.*, Resoluções CNJ nº 345/20 (juízo 100% digital e sistema informatizado para resolução de conflitos via conciliação e mediação), nº 337/2020 (sistema de videoconferência para audiências e atos oficiais), nº 341/2020 (disponibilização de salas para a realização de atos processuais por sistema de videoconferência), nº 354/2020 (realização de audiências, sessões e prática de atos processuais por meio eletrônico), nº 349/2020 (Centros de Inteligência do Poder Judiciário – CIPJ, para identificar e propor o tratamento adequado para as demandas estratégicas, repetitivas ou massa), nº 335/2020 (integração de todos os tribunais do País com a criação da Plataforma Digital do Poder Judiciário Brasileiro – PDPJ-Br), nº 372/2021 (balcão virtual), nº 385/2021 (Núcleo de Justiça 4.0, especializados por matéria) e nº 444/2021 (criação do Banco Nacional de Precedentes)[49].

---

48 FALECK, Diego. **Manual de *design* de sistemas de disputas**: criação de estratégias e processos eficazes para tratar conflitos. Rio de Janeiro: Lumen Juris, 2018. p. 1.

49 Para uma análise mais apurada das resoluções do CNJ, ver: TIMM, Luciano Benetti; BENEDETE, Leonardo Maciel. O Poder Judiciário como serviço aos jurisdicionados. *In*: FUX, Luiz; MARTINS, Humberto; SHUENQUENER, Valter (coord.). **O Judiciário do futuro** – Justiça 4.0 e o processo contemporâneo. 1. ed. São Paulo: Thomson Reuters Brasil, 2022.

Ademais, alguns projetos de lei merecem destaque: Projeto de Lei nº 6.204/2019, apresentado, pela Senadora Soraya Thronicke (PSL-MS), que trata da desjudicialização das Execuções Civis via Tabelionatos/Notários[50]-[51]; Projeto de Lei nº 533/2019, do Deputado Federal Júlio Delgado (PSB-MG), que condiciona o exercício do direito de ação à efetiva constituição de uma pretensão resistida; Projeto de Lei nº 4.257/2019, do Senador Antonio Anastasia (PSDB/MG), que altera a Lei de Execuções Fiscais para viabilizar a utilização da arbitragem para o exercício do direito de defesa do executado; e Medida Provisória nº 1.040, que fora convertida em Lei (nº 14.195/2021), que priorizou a citação e a intimação *on-line*, criação do Sistema Integrado de Recuperação de Ativos, que visa melhorar o ambiente de negócios e facultar – poderia condicionar – ao titular de crédito a realização de diligências patrimoniais prévias em nome do executado, de forma a subsidiar a decisão de propor a execução.

Acerca do alinhamento dos incentivos estruturais, vimos emergir, no Judiciário, o combate ao *sham litigation* (REsp 1.866.232), a litigância predatória (REsp 2021665/MS – Tema 1198/STJ), o *enforcement* da presunção de validade das diferentes formas de contratação e da competência apriorística atribuída a cada modelagem de relação (Tema 725/STF e ADC 48) e o *enforcement* dos precedentes constitucionais vinculantes via reclamações constitucionais.

No campo da tecnologia, há uma série de uso para o que se tem nominado de Information and Communication Technologies (ICT's), especialmente para (i) reduzir a assimetria informacional entre os agentes envolvidos nos processos, para que seja possível a tomada de decisão embasada (como, por exemplo, avaliar a pertinência de propor uma ação ou entender como julgá-la com base em indicador de probabilidade de êxito ou no mapeamento quantitativo dos precedentes sobre o tema); (ii) gerar maior *accountability* para identificar *outliers* no jogo processual, seja autores com muitas ações, advogados ou partes com práticas predatórias ou juízes divergindo de entendimentos prévios ou de entendimento jurisprudencial pacificado; e (iii) retirar da mão de obra qualificada as atividades burocráticas, que não demandam cognição (triagens, como ocorre com o Victor no STF, pesquisas e impulsos processuais).

Destaca-se o lançamento do Sistema Nacional de Investigação Patrimonial (Sniper) pelo CNJ, que visa centralizar as bases de dados de ativos e patrimônios de devedores em processos em fase de execução e cumprimento de sentença,

---

50 FIGUEIRA JÚNIOR, Joel Dias. O alvissareiro Projeto de Lei nº 6.204/2019 – Desjudicialização de títulos executivos civis e a crise da jurisdição estatal. **Migalhas**, quinta-feira, 5 dez. 2019. Disponível em: https://www.migalhas.com.br/depeso/316497/o-alvissareiro-projeto-de-lei-6-204-19--desjudicializacao-de-titulos-executivos-civis-e-a-crise-da-jurisdicao-estatal-. Acesso em: 28 mar. 2023.

51 BRASIL. **Senado**. Disponível em: https://www25.senado.leg.br/web/atividade/materias/-/materia/139971. Acesso em: 28 mar. 2023.

reduzindo os custos de transação na localização de informações e bens penhoráveis dos devedores.

Acerca das *ICT's*, em *Cyberjustice*[52], a Professora portuguesa Paula Meira Lourenço defende que esses mecanismos de tecnologia aplicados aos processos devem *ter o efeito de atenuar a carga sobre juízes, advogados, agentes de execução e demais agentes envolvidos na administração da justiça, os isentando da realização de tarefas repetitivas, e mantendo aos agentes tradicionais a realização de tarefas que não podem ser realizadas por máquinas, que requerem a inteligência e sensibilidade humana que são essenciais à justiça*. Compartilhamos dessa posição.

Ainda, neste cenário de uma justiça multiportas, é importante que não tenhamos um excesso de alterações *ex post* das regras do jogo pelo Judiciário, como desconsiderações de cláusulas arbitrais, de submissão prévia à negociação ou de obrigação de utilização de plataformas de ODR antes da possibilidade de se acionar o aparato estatal de justiça.

Os juristas precisam compreender que as diferentes portas da justiça vêm para aumentar o acesso à justiça e viabilizar uma melhor tutela, inclusive a judicial, dos direitos, não o contrário.

Para tanto, chegou a vez de pensarmos na eficiência dos mecanismos de solução de disputas, para que possamos aumentar o acesso à justiça, ao mesmo tempo em que avançamos no combate à *tragédia do Judiciário*.

CONSIDERAÇÕES FINAIS

A tragédia do Judiciário é real, temos um Judiciário moroso, caro e incerto, além de juízes com excesso de contingente e uma baixa eficácia das respectivas decisões.

As mais variadas tentativas de solucionar esse problema por meio de reformas legislativas dogmáticas não demonstraram ter a capacidade de amenizar as mazelas que impedem que tenhamos um ambiente jurisdicional saudável.

Portanto, uma nova abordagem se apresenta como alternativa, a de utilização de diferentes portas para o acesso à justiça, de pensar de forma multidisciplinar, focada em análise de custos, incentivos e consequências, de aplicação da tecnologia em prol da redução da assimetria informacional, da desburocratização das atividades e de maior *accountability* para os atores processuais.

Para tanto, é preciso deixar de lado uma velha dicotomia, a de acesso à justiça *v.* eficiência. É preciso compreendermos que o caminho para uma tutela jurisdicional

---

52 LOURENÇO, Paula Meira. Cyberjustice. **23rd International Congress of the International Association of Enforcement Agents (UIHJ)**, Bangkok, 1st-4th may 2018, UIHJ Publishing, Paris, p. 427-435, 2018.

efetiva está justamente na eficiência do ecossistema da justiça. Chegou a hora de levar a sério o compromisso constitucional de duração razoável do processo e de eficiência na administração da justiça.

REFERÊNCIAS

AKERLOF, George A. The Market for "Lemons": Quality Uncertainty and the Market Mechanism. *The Quarterly Journal of Economics*, v. 84, n. 3, p. 488-500, ago. 1970. Disponível em: https://doi.org/10.2307/1879431. Acesso em: 13 mar. 2023.

ALCHIAN, A. A.; DEMSETZ, H. Production, information costs, and economic organization. **The American Economic Review**, v. 62, p. 777-795, 1972.

ARAÚJO, Fernando. **Introdução à economia**. 3. ed. Coimbra: Almedina, 2005.

ARAÚJO, Fernando. **Teoria Económica do Contrato**. Lisboa: Almedina, 2007.

BAIRD, Douglas G.; GERTNER, Robert H.; PICKER, Randal C. **Game Theory and the Law**. Boston: Harvad University Press, 1998.

BOEHM, Johannes; OBERFIELD, Ezra. Misallocation in the Market for Inputs: Enforcement and the Organization of Production. **The Quarterly Journal of Economics**, v. 135, n. 4, p. 2007-2058, 2020.

BRASIL. Conselho Nacional de Justiça. **Relatório Justiça em Números 2022**. Disponível em: https://www.cnj.jus.br/wp-content/uploads/2022/09/justica-em-numeros-2022-1.pdf. Acesso em: 28 mar. 2023.

BRASIL. **IBGE**. Disponível em: https://www.ibge.gov.br/apps/populacao/projecao/box_popclock.php. Acesso em: 28 mar. 2023.

BRASIL. **Senado**. Disponível em: https://www25.senado.leg.br/web/atividade/materias/-/materia/139971. Acesso em: 28 mar. 2023.

BRASIL. **Em 2021, Governo Federal garantiu R$ 43 bilhões em investimentos para melhoria do saneamento básico**. Disponível em: https://www.gov.br/pt-br/noticias/transito-e-transportes/2022/01/em-2021-governo-federal-garantiu-r-43-bilhoes-em-investimentos-para-melhoria-do-saneamento-basico. Acesso em: 28 mar. 2023.

BRASIL. **Indicadores**. Disponível em: https://www.consumidor.gov.br/pages/indicador/geral/abrir. Acesso em: 28 mar. 2023.

BRASIL. Ordem dos Advogados. **Nota Técnica nº 1/2019/CEDC/CFOAB**. Disponível em: http://s.oab.org.br/arquivos/2019/10/e1880e45-f48e-404c-91b8-0b966f2e4cd3.pdf. Acesso em: 28 mar. 2023.

BRASIL. Senado Federal. **Estudo aponta que falta de saneamento prejudica mais de 130 milhões de brasileiros**. Disponível em: https://www12.senado.leg.br/noticias/infomaterias/2022/03/

estudo-aponta-que-falta-de-saneamento-prejudica-mais-de-130-milhoes-de-brasileiros#:~:text=Quase%2035%20milh%C3%B5es%20de%20pessoas,levar%20%C3%A0%20morte%20por%20contamina%C3%A7%C3%A3o. Acesso em: 28 mar. 2023.

CAON, Guilherme Maines. **Análise econômica do direito**: aplicação pelo Supremo Tribunal Federal. Belo Horizonte: Dialética, 2021.

COASE, R. H. The nature of the firm. **Economic**, n. 4, p. 386-405, 1937.

COASE, Ronald H. The problem of social cost. **The Journal of Law and Economics**, v. 3, p. 1-44, out. 1960.

COOTER, Robert; ULEN, Thomas. **Law and Economics**. 9th ed. Berkeley: Berkeley Law Books, 2016.

DARBY, Michael R.; KARNI, Edi. Free Competition and the Optimal Amount of Fraud. **The Journal of Law & Economics**, v. 16, n. 1, p. 67-88, abr. 1973.

EUROPEAN COMMISSION. **The 2022 EU Justice Scoreboard**. Luxembourg: Publications Office of the European Union, 2022.

FALECK, Diego. **Manual de *design* de sistemas de disputas**: criação de estratégias e processos eficazes para tratar conflitos. Rio de Janeiro: Lumen Juris, 2018.

FIGUEIRA JÚNIOR, Joel Dias. O alvissareiro Projeto de Lei nº 6.204/2019 – Desjudicialização de títulos executivos civis e a crise da jurisdição estatal. **Migalhas**, quinta-feira, 5 dez. 2019. Disponível em: https://www.migalhas.com.br/depeso/316497/o-alvissareiro-projeto-de-lei-6-204-19--desjudicializacao-de-titulos-executivos-civis-e-a-crise-da-jurisdicao-estatal-. Acesso em: 28 mar. 2023.

GICO JÚNIOR, Ivo Teixeira. A natureza econômica do Direito e dos Tribunais. *In*: YEUNG, Luciana (org.). **Análise econômica do direito:** temas contemporâneos. São Paulo: Actual, 2020.

GICO JÚNIOR, Ivo Teixeira. A tragédia do Judiciário. **Revista de Direito Administrativo**, Rio de Janeiro, v. 267, p. 163-198, set./dez. 2014, p. 163-168.

HARDIN, Garret. The Tragedy of the Commons. **Science**, v. 162, dez. 1968.

HELWEG-LARSEN, M.; SHEPPERD, J. A. Do moderators of the optimistic bias affect personal or target risk estimates? A review of the literature. **Personality and Social Psychology Review**, 5(1), 74-95, 2001.

HENDERSON, M. Todd; CHURI, Salen. **The Trust Revolution**: How the Digitalization of Trust Will Revolutionize Business and Government. Cambridge: Cambridge University Press, 2019. Edição Kindle, sem paginação.

KAHNEMAN, Daniel. **Pensar, depressa e devagar**. 10. ed. Tradução: Pedro Vidal (João Quina Edições). Porto: Bertrand, 2019.

KAHNEMAN, Daniel; SISBONY, Oliver; SUNSTEIN, Cass R. **Noise**: A flaw in Human judgment. New York: Little Brown Spark, 2021.

KOULU, Riikka. **Law, technology and dispute resolution**: privatization of coercion. Abingdon: Routledge, 2019. Edição Kindle, sem paginação.

LOURENÇO, Paula Meira. Cyberjustice. **23rd International Congress of the International Association of Enforcement Agents (UIHJ)**, Bangkok, 1st-4th may 2018, UIHJ Publishing, Paris, p. 427-435, 2018.

MACHADO, Rafael Bicca; DIAS, Jean Carlos. Análise econômica do processo. *In*: TIMM, Luciano Benetti (org.). **Direito e economia no Brasil**: estudos sobre a análise econômica do direito. 4. ed. Indaiatuba: Foco, 2021.

MARQUES, Ricardo Dalmaso. A resolução de disputas *online* (ODR): do comércio eletrônico ao seu efeito transformador sobre o conceito e a prática do acesso à justiça. **Revista de Direito e as Novas Tecnologias**, v. 5, p. 8, out./dez. 2019.

MELO, Jeferson. Projeto piloto marca integração entre PJe e Consumidor.gov.br. **Jota**, 8 out. 2019,. Disponível em: https://www.cnj.jus.br/projeto-piloto-marca-integracao-entre-pje-e-consumidor-gov-br. Acesso em: 28 mar. 2023.

NASH, John. Non-Cooperative Games. **The Annals of Mathematics**, Second Series, v. 54, Issue 2, 286-295, set. 1951.

NORTH, Douglass C. **Institutions, Institutional Change and Economic Performance**. 1. ed. Cambridge: Cambridge University Press, 1990.

OSNA, Gustavo; BENEDETE, Leonardo Maciel. **A "tragédia da justiça" e o *private enforcement***: breves aportes. No prelo.

ROCHA, Fernando Clemente. **A Lei de Introdução às Normas ao Direito brasileiro e o consequencianalismo nas ações formativas da magistratura brasileira**. Belo Horizonte: Dialética, 2022.

SIMON, Herbert A. **Models of Man, Social and Rational**: mathematical Essays on Rational Human Behavior in a Social Setting. New York: John Wiley and Sons, 1957.

THALER, Richard H.; SUNSTEIN, Cass R. **Nudge**: um pequeno empurrão. Como decidir melhor em questões de saúde, riqueza e felicidade. 2. ed. Alfragide: Lua de Papel, 2018.

TIMM, Luciano Benetti; BENEDETE, Leonardo Maciel. O Poder Judiciário como serviço aos jurisdicionados. *In*: FUX, Luiz; MARTINS, Humberto; SHUENQUENER, Valter (coord.). **O Judiciário do futuro** – Justiça 4.0 e o processo contemporâneo. 1. ed. São Paulo: Thomson Reuters Brasil, 2022.

TIMM, Luciano Benetti; NEUBARTH TRINDADE, Manoel Gustavo; MACHADO, Rafael Bicca; BENEDETE, Leonardo Maciel. **O problema da morosidade e do congestionamento judicial no âmbito do processo civil brasileiro: uma abordagem de *law and economics***. Direito, processo e análise econômica. Organização: Grupo de Estudos Avançados de Processo e Análise Econômica (Geapae). São Paulo: Fundação Arcadas, 2022.

TYLER TECHNOLOGIES. **Modria for Courts**: Expanding Access to Justice with online Dispute Resolution. Disponível em: https://www.tylertech.com/products/Modria. Acesso em: 28 mar. 2023.

WILLIAMSON, Oliver E. **The Mechanism of Governance**. New York: Oxford University Press, 1996.

WOLKART, Erik Navarro. **Análise econômica do processo civil**: como a economia, o direito e a psicologia podem vencer a tragédia da justiça. São Paulo: Thomson Reuters Brasil, 2019.

WORLD JUSTICE PROJECT (WJP). **Rule of Law Index 2022**. Disponível em: https://worldjusticeproject.org/rule-of-law-index/global/2022/Civil%20 Justice/. Acesso em: 28 mar. 2023.

YEUNG, Luciana L. Comportamento Judicial, Decisões Judiciais, Consequencialismo e "Efeitos Bumerangues". *In*: YEUNG, Luciana (org.). **Análise econômica do direito**: temas contemporâneos. São Paulo: Actual, 2020.

12. DICAS PRÁTICAS PARA MEDIADORES, PARTES E ADVOGADOS SE PREPARAREM PARA UMA MEDIAÇÃO POR VÍDEO

Gustavo Milaré Almeida
Mediador Empresarial. Árbitro. Advogado.
Professor em Cursos de Graduação e Pós-Graduação em Direito Processual Civil e Meios de Solução de Conflitos.
Doutor e Mestre em Direito Processual.
Especialista em Mediação de Conflitos Complexos, Negociação e Dispute Board.
Membro do Comitê Brasileiro de Arbitragem (CBAr).
Autor de publicações jurídicas.
Sócio de Gustavo Milaré – Resolução de Conflitos.

INTRODUÇÃO

A sociedade contemporânea multiplicou os nossos canais de comunicação e os constantes avanços tecnológicos têm feito que as pessoas se comuniquem, cada vez mais, por meio de plataformas *on-line*, inclusive para solucionar os seus conflitos. Esse processo evolutivo foi acelerado com a pandemia causada pelo Covid-19, que pegou todos nós de surpresa e, nessa medida, provocou-nos a lidar com um contexto típico dos melhores filmes de ficção científica[1].

---

1 ALMEIDA, Gustavo Milaré; PRADO, Cláudia Junqueira de Almeida. Confiança em ODR (*Online Dispute Resolution*). **Informativo ADR&ODR Brasil**. Disponível em: https://eb973d5b-8e7a-451c-be67-ea92149db70f.filesusr.com/ugd/046d84_2135fa0efce24716bbef7e4c85faa967.pdf. Acesso em: 24 ago. 2023.

De maneira abrupta e inesperada, fomos obrigados a romper paradigmas e a enfrentar desafios próprios do modelo de trabalho *on-line*. O distanciamento social obrigou-nos a migrar grande parte das nossas comunicações para o ambiente virtual e promoveu uma escalada frenética dos conflitos, sobretudo interpessoais, muitos dos quais reclamando solução imediata.

Essa nova realidade mundial destacou a importância do uso de ODR (sigla em inglês para designar os meios de resolução de conflitos realizados em ambiente virtual)[2] para a defesa e a conservação tanto das relações pessoais e profissionais quanto das estruturas judiciárias dos países. Entre tais meios de resolução, a mediação tem se mostrado muito eficiente para evitar ou solucionar conflitos, na medida em que se baseia no estabelecimento de uma boa comunicação entre os envolvidos por meio da ajuda de um terceiro (mediador), ou seja, na criação rápida de relações que levem as partes conflitantes a um diálogo produtivo que as façam pensar juntas em uma solução[3].

Tanto é que, desenvolvida e divulgada sobretudo a partir da edição da Resolução nº 125/2010 do Conselho Nacional de Justiça (CNJ) e posteriormente positivada pela Lei nº 13.105/2015 ("Código de Processo Civil") e pela Lei nº 13.140/2015 ("Lei de Mediação"), a mediação tem apresentado um crescimento significativo no ordenamento jurídico brasileiro, já tendo inclusive sido inserida em nossa praxe forense, como uma das fases do procedimento comum civil.

Relatórios recentes elaborados pelo CNJ[4] e pela Faculdade Getúlio Vargas (FGV) Direito SP, em parceria com o Canal Arbitragem[5], confirmam esse crescimento da mediação no período em âmbito judicial e extrajudicial. A experiência demonstra, também, que o necessário diálogo produtivo promovido pela mediação, consistente na efetiva compreensão da mensagem, promove o entendimento, melhora os relacionamentos pessoais e profissionais, bem como facilita o atendimento de necessidades.

Composta por seis elementos (emissor, receptor, mensagem, código, canal e contexto), a comunicação pode ser verbal ou não verbal, isto é, pode ser realizada por meio da linguagem oral ou escrita ou por meio de gestos, sinais, expressões corporais, etc.[6]

---

2 KATSH, Ethan. ODR: A Look At History. *In*: WAHAB, M. S. Abdel; KATSH, E.; RAINEY, D. (ed.). **Online Dispute Resolution**: Theory and Practice. The Hague: Eleven International Publishing, 2012. p. 21-33.

3 VOSS, Chris; RAZ, Tahl. **Negocie como se sua vida dependesse disso**. Tradução: Bruno Casotti. Rio de Janeiro: Sextante, 2019. p. 52.

4 Disponível em: https://www.cnj.jus.br/wp-content/uploads/2022/11/justica-em-numeros-2022.pdf. Acesso em: 24 ago. 2023.

5 Disponível em: https://www.canalarbitragem.com.br. Acesso em: 24 ago. 2023.

6 ALMEIDA, Gustavo Milaré; PRADO, Cláudia Junqueira de Almeida. A escuta ativa no uso de ODR em ODR (*Online Dispute Resolution*). **Informativo ADR&ODR Brasil**. Disponível em: https://eb973d5b-8e7a-451c-be67-ea92149db70f.filesusr.com/ugd/046d84_2135fa0efce24716bbef7e4c85faa967.pdf. Acesso em: 24 ago. 2023.

Contudo, comunicação também envolve emoção. Por isso, não raro, a comunicação verbal entra em conflito com a não verbal, desencadeando a chamada "mensagem silenciosa".

Essa incongruência na expressão de emoções, inclusive, ensejou famoso estudo que resultou na regra 7-38-55, segundo a qual 7% da comunicação interpessoal é transmitida de forma verbal, 38% de forma vocal (tom de voz, velocidade, ritmo, volume e entonação) e 55% de forma não verbal (gestos, expressões faciais, postura e demais informações expressadas sem palavras)[7].

Se não bastasse, o ambiente possui significativa influência na comunicação, haja vista que diversos fatores internos e externos desviam a nossa atenção na vida cotidiana, impedindo-nos de compreender o que o outro está realmente nos dizendo.

No ponto, vale lembrar que "ouvir" e "escutar" não são sinônimos.

Além de captar, de forma passiva, o som pela audição, escutar é também entendê-lo e processá-lo internamente. Daí porque a chamada "escuta ativa" talvez seja a técnica mais importante à disposição dos mediadores para ajudarem as partes a solucionarem consensualmente os seus conflitos[8].

Enquanto técnica destinada ao estabelecimento do diálogo produtivo promovido pela mediação, no qual o receptor (ouvinte) seja capaz de entender e processar internamente a mensagem do emissor (interlocutor), considerando tanto a sua expressão verbal quanto não verbal, a escuta ativa exige igualmente evitar distrações, interrupções, conclusões precipitadas, pré-julgamentos e absorção seletiva da fala do interlocutor[9].

Ocorre que a prática de ODR, notadamente da mediação (ou, como é conhecida no meio, mediação eletrônica ou apenas e-mediação), traz exigências adicionais às verificadas em âmbito presencial, que precisam ser conhecidas pelas partes e dominadas pelo mediador, enquanto gestor[10] desse meio de resolução, a fim de justificar o seu uso e permitir a sua efetividade.

Isso porque o trabalho em qualquer ambiente virtual (vídeo, áudio ou texto) possui limitações comunicacionais específicas, que, necessariamente, precisam ser contornadas pelos participantes para não comprometerem a visão do conflito e, por consequência, a sua resolução.

---

7 MEHRABIAN, Albert. **Nonverbal Communication**. Chicago: Aldine-Atherton, 1972.

8 Segundo o mediador argentino Juan Carlos Vezzulla, a escuta ativa "é a chave que abrirá as portas para conhecer e reconhecer os reais interesses e os meios de chegar a acordos onde esses interesses sejam respeitados" (**Teoria e prática da mediação**. Curitiba: IMAP, 1998. p. 28).

9 William Ury afirma que a escuta ativa também exige empatia, ou seja, buscar se colocar no lugar do outro para entender o ponto de vista dele e da perspectiva dele (**Como chegar ao sim com você mesmo**. Tradução: Afonso Celso da Cunha. Rio de Janeiro: Sextante, 2015. p. 94).

10 ALMEIDA, Gustavo Milaré. Comentários ao artigo 18. *In*: XAVIER, Trícia Navarro; CURY, Cesar Felipe (org.). **Lei de Mediação comentada artigo por artigo**: dedicado à memória da Professora Ada Pellegrini Grinover. 2. ed. Indaiatuba: Foco, 2019. p. 110.

A experiência tem demonstrado ainda que, entre tais ambientes virtuais, o vídeo tem sido o preferido pelas pessoas e estruturas judiciárias para a resolução de conflitos, provavelmente devido a tais avanços tecnológicos, que tornaram a videoconferência disponível para qualquer um que possa comprar um *laptop* ou um *smartphone*[11].

Sem a pretensão de esgotar o tema, mas apenas e tão somente buscando contribuir para o aprimoramento da prática de ODR, em particular da e-mediação, e, assim, para a disseminação do seu uso entre pessoas e empresas, o presente texto visa a apresentar algumas dicas para que as partes, os seus advogados e, sobretudo, o mediador possam se preparar (melhor) para trabalhar por vídeo.

Embora dirigido aos participantes de uma e-mediação, o presente texto não se limita a eles, destinando-se ainda a magistrados, auxiliares da Justiça, membros ministeriais, defensores públicos, estudantes e público em geral, haja vista que as dicas apresentadas a seguir podem ser incorporadas na prática de outros meios consensuais e na rotina, pessoal e profissional, de todos aqueles que utilizam uma plataforma de vídeo para se comunicar.

1. DICAS PRÁTICAS DE PREPARAÇÃO

A seguir, seguem as principais dicas práticas de profissionais de resolução de conflitos de todo o mundo[12] que temos adotado em nossa atividade profissional como mediador empresarial, para, ainda que modestamente, prestar a contribuição objeto do presente texto, sem, contudo, pretender esgotar o tema.

Em outras palavras, tratam-se de sugestões que podem ser usadas como referência para uma e-mediação por vídeo, haja vista que não se acredita ser possível compilar exaustivamente tudo o que deve ser considerado antes do início de qualquer trabalho em ambiente virtual (vídeo, áudio ou texto), porque, assim como toda e qualquer preparação, envolve aspectos pessoais, inerentes a cada um dos participantes, e, portanto, mutáveis caso a caso.

Não obstante, para facilitar, buscamos pontuar tais dicas práticas de acordo com as etapas que entendemos que devam ser seguidas para uma boa preparação a uma e-mediação por vídeo. Confira:

- Infraestrutura e equipamentos adequados. Embora seja uma premissa básica, de início, sugere-se que os participantes (em especial, o mediador) disponham

---

11 BOHANNON, Leanne S. *et al.* Eye contact and video-mediated communication: a review. **Displays**. Disponível em: http://dx.doi.org/ 10.1016/j.displa.2012.10.009. Acesso em: 24 ago. 2023.

12 Conforme critérios recomendados pela Online Dispute Resolution Task Force do International Mediation Institute – IMI (Disponível em: https://imimediation.org/about/who-are-imi/odr-tf/. Acesso em: 24 ago. 2023).

da infraestrutura e dos equipamentos adequados para a realização de uma e-mediação por vídeo. Assim, é fundamental a adequação a esse trabalho: do ambiente físico, da conexão de Internet, do computador, do monitor (tela), da câmera e, se utilizados, dos fones de ouvido[13].

- Entendimento das necessidades e possibilidades dos demais participantes. Antes do início de uma e-mediação por vídeo, o mediador deve contatar os demais participantes (partes e seus advogados) para entender quais são as necessidades e possibilidades deles para a realização de um trabalho virtual. Esse contato inicial pode ser por telefone e até antes da chamada pré-mediação, já que destinado à futura escolha da plataforma.
- Escolha da plataforma de vídeo e validação com os demais participantes. Na sequência, sugere-se que o mediador escolha a plataforma que será utilizada e entre em contato novamente com os demais participantes para lhes comunicar a sua escolha e validá-la com eles. Esse contato também pode ser realizado pelo telefone. Caso seja solicitado por tais participantes, ou por um deles e os outros concordem, o mediador pode adotar outra plataforma para o trabalho se entender que igualmente servirá aos propósitos específicos daquela e-mediação, diante das necessidades e possibilidades previamente apuradas e referidas antes.
- Domínio da plataforma de vídeo. O mediador deve dominar a plataforma de trabalho, ou seja, entender os requisitos para o seu funcionamento, conhecer quais são as suas funcionalidades e saber como operá-las, a fim de que, quando e se necessário, possa utilizá-las e/ou ensinar os demais participantes a utilizarem-nas.
- Ter um "plano B". Sugere-se que o mediador também escolha uma plataforma substituta (ou seja, um "plano B") e o discuta com os demais participantes no contato mencionado antes, para, conjuntamente, definirem o que deverão fazer, como poderão se comunicar e o que acontecerá se a plataforma principal apresentar qualquer problema durante o trabalho virtual.
- Avaliação do conforto dos demais participantes com a e-mediação. Também em tal contato, sugere-se que o mediador avalie (i) a sensação dos demais participantes sobre a e-mediação por vídeo; (ii) o nível de conforto deles com a plataforma escolhida (e com o "plano B"); (iii) outras ferramentas que poderão ser utilizadas para a celeridade e a efetividade do processo (por exemplo: *e-mail*, mensagens de texto, grupos de WhatsApp, etc.); e (iv) se

13 Estudos demonstram que a alta qualidade dos componentes de vídeo e, principalmente, de áudio influenciam positivamente a percepção de quem está do outro lado em um trabalho virtual por vídeo (SLOVÁK, Petr. Effect of Videoconferencing Environments on Perception of Communication. **Cyberpsychology: Journal of Psychosocial Research on Cyberspace**. Disponível em: https://cyberpsychology.eu/article/view/4205/3246. Acesso em: 24 ago. 2023).

possuem a infraestrutura e os equipamentos necessários para a efetividade do trabalho virtual.

- Definição de um cronograma de trabalho. Ainda no contato referido *supra*, sugere-se que o mediador verifique a disponibilidade dos outros participantes para as sessões (melhores dias e horários), a duração das sessões, o uso da chamada "diplomacia de vaivém" (*shuttle diplomacy*, técnica de se reunir de forma separada com cada parte, também conhecida tecnicamente como cáucus)[14]; e, em caso positivo, quando e em que medida[15], a fim de que possa definir o cronograma de trabalho da e-mediação por vídeo.
- Cuidado das salas virtual e física. Escolhidas as plataformas (principal e substituta, ou "plano B"), sugere-se que o mediador e os demais participantes cuidem das salas (virtuais e físicas) que serão utilizadas. Para tanto, é recomendável que cada um inicie uma sessão em tais plataformas e preste atenção no vídeo para verificar como está a sua aparência e do ambiente ao seu redor, em especial, visível na imagem de fundo, para se certificar de que:
    - o a câmera esteja na altura dos seus olhos, a fim de que passe a impressão de estar mantendo contato visual com quem estiver do outro lado e, assim, consiga aumentar com tal pessoa os níveis de eficiência da sua comunicação[16];
    - o você está posicionado a uma distância da tela (cerca de um metro) que lhe permita olhar para o centro da câmera e, ao mesmo tempo, ver os demais participantes e as suas reações/expressões. Para tanto, recomenda-se escolher a configuração *speaker view* ("vista do orador");
    - o você está confortável (dê preferência para uma posição sentada e, se possível, conte com uma mesa para apoiar as mãos e mantê-las em uma posição neutra, como uma sobre a outra, a exemplo de um âncora de telejornal), bem como com uma postura adequada (coluna reta, quadril bem encaixado no encosto da cadeira, ombros abertos e, se possível, com um leve sorriso no rosto, afinal, ninguém gosta de gente com cara amarra, não é mesmo?);

---

14 Embora se trate de técnica amplamente empregada, inclusive no Brasil, a sua aplicação é um tema controverso (RANIERI, Carolina Lyra. **A controversa aplicação do cáucus no processo de mediação**. Disponível em: http://mediacaolfg.com.br/2017/08/a-contraversa-aplicacao-do-caucus-no-processo-de-mediacao/. Acesso em: 24 ago. 2023).

15 David A. Hoffman relata que pesquisa realizada nos Estados Unidos pela Advogada Roberta Horton revelou que a maioria dos mediadores empresariais fazem uso da técnica de cáucus, diferentemente do que ocorre com mediadores de família (**Mediation**: A Practice Guide for Mediators, Lawyers, and Other Professionals. Boston: MCLE, Inc., 2013. p. 1-11).

16 BOHANNON, Leanne S. *et al.* Eye contact and video-mediated communication: a review. **Displays**. Disponível em: http://dx.doi.org/ 10.1016/j.displa.2012.10.009. Acesso em: 24 ago. 2023.

- o seu rosto esteja enquadrado no meio da tela (de novo, como o âncora de um telejornal), de modo que sobre um pouco de espaço acima da sua cabeça (cerca de dois dedos) e, ao mesmo tempo, seja possível visualizar parte da sua roupa abaixo do seu queixo;
- o seu rosto esteja iluminado de maneira uniforme (recomenda-se iluminação lateral e acima, mas não diretamente acima, bem como o uso de lâmpadas de cor branca ou equivalente à luz natural), para quem estiver do outro lado conseguir ter uma visão nítida e não se distrair com a alteração da tonalidade do seu rosto;
- não haja fontes de luz fortes, como janelas e luminárias, nem objetos que causem reflexo, como espelhos e quadros com tela protetora de vidro, ao seu lado ou atrás de você, também para não comprometer a nitidez da sua imagem ou causar distração em quem estiver do outro lado; e
- a imagem de fundo que será vista por quem estiver do outro lado igualmente não lhe cause distração, nem muito menos constrangimento (embora algumas plataformas de vídeo ofereçam a opção de customização digital do fundo com uma cor, uma imagem ou mesmo com o desfoque da imagem, tenha muito cuidado ao utilizá-la, já que pode causar distração e, especificamente no caso do mediador, até comprometer a percepção da sua simpatia, fundamental para a criação rápida de relações que levem os demais participantes a um diálogo produtivo[17]).

- Simulação de parte do trabalho virtual. Partindo da premissa de que o desconhecido é um dos maiores gatilhos do medo, sugere-se que os participantes, sobretudo o mediador, também simulem parte do trabalho virtual, a fim de testar as plataformas escolhidas (principal e substituta) e ajustar e/ou aperfeiçoar as suas salas (virtuais e físicas). Por incrível que pareça, o cérebro humano não interpreta a simulação como um teste, mas como algo que realmente está acontecendo, ou seja, sendo vivido. Por consequência, uma vez vivenciada a situação, a experiência deixa de ser novidade e você, automaticamente, fica mais seguro. Por isso, é recomendável que os participantes (de novo, sobretudo o mediador):
    - procure fazer a simulação da forma mais realista possível e não apenas como um treino, inclusive, se necessário, pedindo a ajuda de terceiros para atuarem como figurantes e/ou para lhe darem um *feedback* sincero;

---

17 Dados empíricos confirmam que pessoas percebidas como afetuosas e competentes evocam emoções e comportamentos uniformemente positivos, enquanto aquelas percebidas como antipáticas ou incompetentes provocam uma negatividade uniforme (FISKE, Susan T. *et al.* **Universal dimensions of social cognition**: warmth and competence. Disponível em: https://www.researchgate.net/publication/6611134_Universal_Dimensions_of_Social_Cognition_Warmth_and_Competence. Acesso em: 24 ago. 2023).

    - faça, se possível, em um dia similar e no horário agendado para a sessão, a fim de verificar a influência de aspectos externos no trabalho ou evitar que sirvam para lhe distrair ou os demais participantes, como, por exemplo: iluminação, barulhos (obras, trânsito, vizinhos, etc.), presença de outras pessoas ou animais no ambiente físico (crianças, funcionários, cachorros, gatos, etc.), entre outros;
    - grave trechos curtos da simulação e, depois, assista-os, analisando a sua linguagem verbal e não verbal de forma criteriosa, a fim de checar como você será visto e ouvido por quem estiver do outro lado (enquadramento, sua imagem e a de fundo, necessidade de microfone e/ou fones de ouvido, gestos feitos com frequência, etc.);
    - governe os seus pensamentos e esteja consciente de suas palavras, para não começar a falar desenfreadamente e, por consequência, deixar de se conectar com os demais participantes e/ou com as suas questões;
    - conecte a sua linguagem verbal com a não verbal;
    - fale de modo mais pausado do que em interações presenciais, a fim de facilitar a compreensão dos demais participantes;
    - enfatize palavras-chave, falando-as ainda mais devagar ou mais forte (os âncoras dos telejornais costumam fazer isso com maestria, preste atenção!); e
    - evite palavras vazias (por exemplo: "éééé" ou "aaaannn"), porque tende a incomodar os demais participantes e, nessa medida, eventualmente, a distrai-los, em especial após determinado lapso de tempo.
- Compromisso de mediação e obtenção do "de acordo". Antes ainda do início do trabalho virtual, sugere-se que o mediador circule para as partes e os seus advogados um compromisso de mediação que contenha todas as expectativas, exigências, exceções e exclusões de responsabilidades, bem como obtenha o "de acordo" deles por escrito. Essa providência também permite que o mediador elabore uma versão resumida e pontual de tal compromisso (em *bullet points*) para apresentar na abertura da primeira sessão conjunta e sempre que for necessário ao longo da e-mediação.
- Teste das salas (virtuais e físicas) dos demais participantes. Caso não seja possível ao mediador agendar com cada um dos demais participantes uma sessão de teste para vê-los no vídeo e lhes dizer como está a aparência deles, a fim de recomendar eventuais ajustes para a efetividade da e-mediação, sugere-se que o mediador utilize a sessão de pré-mediação também para essa finalidade[18],

---

18 A pré-mediação visa a gerar entendimento mútuo para as partes e para o mediador sobre a adequação e a utilidade da aplicação do método a um determinado conflito, ou seja, sobre a percepção dos limites e das possibilidades da mediação para um caso especificamente considerado (GOMES,

além dos esclarecimentos relativos ao procedimento de mediação, à eficácia jurídica de eventual acordo e aos papéis de cada um dos participantes (partes e advogados)[19].

- Elaboração prévia de declaração de abertura. Com base na concordância das partes e de seus advogados com o compromisso de mediação e nas tratativas mantidas durante a pré-mediação, sugere-se que o mediador elabore previamente a sua declaração de abertura com todas as informações que precisará prestar no início do trabalho virtual.
- Vestimenta adequada. O trabalho em um ambiente virtual parece menos formal do que aquele em um ambiente físico, mas isso não é totalmente verdade. Cuidado! Embora não exija as mesmas formalidades, sugere-se que todos os participantes (inclusive o mediador) vistam-se de forma adequada para a ocasião, respeitando as suas características e os seus gostos pessoais, mas também as necessidades de cada caso. Não é preciso vestir-se como se fosse a uma formatura ou a uma festa *black tie*, mas também não é recomendável usar pijamas ou roupas de academia. Evite ainda se vestir com uma roupa da mesma cor da imagem de fundo, com cores muito fortes/berrantes, ou, ainda, que contenha estampas, listras, xadrezes grandes, a fim de não causar distração ou, eventualmente, vertigem em quem estiver do outro lado. Enfim, tenha bom-senso e, na dúvida, vista-se mais para o formal do que para o informal.
- Respeito ao horário. Sugere-se que todos os participantes, mas sobretudo o mediador, estejam *on-line* (na sala de reunião ou na sala de espera virtual, conforme o caso), no mínimo, de 5 a 10 minutos antes do horário agendado para o começo da sessão. Essa antecedência é importante para que haja tempo hábil dos participantes ajeitarem-se, acomodarem-se, organizarem-se, concentrarem-se, receberem os demais participantes e ainda solucionarem eventuais imprevistos, notadamente de ordem técnica.
- Tela "limpa". A antecedência mencionada *supra* ainda é importante para você se certificar de que a tela do seu computador está "limpa", ou seja, que não existe nenhuma outra tela ou aplicativo aberto desnecessário à e-mediação por vídeo e que, por esse motivo, possa causar distração, constrangimento e/ou inconveniente para você ou para qualquer um dos demais participantes. Como não é possível prever tudo o que pode acontecer durante o trabalho, essa sugestão é recomendável, ainda que você não pretenda compartilhar a sua tela.

Noêmia Aurélia. Pré-mediação: importante fase da mediação. *In*: GROSMAN, Claudia Frankel; MANDELBAUM, Helena Gurfinkel (org.). **Mediação no Judiciário**: teoria na prática e prática na teoria. São Paulo: Primavera Editorial, 2011. p. 181).

19 COOLEY, John W. **A advocacia na mediação.** Tradução: René Loncan. Brasília: UNB, 2001. p. 80.

- Gravação no seu computador. Com a autorização das partes (e, claro, de seus advogados), o mediador pode gravar a sessão. Para maior segurança, sugere-se que o mediador grave no seu computador e não na nuvem, mesmo que exista essa opção, como ocorre na maioria das plataformas de vídeo. Se igualmente autorizadas, as partes e/ou os seus advogados também podem gravar a sessão, muito embora não possam utilizarem-na fora da mediação, exceto se expressamente decidido de forma diversa pelas partes ou quando a divulgação de eventual informação agravada for exigida por lei ou necessária para o cumprimento do acordo obtido entre as partes, conforme o artigo 30 da Lei de Mediação.
- Uso de configurações de segurança. A maioria das plataformas de vídeo permite também a escolha das configurações de segurança. Na qualidade de anfitrião, sugere-se que, se possível, o mediador:
  - use identidades (IDs) para cada sessão;
  - use senhas consideradas fortes (ou seja, que tenha um comprimento considerável e contenha símbolos, letras maiúsculas e minúsculas, bem como números) e as forneça para as partes e os seus advogados separadamente dos convites para as sessões;
  - coordene a admissão dos demais participantes na sessão, bloqueando o acesso deles até então ou mantendo-os em salas de espera virtuais, a fim de evitar, sobretudo, que comecem a interagir antes de o mediador estar presente;
  - use coanfitriões da sua equipe para monitorar o *site* enquanto o mediador monitora os demais participantes e as questões deles;
  - não permita a transferência de arquivos, para maior segurança digital de todos os participantes;
  - não permita que participantes excluídos reingressem na sessão; e
  - controle o compartilhamento de tela.

CONCLUSÕES

Atribui-se a Benjamin Franklin, um dos grandes personagens da história dos Estados Unidos, a frase: "A falha na preparação é a preparação para a falha". Contudo, falhar é humano. É um fato. Então, cabe a cada um de nós prepararmo-nos cada vez mais e melhor para falharmos cada vez menos.

O presente texto buscou apresentar as principais dicas de profissionais de resolução de conflitos de todo o mundo que temos adotado em nossa atividade profissional como mediador empresarial, a fim de, ainda que modestamente, contribuir para que os participantes de uma e-mediação por vídeo, sobretudo o mediador, possam se preparar mais e melhor para o respectivo trabalho virtual. Por consequência, objetivou também aprimorar a prática desse ODR e disseminar o seu uso diante da realidade mundial pós-pandemia.

No âmbito dos meios de resolução de conflitos, essa nova realidade destacou a importância do uso de ODR, em especial da mediação. Os incentivos para o desenvolvimento e a divulgação da mediação (e de outros meios consensuais de solução de conflitos) no ordenamento jurídico brasileiro, materializados, em parte, no Código de Processo Civil e na Lei de Mediação, tornaram-na, inclusive no formato e-mediação, uma prática real em nosso País e em franco crescimento[20].

As dicas apresentadas no presente texto demonstraram que a e-mediação – assim como os demais ODR – traz exigências adicionais às verificadas em âmbito presencial e que, talvez, sejam mais difíceis, por demandarem habilidades específicas e contarem com a presença dos meios tecnológicos de comunicação, que, para uns, são uma verdadeira "quarta parte", além do mediador, suas partes e seus advogados, enquanto que, para outros, o melhor amigo e ajudante[21].

É verdade que algumas dicas são pequenos detalhes, mas, diante da nova realidade mundial e da existência, em especial, de partes e advogados cada vez mais preparados e exigentes, acredita-se que todo detalhe faz uma grande diferença, ainda mais em um País como o Brasil, no qual a mediação está se consolidando como um meio para a satisfação rápida e econômica dos interesses e/ou das necessidades das partes (e de seus advogados).

Assim, além do aprimoramento da prática de ODR, em particular da e-mediação, as dicas apresentadas no presente texto buscaram, modesta e igualmente, ter contribuído para disseminar essa prática em nosso País, que depende da boa preparação de todos os participantes (partes, advogados e mediadores), uma vez que condicionante da efetividade e da confiança[22] dos usuários nesse meio de resolução de conflitos.

---

20 Já, há alguns anos, Daniel Rainey destaca que, de forma evolutiva, o uso de tecnologias de informação e comunicação passou a fazer parte do campo dos métodos de resolução de conflitos, de modo que, agora, o desafio é revolucionar esse engajamento, que, em nossa opinião, contou com a "ajuda" da pandemia do Covid-19 (**Conflict Engagement and ICT**: Evolution and Revolution. Disponível em: http://danielrainey.us/wp-content/uploads/2020/08/2017-IJODR-Editorial.pdf. Acesso em: 24 ago. 2023).

21 CARREL, Alyson; EBNER, Noam. Mind the Gap: Bringing Technology to the Mediation Table. **Journal of Dispute Resolution**. Disponível em: https://scholarship.law.missouri.edu/jdr/vol2019/iss2/5. Acesso em: 24 ago. 2023.

22 EBNER, Noam. ODR and Interpersonal Trust. *In*: WAHAB, M. S. Abdel; KATSH, E.; RAINEY, D. (ed.). **ODR**: Theory and Practice. The Hague: Eleven International Publishing, 2012. p. 215-216.

REFERÊNCIAS

ALMEIDA, Gustavo Milaré. Comentários ao artigo 18 da Lei de Mediação. *In*: CABRAL, Trícia Navarro Xavier (coord.). **Lei de Mediação comentada artigo por artigo**: dedicado à memória da Professora Ada Pellegrini Grinover. 2. ed. Indaiatuba: Foco, 2020.

ALMEIDA, Gustavo Milaré; PRADO, Cláudia Junqueira de Almeida. Confiança em ODR (*Online Dispute Resolution*). **Informativo ADR&ODR Brasil**. Disponível em: https://eb973d5b-8e7a-451c-be67-ea92149db70f.filesusr.com/ugd/046d84_2135fa0efce24716bbef7e4c85faa967.pdf.

ALMEIDA, Gustavo Milaré; PRADO, Cláudia Junqueira de Almeida. A escuta ativa no uso de ODR em ODR (*Online Dispute Resolution*). **Informativo ADR&ODR Brasil**. Disponível em: https://eb973d5b-8e7a-451c-be67-ea92149db70f.filesusr.com/ugd/046d84_2135fa0efce24716bbef7e4c85faa967.pdf.

BOHANNON, Leanne S. *et al.* Eye contact and video-mediated communication: a review. **Displays**. Disponível em: http://dx.doi.org/10.1016/j.displa.2012.10.009.

CARREL, Alyson; EBNER, Noam. Mind the Gap: Bringing Technology to the Mediation Table. **Journal of Dispute Resolution**. Disponível em: https://scholarship.law.missouri.edu/jdr/vol2019/iss2/5.

COOLEY, John W. **A advocacia na mediação**. Tradução: René Loncan. Brasília: UNB, 2001.

EBNER, Noam. ODR and Interpersonal Trust. *In*: WAHAB, M. S. Abdel; KATSH, E.; RAINEY, D. (ed.). **ODR**: Theory and Practice. The Hague: Eleven International Publishing, 2012.

EBNER, Noam; CARREL, Alyson. Mind the Gap: Bringing Technology to the Mediation Table. **Journal of Dispute Resolution**. Disponível em: https://scholarship.law.missouri.edu/jdr/vol2019/iss2/5.

FISKE, Susan T. *et al.* **Universal dimensions of social cognition**: warmth and competence. Disponível em: https://www.researchgate.net/publication/6611134_Universal_Dimensions_of_Social_Cognition_Warmth_and_Competence.

GOMES, Noêmia Aurélia. Pré-mediação: importante fase da mediação. *In*: GROSMAN, Claudia Frankel; MANDELBAUM, Helena Gurfinkel (org.). **Mediação no Judiciário**: teoria na prática e prática na teoria. São Paulo: Primavera Editorial, 2011.

HOFFMAN, David A. **Mediation**: A Practice Guide for Mediators, Lawyers, and Other Professionals. Boston: MCLE, Inc., 2013.

KATSH, Ethan. ODR: A Look At History. *In*: WAHAB, M. S. Abdel; KATSH, E.; RAINEY, D. (ed.). **Online Dispute Resolution**: Theory and Practice. The Hague: Eleven International Publishing, 2012.

MEHRABIAN, Albert. **Nonverbal Communication**. Chicago: Aldine-Atherton, 1972.

PRADO, Cláudia Junqueira de Almeida; ALMEIDA, Gustavo Milaré. Confiança em ODR (*Online Dispute Resolution*). **Informativo ADR&ODR Brasil**. Disponível em: https://eb973d5b-8e7a-451c-be67-ea92149db70f.filesusr.com/ugd/046d84_2135fa0efce24716bbef7e4c85faa967.pdf.

PRADO, Cláudia Junqueira de Almeida; ALMEIDA, Gustavo Milaré. A escuta ativa no uso de ODR em ODR (*Online Dispute Resolution*). **Informativo ADR&ODR Brasil**. Disponível em: https://eb973d5b-8e7a-451c-be67-ea92149db70f.filesusr.com/ugd/046d84_2135fa0efce24716bbef7e4c85faa967.pdf.

RAINEY, Daniel. **Conflict Engagement and ICT**: Evolution and Revolution. Disponível em: http://danielrainey.us/wp-content/uploads/2020/08/2017-IJODR-Editorial.pdf.

RANIERI, Carolina Lyra. **A controversa aplicação do cáucus no processo de mediação**. Disponível em: http://mediacaolfg.com.br/2017/08/a-contraversa-aplicacao-do-caucus-no-processo-de-mediacao/.

RAZ, Tahl; VOSS, Chris. **Negocie como se sua vida dependesse disso**. Tradução: Bruno Casotti. Rio de Janeiro: Sextante, 2019.

SLOVÁK, Petr. Effect of Videoconferencing Environments on Perception of Communication. **Cyberpsychology: Journal of Psychosocial Research on Cyberspace**. Disponível em: https://cyberpsychology.eu/article/view/4205/3246.

URY, William. **Como chegar ao sim com você mesmo**. Tradução: Afonso Celso da Cunha. Rio de Janeiro: Sextante, 2015.

VEZZULLA, Juan Carlos. **Teoria e prática da mediação**. Curitiba: IMAP, 1998.

VOSS, Chris; RAZ, Tahl. **Negocie como se sua vida dependesse disso**. Tradução: Bruno Casotti. Rio de Janeiro: Sextante, 2019.

13. JEJUM DE PALAVRAS – A COMUNICAÇÃO NÃO-VERBAL NA RESOLUÇÃO DE CONFLITOS: UM ESPECIAL OLHAR PARA A MEDIAÇÃO CONDUZIDA VIRTUALMENTE

Nathalia Mazzonetto
Graduada em Direito pela PUC/SP.
Mestre e Doutora em Direito pela USP.
Especialista em Propriedade Intelectual.
Atua constantemente na resolução de conflitos de natureza empresarial e outros como mediadora, negociadora e advogada.

Álvaro Lages
Multiartista. Educador.
Comunicador formado em publicidade na Universidade FUMEC.
Consultor Integral certificado pela Meta Integral Certification Program.

1. POR QUE OLHAR PARA O CORPO EM MEDIAÇÃO?[1]

Inúmeros são os códigos que traduzem a nossa linguagem. Um olhar, um gesto, o dito, o não dito, são todos sinais de comunicação que transmitem mensagens e que

---

1 Um agradecimento especial à **Barbara Binns Castro**, que colaborou com a pesquisa e o levantamento de referências, profissional graduanda em Direito pela FGV Direito SP, com passagem de intercâmbio acadêmico na Tilburg University, Países Baixos, e estagiária na área de resolução de disputas.

não apenas carregam significados, como também contextos, vivências, indicando sobre o que se está efetivamente tratando ou tampouco isso.

Tania Almeida ministra que "caixa de ferramentas" é uma metáfora usualmente utilizada na prática da mediação para nomear o conjunto de técnicas e procedimentos empregados na dinâmica do processo. A escolha correta e o gerenciamento adequado das ferramentas acabam por proporcionar, nas palavras da estudiosa do tema, eficácia e efetividade ao resultado[2].

Pois bem, foi pensando neste contexto que se optou por dar um olhar especial à manifestação corporal como elemento também integrante desse sistema, talvez no que se identifica como *ferramentas de comunicação*, que se traduzem nas técnicas mais comumente exploradas na mediação, em associação às ferramentas de negociação e procedimentais, somadas estas duas últimas às etapas do processo[3].

A compreensão do que o corpo fala em processos de resolução de conflitos não é uma questão atual e inaugurada com a maior exploração da tela, o que certamente se tornou uma realidade muito mais aceitável e frequente após a pandemia da Covid-19[4]. De fato, controvérsias judicializadas, arbitragens e outros procedimentos de resolução de disputas já estimulavam usuários a recorrer a ferramentas, preparações específicas por dias e técnicas de leitura e compreensão dos sinais nestes cenários[5].

---

2 ALMEIDA, Tania. **Caixa de ferramentas em mediação** – Aportes práticos e teóricos. São Paulo: Dash, 2014. p. 31.

3 ALMEIDA, Tania. *Op. cit.*, p. 35.

4 Em consulta às Resoluções Administrativas do Centro de Arbitragem e Mediação da Câmara de Comércio Brasil-Canadá, Câmara de Mediação, Conciliação e Arbitragem de São Paulo (CAM-Ciesp/Fiesp), ICC International Centre for ADR, Câmara de Arbitragem Empresarial-Brasil (Camarb), Câmara de Arbitragem da Fundação Getúlio Vargas (CAM-FGV) e Centro de Arbitragem e Mediação (AMCHAM), notou-se que todas as instituições mantiveram a possibilidade de realizar audiências e outros encontros virtuais (entre estes, sessões de mediação) por plataformas digitais mesmo após a retomada da possibilidade de encontros presenciais. Cf. Notas sobre Comunicações e Reuniões Virtuais de Mediação do CAM-CCBC, Nota de orientação da ICC sobre possíveis medidas destinadas a atenuar os efeitos da pandemia de Covid-19, Resolução Administrativa nº 10/2022 da CAM-Ciesp/Fiesp, Resolução Administrativa Resolução Administrativa nº 24/2022 da Camarb, Resolução Administrativa nº 1/2020 da CAM-FGV e Resolução Administrativa nº 1/2023 da CAM-AMCHAM.

5 De acordo com Frenkel e Stark, "[i]ndependentemente do estilo de mediação ou do contexto em que o processo é conduzido, uma comunicação eficaz é a base de uma boa prática" (FRENKEL, Douglas; STARK, James H. **The Practice of Mediation**. 3. ed. Filadélfia, 2018. p. 14). Já Poitras aponta a imparcialidade, domínio do mediador, explicação do processo, afabilidade e consideração, compreensão, focalização no acordo, aconselhamento e conhecimentos jurídicos como competências em que ações específicas do mediador podem ser atribuídas à criação de confiança por parte dos mediadores. Nota-se que as competências apontadas têm aspectos claros de comunicação não verbal. Por exemplo, a afabilidade do mediador é muito provavelmente não só um resultado das palavras verbais do mediador, mas também um resultado dos aspectos não verbais das ações do mediador (POITRAS, Jean. What makes parties trust mediators? **Negotiation Journal**, v. 25, p. 313-321, 2009).

A importância desta leitura no universo de busca do consenso mostra-se certamente como uma ferramenta muito poderosa, já que orienta *approaches* e tomadas de decisões; assertividade ou não de posicionamentos; tons e tipos de manifestações, aproximações e distanciamentos; entre tantas outras condutas que invariavelmente acabarão por influenciar no resultado das tratativas pessoais e consensuais[6].

É claro que uma manifestação mais empática e compreensiva tem alto grau de contribuição na criação de possibilidades e busca por saídas sinérgicas, ao passo que olhares impacientes, reticências negativas, entre outros sinais do tipo, acabam por impor um ritmo resistente, quando não, até mesmo de saída da mesa, a depender do momento em que se apresentam.

Agora como fazer com o corpo a depender do contexto? Corpo compreendido como um todo, o conjunto de todas e quaisquer manifestações não verbais. A tela impõe novos paradigmas e cuidados; porém, já mesmo no cenário presencial (físico) de tutelas e cautelas específicas já havia se cogitado, ainda que não formalmente endereçadas. São elas, por exemplo: o *dress code*, o tempo e a velocidade das trocas, a necessidade de pausas, a criação de ambientes privativos, entre outros.

A tela, no âmbito de diálogo, assume o papel de um terceiro elemento, que pode, inclusive, desempenhar natureza parcial, facilitando ou até dificultando diálogo. Pode gerar conexão ou desconectar sujeitos, estabelecendo até, em certas ocasiões, uma vivência de desconfiança entre os participantes das trocas[7]. Com efeito, sujeitos se convertem em figuras imagéticas, de contornos bidimensionais, destituídas de cheiro, toque, físico. Ou seja, limitadas nos seus sentidos.

Daí que pensar se, e em que termos, um processo de mediação conduzido virtualmente comporta um olhar específico sobre o que se cunhou de *body language*[8]. Que língua é esta que os corpos falam quando em tela? Fazendo uma viagem no tempo, é possível encontrar nas experiências antecedentes uma resposta para a relevância deste olhar e o porquê de sua importância. Que tal um retorno aos primórdios

---

6 O resultado da mediação é diretamente afetado pela confiança das partes no seu mediador, competência mais valiosa de um mediador eficaz – ganha-ganha de comunicação (GOLDBERG, Stephen B. The secrets of successful mediators. **Negotiation Journal**, v. 3, p. 365-375, 2005; GOLDBERG, Stephen B.; SHAW, Margaret. The secrets of successful (and unsuccessful) mediators continued: Studies two and three. **Negotiation Journal**, v. 23, p. 393-417, 2007).

7 A respeito da sensação de desconfiança em contextos virtuais, vale conferir as lições associadas às audiências arbitrais: ESCHLBOECK; Constantin; GRILL Anne-Karin. Chapter 2: Remote Hearings: For Better or for Worse? In: BEAUMONT, Ben; FOUCARD, Alexis *et al.* (ed.). **International Arbitration**: Quo Vadis? Kluwer Law International, 2022. p. 5-22.

8 Em termos técnicos, o que endereçamos aqui são elementos da linguagem não verbal. Thompson, por sua vez, utilizaria o acrônimo "METTA" para endereçar os elementos de comunicação ora analisados. O autor divide a sua análise dos elementos da comunicação não verbal em 5 categorias: o movimento, o ambiente, o tato, o tom e a aparência (THOMPSON, Jeff. **Nonverbal communication and mediators**: An ethnographic approach and semiotic analysis. Dissertação de candidatura a doutorado não publicada – Griffith Law School. Brisbane, 2011. p. 4).

da experiência cinematográfica? Qual o paralelo interessante que se pode traçar entre a experiência da tela de computador e o que Chaplin fez de seu *métier*?

Tanto em um quanto no outro, se está diante de uma câmera parada, um vídeo estático. Nesse paralelo, o computador promove uma projeção análoga ao resultado estético do cinema mudo em sua origem, bem diversamente do que se apreende com o desenvolvimento da indústria, quando se passou às novelas, aos filmes e mesmo séries televisivas, em que a sequência de cenas e narrativas conduzem o olhar, por meio da movimentação de câmera, que resultam em uma dinâmica de trocas, e não no fechamento em enquadres determinados e imóveis.

Quando se está diante das câmeras paradas ou de imagens estáticas, tem-se um registro do momento, o olhar do espectador não está sendo conduzido, ele é livre para a escolha, a seleção de onde concentrar sua atenção, portanto, é fundamental bem identificar quais os elementos que integrarão esse enquadramento. Um exemplo claro dessa referência diz respeito à cena que se popularizou nas redes no contexto da pandemia envolvendo noticiário inglês, em que o profissional entrevistado em transmissão ao vivo é surpreendido por filhos que ingressam em seu "ambiente de trabalho" em casa[9]. Em uma situação de movimentação de câmera, um *close up* evitaria a transmissão do "indesejável". Em se tratando de uma câmera parada, foi inevitável que o olhar do espectador se voltasse ao inusitado, tirando o foco do central – o entrevistado e o seu conteúdo. Justamente por isso é que é tão importante a seleção do que integrará o "ambiente virtual". Ruídos, em sentido amplo, podem representar um desserviço à adequada recepção e compreensão da mensagem.

Nas telas dos computadores, em sendo, portanto, a apreensão estática e restrita a um contorno determinado, o que pode se traduzir, entre outros, na linha do *supra*, é também uma limitação no aspecto humano das trocas. Dimensões específicas são projetadas – visual, sonoro e aparente –; excluídas, todavia, outras, como olfato, tato e mesmo movimentação física, que representam informações e compreensão do espectro global do quando se comunica. Tudo isso sem deixar de lado o tempo virtual, que é facilmente transformado em um pragmatismo acelerado – subtraem-se pausas e até mesmo necessidades físicas momentâneas (p. ex., toilette, café, etc.) –, com possíveis e certos reflexos nas soluções e nos resultados alcançados.

Em assim sendo, é que, neste ensaio – que foge um pouco da técnica pura –, pretende-se explorar e cogitar de ferramentas e elementos que podem ser adotados para tentar minimizar esses efeitos, propícios a dissociar as pessoas da realidade, e, quem sabe, até tirar proveito das condições impostas pelo universo virtual.

---

9 Disponível em: https://www.youtube.com/watch?v=CJB5arZupws. Acesso em: 1º out. 2023.

2. A INTENÇÃO QUE SE PRETENDE ENDEREÇAR

Ponto de partida de toda e qualquer escolha consciente na criação, transmissão e recepção de uma mensagem é a compreensão do que se pretende comunicar. Tudo, em realidade, é manifestação e exercício de poder, qualquer seja a relação. Sob a perspectiva do mediador, fundamental é considerar a intenção que se quer atribuir ao discurso. Como interagir, então, de modo a conferir credibilidade, gerar conexão, construindo um espaço de trocas com respeito e abertura, sem que isso seja fruto de qualquer tipo de imposição?

Como será explorado a seguir, o posicionamento de vídeo tem especial contribuição nessa questão. Como se preparar para não oferecer perigo, gerar engajamento e permitir acesso, com acolhimento? O quê, propriamente, se busca ao encabeçar uma mensagem?

3. O ENQUADRAMENTO COMO PONTO DE PARTIDA

O primeiro passo na organização do ambiente em que se ouvirá e do qual se falará consiste no estabelecimento da moldura. A noção de enquadramento é fundamental para estabelecer uma boa conexão com participantes da mediação. Consiste em decidir o que entra, ou não, em "cena", ou seja, quais informações visuais estarão presentes para potencializar o discurso e as intenções em mediação.

A imagem projetada nem sempre coincidirá com aquela recebida, ainda assim cabe trabalhar da melhor forma para limpar o *front*, reduzindo ruídos que podem impactar nas trocas. O enquadramento é o resultado de três elementos: (i) plano; (ii) altura do ângulo; e (iii) lado do ângulo.

Definir o plano importa estabelecer a distância entre a câmera e o usuário. Um plano muito fechado, com o rosto extremamente próximo à câmera, pode soar intimidador e até invasivo. Por outro lado, um plano extremamente aberto, no qual a pessoa se apresenta distante da câmera, pode trazer a ideia de não envolvimento com o assunto, quando não de superioridade. Para esse tipo de situação, é recomendado um plano médio, que mostra o rosto, a parte superior do tronco e as mãos do usuário[10]. As mãos à mostra inspiram confiança e facilitam uma comunicação integrativa, mais fluida, aspectos fundamentais em um espaço de tentativa de construção de consensos.

---

10 "[...] Ver a palma das mãos de uma pessoa diz a nosso cérebro que ela não tem nada a esconder. [...] A palma da mão para cima é um sinal que indica abertura e confiança. [...] A palma da mão para baixo é um sinal que indica poder e dominância. É um forte sinal de competência. [...]" (EDWARDS, Vanessa Van. **A linguagem secreta do carisma** – Aprenda a dominar a comunicação verbal e não verbal para cativar as pessoas e atingir seus objetivos. Rio de Janeiro: Sextante, 2022. p. 31-32)

A altura do ângulo em que se firma a máquina é fundamental para compreender o cenário, o que se verifica na perspectiva de todos os *players*. Ela pode definir ou acentuar a hierarquia estabelecida entre os participantes. De fato, uma câmera posicionada abaixo da linha dos olhos do usuário (*contra-plongée*) gera uma imagem que comunica superioridade. Subjetivamente, ela diz que essa pessoa tem, a um primeiro olhar, um *status* mais alto do que as demais. Já uma câmera posicionada em um ângulo superior à linha dos olhos gera o efeito inverso, fazendo com que a pessoa adquira um *status* mais baixo. Quando se fala de um dos espectros de resolução de conflitos – sem dúvida o poder –, estar atento a esta ordenação de elementos e configuração é da maior relevância.

Cogite-se, assim, de uma sala de audiência em que partes, seus advogados e julgador(es) já têm um *script* de posicionamento – quem senta ao lado de quem e em frente a quem. Na mediação, a proposta é diluir jogo de poderes, não é à toa que muito se fala da mesa redonda. Como trazer, então, a figura da mesa redonda para o vídeo? Entre outras possibilidades que possam vir a se apresentar no discurso, no contexto, o ideal é, sob uma perspectiva física, posicionar a câmera na altura dos olhos, de modo a gerar um ambiente mais propício a trocas.

O terceiro elemento do enquadramento é o lado do ângulo. Ele diz respeito a seu posicionamento lateral em relação à câmera e se divide em 4 posições possíveis: frontal, três quartos, perfil e de nuca. O ideal é sempre se posicionar de frente, com o rosto e o corpo voltados para a câmera. Isso transmite confiabilidade e captura a atenção dos demais. Em caso de tela dupla, vale a pena ter clareza de onde está posicionada a câmera e se voltar completamente para ela. Em alguns casos, sugere-se colar um adesivo chamativo onde se encontra a câmera como forma de lembrete para direcionar o seu olhar para lá. Pode-se olhar, sem olhar, portanto, é de bom tom se fazer presente. É facilmente perceptível quando alguém em "mesa virtual" se desviou para uma outra atividade ou à segunda tela a que possa fazer recurso, quando não são as próprias lentes dos óculos ou do ambiente que refletem expressamente essa realidade, gerando grande desconforto, além de restrição de escuta e recepção da mensagem, o que prejudica claramente trocas no ambiente de tentativa de construção de consenso.

Uma vez observados estes três aspectos mencionados *supra*, é importante escolher conscientemente o "cenário" que será o palco do diálogo e das trocas. Ou seja, o ambiente no qual o mediador estará inserido, com todos os elementos que ali estão presentes. Tendo em mente que forma é conteúdo, um pano de fundo *clean*, sem elementos que resultem na distração dos demais participantes, é de todo recomendável.

4. SINAIS QUE FALAM

Carece de atenção, também, os signos e sinais que portamos e que nos posicionam, ainda que destituídos de intencionalidade (p. ex., camisa de time, aliança no dedo, amuleto a representar uma orientação religiosa, entre outros). Outro exemplo que é de interesse é o uso de vestimenta que incorpora elementos que possam gerar associações e/ou representar uma tendência ou parcialidade (p. ex., cor de uma das corporações em mesa), e, nesse sentido, vale lembrar campanha publicitária comparativa envolvendo as duas grandes aéreas brasileiras – Latam e GOL –, em que a simples exploração das cores de suas identidades foi hábil a gerar identificação e até conduzir a questionamento ético de campanha em razão do uso empregado[11].

Portanto, há que se estar atento não só ao que se veicula como mensagem falada, mas também ao que projetamos por simplesmente estar. Significado e significante são aspectos de direcionamento adequado[12].

4.1 Dress code e outras identificações

O se vestir e o que portar, na tela ou no presencial, sempre foram aspectos dignos de nota. Há, então, que se considerar a preparação em todos os níveis e abarcando a gama dos cinco sentidos. Indaga-se: Mas até mesmo na tela?

Sim, isso porque essa preparação contribui e interfere no psicológico do condutor, no caso, voltado nosso olhar ao mediador, notadamente, neste ensaio.

Pensando, ainda, nas três instâncias: no âmbito *individual*, quando se está bem-vestido, gera autoconfiança; no âmbito *relacional*, o outro que o vê sabe da seriedade do que representa e do teor do discurso. Poderá analisar coerência entre uma coisa e outra, o que resulta em maior confiabilidade, contribuindo, inclusive, para a adesão ao processo de construção do consenso. Fundamental, assim, estar *inteiramente* vestido adequadamente e não apenas na parte de visualização do vídeo; e, no âmbito *coletivo sistêmico*, há um *dress code* da ocasião. Ou seja, se em ambiente empresarial o conjunto visual há que ser compatível com esse universo. Diversa é a

---

11 Disponível em: https://blogs.oglobo.globo.com/lauro-jardim/post/conar-nega-pedido-da-latam-para-que-gol-tire-propaganda-do-ar.html. Acesso em: 2 out. 2023. A seguir, imagem associada:

12 "O símbolo tem como característica não ser jamais completamente arbitrário; ele não está vazio, existe um rudimento de vínculo natural entre o significante e o significado." (SAUSSURE, Ferdinand. **Curso de linguística geral**. 27. ed. São Paulo: Cultrix, 2006. p. 82)

condição de alguém que conduz uma mediação escolar, comunitária, ou até mesmo em outros ambientes, como o prisional (justiça restaurativa).

Formalidade e informalidade hão de ser elementos orientadores da apresentação do interlocutor. Ainda que com a cultura do *home office* esse aspecto possa ter aparentemente se neutralizado, não é demais recordar que, em determinados ambientes e contextos, a contribuição do *dress code* é sinônimo de adequação e credibilidade. A flexibilização de aspectos associados à apresentação com a pandemia ficou tão significativa, inclusive em razão da ausência de fronteiras entre o privado e o público, que, em alguns casos, como, por exemplo, ocasiões de julgamentos virtuais, passou-se a prever expressamente o modo de apresentação, o que antes se mostrava já incorporado na cultura e até dispensável.

4.2 Tom e timbre da voz

O que se deseja que o outro saia pensando, sentindo e fazendo diante de manifestações em mesa é um questionamento primordial. Isso contribui não apenas para definir *dress code*, como já pontuado, mas também tom de voz, canal de saída da voz[13], pausas, velocidade de fala e linguajar[14]. Vale evitar os extremos.

Uma entonação com pouca oscilação de volume, de ritmo e de velocidade tende a se tornar tediosa e corre-se o risco de perder a atenção dos participantes no processo. Por outro lado, uma entonação extremamente oscilante e exagerada pode ser incômoda e acabar por gerar desconexão. A sugestão é que o mediador busque o registro vocal que lhe é confortável, natural e, dentro desse registro, procure variar levemente a velocidade, o volume e o ritmo de fala, lembrando sempre de pronunciar de forma enfática os pontos mais relevantes. Nota-se, especialmente no ambiente jurídico, uma sobriedade na transmissão da fala, muitas vezes pouca articulação se observa, e isso pode ser um ponto a contribuir também com a clareza da mensagem. Mais e mais o recurso a profissionais de fonoaudiologia tem se buscado para justamente potencializar a veiculação da mensagem.

Não se deixe de lado que a contribuição dos movimentos faciais se associam e mesclam com a mensagem, novamente reforçando o discurso. Quanto mais a expressão facial estiver alinhada ao falado, maior a credibilidade que se passa.

---

13 O uso do fone pode ser recomendado em lugares mais ruidosos e é bem-vindo na mediação pelo próprio resguardo da confidencialidade das trocas. Além disso, o recurso ao fone reforça a intenção da fala, evitando que o interlocutor grite ou se silencie diante de universos conturbados.

14 Cf. CROES, Emmelyn A. J.; ANTHEUNIS, Marjolijn L.; SCHOUTEN, Alexander. P.; KRAHMER, Emiel. Social attraction in video-mediated communication: The role of nonverbal affiliative behavior. **Journal of Social and Personal Relationships**, v. 36, p. 1218-1219, 2019. Disponível em: https://doi.org/10.1177/0265407518757382.

Outro parâmetro para a variação do tom de voz é alternar entre perspectiva normalmente reconhecida como "maternal", socialmente considerada mais doce e acolhedora, e a forma comumente reconhecida como "paternal", o que tende a se manifestar de modo mais objetivo e pragmático, sempre tendo como medida o próprio conforto e a naturalidade. Lembrando que isso reflete uma estrutura social heteronormativa.

Vale dizer que, além do aspecto do tom de voz, captar adequadamente o grau de formalidade e informalidade da linguagem a ser empregada pelo mediador é ponto-chave, de forma a gerar empatia e aproximar-se dos participantes. Compreender, assim, o "dicionário" que traduz os signos dos envolvidos é tão relevante quanto sonoridade.

4.3 Domínio dos "botões"

Ao entrar no ambiente virtual é de se reconhecer que os comandos são "mediados por um terceiro", uma tela, um equipamento tecnológico, o que importa um conhecimento do que dizem, ou melhor manipulam, os botões, sinais no teclado ou outros. Pode ser estratégico compreender atalhos para "mutar" o microfone, para fixar a imagem em algum interlocutor que peça nossa atenção, fazendo recurso, inclusive, se o caso, de blocos de notas que permitam registros de todos, interação comum, construção em coautoria, o que gera identidade, quando não, comunidade em alguma medida e comunhão de pensamentos. Na contraposição, cabe ao mediador também ter claro em que espaços e momentos a contribuição há de ser orientada para o individual, cuidado da "temperatura" também no ambiente virtual.

Tendo em vista que cada plataforma tem as suas particularidades, é muito importante ter o domínio das ferramentas e funcionalidades disponíveis ou não. Da mesma forma, compreender de onde há que sair o *link* ou *invite* de reunião (conexão e participação) em mediação, elemento também que pode traduzir tanto neutralidade quanto parcialidade, ao revés. A procedência do *link* gera confiabilidade, legitimidade e espaço de abertura seguro.

5. EMOJIS E EMOTICONS (REPRESENTAÇÕES GRÁFICAS USADAS PARA TRANSMITIR UMA IDEIA, UMA EMOÇÃO OU UM SENTIMENTO)

Na atualidade, já é dado que um discurso pode ser facilmente intercambiável com uma série de carinhas, figurinhas animadas que representem emoções, atividades, entre outros. Fala-se dos signos conhecidos como *emojis*[15], que surgiram quase que conjuntamente com o WhatsApp® e passaram a integrar um léxico comum. O ponto é que nem todos podem ter a mesma compreensão de um mesmo sinal, de tal modo que é conveniente uniformizar compreensão dos ícones e das mensagens que incorporam um ou outro sinal, evitando, com isso, entendimento possivelmente diverso ou mesmo má compreensão do que se pretende dizer.

Pode ser extremamente útil o recurso a tais sinais, sobretudo quando se está diante de mensagens e/ou conversas difíceis de serem enfrentadas, não obstante é recomendável sempre checar a igualdade de compreensão sobre um único sinal. Tem-se claramente que os *emojis* de algum modo podem trazer humor e leveza para as trocas, inaugurando uma nova forma de se relacionar, rompendo, com isso, possíveis rotinas ou práticas nocivas de trocas.

De outro ângulo, tão cuidadoso e relevante quanto o uso pode ser o não uso. Ou seja, quando é de todo desaconselhável explorar tais tipos de recursos, porque podem importar excesso de intimidade e informalidade, inadequação da recepção e compreensão da mensagem, entre outras percepções indesejáveis, ainda mais consideradas gerações em mesa, grau de formalidade, entre outros.

6. O TEMPO VIRTUAL E O ACOLHIMENTO DO INTANGÍVEL

O ambiente virtual pede-nos um cuidado redobrado com momentos e espaços de reflexão e retirada temporária de sala, o que é mais fácil de avaliar repercussão em um contexto presencial, já que temos o café, a ida ao banheiro, entre outros eventos de movimento. O estático tem potencial de firmar sujeito em posições, de tal modo que um convite à circulação e reflexão também pode ser útil à tentativa de acessar os interesses em mediação.

Esses aspectos, contudo, não podem deixar de ser objeto de cuidado do terceiro que facilita o processo, assim como o controle do tempo e a previsibilidade de ali estarem, já que as trocas virtuais tendem a cansar muito mais do que aquelas vivenciadas *in persona*.

O fenômeno ganhou notoriedade durante a pandemia da Covid-19 e cunhou-se o termo *zoom fatigue*. Segundo os estudos do Professor Jeremy N. Bailenson, fundador do Stanford Virtual Human Interaction Lab (VHIL), as videoconferências sobrecarregam nossos sistemas cognitivos, com o excesso de linguagem não verbal, decorrente da quantidade excessiva de olhares em pequena distância, do aumento

---

15 Criados no Japão na década de 90, é sinônimo de "e" (imagem) e "moji" (personagem). Ver mais a respeito: https://www.techtudo.com.br/noticias/2014/11/conheca-historia-por-tras-do-emoji-e-de-seus-icones-mais-curiosos.ghtml
(acesso em: 2 out. 2023).

da autoavaliação por estar olhando para um vídeo de si próprio, quando se faz uso da janela de autoprojeção (recurso atualmente passível de ser ocultado – avalia-se, assim, de quando sua conveniência e utilidade) e de restrições à mobilidade física[16].

Ao lado da atenção dedicada aos *tempos* virtuais, deve-se observar uma cautela no acolhimento de emoções manifestadas frente à tela. O toque (manifestação tátil), como mecanismo de acolhimento (p. ex., uma mão no ombro), aqui, pode ser manifestação de uma falta, a depender da cultura, é claro. Como agir se algum participante começa a chorar, por exemplo, ou gritar, até mesmo gerar propositadamente uma queda da conexão? São circunstâncias que devemos acomodar e orientar com o máximo de tato. Não se pode simplesmente seguir e deixá-las desapercebidas, porque isso certamente reflete na qualidade das trocas. De todo modo, também podem comportar contorno.

É fundamental observar o contexto para compreender se o acolhimento de determinada manifestação fortalece o diálogo ou o afasta. Interrompe fluxos. Podemos pensar em dar espaço para a vazão ou limitar manifestação. O que considerar? Certamente a conexão que está sendo estabelecida deve ser o norte na conversa.

7. PREPARAÇÃO E ATUAÇÃO: ANTES, DURANTE E APÓS

Pensando em auxiliar o mediador a estar atento ao máximo de detalhes presentes em uma mediação *online*, um bom caminho é dividir todo o processo em três partes: o antes, o durante e o após:

(i) **Antes** compreende, ou pode compreender, tudo aquilo que antecede a uma mediação propriamente dita. É toda e qualquer preparação. Nesses momentos, uma *checklist* pode ser útil: reiniciar computador-sistemas/aparelhos; testar plataforma, evitando surpresas de última hora, como possíveis atualizações não previstas e indesejáveis neste tipo de ocasião; suporte de aparelhos e *tablets* para evitar movimentação; enquadramento; iluminação; estar atento ao *dress code*, conforme já antecipado, e aos elementos que podem contribuir na construção da imagem que se deseja passar;

(ii) **Durante**: nesse momento, a presença é fundamental. Tão importante quanto aquilo que está sendo dito são os pequenos sinais que são emitidos por cada um dos participantes do encontro: expressões faciais, braços cruzados, mudanças de humor repentino, variações no tom de voz.

---

16 BAILENSON, Jeremy N. Nonverbal Overload: A Theoretical Argument for the Causes of Zoom Fatigue. Technology, Mind, and Behavior. **Technology, Mind and Behavior**, v. 2, 2021. Disponível em: https://tmb.apaopen.org/pub/nonverbal-overload.

São esses alguns sinais que possibilitam ao mediador corrigir a rota, sempre que necessário;

(iii) **Após**, que integra não apenas o final da sessão, mas também todo e qualquer movimento posterior de *feedback*, de trocas em atualizações, monitoramento das condições/realizações estabelecidas no curso do processo consensual, entre outros passos voltados a fazer valer possíveis ajustes firmados no curso do processo. Ao final da sessão, cabe ao mediador decidir o que vale a pena ser ressaltado, trazendo à tona compromissos, todos e prováveis próximos passos.

Como isso reflete também no processo de mediação? Dá a necessária estrutura e cria um *iter* possível, em que pese a flexibilidade que uma mediação bem traz, também, de modo a se adaptar e moldar cenários e realidades nem sempre antevistas ou mesmo conhecidas, conforme vão se apresentando.

Quanto maior a preparação, maiores são as condições de lidar com o inesperado, a competência de improvisar, apoiando em adequada e informada tomada de decisões, orientadora do processo de mediação.

8. REFLEXÕES FINAIS

Tudo o quanto dito faz parte de uma perspectiva ideal de condução, de estar em mesa, seja virtual ou não, agora é fundamental reconhecer que a mediação compreende um estado de presença, flexibilidade e boa dose de improviso. Assim, entre o impecável e o viável, a possibilidade deve reinar.

Do contrário, cai-se no risco de formalizar demais um procedimento que tem por essência ser informal, gerar protagonização de todos, sob uma sutil maestria de um terceiro técnico, contribuindo mais do que tudo para o diálogo e o que os participantes trazem como possibilidades.

Tão relevante quanto a mensagem falada é a mensagem por qualquer outro meio comunicada. Conhecer e traduzir sinais e manifestações corporais como elementos que fazem parte da linguagem é uma habilidade que permite ganhar perspectiva e absorver uma compreensão mais completa e integral da realidade que se apresenta e demanda administração e resolução no conflito.

9. FREQUENT ASKED QUESTIONS (FAQ)

Para dar um pouco mais de contorno ao que foi explorado, já que o *body language* se expressa justamente com o que não se fala, idealizou-se com o presente trazer algumas das dinâmicas mais frequentemente enfrentadas em sala virtual, durante o processo de mediação, e o que pode ser considerado como contribuição possível de endereçamento:

- **O que fazer com interrupções, mais comuns em contexto virtual?** Estabelecer dinâmica de solicitar a palavra de início, estimulando os participantes a fazer recurso aos sinais de chamado, como, por exemplo, a . Se condições do tipo não foram estabelecidas, sempre é tempo de firmar os combinados entre os participantes e, caso isso não seja observado, convidar a que um ou outro participante, ou o próprio mediador, faça recurso ao "resumo" do que o outrora interlocutor estava comunicando pode ser uma forma de representar a relevância da escuta qualificada, sem que isso represente uma repressão das trocas atropeladas.
- **Como incentivar a fala e discorrer sobre o assunto?** Um quebra-gelo ou exercícios de *check-in* podem ser úteis para que os participantes saiam da condição de inércia. Entender como cada um chegou no encontro e as expectativas que idealizaram pode ser uma tomada interessante.
- **Como incentivar a abrir a câmera?** O jeito mais eficaz acaba sendo um convite sincero. Se a proposta é gerar conexão, quanto maior a superfície de conexão, o que compreende som e imagem (partindo da premissa de que outros sentidos já estão, por natureza, excluídos da comunicação digital, como visto – por exemplo, tato, olfato), maior a condição de se chegar em um resultado satisfatório. Se participantes não estão se vendo, se perde muito elemento de fortalecimento de conexão.
- **Quando usar o *chat*?** Condições de uso do *chat* podem ser igualmente estabelecidas de antemão. É desaconselhável, quando diante de participantes que mais facilmente se comunicam verbalmente, integrá-lo como mais um canal de comunicação, sob pena de introduzir ruídos no decorrer de falas. Contudo, se, na presença de participantes plúrimos ou mesmo com dificuldade de expressão, pode ser uma ferramenta muito útil.

  O *chat* também pode ser conveniente para firmar/registrar combinados e consentimento. Manifestação de vontade, votos ou equivalente.
- **Quando usar emojis?** Diante de situações em que não se encontram palavras a definir vivências, recorrer a sinais, metáforas e paralelos pode ser um passo mais fácil de começar.
- **Como lidar com a dispersão?** Primeiro passo é compreender o cansaço e o tempo diante da tela, sendo interessante se cogitar do convite a um intervalo, uma pausa, de modo a gerar nova conexão na retomada. Outro possível passo é, de tempos em tempos, ir atualizando o cenário, demonstrando onde se está, para onde se vai, a percepção de evolução gera uma reconexão de algum modo. Se de início se falou de

expectativas, fazer retomada com este contexto, reavivando os interesses de todos os envolvidos, o que gera adesão. Um convite ao uso do quadro branco em coconstrução também gera engajamento e *to do* para todos.

– **Como lidar com dificuldades no uso das ferramentas digitais e quando isso impacta diretamente na qualidade do diálogo?** Eleger um *host* e estabelecer tutorial de trocas – o *chat* pode ser um bom canal de disponibilizar essas condições ou a própria mensagem de convite ou envio do *link*. Quando em cenários institucionais, isso é amplamente facilitado pela presença dos secretários, que atuam como verdadeiros *hosts*. Para ter como certos os ajustes firmados, é relevante que o mediador cheque a compreensão e adoção de tais orientações. Não é demais firmar e confirmar esses compromissos e esses cuidados, como abrir o microfone só quando for fazer uso da palavra.

Frisa-se, novamente, que as propostas *supra* são meros norteadores de possíveis caminhos a serem adotados; porém, não sugere aqui qualquer tipo de receita fixa para todo e qualquer cenário, que deverá ser customizado conforme demandas e condições específicas que se apresentarem em tempo real. É importante que o mediador tenha presença e escuta ativa também para preparar o cenário de trocas virtuais.

REFERÊNCIAS

ALMEIDA, Tania. **Caixa de ferramentas em mediação** – Aportes práticos e teóricos. São Paulo: Dash, 2014.

BADER, Elizabeth. The Psychology and Neurobiology of Mediation. **Cardozo Journal of Conflict Resolution**, v. 17, 2015.

BAILENSON, Jeremy N. Nonverbal Overload: A Theoretical Argument for the Causes of Zoom Fatigue. Technology, Mind, and Behavior. **Technology, Mind and Behavior**, v. 2, 2021. Disponível em: https://tmb.apaopen.org/pub/nonverbal-overload.

CAPELOS, Tereza; SMILOVITZ, Joshua. As a Matter of Feeling: Emotions and the Choice of Mediator Tactics in International Mediation. **The Hague Journal of Diplomacy**, v. 3, p. 63-85. 2008. Disponível em: https://ssrn.com/abstract=2013307.

CARREL, Alyson; EBNER, Noam. Mind the Gap: Bringing Technology to the Mediation Table. **Journal of Dispute Resolution**, p. 1-45, 2019. Disponível em: https://ssrn.com/abstract=3421097.

CROES, Emmelyn A. J.; ANTHEUNIS, Marjolijn L.; SCHOUTEN, Alexander. P.; KRAHMER, Emiel. Social attraction in video-mediated communication: The role of nonverbal affiliative behavior. **Journal of Social and Personal**

Relationships, v. 36, p. 1210-1232, 2019. Disponível em: https://doi.org/10.1177/0265407518757382.

EBNER, Noam; THOMPSON, Jeff. @ Face Value? Nonverbal Communication & Trust Development in Online Video-based Mediation. **International Journal of Online Dispute Resolution**, v. 1, p. 1103-1124, 2014. Disponível em: https://ssrn.com/abstract=2395857.

EDWARDS, Vanessa Van. **A linguagem secreta do carisma** – Aprenda a dominar a comunicação verbal e não verbal para cativar as pessoas e atingir seus objetivos. Rio de Janeiro: Sextante, 2022.

ESCHLBOECK; Constantin; GRILL Anne-Karin. Chapter 2: Remote Hearings: For Better or for Worse? In: BEAUMONT, Ben; FOUCARD, Alexis *et al.* (ed.). **International Arbitration**: Quo Vadis? Kluwer Law International, 2022. p. 5-22.

FRENKEL, Douglas; STARK, James H. **The Practice of Mediation**. 3. ed. Filadélfia, 2018.

GOLDBERG, Stephen B. The secrets of successful mediators. **Negotiation Journal**, v. 3, p. 365-375, 2005. Disponível em: https://www.researchgate.net/publication/227681132_The_Secrets_of_Successful_Mediators.

GOLDBERG, Stephen B.; SHAW, Margaret. The secrets of successful (and unsuccessful) mediators continued: Studies two and three. **Negotiation Journal**, v. 23, p. 393-417, 2007. Disponível em: https://www.researchgate.net/publication/227720964_The_Secrets_of_Successful_and_Unsuccessful_Mediators_Continued_Studies_Two_and_Three.

KRIVIS, Jeffrey. The Electronic Curtain: Mediating Through Email. **Kluwer Mediation Blog**, fev. 2012. Disponível em: https://mediationblog.kluwerarbitration.com/2012/06/16/the-electronic-curtain-mediating-through-email/.

MENKEL-MEADOW, Carrie. The Case for Mediation: The Things that Mediators Should Be Learning and Doing. Arbitration. **The International Journal of Arbitration, Mediation and Dispute Management**, v. 82, n. 1, p. 22-33, 2016. Disponível em: https://ssrn.com/abstract=2724903.

MÜLLER, Karina Haidar; MAZZONETTO, Nathalia; BEER, Verônica. Resolução de disputas *on-line* e a propriedade intelectual: uma via possível? **Revista Brasileira de Arbitragem**, São Paulo, p. 111-133, mar. 2019. Edição especial: arbitragem e mediação em matéria de propriedade intelectual. Disponível em: http://cbar.org.br/site/wp-content/uploads/2015/03/RBA_Especial_PIArbMed.pdf.

O'BRIEN, William; YAZDANI ALIABADI, Fereshteh. Does telecommuting save energy? A critical review of quantitative studies and their research methods. **Energy and Building**, v. 225, p. 1-15, 2020. Disponível em: https://doi.org/10.1016/j.enbuild.2020.110298.

O DIABO VESTE PRADA. Direção de David Frankel. Produção de Wendy Finerman. Intérpretes: Meryl Streep Anne Hathaway Emily Blunt. Roteiro: Aline Brosh McKenna. Música: Theodore Shapiro. Estados Unidos: 20Th Century Fox, 2006. (109 min.), son., color.

O DISCURSO DO REI. Direção de Tom Hooper. Produção de Iain Canning Emile Sherman Gareth Unwin. Intérpretes: Colin Firth Geoffrey Rush Helena Bonham Carter. Roteiro: David Seidler. Música: Alexandre Desplat. 2010. (118 min.), son., color.

ONG, Dennis; MOORS, Tim; SIVARAMAN, Vijay. Comparison of the energy, carbon and time costs of videoconferencing and in-person meetings. **Computer Communications**, v. 50, p. 86-94, 2014. Disponível em: https://www.researchgate.net/publication/260438994_Comparison_of_the_energy_carbon_and_time_costs_of_videoconferencing_and_in-person_meetings.

PEASE, Allan; PEASE, Barbara. **The Definitive Book of Body Language**. Bantam, 2017.

POITRAS, Jean. What makes parties trust mediators? **Negotiation Journal**, v. 25, p. 307-325, 2009. Disponível em: https://www.researchgate.net/publication/227689431_What_Makes_Parties_Trust_Mediators.

SANCHEZ, Cecilia Romero. **The Potential Utility of Body Language and Personality in Mediation**. [S.l.]: Independent College Dublin, ago. 2020. Disponível em: https://dspace-backend.independentcolleges.ie/server/api/core/bitstreams/a55107e9-7553-480d-b6de-8e3379c2eb25/content.

SAUSSURE, Ferdinand. **Curso de linguística geral**. 27. ed. São Paulo: Cultrix, 2006.

LEATHES, Michael. Chapter 6: Communicating. *In*: **Negotiation**: Things Corporate Counsel Need to Know but Were Not Taught. [S.l.]: Kluwer Law International, 2017. p. 93-118.

SMILOVITZ, Joshua. **Emotions in Mediation**: Disputant Perception of the Mediator. Clingendael Institute, 2008. Disponível em: http://www.jstor.org/stable/resrep05363.

THOMPSON, Jeff. **Nonverbal Communication and the Skills of Effective Mediators**: Developing Rapport, Building Trust, and Displaying Professionalism. [S.l.]: Griffith Law School, 2015. Disponível em: https://ssrn.com/abstract=3136798.

WABER, Ben; MAGNOLFI, MAGNOLFI, Jennifer; LINDSAY, Greg. Workspaces That Move People. **Harvard Business Review**, [S.l.], v. 92, n. 10, p. 68-77, out. 2014. Disponível em: https://hbr.org/2014/10/workspaces-that-move-people.

WEIL, Pierre; TOMPAKOW, Roland. **O corpo fala** – A linguagem silenciosa da comunicação não verbal. 74. ed. Petrópolis: Vozes, 2015.

14. A INTERAÇÃO ENTRE ARBITRAGEM E TECNOLOGIA POR TRÁS DO "BITCOIN"

Bruno Hellmeister Lico Canal
Vice-Presidente do Young Members Group do CIArb Brazil Branch.
Bacharel em Direito pela PUC/SP.
Diploma Legal Studies in Spain pela PUC-Comillas (Madrid).
Advogado e Pesquisador.

INTRODUÇÃO

O presente trabalho é um breve estudo sobre o uso e a interação entre a tecnologia blockchain com o instituto da arbitragem. Este estudo, além de analisar o *blockchain*, visa explorar os benefícios que o uso de arbitragem pode trazer a essa nova tecnologia e vice-versa.

1. O QUE É BLOCKCHAIN

Em poucas palavras, *blockchain* é uma nova tecnologia de gravação de dados. A técnica de gravação de dados do *blockchain* consiste em usar blocos de dados criptografados ligados uns aos outros para gravar informações (especialmente transações).

A novidade da nova tecnologia é o modo como a supervisão das transações ou trocas de dados é feita. Diferentemente do que estamos acostumados com uma entidade central, como bancos que verificam e armazenam os dados da movimentação cibernética, a supervisão dos movimentos de um *blockchain* é realizada por uma rede descentralizada de usuários (*peer-to-peer*). Dessa forma, o *blockchain* revolucionou a supervisão de dados por salvar os dados da transação em uma rede global de computadores e servidores[1].

O sistema de transferência de dados pela modalidade *peer-to-peer* já tem sido desenvolvido nos Estados Unidos desde 1960 e hoje em dia é popularmente utilizado pelas pessoas em programas como *Torrent* (aplicativo de *downloads* com base *peer-to-peer* muito utilizado). A novidade que a *blockchain* trouxe foi utilizar esse sistema *peer-to-peer* para assegurar que todos os usuários possuam uma cópia atualizada e verificada dos dados. A base de dados pode ser distribuída de forma pública ou privada[2].

De modo simplificado, os dados são gravados em um bloco, que é armazenado em uma cadeia de blocos que se conectam de maneira linear a partir da criptografia da informação contida neles, e o código de registro de dados na rede chama-se *hash*. Esse código da transação (*hash*) pode ser verificado pelos usuários da rede. Qualquer alteração no conteúdo de um dos blocos gera um erro na conexão linear dos blocos. A máquina que estiver com erro é excluída do sistema. Assim, a *blockchain* é praticamente corrompível[3].

O Bitcoin, a primeira criptomoeda, foi a primeira grande tecnologia *blockchain*[4]. A rede do Bitcoin grava todas as novas transações a cada período (alguns minutos), salvando-as em um "bloco" dentro da própria moeda. Toda a transação pode ser verificada por qualquer usuário a partir do *hash* da transação. Semelhante ao uso do dinheiro vivo, o Bitcoin permite que as partes possam transacionar sem, necessariamente, revelar as suas identidades a um terceiro ou entre si. Em especial, o Bitcoin não garante o anonimato absoluto da transação, permite apenas a ocultação das partes pelo uso de pseudônimo[5].

Ethereum é a segunda maior criptomoeda do mundo[6]. Ambas as criptomoedas citadas utilizam a tecnologia *blockchain*; porém, a rede *Ethereum* pode utilizar essa tecnologia para fins diferentes. Enquanto no Bitcoin o *blockchain* apenas grava cada transação, o *Ethereum*, além de registrar transações, pode utilizar a *blockchain* para criar uma plataforma segura e flexível para rodar e executar programas que os usuários enviam em suas redes. Esse uso da *blockchain* permite aos programadores criar aplicativos, como *smart-contracts*, que utilizam o *computing power* (poder

---

1 BRAINARD, Colin; CORBIN, Kimberly S. **Report of the Joint Economic Committee Congress of the United States on the 2018 Economic Report of the President**. U.S. Government Printing Office Washington, 2018. p. 205.

2 ALVAREZ, Felipe Oliveira de Castro Rodriguez. Novas tecnologias: o direito e o diálogo com o Blockchain – Perspectivas jurídicas sob o prisma do direito civil. **Revista de Direito e as Novas Tecnologias**, 2, 2019.

3 ULRICH, Fernando. **Bitcoin a moeda na era digital**. 1. ed. Mises Brasil, 2014. p. 34.

4 BRAINARD, Colin; CORBIN, Kimberly S. *Op. cit.*, p. 206.

5 ULRICH, Fernando. *Op. cit.*, p. 16-17.

6 BRAINARD, Colin; CORBIN, Kimberly S. *Op. cit.*, p. 206.

computacional) da rede do *Ethereum* para executá-los, criando-se, assim, "contratos autoexecutáveis"[7].

Toda essa nova tecnologia funciona em um ecossistema de *ledger* (sistema de verificação e armazenamento de dados) descentralizado. A base *peer-to-peer* é mantida graças a um sistema de recompensas que premia usuários que passivamente validam transações com um *token* (chave cibernética) para ser utilizado dentro do sistema[8].

2. O USO DA BLOCKCHAIN

Os serviços financeiros descentralizados (DeFi) possuem uma ampla utilidade para fornecer serviços financeiros baseados em *blockchain*, incluindo pagamentos, empréstimos, compra e venda, investimentos, seguros e gestão de ativos. Os principais usos da tecnologia *blockchain* ocorrem a partir do uso de criptomoedas (*cryptocurrency*) e contratos autoexecutáveis (*smart-contracts*)[9].

O uso de criptomoedas é crescente, especialmente em investimentos especulativos. O problema com o seu uso na vida cotidiana é a grande variação de seu valor e de sua taxa de transferência, e, para Bitcoin, tal taxa já custou em média $28[10]. Isso é claro se analisarmos o enorme salto dessa moeda no final de 2021[11]. Apesar das inúmeras dificuldades de se adotar o Bitcoin na vida cotidiana, El Salvador tornou-se o primeiro experimento prático em 2021[12]. Isso significa que, por hora, o uso de criptomoedas na vida cotidiana ainda é complicado, mas não significa que não existam atividades econômicas baseadas em criptomoeda[13].

Os *smart-contracts* não são, necessariamente, contratos no sentido técnico da palavra. Conforme Gabriela Wanderley, o conceito de *smart-contracts* foi idealizado,

---

7 BUTERIN, Vitalik. What is Ethereum? **Coin Center**, 9 mar. 2016. Disponível em: https://coincenter.org/entry/what-is-ethereum. Acesso em: 11 set. 2023.

8 BRAINARD, Colin; CORBIN, Kimberly S. *Op. cit.*, p. 205-206.

9 RODRIGUES, Carlos Alexandre. Os serviços financeiros descentralizados (Defi) e as moedas digitais de bancos centrais (CBDC). **Revista de Análise Econômica do Direito**, 4, pp. RR-5.2, jul./–dez. 2022; BRAINARD, Colin; CORBIN, Kimberly S. *Op. cit.*, p. 212.

10 BROWNE, Ryan. Big transaction fees are a problem for bitcoin – But there could be a solution. **CNBC**, 19 dez. 2017. Disponível em: https://www.cnbc.com/2017/12/19/big-transactions-fees-are-a-problem-for- bitcoin.html. Acesso em: 26 jul. 2018.

11 Disponível em: https://www.coindesk.com/price/. Acesso em: 11 set. 2023.

12 MATOS, Gino. **Após um mês da Ley Bitcoin, o que mudou em El Salvador**, 8 out. 2021. Disponível em: https://www.bloomberglinea.com.br/2021/10/08/apos-um-mes-da-ley-bitcoin-o-que-mudou-em-el-salvador/. Acesso em: 11 set. 2023.

13 MAYNARD, Simon; CHAN, Elizabeth. Decrypting Cryptocurrencies: Why Borderless Currencies May Benefit from Borderless Dispute Resolution. **Kluwer Arbitration Blog**, 2 nov. 2017. Disponível em: http://arbitrationblog.kluwerarbitration.com/2017/11/02/decrypting-cryptocurrencies-borderless-currencies-may-benefit-borderless-dispute-resolution/. Acesso em: 11 set. 2023.

em 1996, pelo jurista Nick Szabo, ao definir que "um contrato inteligente é um conjunto de promessas, realizadas em formato digital, incluindo protocolos pelos quais as partes realizam tais promessas"[14]. Para Rodrigo da Guia Silva e Melanie Dreyer Breitenbach Pinto, os primeiros contratos automáticos (que não utilizam *blockchain*) foram as máquinas de refrigerantes e os caixas eletrônicos[15]. Apesar de quase trinta anos da concepção de *smart-contracts*, ainda não existe uma definição clara para *smart-contracts.*

De modo geral, temos três conceitos, os quais serão apresentados em ordem de amplitude conceitual. Para a primeira definição, o mais restritivo, *smart-contracts* são "a manifestação digital de um contrato, no sentido que o acordado entre as partes é transformado em um código de computador auto executável"[16].

Para a segunda definição, de amplitude média, "os *smart-contracts* podem ser utilizados para formalização de diversas formas de negócios jurídicos, não estando restritos, necessariamente, aos contratos. [...] exemplo [...] testamentos, os quais são negócios jurídicos unilaterais"[17].

A terceira definição, a mais ampla, é adotada pelos autores da principal linguagem de programação utilizada para os *smart-contracts.* Para essa corrente, "*smart-contracts* programas que governam o comportamento de contas dentro da rede *Ethereum*" (tradução livre)[18]. Isso inclui, como veremos a seguir, serviço de registro *online*, serviço de controle de direito de votação em assembleia, controle de fluxo de pagamento, cobrança automática de multa, representação, leilão, etc.[19]

Para este artigo, *smart-contracts* são comandos de computação de estrutura de seleção (*If–then(–else)*) criados dentro da plataforma *blockchain*, normalmente programados na rede *Ethereum* na linguagem *solidity* (semelhante a JavaScript), para

---

14 Original: "*A smart contract is a set of promises, specified in digital form, including protocols within which the parties perform on these promises. [...] The basic idea of smart contracts is that many kinds of contractual clauses (such as liens, bonding, delineation of property rights, etc.) can be embedded in the hardware and software we deal with, in such a way as to make breach of contract expensive (if desired, sometimes prohibitively so) for the breacher*" (SZABO, Nick. **Smart contracts**: building blocks for digital markets, 1996. Disponível em: www.fon.hum.uva.nl/rob/Courses/InformationInSpeech/CDROM/Literature/LOTwinterschool2006/szabo.best.vwh.net/smart_contracts_2.html. Acesso em: 1º maio 2018. In: WANDERLEY, Gabriela. *Smart Contracts*: uma nova era do direito obrigacional? **Revista de Direito e as Novas Tecnologias**, 7, abr./jun. 2020).

15 SILVA, Rodrigo da Guia; PINTO, Melanie Dreyer Breitenbach. Contratos inteligentes (*smart contracts*): esses estranhos (des)conhecidos. **Revista de Direito e as Novas Tecnologias**, 5, 2019.

16 SCHECHTMAN, David Casz. Introdução à implementação de *Smart Contracts.* **Revista de Direito e as Novas Tecnologias**, 5, 2019.

17 WANDERLEY, Gabriela. *Op. cit.*

18 Original: "*Smart contracts are programs that govern the behavior of accounts within the Ethereum state*" (Disponível em: https://docs.soliditylang.org/en/v0.8.21/. Acesso em: 13 set. 2023).

19 PRESTES, Jeff. **Curso de Programação de Smart Contracts para Advogados.** Disponível em: https://github.com/jeffprestes/cursosolidity/tree/master. Acesso em: 13 set. 2023.

regulamentar relações jurídicas e cumprir obrigações de forma automática, por exemplo, executar o comando de transferência de recursos quando algum requisito preestabelecido é alcançado. Apesar do uso mais conhecido dos *smart-contracts* ser o uso como instrumento de mitigação de risco de não pagamento, essa tecnologia pode ser usada de diversas formas diferentes, e entre elas podemos citar registro público, votação, gestão de franquia, etc.[20] Tudo isso é protegido pela rede imutável da *blockchain*[21].

O primeiro uso típico para *smart-contracts* é mitigação do risco de não pagamento[22]. Há autores que entendem que esse uso seria análogo a uma *escrow account*[23]; no entanto, o uso de *smart-contracts* para esse fim, em especial, parece muito mais próximo a um *Bank Payment Obligation* (*BPO* ou *electronic documentary credit*), no qual o importador garante pagamento com um esquema em que o banco é irrevogavelmente obrigado a pagar ao exportador o valor combinado quando lhe forem apresentados documentos eletrônicos específicos[24]. A maior diferença entre esses dois produtos é que, enquanto o BPO é centralizado em um banco ou uma instituição financeira, os *smart-contracts* são descentralizados com base *peer-to-peer network*.

Outro uso típico da tecnologia dos *smart-contracts* é o investimento de capital via *Initial Coin Offering* (ICO). Nesse modelo, uma companhia vende moedas digitais ou *tokens* em troca de dinheiro ou outra criptomoeda. A moeda ou o *token* recebido funciona de forma semelhante a uma ação de direito societário (garantindo a seu dono o direito a voto e lucros) ou, alternativamente, pode funcionar como pontos em um programa de fidelidade (garantindo ao dono o acesso a bens e serviços)[25]. Já existem alguns exemplos razoavelmente bem-sucedidos no Brasil, tais como a "tokenização" de precatórios realizada pelo Mercado Bitcoin[26].

O terceiro uso típico é a utilização para registro. A vantagem que o *blockchain* tem em comparação com as demais tecnologias é a segurança e transparência do banco de dados. Por exemplo, a Prada utiliza *blockchain* para comprovar a

---

20 Para exemplos desses usos: https://github.com/BrunoHellmeister?tab=repositories.

21 GIVARI, Dena. How Does Arbitration Intersect with the Blockchain Technology that underlies Cryptocurrencies? *Kluwer Arbitration Blog*, 5 maio 2018. Disponível em: http://arbitrationblog.kluwerarbitration.com/2018/05/05/scheduled-blockchain-arbitration-april-17-2018/. Acesso em: 11 set. 2023.

22 TAR, Andrew. Smart Contracts, Explained. **Cointelegraph**, 31 out. 2017. Disponível em: https://cointelegraph.com/explained/smart-contracts-explained. Acesso em: 26 jul. 2018.

23 WANDERLEY, Gabriela. *Op. cit.*

24 Uniform Rules for Bank Payment Obligations, 2013 International Chamber of Commerce (ICC), Paris, France. ICC Publication n. 750E.

25 MAYNARD, Simon; CHAN, Elizabeth. *Op. cit.*

26 BARROS, Walter. **O que é *token* de precatório e quais as vantagens e desvantagens de se investir nesse tipo de criptoativo**, 7 nov. 2022. Disponível em: https://cointelegraph.com.br/news/what-is-a-precatory-token-and-what-are-the-advantages-and-disadvantages-of-investing-in-this-type-of-crypto-asset. Acesso em: 11 set. 2023.

autenticidade de bolsas de luxo[27]. Quanto à validade do ato de registro, conforme ensina Gabriela Wanderley, "quando a lei exigir forma especial, a invalidade poderá resultar na impossibilidade de execução do *smart-contract*, por ele não ter a capacidade necessária a realizar a operação nele prevista"[28].

Existem diversas outras formas de se utilizar a tecnologia de *smart-contracts*, uma vez que qualquer pessoa que conheça a linguagem de programação *solidiy* é capaz de criar o seu próprio *smart-contract* e existem diversos autores que compartilham os seus experimentos em *sites* públicos, como *github*.

Alguns podem acreditar que esse sistema torna a assistência jurídica desnecessária, mas esse não é o caso. Considerando a necessidade de segurança jurídica, é possível que em um futuro próximo advogados recomendem *smart-contracts* como meios de garantir a execução do contrato ou os recomendem como mecanismo de produção de prova, participando da criação do acordo cibernético e garantindo que as obrigações e garantias previstas no contrato legal também estarão programadas no contrato virtual[29].

3. ARBITRAGEM COMO PRINCIPAL FORMA DE SOLUÇÃO DE DISPUTAS RELACIONADAS A BLOCKCHAIN

A arbitragem é um mecanismo de solução de disputas no qual um tribunal imparcial escolhido pelas partes decide uma disputa por meio de uma sentença arbitral vinculante, conforme a Lei nº 9.307/1996 ("LArb"). É a principal forma de solução de controvérsias no comércio internacional devido a sua flexibilidade, neutralidade, confidencialidade, executabilidade da sentença arbitral e especialidade[30].

Para determinar se uma disputa pode ou não ser submetida ao juízo arbitral (arbitrabilidade objetiva), é necessário verificar se determinada disputa trata sobre direitos patrimoniais disponíveis, nos termos do artigo 1º da LArb. Para Carlos Alberto Carmona, "são disponíveis [...] aqueles bens que podem ser livremente alienados ou negocia- dos, por encontrarem-se desembaraçados, tendo o alienante plena capacidade jurídica para tanto"[31]. Nesse sentido, Carmen Tiburcio entende

---

27 IRRERA, Anna. **Como a Prada usa blockchain para garantir que suas bolsas sejam verdadeiras**, 2 set.. Disponível em: https://www.bloomberglinea.com.br/estilo-de-vida/como-a-prada-usa-blockchain-para-garantir-que-suas-bolsas-sejam-verdadeiras/?utm_source=instagram&utm_medium=organic&utm_campaign=post&utm_id=CTA. Acesso em: 11 set. 2023.

28 WANDERLEY, Gabriela. *Op. cit.*

29 GIVARI, Dena. *Op. cit.*

30 BLACKABY, Nigel; PARTASIDES, Constantine *et al.* **Redfern and Hunter on International Arbitration**. 6th edition. © Kluwer Law International/Oxford University Press, 2015. p. 28-30.

31 CARMONA, Carlos Alberto. **Arbitragem e processo**: um comentário à Lei nº 9.307/1996. 3. ed. rev., atual. e ampl. São Paulo: Atlas, 2009. p. 38.

que "a expressão 'direitos patrimoniais' refere-se a direitos que possam ser auferíveis em espécie, vale dizer, que possuam valor econômico ou de troca"[32].

A Lei de Ativos Virtuais, Lei nº 14.478/2022, em seu artigo 3º, estabelece que ativo virtual é a representação digital de valor que pode ser negociada ou transferida por meios eletrônicos e utilizada para realização de pagamentos ou com propósito de investimento.

Portanto, disputas relativas a ativos virtuais são arbitráveis. Isso inclui disputas relativas: (i) ao não cumprimento de obrigação contratual relacionada a um criptoativo; (ii) disputas relativas a eventos *off-chain*, ou seja, situações não previstas nos *smart-contracts*; e (iii) negócios relativos a *tokens* ou ICOs, etc.

A possibilidade de escolher a lei aplicável e ter árbitros especialistas em *blockchain* é claramente um grande atrativo para resolver conflitos relacionados à nova tecnologia no juízo arbitral. Quanto aos casos transnacionais, graças à *New York Convention* (Convenção de Reconhecimento e Execução de Sentenças Arbitrais Estrangeiras, internalizada, no Brasil, pelo Decreto nº 4.311/2002, "CNY"), adotada em mais de 170 países[33], ainda podemos incluir entre as vantagens: a exclusão dos demais foros (artigo II.3, CNY) e a facilidade de executar sentença arbitral (artigo V, CNY).

Sobre esse ponto, podemos citar dois exemplos de negócios que se beneficiariam do instituto da arbitragem: o primeiro ligado a ICOs e o segundo ligado a eventos *off-chain*.

Sobre uma disputa relacionada a ICOs, podemos imaginar um cenário em que, devido a um congestionamento de alto fluxo de compradores durante a disponibilização de um *token*, a companhia geradora do criptoativo decida oferecer seus *tokens* ao mercado por mais tempo do que o planejado, diminuindo-se, assim, o valor de mercado dos primeiros *tokens* vendidos. Nesse caso, é possível que existam investidores prejudicados espalhados pelo mundo. Se cada investidor iniciar um processo judicial contra a companhia, essa empresa se verá obrigada a litigar em diversas jurisdições.

A solução para esse problema seria a inclusão de uma cláusula de eleição de foro exclusivo estrangeiro, nos moldes do artigo 25 do CPC, ou de uma cláusula compromissória, nos moldes do artigo 4º da LArb ou artigo II da CNI. A principal diferença entre essas duas opções seria que a cláusula de eleição de foro exclusivo estrangeiro, diferentemente da cláusula compromissória, não possui um tratado internacional amplamente aceito que facilite tanto o reconhecimento exclusivo do

---

32 TIBURCIO, Carmen. Art. 1º. *In*: WEBER, Ana Carolina; LEITE, Fabiana de Cerqueira (coord.). **Lei de Arbitragem comentada**. Revista dos Tribunais, p. 13.

33 Disponível em: http://www.uncitral.org/uncitral/en/uncitral_texts/arbitration/NYConvention_status.html.

foro estrangeiro quanto a homologação e execução de uma sentença estrangeira proferida conforme esse mecanismo. Um exemplo de disputa *off-chain* foi idealizado por Rodrigo da Guia Silva e Melanie Dreyer Breitenbach Pinto[34]:

> [A] indústria A faz um acordo com produtor B, em tais termos que, sempre que o preço da saca de soja for menor que X, haverá compra automática de 100 sacas. Registram-se essas informações sob o formato de um código computacional na blockchain, a qual estará vinculada ao oráculo [rede da blockchain] centralizado cuja fonte é um determinado site de cotação de commodities agrícolas, atualizado diariamente com os preços de diversos produtos desse ramo. Bastará a divulgação de uma informação falsa, pouco importando a intencionalidade de tal conduta, para que a execução automatizada do contrato gere resultados jamais vislumbrados pelas partes.

Nesse caso hipotético, as partes não criaram um mecanismo dentro do programa para lidar com a hipótese de divulgação de informação falsa (ou erro no *site*), sendo assim, o *smart-contracts* causou danos a uma ou a ambas as partes do contrato. Nesse caso, a vantagem de recorrer ao juízo arbitral é a possiblidade de escolherem a lei aplicável e de optar por árbitros especialistas em *blockchain*, *commodities* e processo. Para esse caso em especial, poderíamos imaginar um tribunal composto por um coárbitro especialista em *smart-contratcs*, outro especialista em *commodities* e, por fim, um presidente com experiência em procedimento arbitral.

A relação entre arbitragem e *smart-contracts* é promissora, ambos são descentralizados, flexíveis e são executados mais facilmente[35]. Os profissionais com experiência neste assunto podem oferecer maior segurança e previsibilidade na solução dos problemas legais decorrentes do uso dessa tecnologia. Além disso, a concentração de todas as demandas em um único foro (juízo arbitral) também oferece maior previsibilidade e redução de custas.

4. UTILIZAÇÃO DE BLOCKCHAIN NA ARBITRAGEM

Naturalmente, já existem desenvolvimentos de arbitragem como método de solução de disputas relacionadas à *blockchain*. Atualmente, existem a CodeLegit e a Kleros, instituições arbitrais voltadas a essa nova tecnologia. CodeLegit já possui

---

34 SILVA, Rodrigo da Guia; PINTO, Melanie Dreyer Breitenbach. *Op. cit.*

35 VANNIEUWENHUYSE, Gauthier. Arbitration and New Technologies: Mutual Benefits, Maxi Scherer (ed.). **Journal of International Arbitration** (© Kluwer Law International/Kluwer Law International, v. 35, Issue 1, p. 129, 2018.

"Regras de Arbitragem de Blockchain" e prevê o papel de uma *Appointing Authority* (semelhante ao artigo 6 da Uncitral *Arbitration Rules*)[36].

A Kleros possui um sistema em que os árbitros são escolhidos de forma aleatória, sendo que, quanto mais *tokens* da Kleros (PNK) um usuário tiver, maiores são as chances de ser indicado como árbitro[37]. A partir de um caso hipotético sobre contratação de serviço de criação de *website* entre Alice (contratante) e Bob (contratado) explicam como o procedimento arbitral:

> Depois que Bob para de responder seu *e-mail*, Alice toca em um botão que está escrito "Enviar para Kleros" e preenche um formulário simples explicando sua reivindicação.
>
> A milhares de quilómetros de distância, em Nairobi, Chief é desenvolvedor de *software*. Em seu tempo livre no ônibus indo para o trabalho, ele está consultando o site do Tribunal de Kleros (court.kleros.io) para encontrar algum trabalho de arbitragem. Ele ganha alguns milhares de dólares por ano em seu trabalho principal, atuando como jurado em disputas de desenvolvimento de *software* entre freelancers e seus clientes. Ele geralmente decide casos no subtribunal de qualidade de sites. Este tribunal exige habilidades em html, javascript e web design para resolver disputas entre *freelancers* e seus clientes. Chief possui 2.000 PNK, o *token* usado por Kleros para selecionar jurados para disputas. Quanto mais *tokens* ele apostar, maior será a probabilidade de ser selecionado como jurado.
>
> Cerca de uma hora depois, um *e-mail* chega à caixa de entrada de Chief: "Você foi selecionado como jurado [árbitro] em uma disputa de qualidade de *site*. Baixe as provas aqui. Você tem três dias para apresentar sua decisão". *E-mails* semelhantes são recebidos por Benito, um programador de Cusco e Alexandru, da Romênia, que também possui PNK no subtribunal de qualidade de *sites*. Eles foram selecionados aleatoriamente de um grupo de quase 3.000 candidatos. Eles nunca se conhecerão, mas colaborarão para resolver a disputa entre Alice e Bob. No ônibus de volta para casa, Chief analisa as evidências e vota em quem está certo.
>
> Dois dias depois, após a votação dos três árbitros, Alice e Bob recebem um *e-mail*: "O júri decidiu por Alice. O *site* não foi entregue de acordo com os termos e condições acordados entre as partes. Um contrato inteligente transferiu o dinheiro

---

36 YEOH, Derric. Is Online Dispute Resolution The Future of Alternative Dispute Resolution? **Kluwer Arbitration Blog**, March 29 2018. Disponível em: http://arbitrationblog.kluwerarbitration.com/2018/03/29/online-dispute-resolution-future-alternative-dispute-resolution/. Acesso em: 11 set. 2023.

37 LESAEGE, Clément; AST, Federico; GEORGE, William. **Kleros**, 2019. Disponível em: https://kleros.io/static/whitepaper_en-8bd3a0480b45c39899787e17049ded26.pdf. Acesso em: 13 set. 2023.

para Alice". Os jurados são recompensados por seu trabalho e o caso é encerrado.[38] (tradução livre)

Como vimos, não há contato entre os árbitros e há um limite temporal para emissão dos votos. Ademais, o árbitro que proferir voto dissidente perde os seus honorários para os demais árbitros e perde 10% de seus *tokens* (PNK) e os votos não são revelados até que todos tenham votado[39].

Em especial, faz uma crítica ao sistema de justiça atual, citando Henry Ford para afirmar que antigamente buscavam cavalos mais velozes porque desconheciam carros[40]. Sobre o tema, Frank Emmert, FCIArb, aponta que os fundadores da Kleros subestimam a complexidade e as custas de se buscar reconhecimento e execução de uma sentença arbitral em outra jurisdição, uma vez que o dano reputacional contemplado no modelo da Kleros poderia ser insuficiente[41]. O professor, também citando Henry Ford, critica a posição da Kleros ao modelo de justiça atual, aduzindo que não é uma boa estratégia de negócios contar com a sorte[42].

---

38 Texto original:
"*After Bob stops answering her email, Alice taps a button that says 'Send to Kleros' and fills a simple form explaining her claim.*
Thousands of miles away, in Nairobi, Chief is a software developer. In his 'dead time' on the bus commuting to his job, he is checking Kleros Court website (court.kleros.io) to find some arbitration work. He makes a couple thousand dollars a year on the side of his primary job by serving as a juror in software development disputes between freelancers and their clients. He usually rules cases in the Website Quality subcourt. This court requires skills in html, javascript and web design to solve disputes between freelancers and their customers. Chief stakes 2000 PNK, the token used by Kleros to select jurors for disputes. The more tokens he stakes, the more likely is that he will be selected as juror.
About an hour later, an email hits Chief's inbox: 'You have been selected as a juror on a website quality dispute. Download the evidence here. You have three days to submit your decision'. Similar email are received by Benito, a programmer from Cusco and Alexandru, from Romania, who had also staked their PNK in the Website Quality subcourt. They were selected randomly from a pool of almost 3,000 candidates. They will never know each other, but they will collaborate to settle the dispute between Alice and Bob. On the bus back home, Chief analyzes the evidence and votes who is right.
Two days later, after the three juries have voted, Alice and Bob receive an email: 'The jury has ruled for Alice. The website was not delivered in accordance to the terms and conditions agreed by the parties. A smart contract has transferred the money to Alice'. Jurors are rewarded for their work and the case is closed."

39 LESAEGE, Clément; AST, Federico; GEORGE, William. *Op. cit.*

40 AST, Federico; BERGOLLA, Luis; BRAGA, Plinio *et al.* **Dispute Revolution the Kleros Handbook of Decentralized Justice**, 2019. Disponível em: https://ipfs.kleros.io/ipfs/QmZeV32S2VoyUnqJsRRCh75F1fP2AeomVq2Ury2fTt9V4z/Dispute-Resolution-Kleros.pdf. Acesso em: 13 set. 2023.

41 EMMERT, Frank. **A Critical Review of the Kleros "Dispute Revolution"**. Indiana University, 2019. DOI:10.13140/RG.2.2.29283.30243.

42 *Ibid.*

O fato mais interessante sobre a Kleros é que já existe uma sentença arbitral executada judicialmente[43]. Nesse precedente, as partes de um contrato de arrendamento de imóvel pactuaram uma cláusula compromissória com sede em Guadalajara, México. A cláusula, além das disposições tradicionais, possuía a seguinte disposição a respeito do procedimento:

> Depois que a resposta às alegações iniciais for recebida, ou tendo decorrido o prazo de 5 cinco dias sem ser apresentado, o árbitro único redigirá uma ordem processual, que conterá um resumo com os aspectos relevantes da controvérsia, as posições e alegações das partes, bem como as provas apresentadas. Esta ordem processual será enviada à plataforma de justiça descentralizada chamada "Kleros" para que, com base em seus protocolos, seja emitida uma decisão estritamente legal. O árbitro único receberá a decisão da Kleros e a incorporará em sua sentença arbitral, emitindo-a por escrito e indicando data, local, nome e assinatura. A sentença arbitral constituirá a resolução final, renunciando expressamente as partes a qualquer recurso que tenda a revogar ou modificar o significado da sentença, bem como os prazos estabelecidos pela lei para seu exercício. A sentença arbitral será enviada às partes eletronicamente e estas terão o direito de receber uma cópia física da mesma. (tradução livre)[44]

Um ponto muito interessante desse precedente é que eventual falha no sistema original pensado pela Kleros foi superada pela escolha de um árbitro independente que resolveria a disputa, dentro da lei, conforme o sistema da Kleros (diferentemente ter os árbitros indicados pela Kleros, atuando, juridicamente, como árbitros). As partes desenvolveram um mecanismo interessante, no qual aproveitam a velocidade

---

43 MÉXICO, Juez Cuarto de lo Civil del Primer Partido Judicial en el Estado de Jalisco. Resolución de Reconocimiento y Ejecución de los Juzgados de Jalisco. 28 de mayo año 2021. Disponível em: https://jusmundi.com/en/document/decision/es-mexican-company-x-v-mexican-company-y-resolucion-de-reconocimiento-y-ejecucion-de-los-juzgados-de-jalisco-friday-28th-may-2021; e *Ad Hoc*, Mexican Company X *v.* Mexican Company y Laudo Final, 27 de noviembre de 2020. Disponível em: https://jusmundi.com/en/document/decision/es-mexican-company-x-v-mexican-company-y-laudo-final-friday-27th-november-2020#decision_20489.

44 Original: "*Una vez recibida la contestación, o habiendo transcurrido el plazo de 5 cinco días sin que ésta se presente, el árbitro redactará la orden procesal, un documento que contendrá el resumen ejecutivo con los aspectos relevantes de la controversia, las posiciones y alegatos de las partes, así como las pruebas ofrecidas. Esta orden procesal será enviada a la plataforma de justicia descentralizada denominada 'Kleros' para con base en sus protocolos ésta emita su decisión en estricto derecho. El árbitro recibirá la decisión de 'Kleros' y la incorporará en su laudo arbitral para gobernar el sentido del fallo, emitiéndolo por escrito e indicando fecha, lugar, nombre y firma de quien lo emite. El laudo constituirá la resolución definitiva y sin ulterior instancia de la controversia, renunciando expresamente las partes a cualquier recurso que tienda a revocar o modificar el sentido del mismo, así como a los plazos que la ley establece para su ejercicio. El laudo se hará llegar a las partes por vía electrónica y tendrán derecho a recibir una copia física del mismo*".

e simplicidade do sistema Kleros, integrando-o ao sistema tradicional e seguro de arbitragem ao exigir que o árbitro produza uma sentença contendo os requisitos necessários para ser reconhecida e executada dentro da jurisdição do Estado. Em síntese, combinaram a segurança que apenas um especialista em arbitragem pode propiciar, com a velocidade do julgamento da Kleros, uma vez que não houve necessidade de realização de longa dilação probatória ou pesquisa para fundamentação.

Trazendo esse caso para o contexto nacional, seria possível replicar tal sistema utilizando-se da hipótese do artigo 2º da LArb. Considerando que as partes podem optar por ter uma arbitragem por equidade, seria possível usar como critério de equidade o julgamento da Kleros. Assim, seria possível reduzir o dispêndio de tempo e dinheiro para obter uma solução definitiva (sentença arbitral). Importante esclarecer que, apesar do ganho de eficiência, a escolha dessa arbitragem por equidade, conforme o julgamento da Kleros, ainda acarreta uma queda de previsibilidade do direito, quando comparada à arbitragem tradicional.

CONCLUSÕES

A arbitragem é um ambiente fértil ao desenvolvimento da tecnologia *blockchain*. Esse método de solução de disputas permite que as partes escolham a lei aplicável e os *experts* como árbitros, oferece um serviço mais confidencial e mais previsível do que as diversas Cortes Nacionais que podem vir a estar envolvidas no procedimento. Além disso, a sentença arbitral tem sua execução facilitada pela *New York Convention*.

A *blockchain* é uma tecnologia muito recente e com muito potencial. Por mais incerto que o seu futuro seja, a comunidade jurídica desempenhará um papel fundamental no desenvolvimento da segurança jurídica do uso dessa tecnologia.

REFERÊNCIAS

AD HOC, MEXICAN COMPANY X V. MEXICAN COMPANY Y, Laudo Final, 27 de novembro de 2020. Disponível em: https://jusmundi.com/en/document/decision/es-mexican-company-x-v-mexican-company-y-laudo-final-friday-27th-november-2020#decision_20489.

ALVAREZ, Felipe Oliveira de Castro Rodriguez. Novas tecnologias: o direito e o diálogo com o Blockchain – Perspectivas jurídicas sob o prisma do direito civil. **Revista de Direito e as Novas Tecnologias**, 2, 2019.

AST, Federico; BERGOLLA, Luis; BRAGA, Plinio *et al.* **Dispute Revolution the Kleros Handbook of Decentralized Justice**, 2019. Disponível em: https://ipfs.

kleros.io/ipfs/QmZeV32S2VoyUnqJsRRCh75F1fP2AeomVq2Ury2fTt9V4z/Dispute-Resolution-Kleros.pdf. Acesso em: 13 set. 2023.

BARROS, Walter. **O que é token de precatório e quais as vantagens e desvantagens de se investir nesse tipo de criptoativo**, 7 nov. 2022. Disponível em: https://cointelegraph.com.br/news/what-is-a-precatory-token-and-what-are-the-advantages-and-disadvantages-of-investing-in-this-type-of-crypto-asset. Acesso em: 11 set. 2023.

BLACKABY, Nigel; PARTASIDES, Constantine *et al.* **Redfern and Hunter on International Arbitration**. 6th edition. © Kluwer Law International/Oxford University Press, 2015.

BRAINARD, Colin; CORBIN, Kimberly S. **Report of the Joint Economic Committee Congress of the United States on the 2018 Economic Report of the President**. U.S. Government Printing Office Washington, 2018.

BROWNE, Ryan. Big transaction fees are a problem for bitcoin – But there could be a solution. **CNBC**, 19 dez. 2017. Disponível em: https://www.cnbc.com/2017/12/19/big-transactions-fees-are-a-problem-for-bitcoin.html.

BUTERIN, Vitalik. What is Ethereum? **Coin Center**, 9 mar. 2016. Disponível em: https://coincenter.org/entry/what-is-ethereum. Acesso em: 26 jul. 2018.

CARMONA, Carlos Alberto. **Arbitragem e processo**. 3. ed. São Paulo: Atlas, 2009.

EMMERT, Frank. **A Critical Review of the Kleros "Dispute Revolution"**, set. 2019. DOI:10.13140/RG.2.2.29283.30243.

GIVARI, Dena. How Does Arbitration Intersect with the Blockchain Technology that underlies Cryptocurrencies? **Kluwer Arbitration Blog**, 5 maio 2018. Disponível em: http://arbitrationblog.kluwerarbitration.com/2018/05/05/scheduled-blockchain-arbitration-april-17-2018/.

HOW do Bitcoin Transactions Work?, 29 jan. 2018. Disponível em: https://www.coindesk.com/information/how-do-bitcoin-transactions-work/. Acesso em: 26 jul. 2018.

IRRERA, Anna. **Como a Prada usa blockchain para garantir que suas bolsas sejam verdadeiras**, 2 set. 2023. Disponível em: https://www.bloomberglinea.com.br/estilo-de-vida/como-a-prada-usa-blockchain-para-garantir-que-suas-bolsas-sejam-verdadeiras/?utm_source=instagram&utm_medium=organic&utm_campaign=post&utm_id=CTA. Acesso em: 11 set. 2023.

LESAEGE, Clément; AST, Federico; GEORGE, William. **Kleros**, 2019. Disponível em: https://kleros.io/static/whitepaper_en-8bd3a0480b45c39899787e17049ded26.pdf. Acesso em: 13 set. 2023.

MATOS, Gino. **Após um mês da Ley Bitcoin, o que mudou em El Salvador**, 8 out. 2021. Disponível em: https://www.bloomberglinea.com.br/2021/10/08/apos-um-mes-da-ley-bitcoin-o-que-mudou-em-el-salvador/. Acesso em: 11 set. 2023.

MAYNARD, Simon; CHAN, Elizabeth. Decrypting Cryptocurrencies: Why Borderless Currencies May Benefit from Borderless Dispute Resolution. **Kluwer Arbitration Blog**, 2 nov. 2017. Disponível em: http://arbitrationblog.kluwerarbitration.com/2017/11/02/decrypting-cryptocurrencies-borderless-currencies-may-benefit-borderless-dispute-resolution/.

MÉXICO, Juez Cuarto de lo Civil del Primer Partido Judicial en el Estado de Jalisco. Resolución de Reconocimiento y Ejecución de los Juzgados de Jalisco. 28 de maio de 2021. Disponível em: https://jusmundi.com/en/document/decision/es-mexican-company-x-v-mexican-company-y-resolucion-de-reconocimiento-y-ejecucion-de-los-juzgados-de-jalisco-friday-28th-may-2021.

RODRIGUES, Carlos Alexandre. Os serviços financeiros descentralizados (Defi) e as moedas digitais de bancos centrais (CBDC). **Revista de Análise Econômica do Direito**, 4, jul./–dez. 2022.

SCHECHTMAN, David Casz. Introdução à implementação de *Smart Contracts*. **Revista de Direito e as Novas Tecnologias**, 5, 2019.

SILVA, Rodrigo da Guia; PINTO, Melanie Dreyer Breitenbach. Contratos inteligentes (*smart contracts*): esses estranhos (des)conhecidos. **Revista de Direito e as Novas Tecnologias**, 5, 2019.

SOUZA, Ramon De. **Hackers atacam servidores da MyEtherWallet e roubam US$ 150 mil em ethereum**, 24 abr. 2018, às 17h15. Disponível em: https://canaltech.com.br/criptomoedas/hackers-atacam-servidores-da-myetherwallet-e-roubam-us-150-mil-em-ethereum-112512/.

TAR, Andrew. Smart Contracts, Explained. **Cointelegraph**, 31 out. 2017. Disponível em: https://cointelegraph.com/explained/smart-contracts-explained.

TIBURCIO, Carmen. Art. 1º. *In*: WEBER, Ana Carolina; LEITE, Fabiana de Cerqueira (coord.). **Lei de Arbitragem comentada**. Revista dos Tribunais.

ULRICH, Fernando. **Bitcoin a moeda na era digital**. 1. ed. Mises Brasil, 2014.

UNIFORM Rules for Bank Payment Obligations, 2013 International Chamber of Commerce (ICC), Paris, France. ICC Publication, n. 750E.

VANNIEUWENHUYSE, Gauthier. Arbitration and New Technologies: Mutual Benefits, Maxi Scherer (ed.). **Journal of International Arbitration**, © Kluwer Law International/Kluwer Law International, v. 35, Issue 1, 2018.

WANDERLEY, Gabriela. *Smart Contracts*: uma nova era do direito obrigacional? **Revista de Direito e as Novas Tecnologias**, 7, abr./jun. 2020.

YEOH, Derric. Is Online Dispute Resolution The Future of Alternative Dispute Resolution? *Kluwer Arbitration Blog*, March 29 2018. Disponível em: http://arbitrationblog.kluwerarbitration.com/2018/03/29/online-dispute-resolution-future-alternative-dispute-resolution/.

15. ENTRE CONSENTIR E ADERIR – ESTUDO DE HIPÓTESES DE INCIDÊNCIA DA LGPD

Clarissa Luz
Especializada em Privacidade, Proteção de Dados, Cibersegurança, Tecnologia e Propriedade Intelectual pela University of California, Berkeley.
Professora convidada de diversas instituições, como XP-IBMEC, UFRJ, FGV SP, Future Law, Proteste e CERS.
Fundadora do movimento colaborativo ELAS_inTech.
Diretora Executiva da Berkeley Global Society.
Advogada.

Pedro Silveira Campos Soares
Mestre em Direito pela UFMG.
LLM, Duke University School of Law.
Professor do IBMEC-MG.
Advogado.

Natália Balbino
Especializada em Direito Digital e Compliance pelo IBMEC.
Certificada pela IAPP como Information Privacy Manager (CIPM) e Data Protection Officer - Brazil (CDPO/BR).
Advogada.

INTRODUÇÃO

O presente estudo se volta a uma questão pontual e relevante do regramento brasileiro sobre proteção de dados pessoais: a distinção entre o tratamento de dados pessoais com base no consentimento do titular e o tratamento de dados pessoais no âmbito da execução de um negócio jurídico. É, assim, um estudo entre duas das hipóteses em que o tratamento de dados é autorizado pela Lei Geral de Proteção de Dados Pessoais, a Lei nº 13.709, de 14 de agosto de 2018, alterada pela Lei nº 13.853, de 8 de julho de 2019.[1]

No aspecto metodológico, a pesquisa se volta à revisão da literatura técnica produzida a respeito dos dispositivos legais relevantes, incluindo uma revisão comparada entre tais dispositivos e seus correlatos no Regulamento Geral sobre Proteção de Dados, que entrou em vigor em 24 de maio de 2016 na União Europeia[2].

Ao final, espera-se oferecer ao leitor maior clareza quanto aos limites e ao significado de cada uma das hipóteses de tratamento de dados aqui discutidas, dando suporte para o processo interpretativo da conduta dos agentes de tratamento de dados em busca de legitimar o tratamento por eles exercidos.

1. CONSENTIMENTO DO TITULAR

Como fundamento basilar da disciplina de proteção de dados, a autodeterminação informativa atua como um norte principiológico da LGPD. A sua importância está em aproximar os dados pessoais de seu titular, dando-lhe a autonomia para determinar a sorte de seus dados, seus caminhos, suas utilizações e, até mesmo, seu esquecimento. Daí porque diz-se que a proteção de dados pessoais integra a tutela da dignidade da pessoa humana[3].

A razão para o grau de relevância atribuído à disciplina de proteção de dados pessoais é marcante. Decorre, essencialmente, da forma como os dados pessoais foram tratados ao longo dos anos: sem ferramentas de controle disponibilizadas ao titular, com motivações opacas[4], utilizando-se de algoritmos de difícil compreensão, a partir de uma perspectiva de vigilância ininterrupta.

---

1 Ao longo desse estudo, a lei será referida pelo acrônimo LGPD.

2 O Regulamento nº 2016/679 do Parlamento Europeu e do Conselho, relativo à proteção das pessoas singulares no que diz respeito ao tratamento de dados pessoais e à livre circulação desses dados e que revoga a Diretiva nº 95/46/CE, entrou em vigor em 24 de maio de 2016. Ao longo desse estudo, o regulamento será referido pelo acrônimo RGPD.

3 A finalidade primordial da proteção de dados pessoais é, por assim dizer, "evitar discriminações que não encontrem fundamento constitucional e afastar práticas que possam reduzir a liberdade e autonomia dos indivíduos – como decisões a partir de análises de dados não informadas ao titular e à luz de critérios não transparentes. A tutela dos dados da pessoa natural mostra-se vital para que ela se relacione na sociedade de forma efetivamente livre, representando maior garantia de segurança quanto a práticas autoritárias e de vigilância indevidas por parte de instituições públicas e privadas" (TEPEDINO, Gustavo; OLIVA, Milena Donato. **Fundamentos do direito civil**: teoria geral do direito civil. 3. ed. Rio de Janeiro: Forense, 2022. p. 273).

4 Opacidade é o termo utilizado por Ana Frazão, ao dispor sobre a questão (FRAZÃO, Ana. Fundamentos da proteção de dados pessoais: noções introdutórias para a compreensão da importância da Lei Geral de Proteção de Dados. *In*: FRAZÃO, Ana *et al.* (coord.). **Lei Geral de Proteção de Dados Pessoais e suas repercussões no Direito brasileiro**. São Paulo: Thomson Reuters Brasil, 2019. p. 38.

Esses desafios, os quatro que, segundo Ana Frazão, justificam a LGPD, demonstram quão relevante é o ato comissivo do titular de reconhecer e concordar com o tratamento de seus dados. Não se quer dizer que o consentimento seja indispensável à atividade de tratamento, pois não há hierarquia entre as bases legais, mas sim que ele é um elemento relevante no processo hermenêutico de aferição da legitimidade de tais atividades. Nesse quadro, passa-se a examinar o ato de consentir, nos limites da LGPD, a partir de uma análise comparada com o RGPD.

1.1 O dispositivo legal e a sua inspiração europeia

O consentimento do titular é uma das hipóteses autorizativas do tratamento de dados pessoais. Com o "fornecimento do consentimento pelo titular", pode o agente de tratamento de dados executar determinada atividade, observadas as especificadas adiante descritas. Essa é a literalidade do inciso I ao artigo 7º da LGPD[5].

A análise comparada do referido dispositivo com seu correlato no RGPD dá bem a dimensão da "substancial recepção"[6] que esse último regramento teve na LGPD.

O RGPD estabelece que será lícito tratamento quando "o titular dos dados tiver dado o seu consentimento para o tratamento dos seus dados pessoais para uma ou mais finalidades específicas". Colocados lado a lado, referidos dispositivos legais, tem-se clara a proximidade léxica entre eles.

Tabela 1 – Comparativo entre hipóteses de tratamento de dados pessoais

LGPD	RGPD
Artigo 7º O tratamento de dados pessoais somente poderá ser realizado nas seguintes hipóteses:	Artigo 6º(1). O tratamento só é lícito se e na medida em que se verifique pelo menos uma das seguintes situações:
I – mediante o fornecimento de consentimento pelo titular.	a) O titular dos dados tiver dado o seu consentimento para o tratamento dos seus dados pessoais para uma ou mais finalidades específicas.

Fontes: LGPD e RGPD.

Antes de adentrar nas especificidades dos conceitos, ressalta-se que ambos os dispositivos impõem um consentimento qualificado. De fato, para que sirva de

5 LGPD, artigo 7º: "O tratamento de dados pessoais somente poderá ser realizado nas seguintes hipóteses: I – mediante o fornecimento de consentimento pelo titular".

6 SARLET, Ingo Wolfgang. Prefácio. *In*: HOFFMANN-RIEM, Wolfgang (org.). **Teoria geral do direito digital**: transformação digital. Desafios para o direito. 2. ed. Tradução: Italo Fuhrmann. Rio de Janeiro: Forense, 2022. p. XII.

justificativa para uma atividade de tratamento, o consentimento deve se voltar a finalidades determinadas, sendo vedadas autorizações genéricas[7], assim como tratamentos realizados a partir de consentimento viciado[8]. Mais do que isso, a lei brasileira ainda impõe que esse consentimento seja registrado, por escrito ou por outro meio informático, em cláusula destacada das demais cláusulas contratuais[9].

Vejamos, a seguir, as especificidades relacionadas à base legal do consentimento.

1.2 Especificidade do ato de consentir

A análise das especificidades do ato de consentir partirá de três fundamentos: privacidade, autodeterminação informativa e livre desenvolvimento da personalidade.

A) O PRINCÍPIO DA FINALIDADE À LUZ DA AUTODETERMINAÇÃO INFORMATIVA

Privacidade, autodeterminação informativa e livre desenvolvimento da personalidade são três dos sete critérios que fundamentam a LGPD. São, por assim dizer, três dos alicerces sobre os quais o direito à proteção de dados pessoais foi erigido no ordenamento jurídico brasileiro. Inicialmente, a positivação do direito se deu na perspectiva infraconstitucional, com a LGPD. Subsequentemente, sobreveio a Emenda Constitucional nº 115, de 10 de fevereiro de 2022, que alterou a Constituição Federal para fazer constar, como garantia fundamental da pessoa humana, o respeito a seu direito à proteção de dados, conforme lançado no inciso LXXIX do artigo 5º.

Os três critérios são inter-relacionados e demandam ser analisados na perspectiva do direito privado. Com efeito, "sendo a proteção de dados um aspecto da privacidade e, esta, por sua vez, um dos direitos da personalidade, sua proteção não poderia escapar aos domínios do direito privado"[10].

Trata-se, nos três casos em questão, de direitos subjetivos. A personalidade, entendida como a aptidão para exercer direitos e assumir obrigações, dá origem a uma séria de direitos, que nada mais revelam que uma estrutura legalmente estabelecida para a tutela da personalidade. Daí porque se diz que os direitos da personalidade

---

7 LGPD, artigo 8º, § 4º.

8 LGPD, artigo 8º, § 3º.

9 LGPD, artigo 8º, § 1º.

10 BELLIZZE OLIVEIRA, Marco Aurélio; LOPES, Isabela Maria Pereira. Os princípios norteadores da proteção de dados pessoais no Brasil e sua otimização pela Lei nº 13.709/2018. *In*: FRAZÃO, Ana *et al.* (coord.). **Lei Geral de Proteção de Dados Pessoais e suas repercussões no Direito brasileiro.** São Paulo: Thomson Reuters Brasil, 2019. p. 66.

compõem o grupo de "direito subjetivo privado com efeitos absolutos com relação a terceiros", conforme pontua Rosa Nery, com apoio em Heinrich Hubmann[11].

A privacidade, por sua vez, é direito fundamental subjetivo, do qual decorre a prerrogativa "de o indivíduo excluir do conhecimento de terceiros aquilo que a ele só é pertinente e que diz respeito ao seu modo de ser exclusivo no âmbito de sua vida privada"[12]. A autodeterminação informativa, de seu turno, implica que o "cidadão tem o direito de saber quem sabe o que sobre ele", conforme indica Laura Schertel Mendes, relembrando Hassemer[13]. Trata-se de conceito que não se confunde com o direito à proteção de dados, pois este último não visa "outorgar ao sujeito controle absoluto [sobre seus dados pessoais], mas assegurar que esses dados são tratados de maneira justa"[14].

Autodeterminação informativa, vale consignar, tem origem na conhecida decisão sobre recenseamento proferida pelo Tribunal Constitucional alemão em 15 de dezembro de 1983. Nesse caso, cunhou-se o direito à autodeterminação informativa como um dos elementos da proteção constitucional aos direitos da personalidade; como um "subcaso", nas palavras de Wolfgang Hoffmann-Riem, desse direito da personalidade[15].

A evolução legislativa europeia demonstra que tal prerrogativa constou da Diretiva nº 95/46, de 24 de outubro de 1995[16], que dirigia os esforços de proteção de dados até o implemento do RGPD, bem como no próprio RGPD.

Isso não se fez expressamente. Na Diretiva nº 95/46, esse direito do titular "de saber quem sabe o que sobre ele" veio sob a forma de um direito de oposição[17], de acesso aos dados[18] e, sobretudo, de informação sobre a forma com que tais dados são tratados[19]. No âmbito europeu, portanto, a recepção da autodeterminação informativa se deu de forma contundente, porém esparsa, em posições diversas do texto legal, com

---

11 NERY, Rosa Maria Barreto Borriello de Andrade. Distinção entre "personalidade" e "direito geral de Personalidade" uma disciplina própria. *In*: **Doutrinas essenciais de direito constitucional**. São Paulo: Thomson Reuters Brasil, v. 8, 2015. p. 476.

12 FERRAZ JÚNIOR, Tércio Sampaio. Sigilo bancário. *In*: **Doutrinas essenciais de responsabilidade civil**. São Paulo: Thomson Reuters Brasil, v. 3, 2011. p. 874.

13 MENDES, Laura Schertel. O direito fundamental à proteção de dados pessoais. **Revista de Direito do Consumidor**. v. 79, p. 51, 2011.

14 HIJMANS, Hielke. Article 1: Subject-matter and objectives. *In*: KUNER, Christopher *et al.* **The EU General Data Protection Regulation (GDPR)**. Londres: Oxford University Press, 2020. p. 52.

15 HOFFMANN-RIEM, Wolfgang. A proteção de direitos fundamentais da confidencialidade e da integridade de sistemas próprios de tecnologia da informação. **Revista de Direito Civil Contemporâneo**, v. 23, p. 330, 2020.

16 Diretiva nº 95/46/CE do Parlamento Europeu e do Conselho, de 24 de outubro de 1995, relativa à proteção das pessoas singulares no que diz respeito ao tratamento de dados pessoais e à livre circulação desses dados. A referida lei será doravante referida como Diretiva nº 95/46.

17 Artigo 14 da Diretiva nº 95/46 e artigo 21 do RGPD.

18 Artigo 12 da Diretiva nº 95/46 e artigo 15 do RGPD.

19 Artigo 11 da Diretiva nº 95/46 e artigos 13 e 14 do RGPD.

o objetivo de "empoderar o titular dos dados no intuito de aumentar as suas chances de controlar e decidir acerca do seu fluxo (autodeterminação informativa)"[20].

Isso se revela também no contexto do RGPD, que não contém remissão à autodeterminação informativa, a qual pode ser extraída das prerrogativas antes mencionadas, de oposição, acesso de dados e informação sobre uso de dados e, igualmente, da indicação, formulada desde o preâmbulo do RGPD, de que "[a]s pessoas singulares deverão poder controlar a utilização que é feita dos seus dados pessoais"[21]. No entender da doutrina especializada, "embora o RGPD não mencione autodeterminação informativa, a ideia de pessoas naturais controlando seus próprios dados pessoais deve ser considerada um conceito idêntico cunhado de forma menos eloquente"[22].

No Brasil, a questão ganhou outra forma. O conceito de autodeterminação informativa veio expresso, como fundamento da própria lei. Como esse conceito deriva da experiência europeia, a opção do legislador brasileiro trouxe, consigo, toda a carga conceitual europeia, tornando-se, assim, relevante a análise comparada aqui empreendida.

A doutrina brasileira indica que a autodeterminação informativa funciona, no Direito brasileiro, a reboque da antes citada decisão alemã, com um verdadeiro direito de defesa, contra a intervenção arbitrária. É assim, direito subjetivo e individual, uma "precondição para uma ordem comunicacional livre e democrática"[23].

Na LGPD, portanto, privacidade, autodeterminação informativa e direito da personalidade se comunicam, mas não se confundem, cada qual exercendo uma função, com um verdadeiro tripé sobre o qual se ancoram os esforços de proteção à dignidade da pessoa humana no contexto do fluxo de dados pessoais[24].

---

20 MALDONADO, Viviane Nóbrega; BLUM, Renato Opice. **Comentários ao GDPR**: Regulamento Geral de Proteção de Dados da União Europeia. Edição do Kindle.

21 RGPD, preâmbulo, inciso 7: "Esta evolução exige um quadro de proteção de dados sólido e mais coerente na União, apoiado por uma aplicação rigorosa das regras, pois é importante gerar a confiança necessária ao desenvolvimento da economia digital no conjunto do mercado interno. As pessoas singulares deverão poder controlar a utilização que é feita dos seus dados pessoais. Deverá ser reforçada a segurança jurídica e a segurança prática para as pessoas singulares, os operadores económicos e as autoridades públicas".

22 THOUVENIN, Florent. Informational Self-Determination: A Convincing Rationale for Data Protection Law? **Jipitec – Journal of Intellectual Property, Information Technology and E-Commerce Law**, v. 12, n. 4, 2021, § 10. Tradução livre: "*[a]lthough the GDPR does not mention informational self-determination, the idea of natural persons controlling their own personal data is to be considered an identical concept labelled less eloquently*".

23 SARLET, Ingo Wolfgang. Fundamentos constitucionais: o direito fundamental à proteção de dados. *In*: MENDES, Laura S. *et al.* **Tratado de proteção de dados pessoais**. Rio de Janeiro: Forense, 2021. p. 71.

24 Sobre a correlação entre dignidade da pessoa humana e LGPD, confira-se MENDES, Laura S. *et al.* O Supremo Tribunal Federal e a proteção constitucional dos dados pessoais: rumo a um direito fundamental autônomo. *In*: MENDES, Laura S. *et al.* **Tratado de proteção de dados pessoais**. Rio de Janeiro: Forense, 2021. p. 122.

Como natural em situações envolvendo o ambiente informacional, esses três princípios são fontes ressignificantes deles próprios, tornando-se necessário estudá-los sob as lentes do direito privado[25]. De fato, a partir da positivação da autodeterminação informativa, privacidade deixou de ser apenas o direito de "estar só", na centenária passagem de Warren e Brandeis[26]; ela teve "seu caráter individualista e exclusivista diluídos, e assumiu feições de uma disciplina na qual merecem consideração a liberdade e o livre desenvolvimento da personalidade"[27].

Colocadas as premissas sobre as quais se assenta o consentimento na LGPD, é possível reconhecer a sua relevante função de exprimir, a um só tempo, os dados que o titular deseja conceder acesso e os dados que este deseja que remanesçam em sua esfera privada.

B) FORMA E PROVA DO CONSENTIMENTO

Questão relevante sobre a manifestação do consentimento diz respeito a sua prova e a forma de sua manifestação. Ambos os regramentos jurídicos aqui comparados tratam da questão com especificidade, conforme se vê adiante:

Tabela 2 – Critérios para o consentimento do titular

LGPD	RGPD
Artigo 8º O consentimento previsto no inciso I do artigo 7º desta Lei deverá ser fornecido por escrito ou por outro meio que demonstre a manifestação de vontade do titular.	Artigo 7º Condições Aplicáveis ao Consentimento
§ 1º Caso o consentimento seja fornecido por escrito, esse deverá constar de cláusula destacada das demais cláusulas contratuais.	1. Quando o tratamento for realizado com base no consentimento, o responsável pelo tratamento deve poder demonstrar que o titular dos dados deu o seu consentimento para o tratamento dos seus dados pessoais.

25 Segundo Danilo Doneda, a transição para o ambiente virtual "sublinhou a necessidade do direito civil confrontar uma série de elementos com os quais não estava habituado, seja pela sua absoluta novidade ou então pelo fato de se estender a domínios dos quais era mantido afastado, devido a uma longa tradição patrimonialista" (DONEDA, Danilo. **Da privacidade à proteção de dados pessoais**: fundamentos da Lei Geral de Proteção de Dados. 2. ed. São Paulo: Thomson Reuters Brasil, 2020. p. 313).

26 WARREN, Samuel; BRANDEIS, Louis. The right to privacy. **Havard Law Review**, n. 193, 1890.

27 DONEDA, Danilo. **Da privacidade à proteção de dados pessoais**: fundamentos da Lei Geral de Proteção de Dados. 2. ed. São Paulo: Thomson Reuters Brasil, 2020. p. 314.

LGPD	RGPD
§ 2º Cabe ao controlador o ônus da prova de que o consentimento foi obtido em conformidade com o disposto nesta Lei.	2. Se o consentimento do titular dos dados for dado no contexto de uma declaração escrita que diga também respeito a outros assuntos, o pedido de consentimento deve ser apresentado de uma forma que o distinga claramente desses outros assuntos de modo inteligível e de fácil acesso e numa linguagem clara e simples. Não é vinculativa qualquer parte dessa declaração que constitua violação do presente regulamento.
§ 3º É vedado o tratamento de dados pessoais mediante vício de consentimento.	3. O titular dos dados tem o direito de retirar o seu consentimento a qualquer momento. A retirada do consentimento não compromete a licitude do tratamento efetuado com base no consentimento previamente dado. Antes de dar o seu consentimento, o titular dos dados é informado desse facto. O consentimento deve ser tão fácil de retirar quanto de dar.
§ 4º O consentimento deverá referir-se a finalidades determinadas, e as autorizações genéricas para o tratamento de dados pessoais serão nulas.	4. Ao avaliar se o consentimento é dado livremente, há que verificar com a máxima atenção se, designadamente, a execução de um contrato, inclusive a prestação de um serviço, está subordinada ao consentimento para o tratamento de dados pessoais que não é necessário para a execução desse contrato.
§ 5º O consentimento pode ser revogado a qualquer momento mediante manifestação expressa do titular, por procedimento gratuito e facilitado, ratificados os tratamentos realizados sob amparo do consentimento anteriormente manifestado enquanto não houver requerimento de eliminação, nos termos do inciso VI do *caput* do artigo 18 desta Lei.	
§ 6º Em caso de alteração de informação referida nos incisos I, II, III ou V do artigo 9º desta Lei, o controlador deverá informar ao titular, com destaque de forma específica do teor das alterações, podendo o titular, nos casos em que o seu consentimento é exigido, revogá-lo caso discorde da alteração.	

Fonte: LGPD e RGPD.

A leitura dos dispositivos legais evidencia a proximidade entre eles.

Primeiramente, o ônus de demonstrar o consentimento do titular recai sobre o agente de tratamento de dados, em linha com o artigo 8º, § 2º, da LGPD[28] e com o artigo 7º (1) do RGPD[29].

Em segundo lugar, o consentimento dado por escrito deve ser facilmente identificável, em "cláusula destacada das demais cláusulas contratuais", a partir da leitura do artigo 8º, § 1º, da LGPD. Na mesma linha pontua o RGPD, ao determinar que o consentimento deve ser extraído de modo inteligível e de fácil acesso e em uma linguagem clara e simples, além de constar de uma forma que o distinga das demais cláusulas, nos termos do artigo 7º (2) do normativo[30].

Em terceiro lugar, veda-se, em ambos os normativos, o consentimento viciado ou incompleto. Tal fato atrai regras substantiva e processual específicas.

Substantivamente, ao invocar os vícios de consentimento, a LGPD dialoga com o Código Civil, cabendo buscar neste último "a adjetivação do consentimento à luz dos defeitos no negócio jurídico"[31]. É no direito privado que se deve buscar colmatar eventuais lacunas derivadas do dispositivo em questão, especialmente naquilo que concerne às modalidades de vícios de consentimento e seus efeitos. Isso se faz tanto a partir do Código Civil, para as relações cíveis puras, quanto, também, pelos subsistemas específicos do direito privado brasileiro, particularmente o Código de Defesa do Consumidor, para que se "analise a assimetria entre as partes e eventual vulnerabilidade de algum contratante, para se garantir a efetiva validade do consentimento dado"[32].

---

28 Ao comentar o dispositivo em questão, Rony Vainzof pontua que a definição do controlador de dados é relevante inclusive para atribuir-lhe o ônus da prova do consentimento do titular (VAINZOF, Rony. Capítulo I. *In*: MALDONADO, Viviane N.; BLUM, Renato O. (coord.). **LGPD**: Lei Geral de Proteção de Dados comentada [livro eletrônico]. 2. ed. São Paulo: Thomson Reuters Brasil, 2020. p. 96).

29 Segundo Eleni Kosta, comentando o dispositivo em questão: "Controladores devem ter condições de demonstrar que o consentimento do titular foi fornecido". Tradução livre: "*Controllers must be able to demonstrate that consent of the data subjects has been provided*" (KOSTA, Eleni. Article 7: Conditions for Consent. *In*: KUNER, Christopher *et al.* **The EU General Data Protection Regulation (GDPR)**. Londres: Oxford University Press, 2020. p. 347).

30 Esse consentimento destacado revela o "poder efetivo" que tanto a LGPD quanto o RGPD outorgam ao titular no que concerne aos seus dados pessoais (FALK, Matheus. Os "princípios jurídicos" da LGPD e do RGPD: uma leitura a partir da teoria dos princípios de Humberto Ávila. *In*: WACHOWICZ, Marcos. **Proteção de dados pessoais em perspectiva**: LGPD e RGPD na ótica do direito comparado. Curitiba: Gedai, 2020. p. 164).

31 BIONI, Bruno R. **Proteção de dados pessoais**: a função e os limites do consentimento. Rio de Janeiro: Forense, 2019. p. 188.

32 VIOLA, Mario; TEFFÉ Chiara Spadaccini de. Tratamento de dados pessoais na LGPD: estudo sobre as bases legais dos artigos 7º e 11. *In*: MENDES, Laura S. *et al.* **Tratado de proteção de dados pessoais**. Rio de Janeiro: Forense, 2021. p. 197-98.

Processualmente, há de se reconhecer que o ônus da prova do vício de consentimento recai, em regra, sobre o titular, como uma matéria que, de qualquer modo, modifique ou extinga o direito postulado pelo demandante, na forma do artigo 350 do Código de Processo Civil[33].

Por último, permite-se, em ambos os casos, que o consentimento seja revogado. Nesse particular, cabe ao agente de tratamento de dados disponibilizar as ferramentas para que o titular dos dados possa exercer essa prerrogativa.

Não há, ainda, clareza suficiente a respeito das ferramentas compatíveis com a lei. A despeito disso, é possível, ao menos, registrar que a ferramenta em questão deve ser de fácil acesso e compreensão ao titular, permitindo-lhe que indique a atividade de tratamento à qual pretende revogar o seu consentimento. Aqui vale uma leitura comparada com o RGPD, afinal, tanto nele quanto na LGPD "o consentimento deve ser tão fácil de retirar quanto de dar" (artigo 7º (3)). Nesse aspecto, deve-se preocupar com a equivalência dos meios, isto é, se o consentimento foi obtido a partir de um formulário eletrônico, a sua revogação deve ser possibilitada por um expediente de similar natureza ou por outro que permita que o interesse na revogação seja ainda mais fácil de se expressar[34].

1.3 Consentimento do Direito Civil v. consentimento no âmbito da proteção de dados

É imprescindível compreender que existem diversas diferenças entre o consentimento disposto na LGPD, que se trata de hipótese que autoriza o tratamento de dados pessoais, conforme explicado antes, e o consentimento do Código Civil e de regulações setoriais. Isso porque nem todo consentimento se dá para justificar o tratamento de dados pessoais, do mesmo modo que nem todo tratamento de dados pessoais subjacente ao consentimento, previsto em outras normas, será legitimado, na LGPD, pela hipótese de consentimento.

Para exemplificar, podemos citar o artigo 1.145 do Código Civil, que estabelece que a eficácia da alienação do estabelecimento depende do pagamento de todos os credores, ou do "consentimento destes, de modo expresso ou tácito, em

---

33 Se o réu alegar fato impeditivo, modificativo ou extintivo do direito do autor, este será ouvido no prazo de 15 (quinze) dias, permitindo-lhe o juiz a produção de prova.

34 "Por exemplo, quando o consentimento é obtido por meio eletrônico, por um clique do mouse, sua revogação deve também ser possível por um meio igualmente expedito". Tradução livre: "*For instance, when consent is provided via electronic means through one mouse- click, its withdrawal shall also be possible by equally expedient means*" (KOSTA, Eleni. Article 7: Conditions for Consent. *In*: KUNER, Christopher *et al.* **The EU General Data Protection Regulation (GDPR)**. Londres: Oxford University Press, 2020. p. 351).

trinta dias a partir de sua notificação"[35]. A obtenção e o registro do consentimento impõem tratamento de dados pessoais dos credores e de seus eventuais representantes; no entanto, se opera nessa situação a regra do consentimento do Código Civil, específico para o ato e que, diversamente da LGPD, admite o consentimento em sua modalidade tácita.

Desse modo, o registro do consentimento dos credores – que requer tratamento de dados pessoais – instruirá a alienação não com base no consentimento da LGPD, mas no cumprimento de obrigação legal ou regulatória pelo alienante.

Além disso, ainda que a LGPD não permita o consentimento fornecido tacitamente, este será válido, pois, não terá sido aplicado o consentimento da LGPD, ainda que, para sua obtenção e finalidade, haja tratamentos de dados pessoais. Pela LGPD, operou outra base legal. Nos casos em que eventualmente houver dupla incidência, isto é, do consentimento do Direito Civil ou de regulação setorial e do consentimento enquanto base legal disposta na LGPD, será necessário cumprir o somatório de requisitos de validade.

2. EXECUÇÃO DE CONTRATO

Orlando Gomes afirma que a concepção moderna de contrato se traduz no "acordo de vontades por meio do qual as pessoas formam um vínculo jurídico a que se prendem"[36], sendo aplicável a todas as áreas do direito e abrangendo todas as figuras jurídicas que nascem do concurso de vontades.

De fato, contratos permeiam o cotidiano de todos os indivíduos, nos mais diversos setores, como, por exemplo, relações empregatícias, compras de produtos *online* ou mesmo locação de um imóvel.

Em todos os exemplos mencionados *supra*, ocorre o tratamento de dados pessoais com base no artigo 7º, V, da LGPD, que dispõe que o tratamento de dados pessoais poderá ser realizado "quando necessário para a execução de contrato ou de procedimentos preliminares relacionados a contrato do qual seja parte o titular, a pedido do titular dos dados"[37].

Vale enfatizar que, para que seja possível a utilização dessa hipótese autorizativa de tratamento de dados, é necessário analisar o escopo contratual e compreender se o tratamento de dados pessoais é de fato necessário para o atingimento do objetivo do contrato.

---

35 BRASIL. **Código Civil**. Disponível em: https://www.planalto.gov.br/ccivil_03/leis/2002/l10406compilada.htm. Acesso em: 8 dez. 2023.

36 GOMES, Orlando. **Contratos**. Rio de Janeiro: Forense, 2009. p. 7.

37 LGPD, artigo 7º, V.

Quanto aos procedimentos preliminares relacionados a determinado contrato, o tratamento de dados será possível somente quando "decorrer diretamente da fase anterior à elaboração do contrato (e necessária para este), mesmo que não venha a se concretizar"[38]. Um exemplo comum de utilização dessa base legal é a atividade de recrutamento e seleção de novos colaboradores, na qual o tratamento de dados pessoais é condição necessária para que, no futuro, seja ou não celebrado um contrato de trabalho. No que concerne ao RGPD, vejamos, a seguir, o comparativo entre hipóteses de tratamento de dados pessoais de execução de contrato nas legislações brasileira e europeia:

Tabela 3 – Comparativo entre hipóteses de tratamento de dados pessoais

LGPD	RGPD
Artigo 7º, V – quando necessário para a execução de contrato ou de procedimentos preliminares relacionados a contrato do qual seja parte o titular, a pedido do titular dos dados.	Artigo 6º(1), b – O tratamento for necessário para a execução de um contrato no qual o titular dos dados é parte, ou para diligências pré-contratuais a pedido do titular dos dados.

Fontes: LGPD e RGPD.

Como é possível perceber, há uma clara semelhança entre os textos, cabendo apenas destacar uma diferença. No RGPD, fica claro que, para que a base legal da execução de contrato seja aplicada, deve o titular dos dados fazer parte desse contrato. Em relação aos procedimentos pré-contratuais e às diligências, esses devem ser realizados a pedido do titular de dados para que a base legal seja válida.

Analisando a escrita do inciso correspondente da LGPD, não fica claro se o titular de dados realmente precisa ser parte do contrato e se os procedimentos preliminares devem ser realizados a pedido do titular para a utilização da hipótese autorizativa em questão. Desse modo, caberá à Autoridade Nacional de Dados (ANPD)

38 MAIA, Fernanda. **LGPD**: aplicação prática das bases legais – As hipóteses para tratamento de dados pessoais da LGPD. LGPD Acadêmico, 2020, Ebook. Disponível em: https://download-files.wixmp.com/raw/c4fd4b_2a178ad37dc64d9e92886e74a4ec2246.pdf?token=eyJhbGciOiJIUzI1NiIsInR5cCI6IkpXVCJ9.eyJpc3MiOiJ1cm46YXBwOmU2NjYzMGU3MTRmMDQ5MGFhZWExZjE0OWIzYjY5ZTMyIiwic3ViIjoidXJuOmFwcDplNjY2MzBlNzE0ZjA0OTBhYWVhMWYxNDliM2I2OWUzMiIsImF1ZCI6WyJ1cm46c2VydmljZTpmaWxlLmRvd25sb2FkIl0sImlhdCI6MTcwMjE1NTMwOCwiZXhwIjoxNzAyMTU2MjE4LCJqdGkiOiJlYTI0M2U5Mi1lMTgyLTQzN2MtYTBhYy00MzU0N2EwYTRiMjQiLCJvYmoiOltbeyJwYXRoIjoiL3Jhdy9jNGZkNGJfMmExNzhhZDM3ZGM2NGQ5ZTkyODg2ZTc0YTRlYzIyNDYucGRmIn1dXSwiZGlzIjp7ImZpbGVuYW1lIjoiRWJvb2sgcmV2Mi5wZGYiLCJ0eXBlIjoiaW5saW5lIn19.Z9k3gTMZwc4KFxAITtZWoid9AiiZsYxgZp2m5gEcMo4. Acesso em: 8 dez. 2023.

se manifestar sobre o tema, que, inclusive, já consta em sua agenda regulatória para o biênio 2023-2024[39].

CONCLUSÕES

A aplicação da base legal correta se mostra cada vez mais essencial, de modo que é necessário ter clareza a respeito dos conceitos e monitorar entendimentos futuros da ANPD.

Além disso, é fundamental que a LGPD não seja considerada uma legislação isolada, pois a sua interpretação e a sua aplicação sem a consideração do aparato legal brasileiro existente, como o Código Civil e as regulações setoriais, são insuficientes para lidar com os desafios cotidianos impostos pelos avanços tecnológicos e as crescentes operações de tratamento de dados pessoais.

Espera-se, portanto, que o presente estudo tenha trazido maior clareza a respeito das hipóteses autorizativas de tratamento de dados do consentimento e da execução contratual, bem como de suas diferenças em relação ao RGPD.

REFERÊNCIAS

BELLIZZE OLIVEIRA, Marco Aurélio; LOPES, Isabela Maria Pereira. Os princípios norteadores da proteção de dados pessoais no Brasil e sua otimização pela Lei nº 13.709/2018. *In*: FRAZÃO, Ana *et al.* (coord.). **Lei Geral de Proteção de Dados Pessoais e suas repercussões no Direito brasileiro**. São Paulo: Thomson Reuters Brasil, 2019.

BERCO, Bruna Ribeiro dos Santos T. Os procedimentos indicados para obtenção de verificável consentimento parental: uma análise de direito comparado. *In*: WACHOWICZ, Marcos. **Proteção de dados pessoais em perspectiva**: LGPD e RGPD na ótica do direito comparado. Curitiba: Gedai, 2020.

BIONI, Bruno R. **Proteção de dados pessoais**: a função e os limites do consentimento. Rio de Janeiro: Forense, 2019.

BRASIL. **Código Civil**. Disponível em: https://www.planalto.gov.br/ccivil_03/leis/2002/l10406compilada.htm. Acesso em: 8 dez. 2023.

DONEDA, Danilo. **Da privacidade à proteção de dados pessoais**: fundamentos da Lei Geral de Proteção de Dados. 2. ed. São Paulo: Thomson Reuters Brasil, 2020.

39 Agenda Regulatória. Disponível em: https://www.in.gov.br/en/web/dou/-/portaria-anpd-n-35-de-4-de-novembro-de-2022-442057885.

FALK, Matheus. Os "princípios jurídicos" da LGPD e do RGPD: uma leitura a partir da teoria dos princípios de Humberto Ávila. *In*: WACHOWICZ, Marcos. **Proteção de dados pessoais em perspectiva:** LGPD e RGPD na ótica do direito comparado. Curitiba: Gedai, 2020.

FERRAZ JÚNIOR, Tércio Sampaio. Sigilo bancário. *In*: **Doutrinas essenciais de responsabilidade civil**. São Paulo: Thomson Reuters Brasil, v. 3, 201 1.

FRAZÃO, Ana. Fundamentos da proteção de dados pessoais: noções introdutórias para a compreensão da importância da Lei Geral de Proteção de Dados. *In*: FRAZÃO, Ana *et al.* (coord.). **Lei Geral de Proteção de Dados Pessoais e suas repercussões no Direito brasileiro.** São Paulo: Thomson Reuters Brasil, 2019.

GOMES, Orlando. **Contratos.** Rio de Janeiro: Forense, 2009.

HIJMANS, Hielke. Article 1: Subject-matter and objectives. *In*: KUNER, Christopher *et al.* **The EU General Data Protection Regulation (GDPR).** Londres: Oxford University Press, 2020.

HOFFMANN-RIEM, Wolfgang. A proteção de direitos fundamentais da confidencialidade e da integridade de sistemas próprios de tecnologia da informação. **Revista de Direito Civil Contemporâneo**, v. 23, 2020.

KOSTA, Eleni. Article 7: Conditions for Consent. *In*: KUNER, Christopher *et al.* **The EU General Data Protection Regulation (GDPR).** Londres: Oxford University Press, 2020.

LEGRAND, Pierre. **Como ler o direito estrangeiro**. São Paulo: Contracorrente, Edição do Kindle, 2018.

LIMA, Caio César C. Capítulo II – Do tratamento de dados pessoais. *In*: MALDONADO, Viviane N.; BLUM, Renato O. (coord.). **LGPD**: Lei Geral de Proteção de Dados comentada [livro eletrônico]. 2. ed. São Paulo: Thomson Reuters Brasil, 2020.

MAIA, Fernanda. **LGPD**: aplicação prática das bases legais – As hipóteses para tratamento de dados pessoais da LGPD. LGPD Acadêmico, 2020, *Ebook*, p. Disponível em: https://download-files.wixmp.com/raw/c4fd4b_2a178ad37dc64d9e92886e74a4ec2246.pdf?token=eyJhbGciOiJIUzI1NiIsInR5cCI6IkpXVCJ9.eyJpc3MiOiJ1cm46YXBwOmU2NjYzMGU3MTRmMDQ5MGFhZWExZjE0OWIzYjY5ZTMyIiwic3ViIjoidXJuOmFwcDplNjY2MzBlNzE0ZjA0OTBhYWVhMWYxNDliM2I2OWUzMiIsImF1ZCI6WyJ1cm46c2VydmljZTpmaWxlLmRvd25sb2FkIl0sImlhdCI6MTcwMjE1NTMwOCwiZXhwIjoxNzAyMTU2MjE4LCJqdGkiOiJlYTI0M2U5Mi1lMTgyLTQzN2MtYTBhYy00MzU0N2EwYTRiMjQiLCJvYmoiOltbeyJwYXRoIjoiL3Jhdy9jNGZkNGJfMmExNzhhZDM3ZGM2NGQ5ZTkyODg2ZTc0YTRlYzIyNDYucGRmIn1dXSwiZGlzIjp7ImZpbGVuYW1lIjoiRWJvb2sgcmV2Mi5wZGYiLCJ0eXBlIjoiaW5saW5lIn19.Z9k3gTMZwc4KFxAITtZWoid9AiiZsYxgZp2m5gEcMo4. Acesso em: 8 dez. 2023.

MALDONADO, Viviane Nóbrega; BLUM, Renato Opice. **Comentários ao GDPR**: Regulamento Geral de Proteção de Dados da União Europeia. Edição do Kindle, 2020.

MENDES, Laura S. O direito fundamental à proteção de dados pessoais. **Revista de Direito do Consumidor**. v. 79, 2011.

MENDES, Laura S. *et al.* O Supremo Tribunal Federal e a proteção constitucional dos dados pessoais: rumo a um direito fundamental autônomo. *In*: MENDES, Laura S. *et al.* **Tratado de proteção de dados pessoais**. Rio de Janeiro: Forense, 2021.

NERY, Rosa Maria Barreto Borriello de Andrade. Distinção entre "personalidade" e "direito geral de personalidade" uma disciplina própria. *In*: **Doutrinas essenciais de direito constitucional**. São Paulo: Thomson Reuters Brasil, v. 8, 2015.

SARLET, Ingo Wolfgang. Fundamentos constitucionais: o direito fundamental à proteção de dados. *In*: MENDES, Laura S. *et al.* **Tratado de proteção de dados pessoais**. Rio de Janeiro: Forense, 2021.

SARLET, Ingo Wolfgang. Prefácio. *In*: HOFFMANN-RIEM, Wolfgang (org.). **Teoria geral do direito digital**: transformação digital. Desafios para o direito. 2. ed. Tradução: Italo Fuhrmann. Rio de Janeiro: Forense, 2022.

TEPEDINO, Gustavo; OLIVA, Milena Donato. **Fundamentos do direito civil**: teoria geral do direito civil. 3. ed. Rio de Janeiro: Forense, 2022.

THOUVENIN, Florent. Informational Self-Determination: A Convincing Rationale for Data Protection Law? **Jipitec – Journal of Intellectual Property, Information Technology and E-Commerce Law**, v. 12, n. 4, 2021.

VAINZOF, Rony. Capítulo I. *In*: MALDONADO, Viviane N.; BLUM, Renato O. (coord.). **LGPD**: Lei Geral de Proteção de Dados comentada [livro eletrônico]. 2. ed. São Paulo: Thomson Reuters Brasil, 2020.

VIOLA, Mario; TEFFÉ Chiara Spadaccini de. Tratamento de dados pessoais na LGPD: estudo sobre as bases legais dos artigos 7º e 11. *In*: MENDES, Laura S. *et al.* **Tratado de proteção de dados pessoais**. Rio de Janeiro: Forense, 2021.

WARREN, Samuel; BRANDEIS, Louis. The right to privacy. **Havard Law Review**, n. 193, 1890.

16. MEDIAÇÃO: ACESSIBILIDADE À JUSTIÇA POR MEIO DAS TECNOLOGIAS ASSISTIDAS – MEDIANDO PESSOAS COM DEFICIÊNCIA

Fernanda Levy
Doutora pela PUC/SP.

Sílvia Hidal
Graduada em Farmácia Bioquímica com especialização em Alimentos pela Universidade de São Paulo (USP).
Mestre, com título "Executive Master de Estudios Avanzados em Mediación y Negociación" pelo Institut Universitaire Kurt Bösch, Université Geneve, Asociación Civil Programas de Postgrado (APEP).

INTRODUÇÃO

Meio utilizado há milênios para a gestão de impasses entre pessoas, a mediação, ao longo das últimas décadas, ganhou cientificidade, regramento jurídico e reconhecimento nos mais diversos âmbitos de aplicabilidade, nacional e internacionalmente. Nessas palavras reunidas em uma frase introdutória ao tema estão inseridas muitas dimensões, são janelas que permitem vislumbrar aspectos históricos, sociológicos, antropológicos, jurídicos, comunicacionais, saberes que, em bom convívio, acabaram justamente por construir epistemologicamente o que, tecnicamente, podemos denominar de "mediação de conflitos".

De arte atávica à natureza humana de facilitar diálogos em busca do consenso à mediação enquanto meio de prevenção, gestão e resolução de conflitos, notadamente iniciada nos anos 70 do século XX e formalmente abrigada pelo Direito nas duas últimas décadas, podemos identificar uma sólida construção alicerçada sobre pilares principiológicos e elevada por conteúdos teóricos e práticos que envolvem especialmente temas sobre o conflito, comunicação e negociação, tendo por propósito o bem-estar do ser humano e a harmonização de suas relações.

Positivada em nosso ordenamento jurídico pela Lei nº 13.140, de 2015 (Lei de Mediação) e, neste contexto, definida como "a atividade técnica exercida por terceiro imparcial sem poder decisório, que, escolhido ou aceito pelas partes, as auxilia e estimula a identificar ou desenvolver soluções consensuais para a controvérsia", a mediação é fortemente incentivada pelos dispositivos contidos no Código de Processo Civil e em diversas legislações esparsas, como um meio a ser utilizado prioritariamente ou ao lado de tantos outros, compondo um mosaico de portas abertas ao acesso à justiça, ou, melhor dizendo, à ordem jurídica justa, como leciona Kazuo Watanabe[1].

Como ocorrido na mediação, as últimas décadas foram palco de um salto tecnológico em diversas searas, baseado também em pilares éticos, conteúdos dos mais diversos e, sobretudo, multidisciplinares, que foram revisitados com o propósito comum de proporcionar à sociedade a ampliação do cuidado e respeito em todas suas relações, em destaque as pessoas com deficiência.

Segundo os dados que contemplam o terceiro trimestre de 2022, em pesquisa realizada pela Secretaria Nacional dos Direitos da Pessoa com Deficiência do Ministério dos Direitos Humanos e da Cidadania (SNDPD/MDHC) e pelo Instituto Brasileiro de Geografia e Estatística (IBGE), a população com deficiência no Brasil foi estimada em 18,6 milhões de pessoas de 2 anos ou mais[2].

Antes de avançarmos sobre os dados obtidos na pesquisa, importante alinharmos a evolução da compreensão do significado de deficiência, por meio de um breve panorama histórico até chegarmos ao entendimento atual e ao uso da terminologia "pessoas com deficiência".

Visitando os tempos remotos, dados que remontam à 2500 AEC, no Egito, revelam papiros com desenhos de pessoas anãs[3]. Na cultura greco-romana IV AEC-IEC prevalecia a importância da força física, do corpo perfeito, uma vez que

---

1 WATANABE, Kazuo. **Acesso à ordem jurídica justa (conceito atualizado de acesso à justiça)**: processos coletivos e outros estudos. Belo Horizonte: Del Rey, 2019.

2 IBGE. **PNAD** – Pesquisa Nacional por Amostra Contínua. Pessoas com deficiência, 2022. Disponível em: https://biblioteca.ibge.gov.br/visualizacao/livros/liv102013_informativo.pdf. Acesso em: 6 nov. 2023.

3 Retrospecto histórico da pessoa com deficiência na sociedade. Disponível em: https://siteantigo.portaleducacao.com.br/conteudo/artigos/direito/retrospecto-historico-da-pessoa-com-deficiencia-na-sociedade/48757. Acesso em: 24 set. 2021. Para um voo panorâmico sobre o tema: INSTITUTO MATTOS FILHO. **A história dos direitos das pessoas com deficiência.** Disponível em: https://www.politize.com.br/equidade/blogpost/historia-dos-direitos-das-pessoas-com-deficiencia/. Acesso em: 13 out. 2023.

as batalhas eram ganhas na guerra corpo a corpo. As crianças eram examinadas pelo conselho dos anciãos, se eram "feias" ou tivessem alguma deficiência aparente, eram jogadas no precipício. Quando saudáveis, os pais as levavam para casa e devolviam aos 7 anos de idade, para serem guerreiros ou mães.

Já Hipócrates (470-360) e Aristóteles (384-322 AEC) entendiam que o tratamento dado à pessoa com deficiência não podia ser igual ao que se dava às pessoas sem deficiência, razão pela qual a legislação ateniense, já na reforma realizada por Péricles (444 a 429 AEC) havia dispositivos legais que obrigavam o Estado a amparar as pessoas com deficiência[4]. Nos séculos XIV, XVI e XVIII, pessoas com deficiência eram consideradas bruxas, duendes ou maus espíritos que muitas vezes acabavam sendo queimadas vivas.

A história também revela pessoas e desenvolvimentos que romperam barreiras[5]. Cardomo (1501-1576) desenvolveu um código de sinais para crianças surdas poderem aprender a ler e escrever. Louis Braille (1809-1852) criou o sistema de escrita "Braille" e, em 1857, o Imperador Dom Pedro II funda o Imperial Instituto de Surdos Mudos, atualmente Instituto Nacional de Educação de Surdos (INES), que passou a atender pessoas surdas de todo o País, a maioria abandonada pelas famílias.

No século XX, por volta dos anos de 1902 até 1912, as pessoas com deficiência começam a participar ativamente do cotidiano e integrarem-se na sociedade. Contudo, mais recentemente, no período da 2ª Guerra Mundial (1939-1945), principalmente na Alemanha e na Europa, mas também em outros países, observamos a aplicação do credo da eugenia, do grego, raça boa. Claudio Fernandes aponta que,

> entre as principais características do nazismo, destacou-se a sua concepção de uma "raça superior", associada a esse pensamento racista, que levou ao genocídio dos judeus, negros, ciganos, pessoas com deficiência física ou mental, homossexuais e tantos outros.

No que tange às pessoas com deficiência, continua o autor:

> Na ideologia nazista a eugenia permitiu o projeto de eliminar qualquer pessoa que apresentasse alguma deficiência mental ou física, bem como "aperfeiçoar geneticamente", homens e mulheres perfeitos e adequados à raça ariana.[6]

---

4 SOLOMON, A. **Um crime da solidão**: reflexões sobre o suicídio. 1. ed. Tradução: Berilo Vargas. São Paulo: Companhia das Letras, 2018. p. 94-96.

5 Retrospecto histórico da pessoa com deficiência na sociedade. Disponível em: https://siteantigo.portaleducacao.com.br/conteudo/artigos/direito/retrospecto-historico-da-pessoa-com-deficiencia-na-sociedade/48757. Acesso em: 24 set. 2021.

6 FERNANDES, Claudio. **Eugenia nazista**. Disponível em: https://www.historiadomundo.com.br/idade-contemporanea/eugenia-nazista.htm. Acesso em: 23 set. (grifos do autor).

Por outro lado, com os impactos gerados na sociedade e com o elevado número de pessoas com deficiências, vítimas das atrocidades ocorridas durante a Segunda Guerra Mundial, ganha corpo o movimento de inclusão, com previsões jurídicas que buscam garantir os direitos das pessoas com deficiências, como a Declaração dos Direitos das Pessoas com Deficiência Mental promulgada pela Organização das Nações Unidas (ONU)

em 1971 e, em 1975, a Declaração dos Direitos das Pessoas Portadoras de Deficiência proclamada pela Assembleia Geral das Nações Unidas.

O entendimento sobre deficiência recebe, ao longo das últimas décadas, uma adequação importante da concepção de patologia (modelo biomédico de deficiência) para o modelo social de deficiência, como refere o Instituto Matto Filho: "A deficiência começa a ser compreendida como o resultado da forma como uma pessoa com impedimentos físicos, mentais, intelectuais ou sensoriais interage com a sociedade", ressaltando que "essa visão passou a ser chamada de modelo social da deficiência e, diferente do modelo biomédico, entende que a sociedade deve se adaptar às deficiências, e não o contrário"[7].

O Brasil procurou em outros países critérios para a identificação de pessoas com deficiência e tomou como base as definições do Grupo de Washington para Estatísticas sobre Pessoas com Deficiência (Washington Group on Disability Statistics – WG)[8], que se reuniu em primeira reunião, em 2001, Nova York, no Seminário Internacional sobre a Medição de Pessoas com Deficiência.

Entre os objetivos do Grupo de Washington, na coleta de dados domiciliares, estão estimar a prevalência de deficiências e medir o grau de exclusão de pessoas com deficiência. Como norteadores da pesquisa, seis perguntas básicas: 1) Você tem dificuldade para enxergar, mesmo quando usa óculos? 2) Você tem dificuldade para ouvir, mesmo quando usa um aparelho auditivo? 3) Você tem dificuldade para caminhar ou subir escadas? 4) Você tem dificuldade para se lembrar de coisas ou para se concentrar? 5) Você tem dificuldade para realizar cuidados pessoais, como para lavar o corpo ou se vestir? 6) Usando sua linguagem habitual, você tem dificuldade para se comunicar (por exemplo, para compreender ou ser compreendido)?

---

7 INSTITUTO MATTOS FILHO. **A história dos direitos das pessoas com deficiência.** Disponível em: https://www.politize.com.br/equidade/blogpost/historia-dos-direitos-das-pessoas-com-deficiencia/. Acesso em: 13 out. 2023.

8 Washington Group (WG) on Disability Statistics é um grupo da United Nations Statistics Commission City Group composto por representantes da National Statistical Offices (NSOs) que trabalha para o desenvolvimento de métodos para a melhora das estatísticas das pessoas com deficiência globalmente (Disponível em: https://www.washingtongroup-disability.com. Acesso em: 6 nov. 2023). O Brasil adota as perguntas do Grupo de Washington Disponível em: https://diversa.org.br/artigos/monitoramento-meta-4-plano-nacional-educacao-possiveis-contribuicoes-ibge/. Acesso em: 12 out. 2023).

O Grupo de Washington utilizou, ainda, quatro perguntas complementares para cada uma das seis perguntas anteriores: 1) não, nenhuma dificuldade; 2) sim, alguma dificuldade; 3) sim, muita dificuldade; 4) não consigo de jeito nenhum.

O conjunto resumido de perguntas sobre funcionalidade do Grupo de Washington buscava identificar a relação entre a pessoa entrevistada com dificuldades em seis atividades (funções) básicas universais – visão, audição, locomoção a pé, autocuidado, cognição e comunicação. As perguntas não pedem que a pessoa entrevistada se identifique como alguém com uma "deficiência". Em vez disso, as respostas às perguntas eram utilizadas como balizas para definir se essa pessoa se enquadra na categoria de "com deficiência" ou "sem deficiência", com base no conceito geral de que uma deficiência implica um risco maior de limitações para a participação.

Nesse sentido, levando em conta os dados apresentados pelo Grupo de Washington, a Classificação Internacional de Funcionalidade, Incapacidade e Saúde – CIF (*International Classification of Functioning, Disability and Health* – ICF), nossa Constituição Federal, a Convenção sobre os Direitos da Pessoa com Deficiência[9] e a Lei Brasileira de Inclusão da Pessoa com Deficiência (Estatuto da Pessoa com Deficiência, Lei nº 13.146, de 06.07.2015)[10], chegamos ao contexto atual legislativo que trata do tema. Como refere a Fundação Dorina Nowill,

> a construção de uma verdadeira sociedade inclusiva passa, também, pelo cuidado com a linguagem. Na linguagem, expressa-se, voluntariamente ou involuntariamente, o respeito ou a discriminação em relação às pessoas com deficiências.[11]

Assim, nos termos da Convenção sobre os Direitos das Pessoas com Deficiência, conduzida pelas Nações Unidas (United Nations),

> pessoas com deficiência são aquelas que têm impedimentos de longo prazo de natureza física, mental, intelectual ou sensorial, os quais, em interação com diversas barreiras, podem obstruir sua participação plena e efetiva na sociedade em igualdade de condições com as demais pessoas.

---

9 Decreto nº 6.949, de 25 de agosto de 2009, que promulga a Convenção Internacional sobre os Direitos das pessoas com Deficiência e seu Protocolo Facultativo, assinados em Nova York, em 30 de março de 2007. Disponível em: https://www.planalto.gov.br/ccivil_03/_ato2007-2010/2009/decreto/d6949.htm. Acesso em: 6 nov. 2023.

10 Lei Brasileira de Inclusão da Pessoa com Deficiência (Estatuto da Pessoa com Deficiência, Lei nº 13.146, de 06.07.2015). Disponível em: https://www.planalto.gov.br/ccivil_03/_ato2015-2018/2015/lei/l13146.htm. Acesso em: 6 nov. 2023.

11 FUNDAÇÃO DORINA NOWIL para cegos. Disponível em: https://fundacaodorina.org.br/a-fundacao/pessoas-cegas-e-com-baixa-visao/o-que-e-deficiencia/. Acesso em: 23 nov. 2023.

Ressalta o relatório do IBGE – PNAD Contínua que o enfoque da referida conceituação está

> voltado para a integração social e para as dificuldades que as pessoas com limitações funcionais, agravadas pelo meio social no qual vivem em decorrência de barreiras comunicacionais, físicas, normativas ou atitudinais, sem associá-las, exclusivamente, à sua saúde e/ou a uma doença que requerer atendimento médico e/ou reabilitação.[12]

A referida conceituação é integralmente replicada pela Lei Brasileira de Inclusão da Pessoa com Deficiência (Lei nº 13.146/2015 – Estatuto da Pessoa com Deficiência), em seu artigo 2º

> Considera-se pessoa com deficiência aquela que tem impedimento de longo prazo de natureza física, mental, intelectual ou sensorial, o qual, em interação com uma ou mais barreiras, pode obstruir sua participação plena e efetiva na sociedade em igualdade de condições com as demais pessoas.

Assim, ao longo dos anos, os termos que definem a deficiência foram adequando-se à evolução da ciência e da sociedade. Atualmente, o termo correto a ser utilizado é "pessoa com deficiência", que faz parte do texto aprovado pela Convenção Internacional para Proteção e Promoção dos Direitos e Dignidades das Pessoas com Deficiência, aprovado pela Assembleia Geral da ONU, em 2006, e ratificada, no Brasil, em julho de 2008, como referido *supra*.

A deficiência se encontra no impedimento em longo prazo, em diversas dimensões, no encontro com barreira ou barreiras que possam representar ausência de participação plena (completa) e, caso não sejas proporcionados meios de superação, representa afronta ao princípio constitucional e fundamental da dignidade humana, em suas vertentes, como, por exemplo, de acesso ao tratamento igualitário e equitativo, ao acesso à saúde, à educação, ao trabalho e, na presente abordagem, ao acesso à justiça, por meio da mediação, como meio de gestão de conflitos.

O universo que contempla pessoas com deficiência é extenso, e, voltando aos dados do censo demográfico do Instituto Brasileiro de Geografia e Estatística (IBGE), em 2010, 18,6% da população brasileira possui algum tipo de deficiência visual. Desse total, 6,5 milhões apresentavam deficiência visual severa, sendo que 506 mil com perda total da visão (0,3% da população) e 6 milhões, grande dificuldade para enxergar (3,2%).

---

12 IBGE. **PNAD** – Pesquisa Nacional por Amostra Contínua. Pessoas com deficiência, 2022. p. 2. Disponível em: https://biblioteca.ibge.gov.br/visualizacao/livros/liv102013_informativo.pdf. Acesso em: 6 nov. 2023.

Se atualizarmos esses dados estatísticos e fizermos uma extrapolação destes números para 2023, tomando como base os resultados do censo de 2022 e publicados em 2023, onde o Brasil tem 203,06 milhões de habitantes[13], os 18,6% da população brasileira com algum tipo de deficiência corresponderiam a 36 milhões de pessoas apresentariam alguma deficiência visual, 6,5 milhões teriam grande dificuldade de enxergar (3,2%) e 609 mil teriam perda total de visão (0,3% da população).

Diante deste contexto, nossas breves reflexões aqui compartilhadas buscam identificar e ressaltar o benefício comum que vem sendo gerado pelo encontro entre mediação, tecnologia e um convite à sua ampliação para pessoas com deficiência, mas, especificamente, a tecnologia assistida, na perspectiva do acesso à justiça.

A MEDIAÇÃO NO UNIVERSO VIRTUAL: REVISITANDO TEMPOS RECENTES

Mesmo antes da pandemia causada pela Covid-19, sabemos que os meios virtuais já eram utilizados para a realização da mediação com a utilização do telefone e de seus meios de troca de mensagens e reuniões realizadas a distância por plataformas virtuais. Entretanto, em geral tais práticas eras utilizadas em situações extraordinárias, nas quais as distâncias não podiam ser superadas por fatores pontuais ou em programas públicos e privados, ainda iniciantes, de realização de "mediação *online*" e de facilitação de negociações notadamente em relações consumeristas, por vezes, indevidamente denominadas de "mediação *online*".

Destacamos que a Lei de Mediação, consciente dos avanços que ocorreriam nessa área, dispôs expressamente no artigo 46 que "a mediação poderá ser feita pela internet ou por outro meio de comunicação que permita a transação à distância, desde que as partes estejam de acordo"[14].

Tal previsão, no viés da ampliação do acesso à justiça por meio da adoção da informatização do processo judicial, também vinha apoiar o movimento de modernização dos nossos Tribunais, que já estava sendo empreendido pelo Poder Judiciário, em âmbito nacional.

---

13 O Brasil tem 203,06 milhões de habitantes. Disponível em: https://g1.globo.com/economia/censo/noticia/2023/06/28/censo-2022-brasil-tem-203-milhoes-de-habitantes-47-milhoes-a-menos-que-estimativa-do-ibge.ghtml. Acesso em: 12 out. 2023.

14 Lei de Mediação. Lei nº 13.140, de 2015. Disponível em: https://www.planalto.gov.br/ccivil_03/_ato2015-2018/2015/lei/l13140.htm. Acesso em: 12 out. 2023.

Nesses tempos, acompanhando movimentos internacionais e atentos aos princípios norteadores da mediação e às boas práticas, grupos de trabalho institucionais[15] iniciaram a construção de diretrizes para atuação no contexto, sem ter noção do cenário que se avizinhava, prevendo e antecipando diretrizes que se fariam essenciais logo a seguir.

No entanto, foi certamente pelo isolamento vivenciado durante a pandemia iniciada ao início de 2020 que os meios tecnológicos virtuais brilharam, facilitando nossa comunicação a distância, nos mantendo em contato e próximos, na medida do possível.

Em certa medida, como já referido, havia um estudo prévio sobre o tema e experiências práticas em desenvolvimento, mas longe da proporção integral a qual seríamos submetidos. Na intensidade e na urgência, houve um aprendizado conjunto intensivo que nos deixou muitas lições, especialmente no que diz respeito às técnicas da mediação utilizadas no ambiente virtual.

Temas como: Seria possível desenvolver o *rapport* em ambiente virtual? Como promover acolhimento? A escuta, em que medida poderia ser provocada ou mantida? Como lidar com as emoções dos envolvidos? E a presença de possíveis terceiros não identificados pelas câmeras diante do princípio da confidencialidade? Como manter a atenção, o foco? E as adaptações dos regulamentos institucionais das câmaras privadas e dos centros judiciários? Tantos demais entre tantos outros, regados às condições pessoais que todos estávamos vivendo em termos de saúde física e mental, de dores, de perdas.

As respostas foram sendo encontradas e percebemos que, sim, era possível aplicar as técnicas de mediação também no ambiente virtual, por vezes, de modo adaptado, mas, sim, percebemos as emoções estampadas nas telas, nas vozes, nossos sentidos foram sendo ampliados. Identificamos barreiras de acesso social aos meios virtuais e, em assim sendo, o seu impacto no acesso à justiça, mesmo assim, enfim, nos adaptamos.

Hoje, ao revistar esse período, podemos ter a dimensão da potência do ser humano em ultrapassar obstáculos, do poder de resiliência que possuímos. Mas o que ainda falta acontecer para que a mediação efetivamente seja oportunizada para todas e todos? Poderíamos aqui pensar em vários contextos, sem dúvida. Desde agora e sempre, revelando nosso momento de aprendiz iniciante, compartilhamos reflexões sobre a tecnologia como forma de apoiar o acesso à mediação para pessoas com deficiência.

---

15 Como referência, conheça em International Mediation Institute (IMI). **Online Dispute Resolution Task Force**. Disponível em: https://imimediation.org/about/who-are-imi/odr-tf/. Acesso em: 6 nov. 2023.

AS TECNOLOGIAS ASSISTIDAS COMO FERRAMENTA DO PROCESSO DE MEDIAÇÃO PARA PESSOAS COM DEFICIÊNCIA AUDITIVA E VISUAL

O Estatuto da Pessoa com Deficiência nos oferece definições sobre temas que vão permear o presente contexto, como acessibilidade, desenho universal, tecnologia assistida, barreiras e suas classificações, adaptações razoáveis e comunicação[16].

Por acessibilidade, o legislador aponta a possibilidade e condição de alcance para utilização, com segurança e autonomia, de espaços, mobiliários, equipamentos urbanos, edificações, transportes, informação e comunicação, inclusive seus sistemas e suas tecnologias, bem como de outros serviços e instalações abertos ao público, de uso público ou privados de uso coletivo, tanto na zona urbana quanto na rural, por pessoa com deficiência ou com mobilidade reduzida.

Sabemos que o espaço é ferramenta da mediação e o quanto essa ferramenta pode proporcionar segurança psicológica, conforto, como pode impactar na geração de opções e tomada de decisão para todas as pessoas. Quando estamos em mediação com pessoas com deficiência, a adequação do espaço também é necessária e a concepção de produtos, ambientes, programas e serviços utilizados por todas as pessoas (desenho universal), para superar barreiras urbanísticas, arquitetônicas, nas comunicações e no compartilhamento de informações.

Já, no que tange à tecnologia da informação, objeto de nossas reflexões, salientamos sobretudo duas dimensões: a tecnologia enquanto barreira, ou seja, a que dificulta ou impede o acesso das pessoas com deficiência à mediação e a tecnologia como ferramenta de apoio de acesso e superação de barreiras nas comunicações e na informação.

Na primeira dimensão, identificamos *a priori* duas vertentes: a dificuldade ou mesmo a impossibilidade de acesso à rede mundial de computadores, banda larga (Internet) e equipamentos tecnológicos comunicacionais em sentido amplo, geradas, por um lado, pelo alto custo financeiro na sua aquisição e insuficiente disponibilidade pelo serviço público, e, por outro, a falta de habilidades digitais da grande maioria de nossa população, o que vem sendo denominado por exclusão digital.

Embora tenha havido avanços significados de acessibilidade durante e pós-período pandêmico, a situação permanece em atenção a regiões rurais e ao acesso ao uso de computadores, conforme apontam os dados obtidos em pesquisa realizada, em 2021, pelo Módulo de Tecnologia de Informação e Comunicação (TIC) do

---

16 Artigo 3º da Lei Brasileira de Inclusão da Pessoa com Deficiência (Estatuto da Pessoa com Deficiência, Lei nº 13.146, de 06.07.2015). Disponível em: https://www.planalto.gov.br/ccivil_03/_ato2015-2018/2015/lei/l13146.htm. Acesso em: 6 nov. 2023.

Instituto Brasileiro Geográfico e de Estáticas (IBGE)[17]. Diante do cenário, o Conselho Nacional de Justiça publicou a Recomendação nº 101, de 12.07.2021, a qual reconhece como excluído digital

> a parte que não detém acesso à internet e a outros meios de comunicação digitais e/ou que não tenha possibilidade ou conhecimento para utilizá-los, inclusive com tecnologia assistiva: e recomendando aos tribunais brasileiros, a fim de garantir o amplo acesso à justiça, disponibilizar, em suas unidades físicas, pelo menos um servidor em regime de trabalho presencial durante o horário de expediente regimental, ainda que cumulando funções, para atendimento aos excluídos digitais e efetuar o encaminhamento digital dos eventuais requerimentos formulados e auxiliar o jurisdicionado naquilo que se revelar necessário.[18]

A Recomendação nº 101/2021 do CNJ, conforme os seus "Considerandos", está pautada na observância que as implicações do uso da tecnologia dizem respeito aos direitos fundamentais, essencialmente o direito à igualdade, à pluralidade e ao acesso à justiça e, em assim sendo, no dever do Poder Judiciário em elaborar estratégias inclusivas ao trazer novas tecnologias com o fim de dar maior eficiência ao sistema, levando em conta, também, aqueles que não têm meios para acompanhar essa modernização, considerando que os benefícios decorrentes da utilização de novas plataformas e ferramentas tecnológicas não podem ser usufruídos por uma significativa parcela da sociedade brasileira, em razão de sua dificuldade no acesso aos meios digitais.

Fato é que muitos de nós somos "migrantes digitais" buscando desfrutar dos avanços tecnológicos. Mas as barreiras podem ainda ser mais significativas quando dificultam ou impedem o acesso da pessoa com deficiência às tecnologias.

Ao dispor, a tecnologia assistiva ou ajuda técnica, que nosso legislador descreve como produtos, equipamentos, dispositivos, recursos, metodologias, estratégias, práticas e serviços que objetivem promover a funcionalidade, relacionada à atividade

---

17 Apontam os dados que, "em 2021, no País, dentre os equipamentos utilizados para acessar a Internet no domicílio, o uso do telefone móvel celular continuou na vanguarda e bem próximo de alcançar a totalidade dos domicílios que acessavam a Internet (99,5%). Em segundo lugar, mas abaixo da metade dos domicílios em que havia acesso à Internet, estava a televisão (44,4%), seguida pelo microcomputador (42,2%) e pelo tablet (9,9%)". Em área urbana, 47,0% dos domicílios que utilizavam a Internet acessavam por meio da televisão, 45,6% acessavam pelo microcomputador e 10,7% pelo tablet. Por sua vez, em área rural, esses percentuais eram de 23,0%, 14,6% e 3,1%, respectivamente (IBGE. PNAD Contínua. **Acesso à Internet e à televisão e posse de telefone móvel celular para uso pessoal**, 2021. Disponível em: https://biblioteca.ibge.gov.br/visualizacao/livros/liv101963_informativo.pdf. Acesso em: 8 out. 2023).

18 Conselho Nacional de Justiça. **Recomendação nº 101, de 12.07.2021**. Disponível em: https://atos.cnj.jus.br/atos/detalhar/4036. Acesso em: 8 out. 2023.

e à participação da pessoa com deficiência ou com mobilidade reduzida. O objetivo da tecnologia assistida é a autonomia, independência, qualidade de vida e inclusão social, temas intimamente relacionados à mediação.

Pela tecnologia assistida, podemos cuidar de adaptações, que nós, mediadores e instituições provedoras de serviços de mediação, precisamos proporcionar a partir das necessidades apresentadas por cada um dos envolvidos no procedimento de mediação.

DIRETRIZES INICIAIS PARA MEDIAÇÕES COM PESSOAS COM DIVERSAS DEFICIÊNCIAS

No processo de mediação temos alguns pontos importantes a serem observados, quando no contexto que envolve pessoas com deficiência, na perspectiva auditiva e visual. O mediador deve flexibilizar os horários e procurar atuar em comediação, ou seja, mediadores que atuam em conjunto conduzindo o processo de mediação.

É importante realizar a pré-mediação, fase que antecede o início do procedimento de mediação e que tem por objetivo ofertar esclarecimentos sobre o processo, a escolha do mediador e o âmbito em que o processo se desenvolverá institucional (judicial e/ou privado) ou *ad hoc*. Na oportunidade, essencial perguntar se as necessidades de todos os participantes em relação a conforto, privacidade, comunicação, inclusão e empoderamento estão atendidas ou como podem ser atendidas.

Ainda na fase preparatória ao início da mediação, verificar de que forma a pessoa com deficiência pode participar da reunião, ou seja, em reuniões virtuais, presenciais e híbridas, e a possibilidade de realizar uma videoconferência para falar diretamente com a pessoa com deficiência, quando somente o representante legal estiver presente, devendo ser respeitada a preferência de agendamento das reuniões de mediação, conforme a condição específica de cada pessoa.

Em pré-mediação ou em reunião privada, consultar se a informação sobre o estado pessoal da pessoa com deficiência poderá ser compartilhada ou não com a(s) outra(s) parte(s).

Os mediadores deverão verificar se há acompanhantes a serem incluídos na mediação, ou seja, aquele que acompanha a pessoa com deficiência, podendo ou não desempenhar as funções de atendente pessoal, sim, como representantes legais, frisando que os mediadores focam nas capacidades, na autonomia e na independência das pessoas com deficiência.

Existem alguns casos de deficiência nos quais existe o acompanhamento de pessoas que poderão vir a orientar o seu cliente para uma decisão, conhecido como tomada de decisão apoiada.

Sabemos que a mediação é pautada por diversos princípios, entre eles pelo princípio da autonomia da vontade e da decisão informada. Importante frisar que a pessoa com deficiência possui plena capacidade civil, ou seja, a autonomia privada da pessoa com deficiência na tomada de decisão em participar, permanecer e fazer escolhas no processo de mediação se encontra atendida.

Caso necessite de apoio para tomada de decisão informada, para além das assessorias profissionais nos mais diversos campos, a pessoa com deficiência conta com o recurso da decisão apoiada, que, nos termos do artigo 1.783-A do Código Civil, é o

> processo pelo qual a pessoa com deficiência elege pelo menos duas pessoas idôneas, com as quais mantenha vínculos e que gozem de sua confiança, para prestar-lhe apoio na tomada de decisão sobre atos da vida civil, fornecendo-lhes os elementos e informações necessários para que possa exercer sua capacidade.[19]

Esse procedimento ocorrerá em âmbito judicial, devendo o juiz, antes de decidir, ser assistido por equipe multidisciplinar, ouvindo o Ministério Público e pessoalmente o requerente e as pessoas que lhe prestarão apoio. Nos termos do § 1º da aludida previsão,

> para formular pedido de tomada de decisão apoiada, a pessoa com deficiência e os apoiadores devem apresentar termo em que constem os limites do apoio a ser oferecido e os compromissos dos apoiadores, inclusive o prazo de vigência do acordo e o respeito à vontade, aos direitos e aos interesses da pessoa que devem apoiar.

A verificação dos limites do apoio acordado integra os cuidados do mediador em termos de extensão da autoridade em decidir, sendo que o legislador expressamente dispõe que "a decisão tomada por pessoa apoiada terá validade e efeitos sobre terceiros, sem restrições, desde que esteja inserida nos limites do apoio acordado" (artigo 1.783-A, § 4º, do Código Civil).

A participação e presença de advogados ou outra pessoa, mediante a permissão da pessoa com deficiência, deve ser contemplada, considerando a facultatividade da participação da advocacia no âmbito privado, ainda que nos pareça sempre importante, em termos do apoio à decisão informada. Quando consideramos a família da pessoa com deficiência, as mães e os pais podem ter ou estar vivenciando luto, reorganização familiar e papel vitalício de cuidadores. Os irmãos podem sentir-se deixados de lado ou "abandonados", e, desde jovens, podem assumir a "responsabilidade" futura, estresse, grandes demandas e muitas vezes demonstram aumento de maturidade, independência, autoconfiança, tolerância e preocupações humanitárias.

---

19 Artigo 1.783-A do Código Civil. Disponível em: https://www2.senado.leg.br/bdsf/bitstream/handle/id/506294/codigo_civil_5ed.pdf.

Todos os participantes do procedimento de mediação devem respeitar o princípio da confidencialidade, mesmo que estejam exercendo a função de apoio ao mediando. Por outo lado, aos mediadores, os cuidados e a atenção, quando nos são relatados casos de violência, vulnerabilidade e risco na mediação com pessoas com deficiência e pessoas idosas.

As pessoas com deficiência e pessoas idosas às vezes relatam aos mediadores ameaças, violência verbal, financeira, psicológica, física, inclusive estupro e tentativa de homicídio e feminicídio. Caso a pessoa esteja em risco, o fato poderá ser relatado à autoridade competente, como, por exemplo, ao juiz coordenador do Cejusc, ao promotor responsável pelo Núcleo de Incentivo às Práticas Autocompositivas do Ministério Público (Nuipa) ou ao Ministério Público, a depender do ambiente em que a mediação está sendo realizada.

CONSIDERAÇÕES FINAIS

Somos oito bilhões de pessoas, com nossas similitudes e diferenças, que tornam cada pessoa única, ímpar. No exercício cotidiano e inerente à condição humana da harmonização do nosso conviver, a mediação é um dos meios possíveis para a gestão produtiva de nossos conflitos.

As pessoas, todas, podem participar como partes de um procedimento de mediação, atendidos, especialmente, os princípios da autonomia privada e da decisão informada. Para tanto, suportes profissionais e técnicos, como os da tecnologia assistida, devem permanecer à disposição e acessíveis.

Os mediadores e as instituições provedoras de serviços de mediação, assim como o Poder Público, devem assegurar o acesso da pessoa com deficiência à justiça, em igualdade de oportunidades com as demais pessoas, garantindo, sempre que requeridos, adaptações e recursos de tecnologia assistiva, devendo capacitar os membros de sua equipe quanto aos direitos da pessoa com deficiência, proporcionando o acesso à justiça[20].

Ressaltamos ainda que, nos termos do artigo 74 da Lei Brasileira de Inclusão da Pessoa com Deficiência, "é garantido à pessoa com deficiência acesso a produtos, recursos, estratégias, práticas, processos, métodos e serviços de tecnologia assistiva que maximizem sua autonomia, mobilidade pessoal e qualidade de vida" por diversas formas de interação dos cidadãos que abrangem, nos termos da legislação citada, entre outras opções, as línguas, inclusive a Língua Brasileira de Sinais (Libras), a

---

20 Artigos 79 e seguintes da Lei Brasileira de Inclusão da Pessoa com Deficiência (Estatuto da Pessoa com Deficiência). Disponível em: http://www.planalto.gov.br/ccivil_03/_ato2015-2018/2015/lei/l13146.htm.

visualização de textos, o Braille, o sistema de sinalização ou de comunicação tátil, os caracteres ampliados, os dispositivos multimídia, assim como a linguagem simples, escrita e oral, os sistemas auditivos e os meios de voz digitalizados e os modos, meios e formatos aumentativos e alternativos de comunicação, incluindo as tecnologias da informação e das comunicações.

Para além das barreiras que podem ser superadas por tecnologias assistidas, cumpre-nos efetivamente cuidar e vencer as barreiras atitudinais ou seja, como o próprio legislador refere: "As atitudes ou comportamentos que impeçam ou prejudiquem a participação social da pessoa com deficiência em igualdade de condições e oportunidades com as demais pessoas"[21].

Todos nós temos direitos a um dia comum, como acordar, tomar café, sair de casa para trabalhar, divertir-se, ter lazer, almoçar, voltar à noite para casa, jantar, rezar, dormir e descansar na mesma hora que todos gostariam de dormir. Separar o trabalho do lazer e do morar/habitar, socializar, encontrar os amigos, namorar, amar, ficar, ter relações sexuais, casar-se, ter filhos, ter família, ter uma morte digna, um ano com férias, conhecer novos lugares, ir a festas e participar de datas festivas. Temos nossas necessidades específicas e gostaríamos que elas fossem respeitadas, assim como termos uma condição financeira estável e termos moradia acessível. A todos nós pertence o direito fundamental à mediação, acessível e oportunizada de maneira adequada para todos e todas, acolhendo cada pessoa com um ser único, merecedor de respeito.

REFERÊNCIAS

BRASIL. **Decreto nº 6.949, de 25 de agosto de 2009**. Promulga a Convenção Internacional sobre os Direitos das Pessoas com Deficiência e seu Protocolo Facultativo, assinados em Nova York, em 30 de março de 2007. Disponível em: https://www.planalto.gov.br/ccivil_03/_ato2007-2010/2009/decreto/d6949.htm. Acesso em: 6 nov. 2023.

BRASIL. **Lei Brasileira de Inclusão da Pessoa com Deficiência (Estatuto da Pessoa com Deficiência, Lei nº 13.146, de 06.07.2015)**. Disponível em: https://www.planalto.gov.br/ccivil_03/_ato2015-2018/2015/lei/l13146.htm. Acesso em: 6 nov. 2023.

BRASIL. **Código Civil**. Disponível em: https://www2.senado.leg.br/bdsf/bitstream/handle/id/506294/codigo_civil_5ed.pdf.

---

21 Artigo 3º da Lei Brasileira de Inclusão da Pessoa com Deficiência (Estatuto da Pessoa com Deficiência). Disponível em: http://www.planalto.gov.br/ccivil_03/_ato2015-2018/2015/lei/l13146.htm.

BRASIL. **Lei de Mediação – Lei nº 13.140, de 2015**. Disponível em: https://www.planalto.gov.br/ccivil_03/_ato2015-2018/2015/lei/l13140.htm. Acesso em: 12 out. 2023.

CONSELHO NACIONAL DE JUSTIÇA. **Recomendação nº 101, de 12.07.2021**. Disponível em: https://atos.cnj.jus.br/atos/detalhar/4036. Acesso em: 8 out. 2023.

DIVERSA. **Instituto Rodrigues Mendes**. Disponível em: https://diversa.org.br/artigos/monitoramento-meta-4-plano-nacional-educacao-possiveis-contribuicoes-ibge/. Acesso em: 12 out. 2023.

FERNANDES, Claudio. **Eugenia nazista**. Disponível em: https://www.historiadomundo.com.br/idade-contemporanea/eugenia-nazista.htm. Acesso em: 23 set. 2021.

FUNDAÇÃO DORINA NOWIL para cegos. Disponível em: https://fundacaodorina.org.br/a-fundacao/pessoas-cegas-e-com-baixa-visao/o-que-e-deficiencia/. Acesso em: 23 nov. 2023.

INSTITUTO MATTOS FILHO. **A história dos direitos das pessoas com deficiência**. Disponível em: https://www.politize.com.br/equidade/blogpost/historia-dos-direitos-das-pessoas-com-deficiencia/. Acesso em: 13 out. 2023.

INSTITUTO BRASILEIRO GEOGRÁFICO ESTATÍSTICO – IBGE. **PNAD** – Pesquisa Nacional por Amostra Contínua. Pessoas com deficiência, 2022. Disponível em: https://biblioteca.ibge.gov.br/visualizacao/livros/liv102013_informativo.pdf. Acesso em: 6 nov. 2023.

INTERNATIONAL MEDIATION INSTITUTE – IMI. **Online Dispute Resolution Task Force**. Disponível em: https://imimediation.org/about/who-are-imi/odr-tf/. Acesso em: 6 nov. 2023.

PORTAL EDUCAÇÃO. **Retrospecto histórico da pessoa com deficiência na sociedade**. Disponível em: https://siteantigo.portaleducacao.com.br/conteudo/artigos/direito/retrospecto-historico-da-pessoa-com-deficiencia-na-sociedade/48757. Acesso em: 24 set. 2023.

PORTAL G1. **O Brasil tem 203,06 milhões de habitantes**. Disponível em: https://g1.globo.com/economia/censo/noticia/2023/06/28/censo-2022-brasil-tem-203-milhoes-de-habitantes-47-milhoes-a-menos-que-estimativa-do-ibge.ghtml. Acesso em: 12 out. 2023.

SOLOMON, A. **Um crime da solidão**: reflexões sobre o suicídio. 1. ed. Tradução: Berilo Vargas. São Paulo: Companhia das Letras, 2018.

WASHINGTON GROUP (WG). Disponível em: https://www.washingtongroup-disability.com. Acesso em: 6 nov. 2023.

WATANABE, Kazuo. **Acesso à ordem jurídica justa (conceito atualizado de acesso à justiça)**: processos coletivos e outros estudos. Belo Horizonte: Del Rey, 2019.

CBAr JOVEM – MENTORIAS PARA PESQUISA

Coordenadores: Karina Riccio e Lucas de Medeiros Diniz. **Coordenadores na data de publicação desta obra:** Marianna Marra, Enrico Mazza e Giordano Loureiro.

O CBAr Jovem, grupo de jovens associados do CBAr, foi criado em junho de 2020 com o propósito de transpor o alcance da missão institucional do CBAr para um público mais jovem, viabilizando o estabelecimento de um sistema de interação que aproxime o público jovem de profissionais mais experientes. Além de preparar seus/suas membro(a)s para lidar com situações próprias do cotidiano de advogado(a)s e árbitro(a)s, o CBAr Jovem objetiva ampará-los no desenvolvimento de projetos acadêmicos-científicos.

Percebemos que, muitas vezes, embora o(a)s jovens advogado(a)s tenham excelentes iniciativas e ideias, não conseguem implementá-las justamente por falta de um(a) mentor(a) que o(a)s auxilie a definir os seus problemas, as hipóteses e as delimitações dos temas de pesquisa. Para suprir essa demanda, foi criado, no âmbito do CBAr Jovem, o projeto de "Mentorias para Pesquisa", com grupos de pesquisa sobre temas específicos: (**i**) teoria geral da arbitragem; (**ii**) arbitragem e direito societário; (**iii**) arbitragem e direito civil; (**iv**) arbitragem internacional e arbitragem de investimento; e (**v**) arbitragem e Administração Pública.

Cada grupo foi composto por até 6 (seis) membro(a)s do CBAr Jovem e amparados por dois(uas) tutore(a)s com sólida experiência e expertise, para que fossem desenvolvidas pesquisas sobre temas diversos.

Aproveitamos a oportunidade para agradecer a dedicação e a disponibilidade dos tutores que participaram do primeiro ciclo de mentorias: Renato Berger, Mariana Martins-Costa Ferreira, Adriana Noemi Pucci, Pedro Martini, Francisco Paulo de Crescenzo Marino, Giovana Benetti, Adriana Braghetta, Berardino di Vecchia Neto, Cristina M. Wagner Mastrobuono e Bruno Lopes Megna.

Os artigos ora apresentados são fruto dos debates ocorridos dentro desses grupos de mentorias.

Desejamos a todo(a)s uma excelente leitura.

17. A VALIDADE DA CLÁUSULA ARBITRAL NOS CONTRATOS POR ADESÃO REGIDOS PELO CÓDIGO CIVIL BRASILEIRO: UMA ANÁLISE SEGUNDO O ARTIGO 424

Fernando Vinícius Tavares Magalhães Morais[1]

Mestre em Direito Civil pela Universidade Federal de Minas Gerais.
Editor-assistente da Revista Brasileira de Arbitragem (RBA).
Advogado especializado em contratos de infraestrutura.
Membro de Gilberto José Vaz Advogados.

INTRODUÇÃO

Um pequeno supermercado de bairro no interior do Amazonas celebra um contrato de compra de leite com uma grande produtora, com atuação em todo o Brasil, sediada na cidade de São Paulo. Por ser uma das principais fornecedoras do supermercado, o preço para o fornecimento do produto é de R$ 15.000,00, o que é muito significativo para o pequeno supermercado, mas é tido como uma relação sem muita importância para a produtora de leite. Como forma de minimizar os custos de transação[2] em elaborar

---

1 O autor agradece aos Professores Francisco Paulo de Crescenzo Marino e Giovana Valentiniano Benetti pela valiosa mentoria no desenvolvimento do presente trabalho, no contexto do projeto de Mentorias de Pesquisa do CBAr Jovem em 2021.

2 "Custos de transação são os custos que os agentes enfrentam toda vez que recorrem ao mercado. De uma maneira mais formal, custos de transação são os custos de negociar, redigir e garantir o cumprimento de um contrato." (FIANI, Ronaldo. Teoria dos custos de transação. *In*: KUPFER, David; HASENCLEVER, Lia. **Economia industrial**: fundamentos teóricos e práticos no Brasil. Rio de Janeiro: Campus, 2002 p 269)

um contrato para cada venda[3], o que poderia inviabilizar a celebração de contratos de pequenas quantias como o firmado com o supermercado, a produtora utiliza uma minuta padrão de contrato, que não é passível de negociação pelos compradores. Entre as diversas cláusulas existentes há previsão de que todas as disputas serão resolvidas por meio de arbitragem (devendo a disputa ser decidida por três árbitros), administrada pela Câmara de Comércio Internacional, sendo a sede da arbitragem a cidade de Paris. O contrato é assinado, com visto específico para a cláusula arbitral.

Ocorrendo uma desavença entre as partes, oriunda do referido contrato, o pequeno supermercado somente poderá exercer as suas pretensões por meio de uma arbitragem com sede em Paris, administrada pela Câmara de Comércio Internacional? E assim se verifica mesmo se considerado que as despesas com o procedimento muito provavelmente serão maiores do que o valor da disputa em si?

É possível dizer que, segundo o senso comum, não seria razoável que a pequena sociedade empresária somente possa demandar a produtora de leite por meio de arbitragem, sediada em outro país. Porém, o jurista se vê em dificuldades. Ele percebe que não se trata de uma relação sujeita às regras do Código de Defesa do Consumidor ("CDC") e que os fatores de eficácia da cláusula arbitral em contratos por adesão, previstos na Lei nº 9.307/1996 ("Lei de Arbitragem"), encontram-se presentes. Diante disso, pergunta-se: Haveria outras regras que deveriam incidir sobre o caso? A regra prevista na Lei de Arbitragem, referente à eficácia da cláusula arbitral, seria a única aplicável?

À luz desse cenário, o presente artigo destina-se a expor o panorama atual sobre a matéria da cláusula arbitral em contratos formados por adesão, que não estão sujeitos às regras do CDC, com vistas a identificar outras possíveis regras que possam fundamentar uma solução para problemas como o exposto. Para tanto, será analisada a regulação da cláusula arbitral em contratos por adesão no Direito pátrio. Na sequência, será analisada a regulação dos contratos por adesão pelo Código Civil de 2002, com especial enfoque na análise do artigo 424, que trata da nulidade de cláusula que estipule a renúncia antecipada do aderente a direito resultante da natureza do negócio. Por derradeiro, será examinada a possibilidade de se analisar o tema da cláusula arbitral em contratos por adesão, levando-se em consideração o regramento do Código Civil para contratos por adesão.

---

3 Os gastos com as negociações do contrato, como a definição de seus termos, são exemplos recorrentes de custos de transação. Nesse sentido, cf. FORGIONI, Paula. **Contratos empresariais**: teoria geral e aplicação. 3. ed. São Paulo: Thomson Reuters Brasil, 2018. p. 144.

1. A CLÁUSULA ARBITRAL NOS CONTRATOS POR ADESÃO

A revolução industrial criou o fenômeno de contratação em massa, fazendo surgir os chamados contratos por adesão (comumente chamados de contratos de adesão[4]), nos quais há uma limitação da autonomia privada do aderente, que não detém a possibilidade de debater ou negociar o conteúdo do contrato[5].

Tendo em vista a particularidade na formação do vínculo contratual nesses contratos, a Lei de Arbitragem, para além da necessidade de que as cláusulas arbitrais sejam estipuladas por escrito, estabeleceu um requisito adicional para a eficácia da cláusula arbitral. É o que se observa do § 2º do artigo 4º da Lei de Arbitragem:

> Artigo 4º A cláusula compromissória é a convenção através da qual as partes em um contrato comprometem-se a submeter à arbitragem os litígios que possam vir a surgir, relativamente a tal contrato.
>
> § 1º A cláusula compromissória deve ser estipulada por escrito, podendo estar inserta no próprio contrato ou em documento apartado que a ele se refira.
>
> § 2º Nos contratos de adesão, a cláusula compromissória só terá eficácia se o aderente tomar a iniciativa de instituir a arbitragem ou concordar, expressamente, com a sua instituição, desde que por escrito em documento anexo ou em negrito, com a assinatura ou visto especialmente para essa cláusula.

Essa norma é aplicável aos contratos por adesão em sentido amplo, que não constituam relação de consumo[6], sendo que, para os contratos por adesão envolvendo relação de consumo, deve ser aplicado o artigo 51, VII, do CDC[7]-[8].

---

4 Sobre a nomenclatura "contrato por adesão" ou "contrato de adesão", Cristiano Zanetti, ao destacar sua preferência em utilizar a primeira expressão, afirma que "a adesão é uma forma de contratar e, portanto, não se presta a indicar o conteúdo do negócio. Não se pode cogitar de contrato de adesão como parelho ao contrato de compra e venda, de locação, de mútuo e assim por diante. Trata-se de um modo de pactuar e não de um tipo contratual. A categoria 'contrato por adesão' contrapõe-se à do contrato concluído por 'mútuo acordo', na qual as partes definem em conjunto o conteúdo do negócio pactuado" (ZANETTI, Cristiano de Sousa. **Direito contratual contemporâneo**: a liberdade contratual e sua fragmentação. Rio de Janeiro: Forense, v. 5, 2008. p. 224).

5 MIRANDA, Custodio da Piedade Ubaldino. **Contrato de adesão**. São Paulo: Atlas, 2002. p. 16; RODOVALHO DOS SANTOS, Thiago. **Cláusula arbitral nos contratos de adesão**: contratos de adesão de consumo, contratos de adesão civis, contratos de adesão empresariais. São Paulo: Almedina, 2016. p. 29-35.

6 RODOVALHO DOS SANTOS, Thiago. **Cláusula arbitral nos contratos de adesão**: contratos de adesão de consumo, contratos de adesão civis, contratos de adesão empresariais. São Paulo: Almedina, 2016. p. 120-121.

7 "Artigo 51. São nulas de pleno direito, entre outras, as cláusulas contratuais relativas ao fornecimento de produtos e serviços que: [...] VII – determinem a utilização compulsória de arbitragem; [...]."

8 Cabe ressaltar que há quem defenda que, em relações empresariais ou civis, em se tratando da vinculação do aderente a oligopólios, monopólios ou a uma parte visivelmente mais forte, o tratamento

Como destaca Carlos Alberto Carmona, o propósito do artigo 4º, § 2º, foi estabelecer uma proteção em favor do aderente:

> O legislador quis claramente favorecer o contratante economicamente mais fraco, a fim de evitar que a outra parte pudesse impor, nas condições gerais do contrato (às quais o oblato adere em bloco) também a solução de eventual controvérsia através da arbitragem (cláusula compromissória).[9]

Todavia, como destaca o autor, a redação dada ao dispositivo não atingiu essa finalidade, pois, independentemente da concordância expressa do aderente, para com a cláusula arbitral, esse "continuará sujeito à vontade do contratante mais forte"[10]. O autor destaca que, durante o trâmite da Lei de Arbitragem, foi apresentada subemenda na Câmara dos Deputados, que enfraqueceu o dispositivo, sendo que a redação original do artigo era a seguinte[11]: "Nos contratos de adesão, a cláusula compromissória só terá eficácia se o aderente tomar a iniciativa de instituir a arbitragem, ou concordar, expressamente, com a sua instituição".

Concorda-se com a crítica apresentada por Carlos Alberto Carmona, pois de nada adianta a aprovação expressa da cláusula pelo aderente[12]. Como se verá adiante, a ideia de aprovação expressa para eficácia de cláusulas tidas como abusivas em contrato por adesão é muito criticada, pois está ligada a um modelo individualista e formalista de contrato (não mais vigente[13]), no qual a grande preocupação era a cognoscibilidade das cláusulas, e não o equilíbrio do contrato. Todavia, atualmente, no direito ocidental, a ideia vigente é a de que, nos contratos por adesão, deve-se limitar

---

seria similar ao dos contratos que envolvam relação de consumo (ANTUNES DA COSTA, Nilton César. A Convenção de Arbitragem no contrato de adesão. **Revista de Arbitragem e Mediação**, v. 8, p. 119-141, jan./mar. 2006.

9 CARMONA, Carlos Alberto. **Arbitragem e processo**: um comentário à Lei nº 9.307/1996. 3. ed. São Paulo: Atlas, 2009. p. 106.

10 CARMONA, Carlos Alberto. **Arbitragem e processo**: um comentário à Lei nº 9.307/1996. 3. ed. São Paulo: Atlas, 2009. 106-107.

11 CARMONA, Carlos Alberto. **Arbitragem e processo**: um comentário à Lei nº 9.307/1996. 3. ed. São Paulo: Atlas, 2009. p. 107.

12 Corroborando essa crítica, Antônio Junqueira destaca que "[t]também considera válida a cláusula compromissória, se, redigida em negrito, o aderente puser sua assinatura, ou se puser visto, especialmente para ela (a lei é esta, mas cumpre dizer que isto já se mostrou inútil na Itália – 2.ª alínea do artigo 1.341 do 'Codice Civile' –; a verdade é que quem assina, uma vez, 'continua na sua' e põe visto, mais uma ou duas vezes, nas mesmas condições)" (JUNQUEIRA DE AZEVEDO, Antônio. A arbitragem e o direito do consumidor. **Revista de Direito do Consumidor**, São Paulo: Revista dos Tribunais, v. 24, 1997).

13 Miguel Reale destaca que o projeto que deu origem ao Código Civil de 2002 procurou superar o apego do Código de 1916 ao formalismo jurídico (REALE, Miguel. **História do novo Código Civil**. São Paulo: RT, 2005. p. 37 e 46).

o conteúdo das cláusulas tidas como abusivas para o aderente (independentemente desse tê-las aceito de forma expressa).

Observada essa crítica, cabe tecer alguns breves comentários sobre a aplicação do artigo 4º, § 2º.

Recentemente, teve início uma tentativa de flexibilização da quase inexistente proteção prevista ao aderente pela Lei de Arbitragem.

Nesse sentido, na aplicação desse dispositivo, Thiago Rodovalho busca diferenciar os contratos por adesão "puramente civis" dos "empresariais ou interempresariais" e, entre esta última categoria, é feita também a distinção entre os contratos em que há disparidades de força (como abuso de poder econômico ou abuso de dependência econômica empresarial) e os em que não há essa disparidade. Como fundamento dessa diferenciação, o autor afirma que a *ratio essendi* da Lei de Arbitragem é a "hiperproteção do hipossuficiente" e que não se poderia presumir que sempre existe a hipossuficiência do aderente[14]. A partir dessa diferenciação, Thiago Rodovalho defende que

> [c]onfere-se maior textura aberta à norma (como cláusula geral), evitando-se, assim, aplicação disfuncional da norma especialmente protetora, não se transferindo indevidamente sua hiperproteção a quem não é hipossuficiente, de modo a que o Estado não interfira excessivamente nas relações empresariais, prejudicando a célere dinâmica comercial do mundo moderno, e criando obstáculos que não são comuns – e muitas vezes nem esperados – nos contratos empresariais internacionais, *v.g.*
>
> Portanto, em se tratando de contrato de adesão empresarial ou interempresarial (= "relações empresariais" caracterizadas pelo escopo comum de ambas ou todas as partes envolvidas pela "busca do lucro" e presumidamente "simétricas") – sem que se faça presente de fato e in concreto a disparidade de forças (inexistência de hipossuficiência ou vulnerabilidade) – a "regra" e a "presunção" devem ser no sentido da "validade da cláusula arbitral" inserta nesse contrato de adesão, não incidindo, pois, a regra especialmente protetiva da LArb artigo 4 § 2º.[15]

Por mais que se entenda como correta a necessidade de, em muitos casos, se diferenciar se há, ou não, uma disparidade de forças em determinada relação contratual, como mencionado por Thiago Rodovalho (embora aqui se entenda que o

14 RODOVALHO DOS SANTOS, Thiago. **Cláusula arbitral nos contratos de adesão**: contratos de adesão de consumo, contratos de adesão civis, contratos de adesão empresariais. São Paulo: Almedina, 2016. p. 122 e ss.

15 RODOVALHO DOS SANTOS, Thiago. **Cláusula arbitral nos contratos de adesão**: contratos de adesão de consumo, contratos de adesão civis, contratos de adesão empresariais. São Paulo: Almedina, 2016. p. 136.

correto seja utilizar a expressão "disparidade de poder"[16]), essa análise, para fins da aplicação do artigo 4º, § 2º, da Lei de Arbitragem, não parece apropriada.

Em primeiro lugar, esse entendimento ignora o fato de que, independentemente de haver, ou não, uma manifesta disparidade de poder como a que existe nas relações regidas pelo CDC[17], o proponente do contrato por adesão encontra-se em uma situação mais vantajosa que o aderente, visto que a este último cabe apenas aceitar o bloco de obrigações que lhe é imposto[18]. Como destaca Gerson Branco, a questão não diz respeito à

> assimetria entre os sujeitos de direito (quem são às partes), mas a assimetria no processo de contratação (parte como núcleo de interesses), em que há um responsável pela elaboração do regulamento contratual e o aderente.[19]

---

16 Thiago Rodovalho utiliza a expressão "disparidade de forças" para se referir a um cenário no qual é necessário avaliar se inexiste hipossuficiência ou vulnerabilidade. No entanto, acredita-se que a expressão mais adequada seja "disparidade de poder", tendo em vista que a assimetria entre as partes está relacionada a uma disparidade de poder (econômico, técnico, informativo, jurídico). Nesse sentido, Judith Martins-Costa destaca que, "no mundo dos contratos, a assimetria está ligada a dois fenômenos polarmente correlatos: **poder** (econômico, técnico, informativo, jurídico) e **vulnerabilidade**. O primeiro abre-se em denotações: há **poder jurídico** (por exemplo, o decorrente da prevalência do interesse público, nos contratos administrativos; da presunção de legitimidade da ação administrativa, em geral; ou o poder do empregador de dar ordens ao empregado; o poder de órgãos públicos para ditar cláusulas em contratos de seguro); e há **poder puramente fático** (por exemplo, a impossibilidade real a uma das partes para conformar o conteúdo do contrato, porque, para obter o bem desejado, deve aderir a 'condições gerais dos negócios' massivamente predeterminadas, como os contratos de fornecimento de luz, água ou telefone; ou, em outro exemplo, o poder fático de acesso à informação que possibilitaria a adoção de um conteúdo contratual diverso, ou, mesmo, a decisão de não contratar; ou o poder econômico que se revela, *e.g.*, na formação de monopólios de fato" (MARTINS-COSTA, Judith. **A boa-fé no direito privado**: critérios para sua aplicação. 2. ed. São Paulo: Saraiva, 2018. p. 321).

17 Ao tratar da vulnerabilidade nas relações regidas pelo CDC, o STJ costuma destacar a vulnerabilidade técnica, a vulnerabilidade jurídica, a vulnerabilidade fática e a vulnerabilidade informacional. A exemplo: "A doutrina tradicionalmente aponta a existência de três modalidades de vulnerabilidade: técnica (ausência de conhecimento específico acerca do produto ou serviço objeto de consumo), jurídica (falta de conhecimento jurídico, contábil ou econômico e de seus reflexos na relação de consumo) e fática (situações em que a insuficiência econômica, física ou até mesmo psicológica do consumidor o coloca em pé de desigualdade frente ao fornecedor). Mais recentemente, tem se incluído também a vulnerabilidade informacional (dados insuficientes sobre o produto ou serviço capazes de influenciar no processo decisório de compra)" (Superior Tribunal de Justiça, REsp 1.195.642/RJ, 3ª Turma, Relª Min. Nancy Andrighi, J. 13.11.2012, DJe 20.11.2012).

18 Como destaca Gerson Branco: "Proteger o aderente nos contratos de adesão significa estabelecer limites à posição estratégica de quem estabelece unilateralmente as regras do jogo" (BRANCO, Gerson Luiz Carlos. Primeiras linhas sobre contratos de adesão e arbitragem comercial no direito brasileiro. **RJLB**, ano 2, n. 4, p. 752, 2016).

19 BRANCO, Gerson Luiz Carlos. Primeiras linhas sobre contratos de adesão e arbitragem comercial no direito brasileiro. **RJLB**, ano 2, n. 4, p. 762, 2016.

E, como forma de suprir essa assimetria no processo de contratação, a Lei de Arbitragem estabeleceu um requisito mínimo (que sequer garante o equilíbrio contratual, diga-se de passagem) de o aderente ter de apresentar concordância expressa e específica para a cláusula arbitral. Logo, há razão para que seja conferida uma proteção especial ao aderente. Até porque, mesmo em contratações empresariais de grande porte, frequentemente ocorre de cláusulas arbitrais serem previstas apenas em condições gerais que sequer são fornecidas à parte aderente[20].

E ainda que se leve em consideração algumas características dos agentes nas atividades empresariais, não é correto observá-las somente com relação ao aderente, como é proposto pelos defensores da não aplicação dos requisitos do artigo 4º, § 2º, da Lei de Arbitragem aos contratos empresariais.

Com efeito, um dos pressupostos da atividade empresarial é a presença de agentes ativos e probos[21] (nota-se que a profissionalidade dos agentes e a diligência também são destacadas por aqueles que defendem a não aplicação do dispositivo aos contratos empresariais[22]), sendo que esse padrão de comportamento deve ser observado para ambas as partes do contrato, não sendo possível focar a análise desse padrão somente no aderente.

Tendo em vista que ambas as partes devem atuar de modo diligente, é necessário refletir se o proponente do contrato por adesão não teria que ser minimamente diligente em obter a aprovação expressa do aderente para a cláusula arbitral. Ora, se o proponente tem o bônus de poder propor cláusulas que não podem ser discutidas, não é razoável que arque com o pequeno ônus, previsto na Lei de Arbitragem, de obter a concordância expressa do aderente com a cláusula arbitral? A partir dessa reflexão, é possível notar que o entendimento de que o artigo 4º, § 2º, da Lei de Arbitragem não seria aplicável aos contratos empresariais ignora que a diligência comum aos empresários também deve ser observada com relação ao proponente do contrato.

Em segundo lugar, necessário observar que o artigo 4º, § 2º, da Lei de Arbitragem não apresenta uma cláusula geral ou um conceito jurídico indeterminado que permita ao intérprete levar em consideração particularidades do caso concreto, na análise da eficácia da cláusula arbitral. Segundo o artigo, uma vez constatado que se trata de contrato por adesão, é imperioso verificar os fatores de eficácia da cláusula arbitral, que estão elencados no dispositivo.

Feitas essas observações, cabe ressaltar que o Superior Tribunal de Justiça entende que mesmo nos contratos empresariais por adesão, como em alguns casos

---

20 Muitas vezes essas condições gerais estão disponíveis em *sites*, sendo de difícil localização.

21 FORGIONI, Paula A. **Contratos empresariais**: teoria geral e aplicação. 3. ed. São Paulo: Revista dos Tribunais, 2018. p. 120-122.

22 RODOVALHO DOS SANTOS, Thiago. **Cláusula arbitral nos contratos de adesão**: contratos de adesão de consumo, contratos de adesão civis, contratos de adesão empresariais. São Paulo: Almedina, 2016. p. 133.

envolvendo contratos de franquia[23], os requisitos previstos no artigo 4º, § 2º, da Lei de Arbitragem devem ser observados. A exemplo, o Recurso Especial nº 1803752/SP[24], de relatoria da Ministra Nancy Andrighi, que expressamente destaca o seguinte:

> [...]
> 5. Os contratos de franquia, mesmo não consubstanciando relação de consumo, devem observar o que prescreve o artigo 4º, § 2º, da Lei nº 9.307/1996, na medida em que possuem natureza de contrato de adesão.
> Precedentes.
> 6. Hipótese concreta em que à cláusula compromissória integrante do pacto firmado entre as partes não foi conferido o devido destaque, em negrito, tal qual exige a norma em análise; tampouco houve aposição de assinatura ou de visto específico para ela.

Diante dessas breves considerações, nota-se que, nos contratos por adesão, não regidos pelas regras do CDC, é imperioso, como fator de eficácia da cláusula arbitral, que se observe solenidade específica, prevista no § 2º do artigo 4º da Lei de Arbitragem. Porém, é possível afirmar que essa formalidade é insuficiente para a proteção do aderente, pois, mesmo concordando expressamente com a cláusula arbitral, ele continuará sem qualquer poder de barganha na negociação da cláusula arbitral. Tendo em vista a insuficiência desse dispositivo, para regular todos os problemas envolvendo cláusulas arbitrais em contratos por adesão regidos pelo Código Civil, é necessário investigar se o ordenamento jurídico brasileiro apresenta outras normas que possam vir a ser aplicáveis em conjunto com o dispositivo da Lei de Arbitragem.

2. O CONTRATO POR ADESÃO NO CÓDIGO CIVIL BRASILEIRO

2.1 Introdução

Os contratos por adesão não eram regulados pelo Código Civil de 1916[25]-[26]. Isso decorre do fato de que esse Código teve como inspiração um modelo

23 Necessário frisar que são as circunstâncias fáticas que demonstrarão se um determinado contrato foi formado por adesão ou não, logo, não é possível presumir que um determinado tipo de contrato, como o contrato de franquia, será sempre um contrato formado por adesão.

24 Superior Tribunal de Justiça, REsp 1803752/SP, 3ª Turma, Relª Min. Nancy Andrighi, J. 04.02.2020, DJe 24.04.2020.

25 NERY, Deborah Cristina dos Santos. **Contratos de prestação de serviços por adesão**: uma análise do artigo 424 do Código Civil. São Paulo: Almedina, 2021. p. 31.

26 A primeira regulação dos contratos por adesão no Direito brasileiro deu-se com o Código de Defesa do Consumidor. Contudo, esses dispositivos somente são aplicados a relações de consumo,

individualista e formalista[27] (por alguns chamado modelo liberal de contrato[28]). Essa visão individualista levava em consideração um ser humano ideal ou imaginário em vez do homem verdadeiro, "na sua realidade misteriosa e densa e tantas vezes desconcertante"[29].

Porém, essa visão de contrato foi alterada, já que, com o tempo, notou-se que em muitos casos o acordo firmado "era mais aparente do real"[30]. Com isso, as iniciativas legislativas passaram a regular o campo antes deixado ao livre-arbítrio dos contratantes, bem como decisões dos tribunais começaram a admitir teorias como a teoria da imprevisão, a resolução por excessiva onerosidade e o abuso de direito, jogando "por terra a antiga majestade do *pacta sunt servanda*"[31].

Nesse sentido, o Código Civil de 2002, atento às mutações sociais, inspirado na compreensão solidária dos valores individuais e coletivos[32], trouxe novas figuras, como a função social do contrato, a boa-fé objetiva, a onerosidade excessiva, entre outras.

No que interessa ao presente estudo sobre os contratos por adesão, no novo Código Civil foram previstas normas "visando a garantir o aderente perante o ofertante, dotado de vantagens que sua posição superior lhe propicia"[33]. Nesse sentido, o artigo 423 estabeleceu regra de interpretação mais favorável ao aderente diante de cláusulas ambíguas ou contraditórias[34]. Já o artigo 424 previu uma limitação de conteúdo nos contratos por adesão, estabelecendo que, nesses contratos, são nulas

---

sendo que, até o advento do Código Civil de 2002, não havia regras aplicáveis aos contratos civis e empresariais formados por adesão que não tratam de relação de consumo.

27 REALE, Miguel. **História do Novo Código Civil**. São Paulo: RT, 2005. p. 46.

28 Luciano Timm entende que esse "modelo liberal de contrato" teve como inspiração a ideia da existência de uma igualdade formal entre as partes do contrato e a não intervenção judicial do pacto firmado entre elas. Cf. TIMM, Luciano Benetti. **Direito contratual brasileiro** – Críticas e alternativas ao solidarismo jurídico. 2. ed. São Paulo: Atlas, 2015. p. 33 e ss.

29 VILLELA, João Baptista. Por uma nova teoria dos contratos. **Revista de Direito e Estudos Sociais**, Coimbra, a. 20, n. 2-3, 4, p. 318, abr./dez. 1975. Em sentido semelhante, Miguel Reale destaca que, no Código de 1916, o sujeito de direito era concebido como um indivíduo *in abstracto*, em uma igualdade formal. Cf. REALE, Miguel. **História do novo Código Civil**. São Paulo: RT, 2005. p. 263.

30 VILLELA, João Baptista. Por uma nova teoria dos contratos. **Revista de Direito e Estudos Sociais**, Coimbra, a. 20, n. 2-3, 4, p. 319, abr./dez. 1975. Em sentido semelhante, Fernando Scaff comenta que "não tardou para que se verificasse que tal presenta igualdade entre os contratantes constituía-se numa interpretação muito mais formal do que material"(SCAFF, Fernando Campos. As novas figuras contratuais e a autonomia da vontade. **Revista da Faculdade de Direito**, Universidade de São Paulo, p. 143, 1996).

31 VILLELA, João Baptista. Por uma nova teoria dos contratos. **Revista de Direito e Estudos Sociais**, Coimbra, a. 20, n. 2-3, 4, p. 319, abr./dez. 1975.

32 REALE, Miguel. **História do novo Código Civil**. São Paulo: RT, 2005. p. 34 e 102.

33 Exposição de Motivos do Código Civil de 2002.

34 "Artigo 423. Quando houver no contrato de adesão cláusulas ambíguas ou contraditórias, dever-se-á adotar a interpretação mais favorável ao aderente."

as cláusulas que estipulem a renúncia antecipada do aderente a direito resultante da natureza do negócio[35].

Como o artigo 423 limita-se a trazer regra de interpretação do contrato por adesão, é possível descartar, sem necessidade de maiores reflexões, a sua relevância no estudo da validade/eficácia da cláusula arbitral nesses contratos. Por isso, a seguir, será aprofundado o estudo do artigo 424, que, como mencionado antes, apresenta uma regra de controle de conteúdo dos contratos por adesão a partir da ideia de que é vedada a "renúncia antecipada do aderente a direito resultante da natureza do negócio".

2.2 Fundamentos do artigo 424 do Código Civil

Na busca de uma melhor interpretação do escopo de aplicação do artigo 424 do Código Civil, é necessário, primeiramente, investigar os seus fundamentos.

Como destaca Deborah Nery, nos contratos negociados ambas as partes são responsáveis pelo conteúdo do contrato e, consequentemente, "tratadas como tendo querido as suas consequências vinculativas". No entanto, isso não se verifica nos contratos por adesão, sendo comum que aquele que redige o contrato "estipule um regramento que, pautado em seu interesse exclusivo, lhe beneficie, o que pode ocorrer em detrimento do aderente"[36].

Diante deste contexto, o Código Civil apresenta o artigo 424, que confere uma proteção ao aderente em razão da limitação do conteúdo do contrato por adesão. Poucos autores se dedicaram a identificar o fundamento do dispositivo em questão[37]. Por isso, é imperioso uma breve análise do Direito estrangeiro sobre o tema, no intuito de verificar se há semelhança entre o Direito pátrio e o Direito estrangeiro e se a análise deste último pode contribuir para a análise do dispositivo do Código Civil brasileiro[38].

---

35 "Artigo 424. Nos contratos de adesão, são nulas as cláusulas que estipulem a renúncia antecipada do aderente a direito resultante da natureza do negócio."

36 NERY, Deborah Cristina dos Santos. **Contratos de prestação de serviços por adesão**: uma análise do artigo 424 do Código Civil. São Paulo: Almedina, 2021. p. 147.

37 Como raras exceções podem ser citados os trabalhos de Debora Nery (NERY, Deborah Cristina dos Santos. **Contratos de prestação de serviços por adesão**: uma análise do artigo 424 do Código Civil. São Paulo: Almedina, 2021) e Cristiano Zanetti (ZANETTI, Cristiano de Sousa. **Direito contratual contemporâneo**: a liberdade contratual e sua fragmentação. Rio de Janeiro: Forense, v. 5, 2008).

38 Sabe-se que um estudo de direito comparado "[é] útil para um melhor conhecimento do nosso direito nacional e para seu aperfeiçoamento" (DAVID, René. **Os grandes sistemas do direito contemporâneo**. 5. ed. São Paulo: Martins Fontes, 2014. p. 6).

O primeiro ordenamento jurídico que versou sobre a contratação por adesão foi o Código Civil italiano de 1942, que trouxe disposição sobre cláusulas contratuais gerais em seu artigo 1.341[39].

Esse dispositivo, sob uma ótica formalista que ainda era vigente na década de 1940[40], apenas se preocupava com a cognoscibilidade do aderente quanto a determinadas cláusulas, estabelecendo, como fator de eficácia, que essas cláusulas deveriam ser especificamente aprovadas pelo aderente. São essas: as condições que estabeleçam, a favor do contratante que as elaborou, limitações de responsabilidade, a faculdade de resolver o contrato ou de suspender a sua execução, ou venham a estatuir a decadência contra o outro contratante, limitações ao direito de opor exceções, restrições à liberdade contratual nas relações com terceiros, prorrogação tácita ou renovação do contrato, cláusulas de arbitragem ou derrogação da competência da autoridade judicial.

Sobre esse artigo, é comum, na doutrina italiana, referências de que as cláusulas nele listadas são consideradas gravosas, prejudiciais ao aderente, sendo até mesmo chamadas de "vexatórias"[41]-[42]. Inclusive, em artigo que reconhece as hipóteses listadas como cláusulas gerais onerosas, Anteo Genovese destaca que são cláusulas gerais onerosas as que estabelecem, a favor do proponente, vantagens contratuais ou que

39 *"Artículo 1.341 Condizioni generali di contratto Le condizioni generali di contratto predisposte da uno dei contraenti sono efficaci nei confronti dell'altro, se al momento della conclusione del contratto questi le ha conosciute o avrebbe dovuto conoscerle usando l'ordinaria diligenza (1370, 2211). In ogni caso non hanno effetto, se non sono specificamente approvate per iscritto, le condizioni che stabiliscono, a favore di colui che le ha predisposte, limitazioni di responsabilità, (1229), facoltà di recedere dal contratto(1373) o di sospenderne l'esecuzione, ovvero sanciscono a carico dell'altro contraente decadenze (2964 e seguenti), limitazioni alla facoltà di opporre eccezioni (1462), restrizioni alla libertà contrattuale nei rapporti coi terzi (1379, 2557, 2596), tacita proroga o rinnovazione del contratto, clausole compromissorie (Cod. Proc. Civ. 808) o deroghe (Cod. Proc. Civ. 6) alla competenza dell'autorità giudiziaria."*

40 MORESCO, Matteo Giovanni Maria. **Condizioni generali di contratto e tutela della concorrenza**. Tese de Doutorado –niversità Degli Studi di Milano. Milão, 2019. p. 23.

41 Especificamente sobre o termo "vexatórias", Matteo Giovanni Moresco destaca, com base nas doutrinas de Cesare Massimo Bianca e de Guido Patti e Salvatore Patti, que esse é o termo comumente utilizado pela doutrina para se referir às cláusulas contidas na lista do artigo 1.341. Não obstante, o autor destaca que Anteo Genovese acredita que o adjetivo "vexatório" parece estar acompanhado de uma "suspeita de ilegalidade" que nem sempre é justificada, preferindo, portanto, os termos "onerosas" ou "periculosas" ao se referir a essas cláusulas (MORESCO, Matteo Giovanni Maria. **Condizioni generali di contratto e tutela della concorrenza**. Tese de Doutorado – Università Degli Studi di Milano. Milão, 2019. p. 18).

42 *"L'articulo 1341 co. 2 c.c. prevede poi una forma di controllo più intensa per alcuni tipi di clausole, ritenute particolarmente pregiudizievoli per l'aderente e quindi 'vessatorie' (si fa riferimento ad es. alle clausole di limitazione di responsabilità o di deroga alla competenza dell'autorità giudiziaria)"* MORESCO, Matteo Giovanni Maria. **Condizioni generali di contratto e tutela della concorrenza**. Tese de Doutorado – Università Degli Studi di Milano. Milão, 2019. p. 18). Também sobre o caráter vexatório e gravoso, cf. LAPERTOSA, Flavio. La giurisprudenza tra passato e futuro dopo l'avvento della nuova disciplina sulle clausole vessatorie. **Il Foro Italiano**, v. 120, p. 357 e ss., 1997.

impõem ao aderente limite ou desvantagens, derrogando normas gerais e particulares ao contrato em questão[43].

Assim, é possível notar que o dispositivo do Código Civil italiano busca chamar a atenção do aderente para cláusulas que seriam para ele gravosas ou onerosas, que lhe tragam desvantagens, como, a exemplo, a derrogação de normas gerais (aqui estando englobada a derrogação da jurisdição estatal por meio da estipulação da cláusula arbitral).

Como ressalta Cristiano Zanetti, o regramento italiano é tímido, pois não limita o conteúdo do contrato, apenas assegurando que o aderente tenha prévio conhecimento dos termos da avença, sendo a insuficiência desse dispositivo sobejamente reconhecida pela doutrina italiana[44]. Nesse sentido, como o autor também destaca, o regramento do artigo 1.341, em vez de efetivamente proteger o aderente, apenas prevê uma burocracia de a parte ter de assinar o contrato em diversos pontos:

> Seu regramento [do Código Civil italiano], porém foi tímido, pois apenas previu a necessidade de se aprovar de modo expresso e em separado a cláusula, o que, no final, reduz-se a necessidade de assinar o contrato em diversos pontos. Tendo em vista a impossibilidade de discutir o conteúdo do negócio, inerente à sua qualificação como contrato de adesão, não há grande diferença se a parte o subscreve uma, duas, três ou mais vezes. O importante é que a parte se encontra na situação de dever decidir se aceita ou não o contrato que lhe é proposto como um todo. Admite-se, no máximo, a discussão de cláusulas secundárias, o que certamente não é o caso da delimitação das responsabilidades das partes.[45]

Após o Código Civil italiano, outras legislações também abordaram o tema da eficácia ou validade de cláusulas na contratação por adesão. Na Alemanha, a *Gezets zur Regelung des Rechts der allgemeinen Geschäfstbedingungen-AGB Gesetz*, de 1976 (posteriormente incorporada ao BGB de 2002), estabeleceu que são ineficazes as cláusulas de condições gerais se, em contrário aos ditames da boa-fé, prejudicarem desarrazoadamente o outro contratante. Estabeleceu-se que, na dúvida, é de se assumir que existe um prejuízo irrazoável se uma cláusula: (i) não é compatível com princípios essenciais da disciplina legal que afastou ou (ii) restrinja direitos e

---

43 GENOVESE, Anteo. Osservazioni "de iure condendo" circa le condizioni generali di contratto. **Il Foto Italiano**, v. 85, p. 123, 1962.

44 ZANETTI, Cristiano de Sousa. **Direito contratual contemporâneo**: a liberdade contratual e sua fragmentação. Rio de Janeiro: Forense, v. 5, 2008. p. 234.

45 ZANETTI, Cristiano de Sousa. **Direito contratual contemporâneo**: a liberdade contratual e sua fragmentação. Rio de Janeiro: Forense, v. 5, 2008. p. 252.

obrigações essenciais, que resultem da natureza do contrato, de modo que a consecução do propósito do contrato é colocada em risco[46].

Cabe registrar que também há a previsão de uma lista de cláusulas proibidas com a possibilidade de valoração pelo julgador (cláusulas potencialmente ineficazes, a depender do caso concreto)[47] e um rol de cláusulas proibidas *sem* a possibilidade de valoração pelo julgador (cláusulas absolutamente ineficazes)[48]. Destaca-se que, como previsto na seção 310 do BGB, essas duas listas não aproveitem, de modo imediato, aos contratos concluídos entre empresários (nos quais a proibição das cláusulas está sempre condicionada à prévia demonstração da violação, em concreto, da boa-fé objetiva); todavia, elas podem ser utilizadas como diretrizes, para que seja aferido, em concreto, a abusividade de uma determinada cláusula contratual[49].

Otto Sandrock ressalta que esse regramento foi baseado no pressuposto de que o princípio da liberdade contratual muitas vezes permite que uma das partes do contrato introduza uma rede de estipulações destinadas a substituir a lei ou os estatutos normalmente aplicáveis às relações entre as partes, com isso fortalecendo a sua posição jurídica, ao mesmo tempo em que enfraquece os direitos e remédios da outra parte[50].

Sobre o desequilíbrio na inserção de uma cláusula no Direito alemão, Custodio Ubaldino Miranda destaca que esse deve ser significativo, sendo que não é a "mera derrogação de uma norma isolada do direito dispositivo que deve ser levada em consideração, mas a sua *incompatibilidade com o conjunto*, com o todo do regulamento contratual"[51].

46 "*Section 307. Test of reasonableness of contents*
(1) Provisions in standard business terms are ineffective if, contrary to the requirement of good faith, they unreasonably disadvantage the other party to the contract with the user. An unreasonable disadvantage may also arise from the provision not being clear and comprehensible.
(2) An unreasonable disadvantage is, in case of doubt, to be assumed to exist if a provision
1. is not compatible with essential principles of the statutory provision from which it deviates, or
2. limits essential rights or duties inherent in the nature of the contract to such an extent that attainment of the purpose of the contract is jeopardised."

47 Seção 308 do BGB.

48 Seção 309 do BGB.

49 ZANETTI, Cristiano de Sousa. **Direito contratual contemporâneo**: a liberdade contratual e sua fragmentação. Rio de Janeiro: Forense, v. 5, 2008. p. 241-242.

50 "*The new Act is based on the assumption that the principle of freedom of contract guaranteed by law often enables one of the parties to a contract to introduce a whole network of stipulations designed to replace the common law or statutes normally applicable to the relations between the parties, thereby strengthening the legal position of that party, while weakening the rights and remedies of the other.*" (SANDROCK, Otto. The Standard Terms Act 1976 of West Germany. **American Journal of Comparative Law**, v. 26, p. 551, 1977.

51 MIRANDA, Custodio da Piedade Ubaldino. **Contrato de adesão**. São Paulo: Atlas, 2002. p. 195.

No Direito português, a matéria é regulada por meio do Decreto-Lei nº 466, de 1985. O artigo 15 dessa legislação estabelece que "são proibidas as cláusulas contratuais gerais contrárias à boa-fé", sendo que, como dispõe o artigo 16, na avaliação dessa proibição deve-se ponderar os valores fundamentais do direito, relevantes em face da situação concreta, levando em consideração, especialmente:

> a) A confiança suscitada, nas partes, pelo sentido global das cláusulas contratuais em causa, pelo processo de formação do contrato singular celebrado, pelo teor deste e ainda por quaisquer outros elementos atendíveis; e
> b) O objectivo que as partes visam atingir negocialmente, procurando-se a sua efectivação à luz do tipo de contrato utilizado.

Segundo a doutrina portuguesa, a ideia de controle com base na boa-fé é que aquele que se encontra em posição de domínio deve tomar em consideração os interesses da contraparte, cumprindo-lhe evitar estipulações que resultem na lesão desproporcionada desses interesses[52].

E tal qual o Direito alemão, no Decreto-Lei nº 466, de 1985, em seção destinada exclusivamente às relações entre empresários ou entidades equiparadas, é apresentado um rol de "cláusulas absolutamente proibidas"[53] (com diferença, para o regramento alemão, de que no regramento português essa proibição vale para todos os contratos concluídos por adesão) e um rol de "cláusulas relativamente proibidas"[54], que são "susceptíveis de serem válidas para certos tipos de contratos e não para outros"[55].

Para fins do presente estudo, merece destaque o fato de que uma das hipóteses de cláusulas relativamente proibidas são as cláusula gerais que "estabeleçam um foro competente que envolva graves inconvenientes para uma das partes, sem que os interesses da outra o justifiquem"[56], sendo que, como destaca a doutrina, "[a]s cláusulas de atribuição de competência vantajosas para os predisponentes constituem [...] um exemplo clássico de cláusulas inseridas em contratos de adesão"[57].

---

52 RIBEIRO, Joaquim Sousa. **O problema do contrato**: as cláusulas contratuais gerais e o princípio da liberdade contratual. Coimbra: Almedina, 2003. p. 554-562.
53 Artigo 18.
54 Artigo 19.
55 ALMEIDA COSTA, Mário Júlio de; MENEZES CORDEIRO, António. **Cláusulas contratuais gerais**. Anotação ao Decreto-Lei nº 446/1985, de 25 de outubro. Coimbra: Almedina, 1991. p. 46.
56 Artigo 19, *g*.
57 PRATA, Ana. **Contratos de adesão e cláusulas contratuais gerais**. 2. ed. Coimbra: Almedina, 2021. p. 486.

Essa hipótese, tal qual as demais cláusulas relativamente proibidas[58], demanda uma valoração, à luz do caso concreto[59], em razão da adoção do conceito jurídico indeterminado "graves inconvenientes".

Mário Júlio de Almeida Costa e António Menezes Cordeiro comentam que, por meio de estipulações inconvenientes do foro competente ou da lei aplicável, é possível reduzir o exercício dos direitos das partes, e, tendo em conta os postulados da justiça comutativa, para a validade dessas cláusulas é necessária uma ponderação mínima de interesses[60]. Já Ana Prata ressalta que esses inconvenientes graves

> [p]odem consistir na distância do tribunal, na maior onerosidade, desconforto ou dificuldade do recurso ao estabelecido (independentemente da localização espacial), em risco de hostilidade do foro escolhido às pretensões dos aderentes em geral ou daquele em particular, ou em factores de diversa índole.[61]

Ainda, merece atenção o fato de que a doutrina portuguesa já destacou que a proibição prevista na alínea *g* do artigo 19 do Decreto-Lei nº 466 vale também para cláusulas arbitrais:

> Menezes Cordeiro dá o bom exemplo da língua como "inconveniente grave" e cita concordantemente Miguel Teixeira de Sousa no entendimento de que a

---

58 Como destaca Antonio Pinto Monteiro: "Quanto às cláusulas relativamente proibidas, é de realçar a utilização generalizada de conceitos de conteúdo indeterminado – *v.g.*, 'excessivos', 'injustificadamente', 'interesses sérios' –, evidenciando o papel concretizador a desempenhar, em cada caso, atentas as circunstâncias adjacentes, pelo tribunal, à luz do padrão de referência a considerar" (PINTO MONTEIRO, Antonio. Contratos de adesão: o regime jurídico das cláusulas contratuais gerais instituído pelo Decreto-Lei nº 446/1985, de 25 de outubro. **Revista da Ordem dos Advogados**, Lisboa, ano 46, p. 756, 1986).

59 Necessário registrar entendimento contrário de Custodio Ubaldino Miranda, no sentido de que essa análise não deve ser feita em face do contrato individualmente celebrado, mas à luz das "próprias 'condições gerais' consideradas no seu tipo geral e abstrato, antes mesmo da celebração de contratos singulares" (MIRANDA, Custodio da Piedade Ubaldino. **Contrato de adesão**. São Paulo: Atlas, 2002. p. 200).

Contudo, destaca-se que os julgados que analisam o artigo 19 acabam analisando o caso concreto. A exemplo, o Acórdão nº 2042/13.7TVLSB.L1.S1 do Supremo Tribunal de Justiça, julgado em 16.03.2017, que destaca: "Na avaliação do carácter abusivo das cláusulas 'relativamente proibidas' ao abrigo do artigo 19.º da LCCG, deverá ter-se em atenção não só o 'quadro negocial padronizado' segundo o tipo ou modelo geral do contrato em que aquela se insere tendo em conta a actividade do utilizador mas também todas as demais circunstâncias que acompanharam e condicionaram a feitura do contrato, nomeadamente, as especialmente atinentes ao destinatário das cláusulas".

60 ALMEIDA COSTA, Mário Júlio de; MENEZES CORDEIRO, António. **Cláusulas contratuais gerais**. Anotação ao Decreto-Lei nº 446/1985, de 25 de outubro. Coimbra: Almedina, 1991. p. 48.

61 PRATA, Ana. **Contratos de adesão e cláusulas contratuais gerais**. 2. ed. Coimbra: Almedina, 2021. p. 488.

> proibição é extensiva ao tribunal arbitral, acrescentando que "esta solução é, por razões paralelas, aplicável ao Direito estrangeiro".
> A aplicabilidade desde proibição aos tribunais arbitrais é expressamente analisada por Raúl Ventura que se pronuncia "no sentido de uma interpretação lata de 'foro competente', pois afigura-se [...] [lhe] a expressão bastante ampla para compreender as duas hipóteses [tribunal ordinário e tribunal arbitral]. Acrescenta o autor que, 'na hipótese de esta interpretação extensiva não ser admitida, a cláusula compromissória causadora dos inconvenientes previstos na alínea *g)* poderá também ser relativamente proibida, visto que a enumeração feita no artigo 19.º não é taxativa e a analogia imporia a mesma solução'".[62]

Por último, quanto ao Direito português, destaca-se que há registro de caso do Supremo Tribunal de Justiça no qual, na análise das cláusulas proibidas, essas tenham sido classificadas como abusivas[63]. Também há notícia de caso do Supremo Tribunal de Justiça em que foi feita referência a uma análise de proporcionalidade, para análise da abusividade[64].

Diante desses breves comentários, nota-se que os Direito português e alemão conferem uma proteção muito maior ao aderente do que a prevista no Direito italiano, que apresenta uma proteção meramente formal, visando à cognoscibilidade, por parte do aderente, de cláusulas onerosas. Nos regramentos português e alemão, para além de as cláusulas serem cognoscíveis para o aderente, é necessário analisar o seu conteúdo, no intuito de se verificar se essa é abusiva[65]. Sobre a maior proteção por parte dos Direitos alemão e português, Deborah Nery destaca o seguinte:

> Superando o regramento tímido do Código Civil italiano acima mencionado, os legisladores alemães e portugueses reputaram insuficiente a tutela do aderente no sentido de impor ao predisponente o ônus de comunicação e esclarecimento do conteúdo das cláusulas contratuais. Assim, ao lado das medidas destinadas a fomentar o conhecimento exato das cláusulas contratuais gerais, foram adotadas específicas proibições de conteúdo, restringindo a autonomia privada nesses

---

62 PRATA, Ana. **Contratos de adesão e cláusulas contratuais gerais**. 2. ed. Coimbra: Almedina, 2021. p. 489.

63 Supremo Tribunal de Justiça, Acórdão nº 240/11.7TBVRM.G1.S1, J. 27.09.2016.

64 Tribunal da Relação de Lisboa, Acórdão nº 3366-10.0TBTVD.L1-8, J. 01.06.2017.

65 Comentando o Direito português, Jorge Morais Carvalho já destacou que "o objetivo deste ponto consiste em estudar o quarto momento legalmente definido para controlo de cláusulas contratuais gerais, incidindo já não em aspetos relativos à sua cognoscibilidade pelo aderente, mas no próprio mérito da cláusula, em função do seu conteúdo, para determinar se é abusiva. Em concreto, apenas se justifica a análise do eventual caráter abusivo de uma cláusula se esta tiver passado o crivo da conexão, da comunicação e do esclarecimento" (MORAIS CARVALHO, Jorge. O regime português das cláusulas contratuais gerais. **Revista de Direito do Consumidor**, v. 135, p. 257-334).

contratos. Isso ocorreu pois entendeu-se que apenas o conhecimento pelo aderente do conteúdo do contrato – ainda que obrigatório – não lhe proporcionaria alternativas reais de defesa de seus interesses.[66]

Feito esse resumo sobre o regramento dos Direito italiano, alemão e português, é possível notar uma semelhança entre eles; afinal, todos visam a impedir um desequilíbrio causado ao aderente, por meio de vantagens indevidas ao proponente do contrato; a pactuação de determinadas renúncias de direitos por parte do aderente, tidas como desproporcionais; a estipulação de desvantagens excessivas ou de cláusulas que agravem a situação do aderente, etc. Ainda, em todos esses sistemas é comum que as cláusulas vedadas sejam tidas como abusivas. Por isso, por mais que o modo de proteção seja diferente em cada regramento, o fundamento da proteção parece ser coincidente. Veja-se.

Apesar de nos regramentos português e alemão ser feita referência à boa-fé, o que não ocorre no regramento italiano, parece razoável afirmar que a boa-fé também se encontra presente na tutela conferida pelo diploma italiano (mesmo que seja desnecessário que se demonstre a sua violação). Isso porque o Código Civil italiano estabelece a necessidade de que o aderente seja informado das condições gerais, sendo que, para determinadas condições, ele deve apresentar aprovação específica. Sobre o tema, vale recordar que um dos deveres oriundos da boa-fé é justamente o dever de informar[67].

E tal qual no Direito italiano, no Direito brasileiro não é necessário realizar remissões à boa-fé a fim de conferir proteção ao aderente. Como destaca Judith Martins-Costa, no Direito brasileiro, o próprio artigo 424 do Código Civil "comina diretamente a nulidade, prescindindo da referência à boa-fé"[68]. Entretanto, por mais que não seja necessário referência à boa-fé, há indícios de que o objetivo da proteção nos regramentos estrangeiros, ao fazerem referência a essa, é semelhante ao objetivo da norma do artigo 424 do Código brasileiro. Isso, mesmo que o enfoque da análise do fundamento, se uma conduta do proponente ou uma proteção ao aderente possa, em princípio, parecer diferente.

Nesse sentido, Deborah Nery destaca que nos Direitos alemão e português o enfoque está no proponente, na redação das cláusulas, levando em consideração o

---

66 NERY, Deborah Cristina dos Santos. **Contratos de prestação de serviços por adesão**: uma análise do artigo 424 do Código Civil. São Paulo: Almedina, 2021. p. 151.

67 TOMASEVICIUS FILHO, Eduardo. **O princípio da boa-fé no direito civil**. São Paulo: Almedina, 2020. p. 227 e ss.

68 MARTINS-COSTA, Judith. **A boa-fé no direito privado**: critérios para sua aplicação. 2. ed. São Paulo: Saraiva, 2018. p. 419.

dever que a boa-fé lhe impõe de considerar os interesses dos parceiros contratuais[69]. Já, no Direito brasileiro, a autora comenta que o foco está na figura do aderente, visando a garantir que o contrato, como elaborado pelo proponente, não apresente conteúdo divergente daquele que legitimamente se espera contratar[70].

Por mais que o enfoque dos contratantes realmente seja diferente (no Direito estrangeiro o proponente, no Direito brasileiro o aderente), é possível dizer que o fundamento de proteção é o mesmo, afinal, a boa-fé objetiva, por meio da cooperação, impõe a necessidade de se observar os interesses da contraparte[71] e é razoável dizer que, quando a parte que redige o contrato onera demasiadamente o aderente, ela está desconsiderando, por completo, os interesses da outra parte, o que viola a boa-fé objetiva. Ainda, necessário observar que a boa-fé objetiva "impõe que todos os contratos apresentem um equilíbrio mínimo entre os direitos e deveres das partes"[72]. Logo, parece coerente dizer que a hipótese prevista no artigo 424 está em linha com a necessidade, disposta em regramentos estrangeiros, de se observar a cláusula geral de boa-fé.

Identificados os principais fundamentos, no Direito estrangeiro, para o controle de cláusulas nos contratos por adesão, passa-se a verificar a compatibilidade desses fundamentos com o Direito brasileiro.

Cabe notar que, tal qual no Direito estrangeiro, na doutrina nacional, ao se abordar a vedação de determinadas cláusulas nos contratos por adesão, são comuns referências ao combate às cláusulas abusivas.

Nesse sentido, Cristiano Zanetti, inclusive fazendo referência ao Enunciado nº 172 da III Jornada de Direito Civil[73], destaca que a regra do artigo 424 "trata-se de técnica para identificar e coibir cláusulas abusivas"[74]. Judith Martins-Costa também comenta que "[c]láusulas abusivas são inválidas, assim o declarando a Lei brasileira, seja o artigo 424 do Código Civil, seja o Código de Defesa do Consumidor, no artigo 51"[75]. Igualmente, Deborah Nery pontua que "os fundamentos do artigo

---

69 NERY, Deborah Cristina dos Santos. **Contratos de prestação de serviços por adesão**: uma análise do artigo 424 do Código Civil. São Paulo: Almedina, 2021. p. 160.

70 NERY, Deborah Cristina dos Santos. **Contratos de prestação de serviços por adesão**: uma análise do artigo 424 do Código Civil. São Paulo: Almedina, 2021. p.161.

71 LOTUFO, Renan. **Código Civil comentado**: direito das obrigações. São Paulo: Saraiva, v. 2, 2003. p. 10.

72 ZANETTI, Cristiano de Sousa. **Direito contratual contemporâneo**: a liberdade contratual e sua fragmentação. Rio de Janeiro: Forense, v. 5, 2008. p. 247.

73 Enunciado nº 172: "As cláusulas abusivas não ocorrem exclusivamente nas relações jurídicas de consumo. Dessa forma, é possível a identificação de cláusulas abusivas em contratos civis comuns, como, por exemplo, aquela estampada no artigo 424 do Código Civil de 2002".

74 ZANETTI, Cristiano de Sousa. **Direito contratual contemporâneo**: a liberdade contratual e sua fragmentação. Rio de Janeiro: Forense, v. 5, 2008. p. 230.

75 MARTINS-COSTA, Judith. **A boa-fé no direito privado**: critérios para sua aplicação. 2. ed. São Paulo: Saraiva, 2018. p. 421.

424 do CC são a garantia de um conteúdo mínimo que não pode ser afastado pelas partes e o combate às cláusulas abusivas nos contratos civis e empresariais firmados por adesão"[76].

Diante dessa semelhança entre o Direito pátrio e o Direito estrangeiro, é necessário investigar o que se entende por cláusulas abusivas no Direito brasileiro, no intuito de identificar semelhanças ou diferenças entre o Direito pátrio e os entendimentos do Direito estrangeiro sobre essa questão. Até mesmo porque, diferentemente do Código Civil brasileiro, os regramentos estrangeiros apresentam uma série de cláusulas que pode vir a ser considerada abusiva, sendo que, se o entendimento de cláusulas abusivas no Direito brasileiro for o mesmo do Direito estrangeiro, é possível que as cláusulas listadas nos regramentos estrangeiros possam vir a ser tidas como diretrizes para a identificação de cláusulas potencialmente abusivas no Direito brasileiro.

2.3 O conceito de cláusula abusiva no Direito brasileiro

O ordenamento jurídico brasileiro não apresenta uma definição de cláusulas abusivas. No entanto, a doutrina nacional, analisando o CDC e o Direito estrangeiro, buscou formular uma definição.

Inicialmente, cabe notar que, por mais que o Código Civil nada disponha, expressamente, sobre as cláusulas abusivas, o Código de Defesa do Consumidor, em seu artigo 51, apresenta um rol de cláusulas abusivas[77], que, na ótica do CDC, são nulas de pleno direito. A doutrina já destacou que o artgo. 424 "nada colide ou

---

76 NERY, Deborah Cristina dos Santos. **Contratos de prestação de serviços por adesão**: uma análise do artigo 424 do Código Civil. São Paulo: Almedina, 2021. p. 172.

77 "Artigo 51. São nulas de pleno direito, entre outras, as cláusulas contratuais relativas ao fornecimento de produtos e serviços que:

I – impossibilitem, exonerem ou atenuem a responsabilidade do fornecedor por vícios de qualquer natureza dos produtos e serviços ou impliquem renúncia ou disposição de direitos. Nas relações de consumo entre o fornecedor e o consumidor pessoa jurídica, a indenização poderá ser limitada, em situações justificáveis;

II – subtraiam ao consumidor a opção de reembolso da quantia já paga, nos casos previstos neste código;

III – transfiram responsabilidades a terceiros;

IV – estabeleçam obrigações consideradas iníquas, abusivas, que coloquem o consumidor em desvantagem exagerada, ou sejam incompatíveis com a boa-fé ou a eqüidade;

VI – estabeleçam inversão do ônus da prova em prejuízo do consumidor;

VII – determinem a utilização compulsória de arbitragem;

VIII – imponham representante para concluir ou realizar outro negócio jurídico pelo consumidor;

IX – deixem ao fornecedor a opção de concluir ou não o contrato, embora obrigando o consumidor;

X – permitam ao fornecedor, direta ou indiretamente, variação do preço de maneira unilateral;

XI – autorizem o fornecedor a cancelar o contrato unilateralmente, sem que igual direito seja conferido ao consumidor;

conflita" com esse dispositivo e outros do CDC, havendo um diálogo entre as normas[78]. Com efeito, tão próximas as normas que uma das formas de se avaliar uma cláusula abusiva, que coloque o consumidor em desvantagem exagerada[79], é a verificação da restrição de direitos ou obrigações fundamentais inerentes à natureza do contrato[80] (em sentido muito semelhante ao que prevê o artigo 424 do Código Civil).

A diferença entre essas normas é que enquanto no CDC há uma nulidade absoluta para uma série de cláusulas tidas como abusivas (sendo apresentado um rol não taxativo de cláusulas abusivas), no artigo 424 não são previstas hipóteses de cláusulas que seriam tidas como abusivas[81], de forma que a nulidade dependerá da análise do caso concreto[82] (o que faz com que seja possível que uma mesma cláusula, em uma determinada relação seja tida como nula, e, em outra relação, não

---

XII – obriguem o consumidor a ressarcir os custos de cobrança de sua obrigação, sem que igual direito lhe seja conferido contra o fornecedor;

XIII – autorizem o fornecedor a modificar unilateralmente o conteúdo ou a qualidade do contrato, após sua celebração;

XIV – infrinjam ou possibilitem a violação de normas ambientais;

XV – estejam em desacordo com o sistema de proteção ao consumidor;

XVI – possibilitem a renúncia do direito de indenização por benfeitorias necessárias.

XVII – condicionem ou limitem de qualquer forma o acesso aos órgãos do Poder Judiciário;

XVIII – estabeleçam prazos de carência em caso de impontualidade das prestações mensais ou impeçam o restabelecimento integral dos direitos do consumidor e de seus meios de pagamento a partir da purgação da mora ou do acordo com os credores;

[...]"

78 LIMA MARQUES, Cláudia. Diálogo entre o Código de Defesa do Consumidor e o novo Código Civil – Do "diálogo das fontes" no combate às cláusulas abusivas. **Doutrinas Essenciais de Responsabilidade Civil**, v. 4, p. 57-90, out. 2011.

79 ? Artigo 51, IV.

80 "Artigo 51. § 1º Presume-se exagerada, entre outros casos, a vantagem que: [...] II – restringe direitos ou obrigações fundamentais inerentes à natureza do contrato, de tal modo a ameaçar seu objeto ou equilíbrio contratual; [...]"

Cabe observar que no inciso III do § 1º do artigo 51 também é feita referência à natureza do contrato: "III – se mostra excessivamente onerosa para o consumidor, considerando-se a natureza e conteúdo do contrato, o interesse das partes e outras circunstâncias peculiares ao caso..

81 O que, inclusive, já chegou a ser objeto de crítica por parte da doutrina: "Como se pode notar, a matéria é atual e de grande interesse, perdendo o Código Civil a oportunidade de melhor regulamentar o assunto, haja vista que, por exemplo, poderia ter trazido uma noção genérica de cláusula abusiva ou mesmo um rol exemplificativo para as relações entre profissionais, a exemplo da legislação portuguesa e alemã. Neste ponto, revelou-se o novo Código Civil em descompasso ao que há de mais moderno no direito europeu" (ANCONA LOPEZ DE MAGALHÃES, Lucia. Um estudo das cláusulas abusivas no Código de Defesa do Consumidor e no Código Civil de 2002. **Revista de Direito Privado**, v. 32, p. 171-200, out./dez. 2007).

82 Como destaca Cristiano Zanetti: "O regramento legal, todavia, não vai além, pois deixa de indicar quais seriam os direitos resultantes da natureza do negócio, cuja renúncia antecipada se veda. Sequer-são fornecidos elementos outros para precisar o que se deve entender por natureza do negócio para o fim de limitar a liberdade contratual. Como sempre, sua aferição depende do exame do caso concreto" (ZANETTI, Cristiano de Sousa. **Direito contratual contemporâneo**: a liberdade contratual e sua fragmentação. Rio de Janeiro: Forense, v. 5, 2008. p. 231).

seja tida como nula). Dito isso, para fins do presente estudo, é relevante destacar que uma das hipóteses de cláusulas abusivas, segundo o CDC, são as cláusulas que determinem a utilização compulsória de arbitragem[83].

Comentando o tema das cláusulas abusivas, Carlos Alberto Bittar destaca uma série de problemas que surge para o aderente como falta de comutatividade e imposição de ônus excessivos:

> Surgem, com os contratos de adesão, diferentes problemas para os aderentes, a parte da quase nula participação de que desfrutam em sua assinatura: imposição de cláusulas não comutativas; imposição de ônus excessivos; falta de informações sobre o negócio, ou sobre os bens; redação equívoca de cláusulas; fixação de sancionamentos indevidos, ou desproporcionais, como a perda de numerário, ou de direito, ou do bem; previsão de exoneração de responsabilidade do disponente; transferência de responsabilidade do disponente para outrem, e outras tantas situações desfavoráveis.[84]

Já Luciano Camargo Penteado destaca que a cláusula abusiva rompe o necessário equilíbrio do contrato, colocando o consumidor (aderente) em desvantagem exagerada[85]. Ainda, o autor pontua que as cláusulas abusivas são incompatíveis com a boa-fé e a equidade[86]. É possível notar que também Judith Martins-Costa[87] e Deborah Nery[88] fazem referência ao equilíbrio/desequilíbrio do contrato ao abordarem o tema das cláusulas abusivas.

Levando em consideração essas questões, a doutrina entende que as cláusulas abusivas são aquelas marcadas "pela posição de força, de superioridade de uma das partes contratantes, impondo um desequilíbrio contratual de vantagens e riscos, ofensiva à boa-fé, à justiça contratual ou à função social"[89].

Em outro trecho, o autor também destaca que "o regime previsto no artigo 424 do Código Civil fica a meio do caminho entre as regras clássicas e aquelas previstas no Código de Defesa do Consumidor. Mais do que impor o respeito aos limites da licitude, dos bons costumes, da ordem pública, da boa-fé e da função social, o artigo 424 exige que seja sempre preservada a natureza do contrato concreto. Não chega, entretanto, a proibir terminantemente dadas cláusulas, como ocorre no Código de Defesa do Consumidor, pois sempre é necessário atentar para o negócio efetivamente concluído pelas partes" (p. 266).

83 Artigo 51, VII.

84 BITTAR, Carlos Alberto. Os contratos de adesão e o controle de cláusulas abusivas. **Revista dos Tribunais**, v. 648, p. 17-20.

85 PENTEADO, Luciano de Camargo. As cláusulas abusivas e o direito do consumidor. Jurisprudência sistemática. **Revista dos Tribunais**, v. 725/91, mar. 1996.

86 *Idem*.

87 MARTINS-COSTA, Judith. **A boa-fé no direito privado**: critérios para sua aplicação. 2. ed. São Paulo: Saraiva, 2018. p. 20.

88 NERY, Deborah Cristina dos Santos. **Contratos de prestação de serviços por adesão**: uma análise do artigo 424 do Código Civil. São Paulo: Almedina, 2021. p. 167 e ss.

89 MELO, Diogo L. Machado de. **Cláusulas contratuais gerais (contratos de adesão, cláusulas abusivas e o Código Civil de 2002)**. São Paulo: Saraiva, 2008. p. 144.

A partir das observações da doutrina nacional, é possível notar que há uma semelhança de entendimentos entre o Direito pátrio e o Direito estrangeiro sobre o que seriam cláusulas abusivas, visto que em todos os sistemas aqui verificados se percebe uma preocupação de manter-se o equilíbrio nos contratos por adesão e não se colocar a parte em desvantagem exagerada.

Além disso, nota-se que as cláusulas abusivas, listadas como nulas de pleno direito no CDC, o são como forma de manter o equilíbrio nos contratos de consumo e evitar desvantagens desproporcionais ao consumidor[90]. Por isso, como a manutenção do equilíbrio é valor caro também aos contratos por adesão, regidos pelas regras do Código Civil, não haveria, *a priori*, impedimentos para que o rol previsto no CDC possa ser utilizado como diretriz para a identificação de abusividade de certas cláusulas em contratos por adesão regidos pelo Código Civil.

Para exemplificar a relevância da análise do rol previsto no CDC, na identificação de potenciais cláusulas abusivas nos contratos por adesão regidos pelo Código Civil, cabe observar que a primeira hipótese de cláusula abusiva, prevista no artigo 51 do CDC, são as cláusulas que impossibilitem, exonerem ou atenuem a responsabilidade do fornecedor. E essa mesma exclusão de responsabilidade também é tida, por Cristiano Zanetti, como uma potencial cláusula abusiva, em razão do artigo 424 do Código Civil[91].

Por último, acredita-se que o desequilíbrio causado pelas cláusulas abusivas não pode ser aferido unicamente a partir de um desequilíbrio de direitos e deveres entre as partes do contrato. Uma leitura fria, nesse sentido, faria com que existisse desequilíbrio somente quando o aderente fosse privado de um direito seu (a exemplo, o aderente fosse privado dos direitos relativos à disciplina dos vícios redibitórios em uma compra e venda – artigos 441 a 446 do Código Civil). Contudo, entende-se que uma cláusula que seja aplicada a ambas as partes, mas que, diante das circunstâncias do caso concreto, onere, desarrazoadamente, o aderente também pode ser

---

90 Cabe notar que, como destaca a doutrina, o artigo 51 do CDC visa reprimir duas espécies de desequilíbrio na formação do contrato: "O Código de Defesa do Consumidor, além de proibir a estipulação de cláusulas contrárias à boa-fé objetiva (inciso IV do artigo 51), preocupou-se também em reprimir duas espécies de desequilíbrio na formação do contrato: i) um *desequilíbrio econômico*, com a vedação de estipulação de cláusulas que possibilitem uma desproporção no valor das prestações, ou seja, a figura da lesão, nos termos do artigo 6º, V, c/c o artigo 51, IV e § 1º, III, do CDC 24 e; ii) um desequilíbrio de direitos e deveres entre as partes contratantes, com a vedação de estipulação de cláusulas que levem a uma situação de extrema vantagem para uma parte em desfavor da parte mais fraca, como se verifica, por exemplo, das diversas hipóteses listadas no artigo 51 do CDC" (ANCONA LOPEZ DE MAGALHÃES, Lucia. Um estudo das cláusulas abusivas no Código de Defesa do Consumidor e no Código Civil de 2002. **Revista de Direito Privado**, v. 32, p. 171-200, out./dez. 2007).

91 "[É] de se concluir que, por força do artigo 424 do Código Civil brasileiro, não se admitem, em princípio, as cláusulas de exoneração ou limitação de responsabilidade nos contratos por adesão." (ZANETTI, Cristiano de Sousa. **Direito contratual contemporâneo**: a liberdade contratual e sua fragmentação. Rio de Janeiro: Forense, v. 5, 2008. p. 255-256)

tida como abusiva; é o caso, a exemplo, de cláusulas que limitem a responsabilidade de ambas as partes por perdas e danos e o aderente já tiver cumprido com a totalidade (ou a quase totalidade) de sua obrigação no momento de celebração do contrato, sendo a obrigação do proponente diferida, ou cláusulas que impliquem renúncia prévia ao direito de resolver o contrato.

Portanto, na análise das cláusulas abusivas, o que deve ser levado em consideração é que o proponente "possui uma posição mais vantajosa por ser o responsável pela elaboração de um contrato que não poderá ser objeto de modificação pela parte contrária, cuja autonomia privada se limita à escolha de contratar ou deixar de contratar"[92]. E, diante dessa posição mais vantajosa, devem ser tidas como abusivas as cláusulas que acabem onerando, de forma desarrazoada, o aderente ou que criem dificuldades desproporcionais (mesmo que essas cláusulas sejam aplicadas a ambas as partes).

Identificada mais essa semelhança entre o Direito estrangeiro, o fundamento da proteção do Código de Defesa do Consumidor e a regra do artigo 424 do Código Civil, passa-se a analisar se o artigo 424, em casos específicos, poderia levar à nulidade da cláusula arbitral em contratos por adesão regidos pelo Código Civil.

3. ANÁLISE DA CLÁUSULA ARBITRAL SEGUNDO O ARTIGO 424 DO CÓDIGO CIVIL

Primeiramente, registra-se que a (im)possibilidade de análise da validade da cláusula arbitral em contratos por adesão, com base no artigo 424 do Código Civil, é ainda pouco debatida no Direito brasileiro. Em uma pesquisa sobre os temas no STJ, no TJSP, no TJMG, no TJRJ e no TJRS[93], não foram localizados quaisquer acórdãos sobre a questão. Já, no âmbito doutrinário, localizou-se um único trabalho, de Deborah Nery, que analisa o tema[94].

Deborah Nery entende que não seria possível o controle da cláusula arbitral com base no artigo 424, por mais que se reconheça que "as razões para o afastamento de tais cláusulas [cláusula arbitral e cláusula de eleição de foro] são bastante

92 NERY, Deborah Cristina dos Santos. **Contratos de prestação de serviços por adesão**: uma análise do artigo 424 do Código Civil. São Paulo: Almedina, 2021. p. 169.

93 A pesquisa, realizada no dia 10.02.2021, com os termos "424 contrato adesão cláusula arbitral", "424 contrato adesão compromisso arbitral" e "424 contrato adesão arbitragem" não identificou acórdãos sobre o tema. A busca se deu com base na ementa dos acórdãos.

94 NERY, Deborah Cristina dos Santos. **Contratos de prestação de serviços por adesão**: uma análise do artigo 424 do Código Civil. São Paulo: Almedina, 2021.

semelhantes àquelas utilizadas para declarar nulas cláusulas que afastam direitos do aderente que decorram da natureza do negócio"[95].

A razão pela qual a autora entende que não seria possível o controle da cláusula arbitral com base no artigo 424 é que a forma ou o local de solução de disputas não se encontra entre os elementos do negócio jurídico, por se tratar de questões de direito processual[96]. Porém, na visão do presente estudo, é necessária uma análise mais detida da questão, inclusive refletindo-se sobre a potencial dificuldade trazida por uma cláusula de eleição de foro e por uma cláusula arbitral, a fim de se avaliar quais são os elementos do negócio jurídico.

Como se sabe, os elementos do negócio jurídico podem ser divididos em: (i) elementos gerais, indispensáveis à existência de todo e qualquer negócio (como a forma da declaração negocial, o objeto e as circunstâncias negociais); (ii) elementos categoriais, que derivam de cada tipo de negócio (sendo que esses podem ser divididos em elementos categoriais essenciais ou inderrogáveis e elementos categoriais naturais ou derrogáveis); e (iii) elementos particulares, que fazem parte integrante do negócio concreto, não pertencendo à estrutura típica do negócio (como a condição, o termo e o encargo)[97].

Tendo em vista esses elementos, Cristiano Zanetti destaca que "[o]s termos do artigo 424 remetem diretamente aos elementos categoriais derrogáveis, isto é, àqueles que normalmente compõem o quadro negocial, mas que, em princípio, podem ser afastados pelas declarações das partes"[98]. O autor também destaca que alguns direitos "estão tão ligados ao sinalagma, a ponto de serem considerados naturais a todo negócio que seja bilateral"[99], e, a partir desse raciocínio, Cristiano Zanetti busca identificar cláusulas que advêm da natureza de todos negócios jurídicos contratuais. Nesse sentido, são listados "direitos que o aderente naturalmente teria com a celebração do contrato", mas que não podem ser subtraídos por cláusulas estipuladas pelo predisponente, sendo estipulações nesse sentido presumidas nulas. A exemplo: estipulações que impeçam o aderente de manejar a exceção de contrato não cumprido, a exceção do contrato imperfeitamente cumprido, a exceção

---

95 NERY, Deborah Cristina dos Santos. **Contratos de prestação de serviços por adesão**: uma análise do artigo 424 do Código Civil. São Paulo: Almedina, 2021. p. 146.

96 NERY, Deborah Cristina dos Santos. **Contratos de prestação de serviços por adesão**: uma análise do artigo 424 do Código Civil. São Paulo: Almedina, 2021. p. 140.

97 JUNQUEIRA DE AZEVEDO, Antonio. **Negócio jurídico**: existência, validade e eficácia. 4. ed. São Paulo: Saraiva, 2002. p. 32 e ss.

98 ZANETTI, Cristiano de Sousa. **Direito contratual contemporâneo**: a liberdade contratual e sua fragmentação. Rio de Janeiro: Forense, v. 5, 2008. p. 239.

99 ZANETTI, Cristiano de Sousa. **Direito contratual contemporâneo**: a liberdade contratual e sua fragmentação. Rio de Janeiro: Forense, v. 5, 2008. p. 240.

de inseguridade e a resolução por inadimplemento definitivo[100]. O autor também destaca estipulações que afastem regras necessárias à preservação da responsabilidade do predisponente[101].

Diante desses entendimentos sobre o artigo 424, em especial levando-se em consideração as regras necessárias à preservação da responsabilidade do predisponente e diante das provisões dos regramentos estrangeiros e do Código de Defesa do Consumidor[102], é necessário buscar resposta para uma pergunta: O acesso à jurisdição estatal poderia ser tido como um elemento natural do negócio jurídico, a fundamentar a aplicação do artigo 424?

Na tentativa de formular uma resposta, parte-se do pressuposto de que é notório que a estipulação de uma cláusula arbitral não constitui uma negativa de acesso à justiça; afinal, a cláusula arbitral apenas deslocará a competência para julgar os litígios da jurisdição estatal para a jurisdição arbitral, sendo garantido o acesso à jurisdição. Por isso, não se deve confundir acesso à justiça com acesso ao Judiciário.

No entanto, sabe-se que, da mesma forma que a possibilidade de cobrar perdas e danos ou pedir a resolução do contato é inerente a qualquer contrato, o ordenamento jurídico apresenta, como regra geral, que o exercício de direitos como esses serão analisados pela justiça estatal, sendo que a estipulação de cláusula arbitral acaba por ser uma derrogação de uma norma dispositiva.

Tendo em vista, portanto, que a cláusula arbitral constitui a derrogação de norma dispositiva, é necessário avaliar se, em determinados casos (avaliados concretamente)[103], tal derrogação dificulta demasiadamente o acesso à justiça por parte do aderente, mesmo que esse não seja consumidor.

A exemplo, a previsão de uma cláusula arbitral em um contrato empresarial de valor pequeno pode fazer com que os custos com um litígio ultrapassem o próprio valor do contrato. Com efeito, basta observar que, enquanto uma causa de R$ 41.800,00 (uma causa de valor considerável para pequenas e médias sociedades

---

100 ZANETTI, Cristiano de Sousa. Comentários artigos 421 a 480. *In*: **Comentários ao Código Civil**: direito privado contemporâneo. São Paulo: Saraiva, 2018. p. 704.

101 ZANETTI, Cristiano de Sousa. Comentários Artigos 421 a 480. *In*: **Comentários ao Código Civil**: direito privado contemporâneo. São Paulo: Saraiva, 2018. p. 704. Note-se que o autor, além de mencionar elementos que seriam naturais a todos os negócios jurídicos, também menciona elementos necessários à preservação de determinadas estruturas contratuais típicas.

102 Cristiano Zanetti pontua que, na compreensão da norma do artigo 424 do Código Civil, "revela-se especialmente útil a atenta consideração das normas de proteção do consumidor e, no estrangeiro, da disciplina das cláusulas contratuais gerais" (ZANETTI, Cristiano de Sousa. **Direito contratual contemporâneo**: a liberdade contratual e sua fragmentação. Rio de Janeiro: Forense, v. 5, 2008, p. 231).

103 Há de se ter em mente que a análise do artigo 424 deve sempre se atentar às peculiaridades do caso concreto, cf. ZANETTI, Cristiano de Sousa. **Direito contratual contemporâneo**: a liberdade contratual e sua fragmentação. Rio de Janeiro: Forense, v. 5, 2008. p. 240.

empresárias) pode ser julgada, sem o pagamento de custas e despesas, pelos juizados especiais, as despesas de uma arbitragem nesse valor seria de, no mínimo, R$ 53.200,00, na CCI, R$ 345.250,00, no CAM-CCBC, R$ 79.969,50, na Camarb, e R$ 50.000,00, na Fiesp[104].

Com isso, por mais que a cláusula arbitral seja uma norma com reflexos processuais, ela pode acabar trazendo grande dificuldade para o aderente, sendo possível que, tendo em vista todas as despesas necessárias à instauração da arbitragem (despesas administrativas, honorários dos árbitros, honorários dos advogados, taxa de administração, etc.), seja mais econômico para o aderente aceitar o prejuízo sofrido, do que correr o risco de gastar um valor desproporcional com a disputa e não ter sucesso em seu pleito. Por isso, é improvável que uma pequena sociedade empresária acabe iniciando um procedimento arbitral no qual as custas e as despesas com honorários e taxas administrativas (sem contar outras despesas como a contratação de advogados) sejam próximas ou maiores do que o valor do litígio.

É necessário ter em mente que, como já destacou a doutrina,

> [a] arbitragem poderá vir a ser economicamente inviável para conflitos cujo objeto litigioso não tenha um valor econômico significativo, diante da necessidade de se remunerar o árbitro e de se promover o pagamento dos custos do processo.[105]

Por isso, deve-se diferenciar aqui o cenário apontado pela doutrina, no qual uma parte livremente acorda uma cláusula arbitral e depois passa a não possuir recursos para fazer frente às despesas do procedimento[106] do cenário no qual a parte aderente não teve opção em recusar a cláusula arbitral, e essa cláusula, desde a celebração do contrato, teria o potencial de causar grandes dificuldades para o aderente, caso fosse necessário apresentar uma demanda contra o proponente.

Essa diferenciação é essencial, pois, ao avaliar por que a dificuldade em arcar com os custos da arbitragem não poderia ser motivo para invalidar a cláusula arbitral, a doutrina pontua o fato de que, no momento em que as partes pactuaram a cláusula, a arbitragem era possível e viável[107]. Ou seja, a doutrina comenta a hipótese de a parte originalmente ter condições (ou quando devesse ter) de arcar com os custos da arbitragem, mas, quando surge o litígio, ela não tem. Porém, não é essa a hipótese tratada no presente trabalho.

---

104 Valores apurados em 14.04.2022, levando-se em consideração uma arbitragem com rito normal (não sendo levados em consideração os valores de arbitragens expeditas), com três árbitros.

105 SANTOS, Ricardo Soares Stersi dos. Arbitragem e acesso à justiça. **Revista Seqüência**, n. 53, p. 263, dez. 2006.

106 CASADO FILHO, Napoleão. **Arbitragem e acesso à justiça**: o novo paradigma do *third party funding*. São Paulo: Saraiva, 2017. p. 76.

107 CASADO FILHO, Napoleão. **Arbitragem e acesso à justiça**: o novo paradigma do *third party funding*. São Paulo: Saraiva, 2017. p. 87.

E tão evidente a possibilidade de uma cláusula arbitral trazer dificuldades excessivas para o aderente que, como se viu anteriormente, a doutrina italiana entende que são cláusulas gerais onerosas as que derrogam normas gerais e particulares ao contrato em questão[108], sendo que o Código Civil italiano prevê a cláusula arbitral como uma hipótese de cláusula abusiva nos contratos por adesão. Em sentindo semelhante, o regramento português prevê que as cláusulas que estabeleçam um foro que envolva graves inconvenientes para uma das partes (o que pode vir a abranger a hipótese de estipulação de cláusula arbitral), sem que os interesses da outra o justifiquem, podem ser tidas como abusivas. Além disso, a cláusula arbitral também é tida como cláusula abusiva, segundo o CDC.

Ressalta-se também que, em outros ordenamentos, a título de exemplo, o problema da dificuldade do acesso à justiça, em razão da previsão de cláusula arbitral, já foi objeto de análise.

No Direito argentino, ao abordar cláusulas que poderiam desnaturar as obrigações ou limitar a responsabilidade por danos, no âmbito do direito do consumidor a doutrina menciona como hipótese de cláusula abusiva aquelas que dificultem o acesso à justiça institucionalizada, forçando a reclamação perante os tribunais de arbitragem ou mediação[109].

No Direito alemão, o Tribunal Federal da Alemanha já entendeu que a convenção de arbitragem havia se mostrado impraticável, vez que, em um contrato envolvendo serviços de encanador para instalação de um banheiro, o custo de se iniciar o procedimento seria maior do q,ue o custo da própria obra em si[110]. Por mais que esse caso aparentemente não trate de um contrato por adesão, nota-se que o seu racional – em um contrato de pequena monta é inadequado gastar mais com o procedimento arbitral do que o valor do contrato – pode ser aqui objeto de reflexão, para se determinar quando uma determinada cláusula arbitral pode vir a causar dificuldades relevantes para o aderente.

Importante observar também que o Tribunal de Justiça de São Paulo, na Apelação nº 1121895-77.2015.8.26.0100[111], mesmo sem fazer referência à existência de contrato formado por adesão e ao artigo 424[112], já anulou cláusula arbitral em contrato empresarial de franquia, por entender que essa serviria unicamente para dificultar que os franqueados perseguissem o seu direito contra o proponente do contrato por adesão.

---

108 GENOVESE, Anteo. Osservazioni "de iure condendo" circa le condizioni generali di contratto. **Il Foto Italiano**, v. 85, p. 123, 1962.

109 ITURRASPE, Jorge Mosset. Las Cláusulas Abusivas en la Contratación (Informe del Derecho Argentino). **Revista de Direito do Consumidor**, v. 44, p. 49-67, out./dez. 2002.

110 CASADO FILHO, Napoleão. **Arbitragem e acesso à justiça**: o novo paradigma do *third party funding*. São Paulo: Saraiva, 2017. p. 76-77.

111 Tribunal de Justiça de São Paulo, Apelação nº 1121895-77.2015.8.26.0100, 1ª Câmara Reservada de Direito Empresarial, Rel. Des. Ênio Zuliani, J. 21.09.2016.

112 No caso, o fundamento legal aplicável foi a fundação social do contrato (artigo 421 do Código Civil).

Igualmente se nota que, mesmo em contratos empresariais, segundo o STJ, a cláusula de eleição de foro em contrato por adesão pode ser reputada inválida, quando demonstrada a hipossuficiência da parte ou a dificuldade de acesso à justiça[113]. E se uma cláusula de eleição de foro pode ser tida como abusiva[114], por onerar demasiadamente a parte aderente, parece coerente dizer que essa deve ser a mesma solução jurídica para as cláusulas arbitrais que onerem desarrazoadamente o aderente. A diferença parece ser apenas o fundamento legal, pois, enquanto a estipulação de cláusula arbitral constitui uma renúncia à jurisdição estatal, a alteração de foro dentro da competência do Poder Judiciário, muito embora possa onerar a parte, apresenta mais uma dificuldade processual do que uma renúncia[115].

Assim, é possível afirmar que, na interpretação do artigo 424, é necessário levar em consideração que o seu fundamento é o combate das cláusulas tidas como abusivas, sendo essas aquelas que apresentem dificuldades desproporcionais ao aderente. A depender das peculiaridades do caso concreto (tratar-se de um contrato de pequeno valor, ser prevista uma cláusula arbitral onerosa, tendo em vista o contrato em questão), é possível que a previsão dessa seja, desde sua estipulação, uma cláusula que possa vir a desarrazoadamente onerar o aderente.

Portanto, entende-se que a mera previsão de cláusula arbitral em contrato por adesão não pode ser tida como fundamento à sua nulidade. É sempre necessário analisar o caso concreto, afinal, o negócio jurídico "nunca existe *in abstrato*"[116]. Além disso, a nulidade somente deve ocorrer quando a cláusula comprovadamente apresentar dificuldades excessivas ao aderente. Sem o intuito de ser exaustivo, acredita-se que, na análise da potencial abusividade da cláusula arbitral em contrato por adesão, algumas questões que podem ser levadas em consideração são: i) o valor do contrato celebrado; ii) a comparação entre as custas e despesas com o litígio em um processo judicial e em uma arbitragem, levando-se em consideração as peculiaridades da cláusula arbitral (arbitragem institucional ou *ad hoc*, previsão de número de

---

113 Superior Tribunal de Justiça, AgInt-AREsp 983.281/PR, 4ª Turma, Rel. Min. Luis Felipe Salomão, J. 21.02.2017, DJe 01.03.2017; Superior Tribunal de Justiça, AgRg-AREsp 257.013/RJ, 3ª Turma, Rel. Min. Ricardo Villas Bôas Cueva, J. 11.06.2013, DJe 21.06.2013.

114 O CPC faz expressa menção ao termo "abusiva", veja-se: "Artigo 63. As partes podem modificar a competência em razão do valor e do território, elegendo foro onde será proposta ação oriunda de direitos e obrigações. § 3º Antes da citação, a cláusula de eleição de foro, se abusiva, pode ser reputada ineficaz de ofício pelo juiz, que determinará a remessa dos autos ao juízo do foro de domicílio do réu".

115 Essa a razão pela qual Gustavo Tepedino e Milena Donato Oliva entendem que "as regras de determinação da competência relativa não consubstanciam 'direito resultante da natureza do negócio', a que se refere o artigo 424 do CC" (TEPEDINO, Gustavo; DONATO OLIVA, Milena. Controle de abusividade da cláusula de eleição de foro. **Revista de Direito do Consumidor**, v. 109, p. 187-205, jan./fev. 2017).

116 JUNQUEIRA DE AZEVEDO, Antonio. **Negócio jurídico**: existência, validade e eficácia. 4. ed. São Paulo: Saraiva, 2002. p. 35.

árbitros para julgar o litígio, etc.); iii) o fato de o valor do contrato fazer com que seja razoável supor que a maior parte das disputas poderia ser dirimida no juizado especial (em razão de seu baixo valor); iv) a existência de grande dependência econômica entre o aderente e o proponente do contrato (identificação da existência de um *terzo contrato*[117]).

CONCLUSÃO

A partir dessas breves considerações, foi possível observar que o tema da cláusula arbitral em contratos por adesão regidos pelo Código Civil é insuficientemente tratado pela Lei de Arbitragem. Por uma deficiência de uma subemenda apresentada na Câmara dos Deputados, a proteção originalmente prevista foi desnaturada, adotando-se uma proteção formal, como a do artigo 1.341 do Código Civil italiano, que se baseia em um modelo de contrato não mais vigente. Por mais que essa proteção seja insuficiente, essa norma é válida, devendo ser aplicada a todos os tipos de contratos por adesão regidos pelo Código Civil. Ainda, procurou-se demonstrar que a insuficiência da previsão da Lei de Arbitragem faz com que seja necessário investigar outras normas que possam ser aplicáveis ao tema dos contratos por adesão regidos pelas regras do Código Civil.

Foi demonstrado que o tema dos contratos por adesão regidos pelo Código Civil é regulado pelo Código nos artigos 423 e 424. Pelo fato de que o artigo 424 apresenta uma limitação a determinadas cláusulas nos contratos por adesão, buscou-se verificar quais seriam os fundamentos desse dispositivo. Nesse sentido, pôde-se perceber que esse artigo apresenta semelhanças com as regras de Direito estrangeiro, mais especificamente o Código Civil italiano, o BGB alemão e o Decreto-Lei português, sendo que em todos esses regramentos a norma se destina a coibir cláusulas abusivas, sendo essas cláusulas tidas como aquelas que são muito onerosas para o aderente, vez que lhe criam desvantagens injustificadas. Na abordagem do Direito estrangeiro, foi possível perceber que o Direito italiano entende que a cláusula arbitral em contratos por adesão seria uma cláusula onerosa e que, no Direito português, cláusulas de eleição de foro que onerem demasiadamente o aderente são tidas como cláusulas potencialmente abusivas.

---

117 No Direito italiano, já se identificou que contratos entre sociedades empresárias, nos quais há uma dependência econômica, refletem uma categoria contratual que não se identifica com o contrato clássico (primeiro contrato) entre partes com livre capacidade de escolha e tampouco se identifica com os contratos de consumo (segundo contrato). Nesse sentido, afirma-se que essa categoria, denominada terceiro contrato, reivindica uma normatividade específica (AMADIO, Giusepe. Il terzo contrato il problema. *In*: GITTI, Gregorio Gitti; VILLA, Gianroberto. **Il Terzo Contratto**. Ed. il Mulino, 2008. p. 36 (versão kindle)).

Verificou-se também que o Código de Defesa do Consumidor elenca um rol não taxativo de cláusulas abusivas, sendo uma dessas cláusulas a estipulação de cláusula arbitral. Notou-se também que é possível um diálogo entre as normas do CDC sobre as cláusulas abusivas e o artigo 424 do Código Civil, sendo que, enquanto no CDC há uma nulidade absoluta para uma série de cláusulas tidas como abusivas, no artigo 424 não há hipóteses de cláusulas que seriam tidas como abusivas, de modo que a constatação de nulidade dependerá da análise do caso concreto. Diante disso, conclui-se que o rol previsto no CDC pode ser utilizado como diretriz para aplicação do artigo 424 em um caso concreto.

Na sequência, a partir da análise dos fundamentos do artigo 424, da compatibilidade dos fundamentos do controle das cláusulas abusivas nos direitos estrangeiros e no Código Civil brasileiro, do diálogo de normas entre o CDC e o artigo 424 do Código Civil, concluiu-se que, em hipóteses específicas, a estipulação de cláusulas arbitrais (especialmente nos contratos em que os custos para se iniciar uma arbitragem sejam próximos ao valor do contrato ou da demanda) pode ser extremamente onerosa para o aderente, criando uma negativa de acesso à justiça. Nesse sentido, demonstrou-se que o Tribunal de Justiça de São Paulo, mesmo sem fazer referência ao artigo 424, já anulou cláusula arbitral em contrato empresarial de franquia por entender que essa serviria unicamente para dificultar que os franqueados perseguissem o seu direito contra o proponente do contrato por adesão.

Por fim, sem a pretensão de ser exaustivo, buscou-se elencar algumas questões que podem ser levadas em consideração na análise da potencial abusividade da cláusula arbitral em contrato por adesão, como: o valor do contrato celebrado; a comparação entre as custas e as despesas com o litígio em um processo judicial e em uma arbitragem, levando-se em consideração as peculiaridades da cláusula arbitral; o fato de o valor do contrato fazer com que seja razoável supor que a maior parte das disputas poderia ser dirimida no juizado especial; a existência de grande dependência econômica entre o aderente e o proponente do contrato.

Por todo o exposto, conclui-se que, nos contratos por adesão regidos pelo Código Civil, para eficácia da cláusula arbitral, devem ser cumpridos os requisitos previstos no artigo 4º, § 2º, da Lei de Arbitragem. Porém, a depender das circunstâncias específicas do caso concreto, é possível que a cláusula arbitral também seja objeto de controle em razão do previsto no artigo 424 do Código Civil, podendo ser declarada a sua nulidade.

REFERÊNCIAS

ALMEIDA COSTA, Mário Júlio de; MENEZES CORDEIRO, António. **Cláusulas contratuais gerais**. Anotação ao Decreto-Lei nº 446/1985, de 25 de outubro. Coimbra: Almedina, 1991.

AMADIO, Giusepe. Il terzo contrato il problema. *In*: GITTI, Gregorio Gitti; VILLA, Gianroberto. **Il Terzo Contratto**. Ed. Il Mulino, 2008. p. 36 (versão kindle).

ANCONA LOPEZ DE MAGALHÃES, Lucia. Um estudo das cláusulas abusivas no Código de Defesa do Consumidor e no Código Civil de 2002. **Revista de Direito Privado**, v. 32, p. 171-200, out./dez. 2007.

ANTUNES DA COSTA, Nilton César. A Convenção de Arbitragem no contrato de adesão. **Revista de Arbitragem e Mediação**, v. 8, p. 119–141, jan./mar. 2006.

BITTAR, Carlos Alberto. Os contratos de adesão e o controle de cláusulas abusivas. **Revista dos Tribunais**, v. 648.

BRANCO, Gerson Luiz Carlos. Primeiras linhas sobre contratos de adesão e arbitragem comercial no Direito brasileiro. **RJLB**, ano 2, n. 4, 2016.

CARMONA, Carlos Alberto. **Arbitragem e processo**: um comentário à Lei nº 9.307/1996. 3. ed. São Paulo: Atlas, 2009.

CASADO FILHO, Napoleão. **Arbitragem e acesso à justiça**: o novo paradigma do *third party funding*. São Paulo: Saraiva, 2017.

DAVID, René. **Os grandes sistemas do direito contemporâneo**. 5. ed. São Paulo: Martins Fontes, 2014.

FIANI, Ronaldo. Teoria dos custos de transação. *In*: KUPFER, David; HASENCLEVER, Lia. **Economia industrial**: fundamentos teóricos e práticos no Brasil. Rio de Janeiro: Campus, 2002.

FORGIONI, Paula. **Contratos empresariais**: teoria geral e aplicação. 3. ed. São Paulo: Thomson Reuters Brasil, 2018.

GENOVESE, Anteo. Osservazioni "de iure condendo" circa le condizioni generali di contratto. **Il Foto Italiano**, v. 85, 1962.

ITURRASPE, Jorge Mosset. Las Cláusulas Abusivas en la Contratación (Informe Del Derecho Argentino). **Revista de Direito do Consumidor**, v. 44, p. 49-67, out./dez. 2002.

JUNQUEIRA DE AZEVEDO, Antônio. A arbitragem e o direito do consumidor. **Revista de Direito do Consumidor**, São Paulo: Revista dos Tribunais, v. 24, 1997.

JUNQUEIRA DE AZEVEDO, Antonio. **Negócio jurídico**: existência, validade e eficácia. 4. ed. São Paulo: Saraiva, 2002.

LAPERTOSA, Flavio. La giurisprudenza tra passato e futuro dopo l'avvento della nuova disciplina sulle clausole vessatorie. **Il Foro Italiano**, v. 120, 1997.

LIMA MARQUES, Cláudia. Diálogo entre o Código de Defesa do Consumidor e o novo Código civil – Do "diálogo das fontes" no combate às cláusulas abusivas. **Doutrinas Essenciais de Responsabilidade Civil**. v. 4, p. 57-90, out. 2011.

LOTUFO, Renan. **Código Civil comentado**: direito das obrigações. São Paulo: Saraiva, v. 2, 2003.

MARTINS-COSTA, Judith. **A boa-fé no direito privado**: critérios para sua aplicação. 2. ed. São Paulo: Saraiva, 2018.

MELO, Diogo L. Machado de. Cláusulas contratuais gerais (contratos de adesão, cláusulas abusivas e o Código Civil de 2002). São Paulo: Saraiva, 2008.

MIRANDA, Custodio da Piedade Ubaldino. **Contrato de adesão**. São Paulo: Atlas, 2002.

MORAIS CARVALHO, Jorge. O regime português das cláusulas contratuais gerais. **Revista de Direito do Consumidor**, v. 135.

MORESCO, Matteo Giovanni Maria. **Condizioni generali di contratto e tutela della concorrenza**. Tese de Doutorado – Università Degli Studi di Milano. Milão, 2019.

NERY, Deborah Cristina dos Santos. **Contratos de prestação de serviços por adesão**: uma análise do artigo 424 do Código Civil. São Paulo: Almedina, 2021.

PENTEADO, Luciano de Camargo. As cláusulas abusivas e o direito do consumidor. Jurisprudência sistemática. **Revista dos Tribunais**, v. 725/91, mar. 1996.

PRATA, Ana. **Contratos de adesão e cláusulas contratuais gerais**. 2. ed. Coimbra: Almedina, 2021.

PINTO MONTEIRO, Antonio. Contratos de adesão: o regime jurídico das cláusulas contratuais gerais instituído pelo Decreto-Lei nº 446/1985, de 25 de outubro. **Revista da Ordem dos Advogados**, Lisboa, ano 46, 1986.

REALE, Miguel. **História do novo Código Civil**. São Paulo: RT, 2005.

RIBEIRO, Joaquim Sousa. **O problema do contrato**: as cláusulas contratuais gerais e o princípio da liberdade contratual. Coimbra: Almedina, 2003.

RODOVALHO DOS SANTOS, Thiago. **Cláusula arbitral nos contratos de adesão**: contratos de adesão de consumo, contratos de adesão civis, contratos de adesão empresariais. São Paulo: Almedina, 2016.

SANDROCK, Otto. The Standard Terms Act 1976 of West Germany. **American Journal of Comparative Law**, v. 26, 1977.

SANTOS, Ricardo Soares Stersi dos. Arbitragem e acesso à justiça. **Revista Seqüência**, n. 53, dez. 2006.

SCAFF, Fernando Campos. As novas figuras contratuais e a autonomia da vontade. **Revista da Faculdade de Direito**, Universidade de São Paulo, 1996.

TEPEDINO, Gustavo; DONATO OLIVA, Milena. Controle de abusividade da cláusula de eleição de foro. **Revista de Direito do Consumidor**, v. 109, p. 187-205, jan./fev. 2017.

TIMM, Luciano Benetti. **Direito contratual brasileiro** – Críticas e alternativas ao solidarismo jurídico. 2. ed. São Paulo: Atlas, 2015.

TOMASEVICIUS FILHO, Eduardo. **O princípio da boa-fé no direito civil**. São Paulo: Almedina, 2020.

VILLELA, João Baptista. Por uma nova teoria dos contratos. **Revista de Direito e Estudos Sociais**, Coimbra, a. 20, n. 2-3,4, abr./dez. 1975.

ZANETTI, Cristiano de Sousa. **Direito contratual contemporâneo**: a liberdade contratual e sua fragmentação. Rio de Janeiro: Forense, v. 5, 2008.

18. DA EMPREITADA À SUBEMPREITADA: REFLEXÕES SOBRE A EFICÁCIA DA CONVENÇÃO DE ARBITRAGEM AO SUBEMPREITEIRO

Caio Tabet
Advogado. Mestrando em Direito Civil na Universidade de São Paulo.

INTRODUÇÃO[1]

O presente artigo tem o intuito de propor reflexões iniciais sobre a eficácia da convenção de arbitragem constante em contrato de empreitada em relação à subempreitada, de modo a esboçar que critérios são levados em consideração para que o subempreiteiro seja integrado ao processo arbitral envolvendo o empreiteiro e o dono da obra.

Como se sabe, princípio basilar da arbitragem é a autonomia da vontade das partes de submeter suas disputas à jurisdição arbitral[2]. Contudo, detectar essa vontade nem sempre é tarefa simples ao julgador. Em especial, em arbitragens que

1 Esse artigo foi resultado dos estudos realizados no Grupo de Pesquisa de Arbitragem e Direito Civil do CBAr, pelo que agradeço aos Professores-Tutores Francisco Paulo de Crescenzo Marino e Giovana Benetti, bem como aos membros Karina Riccio e Fernando Morais, pelas ideias e reflexões sobre o tema.

2 "A arbitragem é uma técnica para a solução de controvérsias através da intervenção de uma ou mais pessoas que recebem seus poderes de uma convenção privada, decidindo com base nesta convenção, sem intervenção do Estado, sendo a decisão destinada a assumir eficácia de sentença judicial." (CARMONA, Carlos Alberto. A arbitragem no Brasil: em busca de uma nova lei. **Revista de Processo**. v. 72, p. 53-74, 1993)

envolvem múltiplas partes, geralmente permeadas por diversos contratos, identificar se todas os figurantes consentiram com este método de resolução de controvérsias é, por vezes, problemático[3].

Nesse cenário, insere-se a figura do subcontrato, que é comum, principalmente, no campo da construção civil, sob a forma de subempreitada[4], fazendo parte de um emaranhado de contratos com a finalidade de consecução de um projeto ou empreendimento. Esse tipo específico de subcontrato, que apresenta características próprias, ganha importância prática na arbitragem[5], notadamente na determinação se o subempreiteiro pode ou não ser parte de arbitragem surgida do contrato de empreitada. Afinal: Quando a convenção de arbitragem inserida no contrato de empreitada projeta os seus efeitos em relação ao subempreiteiro?

Para pensar sobre tal questão, no primeiro tópico será exposto como a doutrina e a jurisprudência têm definido a subempreitada, traçando as suas características principais. Em seguida, far-se-ão apontamentos sobre a extensão da convenção de arbitragem, de modo a tratar sobre a possibilidade de se estender a convenção de arbitragem ao subempreiteiro. O terceiro tópico abordará duas decisões judiciais de Tribunais Estaduais brasileiros, bem como duas decisões da Corte Internacional de Arbitragem da Câmara de Comércio Internacional ("Corte da CCI"), que trataram especificamente da extensão da convenção de arbitragem da empreitada à subempreitada e, em um caso, da subempreitada à subsubempreitada[6] – que segue a mesma lógica da relação empreitada-subempreitada, apenas em um nível de especialização maior. Por fim, serão feitos apontamentos conclusivos.

1. A SUBEMPREITADA: CONCEITO E CARACTERÍSTICAS

Inicialmente, cumpre tecer considerações sobre o conceito e as características da subempreitada, notadamente as que interessam ao objeto deste trabalho. Como

---

3 BOSCOLO, Ana Teresa de Abreu Coutinho; BENETTI, Giovana Valentiniano. O consensualismo como fundamento da arbitragem e os impasses decorrentes do dissenso. **Revista de Direito Empresarial**, v. 2, p. 306, 2014.

4 NERY JUNIOR, Nelson. Contrato de subempreitada e contrato com eficácia limitada. **Soluções Práticas de Direito**, v. 7, 2014.

5 BREKOULAKIS, Stavros; EL FAR, Ahmed. Subcontracts and Multiparty Arbitration in Construction Disputes. **Global Arbitration Review**, 12 out. 2023. Disponível em: https://globalarbitrationreview.com/guide/the-guide-construction-arbitration/fifth-edition/article/subcontracts-and-multiparty-arbitration-in-construction-disputes. Acesso em: 20 nov. 2023.

6 Como se verá no item 3.4 a seguir, a figura da subsubempreitada se dá quando "o subempreiteiro também contrata outro subempreiteiro", "a exemplo do subempreiteiro que foi contratado para a construção de ponte na obra, que, por sua vez, contratou empresa especializada para a fundação dos pilares" (LÔBO, Paulo. **Direito civil**: contratos. 8. ed. São Paulo: SaraivaJur, v. 3, 2022. p. 370).

se verá a seguir, a subempreitada (i) é um tipo de subcontrato e (ii) apresenta coligação natural ao contrato de empreitada.

1.1 A subempreitada é um subcontrato

Em primeiro lugar, a subempreitada é um tipo de subcontrato – também chamado de contrato derivado pela doutrina[7] –, categoria que, embora não pareça ter uma sistematização legal no Brasil[8], possui importância na prática empresarial e tem campo fértil para desenvolvimento, especialmente no cenário de globalização e superespecialização atual, marcado pela intensificação das relações humanas, pela maior complexidade e celeridade do tráfico jurídico e pelas novas exigências sociais[9]. Nas palavras de Adriana Regina Sarra de Deus, esse mecanismo contratual desempenha papel indispensável na atualidade, sendo "mais do que uma simples figura jurídica", mas "uma ferramenta de transformações econômicas e sociais no mundo moderno"[10].

Daí que esforços doutrinários vêm sendo feitos com a finalidade de se estruturar uma teoria geral do subcontrato[11], de modo a tratar essa modalidade contratual de maneira mais específica, levando em consideração as suas particularidades e os efeitos próprios, na tentativa de dar soluções para questões práticas, como "a possibilidade de terceiros, relativamente a certo negócio jurídico, serem demandados por uma das partes nesse contrato com base na responsabilidade obrigacional"[12].

No tocante à caracterização do subcontrato, a doutrina brasileira parece caminhar na mesma direção. Na lição de Orlando Gomes, há subcontrato "quando um dos contratantes transfere a terceiro, sem se desvincular, a utilidade correspondente à sua posição contratual", de sorte que a relação jurídica "pressupõe a coexistência de dois contratos: o básico e o derivado [subcontrato]"[13]. Há, assim, três entes e duas

---

7 A título de exemplo, mencionam-se os seguintes autores: GOMES, Orlando. **Contratos**. 27. ed. Atualização: Edvaldo Brito e Reginalda Paranhos de Brito. Rio de Janeiro: Forense, 2019. p. 137; e RIZZARDO, Arnaldo. **Contratos**. 20. ed. Rio de Janeiro: Forense, 2022. p. 83.

8 VENOSA, Sílvio de Salvo. **Direito civil**: contratos. 20. ed. São Paulo: Atlas, 2020. p. 83.

9 VILAS, Ramón López. **El subcontrato**. Madrid: Editorial Tecnos, 1973. p. 17.

10 SARRA DE DEUS, Adriana. Os subcontratos no Direito Brasileiro: panorama atual e questões controversas. *In*: RAMUNNO, Pedro A. L. (org.). **Contencioso societário e novas perspectivas do direito empresarial**. São Paulo: Quartier Latin, 2021. p. 445.

11 Menciona-se especificamente os trabalhos de Pedro Romano Martinez, em Portugal (MARTINEZ, Pedro Romano. **O subcontrato**. Coimbra: Almedina, 1989), e de Adriana Regina Sarra de Deus e André Furtado de Oliveira, no Brasil (SARRA DE DEUS, Adriana. *Op. cit.;* e OLIVEIRA, André Furtado de. Considerações iniciais acerca da construção unitária da teoria geral do subcontrato. **Revista dos Tribunais**, v. 967, maio 2016).

12 MARTINEZ, Pedro Romano. *Op. cit.*, p. 18.

13 GOMES, Orlando. *Op. cit.*, p. 137.

relações contratuais neste contexto: no contrato básico, há o contratante e o contratado; no subcontrato, tem-se o subcontratante (contratado no contrato básico) e o subcontratado[14].

Nessa esteira, o mesmo autor pontua que no subcontrato (i) o conteúdo do contrato básico deve ser replicado total ou parcialmente; (ii) o subcontratante transfere ao subcontratado a vantagem patrimonial que obtivera ao contratar no contrato básico, sem dele se desligar; (iii) os direitos adquiridos pelo subcontratado não podem ultrapassar os direitos do subcontratante, na extensão e duração[15].

Silvio Venosa também ensina que existe subcontrato "quando sua existência decorre exclusivamente de outro contrato", o contrato básico, com o qual tem "uma ligação toda peculiar, que regulará sua coexistência"[16]. Ademais, aponta que a participação de umas das partes do contrato básico no subcontrato é necessária, estando este em uma "posição de serviência" em relação àquele, bem como que o direito contido no subcontrato tem como limite o direito contido no contrato básico[17].

Converge-se, assim, para a acepção de que o subcontrato é um novo contrato, que, apesar de seu objeto abranger, total ou parcialmente, o conteúdo do contrato básico e ser dele dependente[18], guarda autonomia própria. José Manoel de Arruda Alvim Netto sintetiza a finalidade do subcontrato:

> Vale ressaltar que o espírito da subcontratação é justamente possibilitar ao contratado estipular novas relações jurídicas – que não se comunicam com a sua relação com o contratante – que tenham como base a relação jurídica originária. O subcontratante não atua como representante do contratante original, tampouco cede suas atribuições contratuais ou mesmo sua posição no contrato. O subcontrato é uma nova relação jurídica, que guarda autonomia em relação ao contrato original, mas que mantém com ele uma dependência unilateral [...] O subcontrato,

---

14 É o que leciona Arnaldo Rizzardo: "[T]rês pessoas obrigatoriamente participam da presente espécie: dois contratantes originários, ou duas partes figurantes iniciais, constituindo o contrato básico; e um contratante derivado, cuja relação desenvolvida não afeta o vínculo existente entre os dois primeiros estipulantes. Uma das partes do contrato principal integrará, obrigatoriamente, o subcontrato. A presença dos três participantes é indispensável" (RIZZARDO, Arnaldo. *Op. cit.*, p. 84).

15 GOMES, Orlando. *Op. cit.*, p. 138.

16 VENOSA, Sílvio de Salvo. *Op. cit.*, p. 83.

17 VENOSA, Sílvio de Salvo. *Op. cit.*, p. 83-84.

18 Nesse sentido, Gustavo Tepedino e Carlos Konder: "Na subcontratação, não há qualquer forma de transmissão de direitos ou deveres, já que, a rigor, não se estabelece relação direta entre contratante e subcontratado, diferenciando-a da cessão de posição contratual. Há aqui novo contrato cujo objeto abrange, totalmente ou em parte, o conteúdo do contrato anterior. A relação contratual anterior permanece, todavia, intacta, sem qualquer modificação subjetiva, coexistindo esse contrato originário com o novo contrato, derivado e dependente" (TEPEDINO, Gustavo; KONDER, Carlos Nelson; BANDEIRA, Paula Greco. **Fundamentos do direito civil** – Contratos. 2. ed. Rio de Janeiro: Forense, v. 3, 2021. p. 116).

> portanto, não obstante se conectar a um contrato-base (por ser dele derivado o objeto), com este não forma uma unidade. O contrato-base e o subcontrato são relações jurídicas distintas e autônomas, não havendo qualquer relação entre o contratante original e o subcontratado.[19]

A função prática do subcontrato é, assim, de proporcionar o gozo das utilidades e obrigações do contrato básico a um terceiro[20]. Isso é exatamente o que ocorre com a subempreitada: "[D]a empreitada deriva outro contrato, denominado *subempreitada*, que se realiza quando o *empreiteiro* contrata com outra pessoa a execução da obra de que se encarregara"[21]. Transpondo-se a caracterização geral do subcontrato para a especificidade da subempreitada: o contrato básico é o contrato de empreitada[22], ao passo que o subcontrato é a subempreitada[23]; o contratante e contratado são, respectivamente, o dono da obra e o empreiteiro; e o empreiteiro é quem subcontrata um "subempreiteiro"[24]. Segundo Pedro Romano Martinez, a subempreitada é uma "empreitada de 'segunda mão' que entra na categoria geral de subcontrato, e em que o subempreiteiro é um 'empreiteiro do empreiteiro'"[25].

André Furtado de Oliveira desenha bem o panorama específico da subempreitada:

> Dono da obra -> Empreiteiro -> Subempreiteiro
>
> Insta observar da diagramação acima que, na subempreitada (Empreiteiro -> Subempreiteiro), o empreiteiro, perante o subempreiteiro, faz às vezes de dono da

19 NETTO, José Manoel de Arruda Alvim. Empreitada e subempreitada análise da responsabilidade civil por danos decorrentes de paralisações dos empregados das subcontratadas. **Soluções Práticas**, v. 2, ago. 2011.

20 GOMES, Orlando. *Op. cit.*, p. 138.

21 GOMES, Orlando. *Op. cit.*, p. 306.

22 Conforme ensina Hamid Charaf Bdnie Júnior, "[e]mpreitada é o contrato pelo qual um dos contratantes (empreiteiro) se obriga a concluir determinada obra em favor do outro (dono da obra), mediante remuneração determinada ou proporcional ao que for concluído, sem que se estabeleça relação de subordinação entre eles, fornecendo pessoalmente o material utilizado ou recebendo-o do proprietário" (BDINE JÚNIOR, Hamid Charaf. Da empreitada. **Revista dos Tribunais**, v. 858, abr. 2007).

23 "Sublinhe-se que a subempreitada não se confunde com os contratos de trabalho firmados entre o empreiteiro e seus empregados. Trata-se de contrato derivado do contrato principal de empreitada, celebrado entre o empreiteiro e subcontratado." (TEPEDINO, Gustavo; KONDER, Carlos Nelson; BANDEIRA, Paula Greco. *Op. cit.*, p. 116)

24 Segundo orienta Silvio Venosa, na relação entre empreitada e subempreitada, "[a] particularidade é que o empreiteiro é parte contratante em ambos: como empreiteiro, no contrato com o dono da obra, e como comitente, nas subempreitadas que conclui com terceiros" (VENOSA, Sílvio de Salvo. *Op. cit.*, p. 560).

25 MARTINEZ, Pedro Romano. *Op. cit.*, p. 36.

> obra. Além disso, ressalte-se que o subempreiteiro está adstrito a uma obrigação de resultado, porquanto sua obrigação é de concluir a obra.[26]

Tem-se, portanto, que, na subempreitada, cria-se nova relação jurídica, a qual é distinta da relação jurídica entre o dono da obra e o empreiteiro. É dizer: o dono da obra é juridicamente estranho ao que se passou entre o empreiteiro e o subempreiteiro[27].

Como tipo específico de subcontrato que é, a subempreitada é ferramenta importante na indústria da construção civil, sendo muito comum em projetos de infraestrutura e grandes obras, que demandam cada vez mais a especialização de trabalhos para a consecução da operação como um todo[28]. A realidade desse mercado é bem delineada por Paulo Lôbo:

> A subempreitada é muito comum nas grandes obras, tendo em vista a divisão das especializações profissionais. É no interesse do dono da obra que certas partes da obra sejam executadas por pessoas ou empresas especializadas, porque dificilmente o empreiteiro tem o domínio do conhecimento técnico para a execução de todas as partes. Nas grandes obras, o empreiteiro é apenas o gestor dos diversos subempreiteiros. Às vezes, o subempreiteiro também contrata outro subempreiteiro, caracterizando a subsubempreitada, a exemplo do subempreiteiro que foi contratado para a construção de ponte na obra, que, por sua vez, contratou empresa especializada para a fundação dos pilares.[29]-[30]

A subempreitada desempenha, logo, uma função econômica, na medida em que contribui para a conclusão de operações complexas, alimentando-as com fornecimento de serviços e de matérias-primas[31].

---

26 OLIVEIRA, André Furtado de. *Op cit.*

27 LÔBO, Paulo. *Op. cit.*, p. 370.

28 "No caso de uma construção civil, por exemplo, atividades que eram inicialmente desenvolvidas por um único profissional, passaram a ganhar agentes mais especializados e capacitados para determinada atividade, potencializando-se a qualidade e produtividade. Trata-se do mesmo princípio no qual se apoia a terceirização, ou seja, entregar para terceiros a atividade que cada qual melhor desempenha." (LIMA, Fabio Chong de; FERNANDES, Anna Luiza Quintella. O contrato de empreitada no direito do trabalho – Responsabilidade do empreiteiro, do subempreiteiro e do dono da obra. *In*: MARCONDES, Fernando (coord.). **Direito da construção**: estudos sobre as várias áreas do Direito aplicadas ao mercado da construção. São Paulo: PINI, 2014. p. 50)

29 LÔBO, Paulo. *Op. cit.*, p. 369.

30 A colocação de Silvio Venosa de que nessa indústria é comum, por conseguinte, a subempreitada parcial, também é oportuna: "Com frequência, são necessários serviços que refogem à especialidade e capacidade técnica do empreiteiro", sendo usual "o empreiteiro subempreitar a construção da parte hidráulica e elétrica, a edificação de telhado, a instalação de equipamentos especiais" (VENOSA, Sílvio de Salvo. *Op. cit.*, p. 560).

31 GOMES, Orlando. *Op. cit.*, p. 138.

Para além da doutrina, os Tribunais Estaduais têm reconhecido e aplicado tal classificação, corretamente estabelecendo que subempreitada é um tipo de subcontrato. O Tribunal de Justiça do Estado de São Paulo ("TJSP"), por exemplo, em ação de cobrança pela execução de obras de redes de distribuição de energia elétrica, consignou que uma empreiteira era parte legítima da ação, uma vez que "não cedeu sua posição contratual", mas, na realidade, era parte de subempreitada, definindo-a como um tipo de subcontrato "que é celebrado à sombra de outro, que o precedeu", ou seja, negócio que "toma por base outro já existente, guardando com ele uma relação de dependência, visto que submete ao destino do contrato principal"[32].

Na mesma linha, o Tribunal de Justiça do Estado de Minas Gerais ("TJMG"), ao julgar ação de cobrança de valores referentes à subempreitada, delimitou que se tratava de um subcontrato, o qual "constitui novo vínculo contratual, razão pela qual o litígio do subcontratado com a contratante principal é estranho à parte que não participou desta contratação"[33].

1.2 A subempreitada apresenta coligação natural ao contrato de empreitada

Em segundo lugar, a subempreitada perfaz coligação natural ao contrato de empreitada, de sorte que surge de sua própria natureza acessória típica. Ora, na subempreitada, o subempreiteir assume a execução da obra a que o empreiteiro originalmente se obrigou com o dono da obra[34]. É o que leciona Francisco Paulo de Crescenzo Marino:

> Ora, é preciso separar os casos de coligação ex lege das hipóteses de coligação advinda da própria natureza acessória típica de um dos contratos envolvidos na coligação. Essa coligação, contudo, nem sempre será "necessária", na acepção estrita da palavra, pois o vínculo, não obstante natural, poderá perfeitamente surgir acidentalmente, sem que fizesse parte do programa contratual inicial das

32 "Subempreitada. Execução de obras de redes e linhas de distribuição de energia elétrica. Não pagamento do preço e rompimento do vínculo. Cobrança acolhida na sentença, inclusive da multa compensatória. Recursos das rés. Legitimidade passiva aferida e ausência de vício no instrumento de mandato. Vínculos das partes mantidos, não havendo cessão da posição contratual pela empreiteira, mas elaboração de subempreitada [...]." (TJSP, Apelação Cível nº 4012238-50.2013.8.26.0576, 32ª Câmara de Direito Privado, Rel. Des. Kioitsi Chicuta, J. 20.08.2018, v.u.)

33 "AGRAVO DE INSTRUMENTO – AÇÃO DE COBRANÇA – SUBEMPREITADA – RESPONSABILIDADE SUBSIDIÁRIA – NÃO CONFIGURADA – ILEGITIMIDADE PASSIVA – CONFIGURADA – TUTELA DE URGÊNCIA – BLOQUEIO DE BENS – AÇÃO DE CONHECIMENTO – REQUISITOS NÃO CONFIGURADOS [...]." (TJMG, Agravo de Instrumento nº 1.0335.16.002474-1/001, 16ª Câmara Cível, Rel. Des. Pedro Aleixo, J. 06.02.2019, v.u.)

34 GOMES, Orlando. *Op. cit.*, p. 138.

> partes. Nesse sentido, uma subempreitada pode ser coligada à empreitada que lhe serve de contrato-base em ao menos dois sentidos: a subempreitada pode vir desde o início contemplada pelas partes, sendo expressamente prevista no contrato-base (coligação "necessária"); ou pode vir a ser celebrada no curso da empreitada, diante de uma circunstância imprevista (coligação "acidental"). Feita essa observação, verifica-se que diversos casos de coligação têm origem na natureza acessória de um dos contratos coligados. São exemplos de coligação natural: união entre contrato-base e subcontrato [...].[35]

Na mesma linha, Pedro Romano Martinez aduz que a coligação existente entre contrato básico e subcontrato – como empreitada e subempreitada – "acha-se ínsita na própria natureza dos negócios em causa, desde que os dois negócios estejam funcionalmente na prossecução do mesmo fim", havendo, assim, uma dependência natural que "justifica a existência de uma coligação de negócios, independentemente de expressa vontade das partes nesse sentido"[36].

Com efeito, definida a subempreitada como um tipo de subcontrato e inserida no contexto dos contratos coligados, passa-se ao exame da eficácia da convenção de arbitragem a esse tipo contratual.

2. A EFICÁCIA DA CONVENÇÃO DE ARBITRAGEM À SUBEMPREITADA

Posto o panorama sobre as características principais da subempreitada e sobre a sua relação com o contrato de empreitada, passa-se às reflexões objeto deste artigo: Quando a cláusula arbitral inserida apenas no contrato de empreitada projetaria os seus efeitos em relação à subempreitada?

Antes de mais nada, destaca-se que as pessoas capazes de contratar podem se valer da arbitragem para dirimir conflitos relativos a direito patrimonial disponível (artigo 1º da Lei de Arbitragem[37]), podendo fazê-lo mediante convenção de arbitragem, notadamente pela estipulação de cláusula compromissória ou de compromisso arbitral (artigo 3º da Lei de Arbitragem[38]). Dessa forma, a convenção de arbitra-

---

35 MARINO, Francisco Paulo de Crescenzo. **Contratos coligados no direito brasileiro**. São Paulo: Saraiva, 2009. p. 105-106.

36 MARTINEZ, Pedro Romano. *Op. cit.*, p. 197.

37 Artigo 1º da Lei de Arbitragem: "As pessoas capazes de contratar poderão valer-se da arbitragem para dirimir litígios relativos a direitos patrimoniais disponíveis".

38 Artigo 3º da Lei de Arbitragem: "As partes interessadas podem submeter a solução de seus litígios ao juízo arbitral mediante convenção de arbitragem, assim entendida a cláusula compromissória e o compromisso arbitral".

gem é, então, "um acordo de vontades, por meio do qual as partes contratam que a solução de eventuais disputas relacionadas a direitos patrimoniais disponíveis será submetida ao juízo arbitral, excluindo-se a jurisdição estatal". Afinal, por meio dela que se "define o alcance (em termos subjetivos e objetivos), o procedimento e os demais detalhes da arbitragem"[39].

Nessa toada, como regra geral, a convenção de arbitragem não vincula quem com ela não consentiu[40]. É dizer: ninguém pode ser submetido à arbitragem sem por ela ter optado. Afinal, trata-se de fundamento da arbitragem, como leciona Cândido Rangel Dinamarco:

> Em princípio o negócio jurídico caracterizado como convenção de arbitragem vincula todos os sujeitos que dele participaram e somente os que participaram – e essa e uma imposição da autonomia da vontade, que constitui fundamento da própria opção pela arbitragem (vontade de optar, vontade de não optar).[41]

Contudo, neste contexto surge o tema da vinculação da convenção de arbitragem a terceiros, chamado por vezes de "extensão subjetiva"[42], que abarca diversas situações no campo empresarial, como a de sociedades não signatárias, porém integrantes do mesmo grupo de sociedades signatárias da convenção de arbitragem, os casos de cessão de posição contratual, de desconsideração de personalidade jurídica e, inclusive, de contratos coligados – que, como visto, é a situação da subempreitada e empreitada.

A doutrina tem se esforçado para construir uma sistematização das hipóteses de vinculação/extensão da convenção de arbitragem, de sorte a contribuir para a segurança jurídica do próprio instituto da arbitragem.

Nesse sentido, Francisco Paulo de Crescenzo Marino entende haver uma classificação quadripartite[43], que comporta as seguintes situações: (i) determinação de

---

39 SCHIMDT, Gustavo da Rocha; FERREIRA, Daniel Brantes; OLIVEIRA, Rafael Carvalho Rezende. **Comentários à lei de arbitragem**. 1. ed. Rio de Janeiro: Forense/Método, 2021. p. 51.

40 "O consentimento para os interessados se submeterem à arbitragem possui, como sempre enfatizamos, índole contratual. A partes acordam em não se submeter à justiça estatal. Destarte, todos os princípios gerais de direito contratual se aplicam a essa modalidade de consentimento." (VENOSA, Silvio de Salvo. Convenção arbitral I. *In*: VENOSA, Silvio de Salvo; GAGLIARDI, Rafael; TABET, Caio. **Tratado de arbitragem**. Indaiatuba/SP: Foco, 2024. p. 265)

41 DINAMARCO, Cândido Rangel. **A arbitragem na teoria geral do processo**. São Paulo: Malheiros, 2013. p. 101-102.

42 SILVA, Alexandre Couto. Extensão subjetiva da cláusula compromissória estabelecida no estatuto social aos administradores da companhia. *In*: CASTRO, Rodrigo Rocha Monteiro de; AZEVEDO, Luis Andre; HENRIQUES, Marcus de Freitas (coord.). **Direito societário, mercado de capitais, arbitragem e outros temas**: homenagem a Nelson Eizirik. São Paulo: Quartier Latin, v. III, 2020.

43 O autor se baseou na classificação proposta por Giorgio De Nova (DE NOVA, Giorgio. I terzi e la convenzione arbitrale. **Rivista dell'Arbitrato**, ano XXII, n. 4, 2012).

partes originárias das convenção de arbitragem (como o representado e o interveniente anuente); (ii) determinação de partes supervenientes por sucessão – que seriam terceiros que se tornam parte da convenção de arbitragem em substituição à parte originária (como o cessionário de posição contratual e o que se sub-roga na posição de parte); (iii) determinação de partes supervenientes por adição – que seriam terceiros que se tornam parte da convenção de arbitragem em adição à parte originária (como a adesão de acionistas por força de cláusula estatutária); e (iv) determinação de terceiros – que seriam aqueles em cuja esfera se irradia a eficácia da convenção arbitral (como o cessionário de crédito e a parte de contrato coligado)[44].

Para este autor, os casos de coligação contratual, como ocorre com a subempreitada e empreitada, objeto deste artigo, seriam uma hipótese de determinação de terceiros, de modo que haveria uma ampliação eficacial de um contrato ao outro, a incluir a eficácia da convenção de arbitragem. Veja-se:

> Pense-se, por exemplo, na dilatação dos efeitos de uma cláusula compromissória, inserida em determinado contrato, a sujeito que dele não é parte, porém figura em contrato coligado. A presença de uma operação econômica estruturada por meio de uma pluralidade de contratos conexos funcionará, nesse caso, como fator de dilatação dos efeitos contratuais a terceiros.[45]

Outra classificação é apresentada por Renato Fernandes Coutinho, o qual propõe 3 categorias de vinculação de não signatários à convenção de arbitragem: (i) casos em que se está diante de um problema de identificação de partes; (ii) situações em que se coloca um problema de adição de uma parte não signatária; e (iii) hipóteses de substituição de uma parte por outra, não signatária da convenção de arbitragem[46]. Este autor, embora não tenha tratado de casos de contratos coligados em tópico específico na obra, pontua que tal hipótese "conforme o caso, poderia ser

---

44 MARINO, Francisco Paulo de Crescenzo. Eficácia da convenção de arbitragem perante terceiros: o caso do terceiro beneficiário. In: BENETTI, Giovana *et al.* (org.). **Direito, cultura, método**: leituras da obra de Judith Martins-Costa. 1. ed. Rio de Janeiro: LMJ Mundo Jurídico, 2019. p. 861-862.

45 MARINO, Francisco Paulo de Crescenzo. *Op. cit.*, p. 860.

46 O autor explica a sua proposta de divisão da seguinte maneira: "O grande mérito desta divisão, em nosso sentir, é o de focar a atenção do intérprete para o que se busca, afinal, constatar quanto aos limites subjetivos da convenção de arbitragem. Se se trata de descobrir quem é verdadeira parte da convenção de arbitragem, isso é, se B ou C; se se pretende verificar a existência de uma parte adicional não signatária, sem prejuízo da manutenção das partes signatárias à convenção, isso é, se, além de A e B, também C é parte daquela cláusula compromissória; ou se, por outro lado, quer-se averiguar se uma parte da convenção de arbitragem deu lugar a outra, ou seja, se B deu lugar a C, mantendo-se A. A partir desse questionamento inicial abrem-se teorias das mais variadas, que, no entanto, parecem sempre poder ser encaixadas em um desses três grandes grupos" (COUTINHO, Renato Fernandes. **Convenção e arbitragem**: vinculação de não signatários. Coleção CBAr. São Paulo: Almedina, 2020. p. 65-66).

classificada como caso de adição de parte não signatária", cuja situação seria a de, "além de A e B, também C se vinculou à cláusula compromissória, ainda que não a tenha assinado[47].

Em que pese a diferença de nomenclaturas, fato é que a eficácia da convenção de arbitragem a contratos coligados é uma realidade, aceita inclusive em sede jurisprudencial[48]-[49]. O seu alcance, no entanto, especialmente quando os contratos coligados são assinados por partes distintas, é delicado[50]. Isso porque se coloca em perspectiva o princípio da relatividade dos efeitos do contrato, caro ao direito civil brasileiro[51], na medida em que se vislumbra a possibilidade de contratos, eventualmente, vincularem terceiros, que passam a figurar como se partes fossem[52].

Como aponta Carlos Nelson Konder, nesses cenários de sacrifício do referido princípio, o argumento mais recorrente para se justificar a eficácia da convenção de arbitragem a terceiro que não assinou o contrato em que ela se encontrava prevista, mas firmou outro contrato a ele coligado, tem sido a identificação de consentimento tácito, embasada (i) no silêncio do terceiro ingressante na relação contratual no tocante à impugnação à arbitragem ou (ii) na conduta proativa desse terceiro na

---

47 COUTINHO, Renato Fernandes. *Op. cit.*, p. 105.

48 No âmbito do Superior Tribunal de Justiça, a título exemplificativo, menciona-se o caso Paranapanema *v.* Santander, em que se reconheceu a existência de coligação contratual entre o contrato de abertura de crédito e contratos de *swap*, decidindo-se pela extensão da cláusula compromissória prevista no primeiro contrato aos demais, uma vez que integrantes de uma operação econômica única (STJ, REsp 1639035/SP, 3ª Turma, Rel. Min. Paulo de Tarso Sanseverino, J. 18.09.2018, v.u.).

49 No tocante aos Tribunais Estaduais, como exemplo cita-se recente caso julgado pelo Tribunal de Justiça de São Paulo envolvendo contrato de parceria agrícola e contrato de compra e venda de cana de açúcar para entrega futura, em que se admitiu a extensão da cláusula arbitral prevista no contrato principal ao acessório, por se tratar de negócios jurídicos coligados, com mesmo objeto econômico e com dependência recíproca ("Ação de rescisão contratual c/c cobrança e reintegração de posse. Partes que firmaram, de forma concomitante, os contratos coligados de 'Parceria Agrícola' e de 'Compra e Venda de Cana de Açúcar para Entrega Futura', com previsão contratual de convenção de arbitragem e de cláusula de eleição de foro respectivamente. [...] Negócios jurídicos coligados, tendo por objeto conjunto econômico, com dependência recíproca. Cláusula compromissória prevista no contrato principal que, nos termos da Jurisprudência do c. Superior Tribunal de Justiça, admite extensão ao contrato acessório. [...]" – TJSP, Apelação Cível nº 1002237-48.2020.8.26.0047, 27ª Câmara de Direito Privado, Relª Desª Daise Fajardo Nogueira Jacot, J. 26.10.2021, v.u.).

50 KONDER, Carlos Nelson. O alcance da cláusula compromissória em contratos coligados: leitura a partir da tutela da confiança. **Revista de Arbitragem e Mediação**, v. 63, 2019.

51 Como anota Cristiano de Sousa Zanetti, pelo princípio da relatividade dos efeitos, "os contratos somente vinculam as partes e, portanto, não aproveitam, nem prejudicam terceiros. Subjaz ao princípio da relatividade a ideia de que cada pessoa é única e verdadeira representante natural dos próprios interesses" (ZANETTI, Cristiano de Sousa. **Comentários ao Código Civil**: direito privado contemporâneo [livro eletrônico]. 1. ed. Coordenação: Giovanni Ettore Nanni. São Paulo: Thomson Reuters Brasil, 2023. RL-2.68).

52 KONDER, Carlos Nelson. *Op. cit.*

negociação e/ou execução dos negócios que envolvem a operação como um todo[53]. Explica o autor:

> Nos cenários em que o terceiro ingressa na operação pluricontratual, subscrevendo instrumento que não contém cláusula compromissória, mas ciente de que em outro instrumento de contrato àquele coligado há a referida previsão, com potencial alcance sobre a totalidade da operação, o silêncio do ingressante poderia ser eloquente o suficiente para se entender, ali também, admitida a submissão de eventuais conflitos à arbitragem [...] Além da participação conformada no procedimento arbitral, a conduta prévia do "contratante-terceiro" na negociação e celebração dos negócios que envolvem a operação como um todo – embora não tenha subscrito especificamente o instrumento que continha a cláusula compromissória – também pode ser reputada indício de consentimento tácito.[54]

Neste contexto, é oportuno mencionar o representativo caso Trelleborg[55], em que a 7ª Câmara de Direito Privado do TJSP consignou o consentimento da Trelleborg Industri A.B à arbitragem, embora não tenha assinado o contrato que continha cláusula arbitral, uma vez que teria participado ativamente da negociação e da celebração da operação objeto da disputa, que envolvia contratos de associação e consultoria, razão pela qual não poderia ignorar a cláusula compromissória. Veja-se a seguinte passagem do julgado:

> A apelante Trelleborg Industri A.B, em várias oportunidades, vem demonstrado o seu vínculo com a questão objeto dos autos, ou seja: participou como figurante em "carta de intenção"; enviou carta redigida nos idiomas português e inglês em que são abordados os termos da negociação; o documento n. 11, retrata carta enviada pela "Trelleborg Industri A.B.", demonstrando interesse na efetivação dos negócios. Diante do comportamento de Trelleborg A.B. durante as negociações, tornou-se claro que esta conhecia todos os termos da avença, sendo impossível ignorar a cláusula compromissória que vinculava a todos ao procedimento arbitral. Assim, não obstante inexistente assinatura da apelante "Trelleborg Industri A.B.", é mais do que evidente, face à farta documentação existente, a relação jurídica que há entre as partes, decorrentes de negócios em comum travados, em que se observa participação ativa da apelante "Trelleborg Industri A.B".[56]

---

53 KONDER, Carlos Nelson. *Op. cit.*

54 KONDER, Carlos Nelson. *Op. cit.*

55 TJSP, Apelação nº 267.450.4/6-007, 7ª Câmara de Direito Privado, Rel. Des. Constança Gonzaga, J. 24.05.2006, v.u.

56 TJSP, Apelação nº 267.450.4/6-007, 7ª Câmara de Direito Privado, Rel. Des. Constança Gonzaga, J. 24.05.2006, v.u.

Tendo em vista esse cenário, a questão que se coloca é se tal raciocínio seria aplicável, também, ao contexto de contratos de empreitada e de subempreitada. Nessa reflexão, é importante considerar, ainda, um terceiro possível critério: a confiança, lida à luz do caso concreto e dos usos e costumes desse mercado, pode ser um fundamento para a ampliação dos efeitos da convenção de arbitragem do contrato de empreitada à subempreitada. Isso porque a inserção de cláusula arbitral em um contrato traduz "a confiança de se ver materializado aquilo que se previu na etapa contratual como adequado e desejável para a solução de controvérsias", além de representar "elemento integrante da equação econômica do negócio jurídico"[57].

É nesse ponto que "a proteção da confiança desponta como parâmetro interpretativo promissor"[58], especialmente por tal elemento estar presente na indústria da construção civil[59], que requer, além de especialização e eficiência na operação como um todo, primordialmente, a confiança das partes.

Nesse passo, na tentativa de se averiguar quais critérios são utilizados para determinar ou não a eficácia da convenção de arbitragem inserida no contrato de empreitada à subempreitada, os próximos tópicos tratarão de casos concretos em que os Tribunais Estaduais brasileiros e a Corte da CCI enfrentaram o tema[60].

---

57 Nas palavras de José Emílio Nunes Pinto: "Surgindo a controvérsia, o que se pode esperar das partes é que ajam de acordo com o que convencionaram e tomem todas as providências necessárias para instaurar o procedimento arbitral destinado a solucioná-la, seja na forma do artigo 5º da Lei nº 9.307/1996, sendo a cláusula cheia, ou na do artigo 6º da Lei nº 9.307/1996, sendo ela vazia ou patológica. Assim, somente os comportamentos determinados por esses dois dispositivos estarão alinhados com o princípio da boa-fé e com os deveres laterais de proteção, informação e colaboração, manifestação prática da confiança. Afinal, prevalecerá nesses casos a confiança entre as partes ao celebrar a cláusula compromissória. Além disso, nunca é demais lembrar que a escolha pela arbitragem como meio de solução de controvérsias é um elemento integrante da equação econômica do negócio jurídico, devendo-se, portanto, prestigiá-la sob pena de se alterar essa equação" (PINTO, José Emílio Nunes. A cláusula compromissória à luz do Código Civil. **Revista de Arbitragem e Mediação**, v. 4, p. 34-47, 2005).

58 Para Carlos Nelson Konder, "quando determinada sociedade, posto não tenha subscrito o instrumento que continha a cláusula compromissória, participou ativamente das negociações, é parte do grupo que a subscreveu, aparenta representá-la, subscreveu contrato coligado intimamente àquele negócio, enfim, em todos esses casos, deve-se avaliar se sua conduta foi idônea a criar nos demais – tendo em vista as circunstâncias do caso concreto e os usos e costumes daquele mercado – a confiança legítima de consentimento para eventual procedimento arbitral" (KONDER, Carlos Nelson. *Op. cit.*).

59 Sobre o tema, ver: MESQUITA, Marcelo A. Botelho de. Arbitragem no setor da construção: árbitro-especialista, arbitragens complexas e produção de prova técnica pelas partes. *In*: VENOSA, Silvio de Salvo; GAGLIARDI, Rafael; TABET, Caio. **Tratado de arbitragem**. Indaiatuba/SP: Foco, 2024. p. 821-852.

60 Oportuno anotar que a referida discussão parece ser mais presente em arbitragens, não havendo tanta abundância de casos no Poder Judiciário. Nesse sentido, veja-se, por exemplo, o aumento constante das disputas envolvendo contratos de construção nas estatísticas da CCI e do CAM-CCBC, disponíveis, respectivamente, em: https://iccwbo.org/publication/icc-dispute-resolution-statistics-2020/ (Acesso em: 20 nov. 2023) e https://ccbc.org.br/cam-ccbc-centro-arbitragem-mediacao/fatos-e-numeros/

3. CASOS

Como dito, para dar um norte casuístico ao objeto deste artigo, passa-se a discorrer brevemente sobre (i) dois casos julgados, respectivamente, pelo Tribunal de Justiça do Rio Grande do Sul ("TJRS") e pelo TJSP, em que se analisou a eficácia da convenção de arbitragem do contrato de empreitada à subempreitada; e (ii) dois casos reportados pela CCI em seu boletim de resolução de disputas, cujos pontos de discussão envolveram, principalmente, a eficácia da convenção de arbitral de contrato de empreitada à subempreitada, e também de subempreitada à subsubempreitada. Vejamos um a um.

3.1 Caso TJRS – Apelação nº 70016974636

Iniciando o exame dos julgados pelo Poder Judiciário, o primeiro caso trata de ação indenizatória ajuizada por Consórcio Cosate Conenge ("Consórcio") contra Engenharia e Telecomunicações e Eletricidade S/A ("ETE"), que, em primeira instância, foi extinta sem resolução de mérito, em razão de se ter entendido pela extensão da convenção de arbitragem do contrato de empreitada, firmado entre ETE e Brasil Telecom, ao contrato de subempreitada, celebrado entre ETE e Consórcio, que não tinha cláusula compromissória. Nesse cenário, a dinâmica era a seguinte: no contrato de empreitada, a Brasil Telecom é a dona da obra e a ETE é a empreiteira; e no contrato de subempreitada, a ETE é empreiteira e o Consórcio é o subempreiteiro

Ou seja, em primeiro grau, entendeu-se que a cláusula arbitral inserida no contrato de empreitada repercutiria sobre o contrato de subempreitada, de modo que a questão deveria ser dirimida em arbitragem, e não no Poder Judiciário. Nesse passo, o Consórcio, subempreiteiro no caso, interpôs apelação defendendo que tal extensão não seria correta, uma vez que não há cláusula arbitral no contrato de subempreitada, mas sim cláusula de eleição de foro, que nomeia a comarca de Santa Maria para a resolução de questões referentes ao referido contrato.

(Acesso em: 20 nov. 2023). Na mesma direção, Lie Uema do Carmo assinala que a "elevada imbricação técnica com outras áreas de conhecimento (engenharia, arquitetura, finanças, direito, etc.) e intra-áreas do conhecimento refletida no conteúdo dos contratos de construção torna-os especialmente áridos para a solução de controvérsias pelo judiciário. Ademais, precisamente por essa sofisticação, as partes usualmente optam por submeter eventuais desavenças a peritos especializados ou a árbitros. Como esses métodos de solução de controvérsia, por sua vez, são confidenciais, não existe, no Brasil, fonte jurisprudencial que permita às contratantes conhecer de antemão as interpretações correntes sobre certas disposições contratuais" (CARMO, Lie Uema do. **Contratos de construção de grandes obras.** Coleção Direito da Construção – IBDIC. São Paulo: Almedina, 2019. p. 309-310).

Frente a essa questão, o TJRS entendeu que a cláusula arbitral inserida no contrato de empreitada não poderia ser estendida à subempreitada. Consignou que as hipóteses expostas nas cláusulas do contrato de subempreitada que estabelecem que o contrato de empreitada é sua parte integrante e lhe serve como fonte subsidiária não se aplicam à cláusula arbitral, notadamente porque o contrato de subempreitada tem cláusula de eleição de foro à Comarca de Santa Maria/RS. Concluiu, então, que,

> em não tendo as partes ora litigantes [empreiteira e subempreiteira] escolhido a convenção arbitral para dirimir eventuais controvérsias decorrentes do contrato por elas firmado [subempreitada], não se pode aplicar a cláusula importada de um contrato [empreitada] firmado por uma só das partes com terceiro contratante.[61]

Desse modo, o critério aqui esposado parece ser distinto daqueles normalmente utilizados por Tribunais Judiciais brasileiros para determinar a extensão da convenção de arbitragem a terceiro que assinou contrato coligado ao contrato que apresenta a convenção. Baseou-se nas cláusulas formalmente assinadas por cada parte para definir que a convenção de arbitragem disposta no contrato de empreitada não pode produzir efeitos sobre a subempreitada, uma vez que essa não teria sido a vontade das partes da subempreitada. Não se teceu, contudo, qualquer consideração sobre a relação entre as partes de ambos os contratos.

3.2 Caso TJSP – Apelação nº 1012823-82.2020.8.26.0100

Já o segundo caso judicial diz respeito à ação de regresso ajuizada por Zurich Minas Brasil Seguros S/A ("Zurich" ou "seguradora") em face de Progen Projetos Gerenciamento e Engenharia Ltda. ("Progen" ou "subempreiteira"), que é fundada em contrato de seguro de responsabilidade civil, destinado a cobrir prejuízos causados a terceiros durante a execução de contrato de empreitada e contrato de subempreitada. O contrato de seguro de responsabilidade civil foi firmado entre Zurich e AW2 ("segurada" ou "empreiteira"), esta última que celebrou (i) contrato de empreitada com a General Electric Research Center ("GE" ou "Dona da obra"), que continha cláusula arbitral, bem como (ii) contrato de subempreitada com a PROGEN, que, por outro lado, não possuía cláusula arbitral.

Neste contexto, a seguradora ajuizou ação de regresso contra a subempreiteira, com a finalidade de cobrar o valor pago à segurada/empreiteira em razão dos prejuízos

61 TJRS, Apelação Cível nº 70016974636, 10ª Câmara Cível, Rel. Des. Paulo Antônio Kretzmann, J. 22.03.2007.

a título de vícios construtivos ocasionados na obra objeto do contrato de subempreitada. Valeu-se, assim, da sub-rogação legal do artigo 786 do Código Civil[62].

Ocorre que o juízo de primeiro grau extinguiu o feito sem julgamento de mérito em virtude da existência de cláusula arbitral no contrato de empreitada, assinado entre a segurada/empreiteira e a dona da obra. Irresignada, a seguradora interpôs apelação alegando que não havia consentido com a cláusula arbitral inserida em contrato por ela não celebrado, pelo que a matéria seria de jurisdição do Poder Judiciário. De outro lado, a subempreiteira defende que a cláusula arbitral inserida no contrato de empreitada atinge também a subempreitada e, assim, vincula a Seguradora.

Ao examinar a questão, o TJSP consignou que a seguradora tem direito a ser indenizada pelos prejuízos sofridos, representados pelos valores desembolsados à segurada, mas não se encontra vinculada à cláusula arbitral, que não firmou. Isso porque a cláusula arbitral que baseia o pedido da subempreiteira é a constante do contrato de empreitada, o qual foi assinado apenas pela dona da obra e pela segurada/empreiteira, não podendo se estender à subempreitada nem à seguradora. Veja-se:

> No caso em apreço, tal cláusula compromissória arbitral foi celebrada no contrato firmado entre a General Electric Research Center e a AW2 Construções e Empreendimentos Ltda. Não há notícia de pactuação de cláusula análoga na subcontratação operada com a Progen Projetos Gerenciamento e Engenharia Ltda. Tampouco se demonstrou que a própria seguradora haja pactuado qualquer cláusula compromissória ou compromisso arbitral de qualquer espécie, de tal sorte que a pactuação resulta, em face dela, ineficaz.[63]

Pelo exposto, vê-se que a conclusão alcançada pelo TJSP se assemelha àquela esposada pelo TJRS: a leitura é a de que a convenção de arbitragem só vincula parte que com ela consentiu, isto é, se a parte assinou o contrato em que ela está inserida[64]. Mais uma vez, no entanto, não se explora na decisão nenhum aspecto mais aprofundado sobre a relação existente entre as partes da empreitada e da subempreitada no decorrer da operação.

---

62 Artigo 786 do Código Civil. "Paga a indenização, o segurador sub-roga-se, nos limites do valor respectivo, nos direitos e ações que competirem ao segurado contra o autor do dano".

63 TJSP, Apelação Cível nº 1012823-82.2020.8.26.0100, 6ª Câmara de Direito Privado, Rel. Des. Vito Guglielmi, J. 27.10.2021.

64 Parece se confirmar, assim, a presunção mencionada por Urs Boller e Leonardo Ohlrogge: "*The arbitration clause between an employer and a main contractor will rarely be extended to the subcontract between the latter and the subcontractor. Here the presumption is the opposite, i.e. the contracts do not share the same dispute resolution mechanism*" (BOLLER, Urs; OHLROGGE, Leonardo. Multi-contract arbitration arising from contracts and subcontracts: Where to set the threshold for finding consent? **Young Arbitration Review**, v. 94, p. 96, october-december 2021).

3.3 Caso CCI – Construção de Rodovia[65]

Passando-se aos casos arbitrais administrados pela CCI, o primeiro deles envolve a construção de uma rodovia. Em linhas gerais, havia (i) um contrato de empreitada (*main contract*), assinado entre o dono da obra (requerido na arbitragem) e o empreiteiro, que continha cláusula arbitral; e (ii) uma subempreitada, firmada entre o empreiteiro e o subempreiteiro (requerente na arbitragem), que, por sua vez, não apresentava cláusula arbitral.

Neste contexto, o subempreiteiro iniciou uma arbitragem em face do dono da obra, com base na cláusula arbitral inserida no contrato de empreitada. Alegou, em suma, que (i) foi no âmbito do contrato de empreitada que teria se comprometido a realizar as obras ao dono da obra e que o dono da obra teria se obrigado a lhe pagar por tais serviços; (ii) a subempreitada estipulava que o subempreiteiro e o empreiteiro deveriam prestar os serviços para o dono da obra, mas o empreiteiro atuaria como o contratante principal; (iii) havia uma relação comercial direta entre o subempreiteiro e o dono da obra, uma vez que o contrato de empreitada fazia menção ao subempreiteiro como "subcontratado nomeado pelo empreiteiro"; (iv) sem os seus recursos, o empreiteiro não teria vencido o processo licitatório para assumir a obra objeto da empreitada; e (v) o dono da obra teria reconhecido e aceitado o seu serviço como parte essencial dos trabalhos realizados pelo empreiteiro. O dono da obra, requerido na arbitragem, em contrapartida, defendeu que o subempreiteiro não seria parte da convenção de arbitragem, já que não teria assinado o contrato de empreitada nem haveria qualquer relação comercial direta com o subempreiteiro.

A matéria foi remetida à Corte da CCI, para que ela decidisse se a arbitragem deveria prosseguir ou não, nos termos do artigo 6(4) do Regulamento de Arbitragem de 2017[66], vigente à época do caso, que examinou se havia provas nos autos do procedimento arbitral que mostrassem que a parte não signatária da convenção de arbitragem, o subempreiteiro, se envolveu na negociação, execução ou extinção do contrato que contém a cláusula compromissória – o contrato principal – ou representou/atuou em nome de parte signatária. Após tal exame, a Corte da CCI decidiu que, apesar de o subempreiteiro ter se envolvido no projeto de infraestrutura objeto do contrato principal por meio da realização de trabalhos como subempreiteiro no âmbito da subempreitada, não havia qualquer outra evidência de sua participação na negociação ou execução do contrato principal. Dessa forma, como

---

65 Caso citado no ICC Dispute Resolution Bulletin (FERIS, José Ricardo; FILIPIČ, Živa. Jurisdictional Issues in Construction Arbitration. **ICC Dispute Resolution Bulletin**, Issue 4, 2017).

66 Artigo 6(4) do Regulamento de Arbitragem da CCI de 2017: "Em todos os casos submetidos à Corte, de acordo com o artigo 6(3), esta deverá decidir se, e em que medida, a arbitragem deverá prosseguir. A arbitragem deverá prosseguir se, e na medida em que, a Corte esteja prima facie convencida da possível existência de uma convenção de arbitragem de acordo com o Regulamento".

a arbitragem se fundou no contrato principal, a Corte da CCI não permitiu que a arbitragem continuasse.

Ou seja, em cenário em que (i) não havia cláusula arbitral na subempreitada, apenas na empreitada, (ii) a arbitragem iniciada pelo subempreiteiro, que não assinou o contrato de empreitada, em face do dono da obra, não prosseguiu, uma vez que (iii) o subempreiteiro não logrou comprovar a sua participação na negociação ou na execução da empreitada – rememore-se, o único contrato que continha cláusula compromissória. Com efeito, o não envolvimento do subempreiteiro no desenvolvimento do contrato básico foi ponto fundamental para a decisão da Corte da CCI de não estender os efeitos da convenção de arbitragem ao subempreiteiro.

Por conseguinte, essa decisão mostra a adoção de critério diferente dos utilizados nas decisões judiciais brasileiras ao tratarem especificamente da eficácia da convenção de arbitragem da empreitada à subempreitada, mas semelhante ao já decidido no aludido caso Trelleborg. Olhou-se de forma mais aprofundada para a relação contratual, não mirando apenas para o fato de o subempreiteiro ter assinado o contrato com cláusula arbitral ou não, mas conferindo importância à sua atuação na negociação, execução ou extinção do contrato para projetar os efeitos da convenção de arbitragem à subempreitada. Ao final, entendeu-se pela não extensão dos efeitos da cláusula arbitral da empreitada ao subempreiteiro, não só por não tê-la assinado, mas principalmente por não ter participado ativamente do contrato de empreitada.

3.4 Caso CCI – Construção de Usina[67]

O segundo caso, por sua vez, diz respeito à construção de uma usina. A disputa é baseada (i) em um contrato principal, firmado entre o dono da obra e o empreiteiro (requerente na arbitragem); (ii) uma subempreitada, assinada entre o empreiteiro (requerente na arbitragem) e o subempreiteiro (primeiro requerido na arbitragem), que continha cláusula arbitral e por meio da qual este se obrigou a concluir obras para a instalação e operação da usina; e (iii) uma subsubempreitada, assinada entre o subempreiteiro (primeiro requerido na arbitragem) e o subsubempreiteiro (segundo requerido na arbitragem), sem cláusula compromissória, para que o subsubempreiteiro cumprisse certas obrigações assumidas pelo subempreiteiro na subempreitada.

Diante desta relação complexa, o empreiteiro instaurou arbitragem contra o subempreiteiro e o subsubempreiteiro, com base na cláusula arbitral da

67 Caso citado no ICC Dispute Resolution Bulletin (FERIS, José Ricardo; FILIPIČ, Živa. Jurisdictional Issues in Construction Arbitration. **ICC Dispute Resolution Bulletin**, Issue 4, 2017).

subempreitada. O subsubempreiteiro, então, alegou que não era parte signatária da subempreitada, não sendo vinculada à convenção de arbitragem nela inserida.

A Corte da CCI, novamente na sua atribuição de decidir o prosseguimento da arbitragem, aplicou o teste para averiguar se o subsubempreiteiro teria se envolvido na negociação, execução ou extinção da subempreitada, concluindo, dessa vez, que as provas dos autos demonstravam o seu envolvimento suficiente na execução do referido contrato. Assim, a Corte da CCI, convencida *prima facie* da possível existência de uma convenção de arbitragem que vinculasse o subsubempreiteiro, não formalmente signatário da subempreitada com cláusula arbitral, decidiu pelo prosseguimento da arbitragem. Tal decisão se deu, também, (i) pela prova de *e-mail* em que o subsubempreiteiro se comunicava diretamente com o empreiteiro sobre a execução dos trabalhos da subempreitada e (ii) pela informação de que o subempreiteiro e o subsubempreiteiro tinham iniciado procedimento judicial paralelo à arbitragem para cobrar valores significativos do empreiteiro, relativos a obras de engenharia civil já realizadas e fundadas em contrato sujeito à arbitragem CCI pendente.

Com efeito, o foco dessa disputa foi a eficácia da cláusula arbitral contida na subempreitada ao subsubempreiteiro. Os aspectos fáticos e o resultado são diferentes do primeiro caso: (i) não havia cláusula arbitral na subsubempreitada, apenas na subempreitada, mas (ii) a Corte da CCI decidiu dar seguimento à arbitragem iniciada pelo empreiteiro, parte apenas da subempreitada, que não assinou a subsubempreitada, em face do subempreiteiro e do subsubempreiteiro, uma vez que (iii) entendeu haver prova suficiente de participação do subsubempreiteiro na execução da subempreitada, embora não a tenha formalmente assinado.

Desse modo, uma vez mais, a atuação efetiva da parte na performance do contrato com cláusula arbitral, mesmo sem tê-lo firmado, foi determinante para a vinculação dos efeitos da convenção de arbitragem, dessa vez abarcando o subsubempreiteiro à arbitragem fundada na subempreitada. Na mesma linha do primeiro caso decidido pela Corte da CCI, o critério adotado difere daquele escolhido pelos casos julgados por tribunais brasileiros, de sorte que dá enfoque à participação do subsubempreiteiro na operação da subempreitada, não tanto à sua efetiva assinatura ao referido contrato. Contudo, nesse caso, a presença de elementos de prova que conectam o subsubempreiteiro na relação da subempreitada foi o que fez a diferença para a extensão da convenção de arbitragem ao subsubempreiteiro[68].

---

68 Nesse ponto, Urs Boller e Leonardo Ohlrogge alertam que esse critério deve ser analisado com cuidado no contexto de contratos e subcontratos, uma vez que o contato entre as partes desses contratos é comum e, muitas vezes, pode indicar apenas o cumprimento das obrigações contratuais, e não a interferência a ponto de representar o consentimento com a convenção de arbitragem. Veja-se: "*It should be noted that the involvement of a party in the negotiation or performance of another contract, which is usually the main circumstance relied upon by arbitrators to find the existence of implied consente as yo multi-party arbitration, must be analyzed with great caution in the context of contracts and subcontracts.*

CONCLUSÕES

Em virtude das considerações expostas ao longo do texto, tem-se que a análise da eficácia da convenção de arbitragem inserida no contrato de empreitada à subempreitada é assunto ainda incipiente, tanto na doutrina quanto na jurisprudência, a despeito de sua importância prática nas disputas de construção, de modo que merece maior atenção e estudo, desde os conceitos e as características da relação empreitada-subempreitada até os critérios que podem ser utilizados para estender a cláusula arbitral ao subempreiteiro.

Nesse exercício, no primeiro tópico, viu-se que a doutrina e a jurisprudência brasileiras são uníssonas em definir a subempreitada como uma espécie de subcontrato, que deriva do contrato de empreitada, sendo dele dependente, mas perfazendo uma nova relação jurídica entre empreiteiro e subempreiteiro. Anotou-se, também, que a subempreitada possui coligação natural à empreitada, em razão de sua própria natureza acessória típica.

O segundo tópico trouxe as considerações da doutrina sobre as hipóteses de extensão da convenção de arbitragem a terceiros, bem como expôs os critérios normalmente utilizados para se integrar à arbitragem terceiro que assinou contrato coligado ao contrato que contém a cláusula arbitral, notadamente o silêncio do terceiro sobre a impugnação à arbitragem e a sua participação ativa nos negócios como um todo. Ademais, refletiu-se se os referidos critérios comumente invocados para embasar a extensão em contratos coligados firmados entre partes diferentes seriam aplicáveis à relação entre empreitada e subempreitada, e se a confiança poderia eclodir como um critério adequado ao mercado específico da construção civil para fundamentar a eficácia da convenção de arbitragem à subempreitada.

No último tópico, analisaram-se duas decisões judiciais, proferidas pelo TJRS e pelo TJSP, e duas decisões da Corte da CCI, que trataram especificamente do contexto de eficácia da convenção de arbitragem da empreitada à subempreitada, bem como da subempreitada à subsubempreitada. No tocante aos julgados do TJRS e TJSP, notou-se que ambos utilizaram o mesmo critério para decidir sobre a extensão da convenção de arbitragem à subempreitada, no sentido de vincular somente a parte que formalmente assinou o contrato com cláusula compromissória, sem explorar de modo específico a relação das partes durante o desenvolvimento da transação. Com base nessa leitura, em ambos os casos se entendeu pela não extensão da cláusula arbitral inserida no contrato de empreitada à subempreitada.

This because what might be seen as an interference can merely be the subcontractor performing its obligations as such. Likewise, direct contact between employer and subcontractor is not uncommon. If courts and arbitrators do not apply a rigorous test, the arbitration agreement will almost invariably be extended to other contracts of this vertical chain and this will not be in line with what the parties intended to agree" (BOLLER, Urs; OHLROGGE, Leonardo. *Op. cit.*, p. 97).

Já, nos casos da Corte da CCI, levou-se em consideração critério distinto: a participação da parte não signatária na negociação e/ou execução do contrato com cláusula arbitral foi fator determinante para a definição da eficácia ou não da convenção de arbitragem à referida parte. No primeiro caso, sobre construção de rodovia, a falta de provas sobre o envolvimento do subempreiteiro na empreitada foi crucial para a não extensão dos efeitos da convenção de arbitragem a ele. Já, no segundo caso, referente à construção de usina, por outro lado, a presença de indícios de atuação do subsubempreiteiro na subempreitada foi o que determinou que a arbitragem prosseguisse em face do subsubempreiteiro.

Pelo exposto, nota-se que as decisões judiciais mencionadas se baseiam na análise da efetiva assinatura dos contratos, ao passo que as decisões da Corte da CCI se apoiam mais no envolvimento das partes na operação objeto dos contratos celebrados. Para fins de reflexão, parece que ambos os critérios são úteis e devem ser levados em consideração, em conjunto, também, com o critério da confiança, analisando-se caso a caso, para se determinar a extensão da convenção de arbitragem ao subempreiteiro.

REFERÊNCIAS

BDINE JÚNIOR, Hamid Charaf. Da empreitada. **Revista dos Tribunais**, v. 858, abr. 2007.

BREKOULAKIS, Stavros; EL FAR, Ahmed. Subcontracts and Multiparty Arbitration in Construction Disputes. **Global Arbitration Review**, 12 out. 2023. Disponível em: https://globalarbitrationreview.com/guide/the-guide-construction-arbitration/fifth-edition/article/subcontracts-and-multiparty-arbitration-in-construction-disputes.

BOLLER, Urs; OHLROGGE, Leonardo. Multi-contract arbitration arising from contracts and subcontracts: Where to set the threshold for finding consent? **Young Arbitration Review**, v. 94, october-december 2021.

BOSCOLO, Ana Teresa de Abreu Coutinho; BENETTI, Giovana Valentiniano. O consensualismo como fundamento da arbitragem e os impasses decorrentes do dissenso. **Revista de Direito Empresarial**, v. 2, 2014.

CARMO, Lie Uema do. **Contratos de construção de grandes obras**. Coleção Direito da Construção – IBDIC. São Paulo: Almedina, 2019.

CARMONA, Carlos Alberto. A arbitragem no Brasil: em busca de uma nova lei. **Revista de Processo**, v. 72, 1993.

COUTINHO, Renato Fernandes. **Convenção e arbitragem**: vinculação de não signatários. Coleção CBAr. São Paulo: Almedina, 2020.

DE NOVA, Giorgio. I terxi e la convenzione arbitrale. **Rivista dell'Arbitrato**, ano XXII, n. 4, 2012.

DINAMARCO, Cândido Rangel. **A arbitragem na teoria geral do processo**. São Paulo: Malheiros, 2013.

FERIS, José Ricardo; FILIPIČ, Živa. Jurisdictional Issues in Construction Arbitration. **ICC Dispute Resolution Bulletin**, Issue 4, 2017.

GOMES, Orlando. **Contratos**. 27. ed. Atualização: Edvaldo Brito e Reginalda Paranhos de Brito. Rio de Janeiro: Forense, 2019.

KONDER, Carlos Nelson. O alcance da cláusula compromissória em contratos coligados: leitura a partir da tutela da confiança. **Revista de Arbitragem e Mediação**, v. 63, 2019.

LIMA, Fabio Chong de; FERNANDES, Anna Luiza Quintella. O contrato de empreitada no direito do trabalho – Responsabilidade do empreiteiro, do subempreiteiro e do dono da obra. *In*: MARCONDES, Fernando (coord.). **Direito da construção**: estudos sobre as várias áreas do Direito aplicadas ao mercado da construção. São Paulo: PINI, 2014.

LÔBO, Paulo. **Direito civil**: contratos. 8. ed. São Paulo: Saraiva Educação, v. 3, 2022.

MARINO, Francisco Paulo de Crescenzo. **Contratos coligados no Direito brasileiro**. São Paulo: Saraiva, 2009.

MARINO, Francisco Paulo de Crescenzo. Eficácia da convenção de arbitragem perante terceiros: o caso do terceiro beneficiário. *In*: BENETTI, Giovana *et al.* (org.). **Direito, cultura, método**: leituras da obra de Judith Martins-Costa. 1. ed. Rio de Janeiro: LMJ Mundo Jurídico, 2019.

MARTINEZ, Pedro Romano. **O subcontrato**. Coimbra: Almedina, 1989.

MESQUITA, Marcelo A. Botelho de. Arbitragem no setor da construção: árbitro-especialista, arbitragens complexas e produção de prova técnica pelas partes. *In*: VENOSA, Silvio de Salvo; GAGLIARDI, Rafael; TABET, Caio. **Tratado de arbitragem**. Indaiatuba/SP: Foco, 2024. p. 821-852.

NERY JUNIOR, Nelson. Contrato de subempreitada e contrato com eficácia limitada. **Soluções Práticas de Direito**, v. 7, 2014.

NETTO, José Manoel de Arruda Alvim. Empreitada e subempreitada análise da responsabilidade civil por danos decorrentes de paralisações dos empregados das subcontratadas. **Soluções Práticas**, v. 2, ago. 2011.

OLIVEIRA, André Furtado de. Considerações iniciais acerca da construção unitária da teoria geral do subcontrato. **Revista dos Tribunais**, v. 967, maio 2016.

PINTO, José Emílio Nunes. A cláusula compromissória à luz do Código Civil. **Revista de Arbitragem e Mediação**, v. 4, 2005.

RIZZARDO, Arnaldo. **Contratos**. 20. ed. Rio de Janeiro: Forense, 2022.

SARRA DE DEUS, Adriana. Os subcontratos no Direito brasileiro: panorama atual e questões controversas. *In*: RAMUNNO, Pedro A. L. (org.). **Contencioso societário e novas perspectivas do direito empresarial**. São Paulo: Quartier Latin, 2021.

SCHIMDT, Gustavo da Rocha; FERREIRA, Daniel Brantes; OLIVEIRA, Rafael Carvalho Rezende. **Comentários à lei de arbitragem**. 1. ed. Rio de Janeiro: Forense/Método, 2021.

SILVA, Alexandre Couto. Extensão subjetiva da cláusula compromissória estabelecida no estatuto social aos administradores da companhia. *In*: CASTRO, Rodrigo Rocha Monteiro de; AZEVEDO, Luis Andre; HENRIQUES, Marcus de Freitas (coord.). **Direito societário, mercado de capitais, arbitragem e outros temas**: homenagem a Nelson Eizirik. São Paulo: Quartier Latin, v. III, 2020.

TEPEDINO, Gustavo; KONDER, Carlos Nelson; BANDEIRA, Paula Greco. **Fundamentos do direito civil** – Contratos. 2. ed. Rio de Janeiro: Forense, v. 3, 2021.

VENOSA, Sílvio de Salvo. **Direito civil**: contratos. 20. ed. São Paulo: Atlas, 2020.

VENOSA, Silvio de Salvo. Convenção arbitral I. *In*: VENOSA, Silvio de Salvo; GAGLIARDI, Rafael; TABET, Caio. **Tratado de arbitragem**. Indaiatuba/SP: Foco, 2024. p. 259-270.

VILAS, Ramón López. **El subcontrato**. Madrid: Editorial Tecnos, 1973.

ZANETTI, Cristiano de Sousa. **Comentários ao Código Civil**: direito privado contemporâneo [livro eletrônico]. 1. ed. Coordenação: Giovanni Ettore Nanni. São Paulo: Thomson Reuters Brasil, 2023.

19. A INTERAÇÃO ENTRE TRIBUNAIS ARBITRAIS E AGÊNCIAS REGULADORAS

Karina Riccio
FCIArb. Pós-Graduada em Direito dos Contratos pela PUC-Rio.
Advogada em Lauro Gama Advogados Associados.
Coordenadora do CBAr Jovem.

INTRODUÇÃO

A Lei nº 9.307/1996 (Lei de Arbitragem) atingiu maior alcance e vem sendo cada vez mais utilizada desde o advento da Lei nº 13.129/2015, que, entre outras coisas, permitiu que a Administração Pública direta e indireta recorra à arbitragem para dirimir conflitos relativos a direitos patrimoniais disponíveis[1]. Tal possibilidade inaugurou também novas discussões no cenário arbitral, entre as quais os limites da jurisdição de tribunais arbitrais no tocante a atividades judicantes típicas das agências reguladoras brasileiras.

O presente estudo dedica-se a traçar um panorama geral de como a questão está sendo tratada no ordenamento jurídico brasileiro. Para tanto, após breve conceituação de tópicos essenciais sobre as agências reguladoras, serão analisadas sentenças arbitrais e judiciais recentemente proferidas que tratam específica ou tangencialmente sobre o tema.

---

1 Artigo 1º da LArb: "As pessoas capazes de contratar poderão valer-se da arbitragem para dirimir litígios relativos a direitos patrimoniais disponíveis. § 1º A administração pública direta e indireta poderá utilizar-se da arbitragem para dirimir conflitos relativos a direitos patrimoniais disponíveis. § 2º A autoridade ou o órgão competente da administração pública direta para a celebração de convenção de arbitragem é a mesma para a realização de acordos ou transações".

1. CARACTERÍSTICAS ESSENCIAIS DAS AGÊNCIAS REGULADORAS

Como se sabe, agências reguladoras são autarquias especiais[2], com personalidade jurídica de direito público[3].

O seu caráter especial decorre do fato de serem autarquias dotadas de autonomia político-administrativa e econômico-financeira, características essenciais para o impedimento de influências externas[4]. Tais independências podem ser percebidas por meio de quatro espectros principais: (i) independência política dos dirigentes; (ii) independência técnica decisional; (iii) independência normativa; (iv) independência gerencial, orçamentária e financeira ampliada[5].

Entre essas, a autonomia decisória é primordial para a análise que ora se faz, considerando a ausência de subordinação hierárquica da qual são dotadas as agências reguladoras. Tal autonomia, que lhe dá poderes para exercer a regulação da prestação de serviços públicos em um determinado setor sem a interferência do Poder Executivo, também envolve a chamada de função judicante, que consiste na competência

---

2 Artigo 3º da Lei nº 13.848/2019: "A natureza especial conferida à agência reguladora é caracterizada pela ausência de tutela ou de subordinação hierárquica, pela autonomia funcional, decisória, administrativa e financeira e pela investidura a termo de seus dirigentes e estabilidade durante os mandatos, bem como pelas demais disposições constantes desta Lei ou de leis específicas voltadas à sua implementação".

3 Nas palavras de Hely Lopes Meirelles, "a autarquia não age por delegação, age por direito próprio e com autoridade pública, na medida do *jus imperii* que lhe foi outorgado pela lei que a criou. Como pessoa jurídica de Direito Público interno, a autarquia traz ínsita, para a consecução de seus fins, uma parcela do poder estatal que lhe deu vida. Sendo um ente autônomo, não há subordinação hierárquica da autarquia para com a entidade estatal a que pertence, porque, se isto ocorresse, anularia seu caráter autárquico. Há mera vinculação à entidade matriz que, por isso, passa a exercer, um controle legal, expresso no poder de correção finalística do serviço autárquico" (MEIRELLES, Hely Lopes. **Direito administrativo brasileiro.** 21. ed. São Paulo: Malheiros, 1996. p. 310).

4 BARROSO, Luís Roberto. Agências Reguladoras. Constituição, transformações do Estado e legitimidade democrática. **Revista de Direito da Procuradoria Geral**, Rio de Janeiro, v. 56, p. 212, 2002.

5 Ao apresentar os diferentes aspectos da independência das Agências Reguladoras, Gustavo Binenbojm leciona: "1º) independência política dos dirigentes, nomeados por indicação do Chefe do Poder Executivo após aprovação do Poder Legislativo, investidos de mandatos a termo fixo, com estabilidade nos cargos durante o mandato; 2º) independência técnica decisional, predominando as motivações técnicas para seus atos, que não se sujeitam a recurso hierárquico impróprio; 3º) independência normativa, necessária à disciplina dos serviços públicos e atividades econômicas submetidos ao seu controle, e caracterizada, segundo parte da doutrina, pelo fenômeno da deslegalização; 4º) independência gerencial, orçamentária e financeira ampliada por intermédio de contratos de gestão celebrados com o respectivo órgão supervisor da administração direta" (BINENBOJM, Gustavo. **Agências Reguladoras, legalidade e direitos fundamentais**: limites aos poderes normativo e sancionatório da Anvisa na regulação de produtos fumígenos. Disponível em: https://egov.ufsc.br/portal/sites/default/files/anexos/19846-19847-1-PB.pdf. Acesso em: 27 set. 2021).

de dirimir conflitos que envolvem o poder concedente ou, ainda, dois ou mais particulares do setor econômico por ele regulado[6].

Nasce, daí, o problema que ora se discute no presente artigo: Quais os limites do tribunal arbitral na resolução de conflitos entre os agentes regulados? Podem os árbitros reformar decisões proferidas por agências reguladoras?

2. PROBLEMAS ATUAIS DECORRENTES DA INTERAÇÃO ENTRE TRIBUNAIS ARBITRAIS E AGÊNCIAS REGULADORAS

2.1 Processos administrativos

Aspecto de suma relevância para a presente análise são os processos administrativos. Por meio deles, e com respeito aos princípios do devido processo legal e da processualização da atividade regulatória[7], as agências reguladoras proferem decisões administrativas envolvendo interpretação jurídica de princípios, leis, normas regulatórias e contratos[8]. Aqui, questiona-se a exigência de processo administrativo prévio como condição de jurisdição do tribunal arbitral.

Essa questão foi debatida no Procedimento Arbitral ICC nº 24957/GSS/PFF[9], instaurado pela Concessionária de Rodovia Sul-mato-grossense S.A. (MSVIA) contra a Agência Nacional de Transportes Terrestres (ANTT) e a União Federal, cujo objeto é o reequilíbrio econômico-financeiro do Contrato de Concessão referente à Rodovia Federal BR-163/MS, proveniente do Edital nº 005/2013, parte VII.

Em sua defesa, a ANTT invocou o artigo 31 da Lei nº 13.448/2017[10][11], que admite o uso da arbitragem para solucionar disputas relacionadas a direitos

---

6 BARROSO, Luís Roberto. Agências Reguladoras. Constituição, transformações do Estado e legitimidade democrática. **Revista de Direito da Procuradoria Geral**, Rio de Janeiro, v. 56, p. 220, 2002.

7 CASAGRANDE FILHO, Ary. **Estado Regulador e Controle Judicial**. São Paulo: Quartier Latin, 2009, p. 119 e 124.

8 MENEZELLO, Maria D'Assunção Costa. **Agências Reguladoras e o Direito brasileiro**. São Paulo: Atlas, 2002. p. 168.

9 A íntegra da Ordem Procedimental nº 4, da qual foram tiradas as informações para o presente capítulo, está disponível em: https://www.gov.br/agu/pt-br/composicao/consultoria-geral-da-uniao-1/nucleo-especializado-em-arbitragem/copy_of_CASOMSVIAICC24957ORDEMPROCEDIMENTALN.4.pdf **(Acesso em: 3 out. 2021).**

10 Inicialmente, a Agência baseou seu pedido também no artigo 3º do Decreto nº 10.025/2019, mas, posteriormente e de comum acordo com a União, concordou que o Decreto não poderia ser aplicado ao caso concreto.

11 "Artigo 31. As controvérsias surgidas em decorrência dos contratos nos setores de que trata esta Lei após decisão definitiva da autoridade competente, no que se refere aos direitos patrimoniais disponíveis, podem ser submetidas a arbitragem ou a outros mecanismos alternativos de solução de

patrimoniais disponíveis após decisão definitiva da autoridade competente, ou seja, invocou-se a necessidade de prévio requerimento administrativo ou que, ao menos, o entendimento da Administração proferido em decisão administrativa definitiva fosse notório e reiteradamente contrário à postulação do segurado.

A defesa também sustentou que, como essa etapa não foi cumprida pela concessionária requerente da arbitragem, em relação a um dos pedidos formulados (reequilíbrio de prejuízos sofridos em razão da pandemia do Covid-19), o tribunal arbitral não deveria conhecer tal pedido da requerente, pois qualquer determinação do tribunal à ANTT quanto a pontos não decididos no âmbito administrativo resultaria em invasão da competência do Poder Público.

Concordando com o argumento da MSVIA, o tribunal arbitral, por maioria, entendeu pela inexistência de previsão legal ou contratual, determinando a necessidade de prévio requerimento administrativo, uma vez que a Lei nº 13.448/2017 trata apenas sobre relicitação, o que não era o caso, e que a cláusula arbitral foi redigida da seguinte forma:

> 37. Resolução de Controvérsias
>
> 37.1. Arbitragem
>
> 37.1.1. As Partes obrigam-se a resolver por meio de arbitragem as controvérsias e/ou disputas oriundas ou relacionadas ao Contrato e/ou quaisquer contratos, documentos, anexos ou acordos a ele relacionados.
>
> (i) Não poderão ser objeto de arbitragem as questões relativas a direitos indisponíveis, a exemplo da natureza e titularidade públicas do serviço concedido e do poder de fiscalização sobre exploração do serviço delegado.

O tribunal arbitral complementou dizendo que, no âmbito da jurisdição estatal, a única hipótese de necessidade de prévio requerimento administrativo é relacionada ao direito previdenciário, conforme entendimento jurisprudencial que havia sido invocado pela ANTT.

A decisão nesse particular não foi unânime. Uma das árbitras declarou voto vencido, no qual expôs o seu entendimento no sentido de que a requerente não cumpriu com a forma de apresentação de pleito de reequilíbrio prevista contratualmente – remetendo a uma fase administrativa, conforme indicado na cláusula

---

controvérsias. § 1º Os contratos que não tenham cláusula arbitral, inclusive aqueles em vigor, poderão ser aditados a fim de se adequar ao disposto no caput deste artigo. § 2º As custas e despesas relativas ao procedimento arbitral, quando instaurado, serão antecipadas pelo parceiro privado e, quando for o caso, serão restituídas conforme posterior deliberação final em instância arbitral. § 3º A arbitragem será realizada no Brasil e em língua portuguesa. § 4º Consideram-se controvérsias sobre direitos patrimoniais disponíveis, para fins desta Lei: I – as questões relacionadas à recomposição do equilíbrio econômico-financeiro dos contratos; II – o cálculo de indenizações decorrentes de extinção ou de transferência do contrato de concessão; e III – o inadimplemento de obrigações contratuais por qualquer das partes."

22.2.1 do Contrato[12] e, portanto, não haveria conflito ou controvérsia a ser dirimida, faltando à requerente interesse de agir nesse pleito em particular.

Além da necessidade de atender à referida cláusula, a árbitra diz que, por força do artigo 2º, § 3º, da Lei de Arbitragem[13], deve ser observada a regulamentação emanada da ANTT, no caso, a Resolução nº 675/2004[14], e, além da legislação que rege especificamente a atuação dessa agência, também a Lei nº 13.848/2019[15], que dispõe sobre a competência da ANTT.

A seu ver, apenas seria possível o tribunal arbitral julgar o tema antes de decisão administrativa da Agência Reguladora caso houvesse comprovação de atraso indevido por parte da Administração Pública ou reiteradas negativas de pleito similar, por se tratar de um contrato regulado. O procedimento arbitral, assim, não pode substituir ou superar a ausência do procedimento administrativo convencionado em contrato.

Na linha do referido voto vencido, destaca-se que, no paradigmático caso do Parque das Baleias[16], irresignada com a alteração, pela ANP, dos termos do Contrato de Concessão nº 48000.003560/97-49, para Exploração, Desenvolvimento e Produção de Petróleo e Gás Natural no Bloco BC-60, a Petrobras, incialmente, apresentou pedido de reconsideração, na via administrativa, postulando a anulação/revogação da RD 69/2014. Só após o resultado negativo na via administrativa instaurou o procedimento arbitral, em face da ANP, perante a ICC, buscando o mesmo objetivo.

Exemplo mais recente sobre o tema são os casos envolvendo os contratos de Concessão do Serviço de Telefonia Fixo Comutado da Anatel (26383/PFF – "Caso Telefônica"[17]; 26467/PFF – "Caso Claro"[18]; e 26470/PFF – "Caso Oi"[19]), em que as partes assinaram Termo de Compromisso Arbitral, cujo objeto seria, expressamente, as controvérsias entre a concessionária e a Anatel, consistentes no inconformismo da concessionária contra decisões administrativas proferidas pela Anatel.

12 "O procedimento para a recomposição do reequilíbrio econômico-financeiro por meio de revisão dar-se-á conforme estabelecido em resolução da ANTT."

13 "Artigo 2º A arbitragem poderá ser de direito ou de eqüidade, a critério das partes. [...] § 3º A arbitragem que envolva a administração pública será sempre de direito e respeitará o princípio da publicidade."

14 Dispõe sobre as revisões ordinárias da Tarifa Básica de Pedágio nas concessões rodoviárias federais.

15 Dispõe sobre a gestão, a organização, o processo decisório e o controle social das Agências Reguladoras.

16 STJ, Conflito de Competência nº 139.519/RJ.

17 Os documentos do procedimento podem ser acessados em: https://www.gov.br/agu/pt-br/composicao/cgu/cgu/neadir/casos-de-arbitragem-2/caso-telefonica.

18 Os documentos do procedimento podem ser acessados em: https://www.gov.br/agu/pt-br/composicao/cgu/cgu/neadir/casos-de-arbitragem-2/caso-claro.

19 Os documentos do procedimento podem ser acessados em: https://www.gov.br/agu/pt-br/composicao/cgu/cgu/neadir/casos-de-arbitragem-2/caso-oi.

2.2 ARBITRABILIDADE OBJETIVA

O Procedimento Arbitral ICC nº 23433/GSS/PFF[20], instaurado pela Concessionária de Rodovias Galvão BR-153 SPE S/A contra a Agência Nacional de Transportes Terrestres (ANTT) e a União Federal, teve sentença parcial de mérito proferida em 10 de setembro de 2020. O litígio decorreu do Edital de Concessão nº 1/2014, para a operação da Rodovia Federal BR-153, do subtrecho rodoviário localizado entre o entroncamento da BR-060 em Anápolis, no Estado de Goiás, e o entroncamento com a TO-070 (Oeste) em Aliança do Tocantins, com extensão de 624,8km.

Assim como a cláusula arbitral do Procedimento Arbitral ICC nº 24957/GSS/PFF, a cláusula compromissória que originou o Procedimento Arbitral ICC nº 23433/GSS/PFF dizia:

> 37.1. Arbitragem
>
> 37.1.1 As Partes obrigam-se a resolver por meio de arbitragem as controvérsias e/ou disputas oriundas ou relacionadas ao Contrato e/ou a quaisquer contratos, documentos, anexos ou acordos a ele relacionados.
>
> (i) Não poderão ser objeto de arbitragem as questões relativas a direitos indisponíveis, a exemplo da natureza e titularidade públicas do serviço concedido e do poder de fiscalização sobre a exploração do serviço delegado.

Entre os assuntos tratados no procedimento, especial atenção será dada ao argumento da requerente de inarbitrabilidade objetiva de parcela das pretensões reconvencionais da União, sustentando que os pleitos relativos ao ressarcimento de danos coletivos e ambientais, e à arrecadação frustrada de tributos tratam de direitos não patrimoniais e indisponíveis.

Embora, no procedimento, a União ter desistido dos pedidos supostamente indisponíveis e difusos, o tribunal arbitral entendeu pela necessidade de esclarecer que a arbitrabilidade objetiva, no caso, decorre da evidente natureza patrimonial desses pedidos, diretamente relacionados ao contrato firmado. Isso porque, em seu entendimento, sustentado pela lição de João Pedro Accioly[21], a pretensão perseguida

---

20 A íntegra da Sentença Parcial de Mérito está disponível em: https://www.gov.br/agu/pt-br/composicao/consultoria-geral-da-uniao-1/arquivos/casogalvaoicc23433sentencaarbitralparcial.pdf **(Acesso em: 3 out. 2021).**

21 "Assim, a arbitragem será cabível, no campo das relações jurídicas com a Administração Pública, quando as pretensões formuladas pelas partes apresentarem natureza patrimonial e forem suscetíveis de disposição contratual – de caráter transacional ou não. A natureza patrimonial do direito controvertido deve ser apurada com abstração dos caracteres do direito do qual derive e estará satisfeita no caso de sua violação implicar medidas reativas de índole econômica.

era estritamente patrimonial, e não poderia ser qualificada apenas à luz de sua causa de pedir, essa, sim, indisponível.

Importante lembrar que, em 2017, o Superior Tribunal de Justiça julgou o Conflito de Competência nº 139.519/RJ, que também versava sobre arbitrabilidade objetiva envolvendo competência de Agência Reguladora. O litígio discutia a existência, validade e eficácia da Cláusula Compromissória de Contrato de Concessão firmado para exploração, desenvolvimento e produção de petróleo e gás natural, cujas condições para execução foram alteradas unilateralmente pela Agência Nacional do Petróleo, Gás Natural e Biocombustíveis (ANP), por meio da Resolução da Diretoria nº 69/2014.

O Ministro Napoleão Nunes Maia Filho, em seu voto, rememorou que a Justiça Federal havia reputado indisponíveis os direitos concernentes à delimitação de campo de petróleo, que envolveria atividade fiscalizadora, decorrente de poder de polícia da Agência Reguladora, no caso, da ANP.

Todavia, afirmou não vislumbrar a indisponibilidade do direito discutido, pois as alterações tinham caráter eminentemente patrimonial, não se revelando inalienável ou impossível de se proceder e ajustar de maneira diversa. Tanto é que foi fruto de deliberação da Diretoria da ANP, no uso do poder discricionário.

Em seguida, ao realizar aditamento ao voto, complementou com o entendimento de que

> o reconhecimento da patrimonialidade dos direitos que constituem o objeto daqueles instrumentos jurídicos não significa, nem de longe, que se trate de bens que possam ser transacionados, onerados, alienados ao talante da entidade incumbida da sua gestão, no caso, a Petrobras S.A., porque se trata de bens e direitos titulados pela União Federal.

A Ministra Regina Helena Costa, em seu voto-vista, apontou para a necessidade de tratar a questão da disponibilidade do objeto do contrato de concessão com base no tema da convivência de direito patrimonial disponível da Administração Pública com o princípio da indisponibilidade do interesse público.

A seu ver, o interesse público é sempre indisponível, porque é de titularidade da coletividade, e não do Poder Público. Contudo, sempre que a Administração

---

A verificação desses caracteres deve se dar empiricamente, à luz do direito posto e da contextura da controvérsia em exame – considerando-se apenas a arbitrabilidade dos pedidos formulados pelas partes; não das suas causas de pedir ou questões prejudiciais. Sempre que se admitir, ainda, que excepcionalmente, a possibilidade de disposição negocial de uma pretensão jurídica patrimonial, titularizada ou oponível à Administração, poderá ela ser submetida à arbitragem." (ACCIOLY, João Pedro. Arbitragem em conflitos com a Administração Pública. Rio de Janeiro: Lumen Juris, 2019. p. 103/104)

contrata há disponibilidade do direito patrimonial, podendo, desse modo, ser objeto de cláusula arbitral, sem que isso importe em disponibilidade do interesse público.

Dessa forma, conclui que o direito patrimonial objeto do contrato de concessão é direito disponível, que, consequentemente, pode ser objeto de jurisdição arbitral.

CONCLUSÃO

Percebe-se que, na interação entre tribunais arbitrais e Agências Reguladoras, um dos pontos fundamentais a serem analisados é a autonomia da vontade das partes, que permite aos contratantes decidirem entre si os aspectos procedimentais da arbitragem, as regras de direito aplicáveis e o afastamento do Poder Judiciário[22].

Além disso, não se pode esquecer que o árbitro é juiz de fato e de direito[23], razão pela qual entende-se que, em casos nos quais as partes – capazes – optam por dirimir seus litígios – relativos a direitos patrimoniais disponíveis – por meio de arbitragem[24], deverá o tribunal arbitral receber os mesmos poderes e limites conferidos ao Poder Judiciário.

Isto é, não se pode impedir que eles tratem de determinadas matérias que, a princípio, estariam na competência das Agências Reguladoras, posto que tal vontade decorre da autonomia das partes. Tampouco pode-se impedir completamente que as decisões das Agências Reguladoras sejam submetidas à apreciação judicial.

Fato é que ainda pairam muitas incertezas sobre o tema, especialmente quando se considera a atuação de uma Agência Reguladora não apenas como ente contratante, mas ente regular de um determinado setor econômico. É importante, nesse período, que os casos sejam individualmente estudados, com esforços na interlocução harmônica entre tribunais arbitrais e Agências Reguladoras.

REFERÊNCIAS

ACCIOLY, João Pedro. Arbitrabilidade objetiva dos conflitos com a Administração Pública. **Revista Brasileira de Arbitragem**, v. XVII, Issue 65, p. 7-42, 2020.

BAPTISTA, Luiz Olavo. **Arbitragem comercial e internacional**. São Paulo: Lex, 2011.

---

22 CARMONA, Carlos Alberto. **Arbitragem e processo**: um comentário à Lei nº 9.307/1996. 3. ed. rev., atual. e ampl. São Paulo: Atlas, 2009. p. 64.

23 Artigo 18 da LArb: "O árbitro é juiz de fato e de direito, e a sentença que proferir não fica sujeita a recurso ou a homologação pelo Poder Judiciário".

24 Artigo 1º da LArb: "As pessoas capazes de contratar poderão valer-se da arbitragem para dirimir litígios relativos a direitos patrimoniais disponíveis".

BARROSO, Luís Roberto. Agências Reguladoras. Constituição, transformações do Estado e legitimidade democrática. **Revista de Direito da Procuradoria Geral**, Rio de Janeiro, v. 56, 2002.

BERALDO, Leonardo de Faria. **Curso de arbitragem**: nos termos da Lei nº 9.307/1996. São Paulo: Atlas, 2014.

BINENBOJM, Gustavo. **Agências Reguladoras, legalidade e direitos fundamentais**: limites aos poderes normativo e sancionatório da Anvisa na regulação de produtos fumígenos. Disponível em: https://egov.ufsc.br/portal/sites/default/files/anexos/19846-19847-1-PB.pdf. Acesso em: 27 set. 2021.

BRANCHER, Paulo. Soluções de controvérsias e as Agências Reguladoras. **Revista Brasileira de Arbitragem**, v. I, Issue 1, p. 40-56, 2004.

CARMONA, Carlos Alberto. **Arbitragem e processo**: um comentário à Lei nº 9.307/1996. 3. ed. rev., atual. e ampl. São Paulo: Atlas, 2009.

CARVALHO FILHO, José dos Santos. **Manual de direito administrativo**. 31. ed. rev., atual. e ampl. São Paulo: Atlas, 2017.

COSTA, Maria D'Assunção. A arbitragem e o direito regulatório brasileiro. **Revista Brasileira de Arbitragem**, v. XIV, Issue 55, p. 38-56, 2017.

ELIAS, Carlos. O árbitro. *In*: LEVY, Daniel; PEREIRA, Guilherme Setoguti J. (coord.). **Curso de arbitragem**. São Paulo: Thomson Reuters Brasil, 2018.

MEIRELLES, Hely Lopes. **Direito administrativo brasileiro**. 21. ed. São Paulo: Malheiros, 1996.

OLIVEIRA, Rafael Carvalho Rezende. **Curso de direito administrativo**. 5. ed. rev., atual., e ampl. Rio de Janeiro: Forense, 2017.

PEREIRA, Luiz Carlos Bresser. O caráter cíclico da intervenção estatal. **Revista de Economia Política**, p. 115-130, 1989.

20. ARBITRAGEM, ADMINISTRAÇÃO PÚBLICA E TRANSPARÊNCIA: COMO ASSEGURAR A TÃO ALMEJADA PUBLICIDADE?

Lucas de Medeiros Diniz
Doutorando e Mestre pela FD-USP.
Graduado em Direito e Relações Internacionais pela PUC-Minas.
Advogado em Rodrigo Mendes Advogados.
Diretor do Comitê Brasileiro de Arbitragem.
Fundador do CBAr Jovem.
Pesquisador do Centro Ibero-Americano da Universidade de São Paulo.

INTRODUÇÃO

Embora a confidencialidade seja a realidade da maior parte dos procedimentos arbitrais, essa prerrogativa não decorre de previsão legal, mas de estipulação contratual, seja por força da cláusula compromissória, seja por força do regulamento escolhido pelas partes como sendo o aplicável ao procedimento.

A confidencialidade dos procedimentos arbitrais é tida como uma das maiores vantagens da arbitragem comercial. Em pesquisa recente realizada pelo Comitê Brasileiro de Arbitragem ("CBAr"), em parceria com o instituto Ipsos[1], 38% (trinta e oito por cento) dos entrevistados responderam que a confidencialidade corresponderia

1 Arbitragem no Brasil: Comitê Brasileiro de Arbitragem. Disponível em: https://cbar.org.br/site/wp-content/uploads/2021/09/pesquisa-cbar-ipsos-2021-arbitragem-no-brasil.pdf. Acesso em: 30 set. 2023.

a uma das três principais vantagens da arbitragem. Igualmente, em pesquisa realizada pela *Queen Mary University of London*, em parceria com o escritório White & Case, mostrou-se que 87% dos entrevistados acreditam que a confidencialidade na arbitragem comercial internacional é importante e que, para a maioria dos entrevistados, a confidencialidade deve ser um recurso *opt-out*, em vez de *opt-in*[2], ou seja, que, salvo em estipulação contrária, as arbitragens devem ser confidenciais.

Conquanto, no Brasil, a maior parte das arbitragens seja confidencial, a prerrogativa da confidencialidade não é ilimitada, posto que a Lei nº 9.307/1996, após ser editada pela Lei nº 13.129/2015, impõe que as arbitragens envolvendo o Poder Público se sujeitem ao princípio da publicidade em respeito ao preceito constitucional de que os princípios da publicidade e transparência devem pautar os atos da Administração Pública.

A forma de instrumentalização dessa publicidade, contudo, ainda é relativamente incerta no ordenamento jurídico brasileiro e suscita questionamentos sobre a sua extensão e sobre os seus mecanismos de implementação: Afinal, a quem competiria dar publicidade ao procedimento? O que deveria ser publicizado? As audiências deveriam ser transmitidas, como acontece nas audiências do Supremo Tribunal Federal? Como um administrado poderia ter acesso às informações relativas aos procedimentos arbitrais com a administração? E até que ponto o seu acesso deveria ser permitido?

Paulatinamente, respostas começaram – ainda que de forma incipientemente – a surgir para solucionar tais questões. De um lado, várias câmaras arbitrais passaram a adotar resoluções administrativas indicando a intenção de publicar, nos seus respectivos *websites*, informações básicas sobre os procedimentos arbitrais envolvendo a Administração Pública. Ao mesmo tempo, leis e decretos passaram a ser regulamentados indicando o mecanismo a ser adotado para dar publicidade às informações relativas aos procedimentos arbitrais envolvendo a Administração Pública.

Ocorre que as respostas a tais questões começaram a surgir de formas desarmônicas, de maneira que, hoje, paira no ordenamento jurídico brasileiro uma significativa incongruência normativa e expressiva insegurança jurídica àqueles que contratam com a Administração Pública sobre como será instrumentalizada a publicidade em eventuais procedimentos arbitrais. Além disso, os administrados, caso queiram acesso às informações sobre os procedimentos arbitrais que os entes federativos estão envolvidos, podem, a depender do ente administrativo, enfrentar problemas para acessar tais dados. Afinal, mesmo ante a existência de uma – ainda que

2 2018 International Arbitration Survey: The Evolution of International Arbitration. Disponível em: http://www.arbitration.qmul.ac.uk/media/arbitration/docs/2018-International-Arbitration-Survey---The-Evolution-of-International-Arbitration-(2).PDF. Acesso em: 30 set. 2023.

incipiente – legislação sobre o tema, não se verifica uma uniformidade nos diplomas legais que regem o tema.

Justamente neste sentido o presente artigo visa a investigar como instrumentalizar a questão da publicidade sob a perspectiva objetiva e subjetiva, bem como analisar qual a extensão da publicidade nas arbitragens envolvendo a Administração, buscando averiguar se há necessidade de uma nova regulamentação universal sobre o assunto no ordenamento jurídico brasileiro.

ADMINISTRAÇÃO PÚBLICA E ARBITRAGEM

A arbitragem, método extrajudicial de resolução de conflitos frequentemente visto como uma alternativa aos trâmites excessivamente demorados e custosos dos processos judiciais, foi instituída oficialmente no ordenamento jurídico brasileiro em 1996 pela Lei nº 9.307 ("Lei de Arbitragem" ou "LArb") e teve a sua constitucionalidade declarada em 2001 após o entendimento firmado no julgamento de recurso em processo de homologação de sentença estrangeira[3].

A arbitragem permite que as partes escolham um julgador – ou um colegiado de julgadores – para solucionar os seus eventuais litígios sobre direitos patrimoniais disponíveis (LArb, artigo 1º, *caput*). A decisão terminativa por este proferida, a sentença arbitral, é válida como se sentença judicial fosse, sem necessidade de homologação pela autoridade judicial. Desde a então promulgação da Lei de Arbitragem, houve um expressivo e significativo aumento do número de procedimentos arbitrais no Brasil[4], de forma que o País se consolidou internacionalmente como um dos grandes *players* e expoentes no que tange à arbitragem.

A Lei de Arbitragem determina que quaisquer "pessoas capazes de contratar poderão valer-se da arbitragem para dirimir litígios" (LARb, artigo 1º, *caput*), e, considerando todas as vantagens oferecidas por esse mecanismo de resolução de disputas, como a celeridade, a possibilidade de escolha do árbitro especializado, a delimitação de um procedimento mais simples com normas procedimentais menos engessadas, bem como a oferta de maior segurança jurídica – especialmente a partes estrangeiras –, logo começou-se a questionar sobre a possibilidade de a

---

3 Supremo Tribunal Federal, SE 5.206, Rel. Min. Sepúlveda Pertence, J. 12.12.2001.

4 A pesquisa Arbitragem em Números e Valores, realizada pela Professora Selma Lemes, evidencia esse aumento expressivo na utilização da arbitragem como mecanismo de solução de disputas. Conquanto a média entre 2010 e 2013 de procedimentos iniciados por ano era de 150 procedimentos; em 2019, foram iniciados 292 novos casos (LEMES, Selma. **Arbitragem em números e valores**: edições de 2010 a 2013 e 2020. Disponível em: http://selmalemes.adv.br/artigos/Analise-Pesquisa-ArbitragensNseValores-2020.pdf. Acesso em: 21 dez. 2022).

Administração Pública direta ou indireta recorrer àquela ferramenta de solução de litígios para resolver eventuais impasses jurídicos.

Por algum tempo, a doutrina divergiu em relação ao uso da arbitragem pela Administração Pública. Enquanto alguns entendiam que seria plenamente possível que a arbitragem fosse eleita como mecanismo para solução de litígios envolvendo a Administração Pública, desde que para solucionar litígios envolvendo direitos patrimoniais disponíveis (LArb, artigo 1º), outros entendiam que isso não seria uma possibilidade, e outros que o juízo arbitral só poderia ser acionado pelo Poder Público por meio da Administração Pública indireta. Decisão marcante sobre o tema foi proferida pelo Supremo Tribunal Federal, em 1973, no caso Lage[5], em que a União Federal foi considerada apta a resolver uma disputa relativa à expropriação por arbitragem.

Paulatinamente, os Tribunais Superiores foram sedimentando o entendimento pela possibilidade da opção pelo uso da arbitragem pela Administração Pública quando em relações contratuais com o particular, conforme exposto no voto proferido pelo Ministro Relator João Otávio de Noronha no julgamento do Recurso Especial nº 606.345, em 2003, e pelo Ministro Relator Fux no Mandado de Segurança nº 11.308, em 2005.

Com efeito, empresas públicas, sociedades de economia mista ou até mesmo parcerias público-privadas passaram, gradativamente, a prever a arbitragem em contratos que abordassem direitos meramente disponíveis, passíveis de valoração patrimonial. Ocorre que a utilização da arbitragem pela Administração apenas encontrava respaldo legal em contratos que se utilizasse financiamento internacional pela Administração ou de parcerias público-privada ("PPP"), em razão, respectivamente, do artigo 42, § 5º, da Lei nº 8.666, de 21 de junho de 1993, e do artigo 11, III, da Lei nº 11.079, de 30 de dezembro de 2004, de forma que ainda pairava na doutrina alguma celeuma quanto ao emprego daquele mecanismo de solução de disputas pela Administração.

Visando, então, a extirpar qualquer possível insegurança que pairasse sobre a potencial utilização da arbitragem pela Administração Pública, a Lei nº 13.129/2015 alterou o texto original da Lei nº 9.307/1996 e passou a, expressamente, prever que "[a] Administração Pública direta e indireta poderá utilizar-se da arbitragem para dirimir conflitos relativos a direitos patrimoniais disponíveis" (LArb, artigo 1º, § 1º).

Essa alteração legislativa veio, portanto, com o propósito de eliminar quaisquer dúvidas quanto ao uso da arbitragem como meio de solução de conflitos em contratos não regulados por diplomas específicos que já continham a previsão legal.

---

5 Supremo Tribunal Federal, Agravo de Instrumento nº 52.181/GB, Rel. Min. Bilac Pinto, J. 14.11.1973.

A ADMINISTRAÇÃO PÚBLICA, A ARBITRAGEM E A PUBLICIDADE DOS PROCEDIMENTOS ARBITRAIS

A arbitragem como mecanismo de resolução de disputas oferece uma série de vantagens aos seus usuários, que buscam **(i)** um julgamento mais célere, por julgadores especializados; **(ii)** a possibilidade de um procedimento mais *tailor made* e adequado à vontade das partes; e **(iii)** a convenção da confidencialidade do procedimento, seja por força da cláusula compromissória, seja por força do regulamento arbitral adotado pelas partes.

No Brasil, a maior parte das arbitragens são confidenciais, existindo inclusive regulamentos de algumas câmaras, como é o caso da Câmara de Arbitragem do Mercado (CAM), que preveem essa prerrogativa *opt-out* do sigilo da arbitragem, por força do seu artigo 9.1.

É inegável, contudo, que os entes da Administração Pública estão adstritos a um regime de ampla publicidade de seus atos[6] (CF, artigos 37 e 5º, XXXIII)[7]. Por esse motivo, ainda que a relação entre um sujeito privado e um ente federativo dê ensejo a uma relação contratual, a rigor, privada, a relação entabulada entre aquelas partes deve ser tida como pública[8].

Justamente nesse sentido, assegurou a Lei nº 13.129/2015, fazendo coro ao artigo 37 da CF/1988[9], que um procedimento arbitral que advenha daquela relação contratual com a Administração Pública deve ser regido pelo princípio da

---

6 MEIRELLES, Hely Lopes. **Direito administrativo brasileiro**. 34. ed. São Paulo: Malheiros, 2008. p. 86-87.

7 A publicidade dos atos estatais e mais restritamente no caso dos da Administração tem sido uma preocupação constante no Estado de Direito. Só a publicidade permite evitar os inconvenientes necessariamente presentes nos processos sigilosos. O conhecimento, portanto, da atuação administrativa é indispensável tanto no que diz respeito à proteção dos interesses individuais quanto também aos interesses da coletividade em exercer o controle sobre os atos administrativos (BASTOS, Celso Ribeiro. **Comentários à Constituição do Brasil**: promulgada em 5 de outubro de 1988. 3. ed. atual. São Paulo: Saraiva, 2002. p. 44).

8 Igualmente nesse sentido, o tema é tratado internacionalmente. A respeito do interesse público, Laurence Craig, William Park e Jan Paulsson explicam que "[...] *in the courts of England based on an implied agreement between the parties to confidentiality which must be accepted in principle, giving rise to a presumption of confidentiality which may be* ***rebutted or overcome by considerations of public interest***" (CRAIG, W. Laurence; PARK, William W.; PAULSSON, Jan. **International chamber of commerce arbitration**. 3. ed. New York: Oxford, 2000. p. 316).

9 CF/1988, artigo 37: "A Administração Pública direta e indireta de qualquer dos Poderes da União, dos Estados, do Distrito Federal e dos Municípios obedecerá aos princípios de legalidade, impessoalidade, moralidade, publicidade e eficiência [...]".

transparência[10]-[11], o que recairia sobre todos aqueles diretamente envolvidos naquele litígio[12], sejam eles a parte privada, o ente público ou os próprios árbitros[13].

Ocorre que, embora seja inquestionável a necessidade de se dar publicidade aos procedimentos arbitrais envolvendo a Administração Pública, a Lei de Arbitragem não determinou qual seria a extensão dessa transparência ou de que forma esta seria instrumentalizada. Com efeito, existe, até certo ponto, uma margem com a qual as partes podem negociar sobre o que e como serão publicizados os atos procedimentais de uma eventual arbitragem envolvendo a Administração Pública. Por óbvio, isso não significa tolher da população a publicidade natural da relação material[14], mas garantir que dados essencialmente sigilosos ou sensíveis e informações específicas sejam devidamente protegidos.

---

10 LArb, artigo 2º, § 3º: "A arbitragem poderá ser de direito ou de equidade, a critério das partes. [...] § 3º A arbitragem que envolva a administração pública será sempre de direito e respeitará o princípio da publicidade".

11 Sobre esse ponto, importante destacar que *transparência* e *publicidade*, embora às vezes tratadas como análogas, são conceitos distintos: "O princípio da publicidade nas arbitragens foi recentemente introduzido no Direito brasileiro (artigo 1º, Lei nº 13.129/2015, que introduziu o § 3º ao artigo 1º da Lei nº 9.307/1996) para as arbitragens com a Administração Pública. Aplicável tanto à Administração direta como indireta, tem significado distinto da transparência. Em primeiro lugar, porque **diferentes são os interesses envolvidos**, ou seja, diversos são os destinatários da proteção. Não se trata aqui dos acionistas ou potenciais investidores de mercado, mas sim do público em geral. Interessados podem ser tanto aqueles diretamente envolvidos na atuação da companhia como simplesmente a população que tem interesse na gestão do dinheiro púbico investido na administração pública direta ou indireta. Essa maior amplitude dos interessados justifica um escopo mais reduzido das informações. Essa afirmação poderia parecer à primeira vista paradoxal, mas não é. A razão é simples. A maior amplitude dos interesses envolvidos é decorrência de sua relação meramente indireta com a empresa. Não sendo acionistas ou investidores, o público em geral tem legítimo interesse em sua boa gestão. O efeito da decisão arbitral sobre esses interessados é, no entanto, indireto. Assim não é imperioso conhecer em detalhe o processo arbitral. **Basta que haja acesso à existência do processo e ao seu objeto**. Isso não significa que apenas essas informações devem ser dadas. Outras informações, na medida de sua necessidade, são aquelas tuteladas pela lei de acesso à informação (Lei nº 12.527/2011, que define em seu artigo 7º e seguintes o tipo de informação a ser prestada). Significa sim que os destinatários do dever de informar são diversos. Quanto às informações sobre a existência e o objeto do processo, a obrigação é do órgão responsável pelo processo arbitral (Câmara). Já as informações mais detalhadas impostas à administração direta ou indireta e decorrentes da lei de acesso à informação incumbem aos entes públicos envolvidos (o artigo 1º da Lei nº 12.527/2011 define os destinatários obrigados a fornecer o acesso)" (SALOMÃO FILHO, Calixto. Breves notas sobre transparência e publicidade na arbitragem societária. **Revista de Arbitragem e Mediação**, São Paulo: RT, v. 52, p. 63-69, 2017 – grifo nosso).

12 HADDAD, Ana Olivia Antunes. **A transparência do processo arbitral**. Dissertação (Mestrado em Direito Processual) – Universidade de São Paulo. São Paulo, 2020. p. 198.

13 SELMA, Lemes. Árbitro, conflito de interesses e o contrato de investidura. *In*: CARMONA, Carlos; LEMES, Selma; BATISTA, Pedro (coord.). **Vinte anos da Lei de Arbitragem**: homenagem a Petrônio Muniz. São Paulo: Atlas, 2017. p. 273.

14 MEGNA, Bruno Lopes. **Arbitragem e Administração Pública**: fundamentos teóricos e soluções práticas. Belo Horizonte: Fórum, 2019. p. 310.

A EXTENSÃO DA PUBLICIDADE NA ARBITRAGEM COM A ADMINISTRAÇÃO PÚBLICA

Embora a Lei de Arbitragem tenha, a partir de 2015, passado a disciplinar a questão da publicidade nas arbitragens envolvendo a Administração Pública, o diploma trouxe uma disposição relativamente genérica, sem adentrar no mérito da extensão da publicidade ou de como ocorreria essa *transparência* e a quem ela competiria.

Segundo parte da doutrina, hoje, competiria à Administração Pública divulgar as informações consideradas necessárias aos administrados[15]. Os demais participantes da arbitragem, embora isentos de qualquer dever de revelação, segundo essa corrente, estariam submetidos, obviamente, a um regime jurídico especial, distinto daquele aplicável às relações que mantêm com outros particulares, afinal, a sabida incidência do princípio da publicidade é uma das especificidades do regime do direito administrativo, mas não teria o dever de publicizar a arbitragem.

Ocorre que o princípio da publicidade pode ser relativizado em casos que haja uma justaposição entre o interesse público e o interesse privado que nem sempre será solucionada em prol do interesse público e pelo *full disclosure*[16]. Afinal, embora as arbitragens devam ser regidas pelo princípio da publicidade, nem todos os elementos daquele procedimento serão publicizados, até porque o excesso de publicidade pode causar efeitos nocivos, não apenas para o deslinde de um processo judicial ou arbitral, mas para a própria segurança nacional. Com efeito, "[n]os processos de arbitragem, a mitigação da transparência será imperativa para muitos dos atos praticados no curso do procedimento, mas não necessariamente para todos eles"[17].

Exatamente nesse sentido, a Lei de Acesso à Informação ("LAI"), Lei nº 12.527/2011, permite o sigilo mesmo de informações relativas à Administração nos casos daquelas informações consideradas imprescindíveis à segurança da sociedade ou do Estado (LAI, artigo 23) ou nas hipóteses de informações pessoais relacionadas à intimidade, à vida privada, à honra e à imagem (LAI, artigo 31).

---

15 CARMONA, Carlos Alberto. Arbitragem e Administração Pública – Primeiras reflexões sobre a arbitragem envolvendo a Administração Pública. **Revista Brasileira de Arbitragem**, Curitiba, CBAr & IOB, v. XIII, n. 51, p. 20-21, 2016; MARTINS, André Chateaubriand. A Administração Pública na reforma da Lei de Arbitragem. *In*: ROCHA, Caio Cesar Vieira; SALOMÃO, Luís Felipe (coord.). **Arbitragem e mediação**: a reforma da legislação brasileira. 2. ed. São Paulo: Atlas, 2017. p. 28; FONSECA, Rodrigo Garcia da; CORREIA, André de Luizi. A confidencialidade na arbitragem. Fundamentos e limites. *In*: LEMES, Selma Ferreira; BALBINO, Inez (coord.). **Arbitragem**. Temas contemporâneos. São Paulo: Quartier Latin, 2012. p. 447.

16 BINENBOJM, Gustavo. **Temas de direito administrativo e constitucional**: artigos e pareceres. Rio de Janeiro: Renovar, 2008. p. 106-107.

17 MARTINS, Julia Girão Baptista. Administração Pública: arbitragem e confidencialidade. **Revista de Arbitragem e Mediação**, v. 14, n. 53, p. 263-282, abr./jun. 2017.

Igualmente, segredos negociais da parte privada não podem ser trazidos a público em razão do princípio da publicidade do ato administrativo. Afinal, há chance de, no curso do procedimento arbitral, informações empresariais consideradas estrategicamente sensíveis – tais como balanço contábil, fluxo de caixa, *know-how*, patentes, etc. – serem trazidas aos autos, de forma que a publicidade dessas provas poderia causar sério prejuízo à atividade empresarial do ente privado. Assim, é necessário alcançar regras que tutelem, ao mesmo tempo, o interesse do ente administrado, de um lado, e o princípio da publicidade, de outro[18].

Contudo, conquanto existam balizas sobre a extensão do dever do Estado de garantir acesso a informações relativas à Administração, na legislação arbitral há certas lacunas de critérios objetivos que determinem especificamente o que – ou até que ponto – poderá ser mantido em sigilo. O que se percebe é que existe um grande espaço de liberdade para os sujeitos da relação jurídica arbitral escolherem as regras mais adequadas para concretizar o princípio da publicidade[19]. A opção do legislador de deixar tal lacuna foi sábia, porque a questão do sigilo é exercício que deve ser realizado com base no caso concreto.

Os tribunais arbitrais e as partes, no âmbito do escopo de suas vontades, devem, para atingir, de um lado, o objetivo legal de respeitar o *princípio da publicidade* e, de outro, o de *proteger informações sensíveis* ou que devam ser mantidas *em sigilo*, regulando, então, conjuntamente, a questão da transparência no procedimento arbitral. O que se sugere é que, para garantir segurança jurídica ao procedimento arbitral, a Administração Pública busque entabular nas próprias cláusulas compromissórias regras jurídicas que tutelem o interesse do agente privado e que permitam, portanto, a confidencialidade de certas informações em detrimento da publicidade irrestrita[20],

---

18 A publicidade prevista no artigo 37 da Constituição da República como princípio norteador da ação estatal deve conviver harmoniosamente, em um esforço de concordância prática, com um dos fundamentos da República, qual seja, o princípio da livre iniciativa, a quem pode interessar a confidencialidade sobre algum aspecto do procedimento arbitral. E não é só: por vezes, a confidencialidade, limitada a algum aspecto da arbitragem, pode vir a tutelar interesse público relevante – e não se ignora que por vezes a maneira de atingir determinado interesse público seja por meio da satisfação concreta de algum interesse privado. Por exemplo, a garantia da manutenção de um segredo industrial pode atrair contratados detentores de uma tecnologia mais avançada, o que beneficiará a Administração. O que é preciso apontar é que de modo algum poderá haver restrição de acesso aos dados da arbitragem aos órgãos de controle (MACHADO, Fabiana Morais Braga. Arbitragem no Estado do Rio de Janeiro: breves comentários ao Decreto nº 46.245, de 19 de fevereiro de 2018. **Revista Brasileira de Arbitragem**, Comitê Brasileiro de Arbitragem CBAr & IOB, Kluwer Law International, v. XV, Issue 58, p. 39, 2018).

19 HADDAD, Ana Olivia Antunes. **A transparência do processo arbitral**. Dissertação (Mestrado em Direito Processual) – Universidade de São Paulo. São Paulo, 2020. p. 198.

20 ARAÚJO NETO, Pedro Irineu de Moura. **A confidencialidade do procedimento arbitral e o princípio da publicidade.**

o que pode ser feito, inclusive, pela eleição de regulamentos de instituição que anteveem regras de publicidade adequadas em seu regulamento[21].

Outra opção que parece bastante viável e que parece garantir mais segurança sobre este ponto, caso não tenha sido disciplinada na cláusula compromissória (ou no compromisso arbitral), é que, no Termo de Arbitragem, as partes, em conjunto com o Tribunal, disciplinem as questões que poderão eventualmente ser mantidas em sigilo no intuito de proteger informações sensíveis. Nesse sentido, defende João Paulo Hecker que.

> assim, sempre com o cotejo entre as hipóteses fáticas e aquelas da lei ou da Constituição, entende-se que a publicidade deve se estender precipuamente aos atos mais fundamentais da arbitragem, como sua instalação, término, composição do tribunal e custos, configurando um cenário de coexistência entre a publicidade e a confidencialidade. Contudo, é extremamente recomendável, para a pacificação da questão, o enfrentamento dessa questão pelos regulamentos das câmaras arbitrais e que as partes tratem do assunto quando da celebração do termo arbitral, principalmente no que se refere às regras de distribuição dos ônus e deveres das partes a esse respeito.[22]

A despeito das lacunas legislativas sobre a extensão da publicidade, a *práxis* vem mostrando que há certo consenso sobre o que deve ser publicizado. Em primeiro lugar, a *existência do conflito*, seu *objeto*, o valor estimado e a câmara na qual a demanda é processada, bem como, eventualmente, o nome dos árbitros indicados para solucionar o conflito[23]. Há ainda quem defenda que os atos processuais com efetivo conteúdo decisório, em especial as sentenças arbitrais, parcial e definitiva, demandam publicidade, pois retratam o que há de grande importância no exercício da jurisdição[24].

---

21 Seja como for, importa que na cláusula compromissória (ou no compromisso arbitral, se for o caso) as partes – entidade pública e entidade privada – deixem claro qual o grau de publicidade que pretendem estabelecer, atribuindo às partes o dever de tornar públicos os atos e os documentos determinados. Tal atribuição – limitada e delimitada – poderá ser carreada aos órgãos arbitrais institucionais (secretarias) que organizarão um *dossier* para informar o público, utilizando até mesmo meios eletrônicos para evitar o colapso de suas instalações (CARMONA, Carlos Alberto. Arbitragem e Administração Pública – Primeiras reflexões sobre a arbitragem envolvendo a Administração Pública. **Revista Brasileira de Arbitragem**, Comitê Brasileiro de Arbitragem CBAr & IOB, Kluwer Law International, v. XIII, Issue 51, p. 20-21, 2016).

22 SILVA, João Paulo Hecker da. Arbitragem e Administração Pública: o dilema da publicidade. **Revista Comercialista** – Direito Comercial e Econômico, São Paulo, v. 7, n. 17, p. 92-99, 2017.

23 MARTINS, Julia Girão Baptista. Administração Pública: arbitragem e confidencialidade. **Revista de Arbitragem e Mediação**, v. 14, n. 53, p. 263-282, abr./jun. 2017.

24 José Emílio Nunes Pinto afirma, nesse sentido, que "[o] princípio da publicidade estará devidamente observado e satisfeito na medida em que se reportem as informações quanto ao andamento do procedimento arbitral envolvendo pessoa jurídica de direito público ou, ainda que de direito privado, mas integrante da Administração, como as sociedades de economia mista, aos órgãos de controle interno e de controle externo da Administração, neste último caso, os Tribunais de Contas. Assim sendo, o princípio da publicidade não elimina a privacidade que caracteriza os atos do procedimento arbitral,

Há quem argumente que o princípio da publicidade em arbitragens com o Estado se estenda às audiências no curso do procedimento[25], o que permitiria que aqueles que quisessem participar pudessem fazê-lo. Contudo, não se pode admitir a participação indiscriminada de terceiros em audiências arbitrais, justamente, pois, como se viu, isso pode prejudicar o andamento do procedimento, implicar o vazamento de informações sensíveis da parte privada ou até mesmo causar prejuízo à Administração em linha do que determina a Lei nº 12.527/2011. Aliás, atendendo justamente a essa preocupação, o Decreto estadual de Goiás nº 929/2021, que será explanado na próxima seção, previu, expressamente, que

> [a]s audiências do procedimento arbitral poderão ser reservadas aos árbitros, aos secretários do tribunal arbitral, às partes, aos respectivos procuradores, às testemunhas, aos assistentes técnicos, aos peritos, aos funcionários da câmara arbitral e às pessoas previamente autorizadas pelo tribunal arbitral. (artigo 12, § 3º)

Há, contudo, a figura do *amicus curiae*[26], bastante comum em arbitragens de investimento[27]-[28], que, ainda que em situações excepcionais, pode ser admitida em audiências, o que pode ser uma solução mais razoável para esse impasse relativo à publicidade das audiências.

---

os quais continuam restritos aos que dele participam. Invocar o princípio da publicidade dos atos para além desses limites será violar o dever de sigilo ao qual todos estão adstritos. Da mesma forma que não se exige que os órgãos de controle participem dos atos de negociação de contratos envolvendo o Estado e empresas estatais, já que a lei determina sim que os termos finais sejam reportados a esses órgãos para fins de controle e preservação do interesse público, seria descabido negar a aplicabilidade da privacidade em procedimentos arbitrais de que participem o Estado e suas empresas".

25 TIBURCIO, Carmen; PIRES, Thiago Magalhães. **Arbitragem envolvendo a Administração Pública**: notas sobre as alterações introduzidas pela Lei nº 13.129/2005 *cit.*, p. 431-462.

26 MEGNA, Bruno Lopes. **Arbitragem e Administração Pública**: fundamentos teóricos e soluções práticas *cit.*, p. 314-320.

27 "*Investor-State arbitration is a unique development in international law, wherein an investor (individual or company) is provided with a direct right of action against a State, most commonly stemming from a bilateral or multilateral investment treaty (MIT). These treaties typically provide protection against expropriation, breach of fair and equitable treatment (FET), full protection and security (FPS), national treatment (NT), most-favored-nation treatment (MFN), and prevent arbitrary/unreasonable or discriminatory measures. A State is liable to pay compensation for breaching the obligations set forth in the treaty*" (SICARD-MIRABAL, Josefa; DERAINS, Yves. **Introduction to Investor-State Arbitration.** Haia: Kluwer Law International, 2018. p. 2). Nesse sentido, ver também DINIZ, Lucas de Medeiros. **Impacto do sistema internacional de proteção aos direitos humanos na arbitragem de investimento.** Dissertação (Mestrado em Direito Internacional) – Faculdade de Direito, Universidade de São Paulo. São Paulo, 2021).

28 ZACHARIASIEWICZ, Maciej. Amicus Curiae in International Investment Arbitration: Can It Enhance the Transparency of Investment Dispute Resolution? **Journal of International Arbitration**, Holanda: Kluwer Law International, v. 29, n. 2, 2012.

A INSTRUMENTALIZAÇÃO DA PUBLICIDADE NAS ARBITRAGENS COM A ADMINISTRAÇÃO PÚBLICA

Embora a extensão da aplicação do princípio da arbitragem ainda gere certa celeuma, as próprias partes, em conjunto com os árbitros, parecem conseguir solucionar o deslinde sobre a circunscrição da publicidade e a possibilidade de se proteger dados sensíveis cuja publicação poderia causar prejuízos às partes, seja à própria Administração, seja à parte privada que contrata com a Administração.

Contudo, a presença da Administração Pública em arbitragens vem impondo novas questões que, embora já estejam sendo enfrentadas de alguma forma, ainda não foram completamente resolvidas ou pelo menos não de forma homogênea. Talvez o mais relevante deles corresponda à competência e à forma para se dar concretude à publicidade dos procedimentos arbitrais envolvendo entes públicos.

Quanto à competência, como se viu antes, parte da doutrina entende que compete apenas à Administração Pública dar concretude à publicidade prevista na Lei de Arbitragem[29], ainda que todos que estejam envolvidos no litígio estejam vinculados ao princípio da publicidade[30], seja com relação à parte privada[31], seja com relação aos árbitros[32]. Há alguma discussão sobre a vinculação da instituição arbitral, que atua como mera administradora do procedimento, ao princípio da publicidade, posto que, conquanto parte da doutrina defenda que à câmara de arbitragem não deve ser imposta qualquer obrigação de transparência[33], existe legislação em sentido contrário, como se verá a seguir.

---

29 MALHEIRO, Emerson Penha; BENATTO, Pedro Henrique Abreu. Arbitragem no Poder Público do Brasil. **Direitos Fundamentais & Justiça**, Belo Horizonte, ano 11, n. 36, p. 131-144, 2017. Ver, também, nota de rodapé 16, *supra*.

30 "Contudo, mesmo quando se trata de um contrato de direito privado, a presença da Administração Pública atrai a incidência de regras especiais de direito público." (DI PIETRO, Maria Sylvia Zanella. **Direito administrativo**. 24. ed. São Paulo: Atlas, 2011. p. 259)

31 "Todavia, quando o particular estabelece uma relação com a Administração Pública, ele se submete a um regime jurídico especial, distinto daquele aplicável às relações que mantém com outros particulares. A incidência do princípio da publicidade é uma das especificidades desse regime, ao qual o particular também fica sujeito quando escolhe se relacionar com o Estado." (HADDAD, Ana Olivia Antunes. **A transparência do processo arbitral**. Dissertação (Mestrado em Direito Processual) – Universidade de São Paulo. São Paulo, 2020. p. 196)

32 A relação que se estabelece entre os árbitros e as partes tem natureza contratual, especificamente de um contrato de investidura, do qual decorre uma obrigação de resultado, qual seja, proferir a sentença. Com efeito, o árbitro, ao se vincular àquelas partes, assumindo a obrigação perante aquele litígio, atrai para si o seu vínculo com a publicidade do procedimento. Nesse sentido, ver: SELMA, Lemes. Árbitro, conflito de interesses e o contrato de investidura. *In*: CARMONA, Carlos; LEMES, Selma; BATISTA, Pedro (coord.). **Vinte anos da Lei de Arbitragem**: homenagem a Petrônio Muniz. São Paulo: Atlas, 2017. p. 273.

33 HADDAD, Ana Olivia Antunes. **A transparência do processo arbitral**. Dissertação (Mestrado em Direito Processual) – Universidade de São Paulo. São Paulo, 2020. p. 198.

Quanto à instrumentalização da publicidade, não há tampouco diretrizes objetivas e homogêneas de como se instrumentalizar o princípio da publicidade nas arbitragens com a Administração Pública, nem mesmo na doutrina ou na jurisprudência, ainda que se tenha instrumentos legislativos sobre o assunto.

Embora inexista, ainda, uma diretriz sobre a competência e a forma de instrumentalização da publicidade nas arbitragens, diferentemente do que acontece no que tange à extensão da publicidade, que a *práxis* vem definindo o que deve ser publicizado, já se verifica na legislação nacional diplomas legais que disciplinam a quem e como competirá dar publicidade aos procedimentos arbitrais, sendo eles **(i)** o Decreto estadual nº 46.245/2018, do Rio de Janeiro, aplicável às arbitragens envolvendo o Estado do Rio de Janeiro e os entes da Administração indireta; **(ii)** o Decreto estadual nº 64.356/2019, de São Paulo, que trata das arbitragens envolvendo a Administração Pública direta no Estado de São Paulo; **(iii)** o Decreto federal nº 10.025/2019, que disciplina as arbitragens nos setores portuário, rodoviário, ferroviário, aquaviário e aeroportuário envolvendo a União ou as entidades da Administração Pública Federal. Embora todos esses Decretos prevejam a questão da competência para dar publicidade, eles não convergem entre si; e **(iv)** o Decreto estadual de Goiás nº 929/2021, que dispõe sobre o uso da arbitragem para a resolução de conflitos em que a Administração Pública estadual seja parte.

O Decreto estadual nº 46.245/2018, do Rio de Janeiro, determina que "os atos do processo arbitral serão públicos, ressalvadas as hipóteses legais de sigilo, de segredo de justiça, de segredo industrial decorrentes da exploração direta de atividade econômica pelo Estado ou por pessoa física ou entidade privada que tenha qualquer vínculo com o Poder Público" (artigo 13, *caput*), atribuindo à "Procuradoria Geral do Estado [a competência de disponibilizar] os atos do processo arbitral mediante requerimento de eventual interessado" (artigo 13, § 2º).

Por sua vez, para o Decreto estadual nº 64.356/2019, de São Paulo, "[o]s atos do procedimento arbitral serão públicos, ressalvadas as hipóteses legais de sigilo ou segredo de justiça" (artigo 12, *caput*), atribuindo também "[à] Procuradoria Geral do Estado [o dever de disponibilizar] os atos do procedimento arbitral [contudo, não mais apenas àqueles que solicitarem, mas] na rede mundial de computadores" (artigo 13, § 2º). Justamente nesse sentido, o *website* da Procuradoria do Estado de São Paulo disponibiliza a lista das arbitragens em que o Estado de São Paulo é parte, contendo o termo de arbitragem, as ordens processuais, as decisões, as sentenças e outros.

Há também o Decreto federal nº 10.025/2019 que determina que "as informações sobre o processo de arbitragem serão públicas, ressalvadas aquelas necessárias à preservação de segredo industrial ou comercial e aquelas consideradas sigilosas pela legislação brasileira" (artigo 3º, IV) competindo "à câmara arbitral fornecer o acesso às informações" (artigo 3º, § 1º)[34].

Por fim, e tal como prevê o Decreto federal nº 10.025/2019, o Decreto estadual de Goiás nº 929/2021 determina que os "atos do procedimento arbitral serão públicos, ressalvadas as hipóteses legais de sigilo ou segredo de justiça" (artigo 12, *caput*), atribuindo "às câmaras arbitrais [a competência de] assegurar a publicidade dos atos minuciados no § 1º deste artigo, sob pena de descredenciamento" (artigo 12, § 2º).

Portanto, além de restritas e com um escopo de aplicabilidade extremamente restrito quando se consideram as múltiplas possibilidades de contratação pela Administração Pública por meio dos seus diversos entes, o que se verifica é que a legislação brasileira é bastante diversa sobre a forma de implementação da publicidade nos procedimentos arbitrais envolvendo a Administração. É certo que uma harmonização legislativa entre os diversos entes federativos poderia trazer enormes benefícios e maior segurança jurídica, afinal, pode soar temerário a partes contratantes que um ente da Administração direta ou indireta forneça ele próprio informações sobre as arbitragens que está envolvido de forma ampla e *sponte própria* (publicidade ativa), enquanto outro delegue a função tão delicada para a instituição que administra o procedimento apenas àqueles que solicitarem (publicidade passiva).

Justamente em razão das incertezas advindas das divergências legislativas e do papel exercido pela instituição de arbitragem no procedimento, que apenas atua como gestora da arbitragem e não compõe a relação jurídico processual, não podendo "[...] se transformar em cartórios, expedindo certidões e fornecendo cópias de documentos ou de peças dos processos arbitrais"[35], as principais câmaras brasileiras vêm adotando em seus regulamentos ou em resoluções administrativas prerrogativas, que visam a garantir maior segurança jurídica sobre a questão da publicidade dos procedimentos envolvendo a Administração Pública. Cabe ressaltar a Camarb[36],

---

34 Nesse mesmo sentido, o Decreto nº 59.963/2020 do Município de São Paulo também prevê como estipulou, no artigo 16, § 1º, que "exceto se houver convenção entre as partes, caberá à câmara arbitral fornecer o acesso às informações sobre os processos de arbitragem, especialmente sobre a existência da arbitragem, a data do requerimento de arbitragem, o nome das partes, o nome dos árbitros e o valor envolvido".

35 CARMONA, Carlos Alberto. Arbitragem e Administração Pública – Primeiras reflexões sobre a arbitragem envolvendo a Administração Pública. **Revista Brasileira de Arbitragem**, Comitê Brasileiro de Arbitragem CBAr & IOB, Kluwer Law International, v XIII, Issue 51, p. 20, 2016.

36 "DOS PROCEDIMENTOS COM A PARTICIPAÇÃO DA ADMINISTRAÇÃO PÚBLICA

12.1 Este capítulo será aplicável aos procedimentos arbitrais que envolvam entidades sujeitas ao **regime de direito público que integrem a Administração Pública direta e indireta**. As partes, de comum acordo, poderão estender a aplicação das disposições deste capítulo aos procedimentos que tenham como parte pessoas jurídicas de direito privado que integrem a Administração Pública.

12.2 A Secretaria da Camarb divulgará em seu ***site*** **a existência do procedimento, a data da solicitação de arbitragem e os nomes dos requerente(s) e requerido(s)**.

o CAM-CCBC[37] e a Corte da CCI, que em suas *Note on the Functioning of the Brazilian Office of the Secretariat of the Court* da CCI[38] previu "somente fornecerá informações sobre uma arbitragem ou concederá acesso a quaisquer documentos relacionados a uma arbitragem a terceiros se as partes concordarem ou se a Secretaria for solicitada pelo tribunal arbitral".

Além disso, a Advocacia Geral da União expediu a Portaria nº 320/2019, por meio da qual criou órgão administrativo com específico feixe de competências quanto a casos de "contencioso arbitral em que a União seja parte ou interessada", o denominado Núcleo Especializado em Arbitragem (NEA). Ao instituir esse órgão e vinculá-lo à Controladoria-Geral da União ("CGU"), a Portaria AGU nº 320/2019 atribuiu ao NEA a competência de "sistematizar e dar publicidade às informações relativas a arbitragens envolvendo a União" (artigo 2º, II, *c*). Sobre o dispositivo, esclarecem Egon Bockmann Moreira e Elisa Schmidlin Cruz que do referido dispositivo

---

12.3 Ressalvado o disposto no item precedente, a Camarb **não fornecerá documentos e informações a respeito do procedimento, cabendo às partes, na forma da lei, a divulgação de informações adicionais.**

12.4 As audiências serão, salvo convenção em contrário, restritas às partes e seus procuradores.

12.5 A Camarb fica autorizada, pelas partes e árbitros, a divulgar a sentença em seu site, suas publicações e materiais acadêmicos, salvo manifestação expressa de qualquer das partes em sentido contrário."

37 "Artigo 1º Nos procedimentos arbitrais em que são partes entes da administração pública **direta**, com o intuito de atender ao princípio da publicidade previsto no artigo 2º, § 3º, da Lei nº 9.307/1996, as partes, **no termo de arbitragem, disporão sobre quais informações e documentos poderão ser divulgados e a forma a ser adotada para torná-los acessíveis a terceiros.**

Parágrafo único. Tal disposição deverá considerar os aspectos administrativos do CAM-CCBC e respeitar o sigilo protegido por lei, segredos comerciais, documentos de terceiros, contratos privados com cláusula de confidencialidade e matérias protegidas por direitos de propriedade intelectual.

Artigo 2º O tribunal arbitral decidirá sobre os pedidos formulados por qualquer das partes a respeito do sigilo de documentos e informações protegidos por lei ou cuja divulgação possa afetar o interesse das partes.

Artigo 3º O CAM-CCBC **poderá informar terceiros sobre a existência de procedimento arbitral, a data do requerimento de arbitragem e o nome das partes, podendo inclusive disponibilizar esses dados no site do CAM-CCBC.**

Parágrafo 1º O CAM-CCBC não fornecerá documentos e demais informações a respeito do procedimento.

Parágrafo 2º As audiências do procedimento arbitral serão reservadas às partes e procuradores, observado o disposto pelas partes no termo de arbitragem.

Artigo 4º Toda e qualquer informação complementar ou fornecimento de documentos, observados os limites legais e o disposto no termo de arbitragem, **serão de competência da parte no procedimento arbitral que integra a Administração Pública direta, consoante a legislação que lhe é aplicável.**"

38 *Note on the Functioning of the Brazilian Office of the Secretariat of the Court* da CCI. Disponível em: https://cms.iccwbo.org/content/uploads/sites/3/2021/03/icc-note-on-the-functioning-of-the-brazilian-office-english.pdf. Acesso em: 23 nov. 2023.

> colhe o dever de publicidade ativa (de modo espontâneo, organizar e disponibilizar a acesso público todas as informações) e o de publicidade passiva (transparência e obrigação de responder, tempestivamente, aos pedidos de informação). Isso levando-se em conta a Lei de Acesso à Informação – Lei nº 12.527/2011 –, cujo artigo 10 confere legitimidade a todo e qualquer interessado, sem necessidade de prova da pertinência subjetiva e/ou legitimidade adequada. Igualmente marcante é o caráter centralizador da sistematização das informações e a respectiva publicidade: cabe ao NEA – e não às partes, aos Tribunais ou aos Câmaras, nem, muito menos, aos árbitros – dialogar com terceiros e provê-los de informações.[39]

Com efeito, o que se verifica é que no ordenamento jurídico brasileiro há, hoje, leis pulverizadas, que sequer dialogam entre si e podem gerar certas inseguranças aos administrados sobre como se dará a aplicação do princípio da publicidade no âmbito das arbitragens que envolverem a Administração Pública. Embora, sem dúvida, organismos diferentes da Administração clamem por uma margem de adaptabilidade, seria mais eficiente se houvesse uma certa harmonização, de forma a não permitir que um ente federativo dê publicidade minuciosa e cuidadosamente a todos os instrumentos relevantes de uma arbitragem no próprio *website* do governo, enquanto outro informe sobre a arbitragem apenas àqueles que pedirem informações, depositando, ainda, o ônus dessa incumbência à instituição arbitral, que sequer compõe a relação processual.

Contudo, embora seja interessante que exista alguma forma de homogeneidade na situação legislativa no Brasil perante os seus diversos entes federativos no que tange à instrumentalização da publicidade nas arbitragens que envolvam a Administração Pública, essa coerência não deve engessar o procedimento arbitral, que deve ter margem de adaptação para cada situação específica, ou impedir e tornar extremamente rígida a definição de questões procedimentais, afinal, a adaptabilidade dos procedimentos arbitrais, esteja ou não a Administração Pública envolvida, continua sendo uma das suas maiores vantagens.

CONCLUSÃO

Embora a confidencialidade dos procedimentos arbitrais seja, a rigor, uma das principais vantagens da arbitragem, os procedimentos que envolvem a Administração Pública se sujeitam, por força da própria Lei de Arbitragem, ao princípio da

---

39 MOREIRA, Egon Bockmann; CRUZ, Elisa Schmidlin. Bons ventos a favor da arbitragem público-privada: notas a propósito da Portaria AGU nº 320/2019 e do Decreto SP nº 64.356/2019. **Revista Brasileira de Arbitragem**, Kluwer Law International, v. XVI, Issue 63, p. 166, 2019.

publicidade em respeito ao preceito constitucional de que a publicidade e a transparência devem pautar os atos da Administração Pública.

Contudo, tratando-se de um instituto inserido recentemente no ordenamento jurídico brasileiro, e em especial quanto à sua utilização pela Administração Pública, a aplicação do princípio da publicidade nas arbitragens ainda é objeto de incertezas e suscita questionamentos. Conquanto já se constate, hoje, respostas a diversos dos problemas inicialmente enfrentados pela presença de entes federativos na arbitragem, inclusive por força de tendências na prática arbitral, a extensão, a forma e a competência da implementação da publicidade no âmbito desses procedimentos ainda são objeto de grandes debates.

Visando a resolver esses impasses, de um lado, as câmaras arbitrais passaram a adotar resoluções administrativas indicando a intenção de publicar, nos seus respectivos *websites*, informações básicas sobre os procedimentos arbitrais envolvendo a Administração Pública.

De outro, leis e decretos passaram a ser regulamentados indicando o mecanismo a ser adotado para dar publicidade às informações relativas aos procedimentos arbitrais envolvendo a Administração Pública. Contudo, até mesmo em razão da sistemática de competências federativas, as respostas a tais questões começaram a surgir de forma difusa, partindo de cada ente federativo, de maneira que, hoje, paira no ordenamento jurídico brasileiro uma certa incongruência normativa, que pode representar insegurança jurídica àqueles que contratam com a Administração Pública.

Há, hoje, no plano federativo, pelo menos quatro importantes diplomas normativos que parecem pautar de forma minuciosa a questão, sendo estes **(i)** o Decreto estadual nº 46.245/2018, do Estado Rio de Janeiro, que competirá à "Procuradoria Geral do Estado [a competência de disponibilizar] os atos do processo arbitral mediante requerimento de eventual interessado" (artigo 13, § 2º); o **(ii)** o Decreto estadual nº 64.356/2019, do Estado de São Paulo, que determina "[a] Procuradoria Geral do Estado [terá o dever de disponibilizar] os atos do procedimento arbitral [contudo, não mais apenas àqueles que solicitarem, mas] na rede mundial de computadores"; **(iii)** o Decreto federal nº 10.025/2019, que determina que competirá "à câmara arbitral fornecer o acesso às informações" (artigo 3º, § 1º); e **(iv)** o Decreto estadual de Goiás nº 929/2021, que, igualmente ao Decreto federal, prevê que "[a]s câmaras arbitrais [serão competentes por] assegurar a publicidade dos atos minuciados no § 1º deste artigo, sob pena de descredenciamento" (artigo 12, § 2º).

Como se vê, as regras não são iguais, o que pode gerar certa insegurança jurídica àqueles que contratam com a Administração Pública, afinal, de um lado, nem todos os entes possuem regras sobre a instrumentalização da publicidade na arbitragem, e, mesmo naqueles entes que têm diplomas discriminando o regramento a ser seguido sobre a aplicação da publicidade na arbitragem, não há uma uniformidade no sistema a ser implementado para dar acesso à informação à população. Com efeito, ante as distintas formas que a implementação do princípio da publicidade em arbitragens envolvendo o Poder Público tem se dado, pode-se dizer que regramentos e práticas uniformes seriam desejáveis por aqueles que porventura contratem com entes federativos, pela sociedade civil e pelos operadores do Direito.

Ora, não se defende que se deva promulgar uma lei federal regendo o tema da publicidade nas arbitragens com a Administração Pública, mas sim que, em respeito às devidas competências federativas, os diversos instrumentos que regem a implementação da publicidade nas arbitragens convirjam em torno de uma mesma diretriz, gerando, assim, maior segurança jurídica aos administrados.

REFERÊNCIAS

BAPTISTA, Luiz Olavo. **Arbitragem comercial e internacional**. São Paulo: Lex, 2011.

CAHALI, Francisco José. **Curso de arbitragem**. São Paulo: Revista dos Tribunais, 2011.

CARMONA, Carlos Alberto. **Arbitragem e processo**: um comentário à Lei nº 9.307/1996. 3. ed. rev., atual. e ampl. São Paulo: Atlas, 2009.

DINIZ, Lucas de Medeiros. Impacto do sistema internacional de proteção aos direitos humanos na arbitragem de investimento. Dissertação (Mestrado em Direito Internacional) – Faculdade de Direito, Universidade de São Paulo. São Paulo, 2021.

FITCHTNER, José Antonio; MANNHEIMER, Sérgio Nelson; MONTEIRO, André Luis. A confidencialidade na arbitragem: regra geral e exceções. **Revista de Direito Privado**, v. 13, n. 49, p. 227-309, jan./mar. 2012.

MARTINS, Julia Girão Baptista. Administração Pública: arbitragem e confidencialidade. **Revista de Arbitragem e Mediação**, v. 14, n. 53, p. 263-282, abr./jun. 2017.

HAFNER-BURTON, Emilie Marie; STEINERT-THRELKELD, Zachary; VICTOR, David G. Transparency of Investor-State Arbitration. **Available at SSRN 2431522**, 2014.

HADDAD, Ana Olivia Antunes. A transparência do processo arbitral. Dissertação (Mestrado em Direito Processual) – Universidade de São Paulo. São Paulo, 2020.

JUNQUEIRA, André Rodrigues. Arbitragem e Administração Pública. *In*: LEVY, Daniel; PEREIRA, Guilherme Setoguti J. (coord.). **Curso de arbitragem**. São Paulo: Revista dos Tribunais, 2018.

JUSTEN FILHO, Marçal. Administração Pública e arbitragem: o vínculo com a Câmara de Arbitragem e os árbitros. **Revista Brasileira da Advocacia**, São Paulo, a. I, e. 1, jan. 2016.

LEMES, Selma. Arbitragem na concessão de serviços públicos – Arbitrabilidade objetiva. Confidencialidade ou publicidade processual? **RDM**, 134:148/163, abr./jun. 2004.

LEMES, Selma. **Arbitragem na Administração Pública**: fundamentos jurídicos e eficiência econômica. São Paulo: Quartier Latin, 2007.

MATTOS, Mauro Roberto Gomes de. Contrato administrativo e a Lei de Arbitragem. **Revista de Direito Administrativo**, v. 223, p. 115-131, jan./mar. 2001.

MEGNA, Bruno Lopes. **Arbitragem e Administração Pública**: fundamentos teóricos e soluções práticas. Belo Horizonte: Forum, 2019.

SALLES, Carlos Alberto de. **Arbitragem em contratos administrativos**. Rio de Janeiro: Forense, 2011.